Teresa Tammer
„Warme Brüder" im Kalten Krieg

Quellen und Darstellungen zur Zeitgeschichte

Herausgegeben vom Institut für Zeitgeschichte

Band 138

Teresa Tammer

„Warme Brüder" im Kalten Krieg

Die DDR-Schwulenbewegung
und das geteilte Deutschland
in den 1970er und 1980er Jahren

Dies ist die überarbeitete Fassung einer Dissertation, die am 21. 4. 2021 vom Historischen Seminar der Westfälischen Wilhelms-Universität Münster unter dem Titel „Warme Brüder im Kalten Krieg. Schwule Bewegungen in der DDR und im geteilten Deutschland in den 1970er und 1980er Jahren" angenommen wurde.

ISBN 978-3-11-221515-9
e-ISBN (PDF) 978-3-11-110665-6
e-ISBN (EPUB) 978-3-11-110777-6
ISSN 0481-3545

Library of Congress Control Number: 2022951987

Bibliografische Information der Deutschen Nationalbibliothek
Die Deutsche Nationalbibliothek verzeichnet diese Publikation in der Deutschen Nationalbibliografie; detaillierte bibliografische Daten sind im Internet über http://dnb.dnb.de abrufbar.

© 2025 Walter de Gruyter GmbH, Berlin/Boston
Dieser Band ist text- und seitenidentisch mit der 2023 erschienenen gebundenen Ausgabe.
Titelbild: v. l. n. r. Manfred Herzer, James Steakley, Rudolf Klimmer, Michael Eggert, Armin Schreier (Lebenspartner von Klimmer) 1976 in Ost-Berlin, Foto: Friedhelm Krey. © Privatarchiv James Steakley

Satz: Meta Systems Publishing & Printservices GmbH, Wustermark
Druck und Bindung: Beltz Bad Langensalza GmH

www.degruyter.com

Meinen Eltern

Inhalt

Dank XI

I. Einleitung 1
    1. Thema und Fragestellung 1
    2. Forschungsstand 4
    3. Analyserahmen 8
        Deutsch-deutsche Zeitgeschichte (8) – Grenzübergreifende Verflechtungen und transnationale Prozesse (11) – Soziale Bewegung als Netzwerk (12) – Opposition oder Selbstbehauptung? (15) – Schwule und Lesben (16)
    4. Quellen, Methoden und Vorgehen 20
        Hinterlassenschaften (20) – Westdeutsche schwul-lesbische Publikationen (22) – Unterlagen des Staatssicherheitsdienstes der ehemaligen DDR (24) – Zeitzeugeninterviews (26) – Aufbau des Buches (28) – Sprache (30)

II. Vorgeschichten: Homosexualitätsdiskurse, Strafrechtsentwicklungen, Alltag und Selbstorganisationen von Homosexuellen in Deutschland vom 19. Jahrhundert bis 1970 33
    1. Vom 19. Jahrhundert bis zum Ende des Zweiten Weltkriegs 33
        Bestrafung, Verwissenschaftlichung und Emanzipation (33) – Zerschlagung homosexueller Kultur, Verschärfung der Repression und Verfolgung (37)
    2. DDR und Bundesrepublik 39
        Strafrechtsentwicklungen und weitere deutsch-deutsche Verflechtungen (40) – Homosexualität im Kalten Krieg (49) – Ähnliche Alltagserfahrungen und unterschiedliche Selbstorganisationen (53)

III. Aufbruch im geteilten Deutschland – Annäherungen zwischen Schwulenaktivisten und Selbstfindungen in den Bewegungen in Ost und West 1971–1980 59
    1. Ausgangslage: neue Schwulen- und Lesbenbewegungen in Zeiten der Entspannung 59
        Kalter Krieg und Entspannung (59) – Die westdeutsche Schwulenbewegung der 1970er Jahre – links oder schwul? (62) – Die erste ostdeutsche Schwulen- und Lesbengruppe (68)
    2. „Einige von uns sind dabei, [...] das politische Bewußtsein einiger DDR-Schwule[r] kennenzulernen" – westdeutsche Blicke und Annäherungen über die Mauer 70
        Sozialismus und DDR aus westlicher schwuler Perspektive (72) – Weltfestspiele 1973 – Begegnungen in Ost-Berlin (76) – Westdeutsche Posi-

tionen und deutsch-deutsche Diskussionen (81) – Deutsch-deutscher Zeitzeuge Rudolf Klimmer (87) – „Du & Ich" – Exotisierung und Skandalisierung der DDR (90)

3. „Raus aus den öffentlichen Toiletten! Aber wohin?" – die erste schwul-lesbische Gruppe in der DDR, der Sozialismus und der Westen 93

Transnationaler Ost-Berliner Aufbruch (93) – Fehlende Öffentlichkeit für Homosexuelle in der DDR (96) – Erwartungen und Angebote an Staat und Sozialismus (98) – Kommunikation mit der Staatssicherheit (103) – Mit dem Westen argumentieren (105) – Selbstdarstellung im Westen (110) – Knotenpunkt Otto Andree im deutsch-deutschen Netzwerk (115) – Ende der Homosexuellen Interessengemeinschaft Berlin (117)

IV. Schwule Selbstbehauptung in der DDR und deutsch-deutsche Verflechtungen in den 1980er Jahren 121

1. Ausgangslage: homosexuelle Selbstorganisationen in der DDR und westdeutsche Akteure deutsch-deutscher Verflechtungen ... 121

DDR und Homosexualität in den 1980er Jahren (121) – Homosexuelle Arbeitskreise und Clubs – Kirche oder Sozialismus? (124) – Die Schwulen- und Lesbenbewegung im Visier der Staatssicherheit (131) – Westdeutsche Akteure schwuler Verflechtungen (134)

2. „Lieber ein warmer Bruder als ein kalter Krieger" – Aneignungen und Selbstdarstellungen ostdeutscher Schwulenaktivisten 137

Viele Wege führen über die Grenze (138) – Coming-out in der Selbsterfahrungsgruppe Leipzig (140) – Von Klappen und Tunten – der gewöhnliche Homosexuelle im Osten (142) – Zwischen Sozialismus und Kirche – Selbstdarstellungen der Arbeitskreise (148) – Abgrenzungen zwischen Clubs und Arbeitskreisen (152) – Prävention und Selbstbehauptung – AIDS in der DDR (155) – Gab es eine Pädophilie-Debatte in der DDR-Schwulenbewegung? (163)

3. „Man sollte meinen, die DDR-Behörden begrüßten unsere Bemühungen, den anti-nationalsozialistischen Blick auf die Schwulen unter den KZ-Opfern zu richten" – das Gedenken an die homosexuellen Opfer des Nationalsozialismus in der DDR 166

Gedächtnis, Gedenken und Geschichtspolitik (166) – Kranzniederlegungen als Form des Aktivismus (169) – Gedenken in der Kirche (171) – Antifaschistisches Gedenken und Kritik an der DDR-Geschichtspolitik (173) – 12. Januar und Christopher Street Day (175) – Was bedeutet der Rosa Winkel? (178) – Staat, Gedenkstätten und ehemalige KZ-Häftlinge über die homosexuellen Opfer des NS (181) – Forschung und Mobilisierung (185)

4. „In letzter Zeit häuft sich die Kritik von DDR-Bürgern über unsere Berichterstattung" – Netzwerke und Verhältnisbestimmungen zwischen ost- und westdeutschen Schwulenaktivisten 190

Westdeutsche Schwulenaktivisten im Osten (191) – Kirche verbindet? (195) – Finanzielle Unterstützung aus dem Westen (197) –

Schwul-lesbische Medien als deutsch-deutsche Öffentlichkeit (199) – Westdeutsche Hoffnungen auf den Sozialismus in der DDR (207) – Zunehmende Angleichung der westlichen Sichtweisen auf die DDR (210) – Westdeutsches Auftreten und Verhältnisbestimmungen gegenüber den Ostdeutschen (216) – Sicherheitsbedenken und Selbstachtung – ostdeutsche Abgrenzungen (220)

V. Aufbrüche und Abschiede im Osten – Konkurrenzen und Kooperationen im sich vereinigenden Deutschland 227

Zusammenbruch des SED-Regimes und der Weg in die deutsche Einheit (228) – Homosexualität in der DDR – Neupositionierungen von Partei und Medien (231) – Aufbruch und Kontinuitäten der Schwulen- und Lesbenbewegung im Osten (234) – Wenn schon Einheit, dann ohne § 175 StGB (236) – Schnelle schwule Annäherungen und neue Abgrenzungen (242) – Vereinnahmung andersrum? BVH und SVD in Konkurrenz (247) – Aufbruch und Abschied der AIDS-Hilfe DDR (251) – Ende und Fortbestand schwul-lesbischer Aktivitäten im Osten (254)

VI. Fazit 257

Abkürzungen 263

Quellen 267
   Archivbestände 267
   Veröffentlichte Quellen 270

Literatur 277

Personenregister 291

Dank

Den Zeitzeugen Peter Rausch, Michael Eggert, Christian Pulz (†), Eduard Stapel (†), Rainer Herrn, Elmar Kraushaar, Detlef Mücke, Eckehard Kunz, Ralf Dose, Manfred Herzer und Detlef Grumbach danke ich für ihre Offenheit und die Zeit, die sie sich genommen haben, um mir aus ihrem Leben und von ihrem Aktivismus zu erzählen. Eberhard Aurich gilt ebenfalls mein Dank für seine Bereitschaft, über die Vergangenheit zu sprechen. Meinem Doktorvater Professor Michael Schwartz danke ich für die produktiven Gespräche, für seine kritischen Anmerkungen und lobenden Worte. Beim Zweitbetreuer der Arbeit, Professor Thomas Großbölting, möchte ich mich herzlich dafür bedanken, dass er mir die Teilnahme an Kolloquien und Konferenzen der Westfälischen Wilhelms-Universität Münster ermöglicht hat. Den Mitarbeiter*innen der zahlreichen großen und kleinen Archive, vor allem Jens Dobler und Kristine Schmidt vom Schwulen Museum sowie Carsten Repke beim Bundesbeauftragten für die Unterlagen des Staatssicherheitsdienstes der ehemaligen DDR, bin ich für die Bereitstellung der Archivalien und für viele nützliche Hinweise sehr verbunden. Für wichtige Anmerkungen und Korrekturen danke ich meinen Kolleg*innen und Freund*innen Jessica Bock, Peter Paul Schwarz, Lilith Buddensiek, Maria Neumann, Linda Wagener, Katja Töpfer, Sophia Trier, Philipp Schultheiß, Christian Neuhierl und Elisa Heinrich. Bei der Bundesstiftung zur Aufarbeitung der SED-Diktatur möchte ich mich für die zweijährige Förderung bedanken, die mir eine intensive Archivarbeit ermöglicht hat. Dem Institut für Zeitgeschichte danke ich für die Möglichkeit, meine Arbeit in der Reihe „Quellen und Darstellungen zur Zeitgeschichte" veröffentlichen zu können; vor allem Günther Opitz sei für seine wichtigen Ratschläge gedankt. Der Lektorin Petra Schäfter bin ich sehr verbunden für ihre kritischen Anmerkungen zum Argumentationsaufbau und für ihre Detailarbeit an Formulierungen, die die Lesbarkeit der Arbeit merklich verbessert haben. Nicht zuletzt empfinde ich große Dankbarkeit gegenüber Verwandten und Freund*innen, die mich in den letzten Jahren unterstützten, als neben Arbeit und Dissertation noch zwei kleine Menschen berechtigt Aufmerksamkeit einforderten. Ohne meinen Partner Robert Kretschmer, der mich immer wieder an den Schreibtisch zwang und mir mit unseren Kindern auf dem Arm den Rücken stärkte und freihielt, wäre nichts möglich gewesen und alles weniger schön.

Dresden, im Juli 2022   Teresa Tammer

I. Einleitung

1. Thema und Fragestellung

Als Franz Josef Strauß 1971 mit dem Satz „Lieber ein kalter Krieger als ein warmer Bruder" zitiert wurde,[1] ahnte er vermutlich nicht, dass er damit schwulen Aktivisten auf beiden Seiten der Mauer die Vorlage für eine Sprache des Protests und der Selbstbehauptung geliefert hatte. Auf der ersten Demonstration von Schwulen und Lesben 1972 in Münster wurde das Zitat bereits aufgegriffen. Die Protestierenden bemächtigten sich der Rhetorik des Kalten Kriegs und der Verächtlichmachung von Homosexuellen durch den Bayerischen Ministerpräsidenten, indem sie Strauß' Äußerung zum einen wiederholten und skandalisierten, sie zum anderen aber auch ins Gegenteil verkehrten und verkündeten: „Lieber ein warmer Bruder als ein kalter Krieger".[2] Der Slogan begann sich zu verbreiten und tauchte unter anderem 1978 als Titel einer Broschüre des Arbeitskreises Homosexualität der FDP-Jugendorganisation wieder auf.[3]

Der Begriff „Kalter Krieg" wurde 1946 von Herbert B. Swope, einem Mitarbeiter des US-amerikanischen Präsidentenberaters Bernard Baruch, geprägt und 1947 erstmals öffentlich verwendet. Er bezeichnet den globalen Ost-West-Konflikt zwischen den konkurrierenden Gesellschaftsentwürfen der staatssozialistischen „Volksdemokratie" auf der einen und der liberalkapitalistischen parlamentarischen Demokratie auf der anderen Seite vom Ende des Zweiten Weltkriegs bis zum Zerfall der Sowjetunion Anfang der 1990er Jahre.[4] Die Bezeichnung „warmer Bruder" für einen homosexuellen Mann ist in Berlin bereits für das 18. Jahrhundert belegt, wobei der Begriff immer abwertend konnotiert war.[5] Als positive Selbstbezeichnung wurde „warm" gelegentlich in den 1970er und 1980er Jahren von schwulen Aktivisten genutzt.

In der DDR war die westdeutsche Umkehrung des Strauß-Zitats anschlussfähig. Mit „Lieber ein warmer Bruder als ein kalter Krieger" überschrieb der Arbeitskreis Schwule in der Kirche sein Informationsplakat zur Friedenswerkstatt[6] 1983 auf

---

[1] Der Spiegel, H. 12, 1971. Laut „Der Spiegel" fiel dieser Satz des CSU-Vorsitzenden Franz Josef Strauß auf einer CDU-Wahlkundgebung in West-Berlin. „Die Zeit" zitierte Strauß bereits am 27. Februar 1970 mit der Äußerung „Ich will lieber ein kalter Krieger sein als ein warmer Bruder".
[2] Plastargias, RotZSchwul, S. 46.
[3] Die Jungdemokraten (Hrsg.), Lieber ein warmer Bruder als ein kalter Krieger. Arbeitskreis Homosexualität. Dokumentation, Berlin 1980.
[4] Vgl. Stöver, Der Kalte Krieg, S. 7.
[5] Die Bezeichnungen „schwül" und „schwul" als Synonyme für „warm" in Zusammenhang mit gleichgeschlechtlich begehrenden Männern existieren seit Anfang des 20. Jahrhunderts. Vgl. Skinner, Warme Brüder, S. 172–175.
[6] Friedenswerkstätten waren Veranstaltungen in der DDR, die seit 1982 auf kirchlichem Gelände stattfanden und auf denen sich Friedens-, Umwelt- und Menschenrechtsgruppen präsentierten. Sie fanden in allen größeren Städten der DDR statt; eine überregionale Bedeutung kam der jährlichen Friedenswerkstatt der Erlöserkirche in Ost-Berlin zwischen 1982 und 1987

dem Gelände der Erlöserkirche in Ost-Berlin.[7] Die jungen Männer kritisierten damit die Blockkonfrontation und traten wie viele andere Teilnehmer*innen der Friedenswerkstatt für Abrüstung und Frieden ein. Sie präsentierten sich aber auch erstmals als schwule Gruppe einer kleinen Öffentlichkeit in der DDR. Zu lesen war der Satz außerdem in einer Handreichung der Arbeitsgruppe Homosexuelle Liebe Jena mit dem Zusatz: „Wer Frieden will, muss auch bereit sein, warme Brüder leben zu lassen, von ihnen zu lernen und mit ihnen zu leben."[8] Damit verbündeten sich die Ostdeutschen nicht nur mit der westdeutschen Schwulenbewegung, sondern sie eigneten sich deren Slogan auch für die spezifische Situation in der DDR an, wo sich sowohl Schwulen- und Lesbengruppen als auch Friedensinitiativen in den 1980er Jahren unter dem Dach der evangelischen Kirche trafen und daher besonders nahestanden.

In der Rückschau dienten die „warmen Brüder" und die „kalten Krieger" noch deutlicher der Selbstverortung von Aktivisten. So veröffentlichte der Vikar und DDR-Schwulenaktivist Eduard Stapel 1999 ein Heft mit dem Titel „Warme Brüder gegen Kalte Krieger. Schwulenbewegung in der DDR im Visier der Staatssicherheit". Darin erklärt Stapel sich selbst wie auch andere Schwulenaktivisten und -gruppen zu Widerständlern gegen den SED-Staat und zu Opfern der Staatssicherheit.[9] Der DDR-Aktivist Christian Pulz wählte ebenfalls „Lieber ein Warmer Bruder als ein Kalter Krieger" als Titel für einen Aufsatz aus dem Jahr 2007, in dem er die Lesben- und Schwulengruppen in der DDR der 1980er Jahre als „Widerstandsbewegung" darstellt.[10]

Der zur Parole umgewandelte Satz von Franz Josef Strauß steht demnach für die grenzübergreifende Anschlussfähigkeit von Protest gegen die öffentliche Diffamierung von Homosexuellen im geteilten Deutschland der 1970er und 1980er Jahre, aber auch für die Durchlässigkeit der streng bewachten Grenze zwischen Ost und West. Er verweist auf die Ausgestaltung der Beziehungen zwischen den Schwulenbewegungen in den beiden deutschen Staaten genauso wie auf die Selbstverortung und Selbstbehauptung der Aktivisten in der DDR und in Ostdeutschland über die Friedliche Revolution hinaus. Der Titel „'Warme Brüder' im Kalten Krieg" kündigt somit eine deutsche-deutsche Verflechtungsgeschichte an, in der ostdeutsche, vor allem männliche Akteure im Mittelpunkt stehen.

Auch wenn die Geschichte des Kampfes für die Rechte und gegen die Diskriminierung von Homosexuellen weit zurückreicht und immer schon von transnationalen Verbindungen geprägt war, so brachte die Zeit Ende der 1960er Jahre doch eine neue Qualität: Im Kontext der Student*innenproteste, gesellschaftlicher und

---

zu. Vgl. jugend opposition in der DDR, Sachbegriffe, https://www.jugendopposition.de/lexikon/sachbegriffe/148397/friedenswerkstatt (28. 8. 2019).

[7] Privatarchiv Christian Pulz, Foto Friedenswerkstatt Erlöserkirche 1983.
[8] Thüringer Archiv für Zeitgeschichte (ThürAZ), P-GT-K-11.03, Sammlung Thomas Grund, Ordner „Schwulenarbeit", Arbeitsmaterial der Jungen Gemeinde Stadtmitte Jena, Informationsblatt „Lieber ein warmer Bruder als ein kalter Krieger", o. D.
[9] Stapel 1999, Warme Brüder.
[10] Pulz, Lieber ein Warmer Bruder, S. 30.

strafrechtlicher Liberalisierungen sowie schließlich der Stonewall Riots in den USA kam es zu einem Aufbruch von Aktions- und Emanzipationsgruppen in der Bundesrepublik, in Westeuropa und den USA, die breit aufgestellt und öffentlich sichtbar waren. Ihre Mitglieder eigneten sich bisher nahezu ausschließlich als Schimpfworte verwendete Begriffe wie schwul und lesbisch an, besetzten sie positiv und forderten die Anerkennung ihres *Andersseins*.[11] Im sozialistischen Ostblock ist für die 1970er Jahre nur eine aktivistische Homosexuellengruppe bekannt, und zwar in Ost-Berlin, die mit ihrer Nähe zum Westen als Teil des transnationalen Phänomens schwuler und lesbischer Bewegungen betrachtet werden muss. Aber sie war nicht nur das. Denn ihre Anhänger*innen verstanden sich immer zuerst als Schwule und Lesben *in der DDR* – so wie die ab den 1980er Jahren bei evangelischen Kirchengemeinden und später in staatlichen Jugendclubs angesiedelten ostdeutschen Gruppen auch. Das Transnationale und das Lokale gehören daher zusammen, wobei transnational in diesem Fall deutsch-deutsch bedeutet, weil nur diese Begegnungen, Transfers und Beobachtungen untersucht werden. Lokal heißt hierbei innerhalb der DDR, wo die im Fokus stehenden Personen und Zusammenschlüsse sich organisierten, mobilisierten, staatliche Stellen kontaktierten und versuchten, politische und gesellschaftliche Veränderungen zu bewirken. Wie sich zeigen wird, konnten gerade im Nebeneinander von transnationalen Bezügen und dem Agieren vor Ort Handlungsspielräume geschaffen und ausgeweitet werden.

Das Interesse gilt somit den grenzübergreifenden Kontakten schwuler DDR-Aktivisten in die Bundesrepublik und nach West-Berlin sowie ihren Selbstbehauptungsstrategien im eigenen Land. Die Fragestellung lautet, ob und wie sie über die Mauer hinweg Gemeinsamkeiten und kollektive Sinnzusammenhänge herstellten, welche Ideen und Impulse sie aus dem anderen Teil Deutschlands aufnahmen und für ihre Arbeit in der DDR produktiv zu machen versuchten. Welche Funktionen hatte das Sprechen über das jeweils andere Deutschland innerhalb der Bewegung und in der Kommunikation mit Staat und Gesellschaft? Welche Selbstbeschreibungen lassen sich wann und in welchem Kontext finden? Wie und wo verorteten sich die handelnden Akteure und inwiefern versuchten sie, die Systemkonkurrenz zu nutzen, um ihre Ziele zu erreichen? Die Blicke westdeutscher Schwulenaktivisten sowie schwullesbischer Medien werden einbezogen, um zum einen die Ost-West-Verhältnisse besser zu verstehen, zum anderen aber auch, um die Bedeutung der DDR für die Debatten und Auseinandersetzungen innerhalb der westdeutschen Schwulenbewegung einzuschätzen. Hauptanliegen bleibt, die Geschichte der Schwulenbewegung in der DDR nachzuvollziehen und zugleich die grenzübergreifenden Verflechtungen[12] schwuler Aktivisten als wesentliches Strukturelement für den Wandel im Umgang mit Homosexuellen in Deutschland herauszuarbeiten.

---

[11] Kursivschreibung wird im Folgenden nicht nur zur Hervorhebung verwendet, sondern dient auch zur Kennzeichnung von Begriffen, die in den Quellen regelmäßig gebraucht wurden. Darüber hinaus werden Begriffe kursiv gesetzt, um Distanz zu deren wörtlicher Bedeutung und/oder zu ihrem Verwendungszusammenhang zum Ausdruck zu bringen.
[12] Zur Definition grenzübergreifender Verflechtungen vgl. Kapitel I.3. Analyserahmen „Grenzübergreifende Verflechtungen und transnationale Prozesse".

2. Forschungsstand

Die Geschichte der Homosexualitäten ist in der historischen Forschung kein randständiges Thema mehr. Tatsächlich kann behauptet werden, dass die Zahl der Forschungsprojekte – insbesondere auch zur zweiten Hälfte des 20. Jahrhunderts – in den letzten Jahren stark zugenommen hat. Homosexualitätsdiskurse und Strafrechtsentwicklungen, Verfolgung und emanzipatorische Bewegungen, Subjektivierungen, subkulturelle und institutionelle Infrastrukturen sowie Vergangenheitserzählungen werden in jüngst veröffentlichten oder bald erscheinenden Forschungsarbeiten untersucht.[13] Dieses Buch reiht sich hier ein und steht damit für eine neue und breitere Hinwendung der universitären Forschung zu Fragen, die bisher vor allem in bewegungsnahen Einrichtungen und von Homosexuellenaktivist*innen gestellt wurden. Sie ist an der Schnittstelle angesiedelt, an der eine Geschichte der Homosexualitäten in Deutschland, die Geschichte der DDR und der deutschen Teilung sowie die Geschichte sozialer Bewegungen zusammentreffen. Zu jedem dieser Themen liegen unzählige Literaturtitel vor, die hier nicht vollständig vorgestellt werden können. Vielmehr werden lediglich diejenigen Schriften herausgegriffen, die entweder eine wichtige Grundlage darstellen oder als deren Weiterführung und Ergänzung sich das Buch versteht. Der Fokus liegt zunächst auf der Geschichte der Schwulen- und Lesbenbewegungen seit den 1970er Jahren.[14] Auf Abhandlungen zur deutschen Teilung und Konzepte sozialer Bewegungen wird im nächsten Abschnitt zum Analyserahmen eingegangen.

Seit ihrem Entstehen in den 1970er Jahren begriff die westdeutsche Schwulen- und Lesbenbewegung die Suche nach und die Hervorbringung einer eigenen Geschichte als Bewegungsarbeit,[15] die somit selbst einen Untersuchungsgegenstand

---

[13] Vgl. u. a. Griffiths, The Ambivalence of Gay Liberation; Henze, Schwule Emanzipation; Schwartz, Homosexuelle, Seilschaften, Verrat; Plötz/Velke, Aufarbeitung von Verfolgung; Heinrich/Kirchknopf (Hrsg.), Homosexualitäten revisited; Ebner, Religion im Parlament; Fitschen, Liebe zwischen Männern?; Grau/Plötz, Aufarbeitung der strafrechtlichen Verfolgung; Borowski, Parallelwelten; Beachy, Das andere Berlin; Domeier u. a. (Hrsg.), Gewinner und Verlierer; Marbach/Weiß (Hrsg.), Konformitäten und Konfrontationen; Pretzel/Weiß (Hrsg.), Politiken in Bewegung; Beljan, Rosa Zeiten?; Mildenberger u. a. (Hrsg.), Was ist Homosexualität?; Pretzel/Weiß (Hrsg.), Zwischen Autonomie und Integration; Weeks, Sexuelle Gleichberechtigung; Ewing, The Color of Desire (unveröffentlicht); Rottmann, Queer Home Berlin? (unveröffentlicht); Bühner, Lesbische Subjektwerdung in der DDR (Dissertationsprojekt).

[14] Literaturtitel zur LSBTI*-Geschichte bis in die 1970er Jahre hat Christiane Leidinger zusammengestellt: Leidinger/Senatsverwaltung für Justiz, Verbraucherschutz und Antidiskriminierung Landesstelle für Gleichbehandlung – gegen Diskriminierung (Hrsg.), Auswahlbibliographie zu LSBTI-Geschichte.

[15] Vgl. u. a. Kuckuc, Der Kampf gegen Unterdrückung; Steakley, The homosexual emancipation movement; Lautmann (Hrsg.), Seminar Gesellschaft und Homosexualität; Magnus-Hirschfeld-Gesellschaft e. V. (Hrsg.), Mitteilungen der Magnus-Hirschfeld Gesellschaft, seit 1983; Bolle, Eldorado; Herzer, Manfred (Hrsg.), Capri. Zeitschrift für schwule Geschichte, seit 1985; Kokula, Weibliche Homosexualität; Schoppmann, „Der Skorpion"; Stümke/Finkler, Rosa Winkel; Schilling, Schwule und Faschismus; Herzer/Steakley, Von einst bis jetzt; Stümke, Homosexuelle in Deutschland.

darstellt.[16] Doch ohne dieses Gemeinschaft stiftende Interesse sowohl an der Sichtbarmachung von Vorkämpfer*innen für die Rechte als auch an der Verfolgung von Schwulen und Lesben wäre das Bild von einer homosexuellen Vergangenheit vermutlich bis heute geprägt von medizinischen und juristischen Diskursen. In der DDR konnte bis Ende der 1980er Jahre dagegen keine einzige Publikation zur Geschichte der Homosexualitäten offiziell herausgegeben werden, sodass Interessierte auf westdeutsche Transfers zurückgreifen mussten. Die Frage, inwiefern dadurch etwa eine grenzübergreifende gemeinsame Vergangenheit jenseits der offiziellen Geschichtspolitik entstehen konnte, soll unter anderem in den nachfolgenden Kapiteln beantwortet werden.

Die Zeit nach 1945 geriet ab den 1980er Jahren in den Fokus von (vor allem westdeutschen) Historiker*innen schwul-lesbischer Geschichte, die sich dann zumeist jedoch entweder der DDR oder der Bundesrepublik widmeten.[17] Diese getrennte Betrachtung der jüngsten Zeitgeschichte setzte sich nach der deutschen Einheit fort, und dass bis heute hauptsächlich ost- oder westdeutsche Erzählungen erscheinen,[18] lässt sich mit Christoph Kleßmann ebenfalls als „ein Produkt der deutschen Nachkriegsgeschichte" verstehen.[19] Allerdings konnten nach 1989/90 schließlich auch ostdeutsche Autor*innen ihre Forschungen publizieren.[20]

Die geteilte Geschichtsschreibung hat zur Folge, dass Formen homosexuellen Engagements sowie der Wandel im staatlichen Umgang mit Homosexualität fast ausschließlich aus den jeweiligen nationalen politischen, gesellschaftlichen und sozialen Bedingungen heraus erklärt werden. Dies trifft insbesondere für die DDR zu, die mit dem Zusammenbruch des SED-Regimes zu einem abgeschlossenen Kapitel der Geschichte geworden ist und damit vorrangig für sich alleine betrachtet wird.[21] Erstmals in vergleichender Betrachtung widmet sich Samuel C. Huneke

---

[16] Vgl. u. a. Tomberger, Homosexuellen-Geschichtsschreibung; Hájková, Queere Geschichte und der Holocaust; Bühner, Die Kontinuität des Schweigens; Zinn, Abschied von der Opferperspektive; Heinrich, Wessen Denkmal?; Beljan, Rosa Zeiten?; Micheler/Michelsen, Geschichtsforschung und Identitätsstiftung, 1997, http://www.stefanmicheler.de/wissenschaft/art_ahnengalerie_1997.html (30. 6. 2020).

[17] Vgl. u. a. Kowalski, Homosexualität in der DDR; Stümke, Homosexuelle in Deutschland; Dannecker/Frieling (Hrsg.), Schwule Regungen; Salmen/Eckert, 20 Jahre bundesdeutsche Schwulenbewegung; Kraushaar, „Nebenwidersprüche".

[18] Vgl. u. a. Henze, Schwule Emanzipation; Marbach/Weiß (Hrsg.), Konformitäten und Konfrontationen; Pretzel/Weiß (Hrsg.), Zwischen Autonomie und Integration; Pretzel/Weiß (Hrsg.), Rosa Radikale; Pretzel/Weiß (Hrsg.), Ohnmacht und Aufbegehren; Wolfert, Homosexuellenpolitik in der jungen Bundesrepublik; Whisnant, Male homosexuality in West Germany; Beljan, Rosa Zeiten?; Moeller, Private Acts; Holy, Historischer Abriss der zweiten deutschen Schwulenbewegung.

[19] Kleßmann, Spaltung und Verflechtung, S. 23.

[20] Vgl. u. a. Herrn, Schwule Lebenswelten im Osten; Thinius, Aufbruch aus dem grauen Versteck; Grau (Hrsg.), Lesben und Schwule, was nun?; Grau, Sozialistische Moral und Homosexualität; Grau, Im Auftrag der Partei; Grau, Ein Leben im Kampf gegen den Paragraphen 175; Grau, Erpressbar und tendenziell konspirativ; Stapel 1999, Warme Brüder; Starke (Hrsg.), Schwuler Osten.

[21] Vgl. u. a. Borowski, Parallelwelten; Heck, Homosexualität in der DDR; Marbach/Weiß (Hrsg.), Konformitäten und Konfrontationen; Evans, Decriminalization; Heinrich-Böll-Stiftung Sach-

dem rechtlichen und politischen Wandel im Umgang mit männlicher Homosexualität sowie den Bewegungen homosexueller Männer in den beiden deutschen Staaten von 1945 bis 1990. In seinem 2022 erschienenen Buch „States of Liberation" argumentiert Huneke, dass sexuelle Liberalisierung unter verschiedenen politischen und ökonomischen Bedingungen spezifische Formen annehmen kann und nicht auf westliche Demokratien beschränkt ist. Eine seiner wichtigsten Thesen ist, dass in der DDR der 1980er Jahre Reformen in Bezug auf Homosexuelle möglich waren, die sich weder die Zeitgenoss*innen noch viele Historiker*innen vorstellen konnten und können. Zwar habe es sich bei der DDR um ein autoritäres Regime gehandelt, die Staats- und Parteiführung sei jedoch durchaus auf die sozialen Interessen der Bevölkerung eingegangen und habe bemerkenswert offen auf die Forderungen der Schwulen- und Lesbenbewegung reagiert.[22] Einsichten zu den Begegnungen und Transfers zwischen homosexuellen Aktivist*innen liefern die Arbeiten der britischen Historikerin Josie McLellan.[23] Sie zeigt, dass Ideen und Materialien aus dem Westen für die Entwicklung der ersten DDR-Schwulen- und Lesbengruppe Anfang der 1970er Jahre in Ost-Berlin existenziell waren.[24] In ihrem Buch „Love in the Time of Communism", das unter anderem den Kampf schwuler Männer und lesbischer Frauen um den öffentlichen Raum in der DDR der 1970er und 1980er Jahre untersucht, hebt sie ebenfalls die wichtige Rolle hervor, die der von westlichen Besucher*innen in den Osten transportierten Literatur sowie anderen Informationsquellen zukam. Durch diese Lektüre hätten Homosexuelle in der DDR nicht nur Einblick in die schwul-lesbische Subkultur und die politischen Entwicklungen in der Bundesrepublik erhalten, sondern konnten sich auch über die Geschehnisse in ihrem eigenen Land informieren.[25] Was die kritische Auswertung von Positionspapieren und Korrespondenzen der ostdeutschen Schwulen- und Lesbenbewegung angeht, besteht eine Forschungslücke. Weder für die 1970er noch für die 1980er Jahre wurde bisher herausgearbeitet, wie und mit wem die Gruppen und Aktivist*innen kommunizierten, welche Standpunkte sie wem gegenüber einnahmen, wie sie sich westliche Literatur aneigneten und wie

---

sen-Anhalt/LSVD Sachsen-Anhalt (Hrsg.), Lesben und Schwule in der DDR; Dobler (Hrsg.), Verzaubert in Nord-Ost; Setz, Homosexualität in der DDR; Soukup/Brühl (Hrsg.), Die DDR, die Schwulen, der Aufbruch; Kokula/Referat für gleichgeschlechtliche Lebensweisen (Hrsg.), Geschichte und Perspektiven von Lesben und Schwulen in den neuen Bundesländern. Darüber hinaus hat Michael Holy eine umfangreiche Bibliographie zur Schwulen- und Lesbenbewegung in der DDR zusammengestellt, die unter anderem zahlreiche zeitgenössische und historische Beiträge in Zeitschriften sowie graue Literatur enthält. Vgl. Holy, Bücher, Artikel, Filme zur Geschichte der Schwulen- und Lesbenbewegung in der DDR.

[22] Huneke, States of Liberation.
[23] McLellan, Glad to be Gay. Eine Dissertation, die zum Zeitpunkt der Fertigstellung dieses Buches leider noch nicht veröffentlicht war, nimmt zudem Ost- und West-Berlin genauer in den Blick: Rottmann, Queer Home Berlin? Making Queer Selves and Spaces in the Divided City, 1945–1970. Eine überarbeitete Fassung der Arbeit wird voraussichtlich 2023 unter dem Titel Queer Lives Across the Wall erscheinen.
[24] Vgl. McLellan, Glad to be Gay, S. 126.
[25] Vgl. McLellan, Love in the Time of Communism.

sie sich selbst darstellten. Ein genauerer Blick darauf lohnt, weil die darin erkennbaren Strategien Auskunft über aktivistisches Handeln in der DDR und über Gestaltungsoptionen geben, die trotz oder gerade wegen des Kalten Kriegs bestanden.

In der historischen Forschung fehlen ebenfalls Erkenntnisse darüber, welche Wirkungen von Akteur*innen und staatlichen Entscheidungen in der DDR auf den Westen ausgingen. Die anschließenden Kapitel beschäftigen sich deshalb auch mit der Frage, ob, wie und aus welchen Motiven sich westdeutsche Schwulenaktivisten mit der DDR und der ostdeutschen Bewegung befassten.

Der staatliche Umgang mit Homosexualität in der DDR und in der Bundesrepublik, wie er etwa am jeweiligen Strafrecht ablesbar ist, wird in der Forschung bisher ausschließlich nebeneinander oder in vergleichender Perspektive dargestellt.[26] Eine ausführliche Analyse der deutschen-deutschen Verflechtungen auf dieser Ebene ist zwar nicht Gegenstand dieses Buches. Es kann allerdings gezeigt werden, dass schwule Aktivisten auf beiden Seiten der Mauer die Geschehnisse im jeweils anderen Land beobachteten und mithilfe von Bezugnahmen – beispielsweise auf dortige Reformen – ihre Forderungen und Argumentationen im eigenen Land abstützten.

Für die Bundesrepublik bezeichnet Magdalena Beljan die Geschichte der Homosexualität als eine der „De-/Normalisierung, spezifischer Subjektivierung und bestimmter Problematisierung".[27] Sie untersucht Diskurse und Praktiken, in denen männliche Homosexualität zum Problem gemacht wurde, wobei es ihr darum geht herauszuarbeiten, wie sowohl Selbst- als auch Fremdzuschreibungen, Grenzziehungen und Differenzierungen Homo- und Heterosexualität erst konstituieren. Sie bezieht sich dabei auf Michel Foucault, der Sexualität als ein wesentliches Identitätsmerkmal der Moderne beschreibt. Diese Beschreibung treffe in besonderem Maße auf homosexuelle Männer seit den 1970er Jahren zu, so Beljan, die Homosexualität zunehmend als „Wahrheit" über sich selbst verstanden.[28] Patrick Henze (Patsy l'Amour laLove) fragt in seiner Dissertation über „Schwule Emanzipation und ihre Konflikte" nach kollektiven Praktiken, theoretischen Auseinandersetzungen und der Herstellung historischer Erzählungen innerhalb westdeutscher schwuler Aktionsgruppen in den 1970er Jahren. Ein Kapitel widmet er der „Tunte", der er die Rolle einer – wenn auch immer umstrittenen – „avantgardistische[n] politische[n] Gallionsfigur" zuschreibt.[29] Mit Tunte als kämpferischer Selbstbezeichnung versuchten Aktivisten aus den Schwulengruppen, eine die patriarchale Ordnung überwindende Form schwuler Emanzipation zu leben.[30] Beljan, Henze und andere Autor*innen geben damit wichtige Einblicke in die Selbstdarstellun-

---

[26] Vgl. u. a. Rinscheid, Entkriminalisierung ohne Individualisierung?; Schulz/Sartorius, Paragraph 175; Schäfer, „Widernatürliche Unzucht"; Herrn, Anders bewegt; Stümke, Homosexuelle in Deutschland; Grimm/Herzer (Hrsg.), Die Geschichte des § 175.
[27] Beljan, Rosa Zeiten?, S. 17.
[28] Ebenda, S. 18.
[29] Henze, Schwule Emanzipation, S. 261.
[30] Vgl. ebenda, S. 261–286.

gen und Konflikte der westdeutschen Schwulenbewegung der 1970er Jahre und 1980er Jahre.[31] Sie sind der Ausgangspunkt für die vorliegende Untersuchung, die danach fragt, ob und wann es ähnliche oder ganz andere Auseinandersetzungen innerhalb der ostdeutschen Schwulenbewegung gegeben hat und inwiefern sich diese Debatten auf die Entwicklungen in Westdeutschland bezogen. Wie sprachen ostdeutsche Schwulenaktivisten über Sozialismus, Tunten, AIDS und Pädophilie? Wie wurde in der DDR an die homosexuellen Opfer des Nationalsozialismus erinnert? Die Studie zieht folglich deutsch-deutsche Verflechtungen heran, um den historischen Wandel im Umgang mit Homosexualitäten zu erklären und beabsichtigt, eine Lücke in der Erforschung der jüngsten Geschichte der Homosexualitäten in Deutschland zu schließen. Darüber hinaus soll so dazu beigetragen werden, die immer noch vorherrschende Teilung in der historischen Forschung zu überwinden.

3. Analyserahmen

Die Untersuchung konzentriert sich auf männliche Akteure und ihr Handeln in Zusammenhängen, die als Schwulenbewegung oder Schwulenaktivismus bezeichnet werden. Der Schwerpunkt liegt dabei auf den Ostdeutschen, die sich in den 1970er und 1980er Jahren engagierten, Verbindungen nach Westdeutschland pflegten und sich zugleich innerhalb der DDR und der Systemkonkurrenz zwischen Ost und West verorten und behaupten mussten. Die Analyse kann dabei auf eine Vielzahl an Theorien zurückgreifen, die das Verhältnis zwischen DDR und Bundesrepublik, transnationale Netzwerke, DDR-Geschichte sowie soziale Bewegungen bereits konzeptualisiert haben. Im nachfolgenden Überblick wird vorgestellt, welche grundsätzlichen Überlegungen sich diesen Theorien zu den wichtigsten Fragen der Arbeit entnehmen lassen. Die Geschichte der Homosexualitäten und theoretische Ansätze zu ihrer Erforschung werden in Kapitel II thematisiert.

Deutsch-deutsche Zeitgeschichte

Ein gesellschaftlicher und politischer Wandel sowie rechtliche Reformen in den beiden deutschen Staaten bilden die Voraussetzung für den Aufbruch neuer Schwulen- und Lesbenbewegungen. Für die erste Schwulen- und Lesbengruppe im Ost-Berlin der 1970er Jahre und die breitere Bewegung in den 1980er Jahren waren zudem weitere Faktoren prägend: politische Liberalisierungstendenzen in der DDR, eine reformorientierte Wissenschaft sowie die Öffnung evangelischer Kirchgemeinden in der DDR für schwul-lesbische Gruppen in den 1980er Jahren.

---

[31] Vgl. außerdem Pretzel/Weiß (Hrsg.), Rosa Radikale; Pretzel/Weiß (Hrsg.), Zwischen Autonomie und Integration; Haunss, Identität in Bewegung; Griffiths, Gay activism in Modell Deutschland; Griffiths, Between Triumph and Myth; Griffiths, Sex, Shame and West German Gay Liberation.

Die These ist, dass nicht zuletzt das Verhältnis der beiden deutschen Staaten zueinander für die – hier vornehmlich – schwulen Selbstorganisationen in der DDR relevant war.

Sie werden deshalb vor dem Hintergrund einer im doppelten Sinn geteilten Geschichte betrachtet, wie es Frank Bösch für die Analyse der deutsch-deutschen Zeitgeschichte vorschlägt, die dabei eine getrennte Geschichtsschreibung überwinden möchte.[32] „Geteilt" verweist zum einen auf die Teilung und Abgrenzung beider Staaten und Gesellschaften, zum anderen aber auch auf Gemeinsamkeiten, das heißt die gemeinsame Teilhabe an Entwicklungen.[33] Bösch nennt vor allem vier Gründe, die für die Erforschung deutscher Geschichte als Geschichte beider deutscher Staaten sprechen: Erstens bildet die Vergangenheit der beiden Teilstaaten einen gemeinsamen Erfahrungshintergrund, der Gesellschaft, Kultur, Wirtschaft und Mentalitäten weiterhin prägt. Zweitens bezeichnet Bösch Ost- und Westdeutschland als eine Kommunikationsgemeinschaft, die durch den – wenn auch asymmetrischen – grenzübergreifenden Empfang von Radio und Fernsehen aufrechterhalten wurde. Drittens nennt Bösch die durch Konkurrenz und wechselseitige Abgrenzung begründete starke Bezugnahme beider Länder aufeinander. Einerseits wurden Praktiken und Denkmuster des Nachbarn zurückgewiesen, andererseits förderte die Rivalität Anstrengungen im eigenen Land. Das vierte Argument für eine geteilte deutsch-deutsche Geschichte liefert die Wiedervereinigung: Um die Gegenwart und die Schwierigkeiten beim Zusammenwachsen der beiden Teile zu verstehen, muss die geteilte Vorgeschichte in den Blick genommen werden, so Bösch.[34]

Christoph Kleßmanns Konzept einer „asymmetrisch verflochtenen Parallelgeschichte" von DDR und Bundesrepublik geht von einer grundsätzlichen Bezogenheit beider deutscher Staaten aufeinander, aber auch von einer größeren Abhängigkeit der DDR von der Bundesrepublik aus.[35] Zugleich gilt es allerdings zu bedenken, dass die zwei Staaten und ihre Gesellschaften sich „auf getrennten Wegen entwickelten" und „nicht in jeder Hinsicht aufeinander bezogen" waren.[36] Für die Geschichte der Schwulenbewegungen als einer „themenbezogene[n] Parallelgeschichte"[37] kann demnach ebenfalls angenommen werden, dass sich sowohl

---

[32] Bösch (Hrsg.), Geteilte Geschichte.
[33] Vgl. Bösch, Geteilt und verbunden, S. 8.
[34] Vgl. ebenda, S. 19–21.
[35] Der Begriff „asymmetrisch verflochtene Parallelgeschichte" wurde Anfang der 1990er Jahre von Christoph Kleßmann für die Nachkriegsgeschichte Deutschlands geprägt und in verschiedenen seiner eigenen sowie in Beiträgen anderer Autor*innen aufgegriffen und weiterentwickelt. Vgl. u. a. Kleßmann, Verflechtung und Abgrenzung; Kleßmann, Zwei Staaten, eine Nation; Kleßmann/Misselwitz/Wichert (Hrsg.), Deutsche Vergangenheiten; Brunner/Kötzing/Grashoff, Asymmetrisch verflochten?; Wengst/Wentker (Hrsg.), Das doppelte Deutschland; Kleßmann/Lautzas, Teilung und Integration.
[36] Wentker, Zwischen Abgrenzung und Verflechtung, S. 11.
[37] Jarausch, „Die Teile als Ganzes erkennen", in: Zeithistorische Forschungen/Studies in Contemporary History 1 (2004), H. 1, https://zeithistorische-forschungen.de/1-2004/id=4538 (1. 7. 2020).

eigenständige als auch voneinander beeinflusste Entwicklungen sowie asymmetrische Beziehungen ausmachen lassen. Die Vermutung liegt nahe, dass es spezifische, der Teilung Deutschlands geschuldete Gegebenheiten waren, die das Handeln der historischen Akteure mitbestimmten. Die Plausibilität dieser These hat sich bereits in Bezug auf andere Themen gezeigt. So gibt es beispielsweise Belege dafür, dass die Entstehung und die Entwicklung der DDR-Umweltbewegung wesentlich durch Transfers und Austausch über die Grenze hinweg beeinflusst wurden.[38]

Arnd Bauerkämper geht ebenfalls davon aus, dass das Verhältnis zwischen DDR und Bundesrepublik insofern asymmetrisch war, als der Osten immer stärker am Westen orientiert war als umgekehrt. Der Stellenwert der DDR für die Regierung in Bonn wie auch für die Bevölkerung in der Bundesrepublik habe im Laufe der vier Jahrzehnte der Teilung abgenommen, während die Fixierung der DDR vor allem auf die westliche Konsumkultur zunahm.[39] Die Verflechtungsgeschichte schwuler Aktivisten im geteilten Deutschland widerspricht der Beobachtung eines abnehmenden westdeutschen Interesses am Osten. Im Gegenteil: In schwul-lesbischen Medien der Bundesrepublik der 1980er Jahre nahmen Berichte über Homosexualität und die Schwulen- und Lesbenbewegung in der DDR sogar deutlich zu, woraufhin sich die Aktivisten im Osten dazu veranlasst sahen, demonstrativ Nähe zum SED-Staat zu zeigen und sich gegenüber dem westdeutschen Interesse abzugrenzen. Dies bestätigt allerdings wiederum die These Bauerkämpers, dass Verflechtung und Abgrenzung in einem dialektischen Verhältnis zueinander stehen.[40] Gegenseitige Wahrnehmungen, Transfers und Begegnungen führten zu Verschiebungen im Verhältnis der Protagonisten zueinander und damit zu einem Wandel der Verflechtungen und Abgrenzungen. Parallel zur Zunahme von Verbindungsmomenten lassen sich demnach einerseits wachsende gemeinsame Sinnstrukturen und Handlungsräume, andererseits aber auch eine Betonung von Eigenständigkeit und die Abschottung gegenüber Versuchen der Kontaktaufnahme erkennen.[41]

---

[38] Vgl. Kirchhof, Structural Strain, S. 138 f.

[39] Vgl. Bauerkämper, Verflechtung in der Abgrenzung, S. 76. Auch Bernd Faulenbach spricht von einem verstärkten asymmetrischen Charakter der Beziehungen zwischen DDR und Bundesrepublik seit den 1970er Jahren. Auf allen Ebenen sei die DDR an der Bundesrepublik interessiert gewesen, während die DDR aus westlicher Perspektive eher unattraktiv und grau aussah. Vgl. Faulenbach, Tendenzen, Verflechtungen, S. 86.

[40] Vgl. Bauerkämper, Verflechtung in der Abgrenzung, S. 77.

[41] Zur Erklärung dieser widersprüchlich erscheinenden Tendenzen kann die Grenzraumforschung herangezogen werden. Grenzen werden nach Hans-Jürgen Karp staatlich organisiert und kontrolliert; gleichzeitig tragen sie durch die Abgrenzung zur Bildung oder Wahrung lokaler Interessen und Identitäten bei. Die Grenze wird somit zu einem Faktor, der das Leben an und mit der Grenze bestimmt. Jedoch nicht nur die Abgrenzung, sondern auch Austausch und grenzüberschreitende Interaktionen werden zu einem Merkmal der historischen Entwicklung an der Grenze. Vgl. Karp, Grenzen, S. 11–15; Haslinger, Funktionsprinzip Staatsgrenze, S. 61. Wie Edith Sheffer anhand des Verhältnisses zwischen den beiden Städten Sonneberg in Thüringen und Neustadt in Bayern zwischen 1945 und 1989 zeigt, hatte die Grenze wesentlichen Einfluss darauf, wie sich Ost- und Westdeutsche gegenseitig wahrnahmen. Bemerkenswerterweise führten mehr persönliche Kontakte zu größerer Entfremdung und Distanzierung, weil die Unterschiede zwischen beiden Ländern und alltäglichen Lebensbereichen

Petra Weber bezeichnet die deutsch-deutsche Geschichte als eine „Parallel-, Kontrast-, Vergleichs-, Perzeptions- und Beziehungsgeschichte".[42] Diese fünf Perspektiven sind es letztlich, die die konkrete Analyse der geteilten Vergangenheit schwuler Bewegungen in Deutschland bestimmen. Allerdings kann in der vorliegenden Arbeit nicht wie bei Weber auf beide Seiten in gleichem Umfang eingegangen werden.

Grenzübergreifende Verflechtungen und transnationale Prozesse

Angelehnt an Michael Werner und Bénédicte Zimmermann werden mit Verflechtungen sowohl Vorgänge als auch Ergebnisse transnationaler Prozesse bezeichnet.[43] Auf der Ebene der Vorgänge bestehen Verflechtungen aus Kontakten zwischen Akteur*innen, Transfers von Wissen und Materialien sowie gegenseitigen Wahrnehmungen und Bezugnahmen. Dabei werden Beschränkungen, beispielsweise der Kommunikation, sowie bewusste und unbewusste Abgrenzungen immer als Teil dieser aktiv vollzogenen Verflechtungen verstanden. Auf der zweiten Ebene kennzeichnen Verflechtungen aber auch die Resultate der eben genannten Vorgänge. Dazu gehören Aneignungen von ausgetauschten Informationen und Ideen, Konstruktionen von Selbst- und Fremdbildern sowie von Zugehörigkeiten und nicht zuletzt die Verschiebung von Handlungsspielräumen und -möglichkeiten. Eine Verflechtungsgeschichte (histoire croisée), betonen Werner und Zimmermann, muss zudem immer von den handelnden Akteur*innen ausgehen, von den Konflikten, in denen sie standen, und von ihren Ansätzen, diese Konflikte zu lösen. Die damit einhergehenden Modifizierungen und Verhaltensänderungen sind einzubeziehen. Dabei gelte es, nicht nur Aktionen und Argumentationen darzustellen, sondern ebenso Machtverhältnisse und Entscheidungsspielräume zu beachten.[44]

Zwar lässt sich darüber streiten, ob die Beziehungen zwischen DDR und Bundesrepublik zutreffend als transnational bezeichnet werden können, weil dafür nach herkömmlichem Verständnis verschiedene Nationen nötig sind, zwischen denen etwas transferiert wird; dennoch lohnt der Blick auf Theorien zu transnationalen Prozessen auch für den deutsch-deutschen Fall. Diese Ansätze können helfen, Antworten zu finden auf die Frage nach den Konsequenzen grenzüberschreitender Interaktionen, die Jürgen Mittag und Berthold Unfried als Kern transnationaler Prozesse beschreiben und in denen insbesondere personelle Netzwerke die Funktion

---

Hauptthema persönlicher Gespräche waren und dabei immer deutlicher wurden. Die Reisen Westdeutscher in die DDR öffneten eine Vielzahl inoffizieller Kommunikationskanäle, die persönlichen Beziehungen blieben letztlich aber durchdrungen von den staatlichen Differenzen. Vgl. Sheffer, Burned Bridge, S. 213, 228 f.
[42] Weber, Getrennt und doch vereint, S. 15.
[43] Vgl. Werner/Zimmermann, Vergleich, Transfer, Verflechtung, S. 618.
[44] Vgl. ebenda, S. 617.

von Transmissionsmedien übernehmen.[45] Zu diesen Konsequenzen zählen etwa Zugehörigkeitsgefühle, kulturelle Gemeinsamkeiten oder sich angleichende Lebensformen in den Gesellschaften, zwischen denen es zu Transfers kommt. Für die vorliegende Untersuchung, die nach Selbstverortungen fragt, ist es besonders wichtig, Konstruktionen des *Fremden* und des *Eigenen* zu analysieren. Die Frage nach transnationalen Prozessen kann aber auch helfen, Strukturen und gesellschaftliche Veränderungen zu erklären, die im nationalen Rahmen nicht vollständig erfassbar sind.[46] Zwar bestimmen die lokalen Voraussetzungen nicht nur die Aussichten auf die Mobilisierung einer sozialen Bewegung, sondern prägen auch die Forderungen, die von ihr erhoben werden können. Gleichzeitig muss aber untersucht werden, wie sich transnationale Einflüsse mit lokalen Problemen, Zielen und Traditionen verbinden. Welche Bedingungen sind gegeben, die Transfers und Aneignungen möglich machen und mitgestalten? Und wie imaginieren sich lokale Akteur*innen in einer globalen Welt und erschaffen damit neue kognitive Landkarten, das heißt Vorstellungen von räumlicher sowie sozialer Nähe und Distanz?[47]

Für die Analyse der Quellen ist der Begriff der Aneignung zentral. Es wird dabei ein Verständnis von Aneignung zugrunde gelegt, das dem Konzept des Kulturtransfers entstammt. Kulturtransfer wiederum wird Matthias Middell zufolge verstanden als ein „aktiv durch verschiedene Mittlergruppen betriebener Aneignungsprozess, der von den Bedürfnissen der Aufnahmekultur gesteuert wird".[48] Demnach entscheiden sich Akteur*innen bewusst, Vergleiche zwischen verschiedenen Kulturen anzustellen und Ideen und Dinge zu transferieren, um sie sich aneignen zu können und so Mängel in der eigenen Kultur zu kompensieren. Angeeignet wird demnach, was geeignet ist, zuvor festgestellte Defizite zu beheben. Dabei wird davon ausgegangen, dass sich die Akteur*innen in voneinander getrennten Räumen bewegen, gleichzeitig aber die Möglichkeit haben, zum jeweils anderen Raum – also etwa auch transnationale – Kontakte aufzunehmen.[49]

Soziale Bewegung als Netzwerk

Gab es in der DDR überhaupt eine Schwulenbewegung, die als eine soziale Bewegung bezeichnet werden kann? Die Soziologen Roland Roth und Dieter Rucht definieren soziale Bewegung als ein „Netzwerk von Gruppen und Organisationen",

---

[45] Vgl. Mittag/Unfried, Transnationale Netzwerke, S. 10 f.
[46] Vgl. ebenda, S. 14 f. Dass der Nationalstaat als Bezugsrahmen nicht ausreicht, um lokale Ereignisse zu erklären, hat Timothy Brown für das Jahr und das Phänomen „1968" gezeigt. Seiner Ansicht nach wird zu oft als selbstverständlich wahrgenommen, dass Entwicklungen in verschiedenen Ländern ähnlich verlaufen. Eine solche Parallelität von Entwicklungen setzt jedoch transnationale Einflüsse und die aktive Imagination von Zugehörigkeit zu Gemeinschaften voraus, die über nationale Grenzen hinausgehen. Vgl. Brown, „1968" East and West, S. 69.
[47] Vgl. ebenda, S. 70–72.
[48] Middell, Kulturtransfer, in: Docupedia-Zeitgeschichte, 28. 1. 2016, http://docupedia.de/zg/middell_kulturtransfer_v1_de_2016 (15. 7. 2020).
[49] Vgl. ebenda.

das sich auf eine kollektive Identität stützt, eine gewisse Kontinuität des Protestgeschehens aufweist und mit dem Anspruch auftritt, gesellschaftlichen Wandel mitzugestalten[50] Nach Hartmut Kaelble waren die sogenannten neuen sozialen Bewegungen sowohl ein ost- als auch ein westdeutsches Phänomen der 1970er und 1980er Jahre, wenngleich sie sich in ihren Zielen, Protestformen und Trägergruppen unterschieden.[51] Es ist jedoch durchaus strittig, ob sich der Begriff der sozialen Bewegung auf die Protestgruppen in der DDR überhaupt anwenden lässt, weil die Akteur*innen, ihre Netzwerke und Strategien nicht der klassischen Definition entsprachen, wie sie für den westeuropäischen Kontext geprägt wurde, so Ehrhart Neubert. In der DDR war beispielsweise eines der wichtigsten Ziele von Friedens-, Umwelt- und Menschenrechtsgruppen, Freiräume für politisches Engagement überhaupt erst zu finden und auszuweiten.[52] Anti-Atomkraft- und andere Protestgruppen entstanden im Westen in den 1970er Jahren, während es ähnliche Zusammenschlüsse in der DDR erst seit den 1980er Jahren gab, die zudem deutlich kleiner waren als im Nachbarland, wie Frank Bösch und Jens Gieseke feststellen. Gemeinsam war den ost- und westdeutschen Initiativen, dass sie sich zunehmend weniger an Gesellschaftstheorien abarbeiteten; stattdessen übten sie Kritik an Militarisierung und Konsum und wandten sich ökologischen und basisdemokratischen Themen zu. Außerdem waren die Gruppen sowohl im Osten als auch im Westen lokal organisiert und lose untereinander vernetzt. Ein wichtiger Unterschied war allerdings, dass in der DDR jeder Protest, „ob gewollt oder nicht, zugleich ein Protest gegen das Verbot zu protestieren war und damit das System auf einer zweiten Ebene in Frage stellte".[53] Die ostdeutschen Gruppen konnten sich in deutlich geringerem Maße öffentlich äußern und wurden viel stärker von der Politik stigmatisiert und bekämpft. Ihre Aktivitäten blieben meistens auf kleine kirchliche oder private Räume begrenzt und ihr Verhältnis zum Staat und zur SED als führender Partei war überwiegend distanziert.[54]

Beim Betrachten schwulenbewegter Aktivitäten in Ost- und Westdeutschland lassen sich ebenfalls Gemeinsamkeiten und Unterschiede ausmachen. Die Aktivisten in der Bundesrepublik knüpften an die Ideen der Student*innenbewegung an und proklamierten eine eigene Identität der Schwulen, sie grenzten sich gegenüber der auf Anpassung an gesellschaftliche Erwartungen ausgerichteten Homophilenbewegung der 1950er und 1960er Jahre ab und trugen ihr *Schwulsein* selbstbewusst in die Öffentlichkeit.[55] Sie vollzogen einen „radikalen Bruch", indem sie mit Straßenprotest und anderen Aktionsformen auf sich aufmerksam machten und

---

[50] Roth/Rucht, Einleitung, S. 13 f.
[51] Vgl. Kaelble, Die Debatte über Vergleich und Transfer, in: Connections. A Journal for Historians and Area Specialists, 8. 2. 2005, www.connections.clio-online.net/article/id/artikel-574, (1. 7. 2020).
[52] Vgl. Neubert, Was waren Opposition, Widerstand und Dissidenz in der DDR?, S. 27.
[53] Bösch/Gieseke, Der Wandel des Politischen in Ost und West, S. 61.
[54] Vgl. ebenda, S. 67.
[55] Vgl. Dobler/Rimmele, Schwulenbewegung, S. 542.

Utopien für das Zusammenleben in der gesamten Gesellschaft entwickelten.[56] Damit entsprachen sie der Definition einer sozialen Bewegung. In der DDR gab es dagegen für all das keinen Freiraum. So existierte in den 1970er Jahren nur eine einzige Schwulen- und Lesbengruppe in Ost-Berlin, die nicht öffentlich in Erscheinung treten durfte und unerwünscht war, obgleich sie nicht den Anspruch hatte, die Gesellschaft grundlegend zu verändern und sich gegenüber Staat und Partei überdies sehr loyal verhielt. Auch die Arbeitskreise Homosexualität, die sich in den 1980er Jahren in evangelischen Kirchengemeinden ansiedeln konnten und dort bis zu einem gewissen Grad vor dem Zugriff des Staates geschützt waren, kümmerten sich in erster Linie um die Bedürfnisse ihrer Mitglieder und Besucher*innen und kämpften für ihre Sichtbarkeit in der DDR.

Aufgrund der deutlich unterschiedlichen Ausgangsbedingungen können die Schwulengruppen in Ost und West deshalb weder in ihren Organisationsformen noch in ihrem konkreten Agieren gleichgesetzt werden. Wenn sie dennoch als Schwulenbewegungen bezeichnet werden, geschieht dies hinsichtlich ihres Netzwerkcharakters, der Roth und Rucht zufolge soziale Bewegungen kennzeichnet. Mit der Fokussierung auf den Netzwerkcharakter müssen die Formen, Strategien und Ziele der Bewegungen nicht ständig verglichen und Unterschiede erklärt werden. Denn Netzwerke erfüllen ohnehin je nach Umgebung andere Funktionen.[57] Netzwerke sind nach Mittag und Unfried Beziehungsgebilde, die aus Verbindungen zwischen Knotenpunkten bestehen. Knoten können dabei Individuen, Gruppen oder Organisationen sein. Netzwerke sind eher informell, das heißt meist nur schwach institutionalisiert, zeitlich begrenzt und fluide, aber nicht hierarchielos. Die Verbindungen zwischen den Knoten können verschiedene Formen annehmen. Sie reichen von direkten menschlichen Kontakten bis hin zu virtueller Kommunikation. Innerhalb eines Netzwerks zirkulieren neben Menschen und Dingen auch Ideen, Einstellungen und Vorstellungen, die von Personen verbreitet werden, die sich selbst räumlich gar nicht bewegen müssen. Netzwerke entstehen gleichsam aber auch durch diese Zirkulation und werden durch sie geformt.[58] Ein wichtiges Merkmal von Netzwerken ist nach Frank Bösch außerdem die „kommunikative Semantik der Selbst- und Fremdbeschreibungen", also die Bestimmung von Zugehörigkeit über „wir"-Bekundungen und „sie"-Bezeichnungen.[59] Die Schwulenbewegung – ob im Osten oder im Westen – wird somit als etwas verstanden, das von Personen durch die Bekundung ihrer Zugehörigkeit und die sprachliche Abgrenzung gegenüber anderen Gruppen und Teilen der Gesellschaft hervorgebracht wird. Sie vor allem als Netzwerke zu sehen, bietet außerdem die Möglichkeit, Verbindungen zwischen Akteuren über die deutsch-deutsche Grenze hinweg einzubeziehen. Dabei lässt sich etwa zeigen, dass diejenigen, die als besonders wichtige Knotenpunkte in ihren jeweiligen Netzwerken fungierten, auch zu den

---

[56] Pretzel/Weiß, Die westdeutsche Schwulenbewegung der 1970er Jahre, S. 22.
[57] Vgl. Boyer, Netzwerke und Geschichte, S. 56.
[58] Vgl. Mittag/Unfried, Transnationale Netzwerke, S. 17 f.
[59] Bösch, Kommunikative Netzwerke, S. 149.

wichtigsten Verbindungspersonen der grenzübergreifenden Verflechtungen gehörten. Diese Akteure werden als Aktivisten bezeichnet und damit von denjenigen unterschieden, die zwar die Angebote der Bewegung nutzten, indem sie etwa deren Veranstaltungen besuchten, selbst aber nicht als Vertreter*innen homosexueller Interessen auftraten.

Opposition oder Selbstbehauptung?

Gehörte die Schwulen- und Lesbenbewegung in der DDR zur Opposition oder leistete sie sogar Widerstand, wie einige ihrer Akteure in der Rückschau erklären?[60] Als Opposition bezeichnet Ehrhart Neubert „Gegner" des politischen Systems in der DDR, die – im Unterschied zu auch außerhalb der Legalität agierenden „Widerständlern" – „die minimalen Chancen legaler und legitimer Handlungsräume" zu nutzen und zu erweitern versuchten.[61] Da sich die Akteure der Schwulenbewegung immer innerhalb der vom sozialistischen Staat vorgegebenen politischen und gesellschaftlichen Rahmenbedingungen bewegten, ist Widerstand nicht der geeignete Begriff, um ihr Verhalten zu beschreiben. Neuberts „Geschichte der Opposition in der DDR" enthält zwar einen – wenn auch nur kurzen – Überblick über die Entstehung und die Aktivitäten der Arbeitskreise Homosexualität unter dem Dach der evangelischen Kirche, die er somit zur Opposition zählt.[62] Diese Einschätzung wird in der einschlägigen Literatur jedoch nicht allgemein geteilt. Sung-Wan Choi und Patrick von zur Mühlen befassen sich ebenfalls sehr knapp mit den Arbeitskreisen, ohne sie allerdings als oppositionell zu bezeichnen.[63] Bei Detlef Pollack kommen sie gar nicht vor.[64] Im Band von Ulrike Poppe, Rainer Eckert und Ilko-Sascha Kowalczuk zu Widerstand und Opposition in der DDR finden die homosexuellen Arbeitskreise und Clubs gleichfalls keine Erwähnung und auch nicht bei Karsten Timmer.[65] Die Frage, ob die Schwulen- und Lesbengruppen zur Opposition in der DDR zu zählen sind, kann aus der Literatur daher nicht eindeutig beantwortet werden. Die Gruppen selbst verwendeten für sich weder den Begriff der Opposition noch äußerten sie Ablehnung gegenüber der SED. Die nicht unter dem Dach der Kirche organisierten Schwulen und Lesben betonten sogar ihre Loyalität gegenüber Staat und Partei.[66] Aber auch Gruppen und Personen, die nicht gegen den Sozialismus und die SED waren, konnten oppositionell sein, hält Eckard Jesse fest. Denn die „DDR-Opposition konnte deshalb zunächst so erfolgreich sein, weil sie sich – im Kern aus Überzeugung – auf den

---

[60] Vgl. Stapel 1999, Warme Brüder; Pulz, Lieber ein Warmer Bruder.
[61] Neubert, Was waren Opposition, Widerstand und Dissidenz, S. 33.
[62] Vgl. Neubert, Geschichte der Opposition in der DDR, S. 461–463.
[63] Vgl. Choi, Von der Dissidenz zur Opposition, S. 62 f.; von zur Mühlen, Aufbruch und Umbruch, S. 164 f.
[64] Vgl. Pollack, Politischer Protest.
[65] Vgl. Poppe/Eckert/Kowalczuk (Hrsg.), Zwischen Selbstbehauptung und Anpassung; Timmer, Vom Aufbruch zum Umbruch.
[66] Vgl. Kleres, Gleiche Rechte im Sozialismus, S. 56.

Boden des Sozialismus stellte".[67] Mit offensichtlicher Gegnerschaft hätte sie ihren Spielraum dagegen eher beschnitten. Die Opposition habe in einer reformierten DDR leben wollen und die Einheit Deutschlands größtenteils abgelehnt. Zudem habe sich ein Großteil der Opposition in den „antifaschistischen Mythen" der DDR wiedergefunden.[68] Ganz ähnliche Beobachtungen lassen sich bei den Arbeitskreisen Homosexualität und noch stärker bei den Clubs machen, die sich ab Ende der 1980er Jahre außerhalb der Kirchen organisierten. Wie noch gezeigt wird, nutzten schwule und lesbische Aktivist*innen gar marxistisch-leninistische Formeln, um den Staat und die Gesellschaft zu einer stärkeren Beschäftigung mit dem Thema Homosexualität zu bewegen, gleichzeitig aber auch, um für Privatheit, Intimität und Partnerschaft zu argumentieren.[69] So verhielten sich die kirchlich wie auch die nichtkirchlich angebundenen homosexuellen Arbeitskreise und Clubs durchaus wie diejenigen Gruppen, die sich der Opposition zurechneten, wenn sie auf sich aufmerksam machten, sich an staatliche Stellen wandten, sich für die Rechte und gegen die Diskriminierung von Homosexuellen einsetzten und damit dem Meinungs- und Machtmonopol der Staats- und Parteiführung entgegentraten. Gleichzeitig war es für die Akteur*innen keine Option und schon gar keine Notwendigkeit, sich selbst als oppositionell zu verstehen. Deshalb kann auch nicht unterstellt werden, sie hätten ihre Systemgegnerschaft allein aus strategischen Gründen nicht artikuliert. Hinzu kommt, dass anders als bei Friedens- und Menschenrechtsgruppen ein großer Teil der Besucher*innen von Veranstaltungen der Arbeitskreise und Clubs nicht in erster Linie an politischen Fragen interessiert war. Es handelte sich um Menschen, so Christian Pulz, die „ihrem Alleinsein entkommen wollten".[70] Diesen Menschen musste konkret geholfen werden, etwa in Form von Beratung oder durch Unterstützung bei der Suche nach sozialen Kontakten.[71] Die Antwort auf die Frage, ob die DDR-Schwulen- und Lesbenbewegung nun zur Opposition in der DDR gehörte oder nicht, fällt je nach Perspektive und der zugrunde gelegten Definition von Opposition demnach unterschiedlich aus. Wenn sie dazu gezählt wird, bleibt jedenfalls festzuhalten, dass sie anders war als andere Oppositionsgruppen. Um ihr Agieren zu beschreiben, wird deshalb der Begriff der Selbstbehauptung vorgeschlagen. Im Zentrum steht damit nicht das Verhältnis der Bewegung zum Staat, sondern vielmehr ihr Ziel, unter den gegebenen Bedingungen Handlungsspielräume zu schaffen und zu erweitern.

Schwule und Lesben

Die „warmen Brüder" ergeben nicht nur ein sprachliches Gegenstück zum Kalten Krieg, sondern sie stehen ebenso für eine patriarchale Gesellschaftsstruktur, gegen

---

[67] Jesse, DDR. Die intellektuelle Formierung der Opposition, S. 75.
[68] Ebenda, S. 75 f.
[69] Vgl. Evans, Decriminalization, S. 572.
[70] Interview Christian Pulz, 12. 8. 2013.
[71] Vgl. ebenda.

die zwar auch schwule Aktivisten ankämpften, der sie sich aber nicht immer entziehen konnten oder entzogen haben. Schwule Aktivisten in der DDR begriffen ihr Engagement für die Rechte von Homosexuellen in erster Linie als Arbeit von und mit schwulen Männern, wobei sie mitunter davon ausgingen, die Anliegen von Lesben automatisch mitzuvertreten. In Wissenschaft, Medien und Politik sah es nicht anders aus. Wo von Homosexuellen die Rede war, dominierte das Bild vom homosexuellen Mann; homosexuelle Frauen wurden entweder gar nicht erst mitgedacht oder unausgesprochen unter die Kategorie „Homosexuelle" subsumiert oder sogar als eigene *Spezies* entworfen. Die Sexualwissenschaft in der DDR meinte mit Homosexualität in der Regel männliche Homosexualität und erklärte sie so ebenfalls zum Normalfall, während weibliche Homosexualität durch das explizite Hinzufügen des Attributs „weiblich" als Abweichung markiert wurde.[72] In ihrem aus dem Jahr 1984 stammenden Beitrag über Homosexualität liefern die Sexualwissenschaftler Kurt Starke und Siegfried Schnabl den Grund für diese Ungleichbehandlung. Bei Frauen scheint es sich ihnen zufolge nämlich um Liebe, bei Männern hingegen um Sexualität zu handeln:

„Die lesbische Liebe ist weniger erforscht als männliche Homosexualität. Sie ist auch weniger diskriminiert bzw. diskriminiert gewesen, u. a. auch deshalb, weil sie vom Gesetz niemals mit Strafe bedroht worden ist."[73]

Dass § 151 StGB der DDR zum Zeitpunkt des Erscheinens dieses Textes auch gleichgeschlechtliche Kontakte unter Frauen gegenüber heterosexuellen Beziehungen diskriminierte, erwähnen die Autoren nicht. Sie setzen dagegen die Erzählung von der weiblichen als der *anderen* Homosexualität fort, ohne die von ihnen beklagte mangelhafte Forschungslage zu verbessern. Historisch betrachtet galt lesbisches Begehren überwiegend als weniger problematisch, jedenfalls solange es nicht öffentlich wurde. Emotionalität und Körperlichkeit zwischen Frauen wurde als weniger bedrohlich wahrgenommen. Liebe und Sexualität unter Männern untergrub dagegen nicht nur die Ordnung der heterosexuellen Zweigeschlechtlichkeit, sondern auch das in Gesellschaft, Politik und Kultur dominierende Bild vom Mann.[74] Homosexuellen Männern wurde damit größere Aufmerksamkeit, aber auch mehr Ablehnung zuteil. Die Diskriminierung homosexueller Frauen ergab sich demgegenüber eher aus ihrer Nichtbeachtung bei gleichzeitiger Skandalisierung ihrer Forderungen als überzogen, sobald sie anfingen, sich bemerkbar zu machen. Besonders deutlich wird dieser andere Umgang mit weiblicher Homosexualität in dem ersten und einzigen Aufklärungsbuch in der DDR, das sich ausschließlich mit dem Thema Homosexualität beschäftigt. In diesem Werk mit dem Titel „Homosexualität. Herausforderung an Wissen und Toleranz" widmet der Professor für Forensische Psychologie an der Humboldt Universität zu Berlin, Reiner Werner, fünf von 197 Seiten der „Lesbizität" – ein Begriff, den er selbst erfun-

---

[72] Schnabl/Starke, Homosexualität, S. 295.
[73] Ebenda.
[74] Vgl. Eder, Homosexualitäten, S. 17.

den hatte. Er behauptet, dass Lesbizität kaum mit männlicher Homosexualität zu vergleichen sei. Üblicherweise, so Werner, integrierten sich lesbische Frauen „positiv in ihre Umgebung".[75] Allerdings habe sich „neuerdings [...] ein Teil der homosexuellen Frauen deutlicher artikuliert".[76] Dabei verlören einige von ihnen „das Gefühl für Maß bzw. Einfühlungsvermögen in Dritte".[77] Ihre Forderungen uferten „in feministische Überhöhungen spezieller Ansprüche aus".[78] Zudem versuchten diese Frauen, sich mit männlichen Homosexuellen zusammenzutun. Als geradezu unverschämt erscheint es Werner dabei, dass sie sich mit dem „Schicksal" homosexueller Männer identifizierten.[79] Nach Werner durfte es demzufolge – wenn überhaupt – nur eine Schwulenbewegung geben. Dass sich Lesben teils zusammen mit Schwulen, teils in eigenen Gruppen organisierten, war für ihn nicht nachvollziehbar.

Indem es Schwulengruppen und schwule Aktivisten in den Mittelpunkt rückt, setzt das vorliegende Buch die Unsichtbarmachung von lesbischen Akteurinnen in gewisser Weise fort. Es hat allerdings den Anspruch, sowohl die Selbstdarstellung der historischen Akteure als auch ihr Eingebundensein in gesellschaftliche Strukturen, in denen der Mann als die Norm und die Frau als Abweichung gilt, deutlich zu machen. Auch wenn die im Titel genannten „warmen Brüder" auf eine männliche Vorstellung von Homosexualität rekurrieren, so ist die gesamte Arbeit dennoch nicht losgelöst von weiblicher Homosexualität, Frauen, Lesben und lesbischen Aktivistinnen zu denken. Sie wurden sprachlich zwar marginalisiert, waren von Vorurteilen, Verfolgung und Ächtung aber niemals ausgenommen. Und ihr Kampf gegen Diskriminierung und Unsichtbarkeit war immer auch ein Kampf, der die Schwulenbewegung unterstützte, wenngleich er sich gegen die Ungleichbehandlung der Geschlechter richtete, die die Geschichte der Homosexualitäten mitliefert und reproduziert. Die Momente aufzuzeigen, in denen Lesben genannt oder eben nicht genannt, in denen sie mitgedacht, aber nicht erwähnt werden, und in denen der Anspruch, ihre Interessen wahrzunehmen, zwar erhoben, aber nicht eingelöst wird, ist deshalb ein Anliegen der nachfolgenden Kapitel. Damit wird gleichzeitig auf Vorstellungen von schwulen Männlichkeiten aufmerksam gemacht, die von den Gruppen und Aktivisten nicht nur im Verhältnis zu Weiblichkeit, sondern auch in Relation zu anderen Männlichkeiten entwickelt wurden. Theoretisch kann dabei auf das Konzept der „hegemonialen Männlichkeit" Bezug genommen werden, das von der australischen Soziologin Raewyn Connell erarbeitet wurde. Sie geht davon aus, dass es Hierarchien unter Männern gibt, an deren unterem Ende homosexuelle Männer stehen, weil Schwulsein aus Sicht der hegemonialen Männlichkeit mit Weiblichkeit gleichzusetzen ist. Männer, die versuchen, an der hegemonialen Männlichkeit teilzuhaben, ohne jemals richtig dazuzu-

---

[75] Werner, Homosexualität, S. 128.
[76] Ebenda.
[77] Ebenda.
[78] Ebenda, S. 129.
[79] Ebenda.

gehören, bezeichnet Connell als Komplizen. Sie profitieren von der Unterordnung anderer und üben selbst Dominanz aus, indem sie andere ausschließen.[80] Inwiefern auch schwule Männer in der DDR zu solchen Komplizen wurden, gilt es herauszuarbeiten.

Wenngleich die Schwulenbewegung im Fokus steht, werden dennoch Aussagen über die Schwulen- und Lesbenbewegung bzw. über schwul-lesbische Aktivist*innen getroffen, wo eine Verallgemeinerung möglich und notwendig ist. Die Analyse der Quellen und die Antworten auf die Kernfragen der Studie beziehen sich aber zumeist ausschließlich auf schwule Aktivisten, männliche Akteure und die Schwulenbewegung. Interessierten Leser*innen wird deshalb zugemutet, die uneinheitliche Bezeichnung von Gruppen – wie etwa Aktivisten/Aktivist*innen sowie Schwulenbewegung/Schwulen- und Lesbenbewegung – nicht als Beliebigkeit zu interpretieren, sondern als Versuch anzuerkennen, einerseits möglichst konkret zu formulieren, ohne andererseits Ausschlüsse vorzunehmen. Diese und andere Herausforderungen der angestrebten geschlechtergerechten Sprache werden im nächsten Unterkapitel noch einmal aufgegriffen.

Auf den Begriff *queer* wird vollständig verzichtet, wenngleich von den Queer Studies wichtige Impulse aufgenommen wurden. Als Queer Studies werden im englischsprachigen Raum seit den 1980er Jahren die Forschungen zu Geschlecht, Sexualität und vor allem Homosexualität bezeichnet. Die Queer-Theorie trat für die Abkehr vom bipolaren Denken in Kategorien wie Homo- und Heterosexualität oder Zweigeschlechtlichkeit ein, indem sie ihm Vielfalt, Vermischung und Dynamik entgegenhielt.[81] Seit den 2000er Jahren taucht der Begriff queer auch in der deutschsprachigen Literatur auf, wobei ihn die historische Forschung bisher jedoch kaum als Analysekategorie anwendet.[82] Der queere Ansatz dient nicht alleine dazu, schwule, lesbische, trans- oder intergeschichtliche Akteur*innen und deren Handeln zu beschreiben. Vielmehr ermöglicht es dieser Ansatz, lineare Geschichtserzählungen, unbewusste Fortschrittsnarrative und die Allgemeingültigkeit bestimmter Erfahrungen von Menschen infrage zu stellen.[83] Allerdings werden die hier im Fokus stehenden Akteure nicht als queere Subjekte betrachtet oder bezeichnet, weil damit weder ihren Selbst- noch den Fremdbildern zum damaligen Zeitpunkt näherzukommen ist. Jedoch kann die Herangehensweise an die Quellen insofern als queer gelten, als nach Machtverhältnissen, patriarchalen Strukturen, diskursiven Ein- und Ausschlüssen sowie Bemühungen um Zugehörigkeit – in Abhängigkeit von den jeweiligen politischen und gesellschaftlichen Umständen – gefragt wird. Nicht starre Identitätskategorien, sondern die Selbstdarstellungen und Selbstverortungen sich als schwul bezeichnender Aktivisten

---

[80] Vgl. Connell, Der gemachte Mann, S. 99 f.
[81] Vgl. Eder, Homosexualitäten, S. 16.
[82] Vgl. u. a. Kraß (Hrsg.), Queer denken; Bundesstiftung Magnus Hirschfeld (Hrsg.), Forschung im Queerformat; Höll (Hrsg.), Queer, Macht, Politik; Finzsch/Velke (Hrsg.), Queer, Gender, Historiographie; Woltersdorff, Homosexualitätsforschung und Queerstudien.
[83] Vgl. Evans, Introduction.

sowie ihr Agieren werden dazu genutzt, eine neue Perspektive auf die Erfahrungen und Handlungsspielräume in der DDR und im geteilten Deutschland zu eröffnen. Auf diese Weise kann die Betrachtung schwuler Bewegungen im geteilten Deutschland einen Beitrag dazu leisten, die jüngste deutsche Zeitgeschichte zu queeren.

4. Quellen, Methoden und Vorgehen

Der Arbeit liegt eine Fülle schriftlicher und mündlicher Quellen zugrunde, die mit unterschiedlichen methodischen Ansätzen befragt und ausgewertet wurden. Dazu gehören archivalische Hinterlassenschaften von Schwulengruppen und einzelnen Aktivisten aus Ost und West, westdeutsche kommerzielle und bewegungsnahe Homosexuellenzeitschriften, Unterlagen der DDR-Staatssicherheit und anderer staatlicher Behörden sowie Zeitzeugeninterviews mit ost- und westdeutschen Aktivisten. Die Herangehensweise an die Quellen erfolgte zunächst nach der historisch-kritischen Methode, die das Material nach seiner Plausibilität untersucht, eine Auswahl relevanter Quellen trifft, diese miteinander in Verbindung setzt, vergleicht und interpretiert. Die nach Sichtung erster Quellen aufgestellten Hypothesen werden anhand weiterer Quellen immer wieder neu überprüft und korrigiert, bis eine Interpretation – die trotzdem immer eine Rekonstruktion der Historikerin bleibt und nicht als Darstellung einer historischen *Wirklichkeit* (miss-)verstanden werden sollte – als nachvollziehbar belegt werden kann.[84] Darüber hinaus kommen Ansätze aus der Netzwerk-, Medien-, und qualitativen Inhaltsanalyse sowie der Oral History zum Einsatz.

Hinterlassenschaften

Wer schreibt, der bleibt. Und wer beschrieben wird, taucht in den Quellen ebenfalls auf – im Gegensatz zu denjenigen, die keine Stimme hatten oder deren Stimme nicht zur Kenntnis genommen wurde. Darüber hinaus wird den Materialien, die von einzelnen Akteur*innen als Vor- oder Nachlass an Archive übergeben wurden, noch größere Aufmerksamkeit zuteil und ihre vorherigen Besitzer*innen erhalten noch größeres historisches Gewicht, weil sich die Rekonstruktion der Vergangenheit auf sie stützen muss. Zugleich aber zeigen die personenbezogenen Konvolute sowie die häufige Erwähnung bestimmter Namen in anderen Unterlagen an, dass es sich jeweils um historische Figuren handelt, ohne die sich Geschichte nicht rekonstruieren lässt. Die Überlieferungslage muss also ernst genommen werden. Denn es ist plausibel anzunehmen, dass diejenigen, die selbst geschrieben haben und beschrieben wurden, den Lauf der Ereignisse mitbestimm-

---

[84] Vgl. Howell/Prevenier, Werkstatt des Historikers, S. 87–105.

ten. Und nur anhand des über sie und von ihnen überlieferten Materials können Fragen an die Vergangenheit überhaupt erst entwickelt werden.

Der Großteil an Hinterlassenschaften von Gruppen und Einzelpersonen aus den Schwulenbewegungen in Ost und West wird im Archiv des Schwulen Museums in Berlin aufbewahrt. Dieses Museum, das selbst Mitte der 1980er Jahre aus der Bewegung in West-Berlin hervorgegangen ist, stellt damit neben anderen kleineren Archiven das Gedächtnis sowohl der ost- als auch der westdeutschen Bewegung dar. Manche Schwulenaktivisten aus der DDR haben ihre Vor- und Nachlässe dem Archiv der Robert-Havemann-Gesellschaft in Berlin übergeben und damit zum Ausdruck gebracht, dass sie sich der Opposition in der DDR zurechnen.

Bei all diesen Quellen handelt es sich vor allem um Materialien, die das Engagement in der Schwulenbewegung betreffen, wie beispielsweise Programme und Protokolle von Veranstaltungen und Sitzungen, Manuskripte für Vorträge oder Publikationen, Positionspapiere, Korrespondenzen mit anderen Aktivist*innen oder Durchschläge von Schreiben an staatliche Stellen, Medien und Wissenschaftler*innen. Sie dokumentieren die Aktivitäten der Bewegung und machen Selbstdarstellungen und Selbstverortungen so unmittelbar sichtbar wie kaum eine andere Quelle. Werden sie miteinander in Beziehung gesetzt, ergeben sie mit ihren unterschiedlichen Adressat*innen ein vielschichtiges Bild von Selbstbehauptungsstrategien.

Eine besonders interessante ostdeutsche Hinterlassenschaft sind Leser*innenbriefe und Eingaben, die ein Mittel waren, sich zu beschweren und gegenüber dem Staat und den staatlich gelenkten Medien eigene Anliegen vorzutragen.[85] Sie waren die einzige Möglichkeit für Bürger*innen, direkt mit dem Herrschaftsapparat in Kontakt zu treten.[86] Gleichzeitig wurde damit die Unzufriedenheit in der Bevölkerung kanalisiert und ein öffentlicher Diskurs verhindert, wie Anja Schröter bemerkt. Die Staats- und Parteiführung musste somit nicht fürchten, von einer kritischen Öffentlichkeit unter Druck gesetzt zu werden.[87] Grundlegende Kritik am Staat, dem Wirtschafts- oder Gesellschaftssystem wurde in Eingaben nicht vorgetragen, so Felix Mühlberg. Vielmehr waren es Mängel und Missstände, die auf der Basis geltender Gesetze und im Rahmen der vom Staat definierten Normen und Ziele angesprochen wurden.[88] Die Eingaben und Leser*innenbriefe waren dennoch ein Kommunikationsinstrument, in denen Vorstellungen davon, wie die gesellschaftlichen Bedingungen sein sollten, vorgetragen und mit alltäglich erfahre-

---

[85] Gemäß des Erlasses des Staatsrates der Deutschen Demokratischen Republik über die Eingaben der Bürger und die Bearbeitung durch die Staatsorgane vom 27. Februar 1961 hatte jede*r Bürger*in der DDR „das Recht, sich mit Eingaben an die Volksvertretungen, ihre Abgeordneten sowie alle Staatsorgane, sozialistischen Betriebe und Institutionen zu wenden". Gesetzblatt der Deutschen Demokratischen Republik, 1961 Teil I, Nr. 3, S. 7.
[86] Vgl. Mühlberg, Bürger, Bitten und Behörden, S. 9.
[87] Vgl. Schröter, Eingaben im Umbruch, in: Deutschland Archiv, 12. 1. 2012, http://www.bpb.de/geschichte/zeitgeschichte/deutschlandarchiv/61448/eingaben-im-umbruch?p=all#footnode id6-6 (1. 7. 2020).
[88] Vgl. Mühlberg, Informelle Konfliktbewältigung, S. 348–350.

ner Lebenswelt in Verbindung gebracht wurden.[89] Im Sinne dieser Überlegungen werden die Schreiben von Schwulenaktivisten an staatliche Stellen und die Medien in der DDR gelesen und es wird gefragt, welche Strategien der Selbstbehauptung sich darin finden lassen. Wenngleich dabei oft nur einzelne Personen als Absender auftauchen, lassen sich daraus Schlussfolgerungen zu einer ganzen Gruppe oder sogar der gesamten Bewegung ziehen. Denn in etlichen Fällen waren es taktische Gründe, weshalb Einzelpersonen gegenüber staatlichen Behörden auftraten, ihre Anliegen wurden aber – wie etwa bei der HIB – von der Gruppe getragen. Zudem können Aussagen auch deshalb verallgemeinert werden, weil sie entweder mehrfach an verschiedenen Stellen angetroffen wurden oder weil ihre Urheber als maßgebliche Stimmen der Bewegung gelten.

Westdeutsche schwul-lesbische Publikationen

Eine weitere Quellensorte sind schwul-lesbische Zeitschriften aus West-Berlin und der Bundesrepublik, die nicht nur Aufschluss über westdeutsche Blicke auf die DDR geben, sondern auch insofern bedeutsam sind, als sie ostdeutschen Stimmen ein Forum boten, um sich über die Grenzen des eigenen Landes hinaus Gehör zu verschaffen. Die Zeitschriften waren zudem ein Medium, das die Ostdeutschen über die Situation im eigenen Land informierte. Die Publikationen werden daher als ein deutsch-deutscher Interaktionsraum betrachtet, der von den Interessen der jeweiligen Herausgeber*innen geprägt war, den Austausch mit Schwulen und Lesben auf der anderen Seite der Mauer zu gestalten und bestimmte Bilder vom Nachbarland zu verbreiten. Überdies spiegeln sich in diesem Interaktionsraum die medialen Strategien des jeweiligen Mediums wider, spezifische Leserschaften anzusprechen.

Mit der Reform des § 175 StGB im Jahr 1969 und der 1973 verabschiedeten Lockerung des Verbots „unzüchtiger Schriften"[90] entwickelte sich in der Bundesrepublik ein breiter Markt für Magazine, die sich an ein – vorwiegend männliches – homosexuelles Publikum richteten.[91] Der Fokus kommerzieller Zeit-

---

[89] Vgl. Mühlberg, Bürger, Bitten und Behörden, S. 279.
[90] Im Zuge der Strafrechtsreform wurde 1973 in § 184 StGB der Begriff „unzüchtige Schriften" durch „pornographische Schriften" ersetzt und präzisiert, sodass Schwulen- und Lesbenzeitschriften nicht mehr per se darunter fielen. Nach Auffassung des Sonderausschusses des Bundestags für die Strafrechtsreform waren Schriften, Ton- und Bildträger dann als pornografisch einzustufen, wenn sie „1. zum Ausdruck bringen, daß sie ausschließlich oder überwiegend auf die Erregung eines sexuellen Reizes bei dem Betrachter abzielen und dabei 2. die im Einklang mit allgemeinen gesellschaftlichen Wertvorstellungen gezogenen Grenzen des sexuellen Anstandes eindeutig überschreiten". Deutscher Bundestag, 6. Wahlperiode, Viertes Gesetz zur Reform des Strafrechts, Schriftlicher Bericht des Sonderausschusses für die Strafrechtsreform, Drucksache VI/3521, S. 60.
[91] Vgl. Beljan, Rosa Zeiten, S. 27. In der DDR galt bis zur Aufhebung des Strafgesetzbuchs durch den Einigungsvertrag vom 31. August 1990 ein striktes Verbot von Pornografie. § 125 StGB besagte: „Wer pornografische Schriften oder andere pornografische Aufzeichnungen, Abbildungen, Filme oder Darstellungen verbreitet oder sonst der Öffentlichkeit zugänglich macht, sie zu diesem Zwecke herstellt, einführt oder sich verschafft, wird mit öffentlichem Tadel,

schriften lag ab diesem Zeitpunkt, wie Peter Rehberg zeigt, auf einer zunehmend expliziter dargestellten Sexualität schwuler Männer.[92] Kurz darauf gaben auch die neu entstandenen Schwulen- und Lesbengruppen eigens entworfene Zeitschriften und Info-Blätter heraus, in denen sie über ihre Aktivitäten und ihr Selbstverständnis informierten und diskutierten. Ab Ende der 1970er Jahre existierte in Westdeutschland schließlich eine eigenständige schwul-lesbische Medienlandschaft aus Zeitschriften, Verlagen und Buchläden.[93] Einen vollständigen Überblick über alle Druckerzeugnisse zu geben, ist schon allein deshalb unmöglich, weil viele der Blätter nur kurze Zeit existierten und in sehr geringer Auflage erschienen; etliche konnten gar nicht mehr recherchiert werden, weil sie lange verschwunden und in Vergessenheit geraten sind. Die untersuchten kommerziellen und bewegungsnahen Magazine und Info-Blätter werden in den jeweiligen Kapiteln kurz vorgestellt. Sie werden mithilfe von Ansätzen der qualitativen Inhaltsanalyse und der Diskursanalyse ausgewertet, wie sie Heinz Bonfadelli für die Medieninhaltsforschung aufbereitet hat.[94] Er geht von der Prämisse aus, dass Journalist*innen immer aus einer bestimmten Perspektive über ein Ereignis oder ein Thema berichten. Dementsprechend werden manche Informationen in den Vordergrund gerückt und zugespitzt, während andere gar nicht auftauchen oder bewusst unterschlagen werden. Medien repräsentieren demnach nicht *die* Wirklichkeit, sondern bringen stattdessen eigene spezifische Medienwirklichkeiten hervor. Diese Medienwirklichkeiten sind aber durchaus Teil der realen Welt, denn die jeweiligen Autor*innen konstruieren, verbreiten oder reproduzieren eine bestimmte Sichtweise und beeinflussen damit bewusst oder unbewusst ihr Publikum, während sie gleichzeitig selbst von anderen Medien und Erfahrungen beeinflusst sind.[95] Es kann daher von Wechselwirkungen zwischen Medien und gesellschaftlichen Prozessen ausgegangen werden, wenn die westdeutschen schwul-lesbischen Medien nach Bezugnahmen auf das andere Deutschland befragt werden. Eine Medienwirkungsanalyse ist damit aber nicht beabsichtigt. Vielmehr interessieren die Intentionen und Motive der westdeutschen Berichterstattung. Dafür wird untersucht, welche Zeitschriften in welchem Ausmaß über die DDR berichteten, wie die Artikel aufgebaut sind, welche Argumentationsmuster benutzt wurden und mit welchen sprachlichen sowie bildlichen Mitteln welche Botschaften an welches Zielpublikum vermittelt werden sollten.

Die Analyse von Medien ist auch deshalb relevant, weil sie eine öffentliche Beobachtungsfunktion haben.[96] Angelehnt an Frank Bösch und Annette Vowinckel wird Öffentlichkeit als ein gesellschaftlicher Kommunikationsraum gefasst, in

---

Geldstrafe, Verurteilung auf Bewährung oder mit Freiheitsstrafe bis zu zwei Jahren bestraft." Gesetzblatt der Deutschen Demokratischen Republik, 1975 Teil I, Nr. 3, S. 40.
[92] Vgl. Rehberg, „Männer wie Du und Ich", S. 472.
[93] Vgl. Bartholomae, Klappentexte, S. 70.
[94] Vgl. Bonfadelli, Medieninhaltsforschung.
[95] Vgl. ebenda, S. 51 f.
[96] Vgl. Bösch/Frei, Die Ambivalenz der Medialisierung, S. 11 f.

dem Informationen und Meinungen ausgetauscht und soziale, politische und kulturelle Fragen verhandelt werden und an dem die interessierte Bevölkerung zumindest passiv teilnehmen kann.[97] Die schwul-lesbischen Zeitschriften waren keine Massenmedien, weshalb sie als konstituierendes Element lediglich einer gesellschaftlichen Teilöffentlichkeit betrachtet werden. Für sie gilt dennoch, dass sie sich in ihrer Rolle als kritische Beobachtungsinstanzen von den Medien in der DDR grundlegend unterschieden. Die Frage lautet daher, ob und in welcher Weise die westdeutsche schwul-lesbische Presse den in der DDR fehlenden Beitrag zur kritischen Selbstbeobachtung der Gesellschaft mitübernahm und damit die strikte Trennung zwischen zwei unterschiedlichen funktionierenden Öffentlichkeiten – in diesem Fall der homosexuellen Teilöffentlichkeiten – transzendierte.

Nur sporadisch wurden Publikationen der evangelischen Kirchen in der DDR einbezogen, wie etwa „Die Kirche", „Der Sonntag", „Kirche im Sozialismus" oder die „Potsdamer Kirche", in denen in den 1980er Jahren über das Thema Homosexualität und über die schwul-lesbischen Arbeitskreise in der DDR berichtet wurde. Hierbei standen aber vor allem die Positionierungen der Kirche, beispielsweise gegenüber den Arbeitskreisen oder der Ordination von homosexuellen Pfarrer*innen, im Mittelpunkt.[98] Auch wenn das Verhältnis zwischen der Bewegung und der evangelischen Kirche durchaus eine wichtige Rolle bei der Beantwortung der Frage nach den Möglichkeiten und Grenzen des homosexuellen Aktivismus in DDR spielt, so musste eine ausführliche Analyse der innerkirchlichen Auseinandersetzung mit dem Thema Homosexualität dennoch unterbleiben. Mit Blick auf die Selbstbehauptungsstrategien der ostdeutschen Akteure und ihrer grenzübergreifenden Verflechtungen beschränkt sich die Studie auf die Auswertung von Korrespondenzen und anderen Quellen, in denen die Aushandlungen zwischen den Arbeitskreisen Homosexualität und Kirchenvertreter*innen sichtbar werden.

Unterlagen des Staatssicherheitsdienstes der ehemaligen DDR

Die Unterlagen des DDR-Staatssicherheitsdienstes (Stasi) liefern zahlreiche Hinweise auf Verflechtungen der Schwulenbewegungen in Ost- und Westdeutschland, da sich der Geheimdienst in besonderem Maße für die Verbindungen der Aktivisten ins „nichtsozialistische Ausland" oder ins sogenannte „Operationsgebiet" interessierte. Dies war auch ein Grund für deren systematische Beobachtung durch das Ministerium für Staatssicherheit (MfS) ab Ende 1983.[99] Zu den vom MfS

---

[97] Bösch/Vowinckel, Mediengeschichte, in: Docupedia-Zeitgeschichte, 29. 10. 2012, http://docupedia.de/zg/boesch_vowinckel_mediengeschichte_v2_de_2012 (29. 8. 2020).

[98] Vgl. u. a. o. A., Man sollte darüber sprechen. Homosexualität als Frage an Theologie und Gemeinde, in: Die Kirche, 21. 2. 1982, S. 3; o. A., Ein Arbeitskreis Homosexualität, in: Der Sonntag, 6. 7. 1986, S. 2; Matthias Hartmann, Als abartig verdammt – zur Ordination berufen? Zur Diskussion über Homosexuelle in DDR-Kirchen, in: Kirche im Sozialismus, H. 3, 1985, S. 111–116.

[99] Vgl. Grau, Erpressbar und tendenziell konspirativ, S. 21.

angefertigten und aufbewahrten Unterlagen gehören Berichte von Inoffiziellen Mitarbeitern (IM), „Operative Vorgänge",[100] sogenannte „Informationen" und „Maßnahmepläne". Darin finden sich wiederum Berichte über Veranstaltungen, Einschätzungen zu Personen, Programme und Grundsatztexte der homosexuellen Arbeitskreise und Clubs sowie Vortragsmitschriften, aber auch Informationen zu Gruppen oder Personen aus dem Ausland. Die Zuträger nahmen gelegentlich oder regelmäßig an den Veranstaltungen der Schwulengruppen teil oder gehörten diesen sogar als leitende Mitarbeiter an.[101] Die Post zwischen Aktivist*innen in Ost und West wurde abgefangen und in einem Fall aus Ost-Berlin ist bekannt, dass die Staatssicherheit dort die privaten Räume des Leiters eines Arbeitskreises abhörte.[102]

Der Wert der Akten für die historische Forschung besteht darin, dass hier Themen angesprochen werden, die in der DDR-Öffentlichkeit tabuisiert waren und nie Eingang in die zugänglichen Medien gefunden hätten. Hinzu kommt, dass die Akten Materialien enthalten, die nur deshalb noch erhalten sind, weil sie vom MfS eingezogen und aufbewahrt wurden. Die Unterlagen der Staatssicherheit können dabei helfen, chronologische Einordnungen vorzunehmen, sowie Orte und Ereignisse miteinander in Beziehung zu setzen. Sie liefern Hinweise auf Personen, Publikationen und Veranstaltungen, denen anhand von weiteren Quellen nachgegangen werden kann. In einigen Fällen werden auch Positionierungen von Aktivist*innen und Gruppen sichtbar und es kann auf ihre Selbstbehauptungsstrategien geschlossen werden.

Die MfS-Akten sind deshalb eine sehr wertvolle, allerdings auch mit Vorsicht zu behandelnde Quelle. Insbesondere die IM-Berichte liefern in erster Linie subjektive Einschätzungen und enthalten auch falsche und lückenhafte Angaben. Zum Teil liegen von den Informanten selbst verfasste Darstellungen vor; zum Teil wurden die Berichte der IM von „Führungsoffizieren" entgegengenommen und zusammengefasst. Daraus entstanden wiederum Stellungnahmen, aus denen sich nicht mehr rekonstruieren lässt, von wem die Informationen stammen und wann sie weitergegeben wurden.

Zudem bilden die Unterlagen des MfS Ereignisse wie auch Personen und deren Handeln in einer ganz spezifischen Weise ab, weil die Beobachtung einem Zweck diente und immer einem bestimmten Deutungsmuster unterlag. Weil nur gesam-

---

[100] Operativer Vorgang (OV) ist die Bezeichnung des MfS für ein eingeleitetes Verfahren zur verdeckten oder offenen Ermittlung gegen eine Person oder eine Gruppe zur Registrierung in der Aktenablage. Operative Vorgänge erhielten zudem einen Decknamen, der für die zu beobachtende(n) Person(en) stand. „Maßnahmepläne" waren Bestandteil von OV. Vgl. Halbrock/Kowalczuk, Operativer Vorgang, in: Bundesbeauftragter für die Unterlagen des Staatssicherheitsdienstes der ehemaligen DDR (Hrsg.), MfS-Lexikon, https://www.bstu.de/mfs-lexikon/detail/operativer-vorgang-ov/ (2. 7. 2020).
[101] Vgl. Dobler/Sollorz, Der IM „Georg Schröder".
[102] Vgl. BStU, HA XX 5190, Bl. 93, „Plan zur Absicherung – OV ‚Orion'", 26. 9. 1984; HA XX/9 1952, Bl. 68–88, ohne 83–87, „Eingezogene Sendungen zu Problemfragen Homosexueller und AIDS (lt. Ersuchen bei Abt. M)", 1987–1989.

melt und verarbeitet wurde, was als sicherheitspolitisch relevant galt, wurde eine bestimmte „Wirklichkeit" konstruiert.[103] Für sich allein betrachtet, vermitteln die Akten deshalb den Eindruck, die Schwulenbewegung der DDR sei oppositionell gewesen und hätte Widerstand gegen das SED-Regime geleistet. Die Beobachteten werden damit zu Opfern oder Helden, die MfS-Mitarbeiter und die IM zu Tätern und Verrätern. Doch bei genauerer Betrachtung und unter Hinzunahme insbesondere von Zeitzeugeninterviews ergibt sich ein deutlich differenzierteres und komplizierteres Bild. So lässt sich feststellen, dass die Gruppen ihrem Selbstverständnis nach oft gar nicht so oppositionell waren, wie es ihre Markierung als *Feinde* nahelegte.[104]

Die Arbeit mit den beim Bundesbeauftragten für die Unterlagen des Staatssicherheitsdienstes der ehemaligen DDR (BStU) archivierten Dokumenten erwies sich auch aus anderen Gründen als schwierig: Eigene Recherchen in den Archivbeständen sind nicht möglich; Benutzer*innen können zwar Namen und Stichworte abgeben, sind für die Auswahl der Materialien jedoch auf eine Sachbearbeiter*in beim BStU angewiesen. Gleichzeitig hat es die Forschung mit einer Fülle an Material zu tun, in dem sich Informationen wiederholen, die voneinander abgeschrieben und umgedeutet wurden. Aufgrund von datenschutzrechtlichen Auflagen werden personenbezogene Angaben oft unkenntlich gemacht. Die Schwärzungen führen häufig dazu, dass Bezüge und Zusammenhänge zwischen Personen oder Ereignissen nicht belegt werden können, selbst wenn sie offensichtlich sind.

Inoffizielle Mitarbeiter der Staatssicherheit, die schwulen aktivistischen Gruppen angehörten, werden im Folgenden zumeist nicht mit Klarnamen genannt. Obwohl es sich in einzelnen Fällen sogar um führende Mitglieder der Bewegung handelte, bleibt es bei allgemeinen Formulierungen bzw. der Nennung von Decknamen. Denn es ist nicht das Anliegen dieser wissenschaftlichen Untersuchung, IM zu enttarnen.

Zeitzeugeninterviews

Einen unentbehrlichen Beitrag zur Untersuchung der deutsch-deutschen Verflechtungen leisten Gespräche mit Zeitzeug*innen. Befragt werden konnten elf Männer, die zwischen 1944 und 1955 geboren wurden und in den 1970er oder/und 1980er Jahren in Schwulengruppen in der DDR[105] und der Bundesrepublik bzw. West-Berlin[106] aktiv waren. Sie wurden als Interviewpartner angefragt, weil ihre Namen aus Publikationen oder Quellen bekannt waren und deshalb davon ausgegangen werden konnte, dass sie über Verflechtungen zwischen den Schwulenbewegungen in Ost und West Auskunft geben können. Die Interviews, die zu-

---

[103] Großbölting/Kittel, Welche „Wirklichkeit" und wessen „Wahrheit"?, S. 11.
[104] Vgl. Teresa Tammer, Verräter oder Vermittler?
[105] Peter Rausch, Michael Eggert, Christian Pulz, Eduard Stapel und Rainer Herrn.
[106] Elmar Kraushaar, Detlef Mücke, Eckehard Kunz, Ralf Dose, Manfred Herzer und Detlef Grumbach.

meist bei den Gesprächspartnern zuhause stattfanden, stützten sich auf einen zuvor speziell für jedes Treffen erarbeiteten Leitfaden, der von bekannten Informationen über die jeweilige Person ausging und den Fokus auf das Verhältnis zum anderen Deutschland und die Verortung im eigenen und im geteilten Land legte. Die jeweils etwa zwei- bis dreistündigen Gespräche wurden aufgezeichnet, transkribiert und schließlich ausgewertet.[107]

Die meisten Gesprächspartner identifizieren sich noch heute stark mit ihrem Engagement in der Schwulenbewegung und ihrer jeweiligen ost- oder westdeutschen Herkunft. Ein Grund dafür könnte darin liegen, dass die Interviewten unbewusst versuchen, dem expliziten Interesse der Forscherin für diese Aspekte entgegenzukommen. Ein anderer Grund kann aber auch in der engen Verknüpfung von Erinnerung und Identität gesehen werden: Identität entsteht durch die Konstruktion und Interpretation einer eigenen Geschichte und ist auf Grenzziehungen zu anderen Erinnerungsgemeinschaften angewiesen.[108] Im Fall der hier Befragten wechseln diese Grenzziehungen immer wieder, je nachdem, ob der Schwulenaktivismus in den 1970er und 1980er Jahren oder die Herkunft in den Vordergrund gerückt wird. Solche sich überlagernden und sich sogar teilweise widersprechenden Zugehörigkeiten spielen für die Auswertung eine Rolle, weil sie die Aussagen entsprechend kontextualisieren und auch auf damalige vielfältige und/oder uneindeutige Selbstverortungen schließen lassen.

Die Interviews sind vor allem deshalb wertvoll, weil sie Belege für Bekanntschaften und Transfers liefern. Die westdeutschen Schwulenaktivisten erinnern sich in der Regel sehr genau, ob und unter welchen Umständen sie in die DDR eingereist waren und mit wem sie dort Kontakt hatten. Die Ostdeutschen können im Gegenzug heute noch auf die Bücher im Regal zeigen, die vor 1990 illegal den Weg zu ihnen in die DDR fanden. Sicher haben sich nicht alle grenzübergreifenden Momente des Schwulenaktivismus im Gedächtnis eingebrannt, doch es scheint, als seien diese Erlebnisse und Erfahrungen in besonderer Weise erinnerungswürdig. Deutsch-deutsche Verflechtungen waren demnach nicht alltäglich.

Wie alle anderen historischen Überlieferungen müssen auch die Zeitzeugenberichte kritisch ausgewertet werden. Sie beziehen sich zwar auf die Vergangenheit, werden im Unterschied zu anderen Quellen aber erst in der Gegenwart unter Beteiligung der Historikerin angefertigt und stellen die Analyse damit vor besondere Herausforderungen. Das Erzählte bildet die historischen Ereignisse nicht einfach ab, da die Erinnerung und damit auch die Erzählung in ständigem Wandel begriffen sind. Denn das, was erinnert und ausgesprochen wird, ist das Ergebnis von Verarbeitungsprozessen, von Verdrängung und Vergessen.[109] Es orientiert sich an aktuellen Vorstellungen, Werten und Zugehörigkeiten und ist beeinflusst von der

---

[107] Dabei kam die Methode der Oral History zur Anwendung, die sowohl die Produktion von Erinnerungsinterviews als Quelle wie auch deren Auswertung umfasst. Vgl. Wierling, Oral History, S. 81.
[108] Vgl. Wierling, The East as the Past, S. 55.
[109] Vgl. Geppert, Forschungstechnik oder historische Disziplin?, S. 314.

Interaktion mit der Interviewerin, die bestimmte Erinnerungen eventuell erst hervorruft.[110]

Die Auswertung der Interviewtranskripte erfolgte in zwei groben Schritten: Zunächst wurden innerhalb aller Interviews Textpassagen identifiziert, die sich einem oder mehreren Themen der Arbeit zuordnen ließen. In einer Übersicht konnten dann unterschiedliche Aussagen zu einem Thema miteinander in Beziehung gesetzt werden, um Hypothesen zu finden, zu überprüfen oder auszudifferenzieren.[111] Im zweiten Schritt wurden einzelne Interviewsequenzen mithilfe der „objektiven Hermeneutik" interpretiert, das heißt auf ihren subjektiven sowie ihren objektiven Sinn hin untersucht. Der subjektive Sinn ist der vom Gesprächspartner intendierte Sinn der Erzählung. Der objektive Sinn umfasst die latenten, also die nicht direkten, jedoch mittransportierten Bedeutungen von Aussagen.[112] An einigen Stellen werden Interviewaussagen wörtlich zitiert und diskutiert, an anderen werden sie nur als Belege für Thesen angeführt.

In allen genannten Quellensorten wurde grundsätzlich nach Netzwerken Ausschau gehalten, um damit die Existenz von persönlichen Verflechtungen zu belegen sowie beispielsweise die Mobilisierung von Ressourcen unter den zugehörigen Akteuren erklären zu können.[113] Gleichermaßen wurden diskursive Netzwerke gesucht, sprich Bezugnahmen auf das Nachbarland in verschiedenen Formen schriftlicher Auseinandersetzungen.[114] Die qualitative Analyse und Interpretation gab schließlich Einblick in die Selbstdarstellungen und Selbstverortungen der Aktivisten und ermöglichte Aussagen über ihre Motive, sich über die deutsch-deutsche Grenze hinweg zu vernetzen.

Aufbau des Buches

Die Kapitel des Buchs bauen sowohl in zeitlicher als auch in inhaltlicher Hinsicht aufeinander auf. Dabei werden historische Vergleiche zwischen DDR und Bundesrepublik – dargestellt in jeweils kurzen, die Kapitel einführenden Überblickstexten – der beabsichtigten Verflechtungsgeschichte zugrunde gelegt. Eine erste ausführliche historische Kontextualisierung erfolgt in Kapitel II, in dem die gemeinsame Vorgeschichte der beiden deutschen Staaten in Bezug auf Homosexualitätsdiskurse, Strafrechtsentwicklungen und Organisationsbestrebungen seit dem 19. Jahrhundert dargelegt wird. Außerdem werden die Linien aufgezeigt, die sich von dort aus weiterverfolgen lassen und zu den politischen und gesellschaftlichen Bedingungen für schwules Engagement ab den 1970er Jahren führen. Neben den Traditionen, an die wissenschaftliche Diskurse, staatliche Regulierungen und Selbstorganisationen in den beiden deutschen Staaten anknüpften, werden die

---

[110] Vgl. Welzer, Vom Zeit- und Zukunftszeugen, S. 33.
[111] Vgl. Schmidt, Analyse von Leitfadeninterviews, S. 453–455.
[112] Vgl. Wierling, Oral History, S. 136 f.
[113] Vgl. Reitmayer/Marx, Netzwerkansätze in der Geschichtswissenschaft, S. 870.
[114] Vgl. Düring/Eumann, Historische Netzwerkforschung, S. 378 f.

neuen Ausgangslagen für die Geschichte sowohl der Homosexualitäten als auch der deutschen Teilung am Beginn des Untersuchungszeitraums angesprochen.

Thema von Kapitel III ist die Entstehung von Schwulengruppen in Ost und West Anfang der 1970er Jahre. Im Mittelpunkt steht dabei, wie sie sich gegenseitig, aber auch wie sie das jeweils andere Deutschland insgesamt wahrnahmen und welche vorsichtigen Schritte einer Annäherung sich beobachten lassen. Zunächst wird nach dem Verhältnis der bundesdeutschen und West-Berliner Schwulenaktivisten zur DDR gefragt. Aus welchen Motiven interessierten sie sich für den Osten und welche Rolle spielten dabei Vorstellungen von Sozialismus und homosexueller Emanzipation? Im Anschluss wird auf die einzige Schwulen- und Lesbengruppe eingegangen, die in der DDR in den 1970er Jahren existierte. Sie nannte sich Homosexuelle Interessengemeinschaft Berlin (HIB) und versuchte mittels Schreiben an Behörden und Medien, eine Legalisierung ihrer Selbstorganisation und Verbesserungen für Homosexuelle in der DDR zu erreichen. Es sind vor allem diese Eingaben, aber auch Interviews und Veröffentlichungen in westlichen schwul-lesbischen Zeitschriften, aus denen hervorgeht, welches Verhältnis sich die HIB zum sozialistischen Staat auf der einen und zum Westen auf der anderen Seite wünschte und welche Hoffnungen sie damit verband. Beantwortet wird die Frage, welche Selbstbehauptungsstrategien die Akteur*innen in der DDR und im geteilten Deutschland entwickelten und inwiefern sie damit versuchten, ihren Aktionsradius auszuweiten.

In Kapitel IV werden diese Fragen für die 1980er Jahre und die dann deutlich breiter aufgestellte Schwulenbewegung in der DDR weiterverfolgt. Gegenstand sind sowohl die Selbstdarstellungen ostdeutscher Schwulenaktivisten im eigenen Land als auch die Aneignungen westdeutscher Literatur. Es wird auf einzelne innerhalb der Bewegung diskutierte Themen eingegangen, die dann im Bezugsrahmen von DDR und deutscher Teilung verortet werden. Besonders wichtig für die Schwulenbewegung war das Gedenken an die homosexuellen Opfer des Nationalsozialismus, dem deshalb ein eigenes Unterkapitel gewidmet ist. Das Kapitel beschäftigt sich weiter mit der Frage, welche Funktionen und welche Folgen grenzübergreifende Kontakte für die Ostdeutschen hatten. Wie und wo verorteten sie sich durch Zugehörigkeitsbekundungen sowie bewusst gewählte Abgrenzungen und auf welche Selbstbehauptungsstrategien kann daraus geschlossen werden? Der westdeutschen Perspektive wird ebenfalls nachgegangen, um Verflechtungen zu finden, die nicht aus den ostdeutschen Quellen hervorgehen, und um einbeziehen zu können, wie westdeutsche Aktivisten und schwul-lesbische Medien ihr Verhältnis zur DDR und zur dortigen Schwulen- und Lesbenbewegung bestimmten. Antworten auf die Frage, wie und aus welchen Beweggründen Informationen und Ereignisse aus dem Osten auch im Westen angeeignet wurden, vervollständigen damit eine Verflechtungsgeschichte, die nicht auf West-Ost-Transfers reduziert werden kann.

Kapitel V geht auf die Umbruchjahre 1989/90 ein und fragt nach den neuen Möglichkeiten für die DDR-Schwulenbewegung seit dem Fall der Mauer sowie nach Brüchen und Kontinuitäten schwul-lesbischer Aktivitäten bis zur deutschen

Einheit. Das Aufeinandertreffen von ost- und westdeutschen Aktivisten unter den neuen Bedingungen und die Neuausrichtung von Selbst-und Fremdwahrnehmungen sind weitere wichtige Fragen dieses Kapitels. Welche neuen Allianzen, aber auch Konkurrenzen traten auf? Eines der ersten und wichtigsten gemeinsamen Themen von schwulen Aktivisten in Ost und West war der bundesdeutsche § 175 StGB und die Drohung, seine Geltung könne im Zuge der deutschen Einheit auch auf das Territorium der DDR ausgeweitet werden. Die Frage, welches Potenzial zur Mobilisierung sowie zur Annäherung der Bewegungen und Gesellschaften in Ost und West der Strafrechtsparagraf bot, soll beantwortet werden, bevor Kapitel VI die Arbeit mit einem Fazit abschließt.

Sprache

Sprachlichen Zuweisungen kann diese Arbeit nicht entkommen. Sie verwendet die Ausdrücke homosexuell, schwul, lesbisch und gleichgeschlechtlich begehrend entweder synonym oder in einer im jeweiligen Kontext als angemessen betrachteten Form, wenn etwa von bestimmten Selbst- und Fremdzuschreibungen ausgegangen werden kann. Allerdings sollen damit – wenn nicht anders angezeigt – keine Konzepte oder Theorien transportiert werden. In diesem Zusammenhang sei darauf hingewiesen, dass diese Arbeit keine Identitäts- oder Subjektkonstruktionen nachweisen möchte. Es geht vielmehr um Selbstdarstellungen und Selbstbehauptungsstrategien, die nicht unbedingt mit dem übereinstimmen müssen, als wen oder was sich die individuellen Menschen letztlich verstanden.

Zur Umsetzung einer inklusiven und geschlechtergerechten Sprache wird das Gender Gap mit Sternchen* (Asterisk) genutzt.[115] Geschlechtergerechte Doppelnennungen oder neutrale Formulierungen erscheinen weniger geeignet, da es um Menschen geht, die als handelnde Akteur*innen sichtbar bleiben und dabei nicht einem binären Geschlechtersystem unterworfen werden sollen. Allerdings stößt dieser Anspruch an seine Grenzen, etwa weil sprachliche Unsichtbarmachungen nicht reproduziert, aber gleichzeitig auch nicht stillschweigend überschrieben werden sollen. Tauchen bestimmte Menschen oder Gruppen in den Quellen nicht auf, können sie in der historischen Analyse nicht einfach hinzugefügt werden. Kann die Beteiligung, Anwesenheit oder Ansprache von Frauen, trans*- oder inter*-Menschen[116] jedoch nicht ausgeschlossen werden, so soll dies gekennzeichnet werden. Indem sowohl das Gender-Sternchen als auch das generische Maskulinum bzw. Femininum gebraucht werden, bemüht sich die Arbeit nach bestem

---

[115] Die Arbeit orientiert sich dabei an den Empfehlungen der Gleichstellungskommission der Westfälischen Wilhelms-Universität Münster. Vgl. Gleichstellungsrahmenplan der WWU, 12. 12. 2018, Anlage 3 (Empfehlungen für eine geschlechtergerechte Schriftsprache), https://www.uni-muenster.de/imperia/md/content/gleichstellung/dokumentezurgleichstellung/gleichstellungsrahmenplan_anlage3.pdf (3. 12. 2019).

[116] Trans*- und inter*-Menschen nutzen unterschiedliche Selbstbezeichnungen, wie etwa transsexuell, transgeschlechtlich, transgender bzw. intersexuell oder intergeschlechtlich. Das Sternchen* soll diese Vielfalt abbilden.

Wissen und Gewissen, inklusiv zu formulieren, ohne historische Ausschlüsse zu überdecken. So kann beispielsweise bei der Beschreibung einer Veranstaltung in demselben Satz von schwulen Aktivisten und von Teilnehmer*innen die Rede sein, wenn angenommen werden muss, dass sich die schwulen Aktivisten als Männer verstanden haben und wir nichts über die Teilnehmer*innen wissen bzw. von einer nicht rein männlichen Gruppe auszugehen ist. Das Gender-Sternchen wird demnach dort verwendet, wo die Sichtbarmachung verschiedener Geschlechter notwendig erscheint, das generische Maskulinum oder Femininum dagegen dort, wo die historische Exklusivität hervorgehoben werden soll, wie etwa bei den Schwulenaktivisten.

II. Vorgeschichten: Homosexualitätsdiskurse, Strafrechtsentwicklungen, Alltag und Selbstorganisationen von Homosexuellen in Deutschland vom 19. Jahrhundert bis 1970

Die Schwulen- und Lesbengruppen, die ab den 1970er Jahren in Ost- und Westdeutschland entstanden, zielten auf gesellschaftliche Veränderungen, die Homosexuellen ein gleichberechtigtes Leben ermöglichen sollten. Der Aufbruch ging von mutigen Aktivist*innen aus, die von ähnlichen Entwicklungen in Westeuropa und den USA inspiriert waren; sie fanden sowohl im Osten als auch im Westen politische, wissenschaftliche und gesellschaftliche Rahmenbedingungen vor, die ihren Aktivismus wenn nicht beförderten, so doch zumindest nicht verhinderten. Die neuen Schwulen- und Lesbenbewegungen reihten sich damit in eine lange Geschichte homosexueller Emanzipationsbestrebungen ein, die zugleich die gemeinsame Vergangenheit im geteilten Deutschland bildete. Homosexualitätsdiskurse und Strafrechtsentwicklungen vor 1945 gehören ebenfalls zu dem gemeinsamen Ausgangspunkt, von dem aus in Ost und West ähnliche oder auch getrennte Wege beschritten wurden. Der folgende Überblick zeigt, inwiefern diese gemeinsame Geschichte sowie parallele und durch wechselseitige Abgrenzung oder auch Nähe beeinflusste Reformen und Debatten bis Anfang der 1970er Jahre die Entstehung und Weiterentwicklung der Schwulenbewegungen in den beiden deutschen Staaten prägten.

1. Vom 19. Jahrhundert bis zum Ende des Zweiten Weltkriegs

Bestrafung, Verwissenschaftlichung und Emanzipation

Dass Homosexualität eine Geschichte hat, ist spätestens seit Michel Foucaults Buch „Der Wille zum Wissen" (1975) bekannt. Er schlug vor, sie nicht als eine Geschichte der Repression, sondern vielmehr als eine Diskurs- und Dispositivgeschichte zu schreiben, in der Sexualität und Gesellschaft ausgehandelt werden. Wer oder was homosexuell ist, entsteht demnach diskursiv durch Grenzziehungen und wurde erst in der Moderne zu einem wesentlichen Identitätsmerkmal. Homosexualität habe sich als psychologische, psychiatrische und medizinische Kategorie konstituiert, so schreibt Foucault, als sie nicht mehr als spezielle Form der sexuellen Beziehung, sondern als „innerliche Verkehrung" des „Männlichen" und des „Weiblichen" charakterisiert wurde.[1] Im 19. Jahrhundert habe es dann nicht nur

---
[1] Vgl. Foucault, Der Wille zum Wissen, S. 47.

eine neue Beschreibung der gleichgeschlechtlichen Liebe gegeben, sondern überhaupt erst ein Bild von *dem* Homosexuellen:

> „Der Homosexuelle des 19. Jahrhunderts ist zu einer Persönlichkeit geworden, die über eine Vergangenheit und eine Kindheit verfügt, einen Charakter, eine Lebensform, und die schließlich eine Morphologie mit indiskreter Anatomie und möglicherweise rätselhafter Physiologie besitzt. Nichts von all dem, was er ist, entrinnt seiner Sexualität."[2]

Gleichgeschlechtliche Akte galten nicht mehr als „Gewohnheitssünde", sondern als Ausdruck einer „Sondernatur" und der Homosexuelle wurde zu einer neuen „Spezies".[3] Mit Bezug auf Foucault spricht sich der amerikanische Literaturwissenschaftler und Soziologe David Halperin gegen eine Unterscheidung von vormodernen „Akten" und modernen „Identitäten" aus.[4] Halperin plädiert vielmehr dafür, die Überlappungen „prähomosexueller" Diskurse und moderner Homosexualitätsdiskurse herauszuarbeiten und dabei mindestens vier nebeneinander existierende Diskurstraditionen zu berücksichtigen, die mit den Schlagworten „Effemination", „Päderastie", „Freundschaft" und „Inversion" verbunden sind. Diese bis in die Vormoderne zurückzuverfolgenden Vorstellungen von Homosexualität ließen sich nach Halperin in den Aushandlungen über Selbst- und Fremdwahrnehmungen in der zweiten Hälfte des 20. Jahrhunderts zum Teil wiederfinden.[5] Weil auch Foucault und Halperin außerdem nahezu ausschließlich von *dem* Homosexuellen sprechen, tragen sie dazu bei, dass homosexuelle Männer das Bild von *den* Homosexuellen bestimmen und homosexuelle Frauen marginalisiert werden.

In der Welt des 19. und frühen 20. Jahrhunderts galt die Unterscheidung zwischen Mann und Frau als eine grundlegende natürliche Dichotomie, was gleichgeschlechtliche Sexualität oder Liebe nicht nur zu einer Sünde, sondern auch zu Handlungen *wider die Natur* machte. Das führte dazu, dass sich seit Mitte des 19. Jahrhunderts zumeist männliche Mediziner, Biologen und Psychologen bemühten, das Phänomen zu erklären.[6] Der Ursprung der Sexualwissenschaft, aber auch der Sexualreformen mit engen Verbindungen zur ersten Homosexuellenbewegung ab Ende des 19. Jahrhunderts wird in Zentraleuropa und insbesondere in Deutschland verortet. Nirgendwo auf der Welt beschäftigte sich die Wissenschaft zu dieser Zeit und bis in das 20. Jahrhundert hinein im selben Maße mit Homosexualität wie hierzulande.[7] Robert Beachy geht sogar so weit zu sagen, dass das Konzept der Homosexualität in Deutschland erfunden wurde.[8]

Neben der Verwissenschaftlichung kennzeichnen vor allem Ausgrenzung, Disziplinierung und Verfolgung die Geschichte der Homosexualitäten im 19. und

---

[2] Ebenda.
[3] Ebenda.
[4] Vgl. Halperin, Ein Wegweiser zur Geschichtsschreibung der männlichen Homosexualität, S. 173.
[5] Vgl. ebenda, S. 181–211.
[6] Vgl. Zur Nieden, Homophobie und Staatsräson, S. 22.
[7] Vgl. Herzog, Sexuality in Europe, S. 30; Treiblmayr, Männerbünde; Zur Nieden, Homophobie und Staatsräson, S. 25.
[8] Vgl. Beachy, Das andere Berlin.

20. Jahrhundert. Es handelt sich jedoch ebenso um eine Geschichte der Emanzipation, insofern als gleichgeschlechtlich begehrende Männer und Frauen die Diskurse über sich zunehmend selbst führten. Homosexuelle nahmen sich in der Folge wissenschaftlicher Fremdbeschreibungen oft selbst als eine spezifische Sorte Mensch mit bestimmten Eigenarten wahr. Sie trugen jedoch zugleich sowohl durch ihr politisches und emanzipatorisches Auftreten als auch durch unangepasste Lebensentwürfe zu neuen Sichtweisen und Beschreibungen von Homosexuellen bei.[9]

Zum Kern der historischen Auseinandersetzungen um Homosexualität gehört die Frage, ob gleichgeschlechtliches Begehren bestraft werden soll oder nicht. In Deutschland war es der berüchtigte § 175 des Strafgesetzbuchs, der 123 Jahre lang die Verfolgung homosexueller Männer begründete und zugleich seine Gegner*innen mobilisierte. Der 1871 im Deutschen Reich eingeführte § 175 RStGB stellte „widernatürliche Unzucht" zwischen Männern sowie zwischen Menschen und Tieren unter Strafe.[10] Das RStGB folgte damit dem preußischen Strafrecht von 1851, das deutlich restriktiver war als die rechtlichen Reglungen in anderen deutschen Ländern, in denen sich seit der ersten Hälfte des 19. Jahrhunderts Liberalisierungstendenzen gezeigt hatten. Während in Preußen sogar einvernehmliche Sexualität zwischen erwachsenen Männern bestraft wurde, hatte etwa Bayern schon seit 1813 auf eine Pönalisierung verzichtet.[11] Gleichgeschlechtliche sexuelle Handlungen unter Männern wurden im 19. Jahrhundert in den europäischen Ländern generell unterschiedlich behandelt. Frankreich hob bereits 1810 mit der Verkündung des Code Napoléon das Verbot von „Sodomie" auf, wobei unter Sodomie neben sexuellen Kontakten unter Männern etwa auch heterosexueller Oral- oder Analverkehr sowie sexuelle Handlungen an Tieren verstanden wurden. Damit sollte den Errungenschaften der Französischen Revolution – nämlich die Unterscheidung zwischen Religion und Gesetz sowie zwischen Sünde und Kriminalität – Rechnung getragen werden. Auch in katholischen Ländern wie Italien, Belgien und Spanien, die ihre Gesetze auf den Code Napoléon aufbauten, sowie in gemischt konfessionellen Ländern wie den Niederlanden wurde Homosexualität nicht kriminalisiert. In protestantisch geprägten Ländern, wie in Dänemark, Schweden, Großbritannien und einigen deutschen Ländern, standen sexuelle Handlungen zwischen Männern dagegen unter Strafe.[12] In Russland führte Zar Nikolaus I. 1835 einen entsprechenden Straftatbestand ein.[13] Diese Unterschiedlichkeit der Regelungen in Europa boten Aktivist*innen bereits im 19. Jahrhundert Anknüpfungspunkte, um gegen die Kriminalisierung zu argumentieren, wie Dagmar Herzog zeigt.[14]

---

[9] Vgl. Eder, Homosexualitäten, S. 20.
[10] Reichs=Gesetzblatt, 1871 Nr. 24, S. 161.
[11] Vgl. Kandora, Homosexualität und Sittengesetz, S. 381 f.
[12] Vgl. Herzog, Sexuality in Europe, S. 36.
[13] Vgl. Healey, Homosexual Desire in Revolutionary Russia, S. 22.
[14] Vgl. Herzog, Sexuality in Europe, S. 37.

Der österreichisch-ungarische Schriftsteller, der sich Karl Maria Kertbeny nannte und das Wort „Homosexualität" prägte, plädierte bereits 1869 – wenn auch erfolglos – in einem Flugblatt gegen die Übernahme des Straftatbestands der „widernatürlichen Unzucht" aus dem preußischen in das Strafgesetz des Norddeutschen Bundes.[15] Dieser schließlich auch im Deutschen Reich ab 1871 eingeführte Strafrechtsparagraph ahndete „beischlafähnliche" Handlungen zwischen Männern, das heißt das Eindringen mit dem Penis in den Körper sowie das Reiben der Geschlechtsteile am Körper des anderen.[16] Insbesondere der Begriff der „widernatürlichen Unzucht" spiegelt Michael Kandora zufolge die enge Verknüpfung von moralischer Wertung und strafrechtlicher Verfolgung wider, die die Geschichte des § 175 StGB seit seiner Einführung charakterisierte.[17]

In der Weimarer Republik war § 175 RStGB ein zentrales Thema im Kräftemessen zwischen linker und rechter Politik. Während die KPD seine ersatzlose Streichung forderte, traten SPD und Liberale für eine Reform des Paragrafen ein; die NSDAP hingegen verlangte schon damals eine härtere Bestrafung.[18] Der Strafrechtsausschuss des Reichstags beschäftigte sich bis in die frühen 1930er Jahre mit einer möglichen Reform des § 175 RStGB. Im Oktober 1929 sprach sich sogar eine Mehrheit im Reichstag gegen die Ahndung der sogenannten „einfachen" Homosexualität, das heißt einvernehmlicher sexueller Handlungen zwischen erwachsenen Männern, aus. Zu einer Änderung des Strafrechts kam es allerdings nicht mehr.[19]

Seit Ende des 19. Jahrhunderts war der Arzt und Sexualwissenschaftler Magnus Hirschfeld einer der wichtigsten Vertreter aus Wissenschaft und Homosexuellenbewegung, die sich auf der Grundlage wissenschaftlicher Erkenntnisse für die Abschaffung des § 175 RStGB aussprachen. Zu diesem Zweck gründete er 1897 zusammen mit dem Verleger Max Spohr, dem Juristen Eduard Oberg und dem Schriftsteller Franz Joseph von Bülow das Wissenschaftlich-humanitäre Komitee (WhK). 1919 rief Hirschfeld in Berlin das erste Institut für Sexualwissenschaften ins Leben, veröffentlichte wissenschaftliche Arbeiten und setzte sich gegen die staatliche Diskriminierung und gesellschaftliche Ächtung von geschlechtlichen und sexuellen Minderheiten ein.[20] Homosexualität war für Hirschfeld eine biologische Konstitution, wie er in seiner Theorie der „Zwischenstufen" erklärte, in die er sowohl gleichgeschlechtliches Begehrende als auch diejenigen einordnete, die aufgrund von körperlichen oder anderen Merkmalen dem binären Modell von Mann und Frau widersprachen. Diesen Menschen des sogenannten „Dritten Geschlechts" seien ihre Liebe, Sexualität und Körperlichkeit angeboren. Hirschfeld, der selbst homosexuell war, wies den an gleichgeschlechtlich Begehrende gerichteten Vorwurf der Sünd- oder Lasterhaftigkeit zurück, da Homosexuelle nicht ge-

---

[15] Zur Nieden, Homophobie und Staatsräson, S. 21 f.
[16] Vgl. Brüggemann, Entwicklung und Wandel des Sexualstrafrechts, S. 207.
[17] Vgl. Kandora, Homosexualität und Sittengesetz, S. 381.
[18] Vgl. Zur Nieden, Homophobie und Staatsräson, S. 29.
[19] Vgl. Brüggemann, Entwicklung und Wandel des Sexualstrafrechts, S. 209.
[20] Vgl. Herzer, Magnus Hirschfeld, S. 66–69.

gen, sondern im Einklang mit ihrer *Natur* lebten und dafür nicht bestraft werden dürften.[21]

Parallel zu den Reformbemühungen und einem zunehmenden wissenschaftlichen sowie medialen Interesse entwickelten sich positive individuelle Selbstverständnisse.[22] In Berlin entstanden bereits um 1860 Ansätze einer homosexuellen Subkultur. Nach Ende des Ersten Weltkriegs etablierte sich dann ein reges Kultur- und Nachtleben mit Lokalen, Cafés und Ballsälen, Clubs für Männer und Frauen, Vereinen und Gewerben, die offensichtlich von Homosexuellen betrieben wurden.[23] Es erschienen einschlägige Zeitschriften wie „Die Freundschaft", „Die Insel" und „Der Eigene". Die erfolgreichsten Titel waren die „Blätter für Menschenrecht", „Freundschaftsblatt" und „Freundin", die in Deutschland in zehntausender Auflage vertrieben wurden und in Berlin an öffentlichen Kiosken erhältlich waren.[24] 1919 kam schließlich der erste Aufklärungsfilm „Anders als die Andern"[25] von Richard Oswald unter Mitwirkung von Magnus Hirschfeld heraus. Auf wissenschaftlicher und kultureller Ebene wurden gleichgeschlechtlich Begehrende also aktiver und damit in der Gesellschaft sichtbarer.[26] Jens Dobler und Kristine Schmidt sprechen für die Zeit ab 1919 von einer gut organisierten deutschlandweiten Massenbewegung von homosexuellen Frauen und Männern.[27]

Magnus Hirschfeld wurde auch in der soeben erkämpften und gegründeten jungen Sowjetunion wahrgenommen. Dort wurde die Strafbarkeit der Sodomie mit der Russischen Revolution und der Aufhebung des zaristischen Strafgesetzes abgeschafft und die Straflosigkeit 1922 durch das neue sowjetische Strafgesetzbuch bestätigt. Die Sowjetunion war damit nach Frankreich das bedeutendste Land, das nach der Französischen Revolution sexuelle Beziehungen zwischen Männern entkriminalisierte.[28] 1934 stellte Stalin Geschlechtsverkehr zwischen Männern in allen Sowjetrepubliken allerdings wieder unter Strafe. Wie viele Männer in der Sowjetunion bis Ende der 1950er Jahre wegen gleichgeschlechtlicher Handlungen verurteilt wurden, ist unbekannt.[29]

Zerschlagung homosexueller Kultur, Verschärfung der Repression und Verfolgung

In Deutschland setzten die Nationalsozialisten ab 1933 der homosexuellen Kultur ein Ende und verschärften den politischen und rechtlichen Umgang mit Homose-

---

[21] Vgl. ebenda, S. 57–59.
[22] Vgl. Herzog, Sexuality in Europe, S. 32–36.
[23] Vgl. Dobler, Von anderen Ufern, S. 10.
[24] Vgl. Dobler/Schmidt, Die Bewegung der Weimarer Republik, S. 47.
[25] Anders als die Andern, Produktion: Richard Oswald-Film GmbH, Deutschland 1919, Erstaufführung: Berliner Apollo-Theater 28. 5. 1919, Regie: Richard Oswald, Drehbuch: Richard Oswald, Magnus Hirschfeld, Hauptrollen: Conrad Veidt, Fritz Schulz, Reinhold Schünzel, Länge: 40 Min.
[26] Vgl. Herrn, Anders bewegt, S. 24–31.
[27] Vgl. Dobler/Schmidt, Die Bewegung der Weimarer Republik, S. 43.
[28] Vgl. Healey, Beredtes Schweigen, S. 13.
[29] Vgl. Healey, Homosexual Desire in Revolutionary Russia, S. 14.

xuellen deutlich. In der Ideologie galt männliche Homosexualität als unvereinbar mit der männerbündischen Struktur und mit dem Zweck der Sexualität im Nationalsozialismus, nämlich der Fortpflanzung und Expansion einer arischen „Herrenrasse".[30] Schon in den ersten Monaten des Jahres 1933 wurde das gesamte homosexuelle Leben Berlins nachhaltig zerschlagen.[31] Kneipen wurden geschlossen, Vereine verboten und Hirschfelds Institut für Sexualwissenschaft verwüstet und zerstört.[32] Mit der Ermordung des SA-Führers Ernst Röhm am 1. Juli 1934, als deren Rechtfertigung ein angeblich bevorstehender Putsch der SA genannt und mit Röhms Homosexualität in Verbindung gebracht wurde, sowie der Einrichtung der „Reichszentrale zur Bekämpfung der Homosexualität und der Abtreibung" 1936 durch den Reichsführer SS Heinrich Himmler wurde die Verfolgung von Männern, die der „Unzucht" beschuldigt wurden, massiv ausgeweitet. Die Verurteilungen nach § 175 RStGB stiegen von 1934 bis 1937 um das Zehnfache an. Homosexuelle Männer wurden gezielt in Konzentrationslager deportiert und mussten dort als Erkennungszeichen einen rosafarbenen Winkel tragen.[33]

Der Anstieg der Verurteilungen in den 1930er Jahren war der rigorosen Verfolgung und dem 1935 neu formulierten § 175 RStGB geschuldet. Dessen erster Satz lautete nun: „Ein Mann, der mit einem anderen Mann Unzucht treibt oder sich von ihm zur Unzucht mißbrauchen läßt, wird mit Gefängnis bestraft".[34] Die Nationalsozialisten hatten die Norm also insofern verschärft, als nicht mehr „nur" der Geschlechtsverkehr, sondern bereits jede Handlung strafbar war, „die geeignet ist, das allgemeine Scham- und Sittlichkeitsgefühl in geschlechtlicher Beziehung zu verletzen" und die dabei „den Körper des anderen Mannes als Mittel benutzt, Wollust zu erregen oder zu befriedigen", wie es in der Rechtsprechung hieß.[35] Der Ausdruck der „widernatürlichen Unzucht" war durch „Unzucht treiben" ersetzt worden, was deutlich mehr als die bisher verbotenen „beischlafähnlichen" Handlungen umfasste. Darunter fiel etwa die gegenseitige, aber auch die gemeinsame Onanie zweier Männer, die sich körperlich nicht berührten. Sogar ein Kuss konnte Männer vor Gericht, ins Gefängnis oder ins Konzentrationslager bringen.[36] Der zudem neu eingeführte § 175a RStGB listete strafverschärfende Tatumstände auf, wie den Einsatz von Gewalt und Drohungen, Ausnutzung von Abhängigkeitsverhältnissen, „Unzucht" mit unter 21-Jährigen sowie Prostitution.[37] Für diese sogenannten erschwerten Fälle war ein Strafmaß von mindestens einem Jahr bis zu zehn Jahren vorgesehen.[38] Von ordentlichen Gerichten wurden mindesten 50 000 Verurteilungen nach

---

[30] Vgl. Brüggemann, Entwicklung und Wandel des Sexualstrafrechts, S. 211.
[31] Vgl. ebenda, S. 180.
[32] Vgl. Stümke/Finkler, Rosa Winkel, S. 163.
[33] Vgl. Brüggemann, Entwicklung und Wandel des Sexualstrafrechts, S. 211 f.
[34] Reichsgesetzblatt, 1935 Nr. 70, S. 841.
[35] Rechtsprechung des Reichsgerichts in Strafsachen (RGSt), Bd. 70, S. 225, zitiert nach: Pauli, Die Rechtsprechung des Reichsgerichts, S. 222 f.
[36] Vgl. Brüggemann, Entwicklung und Wandel des Sexualstrafrechts, S. 212.
[37] Vgl. Reichsgesetzblatt, 1935 Nr. 70, S. 841.
[38] Vgl. Brüggemann, Entwicklung und Wandel des Sexualstrafrechts, S. 213.

§§ 175 und 175a RStGB ausgesprochen.[39] Schätzungen gehen davon aus, dass zwischen 5000 und 15 000 homosexuelle Männer in Konzentrationslagern inhaftiert wurden und rund die Hälfte von ihnen dort ums Leben kam.[40] Die Kritik an § 175 RStGB und an seiner Verschärfung blieb während der Zeit des Nationalsozialismus weitgehend aus und die Forderungen aus der Wissenschaft nach dessen Streichung verstummten.[41]

Lesbische Frauen wurden weder vor noch während der Zeit des Nationalsozialismus in gleicher Weise systematisch verfolgt wie schwule Männer, was aber nicht bedeutet, dass sie verschont blieben. Das NS-Regime reagierte auf abweichendes sexuelles Verhalten grundsätzlich repressiv. Gleichgeschlechtliches Begehren unter Frauen war zwar keine eigene Verfolgungskategorie, konnte aber unter Bezeichnungen wie etwa „Asozialität" bestraft werden oder bei einer Verurteilung wegen anderer Anschuldigungen zu einer höheren Strafe führen.[42] Soziale Ausgrenzung erlebten gleichgeschlechtlich begehrende Frauen wie Männer zu jeder Zeit.[43]

2. DDR und Bundesrepublik

Mit dem Zusammenbruch des Nationalsozialismus war die schlimmste Periode der Verfolgung von Homosexuellen in der deutschen Geschichte vorbei. Ein Klima der gesellschaftlichen Ächtung herrschte im geteilten Deutschland aber weiterhin auf beiden Seiten. Homosexuellen Männern drohte zwar nicht mehr die Einweisung in Konzentrationslager oder der Tod, wohl aber die strafrechtliche Verfolgung, und aus medizinischer und theologischer Sicht blieb Homosexualität eine Krankheit oder eine Sünde. In DDR und Bundesrepublik war damit eine Kontinuität, aber auch der Bruch mit dem Nationalsozialismus zu beobachten. Die folgenden Ausführungen gehen auf die relevanten Entwicklungen in beiden Ländern seit Ende des Zweiten Weltkriegs bis Anfang der 1970er Jahre ein, behandeln sie aber nicht immer in der gleichen Ausführlichkeit. Es werden Gemeinsamkeiten, Unterschiede und punktuelle Verflechtungen, aber auch Ereignisse und Entwicklungen dargestellt, die keinen Bezug zum jeweils anderen Deutschland aufweisen. Dabei ist weder ein vollständiger Vergleich noch eine ausführliche Parallelerzählung beabsichtigt, sondern lediglich eine Vorgeschichte der Homosexualitäten, um die darauffolgenden Kapitel historisch einzubetten.

---

[39] Vgl. Grau/Lautmann, Lexikon zur Homosexuellenverfolgung, S. 303.
[40] Vgl. u. a. Schäfer, „Widernatürliche Unzucht", S. 45; Zinn, „Aus dem Volkskörper entfernt"?, S. 12.
[41] Vgl. Brüggemann, Entwicklung und Wandel des Sexualstrafrechts, S. 216.
[42] Vgl. Schoppmann, Lesbische Frauen und weibliche Homosexualität im Dritten Reich, S. 87.
[43] Vgl. Schoppmann, Nationalsozialistische Sexualpolitik, S. 3.

Strafrechtsentwicklungen und weitere deutsch-deutsche Verflechtungen

Nach dem Zweiten Weltkrieg versuchten die neuen Machthaber*innen und Eliten, das „moralische Vakuum" in Ost- und Westdeutschland durch neue soziale Werte zu füllen.[44] Im Westen diente eine strenge Sexualmoral dazu, die Gesellschaft zu erneuern. Sie war das Instrument einer christlichen und moralischen Autorität, die sich und das Land vom Faschismus distanzieren wollte, erklärt Dagmar Herzog. Im Osten war es hingegen der Antikapitalismus, der im Zentrum des antifaschistischen Gründungsnarrativs stand. Die Staats- und Parteiführung sei davon ausgegangen, dass Sexualität – im Rahmen einer heterosexuellen monogamen Ehe – dann gelinge, wenn die Partner*innen die sozialistischen Werte lebten. In der DDR, so Herzog, sei demnach – anders als in der frühen Bundesrepublik – die Diskussion um Sexualität in Richtung Zukunft ausgerichtet gewesen, das heißt es wurde angenommen, dass die restriktive bürgerliche Sexualmoral mit der bevorstehenden Verwirklichung des Sozialismus überwunden werde.[45]

Für Homosexuelle, insbesondere für Männer, bedeuteten das Ende des Zweiten Weltkriegs und die Gründung der Bundesrepublik Deutschland bzw. der DDR kein Ende der Verfolgung. Die Verbrechen der Nationalsozialisten hinterließen bei ihren Opfern und in den Gesellschaften tiefe Spuren. Auch wenn diejenigen, die in Zuchthäusern und Lagern saßen, ihre Freiheit zurückbekamen, so änderte sich – vor allem in der Bundesrepublik – wenig an der strafrechtlichen Ahndung. §§ 175 und 175a RStGB wurden in das bundesdeutsche Strafrecht übernommen, weil sie nicht als Ausdruck nationalsozialistischer Ideologie galten. Nur besonders harte Bestrafungen und die willkürliche Anwendung der Paragrafen sollten zukünftig ausgeschlossen werden. Das Strafmaß sank, aber die rechtliche und gesellschaftliche Ächtung existierte fort. Zudem galten die nach 1935 wegen „Unzucht" Verurteilten auch weiterhin als Straftäter, denen Rehabilitierung und Wiedergutmachung verwehrt blieben. Das dritte Strafrechtsänderungsgesetz von 1953 bestätigte §§ 175 und 175a StGB in ihrer bestehenden Fassung.[46] Bis 1969 wurden so in der Bundesrepublik weitere 45 000 bis 50 000 Männer wegen homosexueller Handlungen rechtskräftig verurteilt; von 1952 bis 1962 waren es jährlich etwa 3000.[47]

In der Bestrafung der (männlichen) Homosexualität sah das Bundesverfassungsgericht keinen Verstoß gegen das Grundgesetz, das in Artikel 2 Absatz 1 das Recht auf freie Entfaltung der Persönlichkeit gewährleistet und in Artikel 3 Absatz 2 und 3 die Ungleichbehandlung von Männern und Frauen verbietet. Die Anwendung des § 175 StGB ausschließlich auf Männer wurde 1957 damit begründet, dass sich

---

[44] Evans, Decriminalization, S. 554.
[45] Vgl. Herzog, East Germany's Sexual Evolution, S. 73; Herzog, Die Politisierung der Lust, S. 235.
[46] Vgl. Brüggemann, Entwicklung und Wandel des Sexualstrafrechts, S. 218 f.
[47] Vgl. Burgi/Wolff, Rechtsgutachten zur Frage der Rehabilitierung, S. 28.

das sexuelle Verhalten von Frauen und Männern grundsätzlich voneinander unterscheide und dass es deswegen gerechtfertigt sei, die Geschlechter im Sexualstrafrecht unterschiedlich zu behandeln.[48] Als Argument wurde unter anderem angeführt, dass männliche Homosexualität weiter verbreitet und stärker auf sexuelle Handlungen ausgerichtet sei als weibliche Homosexualität. Artikel 3 GG sei daher nicht verletzt und es liege auch kein Verstoß gegen das Persönlichkeitsrecht vor. Zwar beschränke § 175 StGB das Persönlichkeitsrecht; diese Beschränkung sei jedoch zulässig, da homosexuelle Handlungen gegen den „Sittlichkeitsmaßstab des Volkes" verstießen, so das Bundesverfassungsgericht.[49] Der Bundesgerichtshof vertrat in einem Urteil vom 11. Februar 1955 zudem die Ansicht, dass § 175 StGB keine schutzbedürftige Person voraussetze, sondern dem Zweck diene, „die geistige Gesundheit des Volkes […] zu erhalten und vor Abirrungen zu bewahren".[50] Mit dieser Formulierung griff der BGH zudem den Topos aus der NS-Zeit auf, wonach Homosexualität eine Krankheit sei, vor der das Volk geschützt werden müsse.[51] Im Fall von Homosexualität fiel die Abwägung zwischen dem Ziel der Wahrung der Sittlichkeit und dem Recht auf freie Entfaltung des Einzelnen demnach zugunsten des ersteren aus.

Mit Gründung der Bundesrepublik nahm die Kritik an den §§ 175 und 175a StGB sowie die Forderung nach deren Streichung wieder zu. Vor allem die Entkriminalisierung der sogenannten „einfachen Homosexualität" – also der einvernehmlichen Sexualität unter erwachsenen Männern – war ein Ziel, für das sich beispielsweise die 1950 gegründete Deutschen Gesellschaft für Sexualforschung einsetzte.[52] Noch im Gründungsjahr wandte sich deren Leiter Hans Giese mit einer Eingabe an alle Abgeordneten des Bundestages und alle Mitglieder des Bundesrates, in der er empfahl, das Strafrecht entsprechend zu reformieren.[53] 1951 ließ der 39. Deutsche Juristentag unter den Teilnehmer*innen darüber abstimmen, ob § 175 StGB gestrichen werden sollte; 14 stimmten dafür, 11 dagegen. Der Beschluss blieb aber aufgrund einer zu geringen Zahl von Anwesenden unverbindlich und auch alle anderen Initiativen in den 1950er Jahren zur Entkriminalisierung der „einfachen Homosexualität", wie etwa die des Strafrechtsausschusses der deutschen Rechtsanwaltskammer, waren erfolglos.[54]

Die DDR vollzog einen deutlicheren Bruch zur nationalsozialistischen Homosexuellenverfolgung, aber auch keine vollständige Abkehr. Der Strafsenat beim Obersten Gericht der DDR beurteilte 1949 die Verschärfung des § 175 StGB aus dem Jahr 1935 als „typisch nationalsozialistisch".[55] 1950 entschied das Kammerge-

---

[48] Vgl. Brüggemann, Entwicklung und Wandel des Sexualstrafrechts, S. 219.
[49] Vgl. Schäfer, „Widernatürliche Unzucht", S. 112 f.
[50] Entscheidungen des Bundesgerichtshofes in Strafsachen (BGHSt) 7, 231, 233, zitiert nach: Brüggemann, Entwicklung und Wandel des Sexualstrafrechts, S. 220.
[51] Vgl. ebenda, S. 220.
[52] Vgl. Stümke, Homosexuelle in Deutschland, S. 135.
[53] Vgl. Schäfer, „Widernatürliche Unzucht", S. 84.
[54] Vgl. Steinke, „Ein Mann, der mit einem anderen Mann …", S. 62.
[55] Zur Nieden, Homophobie und Staatsräson, S. 40; Thinius, Erfahrungen schwuler Männer, S. 15.

richt Berlin, dass der Paragraf in der gesamten DDR fortan wieder in der Fassung von 1871 anzuwenden sei, was vom Obersten Gericht im selben Jahr bestätigt wurde. Der 1935 neu eingeführte § 175a, der Nötigung, Abhängigkeitsverhältnisse, Sex mit Jugendlichen unter 21 Jahren sowie Prostitution unter Männern als strafverschärfende Merkmale einstufte, blieb allerdings bestehen, da die Gerichte darin eine Fortentwicklung des Strafrechts sahen.[56] Sie verstanden diese Vorschrift, deren Tatbestand keine beischlafähnliche Handlung voraussetzte, als einen wichtigen Beitrag zum Schutz der Jugend vor homosexuellen erwachsenen Männern.[57] Laut Jennifer Evans sollte § 175a StGB beibehalten werden, um als Bollwerk gegen „abnormale" sexuelle Aktivitäten unter der (männlichen) Jugend des Landes zu fungieren.[58]

In der Literatur ist häufig zu lesen, in der DDR habe Ende der 1950er Jahre ein Gesinnungswandel stattgefunden und als dessen Ausdruck habe die Einführung des neuen § 8 StGB,[59] der am 11. Dezember 1957 in Kraft trat, dazu geführt, dass konsensuale sexuelle Handlungen zwischen erwachsenen Männern de facto nicht mehr verfolgt wurden.[60] Greg Taylor bezweifelt jedoch, dass es diesen Wandel tatsächlich gegeben hat und der § 8 StGB in diesen Fällen überhaupt Anwendung fand. Jedenfalls sei 1958 und 1959 die Strafverfolgung nur in vier von 900 Fällen auf Grundlage des § 8 StGB eingestellt worden. Außerdem sei Homosexualität in den Medien weiterhin als etwas Negatives und als Residuum des Spätkapitalismus dargestellt worden. Erst in den 1960er Jahren ging die Strafverfolgung schließlich zurück, wie auch Klaus Berndl belegt.[61]

In der Bundesrepublik wurde § 175 StGB 1969 schließlich novelliert und ein Schutzalter von 21 Jahren für mann-männliche Sexualkontakte eingeführt. Zwar wurde § 175a StGB gestrichen, das darin enthaltene Verbot der Ausnutzung von Abhängigkeitsverhältnissen sowie der Prostitution unter Männern jedoch in § 175 StGB integriert.[62] Diese Reform markierte insofern einen entscheidenden Wendepunkt, als sich das Sexualstrafrecht nicht länger am Sittengesetz, sondern am Prinzip des Rechtsgüterschutzes orientierte.[63]

Die DDR strich 1968 die §§ 175 und 175a aus ihrem Strafgesetzbuch und ersetzte sie durch § 151 StGB,[64] der gleichgeschlechtliche sexuelle Handlungen zwischen

---

[56] Vgl. Grau, Return of the Past, S. 6 f.
[57] Vgl. Schäfer, „Widernatürliche Unzucht", S. 121.
[58] Evans, Decriminalization, S. 556.
[59] § 8 StGB: „Eine Straftat liegt nicht vor, wenn die Handlung zwar dem Wortlaut eines gesetzlichen Tatbestandes entspricht, aber wegen ihrer Geringfügigkeit und mangels schädlicher Folgen für die Deutsche Demokratische Republik, den sozialistischen Aufbau, die Interessen des werktätigen Volkes sowie des einzelnen Bürgers nicht gefährlich ist." Gesetzblatt der Deutschen Demokratischen Republik, 1957 Teil I, Nr. 78, S. 644.
[60] Vgl. Schäfer, „Widernatürliche Unzucht", S. 123; Evans, Decriminalization, S. 556.
[61] Vgl. Taylor, Zur strafrechtlichen Gleichstellung Homosexueller in der späten DDR, S. 3; Berndl, Zeiten der Bedrohung, S. 27.
[62] Vgl. Schäfer, „Widernatürliche Unzucht", S. 216 f.
[63] Vgl. Kandora, Homosexualität und Sittengesetz, S. 398–399.
[64] § 151 StGB: „Ein Erwachsener, der mit einem Jugendlichen gleichen Geschlechts sexuelle Handlungen vornimmt, wird mit Freiheitsstrafe bis zu drei Jahren oder mit Verurteilung auf Bewährung bestraft." Gesetzblatt der Deutschen Demokratischen Republik, 1968 Teil I, Nr. 1, S. 32.

Personen über und unter 18 Jahren nicht mehr ausschließlich bei Männern, sondern nun auch bei Frauen unter Strafe stellte. Damit war (einvernehmliche) gleichgeschlechtliche Sexualität zwischen über 18-Jährigen nicht länger kriminalisiert. Für heterosexuelle Beziehungen galt jedoch weiterhin ein niedrigeres Schutzalter von 16 Jahren.[65] Hinter dieser Reform stand Günter Grau zufolge die Überzeugung, dass Homosexualität mit dem Aufbau des Sozialismus von alleine verschwinden werde und deshalb die Bestrafung sexueller Beziehungen zwischen Erwachsenen nicht mehr notwendig und historisch überholt sei.[66] § 151 StGB, der nun den Jugendschutz stärker hervorhob, rückte somit ab von einer generellen Ächtung Homosexueller. Doch weil von einer *Verführbarkeit* zu Homosexualität ausgegangen wurde, muss der neue Strafrechtsparagraf auch als Instrument gesehen werden, der die Verbreitung homosexueller Handlungen unter Jugendlichen verhindern sollte. Homosexualität blieb also eine unerwünschte Abweichung.

Die Ausdehnung des zu schützenden Personenkreises auf weibliche Jugendliche und damit die mögliche Bestrafung erwachsener Frauen erklärte der Gesetzgeber mit der Fortentwicklung des sozialistischen Strafrechts:

„Im Gegensatz zur früheren Regelung, die – bürgerlichen Vorstellungen folgend – bei bestimmten Handlungen nur die männliche oder nur die weibliche Jugend schützte, sollen mit diesen Bestimmungen die Jugendlichen beiderlei Geschlechts vor sexuellem Mißbrauch bewahrt werden."[67]

Die Annahme war, dass „männliche und weibliche Jugendliche gleichermaßen durch die Vornahme gleichgeschlechtlicher sexueller Handlungen Erwachsener in ihrer sittlichen und sexuellen Entwicklung gefährdet" seien und ihre „normale[n] Ehe- und Familienbeziehungen" dadurch gestört werden könnten.[68] Sexuelle Handlungen nur zwischen männlichen Erwachsenen und Jugendlichen unter Strafe zu stellen, war aus Sicht der DDR eine für den Sozialismus nicht mehr zeitgemäße Vorstellung von der Verschiedenartigkeit männlicher und weiblicher Sexualität. Entsprechend charakterisierte der Lehrkommentar zum DDR-Strafgesetzbuch diese Vorstellung als veraltet und bürgerlich und vollzog damit auch eine Abgrenzung zum geltenden Recht in der Bundesrepublik, wo ein Jahr vor Erscheinen des Lehrkommentars mit dem Strafrechtsänderungsgesetz von 1969 die Ungleichbehandlung von männlicher und weiblicher Homosexualität erneut bekräftigt worden war.[69] Auch in der Sprache setzte die DDR sich gegenüber der

---

[65] Vgl. Schulz/Sartorius, Paragraph 175, S. 52 f.; Schäfer, „Widernatürliche Unzucht", S. 209.
[66] Grau, Schwulenpolitik am Beginn des neuen Jahrhunderts, S. 13 f.
[67] Ministerium der Justiz/Deutsche Akademie für Staats- und Rechtswissenschaft „Walter Ulbricht" (Hrsg.), Strafrecht der Deutschen Demokratischen Republik, S. 130.
[68] Ebenda, S. 136 f.
[69] § 175 StGB: „(1) Mit Freiheitsstrafe bis zu fünf Jahren wird bestraft 1. ein Mann über achtzehn Jahre, der mit einem anderen Mann unter einundzwanzig Jahren Unzucht treibt oder sich von ihm zur Unzucht mißbrauchen läßt, 2. ein Mann, der einen anderen unter Mißbrauch einer durch ein Dienst-, Arbeits- oder Unterordnungsverhältnis begründeten Abhängigkeit bestimmt, mit ihm Unzucht zu treiben oder sich von ihm zur Unzucht mißbrauchen zu lassen, 3. ein Mann, der gewerbsmäßig Unzucht treibt oder von Männern sich zur Unzucht mißbrauchen läßt oder sich dazu anbietet. […]" Bundesgesetzblatt, 1969 Teil I, Nr. 52, S. 653 f.

Bundesrepublik ab, indem sie bereits 1968 den Begriff der „Unzucht" durch „homosexuelle Handlungen" ersetzte.[70] In der Bundesrepublik wurde erst mit der Strafrechtsreform von 1973 eine neue Sprachregelung eingeführt.[71] Mit Verweis auf die Ersetzung der §§ 175, 175a durch § 151 StGB konnte sich die DDR-Staatsführung fortschrittlicher geben als der Westen. Vor dem Hintergrund der Konkurrenz zwischen den Gesellschaftssystemen trug die Reform so zur Legitimierung der politischen Herrschaft der SED bei.[72] Am generellen Umgang mit Schwulen und Lesben änderte sich allerdings nichts.[73] Darüber hinaus blieb auch die unterschiedliche Sichtweise auf männliche und weibliche Homosexualität bestehen, indem etwa in den wenigen Medienbeiträgen zum Thema nach wie vor das Bild vom schwulen Mann dominierte und Lesben kaum sichtbar wurden.[74]

Die Reform des westdeutschen § 175 StGB sieht Adrian Rinscheid als Folge eines internationalen Individualisierungsprozesses.[75] Aber auch hier dürften die Entwicklungen im anderen deutschen Staat von Bedeutung gewesen sein. Denn 1973 holte die Bundesrepublik mit dem Vierten Strafrechtsänderungsgesetz die weitergehende Änderung in der DDR gewissermaßen nach, indem nun auch im Westen das Schutzalter für gleichgeschlechtliche Kontakte zwischen Männern von 21 auf 18 Jahre abgesenkt wurde.[76] Die Vorschriften gegen das Ausnutzen von Abhängigkeitsverhältnissen und das Verbot der mann-männlichen Prostitution wurden gestrichen. Im Unterschied zur DDR, wo auch Frauen gemäß § 151 StGB wegen gleichgeschlechtlicher sexueller Handlungen verurteilt werden konnten, waren Frauen in Westdeutschland aber nach wie vor von der Strafbarkeit nach § 175 StGB ausgenommen.[77]

Michael Kandora sieht in den ost- und westdeutschen Strafrechtsreformen von 1968, 1969 und 1973 den Ausdruck eines fundamentalen Wandels normativer Sittlichkeitsvorstellungen, der sich in den 1960er Jahren vollzogen hatte. Sowohl der reformierte westdeutsche § 175 StGB als auch der neue ostdeutsche § 151 StGB sollten fortan nicht mehr die Sitten und die Moral, sondern die Jugend schützen.[78] Gegen diese Interpretation spricht, dass die Festlegung eines höheren Schutzalters für gleichgeschlechtliche bzw. mann-männliche sexuelle Handlungen und das damit verbundene Anliegen, Jugendliche vor homosexuellen Erfahrungen zu bewahren, nicht losgelöst von Sittlichkeitsvorstellungen betrachtet werden können. Die Jugendschutzvorschriften spiegeln vielmehr eine Haltung wider, die Homo-

---

[70] Ministerium der Justiz/Deutsche Akademie für Staats- und Rechtswissenschaft „Walter Ulbricht" (Hrsg.), Strafrecht der Deutschen Demokratischen Republik, S. 130.
[71] § 175 StGB: „(1) Ein Mann über achtzehn Jahren, der sexuelle Handlungen an einem Mann unter achtzehn Jahren vornimmt […]." Bundesgesetzblatt, 1973 Teil I, Nr. 98, S. 1727.
[72] Vgl. Rinscheid, Entkriminalisierung ohne Individualisierung?, S. 269.
[73] Vgl. McLellan, Love in the Time of Communism, S. 118.
[74] Vgl. Evans, Decriminalization, S. 566; Hillhouse, Out of the Closet behind the Wall, S. 587.
[75] Vgl. Rinscheid, Entkriminalisierung ohne Individualisierung?, S. 272.
[76] Vgl. Schäfer, „Widernatürliche Unzucht", S. 215.
[77] Vgl. Brüggemann, Entwicklung und Wandel des Sexualstrafrechts, S. 228.
[78] Vgl. Kandora, Homosexualität und Sittengesetz, S. 384.

sexualität grundsätzlich eher ablehnend begegnet und homosexuelle und heterosexuelle Beziehungen nicht als gleichwertig betrachtet. In dieser Frage stimmten die Gesetzeshüter*innen in DDR und Bundesrepublik überein.

Die Frage, wie viele Verurteilungen nach §§ 175 und 175a bzw. § 151 StGB es in der DDR gab, lässt sich nicht genau beantworten. Für die Zeiträume von 1945 bis 1959 und von 1980 bis 1986 liegen entsprechende Daten vor. Dazwischen weisen die Statistischen Jahrbücher der DDR Verurteilungen nach §§ 175, 175a und ab 1968 nach § 151 StGB nicht gesondert aus. Sie sind der größeren Gruppe der Sexualdelikte (ohne Vergewaltigung) zugeordnet, deren Zahl von jährlich etwa 7000 vor der Strafrechtsreform 1968 auf etwa 1000 Anfang der 1980er Jahre sank.[79] Zwischen 1957 und 1959 wurden in der DDR und in Ost-Berlin 1292 Männer wegen §§ 175 und 175a verurteilt, davon 348 nur nach § 175.[80] Gemessen an den Bevölkerungszahlen war die Verfolgungsintensität einvernehmlicher sexueller Handlungen zwischen erwachsenen Männern damit in der frühen Bundesrepublik etwa doppelt so hoch wie in der DDR, was vor allem auf die unterschiedlichen Fassungen des § 175 StGB seit Anfang der 1950er Jahre zurückzuführen ist. Bei dem auf beiden Seiten der Mauer gleichlautend beibehaltenen § 175a StGB wichen die Verfolgungszahlen nur marginal voneinander ab.[81] Zwang, Abhängigkeitsverhältnisse, Prostitution sowie sexuelle Verhältnisse zwischen Erwachsenen und Jugendlichen galten demnach im Osten wie im Westen als besonders strafwürdig, wenn nicht Mann und Frau, sondern Mann und Mann daran beteiligt waren.

In den 1980er Jahren glich sich die Zahl der Verurteilungen in Ost und West immer mehr an. Von 1980 bis 1986 wurden in der DDR jährlich 70 bis 100 Straftaten wegen Verstößen gegen § 151 StGB geahndet.[82] In der Bundesrepublik erfolgten ebenfalls etwa 100 Verurteilungen nach § 175 StGB pro Jahr.[83] Bei den in der DDR als Straftaten verfolgten sexuellen Handlungen lässt sich allerdings nicht mehr nachvollziehen, ob es sich dabei um Missbrauch oder um einvernehmliche Beziehungen zwischen Erwachsenen und Jugendlichen handelte. Ein Hinweis ergibt sich aus der Tatsache, dass ab 1980 doppelt so viele Bewährungs- wie Haftstrafen verhängt wurden. Ab 1984 stieg der Anteil an Bewährungsstrafen sogar noch an; es liegt daher nahe anzunehmen, dass bereits ab diesem Zeitpunkt einvernehmliche sexuelle Handlungen nicht mehr so hart bestraft wurden. Bei den Täter*innen lag das Verhältnis von Frauen zu Männern bei 1:40.[84]

Ost- und westdeutsche Akteur*innen, die im Nachkriegsdeutschland für die Abschaffung der strafrechtlichen Verfolgung und Diskriminierung von Homosexuellen bzw. für strafrechtliche Reformen eintraten, agierten zum Teil gemeinsam

---

[79] Vgl. Bartholomae/Weiß, Schwules Leben in der DDR, S. 11 f.
[80] Vgl. Berndl, Zeiten der Bedrohung, S. 21–27.
[81] Vgl. ebenda, S. 25.
[82] Vgl. Sachse/Knorr/Baumgart, Sexueller Missbrauch in der DDR, S. 75.
[83] Vgl. Burgi/Wolff, Rechtsgutachten zur Frage der Rehabilitierung, S. 35.
[84] Vgl. Sachse/Knorr/Baumgart, Sexueller Missbrauch in der DDR, S. 75 f.

oder nahmen zumindest Bezug aufeinander, erklärt Maria Borowski. Einer von ihnen war der 1905 geborene Dresdener Arzt Rudolf Klimmer. Seit 1947 setzte er sich nicht nur für die Abschaffung des § 175 StGB ein, sondern engagierte sich darüber hinaus auch für die Rehabilitierung der in der NS-Zeit nach § 175 RStGB Verurteilten.[85] Christian Schäfer schreibt Klimmer für die frühe DDR sogar eine vergleichbare Rolle zu, wie sie Magnus Hirschfeld in der Weimarer Republik zukam. Klimmer habe sich maßgeblich für die Entkriminalisierung sexueller Handlungen zwischen erwachsenen Männern eingesetzt und damit mehr Erfolg gehabt als sein westdeutscher Kollege, der Sexualwissenschaftler Hans Giese.[86]

Schon zeitgenössische Analysen brachten die Reformen von 1968 in der DDR und 1969 bzw. 1973 in der Bundesrepublik mit Klimmers Bemühungen in Verbindung. So behauptete ein Dr. Manfred Hausmann in der Schweizer Zeitschrift „Der Kreis", dass Klimmers Buch „Homosexualität" – das in der DDR nicht erscheinen durfte, stattdessen 1958 in der Bundesrepublik veröffentlicht wurde und dort bis 1965 drei Auflagen erlebte – dem DDR-Justizministerium und der Strafrechtskommission vorgelegen habe. „[G]anz auf den neuesten wissenschaftlichen Erkenntnissen" gründend sei somit „ein sehr wesentlicher Fortschritt" erzielt worden.[87] Die wissenschaftlichen Beiträge, die Mediziner wie Klimmer in der DDR erarbeiteten, aber nicht publizieren durften, gelangten demnach als westdeutsche Bücher wieder zurück in die DDR und wurden möglicherweise zur Begründung von Gesetzesänderungen herangezogen. Frei erhältlich war das Buch im Osten trotzdem nicht. Die Einführung des § 151 StGB 1968 war für Rudolf Klimmer ein Teilerfolg und ein Anlass, um gegen das höhere Schutzalter für mann-männliche Sexualkontakte in der Bundesrepublik zu argumentieren. Er war stolz auf die Reform in der DDR, die seiner Ansicht nach den *Fortschrittswillen* der sozialistischen Gesellschaft und der DDR-Führung zeigte. In einem Artikel, den er den DDR-Zeitschriften „Neue Justiz" und „Das Deutsche Gesundheitswesen" anbot, plädierte Klimmer unter der Überschrift „Zur Frage des Schutzalters bei homosexuellen Handlungen" dafür, das ostdeutsche Recht im anderen Deutschland zu übernehmen.[88] Publizieren wollte seinen Aufsatz – trotz positiver Hervorhebung des DDR-Strafrechts – aber keine ostdeutsche Zeitschrift. Der Chefradakteur der „Neuen Justiz", Lothar Schibor, erklärte ihm, dass „die Problematik der strafrechtlichen Relevanz homosexueller Handlungen nicht vordringlich" sei.[89] Schließlich erschien der Artikel in der westdeutschen Zeitschrift „Medizinische Klinik",[90] und

---

[85] Vgl. Borowski, Parallelwelten, S. 46.
[86] Vgl. Schäfer, „Widernatürliche Unzucht", S. 125 f.
[87] Manfred Hausmann, Strafrechtsreform in der DDR, in: Der Kreis. Eine Monatsschrift 35 (1967), H. 3, S. 6.
[88] SMU, DDR, Nachlass Rudolf Klimmer, Nr. 5, Korrespondenz: Druckgenehmigung/Verlage 1949–1974, Brief Rudolf Klimmer an Redaktion der Zeitschrift „Das Deutsche Gesundheitswesen", 12. 12. 1969.
[89] SMU, DDR, Nachlass Rudolf Klimmer, Nr. 5, Korrespondenz: Druckgenehmigung/Verlage 1949–1974, Brief Redaktion „Neue Justiz" an Rudolf Klimmer, 12. 1. 1970.
[90] Klimmer, Zur Frage des Schutzalters.

es lässt sich nachweisen, dass Klimmers Ansicht zum Schutzalter Eingang in die Beratungen über eine erneute bundesdeutsche Strafrechtsreform fand: Auf der 41. Sitzung des Sonderausschusses für die Strafrechtsreform des Deutschen Bundestages im Mai 1971 trug Ministerialrat Hartmuth Horstkotte aus dem Bundesjustizministerium vor, dass „Klimmer, der ein Kompendium über die Problematik der Homosexualität geschrieben hat und in der DDR lebt", ein Schutzalter für gleichgeschlechtliche Handlungen von 18 Jahren für richtig halte.[91] Rudolf Klimmer wurde also auch im Westen als Experte herangezogen, um die Liberalisierung des Strafrechts wissenschaftlich zu begründen, und steht somit exemplarisch für die deutsch-deutschen Verflechtungen in diesem Prozess.

Noch bevor die westdeutsche Schwulenbewegung in den 1970er Jahren damit begann, sah Klimmer eine seiner Aufgaben zudem darin, Zeitzeugen der nationalsozialistischen Homosexuellenverfolgung zu finden und deren Erinnerungen für die Nachwelt zu bewahren. 1967 rief er in „Der Kreis" Verfolgte des Nationalsozialismus und diejenigen, die sich an ermordete Homosexuelle erinnern können, dazu auf, sich bei ihm zu melden, damit deren Schicksal nicht in Vergessenheit gerate.[92] Aufgrund dieser frühen Bemühungen um die Erinnerung an die homosexuellen Opfer des NS kann Klimmer als Teil einer transnationalen Homosexuellenbewegung der 1950er und 1960er Jahre betrachtet werden, auch wenn er sich selbst nie so bezeichnete.

Anders als Klimmer vertraten die meisten ostdeutschen Wissenschaftler*innen und Mediziner*innen in den 1950er und 1960er Jahren die Auffassung, Homosexualität sei entweder eine „Missbildung", die ärztlich behandelt werden müsse, oder sie nannten „Verführung" und „Umwelteinflüsse" als Erklärungsansätze für die Hinwendung zum eigenen Geschlecht.[93] Nach der Strafrechtsreform 1968 änderte sich der Ton nur unwesentlich und öffentliche Debatten blieben weitgehend aus. In der DDR-Ratgeberliteratur wurde weiterhin das Ideal der sozialistischen Ehe zwischen Mann und Frau beschworen.[94] Mit bis zu einer Million verkauften Exemplaren und insgesamt 18 Auflagen bis 1990 war das erstmals 1969 veröffentlichte Buch „Mann und Frau intim" des Sexualwissenschaftlers Siegfried Schnabl das populärste Aufklärungswerk der DDR. Zwar bezeichnete Schnabl darin Homosexualität als eine „Variante" der Sexualität.[95] Er verzichtete jedoch nicht darauf, nach den Ursachen von Homosexualität zu fragen und damit auch anzudeuten, sie ließe sich vermeiden oder heilen.[96] Der Pädagoge und Sexualwissenschaftler Kurt Bach, der seine Aussagen später revidierte und sich für eine Stärkung der Rechte von Schwulen und Lesben einsetzte, vertrat 1974 in seinem

---

[91] Deutscher Bundestag, 6. Wahlperiode, 41. Sitzung des Sonderausschusses für die Strafrechtsreform, 6. 5. 1971, Stenographischer Dienst, N.Parl 1.64–6.WP, 32/76, S. 1406.
[92] Rudolf Klimmer, Verbrechen an Homosexuellen in der Zeit des Nationalsozialismus, in: Der Kreis. Eine Monatsschrift 35 (1967), H. 10, S. 6.
[93] Borowski, Parallelwelten, S. 86–91; Thinius, Erfahrungen schwuler Männer, S. 18.
[94] Vgl. Borowski, Parallelwelten, S. 10–14.
[95] Schnabl, Mann und Frau intim, S. 325.
[96] Vgl. ebenda, S. 326.

Aufklärungsbuch für Jugendliche noch die Auffassung, dass Homosexualität die „am häufigsten vorkommende Fehlhaltung" im Sexualverhalten von Jugendlichen sei und einer medizinischen Behandlung unterzogen werden sollte.[97] Zwar dürfe man Homosexuelle nicht „verunglimpfen", so Bach, er riet jedoch ebenso davon ab, sich mit ihnen zu befreunden oder ihre Gesellschaft zu suchen.[98] Die Basis für eine glückliche – selbstredend heterosexuelle – Ehe sahen Sexualratgeber und Aufklärungsliteratur sämtlich in der sozialistischen Ordnung; mehr noch: Sie behaupteten, dass das gemeinsame Engagement für den Sozialismus eine Beziehung stärken und bereichern würde.[99]

In den 1970er Jahren wurde *der* Homosexuelle in der DDR zu einem Mitbürger, für den die Gesellschaft Mitleid empfinden und dem sie mit Toleranz begegnen sollte. Daneben hielten Mediziner*innen, Soziolog*innen und Sexualwissenschaftler*innen es weiterhin für unverzichtbar, Homosexuelle therapeutisch zu behandeln, um deren *Leid* zu mildern, und die Ursachen von Homosexualität zu erforschen.[100] Der prominenteste Ursachenforscher – international bekannt und von der SED gefördert – war der Endokrinologe Günter Dörner, der glaubte, handfeste Beweise für eine vorgeburtliche Veranlagung zu Homosexualität gefunden zu haben. Basierend auf Experimenten mit Ratten, die ihm den Beinamen „Ratten-Dörner" einbrachten, erklärte er Homosexualität zu einer „neuroendokrinen Missbildung" und behauptete in den frühen 1970er Jahren, eine Therapie dagegen gefunden zu haben.[101] Seine Thesen wurden in der DDR und in der Bundesrepublik medial weit verbreitet und stießen sowohl auf Zustimmung als auch auf Kritik.[102] Zu den kritischen Stimmen gehörte der Großteil der westdeutschen Schwulenbewegung.[103] Der West-Berliner Schwulenaktivist Manfred Herzer bezeichnete Dörners Forschungen als grenzübergreifendes Problem, weil dieser seine Theorien über die „Prophylaxe" der Homosexualität auch in der Bundesrepublik nahezu unwidersprochen verbreiten dürfe. Dörners Bücher würden nachgedruckt und westdeutsche Massenmedien wie „Der Spiegel" berichteten über dessen „Erfolge".[104] Die Sexualforscher und Mitglieder der Deutschen Gesellschaft für Sexualforschung (DGFS) Martin Dannecker, Volkmar Sigusch, Eberhard Schorsch und Gunter Schmidt kritisierten Dörner zu Beginn der 1980er Jahre ebenfalls fundamental, weil sie befürchteten, dass auf der Grundlage von dessen

---

[97] Bach, Geschlechtserziehung in der sozialistischen Oberschule, S. 255.
[98] Vgl. ebenda, S. 255 f.
[99] Vgl. Herzog, East Germany's Sexual Evolution, S. 73.
[100] Vgl. Evans, Decriminalization, S. 562 f.
[101] Vgl. Dörner, Sexualhormonabhängige Gehirndifferenzierung; SMU, DDR, Nr. 11, Wissenschaft und Universitäten, Günter Dörner, diverse Presseartikel; Mildenberger, Günter Dörner, S. 237.
[102] Vgl. u. a. o. A., Homosexualität, in: Deine Gesundheit, H. 2, 1978, S. 52–54; o. A., Homosexualität kann schon in der Schwangerschaft entstehen, in: Der Tagesspiegel, 9. 5. 1982.
[103] Vgl. u. a. Graf/Herzer, Zur neueren Diskussion über die Homosexualität, S. 861; W. Baumann, Besuch in Ost-Berlin, in: Du & Ich, H. 4, 1981, S. 18–23, hier S. 23; o. A., Schwul durch Mütter-Stress?, in: Rosamunde, H. 2, 1981, S. 17.
[104] Manfred Herzer, Neues aus der DDR, in: Emanzipation, H. 1, 1976, S. 5–6, hier S. 6.

Thesen in der Bundesrepublik Eingriffe an Menschen vorgenommen werden könnten. Daraufhin traten etliche Unterstützer*innen Dörners aus der DGFS aus.[105] Zwar wies auch die ostdeutsche Schwulen- und Lesbenbewegung Dörners Thesen vehement zurück,[106] einzelne Stimmen machten sie sich aber dennoch zunutze, um für die Gründung eines Vereins zu argumentieren. Denn wenn nach Dörner Homosexualität angeboren sei, könne niemand dazu „verführt" werden, legte Ursula Sillge vom Sonntags-Club gegenüber dem Ministerium des Inneren dar.[107] Und eine Anlaufstelle würde nach dieser Logik nicht zur Verbreitung der Homosexualität beitragen. Dörner hatte somit Befürworter*innen und Gegner*innen auf beiden Seiten der Mauer, wobei die Kritiker*innen in Westdeutschland im Unterschied zu jenen in der DDR öffentlich und lauter auftreten konnten. Trotz des staatlich gelenkten öffentlichen Diskurses in der DDR blieben Dörners Forschungsergebnisse somit nicht unhinterfragt.

Homosexualität im Kalten Krieg

Bis in die 1960er Jahre war Homosexualität auch ein Kampfbegriff im Kalten Krieg. Das Phänomen wurde im jeweils anderen politischen System verortet, Homosexuelle galten als Gefahr für das eigene Land und politische Gegner (insbesondere Männer) wurden mit dem Vorwurf, „Unzucht" begangen zu haben, verunglimpft und verurteilt.[108] In dem populären DDR-Aufklärungsbuch „Die Geschlechterfrage. Ein Buch für junge Menschen" von 1956 bezeichnete der Sexualhygieniker Rudolf Neubert Homosexualität als eine Krankheit, die ärztlicher Behandlung bedürfe. Homosexualität und andere „Abweichungen", wie Sadismus und Masochismus, „treten in einer sich auflösenden Gesellschaft häufiger auf als in einer jungen, aufbauenden", behauptete Neubert.[109] Vom *Problem* Homosexualität sei die DDR daher auch nicht betroffen, wohl aber die Bundesrepublik und andere kapitalistische Länder, die aus Neuberts Sicht in Auflösung begriffen waren. Gleichgeschlechtliches Begehren passte nicht in die sozialistische Gesellschaft und durfte dementsprechend darin auch nicht existieren.

---

[105] Vgl. Mildenberger, Günter Dörner, S. 258–260.
[106] Vgl. u. a. BArch, DY 30/8194, Abteilung Wissenschaften ZK der SED, Eingaben, Eingabe von Klaus Laabs an Kurt Hager, Mitglied des Politbüros und Sekretär des ZK der SED, April–Juli 1984, Anlage 2 „Diskussionsbeitrag zur Mitgliederversammlung der Partei-GO [Grundorganisation, an der Humboldt-Universität zu Berlin]".
[107] BArch, DO 1/17026, Ministerium des Inneren, Innere Angelegenheiten, Staatliche Anerkennung von Vereinigungen. Anträge, Entscheidungen, Eingaben, Schreiben von Ursula Sillge an den Generalleutnant Werner Reuther, Stellvertreter des Ministers des Inneren und Leiter der Politischen Verwaltung des MdI, 30. 4. 1986.
[108] Vgl. Schwartz, Homosexuelle, Seilschaften, Verrat. Hier sind insbesondere die Kapitel VI „‚Sex Perversion' als Sicherheitsrisiko: Homosexuelle und Verrat im Kalten Krieg" sowie Kapitel VII „‚Homosexuelle Geheimclubs und Spionagegruppen': Konstruktion und Dekonstruktion eines Feindbildes im geteilten Deutschland", S. 212–277, interessant.
[109] Neubert, Die Geschlechterfrage, S. 82.

Die Abwehr gegenüber Homosexualität wurde in der Bundesrepublik ebenfalls in den Kontext der miteinander konkurrierenden Gesellschaftssysteme gestellt, aber anders begründet. Für den Kölner Amtsgerichtsrat Richard Gatzweiler stellten Homosexuelle, die er abwertend als „Invertierte"[110] bezeichnete, eine von außen kommende Gefahr für die Bundesrepublik dar. Sie seien „Moskaus neue Garde" und bedrohen die junge Demokratie in Westdeutschland, weil sie von den „Bolschewisten" aus der „Ostzone", wo weniger strenge Gesetze herrschten, politisch instrumentalisiert würden.[111] Aus dieser Perspektive war Homosexualität eine Bedrohung aus dem Osten, weil sie dort nicht konsequent genug verfolgt wurde, aber auch eine *Schwachstelle* im eigenen System, die vom politischen Gegner ausgenutzt werden könnte. Führende Wissenschaftler*innen, wie etwa der Soziologe Helmut Schelsky, beteiligten sich ebenfalls an der Konstruktion eines Bildes von Homosexuellen, dem zufolge sie unvermeidlich mit Kriminalität und Spionage zu tun hätten.[112] Der Mythos von *dem* Homosexuellen, der aufgrund der ihm zugeschriebenen Eigenschaften eine potenzielle Gefahr für die Sicherheit des eigenen Landes darstellt, lebte demnach in der zweiten Hälfte des 20. Jahrhunderts fort. Bemerkenswerter Weise handelte es sich bis in die 1960er Jahre hinein um einen Mythos, den Ost und West miteinander teilten. Denn die Vorstellung von einer Bedrohung durch – vornehmlich männliche – homosexuelle Spione gab es nach Michael Schwartz auf beiden Seiten des Eisernen Vorhangs.[113] Dabei wurde das aus der gemeinsamen Vergangenheit stammende „doppelte Stereotyp von der gefährlichen homosexuellen Vernetzung und deren Verratsanfälligkeit" instrumentalisiert.[114] Dieses homophobe Feindbild lässt sich bis in die Frühe Neuzeit zurückverfolgen, diente aber erst im 20. Jahrhundert zur Legitimation von Diskriminierung und Verfolgung.[115]

Im Kalten Krieg konnten als Bedrohung wahrgenommene Personen mit dem Vorwurf, homosexuell zu sein, zudem diffamiert und zu politischen Gegnern er-

---

[110] Der Begriff der „Inversion" wurde im 19. Jahrhundert in Frankreich als Ersatz für „Sodomie" eingeführt. Die vom lateinischen Wort „vertere" (umkehren, umdrehen) abgeleiteten Begriffe „Invertierter" und „Invertierte" tauchten bis Mitte des 20. Jahrhunderts in medizinischen und psychologischen Fachtexten zur Bezeichnung sowohl homosexueller Männer als auch Frauen auf. In populären Veröffentlichungen konnten sie aber auch eine abwertende Konnotation haben. Vgl. Skinner, Warme Brüder, S. 97 f.
[111] Gatzweiler, Das Dritte Geschlecht, S. 30.
[112] Vgl. Schwartz, Homosexuelle, Seilschaften, Verrat, S. 247 f.
[113] Vgl. ebenda, S. 212–277.
[114] Ebenda, S. 273.
[115] Vgl. ebenda, S. 6–11. Ein besonders eklatantes Beispiel hierfür ist der sogenannte Eulenburg-Skandal: Der Journalist Maximilian Harden hatte gegen Philipp Fürst zu Eulenburg-Hertefeld und andere enge Vertraute Kaiser Wilhelms II. Anschuldigungen wegen homosexuellen Verhaltens erhoben. Infolge dessen kam es in den Jahren von 1907 bis 1909 zu mehreren Gerichtsverfahren, über die auch in der Öffentlichkeit debattiert wurde. Medien und Justiz erklärten dabei männliche Homosexuelle zu illoyalen und unzuverlässigen Staatsbürgern, die die Beziehungen zu anderen Homosexuellen über die nationale Zugehörigkeit stellten und aufgrund ihrer *Vergehen* erpressbar seien. Vgl. Domeier, Der Eulenburg-Skandal, S. 316–325.

klärt werden. Michael Schwartz führt dafür das Beispiel des ersten Präsidenten des Bundesamtes für Verfassungsschutz, Otto John, an. John, der zum Widerstand gegen Hitler gehört und für die Briten gegen das NS-Regime gekämpft hatte, war vermutlich am 20. Juli 1954 nach Ost-Berlin entführt worden und Ende 1955 wieder zurück in den Westen geflüchtet. Bei seinen Auftritten in der DDR-Öffentlichkeit zeigte er sich allerdings als freiwilliger Überläufer, weshalb er in der Bundesrepublik des Landesverrats beschuldigt und später auch deswegen verurteilt wurde. Die westdeutsche Presse, allen voran „Der Spiegel", beschrieb John als jemanden, der homosexuelle Bekanntschaften gehabt habe, selbst in der Homosexuellenszene unterwegs und dem Alkohol nicht abgeneigt gewesen sei. Zwar habe es keinerlei Belege dafür gegeben, dass John selbst homosexuell war; die Mutmaßungen und Gerüchte in Zusammenhang mit dem Vorwurf des Landesverrats waren aber dennoch, so Schwartz, „keine unwirksame Diffamierungsstrategie".[116]

In der DDR wurden homophobe Stereotype in stalinistischer Tradition vor allem zur Verunglimpfung und Aussonderung von unliebsam gewordenen Genossen genutzt.[117] Den Justizminister Max Fechner etwa trafen verschiedene Anschuldigungen, nachdem er sich für einen weniger repressiven Umgang mit den Streikenden vom 17. Juni 1953 ausgesprochen hatte. Er wurde schließlich unter anderem wegen Verstößen gegen § 175 StGB zu acht Jahren Zuchthaus verurteilt, später jedoch vollständig rehabilitiert.[118] Auch Günter Litfin, der am 24. August 1961 beim Versuch, durch den Humboldt-Hafen von Ost- nach West-Berlin zu schwimmen, von DDR-Grenzpolizisten erschossen worden war, wurde homophob beleidigt. Die „Berliner Zeitung" bezeichnete ihn als „arbeitsscheue[s] Element, das unter dem Spitznamen ‚Puppe' in homosexuellen Kreisen in Westberlin sehr bekannt" gewesen sei und „seit dem 13. August im demokratischen Teil nach Opfern Ausschau hielt".[119] Homosexuelle Handlungen galten in der DDR der 1950er Jahre als unproletarisch und als Angriff auf die Ehre der Arbeiterklasse. Noch in den 1960er Jahren waren sich die meisten Expert*innen einig darüber, dass Homosexuelle – und wieder waren nur Männer gemeint – effeminierte und politisch unzuverlässige „Kosmopoliten" seien, die „Unschuldige" zu verführen drohten.[120] Dass Litfin in West-Berlin möglicherweise gleichgeschlechtliche Beziehungen unterhielt oder gar als Prostituierter arbeitete, war für die „Berliner Zeitung" schlimm genug. Der Verdacht, er könne dasselbe auch in Ost-Berlin tun, machte ihn allerdings zu einer Gefahr für das ganze Land. Litfins vermeintliche Homosexualität wurde also genutzt, um das Bild eines Gegners der DDR zu konstruieren, der nicht nur aufgrund seines Vergehens gegen das DDR-Grenzregime, sondern

---

[116] Schwartz, Homosexuelle, Seilschaften, Verrat, S. 257.
[117] Vgl. ebenda, S. 271.
[118] Vgl. Beckert, Lieber Genosse Max, S. 276; Dobler, Der Hundertfünfundsiebziger blieb, S. 140.
[119] O. A., Frontstadtpresse macht Kriminelle zu Helden. Lemmer braucht solche Gelichter für Provokationen, in: Berliner Zeitung, 31. 8. 1961, S. 2.
[120] Evans, Decriminalization, S. 558.

auch wegen seiner Persönlichkeit und seinen sexuellen Aktivitäten zu Recht mit dem Tod bestraft wurde.

In den 1970er und 1980er Jahren tauchte Homosexualität kaum mehr als Kampfbegriff im Kalten Krieg auf. Dies hatte zum einen damit zu tun, dass der Ost-West-Konflikt in eine Phase der Entspannung trat. Zum anderen war diese Veränderung einem sich wandelnden Diskurs über Homosexualität in den beiden deutschen Staaten zu verdanken. Zwar wurden immer noch äußere und innere *Feinde* ausgemacht. Bei deren öffentlicher Diffamierung als homosexuell konnte aber nicht mehr auf allgemeine Zustimmung gehofft werden, wie sich am Beispiel des sogenannten Wörner-Kießling-Skandals zeigte: 1984 kam das Gerücht auf, einer der ranghöchsten Generale der Bundeswehr und stellvertretende NATO-Oberbefehlshaber in Europa, Günter Kießling, sei homosexuell. Ihm wurde damit gleichzeitig unterstellt, erpressbar zu sein, worauf Kießling vom damaligen Verteidigungsminister Manfred Wörner aus dem Dienst entlassen, später aufgrund fehlender Beweise für dessen Homosexualität allerdings wieder eingestellt wurde.[121] Unter anderen der Verleger Rudolf Augstein und die Berliner Jungsozialist*innen warfen dem Minister daraufhin nicht nur vor, den General aufgrund falscher Anschuldigungen abberufen, sondern damit auch alle Homosexuellen stigmatisiert zu haben. Es hatte also bereits ein Wandel in der Wahrnehmung von Schwulen und Lesben stattgefunden.[122] Der Ost-West-Konflikt spielte in der medialen und politischen Auseinandersetzung um den Wörner-Kießling-Skandal keine explizite Rolle mehr. Ebenso ist für die DDR aus den 1970er und 1980er Jahren kein Fall bekannt, bei dem versucht wurde, politische Gegner*innen öffentlich mithilfe des *Vorwurfs* der Homosexualität zu stigmatisieren oder generell Homosexuelle als Sicherheitsrisiko in der Systemkonkurrenz zu markieren. In den internen Unterlagen von Polizei und Staatssicherheit lebten diese Stereotype allerdings unvermindert fort. In Reaktion auf den Antrag der Homosexuellen Interessengemeinschaft Berlin (HIB) Anfang der 1970er Jahre, ein Kommunikationszentrum für Schwule und Lesben in der Hauptstadt der DDR einzurichten, erklärte die Hauptabteilung der Kriminalpolizei intern ihre Ablehnung unter anderem damit, dass eine solche Einrichtung dem „Sicherheitsbedürfnis" des Staates entgegenstünde, weil es dort „in erheblichem Maße zwangsläufig zu Kontakten mit Ausländern" käme:[123]

„Mit Sicherheit würden die Geheimdienste des Gegners sich auf eine solche Einrichtung konzentrieren, zumal Homosexuelle mit ihrer labilen Persönlichkeit bekannterweise schon immer Angriffsziel der gegnerischen Tätigkeit waren."[124]

Die Kriminalpolizei knüpfte mit diesen Aussagen sogar explizit an die Tradition der Stigmatisierung an und schrieb Homosexuellen weiterhin eine charakterliche

---

[121] Möllers, Die Affäre Kießling, S. 86–107, S. 230–140.
[122] Vgl. Schwartz, Homosexuelle, Seilschaften, Verrat, S. 278–322.
[123] BStU, HA VII 2743, Bl. 23, HA Kriminalpolizei, „Meinungsäußerung zur Konzeption für die Errichtung eines homosexuellen Kommunikationszentrums", 24. 1. 1975.
[124] Ebenda.

Disposition zu, die sie besonders anfällig mache für „gegnerische [...] Kontaktpolitik/Kontakttätigkeit".[125]

Ähnliche Alltagserfahrungen und unterschiedliche Selbstorganisationen

Der Alltag von Schwulen und Lesben sowohl in der DDR als auch in der Bundesrepublik in den 1950er und 1960er Jahren war häufig von dem Wunsch und der Notwendigkeit bestimmt, nicht aufzufallen. Hauptgrund dafür waren die in der DDR bis 1968 und in der Bundesrepublik bis 1969 bzw. 1973 geltenden §§ 175 und 175a des Strafgesetzbuchs, die für schwule Männer eine reale Bedrohung waren und ein Klima der Angst auch für homosexuelle Frauen schufen, das sie zum Schweigen verdammte. Die von Benno Gammerl aufgezeichneten Lebenserzählungen westdeutscher homosexueller Männer aus den 1950er und 1960er Jahren durchzieht daher das Motiv des Doppellebens. Viele gingen eine heterosexuelle Ehe ein, um die als negativ wahrgenommene Liebe zum eigenen Geschlecht zu überwinden oder zu verstecken.[126] Genauso war in der DDR die heterosexuelle Ehe die Norm, der sich nicht wenige Schwule und Lesben fügten.[127] Im Interview mit dem Schriftsteller Jürgen Lemke schildert der 1946 geborene Dieter, er sei überzeugt gewesen, eine Frau heiraten und Kinder zeugen zu müssen: „Verliebt war ich nicht", berichtet er.[128] Jedoch: „Nun war ich ein Mann, mit Frau und Kind. Egal, wie die Ehe lief, Hauptsache, ich war Vater. Und für die Umgebung war ich endlich ein Mann wie alle anderen."[129] Die Ehe scheiterte und Dieter durfte seine zwei Kinder nicht mehr sehen. „Das leuchtete allen ein. Begründung: So ein Vater wie ich schadet den Kindern in ihrer Entwicklung", erzählt Dieter und bringt damit zum Ausdruck, dass er diese Argumentation nicht versteht.[130] Bisher ist nichts darüber bekannt, ob und in welchem Ausmaß in der DDR homosexuellen Eltern das Sorgerecht für ihre Kinder entzogen oder der Umgang mit ihnen verboten wurde. Für lesbische Frauen in der Bundesrepublik konnte Kirsten Plötz einzelne solcher Fälle jedoch belegen.[131] Die Frage, wie viele geschiedene schwule Männer im Osten keinen Kontakt mehr zu ihren Kindern haben durften, muss die Forschung noch beantworten. Da es nicht unüblich war, dass Frauen alleinerziehend

---

[125] BStU, HA VII 2743, Bl. 50, HA VII, „Information über festgestellte Bestrebungen Homosexueller zur Gründung einer homosexuellen Organisation", 10. 6. 1976.
[126] Vgl. Gammerl, Eine makellose Liebe?, S. 107 f.
[127] Vgl. Borowski, Parallelwelten, S. 238 f.
[128] Dieter, geboren 1946, Arbeiter: Ich bin ein Mann und möchte mit einem Mann leben, in: Lemke (Hrsg.), Ganz normal anders, S. 47.
[129] Ebenda, S. 48.
[130] Ebenda.
[131] Vgl. Plötz, Als die Gerichte die Kinder wegnahmen, in: Dachverband Lesben und Alter (Hrsg.), Wie wir wurden, was wir sind. Lesbisches Leben im Alter, 7. Bundesweite Fachtagung 17.–19. 11. 2017 in Berlin, S. 14–17, https://www.lesbenundalter.de/wp-content/uploads/2020/10/Dokumentation7_Fachtagung2017k.pdf (19. 4. 2022).

waren, und häufig angenommen wurde, dass sich die Väter gegen ein Zusammenleben mit ihren Kindern entschieden hatten, sind diese Schicksale bisher vollkommen unberücksichtigt geblieben. Der Druck, sich anpassen und der heterosexuellen Norm entsprechen zu müssen, führte demnach im Osten wie im Westen zu zahlreichen unglücklichen und gescheiterten Ehen, unter denen nicht nur die Ehepartner*innen, sondern vermutlich auch zahlreiche Kinder leiden mussten.

Negative Fremdbeschreibungen waren Erfahrungen, die ost- wie auch westdeutsche Schwule und Lesben in den 1950er und 1960er Jahren machten.[132] Angebote für eine positive Selbstbeschreibung waren dagegen kaum vorhanden. Die von Maria Borowski interviewten Männer und Frauen, die in den 1950er und 1960er Jahren Jugendliche oder junge Erwachsene waren, haben der Autorin zufolge zum Teil bis heute Schwierigkeiten, Bezeichnungen, wie „schwul", lesbisch" oder „homosexuell" für sich zu verwenden. Stattdessen sprächen sie von „das", „dieses", „es" und „du weißt schon".[133] Das Lebensgefühl dieser Menschen war häufig von Alleinsein und Sprachlosigkeit bestimmt. Einige der Interviewpartner*innen von Maria Borowski erklären zudem, ihren Arbeitsplatz oder Studienplatz verloren zu haben, weil ihre Homosexualität bekannt geworden war. Dies traf vor allem schwule Männer.[134] Dass Berufswahl und Lebensplanung aufgrund der sexuellen Orientierung eingeschränkt waren, galt für einige als selbstverständlich. „Arzt konnte ich mit dieser Veranlagung nicht werden", betont beispielsweise der 1944 geborene Joseph im Gespräch mit Jürgen Lemke.[135] Insbesondere im staatlichen Dienst, in den Sicherheitsorganen, in der Partei und im Militär waren ostdeutsche Schwule und Lesben bis Ende der 1980er Jahre Benachteiligungen ausgesetzt.[136] In der Bundesrepublik waren die berufliche und damit die soziale Existenz von Homosexuellen ebenfalls ständig bedroht.[137]

Die Erfahrungen homosexueller Männer aus den nationalsozialistischen Konzentrationslagern drangen nach 1945 in beiden deutschen Staaten kaum an die Öffentlichkeit. Aufgrund der fortbestehenden Kriminalisierung durch § 175 StGB und der Nichtanerkennung als Opfer des Nationalsozialismus schwiegen die Betroffenen oft ihr Leben lang. Sie konnten sich in den 1950er und 1960er Jahren nicht als Teil einer Gemeinschaft mit demselben Schicksal fühlen und blieben deshalb oft einsam und isoliert.[138] „Beziehungen zu anderen Homosexuellen hatte ich in all den Jahren kaum", erzählt im Interview mit Jürgen Lemke etwa der 1900

---

[132] Vgl. Borowski, Parallelwelten, S. 102; Moeller, Private Acts, S. 530–535; Moeller, „The Homosexual Man Is a ‚Man', the Homosexual Woman Is a ‚Woman'"; Evans, Decriminalization, S. 555–560; Stümke, Homosexuelle in Deutschland, S. 132–172.
[133] Borowski, Parallelwelten, S. 27.
[134] Vgl. ebenda, S. 245 f.
[135] Joseph, geboren 1944, Ökonom: Die Gesellschaft hätte mehr von mir haben können, in: Lemke (Hrsg.), Ganz normal anders, S. 154.
[136] Vgl. Evans, Decriminalization, S. 564.
[137] Vgl. Mücke/Timm, Schwules und lesbisches Gewerkschaftsengagement, S. 93–95; Salmen/Eckert, 20 Jahre bundesdeutsche Schwulenbewegung, S. 43.
[138] Vgl. Eder, Homosexualitäten, S. 93.

geborene ostdeutsche Erich, der von den Nationalsozialisten ins Konzentrationslager deportiert worden war, und meinte damit die Zeit nach 1945.[139]

Waren die Erfahrungen mit Ausgrenzung und Diskriminierung für Schwule und Lesben in der DDR und der Bundesrepublik in den 1950er und 1960er Jahren durchaus ähnlich, so machten die Möglichkeiten des Kennenlernens, Organisierens und öffentlichen Auftretens den größten Unterschied aus. Anders als in der DDR entstanden in den westdeutschen Großstädten nach dem Zweiten Weltkrieg wieder neue Treffpunkte, Zeitschriften für Homosexuelle kamen auf den Markt und es formierten sich Interessenvertretungen. Demgegenüber fehlte es im Osten fast vollständig an Orten, um sich zu begegnen und ein Gemeinschaftsgefühl zu erleben. Lediglich in einigen Großstädten existierten einzelne Lokale, in denen sich vor allem Männer trafen. Ansonsten boten nur private Kreise die Möglichkeit, sich auszutauschen, wobei schwule Männer auch hier tendenziell stärker vernetzt waren als lesbische Frauen. Eine Ausweichmöglichkeit für die Ostdeutschen war bis zum Mauerbau die Szene in West-Berlin.[140] In der DDR gehörte es dennoch zu den größten Schwierigkeiten, sich überhaupt gegenseitig kennenzulernen, auch weil homosexuelle Kontaktanzeigen in Zeitungen und Zeitschriften bis Mitte der 1980er Jahre nicht erlaubt waren. Gleichgeschlechtliche Paare hatten außerdem kaum Hoffnung, zusammenleben zu können, da Wohnungen zentral zugeteilt und heterosexuelle Paare mit Kind zumeist bevorzugt wurden.[141]

In der Bundesrepublik erschienen seit den 1950er Jahren Magazine wie „Die Freundschaft", „PAN", „Die Insel", „Der Weg", „VOX", „Hellas" und „Der Ring", die an Zeitschriften aus der Zeit vor 1933 anknüpften und eine – wenn auch kleine und von der Zensur gefährdete – öffentliche Plattform für die Darstellung und Diskussion von Homosexualität darstellten. Sie schufen damit einzigartige Öffentlichkeiten für Leser*innen, die verbunden waren durch den Austausch über die gemeinsame Erfahrung, homosexuell zu sein.[142] Ähnliches war im Osten unmöglich, denn die Staats- und Parteiführung lenkte die Medien des Landes bis zum Zusammenbruch des Systems. Sie ließ nicht zu, dass unabhängige Druckschriften erstellt oder verbreitet wurden.[143] Zunächst war Homosexualität deshalb kein öffentliches Thema und ab den 1970er Jahren bestimmte der SED-Staat, wie über Schwule und Lesben gesprochen wurde, wobei diese selbst weiterhin keine eigene Stimme außerhalb ihrer Nischen erhielten.[144]

Der in den 1950er und 1960er Jahren von westlichen Zeitschriften und Vereinen als Selbstbezeichnung verwendete Begriff „homophil", der Liebe und Freundschaft zwischen Männern und eben nicht das Sexuelle betonte, ist für die DDR

---

[139] Erich 1900–1986, Arbeiter: Heroische Geschichten lassen sich von uns nicht erzählen, in: Lemke (Hrsg.), Ganz normal anders, S. 31.
[140] Vgl. Borowski, Parallelwelten, S. 153 f.
[141] Vgl. Heck, Homosexualität in der DDR, S. 75–79.
[142] Vgl. Boovy, Men Reading Men, S. 257.
[143] Vgl. Meyen, Öffentlichkeit in der DDR, S. 17.
[144] Vgl. McLellan, Love in the Time of Communism, S. 118.

nicht belegt.[145] Die sich in der Bundesrepublik, in Westeuropa und den USA organisierenden Männer wollten damit das Bild vom effeminierten Homosexuellen durch Vorstellungen vom bürgerlichen Mann ersetzen, der als *anständiges* Wesen Freundschaftsliebe schätzte und sich der Moral verpflichtet fühlte.[146] In homophilen Kreisen sei deshalb eine Abgrenzung von anderen als abweichend wahrgenommenen Sexualitäten zu beobachten gewesen, so Benno Gammerl, wie etwa zu Prostitution sowie zu Geschlechtergrenzen überschreitenden Selbstpräsentationen effeminierter Männlichkeiten.[147] Hier lässt sich eine Parallele zur DDR ziehen. Die von Maria Borowski interviewten ostdeutschen schwulen Männer bezeichneten sich zwar nicht als homophil, waren aber gleichfalls bemüht, nicht als *Tunte*, sondern als *Mann* wahrgenommen zu werden. Viele schwule Männer wollten mit effeminierten Männern nichts zu tun haben, weil sie fürchteten, von der Mehrheitsgesellschaft mit jenen gleichgesetzt zu werden.[148] Zum Ideal einer homophilen Beziehung stilisierten die westlichen Zeitschriften gleichaltrige erwachsene Partner, die finanziell unabhängig voneinander waren und sich in sogenannten „Dauerfreundschaften" treu und fürsorglich verhielten.[149] Die westdeutsche Schwulenbewegung der 1970er Jahre lehnte das Ideal der bürgerlichen Paarbeziehung dagegen ab, auch um sich von den Homophilen abzugrenzen. Letztlich überdauerte dieser Lebensentwurf jedoch, was sich Benno Gammerl zufolge nicht zuletzt in der Durchsetzung des Lebenspartnerschaftsgesetz für Schwule und Lesben im Jahr 2001 zeigt, die er als „normalisierende Einbindung der Homosexualitäten" bezeichnet.[150] Einen Beitrag dazu leistete auch die ostdeutsche Schwulen- und Lesbenbewegung, die in den 1970er Jahren ebenfalls „Dauerfreundschaften" und in den 1980er Jahren „stabile Partnerbeziehungen" propagierte.[151]

Homophile Aktivisten verfolgten in den 1960er Jahren zunehmend eine Politik, die die eigene Diskriminierung ins Zentrum der politischen Arbeit stellte. Impulse dazu kamen unter anderem aus den USA, wo sich Homosexuelle als unterdrückte Minderheit ähnlich der afro-amerikanischen Bevölkerung sahen, sowie aus anderen Bewegungen in Europa, die die patriarchale Gesellschaft infrage stellten.[152] Die bundesdeutsche Homophilenbewegung hatte Kontakte in die Schweiz, nach Frankreich, Dänemark, Norwegen, Schweden und in die USA und war somit in ein europäisches wie auch transatlantisches Netzwerk eingebunden.[153] Nach Leila

---

[145] Vgl. Skinner, Warme Brüder, S. 88 f.
[146] Vgl. Eder, Homosexualitäten, S. 100.
[147] Vgl. Gammerl, Eine makellose Liebe?, S. 111.
[148] Vgl. Borowski, Parallelwelten, S. 153.
[149] Gammerl, Eine makellose Liebe?, S. 111.
[150] Ebenda, S. 112 f.
[151] BStU, HA VII 2743, Bl. 21, Abschrift „Konzept für die Errichtung eines homosexuellen Kommunikationszentrums", 1974; RHG, Sammlung Eduard Stapel, ESt 16/1, Materialsammlung/ Thematische Sammlung zu AIDS, Schwule in der Kirche, Kleines AIDS-Info, o. S.
[152] Vgl. Gammerl, Eine makellose Liebe?, S. 111 f.
[153] Vgl. Pretzel/Weiß, Überlegungen zum Erbe der zweiten deutschen Homosexuellenbewegung, S. 13.

Rupp hat es in den 1950er Jahren sogar eine transnationale homophile Bewegung gegeben, die sich als ICSE (International Committee for Sexual Equality) organisierte.[154] Zur neuen westdeutschen Schwulenbewegung ab Anfang der 1970er Jahre gab es einzelne Verbindungen auf der Ebene von Organisationen und Veranstaltungen und auch wenn die neue Generation den Begriff „homophil" ablehnte, so lebte doch das Konzept von Zugehörigkeit auf Grundlage des gleichgeschlechtlichen Begehrens und das Anliegen fort, über Ländergrenzen hinweg nationale Gesetzgebungen zu ändern und die öffentliche Meinung zu beeinflussen.[155] In der DDR hat es in den 1950er und 1960er Jahren keine Homophilenbewegung gegeben, und es existierten weder entsprechende Zeitschriften noch Vereine.[156]

---

[154] Vgl. Rupp, The Persistence of Transnational Organizing, S. 1015.
[155] Vgl. ebenda, S. 1036.
[156] Vgl. Schwartz, Lebenssituation homosexueller Männer im geteilten Berlin, S. 91–94.

III. Aufbruch im geteilten Deutschland – Annäherungen zwischen Schwulenaktivisten und Selbstfindungen in den Bewegungen in Ost und West 1971–1980

1. Ausgangslage: neue Schwulen- und Lesbenbewegungen in Zeiten der Entspannung

Die Schwulen- und Lesbenbewegungen der 1970er und 1980er Jahre standen in der Tradition früherer homosexueller Selbstorganisationen, auch wenn sie sich von ihnen abgrenzten. Sie waren eine Reaktion auf neue Diskurse und Strafrechtsentwicklungen in Deutschland und reihten sich ein in eine große Zahl zivilgesellschaftlicher Initiativen, wie sie seit Anfang der 1970er Jahre in der Bundesrepublik entstanden. Das Verhältnis der beiden deutschen Staaten zueinander war ein weiterer Faktor, der die Entwicklung der Bewegungen sowie ihre Themen bestimmte. Besonders deutlich zeigen sich diese Zusammenhänge bei der ersten Schwulen- und Lesbengruppe in der DDR der 1970er Jahre, die es ohne Entspannung im Kalten Krieg und die dadurch möglichen Kontakte nach West-Berlin vermutlich nie gegeben hätte.

Kalter Krieg und Entspannung

Die im Kalten Krieg geführte politische Auseinandersetzung zwischen Liberalismus und Sozialismus, die sich um die Vision von einer besseren Welt und den Weg dahin drehte, lässt sich bis ins 19. Jahrhundert zurückverfolgen und betrat 1917 die weltpolitische Bühne, als die Bolschewiki den Sozialismus-Kommunismus in der Sowjetunion zur Staatsideologie erklärten. Nach dem Zweiten Weltkrieg wurde daraus ein globaler Ost-West-Konflikt, bei dem sich die USA und die Sowjetunion als Hauptprotagonisten gegenüberstanden, ihre jeweiligen Einflusssphären absteckten und Blöcke bildeten. Die der eigenen Seite zugerechneten Gesellschaften wurden entsprechend ideologisch gegen den Systemgegner eingeschworen.[1]

Auch das Verhältnis der beiden deutschen Staaten, die als Folge des Zweiten Weltkriegs neu gegründet worden waren und unterschiedlichen Blöcken angehörten, war demzufolge von Gegnerschaft geprägt. DDR und Bundesrepublik beanspruchten jeweils die Alleinvertretung aller Deutschen, sprachen dem anderen Land seine Existenzberechtigung ab und präsentierten sich selbst als das bessere Deutschland.[2] Antikommunismus und Westintegration waren in der Gründungs-

---

[1] Vgl. Niedhart, Entspannung in Europa, S. 10.
[2] Vgl. Wengst/Wentker, Einleitung, S. 7 f.

phase der Bundesrepublik unter Adenauer untrennbar miteinander verbunden und Voraussetzung ihrer staatlichen Existenz.[3] Im Gegenzug warf die DDR der Bundesrepublik vor, den Faschismus nicht überwunden zu haben, und versuchte, sich als Gegenmodell zu etablieren und sich so Legitimität zu verschaffen.[4] Der Mauerbau 1961 zementierte die Teilung Deutschlands und führte zum Abbruch zahlreicher Verbindungen zwischen Personen und Institutionen in Ost und West.[5]

Die 1970er und 1980er Jahre können insofern als Epoche der Entspannung im Kalten Krieg bezeichnet werden, als das Wettrüsten durch Verhandlungen und Verträge zwischen den Supermächten begrenzt wurde.[6] Die seit dem Ende des Zweiten Weltkriegs andauernde und sich in einzelnen Momenten zuspitzende Militarisierung und die Drohungen mit dem Einsatz von Atomwaffen sollten entschärft werden.[7] Eine Schlüsselrolle kam dabei der Bundesrepublik zu, in deren Grundgesetz zwar das Wiedervereinigungsgebot verankert war, die nun aber den Status quo der Nachkriegsordnung zumindest vorerst akzeptierte.[8] Unter der Formel „Wandel durch Annäherung", die der SPD-Politiker und Mitgestalter der neuen Ostpolitik unter Bundeskanzler Willy Brandt Egon Bahr bereits 1963 geprägt hatte, wurde nach einem Ausweg aus der Konfrontation mit der Sowjetunion und den osteuropäischen Staaten sowie insbesondere mit der DDR gesucht. Mit dem Fokus auf gemeinsame Interessen und dem Wunsch nach der Sicherung des Friedens in Europa sowie einer Überwindung der deutschen Teilung sollte die DDR durch zwischenstaatliche Verträge gebunden und die beiden Staaten so eng aneinander gekoppelt werden, dass die DDR gezwungen sein würde, sich dem Westen gegenüber weiter zu öffnen.[9]

Im August 1970 unterzeichneten die Bundesrepublik und die Sowjetunion den Moskauer Vertrag, der deshalb als Schlüsseldokument der westdeutschen Entspannungspolitik gelten kann, weil darin die Unverletzlichkeit der Grenzen in Europa festgeschrieben wurde. Diese Grenzen blieben zwar bestehen, wurden im Verlauf des Entspannungsprozesses aber durchlässiger.[10] Das 1971 von der Sowjetunion, den USA, Frankreich und Großbritannien geschlossene Viermächte-Abkommen über Berlin war ein weiterer wichtiger Schritt auf dem Weg zur Entspannung in Europa. Es legte fest, dass West-Berlin weiterhin nicht zur Bundesrepublik gehörte, sondern den drei Westmächten unterstand. Unter dieser Voraussetzung konnten die DDR und die Bundesrepublik am 21. Dezember 1972 den sogenannten Grundlagenvertrag unterzeichnen, in dem unter anderem der Anspruch aufgegeben wurde, den jeweils anderen Staat international zu vertreten. Zusammen mit weiteren

---

[3] Vgl. Niedhart, Entspannung in Europa, S. 32.
[4] Vgl. Wengst/Wentker, Einleitung, S. 7 f.; Pfeil, Die DDR und der Westen, S. 13; Weber, Getrennt und doch vereint, S. 19.
[5] Vgl. Wengst/Wentker, Einleitung, S. 8 f.
[6] Vgl. Kaelble, Kalter Krieg und Wohlfahrtsstaat, S. 216.
[7] Vgl. Niedhart, Entspannung in Europa, S. 16.
[8] Vgl. ebenda, S. 20 f.
[9] Vgl. Bender, Deutschlands Wiederkehr, S. 195.
[10] Vgl. Niedhart, Entspannung in Europa, S. 88, 92.

1. Ausgangslage: neue Schwulen- und Lesbenbewegungen in Zeiten der Entspannung   61

Einzelregelungen sollte der Grundlagenvertrag die Kommunikation über die Grenze hinweg erleichtern und konkrete Zusammenarbeit ermöglichen.[11] Aufgrund der neuen Einreisebestimmungen für Westdeutsche konnten sich die Menschen in Ost und West öfter persönlich begegneten und das Netz deutsch-deutscher Beziehungen wurde wieder dichter.[12] Die Annäherung ließ realistische Einblicke in die Lebensrealität im jeweils anderen Land zu, sodass an die Stelle von ideologisch gefärbten Fremdbildern differenziertere Vorstellungen traten und ein Gefühl dafür entstehen konnte, wie die andere Seite das eigene Land wahrnahm.[13]

Doch während die westliche Entspannungspolitik Stärke und Selbstbewusstsein demonstrierte, war die SED-Führung von den Entwicklungen eher beunruhigt und um die Stabilität im eigenen Land besorgt. Der Generalsekretär des Zentralkomitees der SED, Erich Honecker, führte als Reaktion die Bezeichnung „kapitalistisches Ausland" für Westdeutschland ein; die Existenz einer gemeinsamen deutschen Nation wurde bestritten und die historischen sowie kulturellen Verbindungen wurden zurückgewiesen.[14] Die DDR machte die innerdeutsche Grenze noch undurchlässiger und gefährlicher und die Überwachung der Bevölkerung durch die Staatssicherheit wurde ausgeweitet.[15] Die Politik der DDR blieb somit eingebettet in den Systemkonflikt, in dem die Bundesrepublik weiterhin als politische Gegnerin betrachtet wurde.[16]

Im Westen entstand seit Anfang der 1970er Jahre eine breite Bewegung für den Frieden und gegen militärische Auseinandersetzungen im Kalten Krieg. Sowohl in bestehenden Parteien und Institutionen als auch in neuen studentischen Zusammenhängen konnte sich dieser Aktivismus organisieren und weiterentwickeln.[17] Mitte der 1970er Jahre gab es etwa 20 000 Initiativen in Westdeutschland,

---

[11] Vgl. Hüttmann, „Früher hatten wir gar keine Beziehungen", S. 37–44.
[12] Hatten 1970 etwa zwei Millionen Menschen aus der Bundesrepublik bzw. West-Berlin die DDR oder Ost-Berlin besucht, waren es 1973 bereits acht Millionen. Und das, obwohl die DDR seit 1972 den Pflichtumtausch von West- in Ostmark für westdeutsche Besucher*innen kontinuierlich erhöhte. Die Zahl der Telefonate zwischen Ost und West stieg von 700 000 im Jahr 1970 sogar auf 23 Millionen im Jahr 1980 an. Die westliche Presseberichterstattung über die DDR verbesserte sich ebenfalls, weil westliche Journalist*innen ab März 1973 offizielle Akkreditierungen für die DDR erhielten und vor Ort selbst recherchieren konnten. Im Mai 1974 trat zudem die Vereinbarung über die Einrichtung Ständiger Vertretungen im jeweils anderen Land in Kraft. Vgl. Görtemaker, Veränderungen im Zeichen der Entspannung, in: Bundeszentrale für politische Bildung, Dossier Deutsche Teilung – Deutsche Einheit, 24. 3. 2009, http://www.bpb.de/geschichte/deutsche-einheit/deutsche-teilung-deutsche-einheit/43 666/die-70er-jahre (25. 1. 2020); Bender, Deutschlands Wiederkehr, S. 54; Wengst/Wentker, Einleitung, S. 8.
[13] Vgl. Niedhart, Entspannung in Europa, S. 35.
[14] Vgl. Amos, Die SED-Deutschlandpolitik, S. 9 f.
[15] Zwischen 1969 und 1975 stieg die Zahl der hauptamtlichen Mitarbeiter beim Ministerium für Staatssicherheit um 50 Prozent an. Vgl. Niedhart, Entspannung in Europa, S. 24 f.
[16] Vgl. Hüttmann, „Früher hatten wir gar keine Beziehungen", S. 45; Amos, Die SED-Deutschlandpolitik, S. 9 f.
[17] Vgl. Jarausch, Die Umkehr, S. 216.

zu denen neben Friedensgruppen auch Umweltschutz-, Frauen- und Homosexuellengruppen zählten.[18] In der DDR waren nach dem 17. Juni 1953 keine kritischen Stimmen innerhalb der Parteien- und Massenorganisationen mehr möglich und unabhängige Selbstorganisationen wurden unterdrückt.[19] Kultur- und wirtschaftspolitische Freiräume, die es nach dem Mauerbau 1961 kurzzeitig gegeben hatte, wurden ab 1965 wieder verschlossen.[20] Als ab Ende der 1970er Jahre die Entspannungspolitik in die Krise geriet, entstanden allerdings auch hier neue Friedensbewegungen.[21] Diese waren zum Teil eine Resonanz auf die Bewegung in der Bundesrepublik, die wiederum in Teilen von der SED-Führung unterstützt wurde. Zu einem anderen Teil war die Formierung von Friedensgruppen in den evangelischen Kirchengemeinden der DDR eine Reaktion auf die nach 1978 vorangetriebene „Wehrerziehung" in den Schulen.[22] Umwelt-, Frauen- sowie Schwulen- und Lesbengruppen gehörten ebenfalls zu den insgesamt etwa 500 Initiativen, die es Ende der 1980er Jahre im Osten gab.[23] Mit den Abrüstungsverhandlungen zwischen dem sowjetischen Generalsekretär Michail Gorbatschow und dem US-amerikanischen Präsidenten Ronald Reagan brach ab Mitte der 1980er Jahre schließlich die Endphase des Kalten Kriegs an.[24]

Die westdeutsche Schwulenbewegung der 1970er Jahre – links oder schwul?

Liberalisierungen in Staat und Gesellschaft seit den 1960er Jahren öffneten auch Diskussionsräume für Homosexuelle. Mobilisierend wirkten aber vor allem die Stonewall-Riots in der New Yorker Christopher Street im Juni 1969 und der darauffolgende Aufbruch der US-amerikanischen Gay Rights Movement. Die Entkriminalisierung von Sexualkontakten zwischen erwachsenen Männern über 21 Jahren 1969 in der Bundesrepublik schuf schließlich die Voraussetzung dafür, sich öffentlich zu zeigen und für eigene Forderungen zu demonstrieren.[25] Sichtbar wurden die ersten Zusammenschlüsse von Schwulen in der Bundesrepublik ab 1971; anstelle von privaten Zirkeln und getarnten Vereinen wurden nun „Aktionsgruppen" gegründet. Spätestens ab Mitte der 1970er Jahren bestimmten diese in der Regel politisch links verorteten Schwulengruppen das Bild der Bewegung, weil

---

[18] Vgl. Stöver, Der Kalte Krieg, S. 430–432.
[19] Vgl. Jarausch, Die Umkehr, S. 216.
[20] Vgl. Wolle, Die DDR, S. 293–300.
[21] Die Sowjetunion marschierte im Dezember 1979 in Afghanistan ein und modernisierte ihre SS-20-Raketen. Die NATO plante ab 1979 mit dem Doppelbeschluss die Stationierung von mit Atomsprengköpfen bestückten Raketen und Marschflugkörpern in Westeuropa. Proteste dagegen regten sich sowohl in der Bundesrepublik als auch der DDR. Vgl. Kaelble, Kalter Krieg und Wohlfahrtsstaat, S. 218; Loth, Die Rettung der Welt, S. 205 f.
[22] Vgl. Sywottek, Die Bundesrepublik Deutschland, S. 157 f.
[23] Vgl. Stöver, Der Kalte Krieg, S. 433 f.
[24] Vgl. Kaelble, Kalter Krieg und Wohlfahrtsstaat, S. 238.
[25] Vgl. Salmen/Eckert, Die neue Schwulenbewegung, S. 25.

1. Ausgangslage: neue Schwulen- und Lesbenbewegungen in Zeiten der Entspannung

sie zum einen radikalere Ziele vertraten als die Homophilen in den 1950er und 1960er Jahren und zum anderen eher bereit waren, ihren Protest öffentlich zu äußern.[26] Sie kritisierten die Homophilen, weil sie aus ihrer Sicht ein Doppelleben führten und sich der bürgerlichen Gesellschaft anpassten, und entwarfen sich als Gegenbild dazu. Sich selbst bezeichneten sie als „Schwule" und eigneten sich damit einen Begriff an, dessen Verwendung im Zusammenhang mit Homosexualität in die Mitte des 19. Jahrhunderts zurückreicht und bis in die zweite Hälfte des 20. Jahrhundert vor allem homosexuellen Frauen galt. Diese hatten nach Jens Dobler den negativ konnotierten Begriff Anfang der 1970er Jahre ebenfalls positiv umgedeutet, sich ihn dann aber von den Männern „ziemlich kampflos klauen lassen".[27] Die Behauptung der Differenz zur Homophilenbewegung und das selbstbewusste Auftreten in Abgrenzung zur heterosexuellen Gesellschaft bildeten schließlich die Identität stiftende Basis der neuen Schwulenbewegung.[28]

In einem Beitrag aus dem Jahr 1988 bezeichnen Andreas Salmen und Albert Eckert die Zeit zwischen 1971 und 1975 als Formierungsphase der westdeutschen Schwulenbewegung.[29] Ein wichtiges Ereignis und mobilisierendes Moment war die Premiere des Films „Nicht der Homosexuelle ist pervers, sondern die Situation, in der er lebt" von Rosa von Praunheim im Jahr 1971.[30] Die von Martin Dannecker verfassten und Volker Eschke eingesprochenen Kommentare im Film übten radikale Kritik an der homosexuellen Subkultur, der sie vorwarfen, die Abwertung von Homosexuellen selbst zu übernehmen und sich an ihrer Unterdrückung zu beteiligen. Zugleich riefen sie zur Solidarität unter schwulen Männern auf.[31] Nach der Vorführung des Films am 3. Juli 1971 auf dem Berlinale Filmfest in West-Berlin gründete sich als eine der ersten Schwulengruppen die Homosexuelle Aktion Westberlin (HAW).[32] Zwischen August 1971 und Oktober 1974 fanden sich in westdeutschen Groß- und Universitätsstädten dann weitere etwa 45 Gruppen zusammen, die sich als schwul oder homosexuell bezeichneten und sich häufig nach dem Vorbild linker Parteien und Gruppierungen organisierten. Sie gliederten sich in Arbeitsgruppen, hatten Delegierte, Delegiertenräte sowie Ausschüsse und neue Mitglieder mussten eine Kandidatenphase durchlaufen, ehe sie aufgenommen wurden.[33] Die neuen Schwulengruppen wollten Anlaufstelle sein und die Diskriminierung von Homosexuellen zu einem öffentlichen Thema ma-

---

[26] Vgl. Holy, Lange hieß es, S. 93 f.
[27] Dobler, Schwule Lesben, S. 20.
[28] Vgl. Pretzel/Weiß, Überlegungen zum Erbe, S. 10.
[29] Vgl. Salmen/Eckert, Die neue Schwulenbewegung, S. 26.
[30] Nicht der Homosexuelle ist pervers, sondern die Situation, in der er lebt, Produktion: Werner Kließ, BRD 1971, Erstaufführung: Forum des jungen Films Berlinale 3. Juli 1971, Regie: Rosa von Praunheim, Drehbuch: Rosa von Praunheim, Martin Dannecker, Sigurd Wurl, Hauptrollen: Bernd Feuerhelm, Berryt Bohlen, Ernst Kuchling, Sprecher: Volker Eschke, Michael Bolze, Länge: 67 Min.
[31] Vgl. Henze, Emanzipation jetzt!, S. 471.
[32] Vgl. Plastargias, RotZSchwul, S. 171 f.
[33] Vgl. Salmen/Eckert, Die neue Schwulenbewegung, S. 26.

chen. Sie forderten die Abschaffung des § 175 StGB und appellierten an die schwulen Männer, ihre Umgangsformen untereinander zu verändern. Als erster Dachverband entstand bereits im Oktober 1972 die Deutsche Arbeitsgemeinschaft Homosexualität (DAH), die unter anderem eine bundesweite Kampagne gegen den § 175 StGB initiierte, sich 1975 aber wieder auflöste.[34]

Die Schwulengruppen gaben sich große Mühe, ihr Engagement in die sozialistischen und kommunistischen Politikvorstellungen und Theorien einzubringen.[35] In diesem Sinne bezeichnet Elmar Kraushaar die „Grundsatzerklärung" der HAW vom November 1971 als „ideologische Eintrittskarte", mit der die Mitglieder den „Genossen" ihr sozialistisches Bewusstsein zu präsentieren beabsichtigten.[36] Klassenanalyse und Kapitalismuskritik wendete die HAW darin kurzerhand auf schwule Belange an und verkündete ihre Solidarität mit dem „Proletariat".[37] Die Schwulenaktivisten fühlten sich unterschiedlichen Gruppierungen zugehörig. Während die einen den sogenannten „K-Gruppen", wie etwa der Kommunistischen Partei Deutschlands/Marxisten-Leninisten (KPD/ML) oder dem Kommunistischen Bund Westdeutschland (KBW), nahestanden, suchten andere die Nähe zur Deutschen Kommunistischen Partei (DKP) oder der Sozialistischen Einheitspartei Westberlins (SEW), die sich an der SED ausrichteten.[38]

Ein Teil der HAW vertrat die Auffassung, dass das *richtige* politische Handeln im Privaten umgesetzt werden müsse, um der „patriarchalen kapitalistischen Gesellschaft" entgegenzuwirken.[39] Ein anderer Teil befürwortete dagegen die „Doppelmitgliedschaft". Danach sollten sich Schwule neben der HAW in linken Gruppen und Parteien engagieren, um dort gegen den „Hauptwiderspruch"[40] zu kämpfen.[41] Die Vertreter dieser Position forderten die übrigen Mitglieder der HAW auch dazu auf, sich stärker mit dem Sozialismus zu beschäftigen. Sie sollten sich selbst zu Sozialisten „erziehen" sowie „Agitation und Propaganda" in der schwulen Subkultur betreiben.[42]

Die sozialistischen und kommunistischen Parteien standen den Annäherungsversuchen von Schwulen und Lesben allerdings skeptisch gegenüber, die als Par-

---

[34] Vgl. Holy, Lange hieß es, S. 96–98.
[35] Vgl. ebenda, S. 97.
[36] Kraushaar, „Nebenwidersprüche", S. 148.
[37] Ebenda.
[38] Vgl. Salmen/Eckert, 20 Jahre bundesdeutsche Schwulenbewegung, S. 40 f.
[39] Salmen/Eckert, Die neue Schwulenbewegung, S. 27.
[40] Das Begriffspaar Haupt- und Nebenwiderspruch stammt aus der marxistischen Theorie und steht für die politische Bedeutung, die sozialen und ökonomischen Problemen zugesprochen wird. Vorrangig und damit Hauptwiderspruch in der kapitalistischen Gesellschaft ist das Verhältnis von Lohnarbeit und Kapital. Als Nebenwidersprüche gelten andere soziale Probleme, wie etwa die Unterdrückung von Frauen oder Homosexuellen, die jedoch der Theorie nach mit Auflösung des Hauptwiderspruchs verschwinden werden. Vgl. Fuchs-Heinritz, Hauptwiderspruch – Nebenwiderspruch, S. 267 f.
[41] Vgl. Henze, „Die lückenlose Kette zwischen Politik und Schwul-sein aufzeigen", S. 129.
[42] Manfred, Wenn wir unpolitische HAW-Schwule uns nicht bald ändern, dann wird die HAW endgültig im liberalen homophilen Sumpf verfaulen!, in: HAW-Info, H. 4, 1972, S. 2–3, hier S. 3.

teimitglieder bis in die 1980er Jahre keine Chance sahen, offen für ihre Interessen einzutreten, weil die Thematisierung von Homosexualität nicht erwünscht war. Detlef Grumbach,[43] der sich während seines Studiums in den 1970er Jahren in Bielefeld im Marxistischen Studentenbund Spartakus engagierte und schließlich Vorsitzender der DKP-Hochschulgruppe für Bielefeld wurde, wusste, dass sein politisches Engagement mit dem „Schwulsein" eigentlich nicht zusammenging.[44] „Nun klemmte ich also im Nebenwiderspruch", erinnert sich Grumbach[45] und beschreibt damit die unbefriedigende Situation, sich für die Rechte von Homosexuellen einsetzen zu wollen, bei seiner Partei damit aber eher auf Ablehnung zu stoßen. Nach seinem Zivildienst in Hamburg arbeitete er als stellvertretender Filialleiter in einer Buchhandlung, die sich als unabhängig darstellte, de facto aber von der DKP betrieben wurde, und in der er – weil er offen schwul lebte – bis in die 1980er Jahre offiziell nur als Aushilfe angestellt war.[46]

Insbesondere in den sogenannten „K-Gruppen", den aus der Student*innenbewegung der 1960er Jahre hervorgegangenen Kleinparteien und Organisationen, die überwiegend maoistisch ausgerichtet waren, blieben Homosexuelle unsichtbar. Die KPD/ML oder der Kommunistische Studentenverband hielten Homosexualität für ein „Relikt" der „bürgerlichen" Gesellschaft und taten die Anliegen der Homosexuellen als „Nebenwiderspruch" ab.[47] Allein der KBW positionierte sich 1973 gegen die „politische und rechtliche Unterdrückung" von Homosexuellen, sprach sich aber gleichzeitig gegen „gesellschaftliche Interessenverbände von Homosexuellen als Homosexuelle" aus.[48] Die Ortsleitung Bremen der KPD/ML stellte 1974 klar, dass für sie „Sexualität nichts anderes [...] als Fortpflanzungstrieb" sei und sie sich deshalb nicht mit Homosexualität beschäftigen werde.[49] Denjenigen, die sich als Marxisten bezeichneten und sich in Homosexuellengruppen organisierten, warf die KPD/ML zudem vor, „ihre persönlichen Interessen an die erste Stelle" zu setzen und damit „den wissenschaftlichen Sozialismus und die Grundprinzipien der Diktatur des Proletariats auf den Kopf" zu stellen.[50] „Für solche Leute", so die Stellungnahme, „gibt es in der Partei keinen Platz".[51] Das Organ der Sozialistischen Einheitspartei Westberlins (SEW) „Die Wahrheit" distanzierte sich ebenfalls vom schwulen Aktivismus und erklärte Homosexualität 1975 unmissverständlich zu einem medizinischen Thema.[52] Schwule Aktivisten versuchten deshalb, die linken Parteien, Organisationen und Zeitschriften für homosexuelle

---

[43] Detlef Grumbach wurde 1955 in Detmold geboren und lebt in Hamburg. Er arbeitet als Autor, Journalist sowie Verleger des Männerschwarm Verlags.
[44] Interview Detlef Grumbach, 17. 2. 2016.
[45] Ebenda.
[46] Vgl. ebenda.
[47] Vgl. Kraushaar, „Nebenwidersprüche", S. 151–153.
[48] Maier, Werte Freunde, S. 75.
[49] KPD/ML – Ortsleitung Bremen, Stellungnahme zur Diskussion über Homosexualität, S. 76.
[50] Ebenda, S. 78.
[51] Ebenda.
[52] Vgl. Salmen/Eckert, 20 Jahre bundesdeutsche Schwulenbewegung, S. 41.

Themen zu sensibilisieren und für den gemeinsamen Kampf gegen den Kapitalismus und gegen Diskriminierung von Homosexuellen zu gewinnen. Nicht nur die Schwulen sollten linker, sondern auch die Linke schwuler werden.

Innerhalb und außerhalb der neuen Schwulengruppen bestimmten die umstrittenen „Polit- und Lustfraktionen", „Bewegungsschwestern" und „Feministen" das Bild der Bewegung, die durch ihre Protestaktionen ein nie zuvor dagewesenes Ausmaß an Sichtbarkeit und politischer Mobilisierung erreichten.[53] Das dabei als provokant wahrgenommene Auftreten, etwa von geschminkten Männern in Frauenkleidern und auf Stöckelschuhen, führte allerdings auch in der Bewegung zu Kritik und Spaltungen. Symbolischer Höhepunkt und Anlass von Austritts- und Abgrenzungsprozessen war der sogenannte Tuntenstreit nach dem Pfingsttreffen der HAW in West-Berlin 1973.

Craig Griffiths zufolge handelte es sich beim Tuntenstreit um eine Nachwirkung der Abgrenzungsbestrebungen zur Homophilenbewegung, die sich nun in internen Auseinandersetzungen der Schwulengruppen bemerkbar machte.[54] Ausgelöst durch eine Debatte über Geschlechterpräsentationen ging es bei diesem Streit im Kern um die Frage, wie ein gesellschaftlicher Wandel erreicht werden könnte. Unter dem Motto „Die Unterdrückung der Homosexualität ist nur ein Spezialfall der allgemeinen Sexualunterdrückung" hatte die HAW am 10. Juni 1973 etwa 700 Demonstrant*innen in West-Berlin mobilisiert.[55] Einige der französischen und italienischen Schwulenaktivisten kamen in Kleidern und geschminkt und unterhielten sich am Rande des Protestzugs mit Zuschauer*innen, was von einigen HAW-Mitgliedern im Nachhinein als unpolitisches *Tuntigsein* bezeichnet und kritisiert wurde. Sie argumentierten, dass ein solches Auftreten Bündnisse mit der Arbeiterschaft und linken Parteien verhindere. Die andere Seite erklärte starre Geschlechterrollen dagegen zur Ursache der Unterdrückung von Homosexuellen, weshalb das Tragen von frauentypischer Kleidung für sie hochpolitisch war.[56]

Die West-Berliner Gruppe und mit ihr die gesamte westdeutsche Schwulenbewegung spaltete sich im Zuge des Tuntenstreits auf.[57] Die Befürworter von *Fummel* und Schminke warfen den von ihnen so bezeichneten Integrationisten Hass auf Tunten vor und organisierten sich innerhalb der HAW fortan als Fraktion der Feministen. Sie wollten die Geschlechterrollen infrage stellen und sich mit der Frauenbewegung solidarisieren.[58] Die Schwulenaktivisten, die die Selbstinszenierungen der Tunten ablehnten und sich fortan in der Gruppe „Relativ heiter, doch streng sozialistisch" wiederfanden, befürchteten, die Vermittelbarkeit der politischen Aussagen könnte darunter leiden, wenn die schwulen Aktionen als unanständig wahrgenommen würden. Letztlich machte der Tuntenstreit deutlich, so

---

[53] Pretzel/Weiß, Die westdeutsche Schwulenbewegung der 1970er Jahre, S. 20.
[54] Vgl. Craig Griffiths, Konkurrierende Pfade der Emanzipation, S. 143.
[55] Ebenda, S. 144 f.
[56] Vgl. ebenda.
[57] Vgl. Salmen/Eckert, Die neue Schwulenbewegung, S. 27.
[58] Vgl. Henze, Schwule Emanzipation, S. 261–286.

Griffiths, dass es in der Schwulenbewegung der 1970er Jahre keine Einigkeit darüber gab, was genau Emanzipation bedeutete und ob der Weg dahin nur kollektiv oder auch individuell beschritten werden kann.[59]

Die Feministen-Fraktion nutzte ab Mitte der 1970er Jahre auch den Rosa Winkel als Symbol, um ihre Solidarität mit den leicht zu erkennenden Tunten zu demonstrieren. Sie machten dabei keinen Unterschied zwischen denjenigen schwulen Männern, die die Überschreitung von Geschlechtergrenzen als politische Aussage verstanden wissen wollten, und solchen, denen das Tuntigsein allein von außen zugeschrieben wurde.[60] Indem die Aktivisten sich öffentlich mit dem Rosa Winkel zeigten, wollten sie als Schwule ebenso sichtbar sein, wie es effeminierte Männer und Männer, die sich selbst als Tunte inszenierten oder als solche markiert wurden, aufgrund ihres Aussehens oder Auftretens waren. Der Aktion lag die Idee zugrunde, dass auf diese Weise alle schwulen Männer als abweichend erkannt und potenziell Diskriminierung ausgesetzt würden. Die so gemachten Erfahrungen böten die Chance, die von Martin Dannecker und Reimut Reiche diagnostizierte „kollektive Neurose" und den Hass auf tuntiges Schwulsein zu überwinden.[61] Besonders die Gruppe RotZSchwul aus Frankfurt propagierte die Verwendung des Rosa Winkels. Bei der ersten großen Schwulen- und Lesbendemonstration im April 1972 in Münster trugen einige ihrer Mitglieder einen entsprechenden Anstecker. Um die Botschaft unmissverständlich zu machen, schrieben sie „schwul" darauf, was zum einen den Rosa Winkel als Schwulensymbol kenntlich machte und zum anderen auch die Selbstbezeichnung als „Schwule" und nicht als „Homosexuelle" betonte. Die Beschriftung des Ansteckers mit „175er" wurde ebenfalls diskutiert, allerdings war man sich nicht sicher, ob der Bezug auf die strafrechtliche Verfolgung von homosexuellen Männern in der NS-Zeit für Außenstehende erkennbar wäre.[62]

Die symbolische Verwendung des Rosa Winkels markierte den Beginn einer neuen Erinnerungspolitik als einem zentralen Bestandteil von schwulem Aktivismus in der Bundesrepublik. § 175 StGB war für die westdeutsche Schwulenbewegung der Beleg für die Kontinuität der Verfolgung über das Ende des Nationalsozialismus hinaus bis in die Gegenwart und somit die Grundlage für die Konstruktion einer schwulen Opfergemeinschaft und einer kollektiven Geschichte homosexueller Männer.[63] Die historische Aufarbeitung der nationalsozialistischen Verbrechen an Homosexuellen stand zu dieser Zeit noch ganz am Anfang. Sie wurde jedoch von den schwulen Aktivisten als Bewegungsarbeit verstanden, vorangetrieben und in die Mitte der Gesellschaft sowie in die Politik getragen. Wichtig dafür war die Veröffentlichung des Buchs „Die Männer mit dem Rosa Winkel" 1972, in dem der Autor unter dem Pseudonym Heinz Heger die Erfahrungen eines homosexuellen

---

[59] Vgl. Griffiths, Konkurrierende Pfade der Emanzipation, S. 149–151.
[60] Vgl. Salmen/Eckert, Die neue Schwulenbewegung, S. 27.
[61] Vgl. Griffiths, Konkurrierende Pfade der Emanzipation, S. 155.
[62] Vgl. Plastargias, RotZSchwul, S. 29–32.
[63] Vgl. Beljan, Rosa Zeiten?, S. 74, 82.

Mannes, der die Gefangenschaft im KZ überlebt hat, aus dessen Sicht wiedergibt.[64] Die Erforschung der Verfolgung und das Gedenken an die homosexuellen NS-Opfer waren schwulenpolitisch motiviert, was nicht zuletzt dazu beitrug, dass lesbische Frauen weiter marginalisiert wurden.[65]

Für die DDR lassen sich ähnliche Erinnerungspolitiken feststellen, wobei die Art und Weise der Argumentation anders und erst in den 1980er Jahren vernehmbar war.[66] Von der ersten und einzigen Schwulen- und Lesbengruppe in den 1970er Jahren sind keine explizit erinnerungspolitischen Aussagen überliefert, was daran gelegen haben mag, dass die ostdeutschen Aktivist*innen sich zu dieser Zeit in die offizielle Darstellung vom Bruch der DDR mit der nationalsozialistischen Vergangenheit fügten und keine diesbezügliche Mobilisierung möglich war.

In der zweiten Hälfte der 1970er Jahre suchten sich die verschiedenen Fraktionen und Flügel der westdeutschen Schwulenbewegung jeweils eigene Arbeitsfelder und Aktionsräume. Es gründeten sich neue Gruppen und andere lösten sich wieder auf. Im November 1978 existierten in der Bundesrepublik und West-Berlin 72 Schwulengruppen, zwei Jahre später waren es 148.[67] Es entstanden schwule Projekte im Umfeld der alternativen Szene sowie Interessengruppen in Gewerkschaften und Parteien. Salmen und Eckert sprechen von einer „schwulenbewegten Infrastruktur", die sich innerhalb weniger Jahre in den meisten größeren westdeutschen Städten entwickelte.[68]

Die erste ostdeutsche Schwulen- und Lesbengruppe

In der DDR gab es weder eine ähnlich ausdifferenzierte Schwulen- und Lesbenbewegung wie in der Bundesrepublik noch einen Markt für kommerzielle Angebote, die sich speziell an Homosexuelle richteten. Wie bereits erwähnt, existierte im Osten in den 1970er Jahren lediglich eine Schwulen- und Lesbengruppe,[69] die Homosexuelle Interessengemeinschaft Berlin (HIB). Sie versuchte, eine Selbstorganisation aufzubauen, Staat und Gesellschaft auf die Diskriminierung von Homosexuellen hinzuweisen und zur Verbesserung ihrer Situation beizutragen. In vielen Städten der DDR hatte die Gruppe Anhänger*innen, behauptet der erste längere Aufsatz über die Gruppe von James (Jim) Steakley aus dem Jahr 1976.[70]

---

[64] Vgl. Micheler/Michelsen, Geschichtsforschung und Identitätsstiftung, 1997, http://www.stefanmicheler.de/wissenschaft/art_ahnengalerie_1997.html (30. 6. 2020).
[65] Vgl. Tomberger, Homosexuellen-Geschichtsschreibung, S. 24.
[66] Zum Gedenken an die im Nationalsozialismus verfolgten Homosexuellen in der DDR vgl. Kapitel IV.3.
[67] Vgl. Salmen/Eckert, Die neue Schwulenbewegung, S. 27 f.
[68] Vgl. Tomberger, Homosexuellen-Geschichtsschreibung, S. 28.
[69] In der HIB waren von Anfang an sowohl Frauen als auch Männer organisiert. Allerdings waren Frauen immer in der Minderheit. Die Schreiben und Eingaben wurden fast ausschließlich von Männern unterzeichnet und thematisieren vor allem männliche Homosexualität. Fehlende Treffpunkte und Begegnungsmöglichkeiten sowie andere Themen, die insbesondere Frauen betreffen, werden in den Quellen nur selten angesprochen.
[70] Vgl. Steakley, Gays under Socialism, S. 18.

1. Ausgangslage: neue Schwulen- und Lesbenbewegungen in Zeiten der Entspannung 69

Zwar habe es auch außerhalb von Ost-Berlin Bemühungen gegeben, sich zu organisieren, wie etwa in Leipzig Anfang der 1970er Jahre, sie seien allerdings ohne Erfolg geblieben.[71] Zu Beginn bestand die HIB aus etwa zehn Personen, unter denen zwei bis drei lesbische Frauen waren. Es handelte sich um junge Student*innen und Arbeiter*innen, die zum Teil der SED angehörten.[72] Sie organisierten jede zweite Woche Veranstaltungen in Gaststätten oder privaten Wohnungen, an denen zunächst zwischen 20 und 30 Personen teilnahmen.[73] Als ab Mitte der 1970er Jahre Zusammenkünfte im Gründerzeitmuseum bei Charlotte von Mahlsdorf möglich waren, folgten anlässlich von Feiern bis zu 200 Besucher*innen den Einladungen der HIB.[74]

Die HIB muss einerseits in der politischen Aufbruchsstimmung Anfang der 1970er Jahre in der DDR und andererseits im Kontext neuer sozialer Bewegungen – und speziell der Homosexuellenbewegungen – in Westdeutschland, Westeuropa und den USA seit Ende der 1960er Jahre verortet werden. Gegründet wurde die HIB in einer Zeit, in der sich durch den neuen Ersten Sekretär des Zentralkomitees der SED, Erich Honecker, vorsichtige Liberalisierungstendenzen zeigten. Er versprach, die „ideologischen Abweichungen" seines Vorgängers Walter Ulbricht rückgängig zu machen, die Wirtschaft zu stärken und das Leben der Menschen zu verbessern.[75] Stefan Wolle zufolge bestand das Ziel aber vor allem darin, die Bevölkerung zu beruhigen und die Vorzüge herauszustellen, die die sozialistische Gesellschaft zu bieten habe, insbesondere in Zeiten der Entspannungspolitik.[76] Tatsächlich nahm der Lebensstandard zu und die Bevölkerung konnte durchaus von der erfolgreichen Sozialpolitik überzeugt werden. Nicht zuletzt führten die Aufnahme der DDR in die UNO 1973 und ihre diplomatische Anerkennung durch die westlichen Großmächte zu hohen Zustimmungswerten für die SED Anfang der 1970er Jahre.[77] Die Öffnungsbekundungen machten den Aktivist*innen der HIB Hoffnung auf Veränderungen, von denen ihrer Ansicht nach auch Schwule und Lesben in der DDR profitieren könnten. Wenig später mussten sie allerding feststellen, dass die Liberalisierung in der DDR begleitet war von einer scharfen Abgrenzung gegenüber dem anderen Deutschland und vermeintlichen *Feinden* im eigenen Land.[78]

Die Entstehung der HIB steht außerdem in engem Zusammenhang mit den Kontakten zwischen schwulen Aktivisten in Ost- und West-Berlin, die durch die neuen Einreisebestimmungen der DDR möglich geworden waren. Durch diese Verbin-

---

[71] Vgl. SMU, DDR, Nachlass Otto Andree, Nr. 4, Privatkorrespondenz, Brief Otto Andree an Michael Unger, 8. 7. 1976.
[72] McLellan, Glad to be Gay, S. 105, 112.
[73] Vgl. Nellißen/Schmidt, Homosexuelle Interessengemeinschaft Berlin, S. 178 f.
[74] Vgl. Rausch, Die vergessene Lesben- und Schwulengeschichte, S. 24.
[75] Ruhl, Stalin-Kult und rotes Woodstock, S. 53 f.
[76] Vgl. Wolle, Die heile Welt der Diktatur, S. 45.
[77] Vgl. Borowsky, Die DDR in den siebziger Jahren, in: Informationen zur Politischen Bildung, 5. 4. 2002, http://www.bpb.de/izpb/10111/die-ddr-in-den-siebziger-jahren?p=all (13. 7. 2020).
[78] Wolle, Die heile Welt der Diktatur, S. 43.

dungen gelangten zum einen Ideen und Materialien der westlichen Bewegung in den Osten. Zum anderen entstand auf der ostdeutschen Seite ein Zugehörigkeitsgefühl, das durch die gemeinsame Sprache, die gleiche sexuelle Orientierung und die von den Ost- und Westdeutschen geteilten sozialistischen Werte begünstigt wurde.[79] Hinzu kamen mediale Ereignisse, wie der bereits erwähnte Film „Nicht der Homosexuelle ist pervers, sondern die Situation, in der er lebt" von Rosa von Praunheim, sowie die gemeinsame Teilnahme an den X. Weltfestspielen der Jugend und Studenten in Ost-Berlin im Juli/August 1973, die das Gefühl bestärkten, als Ost-Berliner Gruppe zu einer grenzübergreifenden Bewegung zu gehören. Es war demnach ein gemeinsamer Aufbruch in Ost und West, den die Ost-Berliner vermutlich stärker wahrnahmen als die West-Berliner oder bundesdeutschen Aktivisten und den sie bekräftigten, indem sie den 15. Januar 1973, den Tag der Ausstrahlung des Praunheim-Films im *Westfernsehen* (in der ARD), zu ihrem Gründungsdatum erklärten.[80] Die ersten westdeutschen Gruppen hatten sich im Anschluss an die Kinopremiere des Films 1971 gegründet. Auch der Name Homosexuelle Interessengemeinschaft Berlin war den Namen westdeutscher Gruppen nicht unähnlich. Diese hießen beispielsweise Homosexuelle Aktion Westberlin (HAW), Homosexuelle Aktion Hamburg (HAH) oder Initiativgruppe Homosexualität Bielefeld (IHB). Wie die westdeutschen nutzten die ostdeutschen Aktivist*innen außerdem die Selbstbezeichnungen schwul und lesbisch, allerdings ohne damit politische Subjekte zu meinen, wie es Magdalena Beljan für die westdeutsche Schwulenbewegung herausstellt.[81] Der Begriff „Interessengemeinschaft"[82] stammte aus dem Zivilgesetzbuch der DDR und deutet darauf hin, dass die Gruppe beabsichtigte, ihre Interessen im Rahmen der Gesetze der DDR zu verfolgen. Nicht die Abgrenzung gegenüber, sondern die *Integration* in die Gesellschaft war dabei ihr Ziel, womit die HIB – anders als die westdeutsche Schwulenbewegung – keinen expliziten Bruch zu den Homophilen der 1950er und 1960er Jahre vollzog.[83]

2. „Einige von uns sind dabei, […] das politische Bewußtsein einiger DDR-Schwule[r] kennenzulernen" – westdeutsche Blicke und Annäherungen über die Mauer

„Brüder & Schwestern, warm oder nicht, Kapitalismus bekämpfen ist unsere Pflicht!" – so lautete am 29. April 1972 ein weiterer Plakatspruch neben „Lieber ein

---

[79] Vgl. McLellan, Glad to be Gay, S. 126.
[80] Vgl. ebenda, S. 109.
[81] Vgl. Beljan, Rosa Zeiten?, S. 85 f.
[82] Nach § 266 des Zivilgesetzbuches der DDR aus dem Jahr 1975 durften sich Bürger*innen zur „Verbesserung ihrer Arbeits- und Lebensbedingungen […] durch Vertrag zu einer Gemeinschaft zusammenschließen, um durch Arbeitsleistungen und materielle Mittel Einrichtungen und Anlagen für die kollektive und individuelle Nutzung zu schaffen und zu unterhalten". Gesetzblatt der Deutschen Demokratischen Republik, 1975 Teil I, Nr. 27, S. 495.
[83] Vgl. Beljan, Rosa Zeiten?, S. 85.

warmer Bruder als ein kalter Krieger".[84] Martin Dannecker zog damit als Aktivist der Frankfurter Gruppe RotZSchwul und als einer von etwa 400 Demonstrant*innen durch Münster.[85] Die Aufschrift zeigt, wie sich viele bewegte Schwule in Westdeutschland Anfang der 1970er Jahre verstanden: als Teil einer linken Bewegung, die an der Überwindung des Kapitalismus arbeitete. Die Auseinandersetzungen darüber, wie homosexuelle Emanzipation gelingen könnte, wurden dann entlang vorhandener theoretischer Frontlinien geführt, wie sie im linken Spektrum insgesamt auftraten. Ein Streitpunkt dabei war immer auch das Verhältnis zur DDR. Kompliziert wurde diese Frage für die linken Schwulengruppen und -aktivisten, als es galt, sich mit den Schwulen und Lesben in der DDR zu verbünden. Denn die Herstellung von Gemeinsamkeiten mit denen, die bereits im Sozialismus lebten, erforderte eine Reflexion über die eigenen idealistischen Vorstellungen von diesem System, die im Widerspruch zur Lebensrealität der „warmen Brüder und Schwestern" vor Ort standen. Das Spannungsfeld der Systemkonkurrenz schlug sich damit in den Debatten innerhalb der westdeutschen Schwulenbewegung nieder, erzeugte Widersprüche, aber auch Chancen für den im doppelten Sinne geteilten Aktivismus auf beiden Seiten der Mauer.

Die Fragen, die dieses Kapitel beantworten will, lauten deshalb: Welches Verhältnis hatten westdeutsche und West-Berliner Schwulenaktivisten in den 1970er Jahren zur DDR? Wer interessierte sich aus welchen Motiven für das andere Deutschland? Wie wurden der DDR-Staat und sein Umgang mit Homosexualität sowie die erste – freilich nicht offiziell anerkannte – ostdeutsche Schwulen- und Lesbengruppe im Westen wahrgenommen? Wie integrierten die westdeutschen Aktivisten ihre Erfahrungen mit dem realexistierenden Sozialismus in die Debatten über homosexuelle Emanzipation?

Die Mehrzahl der untersuchten Quellen stammt aus West-Berlin. Sie bilden nicht das Verhältnis der gesamten westdeutschen Schwulenbewegung zur DDR ab, sondern stellen gewissermaßen eine Ausnahme dar. Denn die räumliche Nähe zur Hauptstadt der DDR, in der es zudem – wenngleich wenige – homosexuelle Treffpunkte und damit Anknüpfungspunkte gab, bot den West-Berliner Aktivisten die Chance, Wissen zu generieren und eigene Erfahrungen zu sammeln. Sie nahmen infolgedessen eine wichtige Mittlerfunktion zwischen Ost und West ein, auch weil sie in überregionalen Medien über die DDR berichteten. Sie waren zudem die ersten und wichtigsten Westkontakte der Homosexuellen Interessengemeinschaft Berlin (HIB) in den 1970er Jahren.

Die Ausführungen bilden zum einen den Auftakt für das nachfolgende Kapitel über die HIB, die sowohl in Verbindung als auch in Abgrenzung zur westdeutschen und West-Berliner Schwulenbewegung agierte. Zum anderen wird die Geschichte der westdeutschen Schwulenbewegung der 1970er Jahre ergänzt, indem ihr Verhältnis zur DDR als ein relevanter Aspekt ihrer Entwicklung dargestellt wird.

---

[84] Plastargias, RotZSchwul, S. 45.
[85] Vgl. ebenda.

Sozialismus und DDR aus westlicher schwuler Perspektive

Die DDR war seit den späten 1960er Jahren vor allem für die jüngeren Westdeutschen und West-Berliner*innen ein „Niemandsland" geworden, erklärt Gerd Koenen.[86] Für den Großteil der ehemaligen Anhänger*innen der Außerparlamentarischen Opposition (APO) in West-Berlin und in der Bundesrepublik sei die DDR so weit weg gewesen wie China, Vietnam, Albanien oder Kuba. Wie die Menschen dort lebten, wollten die Aktivist*innen lieber nicht so gerne wissen, schreibt Koenen und bezieht sich selbst als ehemaliges APO-Mitglied kritisch in diese Bilanz ein. Auch diejenigen, die – wie etwa DKP-Genoss*innen – dem Sozialismus nach sowjetischem Vorbild anhingen und von der SED finanzielle Unterstützung für ihre Aktivitäten erhielten, hätten wenig Interesse am Osten gehabt.[87] Christian Semler schließt sich dieser Einschätzung an, wenn er konstatiert, dass West-Berliner Sozialist*innen und Kommunist*innen in den 1970er Jahren um die DDR einen großen Bogen machten. Über private Kontakte hinaus habe es wenig Anteilnahme an der Situation der Menschen in der DDR gegeben.[88]

Auf die West-Berliner und westdeutschen Schwulengruppen schien dies ebenfalls zuzutreffen, wie Elmar Kraushaar,[89] ehemaliges Mitglied der Homosexuellen Aktion Westberlin (HAW), in der Rückschau bestätigt: „Da war die Mauer und das wurde akzeptiert. [...] Wir hatten Kontakte zu Schwulengruppen in Mailand und in Paris und in London, aber nicht nach Ost-Berlin."[90] Zwar erinnert sich Kraushaar zugleich an Besuche und Treffen in der DDR, eine Zusammenarbeit mit ostdeutschen Schwulenaktivisten habe es allerdings nie gegeben.[91] Michael Holy bestätigt den Befund, wenn er von „ungelebten Ost/Westbeziehungen" spricht: Es habe generell nur sehr wenige Kontakte zwischen Schwulenaktivisten und -gruppen in Ost und West gegeben, die darüber hinaus aufgrund der jeweils anderen politischen und gesellschaftlichen Bedingungen von unterschiedlichen Erwartungen geprägt gewesen seien.[92] Diese Sichtweise erscheint aus zahlreichen Gründen plausibel, angefangen beim strengen DDR-Grenzregime und den repressiven Sicherheitsorganen in der DDR bis hin zu den unterschiedlichen Entwicklungen schwuler und lesbischer Bewegungen auf beiden Seiten als Konsequenz aus den jeweils anderen Voraussetzungen für zivilgesellschaftliches Engagement. In bewegungsnahen und kommerziellen Schwulenzeitschriften aus West-Berlin und der Bundesrepublik der 1970er Jahre sowie in Hinterlassenschaften von Gruppen

---

[86] Koenen, Die APO, ihre Erben und die DDR, S. 129.
[87] Vgl. ebenda, S. 137.
[88] Vgl. Semler, 1968 im Westen, S. 3.
[89] Elmar Kraushaar wurde 1950 geboren. In den 1970er Jahren war er Mitglied der HAW und arbeitete in den 1980er Jahren als Journalist, unter anderem für die West-Berliner Schwulenzeitschrift „Siegessäule". Als Autor widmet er sich vor allem dem Thema Homosexualität. Kraushaar lebt in Berlin.
[90] Interview Elmar Kraushaar, 26. 3. 2013.
[91] Vgl. ebenda.
[92] Vgl. Holy, Ungelebte Ost/Westbeziehungen, S. 57.

und Aktivisten tauchen jedoch Hinweise auf, die nicht mit dem Bild der völligen Abschottung oder Ignoranz gegenüber dem Nachbarland übereinstimmen.

Ausgangspunkt war das Interesse am Sozialismus, den viele westdeutsche Schwulenaktivisten in den 1970er Jahren für die bessere Gesellschaftsform hielten und den sie sich auch für die Bundesrepublik wünschten. Hinzu kam das Verhältnis zu kommunistischen und sozialistischen Gruppen und Parteien im Westen, an die ein Großteil der Aktionen der westdeutschen Schwulenbewegung gerichtet war.[93] DKP und SEW wurden beispielsweise mit dem Vorwurf konfrontiert, sich nicht ausreichend mit dem Thema Homosexualität zu befassen. Sie sollten aber auch Fragen zum Umgang mit Homosexuellen in der DDR beantworten. Ein West-Berliner Schwulenaktivist forderte etwa im März 1974 das Organ der SEW „Die Wahrheit" dazu auf, mehr über die Lage von Homosexuellen zu berichten, um dadurch die „Genossen" aufzuklären, Vorurteile abzubauen und „die Voraussetzung zu einer wirklich solidarischen politischen Zusammenarbeit von heterosexuellen mit homosexuellen Genossen zu schaffen bzw. zu verbessern".[94] Der Absender schrieb der „Wahrheit" zudem die Rolle eines Sprachrohrs der SED zu, wenn er fragte: „Warum gibt es in einigen sozialistischen Ländern Sondergesetze gegen Homosexuelle, die z. B. homosexuelle Handlungen in der DDR mit unter-18-jährigen [sic!] [...] verbieten?"[95] Außerdem wollte er wissen, welche wissenschaftlichen Begründungen dafür existierten, dass es in den meisten Städten der DDR keine Möglichkeiten der Begegnung gebe, sowie ob und warum die Schaffung solcher Möglichkeiten von den Behörden verhindert werde.[96] Die DDR war für ihn nicht irgendein Land, das Homosexuelle diskriminierte, sondern sie war ein sozialistischer Staat, von dem er Engagement für die Belange von Homosexuellen erwartete. „Die Wahrheit" sollte sich für die Politik der SED rechtfertigen und wurde aufgefordert, die Möglichkeiten der sozialen und kulturellen Entfaltung in Ost und West zu vergleichen sowie die Unterschiede zu erklären. Wie später noch gezeigt wird, entsprachen die vom Verfasser des Schreibens erhobenen Forderungen denjenigen, die die Homosexuelle Interessengemeinschaft Berlin (HIB) parallel dazu an staatliche Behörden und die Medien in der DDR gerichtet hatte.

Nach Einschätzung Kraushaars hatten DKP und SEW in den 1970er Jahren ein ähnlich schwieriges Verhältnis zum Thema Homosexualität wie die SED.[97] Dass die DKP finanziell von der DDR abhängig und auch die SEW in West-Berlin „keine eigenständige Partei" war, wie Olav Teichert belegt, „sondern [...] aus Ostberlin gesteuert und vollständig von dort kontrolliert" wurde,[98] erhärtet die Annahme einer grenzübergreifenden Nichtbeachtung und Nichtbefassung mit den Anliegen

---

[93] Vgl. Griffiths, Gay activism in Modell Deutschland, S. 63.
[94] SMU, Personen, Manfred Herzer, Brief Friedhelm K. an die Zeitung „Die Wahrheit", 9. 3. 1974.
[95] Ebenda.
[96] Ebenda.
[97] Vgl. Kraushaar, „Nebenwidersprüche", S. 162.
[98] Teichert, Die Sozialistische Einheitspartei Westberlins, S. 207.

von Homosexuellen. Aktivist*innen in Ost und West entwickelten in den 1970er Jahren deshalb ähnliche Strategien, um sich in die von Kraushaar so bezeichnete „sozialistische Einheitsmoral" dieser Parteien hineinzuargumentieren.[99] Somit hatte ost- und westdeutsches schwul-lesbisches Engagement deshalb eine grenzübergreifende Dimension, weil dessen Adressat*innen miteinander verflochten und gezwungen waren, sich im Umgang mit den homosexuellen Forderungen abzustimmen oder zumindest die Antworten der anderen Parteien im Auge zu behalten und zu berücksichtigen. Wenn der West-Berliner Schwulenaktivist und Mitgründer der Homosexuellen Aktion Westberlin (HAW), Manfred Herzer,[100] 1978 einen Brief an die Zeitung der DKP „Unsere Zeit" (UZ) schrieb, die mit jährlich etwa 12 Millionen DM von der DDR finanziert wurde,[101] dann kann davon ausgegangen werden, dass seine Kritik, die Zeitung ignoriere Homosexuelle in einer unakzeptablen Weise, auch an die DDR gerichtet war.[102] Ebenso wendete sich Herzer an das Institut für Marxistische Studien und Forschungen (IMSF), eine der DKP nahestehende marxistische Denkfabrik in Frankfurt am Main, und wies darauf hin, dass es eine der Aufgaben des Instituts sein müsse, „die Haltung der Arbeiterklasse und ihrer Organisationen zur diskriminierten Minderheit der Homosexuellen" zu thematisieren.[103]

Innerhalb der HAW wurde die Lage von Homosexuellen in den sozialistischen Ländern kontrovers diskutiert. Zwar überwog in den „HAW-Info"-Heften[104] die Ansicht, dass einzig der Sozialismus die Lösung aller Probleme sei. Zugleich stellten die Autoren aber fest, dass die Realität in sozialistischen Staaten anders aussah. Im Juni 1972 kommentierten mehrere HAW-Mitglieder einen veröffentlichen Brief kubanischer Homosexueller, die behaupteten, die „kubanische revolutionäre Bewegung" habe von Anfang an Homosexuelle verfolgt.[105] Für die HAW dürfe

---

[99] Kraushaar, „Nebenwidersprüche", S. 162.
[100] Manfred Herzer wurde 1949 in Berlin geboren, studierte Soziologie, arbeitete als Bibliothekar und war Gründungsmitglied der HAW sowie des Schwulen Museums in West-Berlin. Innerhalb der HAW engagierte er sich in der Arbeitsgruppe „Relativ heiter, doch streng sozialistisch" und positionierte sich im Tuntenstreit in Opposition zur Feministen-Fraktion gegen ein Aufsehen erregendes und möglicherweise als zu provokant geltendes Auftreten der Schwulen. 1974 trat er in der Folge des Streits aus der HAW aus und schloss sich der Allgemeinen Homosexuellen Arbeitsgemeinschaft (AHA) in West-Berlin an. Er lebt als Autor zur Geschichte der Homosexualitäten in Berlin.
[101] Die DKP erhielt insgesamt etwa 64,5 Millionen DM von der SED. Vgl. Reckert, Kommunismus-Erfahrung, S. 20, Fußnote 17.
[102] Vgl. SMU, Personen: Manfred Herzer, Brief Manfred Herzer an die Redaktion der Zeitung „Unsere Zeit", 28. 7. 1978.
[103] SMU, Personen: Manfred Herzer, Brief Manfred Herzer an das Institut für Marxistische Studien und Forschungen in Frankfurt am Main, 19. 5. 1977.
[104] Das „HAW-Info" wurde von Anfang 1972 bis Oktober 1976 von der HAW herausgegeben. Es war das wichtigste interne Publikationsorgan der Gruppe. Die Hefte wurden im DIN-A4-Format gedruckt und umfassten durchschnittlich 30 Seiten. Abgedruckt wurden dort unter anderem Protokolle, Flugblätter, Zeichnungen, Gedichte, Ankündigungen und Geschichten. Vgl. Henze, „Die lückenlose Kette zwischen Politik und Schwul-sein aufzeigen", S. 126.
[105] O. A., Brief einer Gruppe kubanischer Homosexueller, veröffentlicht von Gay Revolutionary Party New York, in: HAW-Info, H. 3, 1972, S. 17.

daraus jedoch keine Ablehnung des Sozialismus folgen, hieß es in einem Kommentar. Denn nicht der Sozialismus als solcher, sondern die „Rückständigkeit" des Landes sei verantwortlich für die Lage in Kuba.[106] Insbesondere die katholische Kirche und der US-amerikanische Kolonialismus seien schuld an der „sexualfeindlichen Ideologie" und dem „ökonomischen und bewußtseinsmäßigen Entwicklungsstand der kubanischen Gesellschaft".[107] Ein anderer Beitrag zu diesem Thema bescheinigte dagegen allen sozialistischen Staaten, in einem „kleinbürgerlichem Mief" zu stecken, und konnte keine Anzeichen für Veränderungen erkennen.[108] Seine Sicht der Dinge sollte jedoch nicht als „Antikommunismus" missverstanden werden, bekräftigte der Autor Klaus-Peter.[109] Vielmehr ging es ihm um die Kritik an einem Sozialismus, „wie er bisher in den kommunistischen Staaten gehandhabt wird".[110] In einem dritten Kommentar merkte der Autor Friedhelm an, dass es hierzulande kaum Informationen über Schwule in Kuba gebe und deshalb über die Gründe ihrer Diskriminierung nichts gesagt werden könne. Friedhelm fügte hinzu:

„*Etwas* mehr Information können wir uns z. B. über die Situation der Schwulen in der DDR verschaffen. Einige von uns sind dabei, insbesondere das politische Bewußtsein einiger DDR-Schwulen [sic!] kennenzulernen und es ergeben sich Aspekte, die möglicherweise auch die Situation in Kuba verständlicher machen. Deshalb werden wir versuchen, einen Bericht über unsere Erfahrungen in Ost-Berlin ins Info zu bringen."[111]

In der HAW bestand also Interesse am Leben von Schwulen (weniger von Lesben) in sozialistischen Ländern, das galt vor allem für die DDR als einem unmittelbaren Nachbarstaat. Manfred Herzer begründet in der Rückschau sein Interesse an der DDR ebenfalls damit, dass „im Osten der Sozialismus war, der eben nicht ganz das Gleiche war", was er sich unter Sozialismus vorstellte, „aber doch viel sozialistischer" als die Bundesrepublik oder West-Berlin.[112] Im April 1973 berichtete die „Außenkontaktgruppe" im „HAW-Info" schließlich, sie habe in der DDR mit „ein paar Schwulen […] über ihre Situation gequatscht" und wolle das in Zukunft fortsetzen.[113] Die West-Berliner Schwulenaktivisten – insbesondere diejenigen, die auf sozialistische Verhältnisse in der Bundesrepublik hofften – nahmen also deshalb Verbindungen in die DDR auf, weil sie mehr darüber erfahren wollten, wie es sich im Sozialismus lebte. Daraus wollten sie Rückschlüsse ziehen auf andere sozialistische Länder und das Verhältnis von Sozialismus und Homosexualität generell. Wie im nächsten Kapitel noch ausführlicher gezeigt wird, ließ die HAW dafür ostdeutsche Aktivisten Beiträge für das „HAW-Info" verfassen, ohne al-

---

[106] Manfred, Kommentar zur Kuba-Resolution der Gay Revolutionary Party, in: HAW-Info, H. 3, 1972, S. 19–20, hier S. 20.
[107] Ebenda.
[108] Klaus-Peter, Kommentar, in: HAW-Info, H. 3, 1972, S. 20–21, hier S. 20.
[109] Ebenda, S. 21.
[110] Ebenda.
[111] Friedhelm, Kommentar, in: ebenda, S. 21; Hervorhebung im Original.
[112] Interview Manfred Herzer, 20. 5. 2015.
[113] O. A., Außenkontaktgruppe „Jochen Gebauer", in: HAW-Info, H. 9, 1973, S. 5.

lerdings die Herkunft der Autoren zu erwähnen. Sie machte sich damit deren Meinung, etwa zu sexualwissenschaftlichen und sexualpädagogischen Veröffentlichungen in der DDR, zu eigen und gab ihnen zugleich eine – wenn auch anonyme – Stimme. Weitere Erkenntnisse aus der Auseinandersetzung mit der DDR sind im „HAW-Info" nicht zu finden.

Josie McLellan nimmt an, dass das Interesse an Kontakten über die Mauer eher von den ostdeutschen Schwulenaktivisten ausging. Denn zum einen sei die HAW vor allem mit sich selbst und eigenen Problemen beschäftigt gewesen. Zum anderen hätten viele HAW-Aktivisten als Marxisten, Kapitalismuskritiker oder SEW-Mitglieder den Kontakt mit dem realen Sozialismus gescheut, weil sie aus Loyalität gegenüber der Staatspartei keine Kritik an den politischen und gesellschaftlichen Bedingungen in der DDR üben wollten.[114] Diese Interpretation kann insofern bestätigt werden, als eine kritische Auseinandersetzung mit der sozialistischen Politik eher selten erfolgte. Die Quellen zeigen allerdings, dass es wenn auch vereinzelte, so doch durchaus interessierte und kritische Stimmen gab. Das Interesse der HAW an der DDR und den sich dort organisierenden Schwulen war zunächst sehr eng an die Überzeugung von der emanzipatorischen Kraft des Sozialismus gekoppelt und die West-Berliner waren bereit, diese Überzeugung einem Praxistest zu unterziehen. Ihre Schlussfolgerung war dann oft die, dass in der DDR die Probleme der Homosexuellen noch nicht gelöst seien und der Sozialismus dort noch besser werden müsse.

Weltfestspiele 1973 – Begegnungen in Ost-Berlin

> *„Auf dem Alexanderplatz war die Hölle los. Das war völlig ungewöhnlich, dass so viele junge Menschen unterwegs waren; auch aus allen möglichen Ländern tatsächlich. Und da haben wir gedacht, das ist eine gute Möglichkeit, so ein bisschen Agitation zu betreiben in dem Sinne, dass wir jetzt als Schwulengruppe aus dem Westen, um auf das Thema Homosexualität hinzuweisen, mit Flugblättern dahin kommen."*[115]

Elmar Kraushaar erinnert sich, dass er im Juli/August 1973 zusammen mit anderen HAW-Mitgliedern zu den Weltfestspielen nach Ost-Berlin fahren wollte, um dort Informationsmaterialien über schwule Emanzipation zu verteilen. Ihre Flugblätter seien jedoch von den Grenzpolizisten der DDR entdeckt und beschlagnahmt worden und sie durften vorerst nicht mehr nach Ost-Berlin einreisen.[116] Die DDR wollte mit den Weltfestspielen Offenheit und Toleranz demonstrieren, um damit innenpolitisch die Bevölkerung für den Aufbau des Sozialismus zu mobilisieren und die Wirtschaft zu stärken. Der neue Generalsekretär des ZK der SED, Erich Honecker, verkündete deshalb, dass Ost-Berlin an diesen Tagen als

---

[114] Vgl. McLellan, Glad to be Gay, S. 118 f.
[115] Interview Elmar Kraushaar, 26. 3. 2013.
[116] Vgl. ebenda.

Ort für „freien Austausch von Meinungen und Informationen" genutzt werden sollte.[117] Und tatsächlich erlebten die Teilnehmer*innen der Weltfestspiele eine weltoffene, tolerante und fröhliche Stadt, so der Historiker Stefan Wolle. Doch hinter den Kulissen funktionierte die staatliche Überwachung wie gewohnt, sie war sogar durch ihre Unsichtbarkeit effektiver geworden. Zwar durften ausländische Gruppen theoretisch ihre Flugblätter verteilen und zum Meinungsaustausch auffordern. Die Mitglieder der Freien Deutschen Jugend (FDJ) waren darauf jedoch in speziellen Schulungen gut vorbereitet worden und hatten Anweisungen erhalten, wie mit *feindlichen* Äußerungen umgegangen werden solle.[118]

Ein Flugblatt, das HAW-Mitglieder ins Deutsche übersetzt hatten und in der DDR verteilen wollten, stammte von Peter Tatchell, Angehöriger der britischen Delegation bei den Weltfestspielen und Vertreter der Gay Liberation Front London. Tatchell selbst war es gelungen, Flugblätter nach Ost-Berlin zu bringen. Er hielt außerdem im Rahmen eines Offenen Forums am 3. August 1973 einen Vortrag an der Humboldt-Universität zu Berlin.[119] Auf der Abschlusskundgebung der Weltfestspiele trug Tatchell ein Plakat, auf dem zu lesen war: „gay liberation front – london, bürgerrechte für homosexuelle" und „homosexuelle Befreiung. Revolutionäre Homosexuelle [unterstützen den Sozialismus]".[120] Er machte die Kundgebung damit zur ersten öffentlichen Demonstration in der DDR für die Rechte von Homosexuellen und wurde dafür von der britischen Delegation beschimpft und geschlagen. Das Plakat wurde ihm entrissen und er musste sich in Sicherheit bringen.[121]

In einem nachträglichen Bericht über die Weltfestspiele erzählte Tatchell über seine Begegnungen mit ostdeutschen Schwulen. Zusammen mit Aktivisten der HAW habe er in den damals als Schwulentreffs bekannten Kneipen Zum Burgfrieden und Cityklause die besagten Flugblätter sowie die HAW-Grundsatzerklärung verteilt. Die Ost-Berliner seien erstaunt darüber gewesen, dass sich die West-Berliner und der Brite als Sozialisten verstanden. Ebenso gewundert hätten sie sich über die Berichte von Tatchell und anderen, denen zufolge Schwule im Westen

---

[117] Honecker, Erich, Rede auf der 5. Tagung des NVK [Nationaler Volkskongress] der DDR am 20. 7. 1973, in: ders., Reden und Aufsätze, Bd. 2, Berlin (DDR) 1977, S. 309, zitiert nach: Wesenberg, Unter „operativer Kontrolle", S. 10. Sogar das Mitbringen von Druckerzeugnissen und Drucktechnik aus anderen Ländern war formal gestattet. Außerdem sollten die Jugendlichen sich unzensiert äußern können und die Deutsche Volkspolizei war dazu angehalten, jedes Vorgehen zu vermeiden, das als polizeistaatlich hätte kritisiert werden können. Für DDR-Bürger*innen blieb die Grenze aber so verschlossen wie zuvor. Vgl. ebenda, S. 10 f.
[118] Vgl. Wolle, Die heile Welt, S. 164.
[119] Vgl. McLellan, Glad to be Gay, S. 110.
[120] Zitiert nach: ebenda, S. 106. Da die deutsche Plakataufschrift auf dem Bild in McLellans Beitrag nur unvollständig zu erkennen ist, wird das von McLellan im Text verwendete englische Zitat „Revolutionary homosexuals support socialism" mit „homosexuelle Befreiung. Revolutionäre Homosexuelle [unterstützen den Sozialismus]" zurück ins Deutsche übersetzt.
[121] Vgl. ebenda, S. 111.

diskriminiert und „ausgebeutet" würden.¹²² Die Gesetze der DDR hielten die Ostdeutschen dagegen für „gut", schrieb Tatchell. Zwar schilderten sie ihm Probleme im alltäglichen Leben, die Stimmen aus Medizin und Wissenschaft in der DDR hätten sie aber durchaus als „progressiv" eingeschätzt.¹²³ Tatchells Eindruck zufolge waren die meisten jungen Schwulen in Ost-Berlin unpolitisch oder „antisozialistisch".¹²⁴ Als Ausnahme bezeichnete er „einige sozialistische Schwule der FDJ", womit er die jungen Männer meinte, die dabei waren, die Homosexuelle Interessengemeinschaft Berlin (HIB) zu gründen. Einer von ihnen, Peter Rausch,¹²⁵ erinnert sich, dass er Peter Tatchell kennenlernte, als dieser zusammen mit Aktivisten der HAW zu ihm in die Wohnung kam. Er und andere hätten Tatchell beim Verteilen seiner Flugblätter geholfen und seinen Vortrag besucht.¹²⁶ Laut Tatchell ging es den angehenden ostdeutschen Aktivisten um „die Gültigkeit der grundlegenden Zivilrechte auch für Schwule".¹²⁷ Er stellte jedoch fest, dass sie kaum kritische Überlegungen zu Vorstellungen von Männlichkeit und Weiblichkeit anstellten und keine alternativen Formen von Beziehungen und Zusammenleben anstrebten.¹²⁸ Für die sich im Aufbruch befindende Ost-Berliner Gruppe standen zu diesem Zeitpunkt tatsächlich andere Probleme im Vordergrund, wie etwa das Fehlen von Treffpunkten. Zudem wurde Wohnraum in der DDR zugeteilt und Formen des Zusammenlebens, die nicht der heterosexuellen Ehe entsprachen, hatten dabei wenig Aussicht auf Erfolg. Tatchell schien demnach wenig darüber zu wissen, welchen konkreten Restriktionen und Herausforderungen sich Schwule (Lesben spielten keine Rolle) in der DDR gegenübersahen. Nichtsdestotrotz hatte Tatchells Anwesenheit für die in Gründung befindliche HIB große Bedeutung. Während seines Vortrags beim Offenen Forum wurden plötzlich die deutsche und die polnische Übersetzung zusammengeschaltet, sodass er nicht mehr zu verstehen war.¹²⁹ Dadurch ergab sich eine kurze Pause, die Peter Rausch und Michael Eggert¹³⁰ zu einem ersten „spektakulären Auftritt" nutzten:¹³¹ Es entstand eine öffentliche

---

[122] SMU, DDR, Nr. 14, Jugendpolitik und Sport, Weltfestspiele der Jugend 1973, Bericht von den X. Weltfestspielen 1973 in Berlin (DDR) von Peter Tatchell, Mitglied der Britischen Delegation, Vertreter der Gay Liberation Front (GLF), London, o. D.
[123] Ebenda.
[124] Ebenda.
[125] Peter Rausch wurde 1950 in Ost-Berlin geboren und war Mitgründer der HIB. Er arbeitete im Ministerium für Hoch- und Fachschulwesen der DDR und in den 1990er Jahren in der Filmproduktion. Rausch lebt als Autor in Berlin und engagiert sich im Gesprächskreis Homosexualität, der 1982 unter dem Dach der evangelischen Kirche in Ost-Berlin gegründet wurde und bis heute existiert.
[126] Interview Peter Rausch, 19. 2. 2013.
[127] SMU, DDR, Nr. 14, Jugendpolitik und Sport, Weltfestspiele der Jugend 1973, Bericht von den X. Weltfestspielen 1973 in Berlin (DDR) von Peter Tatchell, Mitglied der Britischen Delegation, Vertreter der Gay Liberation Front (GLF), London, o. D.
[128] Vgl. ebenda.
[129] Vgl. ebenda.
[130] Michael Eggert wurde 1953 in Ost-Berlin geboren. Er war Mitgründer der HIB und engagierte sich bis in die 1980er Jahre in der DDR-Schwulenbewegung. Er lebt in Berlin.
[131] Interview Peter Rausch, 19. 2. 2013.

Diskussion über Homosexualität, bei der sich beide als schwule FDJ-Mitglieder präsentierten und somit die Vorstellung widerlegten, in der DDR und der FDJ sei Homosexualität kein Thema. „Da hatten wir zum ersten Mal einen Zustand, den wir eigentlich immer haben wollten", erinnert sich Peter Rausch.[132]

Tatchell war also daran beteiligt, dass die Aktivist*innen in der DDR eine öffentliche Bühne bekamen. Zudem förderte er den Austausch zwischen schwulen Männern aus Ost und West, die sich gegenseitig über die Verhältnisse im jeweils eigenen Land aufklärten und darüber sprachen, wie sie sich die Situation auf der jeweils anderen Seite vorstellten. Es wurde über die Situation von Homosexuellen, über Kapitalismus und Sozialismus, über Alltagserfahrungen und schwule Emanzipation diskutiert. Dabei war der Vergleich der Länder ein naheliegendes Thema und Schwulsein ein Bezugspunkt für die Auseinandersetzung mit dem jeweils anderen System. Die Weltfestspiele waren somit ein Kommunikationsbeschleuniger zwischen Ost und West. Sie waren auch ein Ereignis für die Gruppe in Ost-Berlin, das ihr Selbstbild als Schwule und Lesben sowie als Teil einer Bewegung bekräftigte.

Darüber hinaus wurde die HIB im Westen kaum wahrgenommen. Es gab zwar Kontakte und Begegnungen, vor allem zwischen der HAW und der HIB, eine besondere Bedeutung kam der ersten ostdeutschen Schwulen- und Lesbengruppe in der westdeutschen Beschäftigung mit der DDR in den 1970er Jahren aber nicht zu. Dies hatte zum einen mit der Zurückhaltung vonseiten der Ost-Berliner*innen zu tun, ging zum anderen aber auch darauf zurück, dass die damals doch relativ kleine Gruppe leicht zu übersehen war, zumal sie sich nicht über die Medien in der DDR bemerkbar machen konnte.

Bei den West-Berliner Schwulenaktivisten stieß das Auftreten Tatchells in Ost-Berlin nicht nur auf Zustimmung. Anders als Elmar Kraushaar lehnten Teile der HAW das Flugblatt der Gay Liberation Front London ab, auf dem unter anderem zu lesen war:

„Schwul heißt homosexuell SCHWUL IST GUT---SCHWUL IST STOLZ---SCHWUL IST ZORNIG---SCHWULE BEFREIUNG Liebe Brüder und Schwestern, Schwule (Homosexuelle) haben die Verfolgung durch Kapitalisten und auch durch Sozialisten satt. Wir fordern das Recht auf Liebe!"[133]

Die innerhalb der HAW organisierte Gruppe „Relativ heiter, doch streng sozialistisch", der auch Manfred Herzer angehörte, hatte für ein HAW-Plenum im September 1973 ein Diskussionspapier vorbereitet, in dem das Flugblatt analysiert und kritisiert wurde. Die Aktivisten hielten die Formulierungen für provokativ und strategisch falsch, da sie den Menschen in der DDR unverständlich erscheinen müssten:

---

[132] Ebenda.
[133] SMU, DDR, Nr. 14, Jugendpolitik und Sport, Weltfestspiele der Jugend 1973, Flugblatt von Peter Tatchell, o. D.; Hervorhebung im Original.

„Hier wird das Mittel der Provokation benutzt, wie es für Agitationen in der bürgerlichen Gesellschaft üblich und oft erforderlich ist. Auseinandersetzungen mit Genossen sollten aber solidarisch geführt werden."[134]

Für die HAW-Untergruppe unterschied sich die Gesellschaft der DDR grundsätzlich von derjenigen, in der sie lebten, weshalb sie die westlichen Formen des Protests für nicht geeignet hielten, um schwule Forderungen in der DDR zu vermitteln, erst recht nicht, wenn die Akteure von außen kamen. Als noch gravierender erschien den „Relativ heiter, doch streng sozialistisch"-Aktivisten die „undifferenzierte Gleichsetzung von Sozialisten mit Kapitalisten", die sie als „falsch und höchst unsolidarisch" bezeichneten.[135] Sie ignoriere, dass „eine sozialistische Gesellschaft notwendig auch die Schwulenemanzipation beinhalten wird als einen Teil der allgemeinen Sexualbefreiung".[136] Die HAW-Untergruppe erklärte nicht nur diese Vorstellung von Emanzipation, die ausschließlich für männliche Homosexuelle zu gelten schien, zur einzig richtigen, sondern gestand auch nur der DDR zu, sich zu einer lebenswerteren Gesellschaft für Schwule entwickeln zu können. In der Bundesrepublik hielt sie dies für unmöglich. Die streng sozialistischen Aktivisten sahen deshalb nicht nur die Schwulen in der DDR, sondern auch die Teilnehmer*innen der Weltfestspiele sowie die DDR und ihre Bürger*innen generell als Bündnispartner*innen, die wie die Linke im Westen allerdings noch vom gemeinsamen Kampf mit der Schwulenbewegung überzeugt werden müssten. Mit diesen „Genossen" ließe sich demnach über Homophobie diskutieren, mit allen anderen nicht. Die Aufforderung, nicht zu provozieren, erinnert dabei an den Tuntenstreit, als den „Relativ heiter"-Aktivisten die Überschreitung von Geschlechtergrenzen zu provokant erschien. Nun verwahrten sie sich auch gegen zu laute Kritik am Sozialismus, insbesondere wenn sie innerhalb der DDR geäußert wurde.

Tatchell und andere westdeutsche Aktivisten bezeichneten sich selbst zwar ebenfalls als Sozialisten, sie waren sich aber sicher, dass Schwule in der DDR sowohl im alltäglichen Leben als auch für aktivistische Bewegungen schlechtere Bedingungen vorfanden als Schwule im Westen. Sie hielten es deshalb für ihre Aufgabe, im Osten von der Schwulenbewegung in Westdeutschland und Westeuropa zu berichten, gegen die Diskriminierung von Schwulen in der DDR zu protestieren und Forderungen an die Gesellschaft und die Regierung in der DDR zu richten. Die Weltfestspiele boten hierzu Gelegenheit. Sie waren für die Aktivisten aber darüber hinaus im überregionalen und internationalen Kontext eine wichtige Bühne, auf der sie der Welt, insbesondere der sozialistischen Welt, ihre Existenz beweisen und Homosexuelle mobilisieren konnten. Flugblätter in die DDR zu schmuggeln und ein nicht genehmigtes Plakat auf einer Kundgebung der sozialistischen Weltjugend zu zeigen, erforderte besonderen Mut. Das Risiko, dem sich Tatchell und seine Begleiter von der HAW aussetzten, war damit eine Form des Aktivismus,

---

[134] SMU, DDR, Nr. 14, Jugendpolitik und Sport, Weltfestspiele der Jugend 1973, Homosexuelle Aktion Westberlin, Kommentar der Gruppe „Relativ heiter, doch streng sozialistisch", o. D.
[135] Ebenda.
[136] Ebenda.

der seine Wirkung nur transnational und in der speziellen Situation der Teilung Deutschlands und Europas entfalten konnte. Auch die Diskussionen in der eigenen Gruppe über die Legitimität des Protests in einem anderen – noch dazu sozialistischen – Land sorgte für Aufsehen und damit für den Erfolg der Aktion. Zugleich gelang es, durch persönliche Kontakte einen Transfer der eigenen Ideen über die Systemgrenze hinweg zu organisieren.

Westdeutsche Positionen und deutsch-deutsche Diskussionen

„Ost-Berlin war immer mein Hauptinteresse", resümiert Manfred Herzer in der Rückschau.[137] Er pflegte Freundschaften mit einzelnen Mitgliedern der HIB und korrespondierte mit ostdeutschen Wissenschaftlern und Medizinern. Neben seinen zahlreichen Kontakten nach drüben verfolgte er aufmerksam, was in der DDR öffentlich zum Thema Homosexualität gesagt wurde, und verfasste Kommentare dazu in westdeutschen Schwulenzeitschriften. In seinen Veröffentlichungen stellte er stets einen Bezug zwischen den Entwicklungen im Osten und jenen in der Bundesrepublik her. Herzer sah die Situation von Schwulen in der DDR dabei durchaus kritisch (Lesben sind bei ihm kein Thema). Die fehlenden Begegnungsmöglichkeiten, das Verbot jeglicher Selbstorganisation und das höhere Schutzalter für gleichgeschlechtliche Sexualkontakte wiesen in seinen Augen auf die „reaktionären" Einstellungen hin, die den Umgang mit Schwulen in der DDR noch bestimmten.[138] Aber auch er ging davon aus, dass die DDR irgendwann einmal die besseren politischen und gesellschaftlichen Bedingungen bieten werde, unter denen Schwule befreit leben könnten. Denn Herzer zufolge werde „die Schwulenemanzipation in der DDR […] eine Sache der ganzen Bevölkerung" sein, während sie im Westen „in abgehobenen Randgruppen" stattfinde und die „Springerpresse"[139] die „Volksaufklärung" verhindere.[140] Herzer bemängelte damit die fehlende Auseinandersetzung politischer Akteur*innen und Institutionen in West-Berlin und in der Bundesrepublik mit dem Thema Homosexualität. Er tadelte die westdeutsche Schwulenbewegung als abgehoben und die Boulevardmedien als Saboteure einer Aufklärung von oben. Dass sich die „Volksaufklärung" in der DDR deswegen einfacher gestaltete, weil der Staat die Medien lenkte und die Verbreitung bestimmter Sichtweisen anordnen konnte, erwähnte Herzer nicht. In einem anderen Beitrag bezeichnete er die DDR als „das am wenigsten schwulenfeindliche sozialistische

---

[137] Interview Manfred Herzer, 20. 5. 2015.
[138] Manfred Herzer, Neues aus der DDR, in: Emanzipation, H. 1, 1976, S. 5–6, hier S. 6. Die 1975 in München gegründete Zeitschrift „Emanzipation" gehörte zu den ersten überregionalen Zeitschriften der Schwulenbewegung. Vgl. Bartholomae, Klappentexte, S. 74.
[139] Mit dem Begriff „Springerpresse" bezeichnete die westdeutsche Student*innenbewegung Ende der 1960er Jahre die Zeitungen und Zeitschriften, die im Axel Springer Verlag erschienen. Diesen Publikationen, allen voran der auflagenstarken Bild-Zeitung, wurde eine reaktionäre und manipulative Berichterstattung vorgeworfen..
[140] Manfred Herzer, Neues aus der DDR, in: Emanzipation, H. 1, 1976, S. 5–6, hier S. 6.

Land."[141] Herzer zweifelte nie am Sozialismus als solchem, sondern an dessen Umsetzung, und setzte unbeirrt große Hoffnungen in die zukünftigen ostdeutschen Entwicklungen.

„Rosa",[142] die Zeitung der Homosexuellen Aktion Hamburg und der Schwulen Aktion Bremen, hatte einen deutlich kritischeren Blick. Auch die Mitglieder dieser Gruppen waren überwiegend schwule Studenten und standen der links-autonomen Szene nahe.[143] „Rosa" distanzierte sich jedoch viel deutlicher von der DDR und widersprach Herzers Einschätzung:

> „Ein Staat, dessen Sexualwissenschaftler in der Homosexualität eine ‚Störung des Zusammenlebens' sehen, dessen Strafrechtler sich schwules Sexualverhalten nur als Folge sozialschädlicher Verführung vorstellen können und dessen Psychologen Foltermethoden als therapeutische Behandlung bezeichnen, ein solcher Staat wird sich kaum das Etikett anheften können, der ‚am wenigsten schwulenfeindliche' zu sein."[144]

Im Gegensatz zu Herzer betont der „Rosa"-Autor Dorian Green die aus seiner Sicht offensichtliche Diskriminierung von Homosexuellen durch Wissenschaftler*innen, Jurist*innen und Psycholog*innen in der DDR. Die sozialistische Gesellschaft, auf die Herzer seine Hoffnungen setzte, war für Green daher ein Trugbild, das im scharfen Widerspruch zu dem stand, was er über die DDR wusste. Er unterstellte Herzer eine von Ideologie geleitete Sichtweise, wobei er das Zitat Herzers nur verkürzt wiedergab und dessen Beobachtung unterschlug, dass es Homosexuellen in anderen sozialistischen Ländern noch schlechter ginge als in der DDR. Mit einer zynischen Bemerkung versuchte Green schließlich zu entlarven, wie realitätsfern Herzers Analyse seiner Ansicht nach war:

> „[Es] wird also wohl [so] sein, daß mit dem Ausbruch des ‚Sozialismus' das sozialschädliche Phänomen Homosexualität als eine Sache von bloß transitorischer Notwendigkeit schlichtweg von der Bildfläche verschwunden ist. In der DDR gibt's wahrscheinlich gar keine Schwulen, und also auch keine, denen gegenüber der Staat sich feindlich gebärden könnte."[145]

Denjenigen, die auf die Befreiung der Schwulen durch den Sozialismus hofften, warf Green Selbstverleumdung vor, da sie die Vorstellung übernommen hätten, Homosexualität sei ein Krankheitssymptom des Kapitalismus. Außerdem prognostizierte „Rosa" den schwulen Genossen in der SEW, dort niemals Gehör für die eigenen Anliegen zu finden, weil die Partei eine „antischwule Tradition"

---

[141] Manfred Herzer, Schwules aus der DDR, in: Emanzipation, H. 1, 1977, S. 20–21, hier S. 21.
[142] Die Texte in der Zeitschrift „Rosa" der Homosexuellen Aktion Hamburg wurden von Hand oder mit einer Schreibmaschine auf Wachsmatrizen geschrieben und im Eigendruck vervielfältigt. Die Auflage lag bei 300 bis 400 Exemplaren. Nach der siebten Ausgabe erschien „Rosa" in Kooperation mit der Schwulen Aktion Bremen (SchwaB) und mit dem neuen Untertitel „Eine Zeitung der Schwulenbewegung". Von diesem Zeitpunkt an war „Rosa" auch in anderen Regionen Deutschlands erhältlich. Vgl. Rosenkranz/Lorenz, Hamburg auf anderen Wegen, S. 151.
[143] Vgl. ebenda, S. 150.
[144] Dorian Green, Blick in die Hexenküche. Was DDR-„Wissenschaftler" mit Schwulen machen, in: Rosa. Eine Zeitung der schwulen Bewegung, H. 9, 1977, S. 11–13, hier S. 13.
[145] Ebenda.

habe.¹⁴⁶ In einem 1977 in der „Rosa" erschienenen Artikel schilderte dessen Autor Florian Flippmann seine Erlebnisse in Ost-Berlin und stellte am Ende seines Beitrags fest, dass er damit Assoziationen wie „Angst, Unsicherheit, Versteckspiel, Bedrohung, Ghettoisierung" verbinde, die er „nicht wieder loswerde".¹⁴⁷ Seiner Ansicht nach konnten Schwule in der DDR auf keinen Fall besser leben als im Westen.

Unter den bundesdeutschen und West-Berliner Schwulenaktivisten gab es demnach Streit darüber, wie die DDR in Bezug auf *Schwulenfreundlichkeit* zu bewerten sei. Ihre jeweilige Darstellung der DDR hing, wenn auch nicht nur, so doch unter anderem davon ab, welchem Verständnis von Sozialismus sie anhingen. In der Bewertung der Situation auf der anderen Seite der Mauer spiegelte sich wider, wie Anspruch und Wirklichkeit eines sozialistischen Staates gewichtet wurden und welche Vorstellungen in die DDR – ausgehend von der Situation im eigenen Land – hineinprojiziert wurden. Ein Konflikt innerhalb der Schwulenbewegung, der dabei ebenfalls ausgetragen wurde, war der Streit über den richtigen Weg der Emanzipation. Für Aktivisten wie Manfred Herzer war die politische Grundhaltung Voraussetzung für Emanzipation, während andere konkrete Aktionen und Konfrontationen bevorzugten. Letztere bemaßen die *Schwulenfreundlichkeit* eines Landes daher auch an der Lebensrealität der Menschen, was sich in der Auseinandersetzung der „Rosa" mit dem anderen Deutschland zeigt.

Gegenwind erhielt Herzer auch aus der DDR. Gemeinsam mit Thorsten Graf (Pseudonym) hatte Herzer 1975 den Beitrag „Zur neueren Diskussion über die Homosexualität" für die westdeutsche marxistische Zeitschrift „Das Argument" verfasst.¹⁴⁸ Darin erklären die beiden Autoren, dass die Unterdrückung der Sexualität nicht erst im Kapitalismus eingesetzt habe, sondern noch aus früh- oder vorkapitalistischen Traditionen stamme. So sei im Kapitalismus zwar eine Art Abschwächung der Symptome dieser Unterdrückung möglich, mit Emanzipation habe dies allerdings nichts zu tun. Letztlich bleibe die Abschaffung der „Klassengesellschaft" das Ziel und die Voraussetzung für wahre Emanzipation von Homosexuellen und anderen „ausgebeuteten" Minderheiten.¹⁴⁹ Bei dem Leipziger Neurologen und Psychiater Otto Andree stieß der Beitrag auf Verwunderung. Als jemand, der „jahrelang in der Marx'schen Theorie ausgebildet" wurde und „etwa eine Generation älter" sei als die beiden Autoren, wollte Andree den Artikel „korrigieren und umtransformieren".¹⁵⁰ Andree kritisierte Herzer und Graf für ihre allzu theoretische Analyse der kapitalistischen und sozialistischen Gesellschaft. Im Gegensatz zu ihnen ging Andree nicht davon aus, dass die Änderung gesellschaft-

---

¹⁴⁶ O. A., SEW Intern, in: Rosa. Eine Zeitung der schwulen Bewegung, H. 10, 1977, S. 44.
¹⁴⁷ Florian Flippmann, Selbstbeherrschung oder Ordnungsgeld? Alternativen für Schwule in der DDR, in: Rosa. Eine Zeitung der schwulen Bewegung, H. 9, 1977, S. 14–16, hier S. 16.
¹⁴⁸ Graf/Herzer, Zur neueren Diskussion über die Homosexualität.
¹⁴⁹ Vgl. ebenda, S. 865.
¹⁵⁰ SMU, Nachlass Otto Andree, Nr. 3, Offizielle Korrespondenz, Brief Otto Andree an Thorsten Graf und Manfred Herzer, 26. 3. 1977.

licher und wirtschaftlicher Verhältnisse automatisch eine Emanzipation der Homosexuellen zur Folge haben würde.[151] Dabei unterstellte er den beiden allerdings eine Sichtweise auf die DDR, die sie in ihrem Artikel gar nicht einnahmen. Denn sie kritisierten durchaus die Gesetzgebung und eine unzureichende, „rückständige" medizinische und psychologische sowie soziologische Forschung zur Homosexualität in der DDR, die sie auf das ambivalente Verhältnis der Arbeiterbewegung zur Homosexualität seit der Weimarer Republik zurückführten.[152] Andree warf den Autoren dennoch vor, „scheinradikal" zu sein, erklärte sie für naiv und nicht ausreichend geschult in marxistischer Theorie.[153] Diese könne als reine Theorie eben nicht einfach auf die Realität übertragen werden, erklärte Andree. Denn gerade die DDR zeige doch, dass „die Emanzipation der Homosexuellen mit der Änderung der Gesellschaft [...] nicht unbedingt eintritt":[154]

„Bei uns in der DDR gibt es keine Klassen mehr. Also existieren viele von Euch aufgeworfenen Fragen hier nicht mehr, dürften nicht mehr existieren."[155]

Andrees Ansicht nach kann der Staat Diskriminierung aber ohnehin nicht abschaffen. Vielmehr gehe es darum, dass die Homosexuellen selbst ein neues Bild von sich entwerfen, das in der Gesellschaft dann Anerkennung finden müsse. Andrees Rezept gegen Ausgrenzung war also die Arbeit an sich selbst, unabhängig von der Gesellschaftsordnung und den politischen und gesellschaftlichen Bedingungen. Indem Andree in Bezug auf diese Aufgabe von „wir" spricht,[156] bezieht er auch sich selbst ein und erklärt sich so implizit zu einem Teil der Schwulenbewegung im Sinne eines kommunikativen Netzwerks,[157] auch wenn er keiner Gruppe angehörte. Andree übertrug die Verantwortung der Emanzipation allein den Individuen, die mit ihrem Auftreten und dem Nachweis ihrer gesellschaftlichen „Nützlichkeit" mehr Akzeptanz erreichen und ihre Situation verändern sollten.[158] Andree vertrat damit offensiv eine Ansicht, der zufolge der Einzelne sich durch Leistung in die Wirtschaft und damit in die Gesellschaft integriert und die in der Konsequenz die Unterwerfung unter Marktlogiken bedeutete, zugleich aber als Weg zur homosexuellen Emanzipation im Sozialismus gedacht war.

Diese Vorstellung von Emanzipation stand in diametralem Gegensatz zur Position von Graf und Herzer, knüpfte jedoch in gewisser Weise an die westdeutsche Forderung der sogenannten Integrationisten nach Vermittelbarkeit der Schwulenbewegung an. Denn Andrees Aufruf zur Arbeit am Selbst zielte darauf, dass Ho-

---

[151] Ebenda.
[152] Graf/Herzer, Zur neueren Diskussion über die Homosexualität, S. 861.
[153] SMU, DDR, Nachlass Otto Andree, Nr. 3, Offizielle Korrespondenz, Brief Otto Andree an Thorsten Graf und Manfred Herzer, 26. 3. 1977.
[154] Ebenda.
[155] Ebenda.
[156] Ebenda.
[157] Zum Begriff des kommunikativen Netzwerks vgl. Kapitel I.3. „Soziale Bewegung als Netzwerk".
[158] SMU, DDR, Nachlass Otto Andree, Nr. 3, Offizielle Korrespondenz, Brief Otto Andree an Thorsten Graf und Manfred Herzer, 26. 3. 1977.

mosexuelle auf die Befindlichkeiten der heterosexuellen Mehrheit Rücksicht nehmen sollten. Er plädierte für Konformität anstelle von Konfrontation. Vor allem aber richtete sich Andree gegen den in seinen Augen nicht gegebenen Zusammenhang von Gesellschaftsordnung und Homosexuellenemanzipation. Die Debatte verwischte damit nicht nur deshalb die Systemgrenze, weil Aktivisten von beiden Seiten nicht im Sinne *ihrer* jeweiligen Systeme dachten und argumentierten, sondern auch, weil im Kontakt das gemeinsame Anliegen dem Systemkonflikt – wenn auch nur partiell – enthoben wurde. Es ging um die Frage, ob der Ursprung gesellschaftlichen Wandels beim Einzelnen oder der Gesellschaft lag und ob eher die Strukturen bekämpft oder die Probleme individuell gelöst werden müssten.

Auch für seine Kritik an den linken Parteien und Gruppen stieß Herzer auf ablehnende Reaktionen, und zwar sowohl aus dem Osten als auch aus dem Westen und insbesondere dann, wenn seine Aktivitäten die deutsch-deutsche Grenze überschritten. Im Interview erzählt Manfred Herzer von einem Schreiben, das er an Erich Honecker als Reaktion auf dessen 1980 erschienenes autobiografisches Werk „Aus meinem Leben" geschickt habe. In diesem Buch beschreibe Honecker, wie er als junger Mann gegen die Nationalsozialisten und den „schwulen Nazi Röhm" gekämpft habe.[159] Herzer empfand dies als homophobe und beleidigende Aussage, da Honecker Homosexualität mit dem Nationalsozialismus in Verbindung gebracht und ebenso abfällig bewertet habe.[160] Infolge seiner Beschwerde darüber, dass Honecker die Verächtlichmachung eines Homosexuellen in seinem Buch glorifiziere, erhielt Herzer laut eigener Aussage nicht nur Besuch von einem „Sicherheitsbeamten" aus Ost-Berlin.[161] Ebenso wurde er von einem Schwulenaktivisten aus Bamberg, der Mitglied der DKP war, zurechtgewiesen. Dieser hielt das Schreiben an Honecker für eine „Einmischung in innere Angelegenheiten der DDR".[162] Er räumte zwar ein, dass es in der DDR „Unstimmigkeiten" gebe „bei der Behandlung der Schwulenthematik", die Kritik an Honecker und damit der SED hielt er dennoch für unangemessen.[163] Der Vorwurf, den Herzer mit der HAW-Gruppe „Relativ heiter, doch streng sozialistisch" wenige Jahre zuvor an Peter Tatchell und andere Schwulenaktivisten gerichtet hatte, nämlich zu provokant gegenüber der DDR aufzutreten, schlug ihm nun selbst entgegen. Dies war eine Folge der intensiven Beschäftigung Herzers mit der DDR. Sein Interesse an dem sozialistischen Nachbarland und seine Kommunikation über die Mauer hinweg

---

[159] Vgl. Interview Manfred Herzer, 20. 5. 2015; Honecker beschreibt in seinen Memoiren eine Szene aus dem Jahr 1933, als im Dortmunder Sportstadion ein Aufmarsch der SA mit Ernst Röhm geplant war. Er schildert, wie dort „der Feind dem Spott preisgegeben" wurde, indem der Kommunistische Jugendverband Deutschlands ein Plakat an der Stadionwand anbrachte, auf dem zu lesen gewesen sein soll: „Achtung SA, Hosen 'runter, Röhm kommt!". Honecker, Aus meinem Leben, S. 69.
[160] Vgl. Interview Manfred Herzer, 20. 5. 2015.
[161] Ebenda.
[162] SMU, Personen: Manfred Herzer, Brief Stephan W. aus Bamberg an Manfred Herzer, 7. 6. 1981.
[163] Ebenda.

ließ seine Haltung der DDR gegenüber immer kritischer werden und seine Überzeugung wachsen, grenzübergreifend aktiv werden zu müssen.

Das erworbene Wissen über den Umgang der SED mit dem Thema Homosexualität verstärkte die Ambivalenz, die das Verhältnis schwuler Aktivisten zu linken Gruppen und Parteien generell kennzeichnete. Ab Mitte der 1970er Jahre zog sich ein Großteil der westdeutschen bewegten Schwulen schließlich aus der parlamentarischen und außerparlamentarischen Linken zurück, weil sie dort vorwiegend auf Ablehnung gestoßen waren. Stattdessen organisierten sie sich zunehmend in unabhängigen Projekten.[164] Dieser Rückzug der Schwulenbewegung kann auch als ein Resultat der Beziehungen und Blicke in die DDR gewertet werden. Die Konsequenz war jedoch keine Abkehr vom Sozialismus, sondern eine zunehmend kritische Beobachtung und Konfrontation der linken Parteien in Ost und West mit ihren eigenen Ansprüchen sowie eine Neuorientierung in der Zusammenarbeit von Schwulenaktivisten über ideologische und staatliche Grenzen hinweg. Unterschiedliche Wahrnehmungen der Situation von Homosexuellen im Nachbarland bestanden aber fort.

Der Aufforderung, sich nicht in die Angelegenheiten der DDR einzumischen, folgte Herzer nicht. Im März 1978 schrieb er einen Brief an Otto Andree in Ost-Berlin, in dem er auf die Veröffentlichung eines Beitrags mit dem Titel „Homosexualität" in der DDR-Zeitschrift „Deine Gesundheit" vom Februar 1978 reagierte. Darin erklärten die Medizinprofessoren Klaus Tosetti und Gerhard Misgeld in einem Interview, dass die „herrschenden Klassen in antagonistischen Gesellschaftsformen" und die Kirchen an der Diffamierung von Homosexuellen schuld seien.[165] Diese Diffamierung dürfe zwar nicht akzeptiert werden. Richtig sei aber, dass Jugendliche vor der „Verführung" zur Homosexualität geschützt werden müssten, so die Professoren.[166] Es sei zudem die Aufgabe der Wissenschaft, weiter nach den Ursachen der Homosexualität zu forschen, um „das Leben der Menschen zu erleichtern".[167] Herzer zeigte sich in seinem Brief erfreut darüber, dass der Artikel überhaupt erschienen war. Den Inhalt empfand er allerdings zum Teil als „rückständig", denn er lehnte die Forschung nach den Ursachen von Homosexualität, die Tosetti und Misgeld forderten, ab.[168] Diese Forderung bezeichnete er als „schwache Stelle" im Interview mit den Professoren und als einen Rückschritt für die Bewegung.[169] Da Herzer dabei von „Bewegung" sprach, ohne ausdrücklich zu benennen, ob er sich auf die ost- oder die westdeutschen Aktivisten bezog, ist anzunehmen, dass es ihm um die Bewegung in Ost und West insgesamt ging. Deshalb war nach Herzers Meinung auch grenzübergreifender Protest gegen

---

[164] Vgl. Kraushaar, „Nebenwidersprüche", S. 161; Holy, Lange hieß es, S. 8 f.
[165] O. A., Homosexualität, in: Deine Gesundheit, H. 2, 1978, S. 52–54, hier S. 53.
[166] Ebenda.
[167] Ebenda.
[168] SMU, DDR, Nachlass Otto Andree, Nr. 4, Privatkorrespondenz, Brief Manfred Herzer an Otto Andree, 25. 3. 1978.
[169] Ebenda.

die Ursachenforschung wichtig, damit die Aussagen in „Deine Gesundheit" nicht unwidersprochen stehen blieben:

„Ich werde versuchen, hier auch fortschrittliche Ärzte zu mobilisieren, die gegen diese schwache Stelle (und es scheint mir die entscheidende zu sein) einen Leserbrief an ‚Deine Gesundheit' einschicken."170

Herzer war sich sicher, dass er und Andree aus Ost-Berlin dasselbe Anliegen verfolgen, und setzte ihn in Kenntnis darüber, dass er wirksamen Protest gegen die von den DDR-Wissenschaftlern vorgetragenen Positionen organisieren werde. Er ging davon aus, dass „fortschrittliche", das heißt sozialismusfreundliche westdeutsche Ärzte bei der Zeitschrift „Deine Gesundheit" als ernstzunehmende Gegenstimmen zu Misgeld und Tosetti Gehör finden würden. Die staatlich gelenkten Medien in der DDR sollten so zur Auseinandersetzung mit Meinungen gezwungen werden, die sich gegen die Erforschung der Ursachen von Homosexualität und gegen die damit meist verbundene Vorstellung einer möglichen *Heilung* aussprachen. Aktivisten wie Herzer nutzten folglich Handlungsspielräume, die sich trotz und aufgrund der Mauer und der Systemkonkurrenz ergaben, um darauf Einfluss zu nehmen, wie Homosexualität öffentlich dargestellt wurde. Otto Andree betrachtete er dabei sowohl als Verbündeten wie auch als ein Gegenüber, der auf die „schwache Stelle" im Interview hingewiesen werden musste und dem implizit vermittelt wurde, dass der Protest westdeutscher Ärzte gegenüber „Deine Gesundheit" vermutlich wirksamer sei als der des Ost-Berliner Arztes Andree. Herzers Brief bildet damit ab, wie das Verhältnis westdeutscher Schwulenaktivisten gegenüber den Ostdeutschen sein konnte: einerseits unterstützend im Kampf gegen die Herabwürdigung von Homosexualität in der DDR, andererseits aber auch belehrend und insofern anmaßend, als sie sich Einflussnahme auf die Geschehnisse im Osten zubilligten.

Deutsch-deutscher Zeitzeuge Rudolf Klimmer

> „Den [Klimmer] haben wir wahrgenommen, natürlich wegen seiner im Westen publizierten Bücher. Weil es mit das Einzige an brauchbarer Literatur war, was man damals finden konnte."171

Als die westdeutsche Schwulenbewegung in den 1970er Jahren begann, sich für die Geschichte homosexueller Emanzipationsbestrebungen zu interessieren, stieß sie auf den Dresdener Arzt Rudolf Klimmer, dessen Buch „Die Homosexualität als biologisch-soziologische Zeitfrage" 1958 in der Bundesrepublik erschienen war. Weil Herzer ihn für die „Schwulenbewegung in der DDR in den 50er und 60er Jahren" hielt, fuhr er Anfang der 1970er Jahre zu der im Vorwort des Buchs

---

170 Ebenda.
171 Interview Ralf Dose, 13. 5. 2015. Der 1952 geborene Erziehungswissenschaftler und Publizist Ralf Dose war seit 1972/73 in der West-Berliner Schwulenbewegung aktiv. 1982 war er Mitgründer der Magnus-Hirschfeld-Gesellschaft und publiziert seitdem über die Geschichte der Homosexuellenbewegung und der Sexualwissenschaft in Deutschland.

abgedruckten Adresse nach Dresden, um Klimmer zu befragen.[172] Auch Thomas Derra führte in Dresden ein Interview mit Klimmer, das 1977 in der Zeitschrift „Schwuchtel. Eine Zeitung der Schwulenbewegung" erschien, die seit 1975 von ehemaligen Mitgliedern der Feministen-Fraktion der HAW herausgegeben wurde.[173] In diesem Interview erzählte Klimmer von seinen Kontakten zu Magnus Hirschfeld, in dessen Institut für Sexualwissenschaft in Berlin er als junger Psychiater mitarbeiten wollte, von den Homosexuellenzeitschriften der 1920er Jahre und den politischen Parteien, die damals die Streichung des § 175 RStGB befürworteten. Er berichtete als Zeitzeuge von der Machtübernahme der Nationalsozialisten und der Zerschlagung der homosexuellen Kultur Anfang der 1930er Jahre sowie von seinen Bemühungen, nach dem Krieg in der Sowjetischen Besatzungszone (SBZ) und der DDR eine Reform des Sexualstrafrechts zu erreichen.[174] In der Zeit des Nationalsozialismus habe man ihm wegen seiner „antifaschistischen Einstellung" mehrmals mit der Einweisung in ein Konzentrationslager gedroht.[175] Dass er selbst aufgrund des § 175 RStGB zweimal zu Gefängnisstrafen verurteilt worden war,[176] erwähnte Klimmer jedoch nicht. Die „Schwuchtel" machte Klimmer noch zu seinen Lebzeiten zum Zeitzeugen schwuler Geschichte, zum Vorbild im Kampf für die Rechte von Homosexuellen und zu einem Akteur des politischen Wandels. Nach Klimmers Tod 1977 verfasste Herzer einen Nachruf für die Zeitschrift „Emanzipation". Das dazugehörige Foto zeigt Rudolf Klimmer „mit Freunden in Berlin".[177] Zu sehen sind auch James Steakley[178] und Michael Eggert von der HIB sowie Friedhelm Krey aus West-Berlin und Armin Schreier, der Lebenspartner Klimmers. Das Bild wurde 1976 von Manfred Herzer in Ost-Berlin aufgenommen.[179] Es hatte also weitere Treffen von Schwulenaktivisten aus Ost und West mit Rudolf Klimmer gegeben, die Verbindungslinien sowohl zwischen verschiedenen Generationen homosexueller Emanzipationsbewegungen als auch

---

[172] Interview Manfred Herzer, 20. 5. 2015.
[173] Vgl. Holy, Jenseits von Stonewall, S. 57 f.
[174] Vgl. Thomas Derra, Sexualforscher in der DDR. Interview mit Dr. Rudolf Klimmer am 11./12. 12. 1976, in: Schwuchtel. Eine Zeitung der Schwulenbewegung, H. 7, 1977, S. 19 f.
[175] Ebenda, S. 19.
[176] Grau, Ein Leben im Kampf gegen den Paragraphen 175, S. 55.
[177] Manfred Herzer, Rudolf Klimmer, in: Emanzipation, H. 5, 1977, S. 16.
[178] James Steakley, der Mitte der 1970er Jahre als amerikanischer Austauschstudent in Ost-Berlin über die Geschichte der Homosexuellen in Deutschland forschte, war bis in die 1980er Jahre ein wichtiger Knotenpunkt im Netzwerk zwischen ost- und westdeutschen Schwulenaktivisten. Für seine Forschungen kam Steakley immer wieder in die DDR, um beispielsweise in der Deutschen Bücherei in Leipzig oder anderen Archiven zur Homosexuellenbewegung in Deutschland zu recherchieren. Otto Andree versorgte den amerikanischen Studenten etwa mit Informationen über Rudolf Klimmer. Vgl. SMU, DDR, Nachlass Otto Andree, Nr. 4, Privatkorrespondenz, Briefwechsel zwischen James Steakley und Otto Andree 1987–1981.
[179] Das Foto befindet sich zusammen mit ähnlichen Fotos, die Manfred Herzer aufgenommen hat, im Nachlass von Rudolf Klimmer. Vgl. SMU, DDR, Nachlass Rudolf Klimmer, Nr. 11, Fotos 1976–1977. Das Foto auf dem Umschlag dieses Buches gehört ebenfalls zu dieser Bilderreihe, ist heute aber im Besitz von James Steakley.

zwischen den beiden deutschen Staaten und darüber hinaus herstellten. In seinem Nachruf erklärte Manfred Herzer:

„Rudolf Klimmer war neben Hans Giese und Kurt Hiller eine der wichtigsten Persönlichkeiten der homosexuellen Emanzipationsbewegung in den ersten Jahrzehnten nach dem 2. Weltkrieg."[180]

Im Gegensatz zu dem Autor Kurt Hiller, der sich im Wissenschaftlich-humanitären Komitee (WhK) engagierte und mit dem Institut für Sexualwissenschaft eng verbunden war, habe sich Klimmer in Zeiten des Kalten Kriegs aber nicht „zur Abkehr vom Aufbau des Sozialismus in der DDR" hinreißen lassen und sich nicht dem „Antikommunismus" zugewendet.[181] Dass Klimmer trotz erheblicher Behinderungen seines Engagements durch die DDR-Behörden weiter an den Sozialismus geglaubt habe, machte ihn in den Augen Herzers zu einer besonders glaubwürdigen Persönlichkeit. Sein Buch „Die Homosexualität als biologisch-soziologische Zeitfrage", in dem er „das gesamte bis dahin angesammelte Wissen über die Homosexualität vereint" und mit dem er „gegen die Tabuisierung, diesem elementaren Mechanismus unserer Unterdrückung, ein[en] weitere[n] Sieg errungen" habe, konnte in der DDR zwar nicht erscheinen.[182] Letztlich habe die Regierung der DDR jedoch auf Klimmer gehört, denn die Abschaffung des § 175 StGB in der DDR 1968 sei „zum großen Teil Rudolf Klimmers Bemühen zu verdanken" gewesen.[183] In den 1970er Jahren, so Herzer, hätte Klimmer deutliche Kritik an den Theorien des Endokrinologen Günter Dörner geübt, der vermeintliche Beweise für eine vorgeburtliche Veranlagung zu Homosexualität präsentiert hatte.[184] Damit zog Herzer eine weitere Verbindungslinie zwischen dem Sozialisten Klimmer, der in der jungen DDR einen „Befreiungskampf" für Homosexuelle geführt habe, und den Schwulenbewegungen der Gegenwart.[185] So nahm die westdeutsche Schwulenbewegung Bezug auf den ostdeutschen Klimmer mit dem Ziel, ihn in die eigene Geschichte schwuler Emanzipation aufzunehmen, die somit als gemeinsame deutsch-deutsche Geschichte erscheint. Zugleich wurde damit der ostdeutschen Schwulenbewegung ein eigenes Idol präsentiert und der DDR mit dem mutigen Sozialisten Klimmer ein Kompliment gemacht. Der Sozialismus, wie ihn Klimmer vertreten habe, wurde gleichsam zum *richtigen* Sozialismus erklärt und die Staats- und Parteiführung der DDR zu dessen Verwirklichung aufgefordert.

In der DDR selbst wurde Rudolf Klimmer erst ab den 1980er Jahren als Ikone der Schwulenbewegung entdeckt. Otto Andree schrieb 1980 in einem Brief an James Steakley, dass Rudolf Klimmer für die Nachkriegszeit „ohne Übertreibung

---

[180] Manfred Herzer, Rudolf Klimmer, in: Emanzipation, H. 5, 1977, S. 16.
[181] Ebenda.
[182] Ebenda.
[183] Ebenda.
[184] Zur Bedeutung von Günter Dörner für die deutsch-deutschen Verflechtungen schwuler Bewegungen vgl. Kapitel II.2. „Strafrechtsentwicklungen und weitere deutsch-deutsche Verflechtungen".
[185] Manfred Herzer, Rudolf Klimmer, in: Emanzipation, H. 5, 1977, S. 16.

der Person Hirschfeld's [sic!]" gleichgestellt werden könne.[186] Andree fügte anerkennend hinzu, dass Klimmer in die Bundesrepublik hätte übersiedeln können, er aber „unter erschwerten Bedingungen für seine Arbeit in der DDR" blieb und dennoch „Anerkennung im kapitalistischen Westen" fand.[187] Wie Herzer würdigte auch Andree Klimmer nicht nur für seinen Einsatz gegen die strafrechtliche Diskriminierung von Homosexuellen, sondern auch für seine Standhaftigkeit als überzeugter DDR-Bürger. Klimmer wurde somit zum Vorbild für die Bewegung und zum ausdrücklich ostdeutschen Beitrag im Kampf für die Rechte von Homosexuellen in Deutschland.

„Du & Ich" – Exotisierung und Skandalisierung der DDR

Die westdeutsche Zeitschrift „Du & Ich"[188] zeigte in den 1970er Jahren ebenfalls Interesse an der DDR, wenn auch mit einer abweichenden Ausrichtung. Während sich andere damit beschäftigten, wie *fortschrittlich* die sozialistische Gesellschaft nun wirklich sei, zeichnete sie das Bild einer DDR, in der Schwule Verfolgung und Misshandlung erlebten. Insbesondere unter ihrem langjährigen Chefredakteur, dem Schauspieler und Autor Alexander Ziegler, der in den 1960er Jahren nach § 175 StGB verurteilt worden war und eine Gefängnisstrafe verbüßen musste, äußerte die kommerzielle Schwulenzeitschrift in den 1970er Jahren – abgesehen von wenigen positiven Bemerkungen zum liberaleren Strafrecht in Bezug auf Homosexualität – vor allem ihr Entsetzen über (vermeintliche) Repressionen, denen Schwule vonseiten der Sicherheitsbehörden in der DDR ausgesetzt seien.

„Du & Ich" war ein Magazin für homosexuelle Männer, das deren Alltagsprobleme aufgriff, Kurzgeschichten und erotische Bilder von Männern abdruckte, über bekannte homosexuelle Personen und ab Mitte der 1970er Jahre auch über studentische Aktionsgruppen in der Bundesrepublik berichtete. Lesbisches Leben spielte in der Zeitschrift überhaupt keine Rolle. Die Autoren schrieben über Reisen nach Thailand und die USA sowie über die schönsten Nacktbadestrände Europas. Magdalena Beljan und Christopher Ewing stellen dabei eine „Exotisierung" anderer Kulturen und der dort lebenden Männer fest.[189] Die DDR wurde in der Zeitschrift zwar auch als Ausland, aber nicht als exotisches, besondere Vergnügungen versprechendes Reiseziel beschrieben. Im Unterschied zu anderen Ländern wurde

---

[186] SMU, DDR, Nachlass Otto Andree, Nr. 4, Privatkorrespondenz, Brief Otto Andree an James Steakley, 19. 3. 1980.
[187] Ebenda.
[188] Die erste Ausgabe der „Du & Ich" erschien mit einer Startauflage von 10 000 Stück am 1. Oktober 1969. Sie ist damit die erste kommerzielle Schwulenzeitschrift, die nach der Reform des § 175 StGB in Deutschland herausgegeben wurde. In den 1970er Jahren prägte Alexander Ziegler als Chefredakteur das Magazin. Weitere Chefredakteure waren Dirk Ludigs und Andreas Hergeth. Nach mehreren Verlagswechseln wurde die Herausgabe der „Du & Ich" 2014 eingestellt. Vgl. Beljan, Rosa Zeiten?, S. 87; Du & Ich, https://de.wikipedia.org/w/index.php?title=DU%26ICH&oldid=200118387 (13. 7. 2020).
[189] Vgl. Beljan, Rosa Zeiten?, S. 125; Ewing, „Color Him Black", S. 394.

die DDR in diesen Reportagen nicht zum „idealen Gegenentwurf zum scheinbar grauen und tristen Alltag in der BRD stilisiert".[190] Im Gegenteil, die DDR wurde sogar als ein Land dargestellt, in dem Schwule die schlimmste Unterdrückung, Verfolgung und Folter zu erleiden hätten. Ziegler prangerte 1978 in einem in „Du & Ich" veröffentlichten „Offene[n] Brief an Erich Honecker" beispielsweise an, dass fünf Personen aus verschiedenen Städten der DDR der Zeitschrift über die Lebensbedingungen im Osten berichten wollten, ihre Briefe bei der Redaktion jedoch nie angekommen seien. Ein Redaktionskollege habe vorgehabt, nach Ost-Berlin zu reisen, um für einen Beitrag zu recherchieren, sei aber an der Grenze abgewiesen worden. Außerdem hätten die Sicherheitsbehörden der DDR einen Mittelsmann in Ost-Berlin oberserviert und festgenommen.[191] Ziegler stellte deshalb Honecker die Frage: „Wären Sie grundsätzlich bereit, einem Mitarbeiter unserer Zeitschrift ein Interview über die Lebensbedingungen der Homosexuellen in der DDR zu gewähren, nachdem Privatpersonen in ihrem Lande dazu offensichtlich nicht legitimiert sind?"[192] Und er schloss mit den Worten: „Ihrer Antwort sehen sowohl ich als auch die Leser unserer Zeitschrift mit Interesse entgegen. Das Schicksal unserer Freunde in der DDR ist uns nicht gleichgültig."[193] Die Zeitschrift hatte demnach Kontakte in die DDR und wurde vermutlich auch im Osten gelesen. Ziegler machte mit dem Offenen Brief deutlich, dass er sich und seine Zeitschrift auf der *richtigen* Seite sah, nämlich im *freien* Westen, der den Schwulen im Osten beistand. Er hob außerdem hervor, dass „Du & Ich" eine Beobachterfunktion habe, die über die Grenze hinausreiche, und dass die Zeitschrift eine kritische Öffentlichkeit sowohl in der DDR als auch in der Bundesrepublik herstellen könne.

Bebildert ist der Brief an Erich Honecker mit einem an den Händen gefesselten Mann. Nur ein Stück seines nackten Oberkörpers und seine mit Ketten festgebundenen Arme sind von hinten zu sehen. Damit sollte wohl die *Unfreiheit* von Homosexuellen in der DDR illustriert werden. Gleichzeitig war es eine dem Medium entsprechende Darstellung, die eher als erotisches Fesselspiel denn als bildliche Dokumentation der Situation von Schwulen in der DDR gelesen werden muss. Die Inszenierung von Begehren gehörte zum expliziten Angebot der Zeitschrift, wobei die Modelle aus dem Umfeld der Redakteure und Autoren kamen, eher Jungs als Männer waren, keinen spezifischen Schönheitsstandards entsprachen und amateurhaft fotografiert waren. Peter Rehberg spricht deshalb davon, dass „Du & Ich" die Wirklichkeit und Zugänglichkeit der Modelle sexualisierte und nicht ihre physische Perfektion.[194] Diese Merkmale finden sich auch bei den Bildern schwuler Männer aus der DDR, allerdings wurden diese Modelle zumeist

---

[190] Beljan, Rosa Zeiten?, S. 171.
[191] Vgl. Alexander Ziegler, Offener Brief an Erich Honecker, in: Du & Ich, H. 3, 1978, S. 6–7, hier S. 6.
[192] Ebenda, S. 7.
[193] Ebenda.
[194] Vgl. Rehberg, „Männer wie Du und Ich", S. 473.

ohne Gesicht und in Gewalt sexualisierenden Kontexten und nicht, wie es Rehberg beobachtet, in ihren Alltagsumgebungen in Szene gesetzt.

Auf derselben Seite wie Zieglers Brief an Honecker ist zudem ein „Bericht aus einem DDR-Gefängnis" zu lesen, der den Untertitel trägt „Da schlief fast jeder mit jedem".[195] Schon die Überschrift macht den mehrdeutigen Charakter des Artikels deutlich. Im Text geht es um Hierarchien und Sexualität unter den Gefangenen sowie zwischen Gefangenen und dem Wachpersonal, wobei die Grenze zwischen sexueller Gewalt und Erotik bewusst unklar bleibt. Diese Geschichte ist gleichfalls mit einem Foto illustriert, das eine eindeutigere Lesart nahelegt. Zu sehen ist ein nackter Mann, der mit gespreizten Beinen bäuchlings auf einer Couch liegt. Die im Artikel skandalisierte Sexualität und die Machtverhältnisse in dem (vermeintlichen) DDR-Gefängnis wurden damit als erotische Phantasie interpretierbar. Die Person im Bild wurde so inszeniert, dass der Betrachter sich in die Rolle des Macht und sexuelle Gewalt ausübenden Mithäftlings oder Gefängniswärters hineinimaginieren kann. Dass der Ort des Geschehens in der DDR angesiedelt wurde, schien dabei vor allem der Tatsache geschuldet, dass damit bestimmte Vorstellungen von Repression und Verfolgung abgerufen werden konnten, war ansonsten aber eher nebensächlich.

In der nächsten Ausgabe fand sich ein weiterer Beitrag, der die Situation von Homosexuellen in der DDR als menschenunwürdig brandmarkt, daraus aber zugleich eine erotisch aufgeladene Geschichte macht. Der Artikel „Wie Homos in der DDR gefoltert werden", wieder von Alexander Ziegler verfasst, ist mit dem Bild eines nackten männlichen Körpers illustriert, dessen Haut mit dem Wachs einer Kerze versengt wird. Nicht nur dieses Bild, sondern auch die anderen Fotografien in „Du & Ich", die Themen mit DDR-Bezug begleiten, drücken eine deutliche Distanz zu den schwulen Männern in der DDR aus, weil sie zum einen nur Illustrationen sind und gestellte Szenen zeigen und zum anderen sexuelle Objekte inszenieren. Diese Distanz wird auch im dazugehörigen Artikel deutlich, wenngleich darin zur Solidarität mit den ostdeutschen Schwulen aufgerufen wird. Ziegler war nicht nur empört über die (vermeintlichen) Folterungen in DDR-Strafanstalten, sondern zusätzlich auch darüber, dass die westdeutsche Gesellschaft und die Bundesregierung dazu schweigen, wenn nur „ein paar Dutzend Kilometer weiter östlich [...] Menschen, die eigentlich unserer Nationalität angehören, auf grausamste Weise gedemütigt und gefoltert werden".[196] Er äußerte die Hoffnung, dass er „den einen oder anderen du&ich-Leser dazu animieren" könne, „bei der DDR-Vertretung in Bonn gegen die barbarische Behandlung der Homosexuellen jenseits der Mauer zu protestieren".[197] Die Leser wurden so zum grenzübergreifenden Aktivismus aufgerufen, auch wenn sie sich in der Mehrzahl vermutlich nicht der Bewegung zugehörig fühlten. Das zeigt, dass „Du & Ich" und ähnliche Zeitschrif-

---

[195] Alexander Ziegler, Offener Brief an Erich Honecker, in: Du & Ich, H. 3, 1978, S. 6–7, hier S. 7.
[196] Alexander Ziegler, Homofolterungen in der DDR, in: Du & Ich, H. 7, 1978, S. 6–7, hier S. 7.
[197] O. A., Redaktionsnotiz, in: Du & Ich, H. 7, 1978, S. 3.

ten durchaus schwulenpolitisch agierten und deshalb durchaus der Schwulenbewegung zugerechnet werden können, obwohl sie nicht von den Aktionsgruppen herausgegeben wurden und eher kommerzielle Interessen verfolgten.

„Du & Ich" setzte sich für die Rechte von Schwulen in der DDR ein und sexualisierte sie zugleich. Staatliche Repressionen wurden mit Darstellungen erotisierter Gewalt illustriert, die – anders als die Texte – keine emotionale Abgrenzung von den Tätern erkennen lassen, sondern eher sexuelle Erregung hervorrufen sollten. In den Artikeln ging es nicht um journalistisch objektive Berichterstattung. Sie zielten vielmehr auf Empörung, Mobilisierung sowie Unterhaltung und erzeugten dabei facettenreiche, aber eben auch falsche Bilder von der Situation homosexueller Männer in der DDR. Obwohl ihre zahlreichen Kontakte in die DDR der Zeitschrift die Chance boten, zeichnete „Du & Ich" kein differenziertes und realitätsnahes Bild vom Alltag im Nachbarland. Zugleich rief sie zur Solidarisierung auf und brachte damit die Ostdeutschen den Westdeutschen dennoch ein Stück näher, indem die Zeitschrift letzteren ein Stück Verantwortung für das Leben der Schwulen in der DDR übertrug.

3. „Raus aus den öffentlichen Toiletten! Aber wohin?" – die erste schwul-lesbische Gruppe in der DDR, der Sozialismus und der Westen

Transnationaler Ost-Berliner Aufbruch

Die Homosexuelle Interessengemeinschaft Berlin (HIB) war die erste und einzige Schwulen- und Lesbengruppe in der DDR der 1970er Jahre. Sie war zugleich Teil eines transnationalen Aufbruchs, indem sie sich Ideen und Strategien homosexueller Bewegungen über die deutsch-deutsche Grenze hinweg aneignete und diese verbreitete. Nach Dieter Rucht und Doug McAdam setzt die transnationale Ausbreitung sozialer Bewegungen voraus, dass sich Aktivist*innen auf der „Empfänger"-Seite mit den „Sender"-Aktivist*innen identifizieren, wodurch die Bedingungen dafür geschaffen werden, dass Informationen und Positionen übermittelt werden können.[198] Padraic Kenny und Gerd-Rainer Horn zufolge ist die Übertragung von Ideen und Impulsen in ein anderes Land ebenfalls daran gebunden, dass es konkrete Personen gibt, die bereit sind, sich diese anzueignen oder sie weiterzuverbreiten. Damit es dazu komme, bedürfe es jedoch zunächst einer durch größere gesellschaftliche und politische Prozesse geschaffenen Offenheit.[199] Diese Bedingungen waren in Ost-Berlin Anfang der 1970er Jahre erfüllt: In der DDR hatte es eine Liberalisierung sexueller Normen gegeben und es wurde ein ähnlicher rechtlicher Diskurs über Homosexualität geführt wie in der Bundesrepublik. Gleichgeschlechtliche Handlungen

---

[198] Vgl. McAdam/Rucht, The Cross-National Diffusion of Movement Ideas, S. 56.
[199] Vgl. Kenney/Horn, Introduction. Approaches to the Transnational, S. xi.

unter Erwachsenen galten nicht mehr als Straftat, die Jugend sollte aber weiterhin vor der *Verführung* zur Homosexualität geschützt werden.[200] Mit Beginn der Ära Honecker hofften viele DDR-Bürger*innen zudem auf eine gesellschaftspolitische Öffnung und auf materielle Verbesserungen. In dieser Situation sah eine Gruppe in Ost-Berlin die Zeit für die Emanzipation von Homosexuellen gekommen. Die kommunistische Gesellschaft, die als nahe Zukunft beschworen wurde, verstanden sie als einen Zustand, in dem Homosexuelle selbstverständlicher Teil der Gesellschaft sein würden. Die Aktivist*innen waren allerdings nicht der Meinung, dieser Zustand würde automatisch eintreten. Vielmehr hielten sie es für ihre Aufgabe, dessen Verwirklichung voranzutreiben.

Eine Person, die bereit war, sich die Ideen aus dem Westen anzueignen – nach Rucht und McAdam also ein „Empfänger" – war der Ost-Berliner Michael Eggert. Der ehemalige West-Berliner HAW-Aktivist Elmar Kraushaar bezeichnet Eggert sogar als den „bekanntesten Ost-Berliner Schwulen".[201] Eggerts Spitzname im Westen lautete „Bärenmutter", was seiner damaligen Tätigkeit als Pfleger im Tierpark geschuldet war.[202] Die Tatsache, dass es einen solchen Spitznamen gab, deutet daraufhin, dass zwischen HAW und HIB freundschaftliche Kontakte bestanden. Dass insbesondere Michael Eggert bei West-Berliner und bundesdeutschen Schwulenaktivisten bekannt war, lag an einer Mitte der 1970er Jahre getroffenen Übereinkunft innerhalb der HIB, Westkontakte ausschließlich privat über Eggert und nicht über die gesamte Gruppe laufen zu lassen, um nicht die Aufmerksamkeit der Staatssicherheit auf sich zu ziehen.[203] Die HIB hatte demnach Verbindungen zur westdeutschen Schwulenbewegung, belegbar sind aber lediglich die grenzübergreifenden Aktivitäten einzelner Personen, wie etwa von Eggert.

Über das westdeutsche Fernsehen und die schwul-lesbische Presse, deren Einfuhr in die DDR verboten war,[204] fanden zunächst Nachrichten über die Gründung von Schwulengruppen in der Bundesrepublik ihren Weg über die Grenze nach Osten. Besucher*innen aus der Bundesrepublik und West-Berlin waren schließlich die Voraussetzung für die Aufnahme von Kontakten zwischen – hier vornehmlich – Schwulenaktivisten aus Ost und West. Im Interview berichtet Eggert, er habe in der Tagesschau zum ersten Mal den Namen der Schwulenzeitschrift „Him"[205] gehört, weil sie einen Gerichtsprozess gewonnen hatte. Ein Bekannter aus West-Berlin habe ihm dann einmal eine „zerfledderte" „Him" überlassen und später kamen weitere Ausgaben als Mitbringsel aus dem Westen hinzu.[206]

---

[200] Vgl. Schäfer, „Widernatürliche Unzucht", S. 215–219. Zu Strafrechtsentwicklungen und Homosexualitätsdiskursen in den beiden deutschen Staaten vgl. Kapitel II.2.
[201] Interview Elmar Kraushaar, 26. 3. 2013.
[202] Ebenda; Interview Michael Eggert, 21. 3. 2013.
[203] Vgl. Interview Michael Eggert, 21. 3. 2013; Interview Peter Rausch, 19. 2. 2013.
[204] Vgl. Pürer/Raabe, Presse in Deutschland, S. 204.
[205] „Him" erschien erstmals 1970 und war damit in der Bundesrepublik die zweite kommerzielle Schwulenzeitschrift nach der „Du & Ich". Ab 1980 hieß sie „Him Applaus" und wurde noch bis April 1981 herausgegeben. Vgl. Him (Zeitschrift), https://de.wikipedia.org/w/index.php?title=Him_(Zeitschrift)&oldid=180328344 (17. 7. 2020).
[206] Interview Michael Eggert, 21. 3. 2013.

Durch die „Him" erlangte er Kenntnis von den westdeutschen Emanzipationsgruppen und erfuhr, dass zu Pfingsten 1972 in West-Berlin ein großes Treffen von Schwulen- und Lesbengruppen geplant war.[207] Zu diesem Zeitpunkt konnten West-Berliner*innen und Bundesbürger*innen auch von den neuen Bestimmungen zur Einreise in die DDR Gebrauch machen, die den Menschen einen Vorgeschmack auf die Erleichterungen geben sollten, die im Zuge der Entspannungspolitik noch kommen würden.[208] Begegnungen mit Schwulen aus der gesamten Bundesrepublik waren demnach in Ost-Berlin zu erwarten und sie fanden tatsächlich statt. Anfang der 1970er Jahre seien dann immer wieder westdeutsche Schwulenaktivisten in Ost-Berlin aufgetaucht. Vor allem die Mocca-Bar in der Nähe des Bahnhofs Friedrichstraße sei ein Ort gewesen, an dem Adressen von westdeutschen Gruppen und anderen Initiativen verteilt wurden. Michael Eggert berichtet, er habe sich vor dem Hintergrund der Begegnungen und dem Wissen über die westdeutschen Schwulengruppen dann gedacht: „sowas müsste man auch bei uns machen können".[209] Hinzu kamen Gemeinschaft stiftende mediale Ereignisse, wie die Ausstrahlung des Films „Nicht der Homosexuelle ist pervers, sondern die Situation, in der er lebt" von Rosa von Praunheim im Januar 1973 in der ARD, sowie Begegnungen etwa bei den X. Weltfestspielen der Jugend und Studenten in Ost-Berlin im Juli/August 1973, die die Aufbruchsstimmung im Osten förderten.[210] Josie McLellan nennt zudem die gemeinsame Sprache, die Erfahrung homosexuell zu sein und den Glauben an die sozialistische Gesellschaft sowie die räumliche Nähe im geteilten Berlin als wichtigste Faktoren, die bei den ostdeutschen Schwulenaktivisten ein Gefühl der Verbundenheit mit ihren westdeutschen *Brüdern* hervorriefen.[211]

Zunächst hatten Peter Rausch und Michael Eggert keine Bedenken, sich mit den Westdeutschen zu treffen, denn das seien ja linke Studenten gewesen, die der sozialistischen DDR positiv gegenüberstanden, so Rausch im Interview.[212] Das Interesse am Sozialismus in der DDR war demnach nicht nur ein Grund für die westliche Seite, Kontakte nach *drüben* aufzunehmen, sondern auch eine Bedingung dafür, dass die Ostdeutschen sich ohne Bedenken darauf einließen. Über die persönlichen Kontakte gelangten Grundsatzerklärungen und andere Dokumente der West-Berliner und bundesdeutschen Schwulengruppen nach Ost-Berlin, die dort gelesen wurden und für Aktivisten wie Michael Eggert und Peter Rausch eine

---

[207] Vgl. ebenda.
[208] Auf Vorschlag des Generalsekretärs der KPdSU, Leonid Breschnew, der wiederum von der Bundesregierung dazu angeregt worden war, erlaubte die DDR die Nutzung der neuen Reise- und Besuchsmöglichkeiten bereits zu Ostern und Pfingsten 1972, also noch vor der Ratifizierung der Ostverträge durch den Deutschen Bundestag. Vgl. Bender, Deutschlands Wiederkehr, S. 164.
[209] Interview Michael Eggert, 21. 3. 2013.
[210] Vgl. McLellan, Glad to be Gay, S. 110 f. Zu grenzübergreifenden Begegnungen während der Weltfestspiele vgl. Kapitel III.2. „Weltfestspiele 1973".
[211] Vgl. ebenda, S. 126.
[212] Vgl. Interview Peter Rausch, 19. 2. 2013.

Grundlage boten, um die Gründung einer ostdeutschen Selbstorganisation für Schwule und Lesben vorzubereiten. „Berge an Papieren" seien aus dem Westen bei ihnen angekommen und sie hätten mit den West-Berlinern Diskussionen über die Situation von Homosexuellen in ihren Ländern geführt.[213] Auch „Selbsterfahrungskreise" seien von den Westlern im Osten veranstaltet, von der HIB aber schnell wieder aufgegeben worden.[214] „Wir Ossis waren dafür nicht so geeignet", erinnert sich Peter Rausch.[215] Die westdeutschen Schwulenaktivisten waren Vorbild und lieferten Anschauungsmaterial für die inhaltliche Ausrichtung, für Protestformen und Gruppenaktivitäten. Die HIB entschied letztlich aber selbst, was sie davon übernehmen wollte und was nicht. Die Begegnungen über die Mauer hinweg förderten also nicht nur die Herausbildung einer ostdeutschen Aktivist*innenszene und das Zugehörigkeitsgefühl zu einer transnationalen Bewegung, sondern auch die Entwicklung eines eigenständigen Selbstbildes und Selbstbewusstseins als Schwule (und Lesben) in der DDR. Anders als es die Theorie von „Sender"- und „Empfänger"-Aktivist*innen nahelegt, war die transnationale Verbreitung im vorliegenden Fall außerdem keine Einbahnstraße. Denn auch im Westen wurde auf ostdeutsche Stimmen und Entwicklungen Bezug genommen.

Fehlende Öffentlichkeit für Homosexuelle in der DDR

Die zehn Männer und Frauen, die sich ab März 1973 in Ost-Berlin trafen, hatten das Ziel, einen Ort des Kennenlernens und der Geborgenheit für Schwule und Lesben zu schaffen. Sie wollten außerdem informieren und beraten sowie durch Schreiben an staatliche Stellen und die Medien in der DDR den gesellschaftlichen und politischen Wandel im Umgang mit Homosexuellen vorantreiben.[216] Ihre Aktionsformen waren abhängig von den Bedingungen in der DDR, zu denen eine gelenkte Öffentlichkeit gehörte, die ein wesentliches Hindernis für politischen Aktivismus von unten darstellte. Die Kontrolle darüber, was in der Öffentlichkeit verbreitet werden durfte und was nicht, war nach Stefan Wolle konstitutives Kennzeichen der Diktatur. Durch die Unterdrückung des Meinungs- und Informationsaustausches wurden die Menschen in der DDR daran gehindert, über Entwicklungen in Staat und Gesellschaft mitzuentscheiden. Die Macht über den öffentlichen Raum, sei es der physische Ort oder die Medien, hatte somit die Funktion, demokratische Teilhabe zu unterbinden, indem die Voraussetzung für gemeinsame Willensbildung entzogen wurde.[217] Peter Rausch fasste 1991 zusammen, was die fehlende Öffentlichkeit für ihn und die Gruppe bedeutete:

„Es schien in der DDR keinen Bedarf für Selbsthilfeprojekte zu geben. Eine öffentliche Diskussion darüber war auch nicht möglich. Die Medien standen uns höchstens für Leserbriefe (unveröffentlicht) zur Verfügung. Das Fernsehen ließ nicht mal einen Fachmann zu Wort kommen. Eigenen Veröffentlichungen fehlten die materiellen Voraussetzungen und [sie] wären auch un-

---

[213] Ebenda.
[214] Ebenda.
[215] Ebenda.
[216] Vgl. Nellißen/Schmidt, Homosexuelle Interessengemeinschaft Berlin, S. 178 f.
[217] Vgl. Wolle, Die heile Welt der Diktatur, S. 136 f.

terbunden worden. Die Verlage unterstützten unsere kleineren Versuche nicht. Info-Stände oder Demonstrationen standen außerhalb unserer Erwägung."[218]

Die HIB hatte demnach keine Möglichkeit, das in ihren Augen bisher völlig unbeachtete Thema Homosexualität öffentlich zu platzieren und damit die Auseinandersetzung über soziale oder gesellschaftliche Veränderungen anzustoßen. Zu Anfang ihres Bestehens suchte sie dennoch Ersatz für den von Roth und Rucht als politische Öffentlichkeit bezeichneten Schauplatz, auf dem über die Relevanz sozialer Bewegungen diskutiert und entschieden wird.[219] Die Aktivist*innen nutzten dafür eine Öffentlichkeit, die eigentlich dazu diente, das Meinungsmonopol des Staates zu bestätigen, und versuchten, durch das Öffentlichmachen ihrer eigenen Sichtweise das Bestätigungsritual zu stören. So besuchten Mitglieder der HIB am 20. September 1973 einen Vortrag der URANIA-Gesellschaft[220] in der Ost-Berliner Stadtbibliothek in der Breiten Straße. Der Direktor des Instituts für Geschichte der Medizin und Naturwissenschaften und Chefredakteur der Zeitschrift „Deine Gesundheit", Professor Gerhard Misgeld, sprach dort über die „Psychologie der Liebe". Mit ihrer Teilnahme und ihren Wortmeldungen wollten die Aktivist*innen das Gespräch auf Homosexualität lenken, was Peter Rausch im Nachhinein als „Profilierungstraining" für die späteren Kontaktaufnahmen mit staatlichen Stellen bezeichnete.[221] Große Wirkung erzielten sie damit nicht. Sie durchbrachen damit aber – wie bei den Weltfestspielen – zumindest kurzzeitig das offizielle Beschweigen von Homosexualität und setzten diesem Nicht-Diskurs etwas entgegen, indem sie sich als *Betroffene* zu Wort meldeten.

Mittelfristig versuchte die HIB durch die Kommunikation mit staatlichen Stellen und den Medien auf sich und ihre Anliegen aufmerksam zu machen. Denn um politische Änderungen herbeizuführen und die gesellschaftliche und soziale Situation von Homosexuellen im Land zu verbessern, war staatliches Agieren notwendig. In ihren Schreiben entwarf die HIB Bilder von sich und von den Homosexuellen im Land, die darauf zielten, die Notwendigkeit einer spezifischen Selbstorganisation zu begründen. Diese Konstruktionen waren an den Erwartungen des Staates und an der offiziellen Sprache ausgerichtet. Sie waren weniger als Angebot zur Identifikation für Schwule und Lesben in der DDR gedacht, sondern stellten vielmehr ein Fremdbild bereit, das sich der Staat zu eigen machen sollte.

Die analysierten Selbstbeschreibungen stammen ausschließlich von männlichen Akteuren oder können keinen konkreten Personen zugeordnet werden. Im Folgenden wird dann von schwulen Aktivisten die Rede sein, wenn die männliche Urheberschaft einer Quelle eindeutig belegt ist. Bei schriftlichen Quellen, die von der HIB als Gruppe stammen, wird dagegen von Verfasser*innen gesprochen.

---

[218] Rausch, Die vergessene Lesben- und Schwulengeschichte, S. 25.
[219] Vgl. Roth/Rucht, Einleitung, S. 16.
[220] Die URANIA Gesellschaft zur Verbreitung wissenschaftlicher Kenntnisse war eine Massenorganisation in der DDR, deren Anliegen die Popularisierung von Wissenschaften und neuen Technologien war. Sie wurde 1954 gegründet, ihre Geschichte geht aber bis ins 19. Jahrhundert zurück. Vgl. Olbertz, Zwischen Systemgebundenheit und Variabilität, S. 311.
[221] Vgl. Rausch, Die vergessene Lesben- und Schwulengeschichte, S. 23.

Wenngleich sich nicht genau rekonstruieren lässt, welche Rolle Frauen in der Gruppe spielten, welche Anliegen sie hatten und welche Konflikte es möglicherweise zwischen Schwulen und Lesben innerhalb der HIB gab, müssen die Aktivitäten der HIB immer als schwul-lesbische betrachtet werden, wo die Mitarbeit von Lesben nicht ausgeschlossen werden kann. Das sollte jedoch nicht über die männliche Dominanz innerhalb der HIB und die oft am schwulen Blick ausgerichteten Themen sowie die Vorstellung von Homosexualität als ausschließlich männlicher Homosexualität hinwegtäuschen.

Erwartungen und Angebote an Staat und Sozialismus

Peter Rausch erinnerte sich 1991 daran, welche Vorstellungen von homosexueller Emanzipation die HIB Anfang der 1970er Jahre hatte:

> „Dass die Chance zur ‚allseitigen Entfaltung der Persönlichkeit im Sozialismus' auch auf uns zuträfe, war damals unsere naive, aber durchaus grundehrliche Überzeugung."[222]

Für ihn und seine Mitstreiter*innen war klar, dass es im eigenen Interesse der DDR liegen müsste, die soziale sowie gesellschaftliche Situation von Homosexuellen in der DDR wahrzunehmen und zu verbessern. Die Aktivitäten der HIB zielten deshalb nicht darauf, das politische System der DDR anzugreifen, sondern den Funktionsträger*innen darzulegen, warum „homosexuelle Emanzipation [...] Teil eines erfolgreichen Sozialismus" sei.[223] Ihre Vorstellung von diesem Sozialismus trugen die Mitglieder der HIB bei Medien und Behörden vor und boten sich zugleich als Vermittler*innen zwischen Staat und den Homosexuellen im Land an.

Zu den Vorhaben der HIB gehörte die Schaffung eines „Kommunikationszentrums" für Schwule und Lesben in der DDR, für das sie 1974 erstmals ein Konzept erarbeitete.[224] Nach Informationen der Kriminalpolizei bzw. der Staatssicherheit war dieses Konzept auf der Grundlage von schriftlichen Dokumenten der HAW entstanden.[225] Belege für diesen Zusammenhang gibt es in anderen Quellen jedoch nicht, so wie auch für die übrigen Schreiben der HIB bei der Recherche keine schriftlichen Vorlagen westdeutscher Schwulengruppen ausgemacht werden konnten. Das „Konzept für die Errichtung eines homosexuellen Kommunikationszentrums" der HIB weist jedenfalls deutliche Unterschiede etwa zur Grundsatzerklärung der Homosexuellen Aktion Westberlin (HAW) auf. Das Papier der HAW sollte das Selbstverständnis der Gruppe dokumentieren und war als Aufruf an schwule Männer gedacht, sich einzubringen. Darin taucht zwar auch ein „Kommunikationszentrum" als ein mögliches Vorhaben auf.[226] Die Ziele und Forderungen der HAW waren aber an die Gruppe selbst und die schwule Community, nicht

---

[222] Ebenda, S. 22.
[223] Ebenda.
[224] BStU, HA VII 2743, Bl. 22, Abschrift „Konzept für die Errichtung eines homosexuellen Kommunikationszentrums", 1974.
[225] Vgl. BStU, BV Berlin AOG 1144/86 I.II Bd. 1, Bl. 139, PdVP Berlin, Dezernat I, „Sachstandsbericht", 26. 8. 1977.
[226] SMU, SL HAW, Nr. 9a, „Vorläufige Grundsatzerklärung", 7. 11. 1971, S. 1–4, hier S. 4.

an eine Verwaltung oder den Staat gerichtet. Die West-Berliner wollten mobilisieren, die Schwulen in ihrer Kritik an der Gesellschaft bestärken und in die Öffentlichkeit hineinwirken, um das aus ihrer Sicht negative Bild von Homosexuelle in den Massenmedien zu korrigieren.[227] Von der HIB sind dagegen nur Schreiben überliefert, die an staatliche Stellen gerichtet waren und demnach nicht der internen Kommunikation dienten, sondern dazu, Aufmerksamkeit, Unterstützung und Genehmigungen zu erhalten. Einig waren sich HAW und HIB darin, dass die Wirtschafts- und Gesellschaftsform eines Landes die Bedingungen für die Emanzipation von Homosexuellen bestimmte. Die HAW ging davon aus, dass unter den gegenwärtigen Verhältnissen in der Bundesrepublik und in West-Berlin wirkliche „Selbstbestimmung für alle ökonomisch wie sexuell Unterdrückten [...] nur in geringen Ansätzen zu verwirklichen" sei.[228] Und die HIB war sich sicher, dass eine Lösung der Konflikte von Homosexuellen „mit und in der sozialistischen Gesellschaft besser geht".[229]

In ihrem Konzept für ein Kommunikationszentrum erklärte die HIB gegenüber dem Ost-Berliner Magistrat, dass die positive „sozialistische Entwicklung der letzten 25 Jahre" die Grundlage dafür sei, dass Homosexuelle nun beginnen würden, „den sozialen Begründungszusammenhang für ihre Situation auf marxistischer Basis zu erfragen".[230] Die Existenz ihrer Gruppe und ihren Kampf für die Rechte von Homosexuellen bezeichneten die Absender*innen damit als ein Ergebnis des sozialistischen Aufbaus in der DDR. Die Gründe für die sozialen Probleme von Schwulen und Lesben, wie etwa Isolation, Unsicherheit und Beziehungsunfähigkeit, wurden nicht der aktuellen Politik angelastet, sondern lagen der HIB zufolge „sämtlichst in der Vergangenheit" begründet, besonders in der „Hetze und Verfolgung der Faschisten".[231] Der Faschismus wurde als gemeinsamer Gegner ausgemacht, gegen den sich die HIB mit Partei und Staat verbünden wollte. Ebenfalls verbindend gedacht war die damit einhergehende Abgrenzung gegenüber der Bundesrepublik. Denn im Westen hätten Diskriminierung und Verfolgung bis in die Gegenwart kein Ende gefunden, wie das HIB-Mitglied Siegfried Spremberg an die Zeitung „Tribüne", das Zentralorgan des Freien Deutschen Gewerkschaftsbunds (FDGB), schrieb.[232] Mit dieser Rhetorik des Kalten Kriegs und der Überlegenheitsdemonstration gegenüber dem Westen fügte sich die HIB in den offiziellen Diskurs ein. Das Lob auf den Sozialismus war dabei einerseits Türöffner und rhetorische Strategie. Andererseits glaubte die HIB durchaus an die Verwirklichung ihrer Ziele im Sozialismus. Sie ging aber noch einen Schritt weiter: Indem sie betonte, dass die DDR einen Bruch mit dem Nationalsozialismus vollzogen

---

[227] Vgl. ebenda, S. 3 f.
[228] Ebenda, S. 3.
[229] BStU, HA VII 2743, Bl. 22, Abschrift „Konzept für die Errichtung eines homosexuellen Kommunikationszentrums", 1974.
[230] Ebenda, Bl. 15.
[231] Ebenda, Bl. 20.
[232] Vgl. SMU, DDR, Bestand Bodo Amelang, Nr. 1, Korrespondenz, Brief von Siegfried Spremberg an die Zeitung „Tribüne", 3. 12. 1975.

habe, sprach sie ihr gleichzeitig und scheinbar folgerichtig die Verantwortung zu, sich im Umgang mit Homosexuellen noch deutlicher von der Bundesrepublik abzuheben. Die HIB bestätigte also die Selbstbeschreibungen und Abgrenzungen der DDR im Systemkonflikt und versuchte auf diese Weise, sich selbst und ihre Interessen in den Herrschaftsdiskurs einzubringen.

Die HIB präsentierte sich gegenüber Staat und Medien darüber hinaus als eine Instanz, die ähnlich der Massenorganisationen im Interesse der SED in die Gesellschaft hineinwirken könne. So stellte die Gruppe etwa in Aussicht, unter den Schwulen und Lesben in der DDR die Zustimmung für die Politik der SED zu erhöhen. In dem geplanten Kommunikationszentrum sollten etwa „gesellschaftliche[s] Angagement [sic!]", die „Entwicklung zu sozialistischen Persönlichkeiten", aber auch eine „moralistische[...] Praxis in unseren sexuellen Beziehungen" gefördert werden.[233] Das Kommunikationszentrum wurde entsprechend als eine „Erziehungsanstalt" vorgestellt, in der der Staat durch die HIB Einfluss auf Jugendliche und deren Sozialverhalten nehmen könne.[234] Mit dem gesellschaftlichen Engagement war in der offiziellen Sprache der DDR die Mitgliedschaft in einer Partei- oder Massenorganisation gemeint und die Erziehung sozialistischer Persönlichkeiten war das übergeordnete Ziel des Bildungssystems in der DDR. Festgelegt war dies in Abschnitt 1 „Die Entwicklung der Jugend zu sozialistischen Persönlichkeiten" des Jugendgesetzes von 1974.[235] Gemäß dessen § 1 war es „[v]orrangige Aufgabe bei der Gestaltung der entwickelten sozialistischen Gesellschaft [...], alle jungen Menschen zu Staatsbürgern zu erziehen, die den Ideen des Sozialismus treu ergeben sind".[236] Auch die Förderung der „moralischen" Entwicklung von Kindern und Jugendlichen tauchte in dem Gesetz mehrfach auf.[237] Das Jugendgesetz schien der HIB demnach die Schlagworte zu liefern, mit denen sie glaubte, sich auf die aktuelle, von der SED vorgegebene politische Linie zu bringen. Ohne näher darauf einzugehen, bediente die HIB dabei Vorurteile gegenüber Homosexuellen und deren Sexualität, wobei vor allem das Bild schwuler promiskuitiver Sexualität aufgerufen wurde. *Der* Schwule sollte demnach dazu gebracht werden, sich den gesellschaftlichen Moralvorstellungen anzupassen, weshalb die HIB in ihrem Kommunikationszentrum „Dauerfreundschaft und Ehenormen" lehren wollte.[238] Außerdem sollten Schwule und Lesben dazu befähigt werden, sich gegenüber „bürgerlichen Ideologien" abzugrenzen.[239] Die HIB reproduzierte damit neben den negativen Stereotypen vom schwu-

---

[233] BStU, HA VII 2743, Bl. 19, Abschrift „Konzept für die Errichtung eines homosexuellen Kommunikationszentrums", 1974.
[234] Ebenda, Bl. 21.
[235] Gesetz über die Teilnahme der Jugend der Deutschen Demokratischen Republik an der Gestaltung der entwickelten sozialistischen Gesellschaft und über ihre allseitige Förderung in der Deutschen Demokratischen Republik, Jugendgesetz der DDR vom 28. Januar 1974, Gesetzblatt der Deutschen Demokratischen Republik, 1974 Teil I, Nr. 5, S. 45.
[236] Ebenda. S. 48.
[237] U. a. ebenda.
[238] BStU, HA VII 2743, Bl. 21, Abschrift „Konzept für die Errichtung eines homosexuellen Kommunikationszentrums", 1974.
[239] Ebenda.

len Mann auch die staatlichen Erziehungsansprüche in der Hoffnung, von ihrem Kommunikationszentrum überzeugen zu können und den Staat als Unterstützer zu gewinnen. Sich selbst präsentierten die Aktivist*innen als Persönlichkeiten, die eine Vorbild- und Leitungsfunktion gegenüber den in ihren Augen moralisch und weltanschaulich weniger gefestigten Homosexuellen in der DDR einnehmen könnten.[240] Um einen legalen Ort der Begegnung für Schwule und Lesben zu schaffen, machte sich die Gruppe demnach auch den Anspruch der Staats- und Parteiführung zu eigen, auf Menschen politisch und sozial Einfluss zu nehmen, wenn nicht sogar Druck auszuüben.

Die Selbstbehauptungsstrategien der HIB verlangten die eigensinnige[241] Aneignung der Sprache sowie der Fremd- und Feindbilder der Staats- und Parteiführung. Als sich Peter Rausch im Februar 1979 wieder an die Abteilung Ausschüsse-Eingaben der Volkskammer wendete, um die offizielle Anerkennung der Gruppe zu erreichen, fragte er, welche Möglichkeiten „für den homosexuellen Werktätigen im Sozialismus zur Reproduktion seiner Arbeitskraft vorgesehen" seien.[242] Indem er die Figur des Werktätigen bemühte, verwies Rausch darauf, dass Schwule und Lesben einen unverzichtbaren Beitrag für die Wirtschaft und damit den Wohlstand des Landes leisteten. Sie könnten sich sogar noch stärker einbringen, wenn die Bedingungen dafür verbessert würden. Wieder inszenierte sich die HIB als diejenige Kraft, die dazu beitragen könne, Homosexuelle in der DDR zum Wohl der sozialistischen Gesellschaft zu noch leistungsfähigeren Arbeiter*innen zu machen. Wenngleich davon auszugehen ist, dass die Argumente zumindest teilweise nicht aus Überzeugung, sondern aus taktischen Gründen vorgebracht wurden, lässt sich daraus jedenfalls die Absicht der HIB herauslesen, als Vermittlerin zwischen Staat und Homosexuellen zu fungieren.

Eine andere Selbstbehauptungsstrategie der HIB waren historische Bezugnahmen. Die HIB wollte sowohl die Besucher*innen ihrer Veranstaltungen als auch die staatlichen Behörden über den Umgang mit Homosexuellen und über frühere homosexuelle Emanzipationsbestrebungen informieren. Im Arbeitsplan der HIB für das erste Halbjahr 1976 sind geschichtliche Themen von der Antike über das Mittelalter bis zum 20. Jahrhundert vertreten, wobei der Zeit der Weimarer Republik und der „Arbeiterbewegung" ein besonderer Stellenwert eingeräumt wird.[243] Ein HIB-Mitglied, das als Informant der Staatssicherheit den Decknamen

---

[240] Vgl. Tammer, In engen Grenzen und über die Mauer, S. 141 f.
[241] Thomas Lindenberger verwendet den von Alf Lüdtke geprägten Begriff „Eigen-Sinn", um Herrschaftsbeziehungen im realen Sozialismus zu analysieren. Gemeint ist damit das „Neben-, Mit- und Ineinander von äußerer Konformität mit Regimeerwartungen und individuell praktiziertem Abstand zu den Systemerwartungen". Lindenberger, Eigen-Sinn, in: Docupedia-Zeitgeschichte, 2. 9. 2014, http://docupedia.de/zg/lindenberger_eigensinn_v1_de_2014 (26. 6. 2020); vgl. ders., Herrschaft und Eigen-Sinn; Lüdtke, Eigen-Sinn.
[242] SMU, DDR, HIB, Nr. 4, Korrespondenz, Einschreiben Peter Rausch an die Volkskammer der DDR, „Sozialistische Freizeitgestaltung einer Minderheit", 23. 2. 1979.
[243] SMU, DDR, Bestand Bodo Amelang, Nr. 3, HIB-Material, „Arbeitsplan für das 1. Halbjahr 1976".

„Friedhelm Kleinert"[244] trug, berichtete im Mai 1976, dass sich vor allem eine Person aus der Gruppe in Form eigener Studien intensiv mit der Geschichte der 1920er Jahre beschäftigte. Diese Person sei bei ihren Recherchen auf „verschiedene Bestrebungen aus dieser Zeit gestoßen, den § 175 abzuschaffen".[245] Insbesondere die KPD habe sich für dessen Abschaffung eingesetzt, was KPD-Zeitschriften aus den 1920er Jahren belegten, gab der Informant zu Protokoll.[246] „Kleinert" ließ das MfS wissen, in welcher Tradition die SED stand, nämlich in der Nachfolge einer Partei, die sich gegen die Diskriminierung und Verfolgung von Homosexuellen eingesetzt hatte. Gezeigt habe die SED diese historische Verbindungslinie, als sie 1968 den § 175 StGB in der DDR abschaffte. Allerdings bedauerte „Kleinert", dass es immer noch „Sondergesetze für Homosexuelle" gebe, nämlich den § 151 StGB.[247] Für die HIB war demnach die Beschäftigung mit der Geschichte Teil ihrer Arbeit. Darüber hinaus diente dieses Wissen als Argumentationshilfe gegenüber den staatlichen Behörden, um sie dazu aufzufordern, die Homosexuellenemanzipation und damit die HIB selbst in sozialistischer Tradition und im Einklang mit der Partei zu sehen. Hier lässt sich wiederum eine Parallele zu den West-Berliner Schwulenaktivisten ziehen. Die HAW-Teilgruppe „Relativ heiter, doch streng sozialistisch" rief 1973 ein Projekt zur „Homosexuellenbewegung und Arbeiterbewegung" ins Leben und sah darin ein „nützliches Instrument, um mit Kommunisten und anderen fortschrittlichen Kräften überhaupt erst einen Diskussionsprozeß zu beginnen".[248] Mit der Forschungsarbeit war also die Hoffnung verbunden, Parteien und Gruppierungen, die sich in der Tradition der Arbeiterbewegung sahen, von einem neuerlichen Bündnis mit der Schwulen- und Lesbenbewegung zu überzeugen. Der Aktivist und Mitbegründer der Magnus-Hirschfeld-Gesellschaft in West-Berlin Ralf Dose, der eigenen Angaben zufolge an einem solchen Projekt mitgearbeitet hatte, erklärte sogar, dass das Projekt auch an die SED auf der ande-

---

[244] „Friedhelm Kleinert" berichtete seit etwa 1976 über die HIB, der er nach eigenen Angaben seit Mitte 1975 angehörte. Er beschrieb ausführlich die Zusammensetzung der Gruppe, die Inhalte der Treffen, die Absichten und Ziele sowie das geplante Vorgehen. Unterzeichnet sind die Berichte mit „gez. ,Friedhelm Kleinert'", das heißt sie sind nicht persönlich von ihm verfasst worden, sondern enthalten vielmehr die Informationen, die der zuständige hauptamtliche Mitarbeiter des MfS aus dem Gespräch mit Kleinert gewonnen hatte, bzw. handelt es sich um die Zusammenfassung von Tonbandaufnahmen.
[245] BStU, MfS AP 8670/71, Bl. 166, Verwaltung Rückwärtige Dienste, Operative Sicherung, „Bericht Auswertung des IX. Parteitages – voraussichtlicher Verlauf", Quelle: KP „Friedhelm Kleinert". Kontaktpersonen (KP) waren Informanten der Staatssicherheit, über die keine Akten geführt wurden, weshalb nicht mehr nachvollzogen werden kann, welche Bedeutung ihnen das MfS beimaß. Vgl. Müller-Enbergs, Inoffizielle Mitarbeiter, S. 85.
[246] Vgl. BStU, MfS AP 8670/71, Bl. 166, Verwaltung Rückwärtige Dienste, Operative Sicherung, „Bericht Auswertung des IX. Parteitages – voraussichtlicher Verlauf", Quelle: KP „Friedhelm Kleinert".
[247] Ebenda, Bl. 167.
[248] HAW-Arbeitsgruppe „Rhdss" [Relativ heiter, doch streng sozialistisch], Homosexuellenbewegung und Arbeiterbewegung. Plan für ein Projekt, in: HAW-Info, H. 13, 1974, S. 13–14, hier S. 13.

ren Seite der Mauer gerichtet war.[249] Zeitgleich recherchierte der US-amerikanische Student James Steakley in Ost-Berlin zu diesem Thema für seine Dissertation. Steakley lieh unter anderem in der Bibliothek der Humboldt-Universität Homosexuellenzeitschriften der 1920er Jahre aus, die er nach West-Berlin mitnahm und für sich und für West-Berliner Schwulengruppen kopierte.[250] 1975 erschien sein Buch „The Homosexual Emancipation Movement in Germany", das von Otto Andree ins Deutsche übersetzt wurde.[251] Es gab in den 1970er Jahren also Parallelen und Verflechtungen zwischen Ost und West auf der Basis historischen Forschens, wobei es vor allem um die Homosexuellenbewegung der 1920er Jahre, um sozialistische und kommunistische Parteien sowie deren Verhältnis zum Thema Homosexualität ging. Im Osten wie im Westen und sogar grenzübergreifend zielte diese Beschäftigung darauf ab, die linken Parteien für die Sache der Schwulen und Lesben und die Schwulen und Lesben für die linken Parteien zu gewinnen.

Auffallend ist, dass sich die HIB in den 1970er Jahren nicht mit der Verfolgung von Homosexuellen während des Nationalsozialismus beschäftigte, wenngleich Bezüge zu NS-Verbrechen allgemein und schlagwortartig genutzt wurden. Während die westdeutsche Schwulenbewegung in den 1970er Jahren begann, diese Zeit zu beforschen, der homosexuellen Opfer zu gedenken und dieses Gedenken in das eigene Selbstverständnis zu integrieren, gab es in der DDR zu dieser Zeit keine parallele Auseinandersetzung. Erst in den 1980er Jahren wurden das Gedenken und die Verbreitung von Wissen über die NS-Zeit Teil ostdeutschen schwul-lesbischen Engagements. Die Vermutung liegt nahe, dass die HIB dieses Thema in vorauseilendem Gehorsam lieber ruhen ließ. Denn weder in der Bundesrepublik noch in der DDR waren Homosexuelle offiziell als Opfer des Nationalsozialismus anerkannt. In der Bundesrepublik und in West-Berlin konnten Initiativen und Aktivist*innen jedoch unabhängiger agieren und den mit der Thematisierung und Aufklärungsarbeit verbundenen Tabubruch wagen.

Kommunikation mit der Staatssicherheit

Die HIB wurde vom Ministerium für Staatssicherheit der DDR in enger Zusammenarbeit mit der Kriminalpolizei, dem Dezernat I des Präsidiums der Volkspolizei, beobachtet.[252] An der Überwachung wirkten Besucher*innen von Veranstaltungen, aber auch mehrere Personen aus dem engeren Kreis der HIB mit. In den entsprechenden Unterlagen finden sich neben Berichten über Mitglieder mit An-

---

[249] Vgl. Interview Ralf Dose, 13. 5. 2015.
[250] Vgl. University of Wisconsin-Madison Archives, Oral History Program, Interview #1088, Steakley, James „Jim", http://minds.wisconsin.edu/bitstream/handle/1793/60843/Steakley_1088_index.rtf?sequence=6 (19. 4. 2016).
[251] Vgl. SMU, DDR, Nachlass Otto Andree, Nr. 4, Privatkorrespondenz, Briefwechsel zwischen James Steakley und Otto Andree 1987–1981. Die Übersetzung wurde vermutlich nicht veröffentlicht, jedenfalls ist ein entsprechendes Buch nicht auffindbar.
[252] Vgl. Grau, Erpressbar und tendenziell konspirativ, S. 22.

gaben zu Name, Beruf, Wohnort und ihrer Einstellung gegenüber der DDR auch Informationen über durchgeführte oder geplante Veranstaltungen sowie die von der Gruppe erarbeiteten Dokumente. Beim Lesen der Berichte fällt auf, dass sie einerseits Kriminalpolizei bzw. Staatssicherheit auftragsgemäß informierten; andererseits ähneln sie in Teilen den Selbstdarstellungen der Gruppe gegenüber anderen Behörden und den Medien: Ein grundsätzliches Bekenntnis zur sozialistischen DDR findet sich darin genauso wie Forderungen nach einem Wandel im Umgang des Staates mit Homosexuellen. So rechtfertigten die – ausschließlich männlichen – Informanten die Existenz der HIB und stellten sie in einem positiven Licht dar, während sie zugleich die Mitglieder dem Risiko repressiver Maßnahmen vonseiten der Sicherheitsbehörden aussetzten.[253]

Ein „Sachstandsbericht" vom August 1977 zeigt exemplarisch das Bemühen der Zuträger, die HIB als staatskonform darzustellen. Die Berichte des IM „Burgunder" zusammenfassend, heißt es darin, die HIB stehe nach eigenen Angaben „auf dem Boden der sozialistischen Verfassung" und agiere nach Recht und Gesetz.[254] Der Informant „Friedhelm Kleinert" sprach ebenfalls von der HIB durchweg so, als wolle er sie schützen und unterstützen, indem er ihre Anhänger*innen und die gemeinsame Arbeit als „fortschrittlich" bezeichnete.[255] Im offiziellen Sprachgebrauch der DDR stand „fortschrittlich" für ein Bekenntnis zum Sozialismus und zu den Lehren von Marx, Engels und Lenin.[256] Die Gruppe achte darauf, dass keine „kriminellen oder asozialen Personen" an Veranstaltungen teilnehmen, wusste das MfS aus den Berichten des IM „Burgunder".[257] Sie habe außerdem ihre Kontakte zur HAW nach West-Berlin abgebrochen.[258]

Spricht daraus vor allem der Gehorsam gegenüber den Sicherheitsbehörden, so lässt sich dennoch feststellen, dass die Kommunikation mit Kriminalpolizei und MfS durchaus gewisse Freiräume bot, um eigene Anliegen zur Sprache zu bringen. „Friedhelm Kleinert" beispielsweise übte in seinen Berichten Kritik an der Zurückdrängung der ohnehin bescheidenen Homosexuellenszene in Ost-Berlin. Im Mai 1976 beschwerte er sich über die Schließung der Mocca-Bar,[259] dem Lokal im Hotel Sofia an der Friedrichstraße, das einer der wenigen Treffpunkte für schwule Männer in Ost-Berlin war und in dem Michael Eggert Anfang der 1970er Jahre West-Berliner Schwule kennengelernt hatte. Dass die Bar zu einem Intershop um-

---

[253] Vgl. Tammer, Verräter oder Vermittler?, S. 114–116.
[254] BStU, BV Berlin AOG 1144/86 I.II Bd. 1, Bl. 138, PdVP Berlin, Dezernat I, „Sachstandsbericht", 26. 8. 1977.
[255] BStU, MfS AP 8670/71, Bl. 139, Verwaltung Rückwärtige Dienste, Operative Sicherung, „2. Teil des Berichts über die Gruppe – 3. 5. 1976" von „Friedhelm Kleinert", 6. 5. 1976.
[256] Vgl. Wolf, Sprache in der DDR, S. 70 f.
[257] BStU, BV Berlin AOG 1144/86 I.II Bd. 1, Bl. 141, PdVP Berlin, Dezernat I, „Sachstandsbericht", 26. 8. 1977.
[258] Vgl. ebenda, Bl. 139.
[259] Vgl. BStU, MfS AP 8670/71, Bl. 167, Verwaltung Rückwärtige Dienste, Operative Sicherung, „Bericht Auswertung des IX. Parteitages – voraussichtlicher Verlauf", Quelle: KP „Friedhelm Kleinert".

gebaut worden war, ärgerte „Kleinert" besonders. Er warf den Behörden vor, „keinerlei ideologische Orientierung" zu haben, denn sie kümmerten sich mehr um „die Versorgung der Touristen aus dem kapitalistischen Ausland" als um das „Bedürfnis der Homosexuellen nach einem Mindestmaß an Kommunikation".[260] „Kleinert" unterstellte den staatlichen Stellen, sie hätten ein größeres Interesse daran, den an der Friedrichstraße ankommenden Besucher*innen aus dem Westen das Bild einer prosperierenden DDR zu vermitteln, als den eigenen homosexuellen Bürger*innen einen Ort der Begegnung zur Verfügung zu stellen bzw. seine Existenz zumindest zu dulden. „Kleinert" enttarnte hier die Selbstinszenierungen Ost-Berlins als Konkurrenzgehabe gegenüber dem Westen und bescheinigte dem sozialistischen Staat, seine eigenen Ansprüche zu verraten. „Kleinerts" Auffassung nach durfte aber der Wettstreit mit der Bundesrepublik nicht über die Verantwortung für die Homosexuellen im Land gestellt werden. Seine scharfe Verurteilung behördlichen Handelns zeigt, dass die Informanten in der konspirativen Kommunikation mit Polizei und Staatssicherheit einerseits ihre Mit-Aktivist*innen und Aktivitäten preisgaben, andererseits aber auch die Anliegen der Bewegung transportierten. Nicht zuletzt wurde über die Zusammenarbeit mit der Staatssicherheit eine Nähe zum Staatsapparat demonstriert, die sich – so die Hoffnung der Akteure – als ihren Interessen förderlich erweisen könnte. Diese Ebene der Kommunikation mit dem Staat war somit eine Strategie der Selbstbehauptung; mit der Preisgabe interner Verabredungen, ihrem konspirativen Verhalten und vermutlich auch der bewussten oder unbewussten Ausrichtung des eigenen Handelns im Sinne des MfS machten die Informanten die HIB letztlich jedoch angreifbar.

Mit dem Westen argumentieren

> *„Ich hab damals dann auch den Film von Praunheim gesehen in Leipzig. [...] das war schon sehr wichtig. [...] Die waren auch nicht anerkannter als wir, die Homosexuellen [im Westen], aber sie konnten sich organisieren. Sie konnten öffentlich auftreten, sie konnten Filme machen."*[261]

Christian Pulz erinnert sich an den Praunheim-Film als eine Initialzündung auch für seinen eigenen aktivistischen Werdegang, der ihn in den 1980er Jahren zu einem der führenden Köpfe der Schwulenbewegung in der DDR machte. Der im Januar 1973 in der ARD[262] ausgestrahlte Film „Nicht der Homosexuelle ist per-

---

[260] Ebenda.
[261] Interview Christian Pulz, 12. 8. 2013.
[262] Die Programme der 1950 gegründeten Arbeitsgemeinschaft der öffentlich-rechtlichen Rundfunkanstalten der Bundesrepublik Deutschland (ARD) konnten immer auch in der DDR als sogenanntes Westfernsehen empfangen werden, wenngleich nicht überall. Mitte der 1960er Jahre konnten 85 Prozent der DDR-Bürger*innen Westsendungen sehen; 1977 waren es bereits 90 Prozent. Schlechten oder gar keinen Empfang gab es in Teilen der Bezirke Dresden und Neubrandenburg sowie im Osten des Bezirks Rostock. Vgl. Meyen, Die ARD in der DDR, S. 29.

vers, sondern die Situation, in der er lebt" (BRD 1971) von Rosa von Praunheim war eines der wichtigsten medialen Ereignisse, das Schwule und Lesben auf beiden Seiten der Mauer Anfang der 1970er Jahre mobilisierte.[263] Für die Ostdeutschen gehörte der Film zu den Kulturprodukten, auf die sie sich selbstverständlich als Sinn stiftend bezogen. Für die HIB bot der Film außerdem Anlass, der DDR vorzuhalten, sich gegenüber öffentlichen Darstellungen von Homosexualität restriktiver zu verhalten als die Bundesrepublik.

„Nicht der Homosexuelle ist pervers, sondern die Situation, in der er lebt" kritisierte bestimmte Aspekte der schwulen Subkultur und sprach der „perversen" gesellschaftlichen Situation, in der Homosexuelle (vor allem schwule Männer) gezwungen waren zu leben, eine Mitverantwortung dafür zu. Der Appell des Films lautete: „Raus aus den Toiletten, rein in die Straßen".[264] Schwule sollten sich nicht länger verstecken und ihre Sexualität auf öffentlichen Toiletten ausleben müssen, sondern sich und ihren Protest sichtbar machen und für ihre Rechte eintreten.[265] All das traf auch in der DDR, wo der Film im *Westfernsehen* zu sehen war, auf offene Ohren und fruchtbaren Boden. Allerdings ging hier die Bedeutung der Ausstrahlung über ihre mobilisierende Wirkung auf schwule Männer hinaus. Denn die Tatsache, dass der Film im öffentlich-rechtlichen Fernsehen gezeigt wurde, vermittelte den Eindruck, in der Bundesrepublik vollziehe sich ein Wandel im Umgang mit Homosexuellen.

Als Reaktion auf den Film schrieb Bodo Amelang von der HIB einen Leserbrief an das Zentralorgan der FDJ „Junge Welt" und erklärte, es sei die „beste Sendung" gewesen, die er je gesehen habe.[266] Es mache ihn allerdings nachdenklich, dass „sich ein kapitalistischer Staat (und nicht z. B. die DDR) sich diesem Problem [sic!]" annahm.[267] Amelang zufolge zeigte sich darin, dass die Bundesrepublik „ehrlich bemüht" sei, „irgendwas zu tun, um diesen Menschen zu helfen und aus der Misere herauszukommen".[268] Er nutzte die Botschaft des Films sogar, um den Staat in die Verantwortung zu nehmen. So hielt er fest, dass die „Arbeits- und Lebensbedingungen" von Homosexuellen in der DDR sehr schlecht seien und er „den Autoren des obengenannten Films recht [sic!] geben" müsse, dass nicht die Homosexuellen die Verantwortung für diese „Misere" trügen.[269] In durchaus scharfem Ton warf er der Staats- und Parteiführung die Nichterfüllung sozialistischer Versprechen vor und zweifelte offen am Selbstbild der DDR als einer der Bundesrepublik überlegenen Gesellschaft. Das HIB-Mitglied Amelang beschwor

---

[263] Vgl. Heck, Homosexualität in der DDR, S. 33; Nellißen/Schmidt, Homosexuelle Interessengemeinschaft Berlin, S. 178; McLellan, Glad to be Gay, S. 109.
[264] Nicht der Homosexuelle ist pervers, sondern die Situation, in der er lebt, BRD 1971, Regie: Rosa von Praunheim.
[265] Vgl. Holy, Jenseits von Stonewall, S. 46–48.
[266] SMU, DDR, Bestand Bodo Amelang, Nr. 2, Korrespondenz Junge Welt, Brief Bodo Amelang an die „Junge Welt", Sommer/Herbst 1974.
[267] Ebenda.
[268] Ebenda.
[269] Ebenda.

also nicht nur die Fortschrittlichkeit des Sozialismus. Seine parallele Strategie war, den Westen auch als positives Beispiel anzuführen und damit auf Widersprüche im DDR-System hinzuweisen.

Amelang war sich in seinem Brief an die „Junge Welt" außerdem sicher, dass „[s]ehr viele Schwule[…] in der DDR […] diese Sendung verfolgt haben" und sich nun fragten, wie die „Zukunft der Homosexuellen in der DDR" aussehe: „Wann werden [s]ie sich als gleichberechtigte Mitglieder einer Gesellschaft (die den Sozialismus aufbaut) fühlen können?"[270] Die Ausstrahlung des Films in der ARD hätte vielen Schwulen (Lesben wurden darunter subsumiert oder gar nicht mitgedacht) gezeigt, dass ihre Probleme in der Bundesrepublik ernster genommen würden als in der DDR, was zu Unzufriedenheit und Zweifeln am Sozialismus führen könne.[271] Hatten Aktivist*innen seither argumentiert, dass das Engagement der DDR für die Rechte der Homosexuellen die Zustimmung zum SED-Regime erhöhen würde, drehte Amelang das Argument gewissermaßen um und prognostizierte, die fortdauernde Ignoranz führe dazu, dass sich Schwule zunehmend von der DDR abwenden. Amelang nutzte also die (vermeintliche) Attraktivität der Bundesrepublik als Argument, um die staatlichen Stellen davon zu überzeugen, sich mit dem Thema zu beschäftigen und den Homosexuellen im Land ein besseres Leben in Aussicht zu stellen. Diese Argumentationsstrategie kann als eine für die HIB spezifische betrachtet werden, auch wenn Bodo Amelang in seinen Schreiben explizit nicht als Vertreter der Gruppe auftrat. Denn Verweise auf den Westen, mit denen die SED zum Handel aufgefordert werden sollte, tauchen in dieser und anderer Form in der Kommunikation zwischen HIB-Mitgliedern und staatlichen Institutionen immer wieder auf. Die Kritik des Films an den Schwulen selbst, die untereinander nicht solidarisch seien und sich gegenseitig so behandelten wie die heterosexuelle Mehrheit die Schwulen, wurde in der DDR in den 1970er Jahren dagegen kaum aufgegriffen.

Die Strategie, DDR und Bundesrepublik zu vergleichen, blieb beim MfS nicht unbemerkt. Im August 1974 notierte die Hauptabteilung (HA) XX, dass in den Diskussionen der HIB „die Frage, warum die DDR als sozialistischer Staat [hinter] der BRD zurückbleibt in der Haltung der Gesellschaft zu Homosexuellen und de-

---

[270] Ebenda.
[271] Dass Amelangs Einschätzung nicht aus der Luft gegriffen war, macht der Brief des 24-jährigen Frank aus Leipzig deutlich. Frank schrieb im April 1973 als Reaktion auf den Praunheim-Film an eine „Institution" in West-Berlin oder in der Bundesrepublik, vermutlich an eine Schwulengruppe, und erzählte von seinem Leben als schwuler Mann in der DDR. Frank glaubte, dass ihm die „Institution" Tipps geben und Fragen beantworten bzw. sogar einen Partner vermitteln könne. In der DDR müsse man sich leider verbergen, da Homosexualität hier „mit anderen Augen betrachtet" werde, erklärte Frank. Die Ausstrahlung des Films hatte Frank damit tatsächlich den Eindruck vermittelt, der Westen kümmere sich mehr um die Belange von Homosexuellen als die DDR. Vgl. Schwules Museum, DDR, Nr. 33, Gesellschaft/Diverses, Brief von Frank W. aus Leipzig, 9. 4. 1973. Wie der Brief ins Archiv des Schwulen Museums gelangte, ist nicht bekannt.

ren Forderungen, eine stets wiederkehrende Rolle" spiele.[272] Ob und wenn ja, welche Konsequenzen zu diesem Zeitpunkt daraus abgeleitet wurden, ist nicht bekannt. Gleichwohl betrachtete die Staatssicherheit die angestellten Vergleiche zwischen Ost und West als eine relevante Information, die in die Beurteilung der HIB und in die Überlegungen zur Situation von Homosexuellen im Land einfloss.

Hinweise auf die vom Westen ausgehende Anziehungskraft verband die HIB stets mit Beteuerungen, dem etwas entgegensetzen zu müssen: Solange es in der DDR keine Angebote für Schwule und Lesben gebe, erscheine das „westliche Ausland" für viele als „Paradies auf Erden".[273] In ihrem geplanten Kommunikationszentrum würden Homosexuelle jedoch Wissen und Selbstbewusstsein erwerben und wären so „besser gewappnet, wenn westliche Mode-Tunten mit ihren Lokalen und Bädern, Vermittlungsbüros angeben", schrieb die HIB.[274] Stünden ihnen in der DDR ausreichend Möglichkeiten offen, sich kulturell zu betätigen, ließen sich Homosexuelle also nicht vom Westen *verführen*. Die HIB brachte hier nicht nur ihre Ablehnung einer kommerziellen homosexuellen Subkultur und Infrastruktur zum Ausdruck, sondern zeigte auch ihre Abneigung gegenüber effeminierten schwulen Männern, die sie pejorativ als Tunten bezeichnete. Nichtbinäre Geschlechterpräsentationen wie auch konsumorientiertes homosexuelles Leben verortete die HIB damit auf der anderen Seite der Mauer. Im Versuch der HIB, sich selbst in der DDR zu behaupten, grenzte sie sich nicht nur allgemein vom Westen ab. Sie schloss darüber hinaus bestimmte Ausdrucksformen von Homosexualität aus, um nicht selbst damit identifiziert zu werden und um ein Bild von *den* Schwulen (weniger *den* Lesben) in der DDR zu verbreiten, das sich von *den* Schwulen im Westen abhob und folglich weniger Anstoß erregte. So sollte den Erwartungen von Staat und Gesellschaft entsprochen werden.

In der HIB gab es dem Informanten „Friedhelm Kleinert" zufolge ein von ihm als Tunte bezeichnetes Mitglied. Diese Person mache sich nichts aus den negativen Reaktionen anderer und habe „Westbekanntschaften", die allerdings „lediglich sein Geltungsbedürfnis befriedigen" würden, so „Kleinert" gegenüber dem MfS.[275] Der Informant denunzierte das HIB-Mitglied einerseits, indem er ihm „Westbekanntschaften" nachsagte, deren Bedeutung er andererseits relativierte, vermutlich, um nicht die gesamte Gruppe dem Verdacht westlicher Einflussnahme auszusetzen. Dennoch brachte auch er die Tunte wieder mit dem Westen in Verbindung. „Kleinert" grenzte folglich ein als Tunte markiertes Mitglied der HIB aus und versuchte gleichzeitig, dessen Verhalten als unpolitisch und harmlos abzutun.

---

[272] BStU, MfS HA XX 5765, Bl. 144, „Information über eine lose Gruppierung homosexueller Personen, die beabsichtigt, ihre gesellschaftliche Anerkennung und legale Organisationsformen zu erreichen", 27. 8. 1974.
[273] BStU, HA VII 2743, Bl. 20, Abschrift „Konzept für die Errichtung eines homosexuellen Kommunikationszentrums", 1974.
[274] Ebenda, Bl. 22.
[275] BStU, MfS AP 8670/71, Bl. 142 f., Verwaltung Rückwärtige Dienste, Operative Sicherung, „2. Teil des Berichtes über die Gruppe" von „Friedhelm Kleinert", 6. 5. 1976.

Die Ablehnung der Tunte ist Ausdruck einer streng patriarchalen Gesellschaftsordnung, in der schwule Männer sich an der Aufrechterhaltung hegemonialer Männlichkeit beteiligen. Männlichkeit wird dabei über die Abgrenzung zu Weiblichkeit hergestellt; die Abwertung von Tunten zeigt sich dabei als Fortsetzung der Herabsetzung und als Bestätigung der Hegemonie derjenigen Männlichkeit, die am weitesten von Weiblichkeit entfernt positioniert ist.[276] Hieraus lässt sich schlussfolgern, dass die Bedingungen in der DDR auch die Hierarchisierung von Männlichkeiten auf spezifische Weise mitbestimmten. Die Unsicherheit und die Abhängigkeit von der Gunst der Sicherheitsbehörden, die die Situation der HIB kennzeichnete, verschärfte den Druck, gesellschaftlichen Erwartungen zu entsprechen, und somit auch die Bereitschaft, diejenigen auszuschließen, die sich nicht anpassen konnten oder wollten.

Einer westlichen, „sich ‚links' gebende[n] Ideologie" erteilte die HIB in ihrem Konzept für ein Kommunikationszentrum ebenso eine Absage.[277] Den ostdeutschen Aktivist*innen dürfte klar gewesen sein, dass Kontakte nach West-Berlin oder in die Bundesrepublik – egal zu wem – von den Sicherheitsbehörden nicht gern gesehen waren und ein Risiko für die Gruppe darstellten. Indem sich die HIB in ihrem Konzept von der westdeutschen Schwulenbewegung distanzierte, obwohl sie in vielen weltanschaulichen Fragen durchaus mit ihr übereinstimmte, verneinte sie unmissverständlich jeden Einfluss aus dem Westen, ja präsentierte sich sogar selbst als Bollwerk dagegen.

Die Bemühungen um das Kommunikationszentrum blieben dennoch ebenso erfolglos wie der Versuch, sich im Januar 1976 nach dem neuen Zivilgesetzbuch der DDR als „Interessengemeinschaft" registrieren oder sich als Verein eintragen zu lassen.[278] Als Reaktion auf die Ablehnung einer Interessengemeinschaft durch den Magistrat von Groß-Berlin verfasste das HIB-Mitglied Siegfried Spremberg ein Schreiben an die Hauptabteilung Innere Angelegenheiten beim Ministerium des Inneren. Darin versuchte er erneut zu erklären, dass die Ziele der Gruppe mit denen des Staates und der Partei übereinstimmten:

„Wir sehen die Aktivierung Homosexueller hier und heute als Prozeß der Integrierung auch der Homosexuellen in die entwickelte sozialistische Gesellschaft. Wir verstehen dieses Anliegen als durchaus im Sinne des IX. Parteitages, alles zu tun für die Erhöhung der Attraktivität des Sozialismus."[279]

Damit hob Spremberg nicht, wie die HIB in anderen Schreiben, auf die Verantwortung des Sozialismus für eine Verbesserung der Situation von Schwulen und Lesben ab. Stattdessen glaubte er erkannt zu haben, dass es dem Staat darum ging, die sozialistische als die bessere Gesellschaftsordnung zu präsentieren. Der Sozialis-

---

[276] Vgl. Connell, Der gemachte Mann, S. 99 f.
[277] BStU, HA VII 2743, Bl. 20, Abschrift „Konzept für die Errichtung eines homosexuellen Kommunikationszentrums", 1974.
[278] Vgl. Nellißen/Schmidt, Homosexuelle Interessengemeinschaft Berlin, S. 181.
[279] SMU, DDR, Bestand Bodo Amelang, Nr. 1, Korrespondenz, Brief Siegfried Spremberg an Ministerium des Inneren, HA Innere Angelegenheiten, 18. 6. 1976.

mus könne für die Schwulen und Lesben im eigenen Land attraktiver werden, aber – das erwähnte er nicht explizit – auch für Homosexuelle in anderen Ländern. Der Sozialismus könne also insgesamt an Ausstrahlung gewinnen, wenn er sich gegenüber dem Kapitalismus als homosexuellenfreundlicher erweisen würde.

Doch auch dieses Argument verhalf der HIB nicht zu einer offiziellen Anerkennung. Einzig durch den Verzicht auf weitere Anträge zur Legalisierung ihrer Selbstorganisation erhielt die Gruppe ein Stück Handlungsspielraum. Die Transfrau Charlotte von Mahlsdorf hatte angeboten, Räumlichkeiten im Gründerzeitmuseum in Mahlsdorf, einem Ortsteil des Ost-Berliner Bezirks Lichtenberg (heute Marzahn-Hellersdorf), zu nutzen. Damit begann die „schönste Zeit im Gruppenleben", erinnert sich Peter Rausch, denn erstmals konnte die HIB eines ihrer wichtigsten Vorhaben realisieren: Räume selbst verwalten und damit einen Ort der Begegnung schaffen.[280] Zweimal im Monat gab es nun sonntags Vorträge, kulturelle Darbietungen und auch Bar-Betrieb in Mahlsdorf.[281] Den Unterlagen des MfS ist zu entnehmen, dass die Treffen in Mahlsdorf nur geduldet waren und die HIB im Gegenzug zugesichert hatte, keine weiteren Anträge zu stellen.[282] Dass es eine ausdrückliche Absprache zwischen MfS und HIB gegeben haben könnte, legt auch ein Brief des HIB-Mitglieds Michael Unger an Otto Andree im Januar 1977 nahe. Unger erklärte darin, es sei derzeit wichtiger, sich überhaupt an einem Ort wie Mahlsdorf treffen zu können, als die offizielle Anerkennung anzustreben.[283] Die Sicherheitsbehörden bestimmten demnach zu jeder Zeit den Rahmen, in dem sich die HIB bewegen konnte. Letztlich wurden auch die Veranstaltungen in Mahlsdorf 1978 verboten und die HIB musste ihre Aktivitäten einstellen.

Selbstdarstellung im Westen

In der westlichen schwul-lesbischen Öffentlichkeit stellte sich die HIB vollkommen anders dar als gegenüber Behörden und Medien in der DDR. Hier betonte sie weder ihre Treue zum Sozialismus, noch distanzierte sie sich vom Westen oder der westlichen Bewegung. Stattdessen beklagten sich einzelne Mitglieder über die Verhältnisse in der DDR, kritisierten ostdeutsche Veröffentlichungen und äußerten den Wunsch, stärker in eine grenzübergreifende Bewegung eingebunden zu sein. Insgesamt tauchte die HIB in westdeutschen Publikationen der 1970er Jahre aber nur sehr selten auf, und wenn, dann verwendeten Autor*innen und Interviewpartner*innen Pseudonyme oder sprachen anonym von einer namenlosen Gruppe im Osten, der sie angehörten. Da die HIB die einzige Gruppe ihresgleichen zu dieser Zeit war, können ihr die Personen im Nachhinein dennoch zugeordnet werden.

---

[280] Interview Peter Rausch, 19. 2. 2013.
[281] Vgl. Rausch, Die vergessene Lesben- und Schwulengeschichte, S. 24.
[282] Vgl. BStU, BV Berlin AOG 1144/86 I.II Bd. 1, Bl. 138 f., PdVP Berlin, Dezernat I, „Sachstandsbericht", 26. 8. 1977.
[283] Vgl. SMU, DDR, Nachlass Otto Andree, Nr. 4, Privatkorrespondenz, Brief von Michael Unger an Otto Andree, 19. 1. 1977.

Ab Mitte des Jahres 1973 druckte das in West-Berlin erscheinende „HAW-Info" Kommentare zu sexualwissenschaftlichen und -pädagogischen Neuerscheinungen aus der DDR ab, die von Ostdeutschen verfasst worden waren. Die West-Berliner demonstrierten damit ihr Interesse an Stimmen aus der DDR zum Thema Sozialismus und Homosexualität und an einem Austausch, der keine West-Ost-Einbahnstraße bleiben sollte. Es erschienen drei kritische Rezensionen, die zum Schluss kamen, dass Homosexuelle „in der DDR noch nicht von sozialistischen Einstellungen aus bewertet" würden.[284] Die Autor*innen schrieben dabei unter Pseudonym („F.-P.", „Lotte Ulbricht-Sperrmül") und gaben sich nicht ausdrücklich als Ostdeutsche zu erkennen. Dass sie der HIB angehörten oder aus deren Umfeld kamen, kann nicht nur aus den Texten selbst geschlossen werden, sondern wird in der Rückschau auch von Zeitzeugen bestätigt.[285] Es sind zudem keine anderen Kontakte der HAW nach Ost-Berlin bekannt, über die es einen ähnlich intensiven Austausch gegeben hat.

1973 erschien im „HAW-Info" unter der Überschrift „Ist das ‚sozialistische Geschlechtererziehung'?" eine Besprechung des im selben Jahr veröffentlichten Aufklärungsbuchs „Geschlechtererziehung in der sozialistischen Oberschule" des DDR-Pädagogen Kurt Bach. Bach verteidige darin, so der Rezensent F.-P., eine „bürgerliche Moral", die er eigentlich zu bekämpfen beabsichtigte.[286] Nicht die Befreiung, sondern die staatliche Normierung von Sexualität sei das eigentliche Ziel des Buchs, kritisierte F.-P. Zwar halte Bach Homosexuelle nicht für kriminell, er stigmatisiere sie jedoch, indem er davon abrate, sich mit ihnen anzufreunden. Letztlich sprach F.-P. Bachs Konzept der Geschlechterziehung ab, sozialistisch zu sein.[287] In einem weiteren Beitrag zum Thema „ethische Wertung der Homosexualität in der DDR" stellte der gleiche Rezensent die These auf, es gebe eine Kontinuität der Verfolgung von Homosexuellen seit dem Nationalsozialismus bis in die DDR. Das „gesunde Volksempfinden" sei „bei offiziellen Veröffentlichungen noch nicht überwunden", kommentierte F.-P., und präge weiterhin die öffentliche Thematisierung von Homosexualität.[288] Der Begriff des „gesunden Volksempfindens" stammt aus der Zeit des Nationalsozialismus und stand für die angeblich natürliche und richtige Meinung des Volkes vor allem zu Fragen des Rechts. Der Verweis auf das „gesunde Volksempfinden" diente im NS-Staat häufig dazu, Menschen oder Kunst aufgrund des vermeintlichen Willens des Volkes als „volksfremd" oder „entartet" zu kennzeichnen und zu verfolgen.[289] F.-P. stellte somit auch eine Ver-

---

[284] F.-P., ethische Wertung der Homosexualität in der DDR, in: HAW-Info, H. 14, 1974, S. 10–12, hier S. 12.
[285] Vgl. Interview Michael Eggert, 13. 5. 2016.
[286] F.-P., Ist das „sozialistische Geschlechtererziehung"? Bemerkungen zu einer Veröffentlichung aus der DDR, in: HAW-Info, H. 12, 1973, S. 38–41, hier S. 38.
[287] Vgl. ebenda, S. 38–41.
[288] F.-P., ethische Wertung der Homosexualität in der DDR, in: HAW-Info, H. 14, 1974, S. 10–12, hier S. 12.
[289] Vgl. Schmitz-Berning, Vokabular des Nationalsozialismus, S. 270–272. Im Westen wurde der Begriff „gesundes Volksempfinden" ebenfalls von Aktivist*innen genutzt und dem Staat unterstellt, er würde sich in Kontinuität zum Nationalsozialismus bei der Diskriminierung von

bindung zur westdeutschen Schwulenbewegung her, indem er sich einen aus der geteilten Geschichte stammenden Begriff aneignete und in den Dienst gemeinsamer Interessen stellte: die Mobilisierung von Schwulen (und Lesben) gegen ihre gesellschaftliche Ächtung und staatliche Diskriminierung in beiden deutschen Staaten. Mit der Veröffentlichung im „HAW-Info" unterlief F.-P. nicht nur die Grenze zwischen Ost und West. Die Kritik am eigenen Land untergrub auch den mit der Selbstbezeichnung als sozialistischer Staat verbundenen Anspruch der DDR, dem Westen überlegen zu sein.

Im „HAW-Info" 14 aus dem Jahr 1974 wurde der Artikel „Plädoyer für eine Minderheit" des DDR-Sexualwissenschaftlers Siegfried Schnabl aus der DDR-Zeitschrift „Das Magazin" vom Dezember 1973 nachgedruckt. Der Kommentar zu diesem Text stammte vermutlich wieder von einem HIB-Mitglied.[290] Unterschrieben ist er mit dem Namen Lotte Ulbricht-Sperrmül,[291] der auf die zweite Ehefrau des ehemaligen Staatsratsvorsitzenden Walter Ulbricht anspielt und als Pseudonym die Autor*in vor möglichen rechtlichen Konsequenzen schützen sollte. Sie gab damit nicht nur den Hinweis auf ihre ostdeutsche Herkunft, sondern beteiligte sich mit dem karikierten weiblichen Namen zugleich an der emanzipatorischen Umdeutung tuntigen Schwulseins, wie es in der westdeutschen Schwulenbewegung verbreitet war. Vorbild war Volker Bruns aus der Feministen-Fraktion der HAW, der den Tuntennamen Mechthild Freifrau von Sperrmüll trug und auch im „HAW-Info" publizierte.[292] Craig Griffiths geht davon aus, dass in Ländern wie den USA, Italien, Frankreich oder der Bundesrepublik in denen eine heterogene Schwulenbewegung existierte, auch der Freiraum für die Politisierung von Schwulen als Tunten entstand.[293] Das trifft auf die DDR offensichtlich nicht zu. Denn weder für die Verwendung des Pseudonyms Lotte Ulbricht-Sperrmül innerhalb der DDR noch für andere Ansätze einer ostdeutschen emanzipatorischen Tunten-Fraktion gibt es Belege. Die HIB konnte sich diese Heterogenität – oder zumindest deren bewusste Demonstration nach außen – nicht leisten. Sie war vielmehr um ein Bild von sich und *den* Homosexuellen bemüht, das keinen Anstoß erregte, um von den staatlichen Stellen ernst genommen zu werden. Diese Rücksicht auf Staat und Gesellschaft war etwas, das die Gruppe mit dem Begriff des „gesunden Volksempfindens" skandalisierte, zugleich aber selbst praktizierte.

Als vernünftig bezeichnete Lotte Ulbricht-Sperrmül Schnabls Hinweis darauf, dass Homosexualität nichts mit Moral zu tun habe. Für gefährlich hielt sie dagegen

---

      Homosexuellen auf dieses berufen, ohne jedoch explizit den Ausdruck zu verwenden. Vgl. Stümke, Hans-Georg/Finkler, Rudi, Rosa Winkel, Rosa Listen. Homosexuelle und „Gesundes Volksempfinden" von Auschwitz bis heute, Reinbek bei Hamburg 1981.

[290] Das Manuskript zu diesem Kommentar befindet sich im Nachlass von Bodo Amelang, der Mitglied der HIB war. Vgl. SMU, DDR, Bestand Bodo Amelang, Nr. 3, HIB-Material.

[291] Ob es sich bei der Schreibweise mit nur einem „l" um einen Fehler oder eine bewusste Abwandlung handelt, ist nicht bekannt. Im Folgenden wird Lotte Ulbricht-Sperrmül als „sie" bezeichnet, auch wenn sich dahinter vermutlich ein schwuler Mann verbirgt. Damit können die Aussagen dem Pseudonym eindeutig zugeordnet werden.

[292] Vgl. Henze, „Die lückenlose Kette zwischen Politik und Schwul-sein aufzeigen", S. 133 f.

[293] Vgl. Griffiths, Konkurrierende Pfade der Emanzipation, S. 155.

die therapeutischen Maßnahmen, mit deren Hilfe sich Schnabl zufolge Homosexualität irgendwann „überwinden" ließe.[294] Insgesamt fiel ihr Urteil kritisch aus; vor allem auch wegen Schnabls Ratschlag, Homosexuelle sollten „auf den Geschmack der weit überwiegenden Mehrheit ihrer Mitbürger Rücksicht nehmen".[295]

Indem die HAW mit keinem Wort darauf verwies, dass die Texte von Ostdeutschen verfasst worden waren, schützte sie die Autor*innen und nahm deren Perspektive selbstverständlich in ihre Auseinandersetzung um Homosexualität und Sozialismus auf. Diese Haltung bestätigt, dass ost- und westdeutsche Schwulenaktivisten in der ersten Hälfte der 1970er Jahre eine „kollektive Sinnkonstruktion" im Sinne Ingrid Gilcher-Holteys[296] verband: Beide erwarteten vom Sozialismus, sich für Homosexuelle einzusetzen. Die von Ostdeutschen verfassten Texte im „HAW-Info" enthalten eine Gegenwartsanalyse, die sich an einer Vorstellung von Gesellschaft orientierte, in der Homosexuelle emanzipiert, das heißt als Homosexuelle leben könnten, ohne soziale und politische Ausgrenzung zu erfahren. Das Ordnungsmuster, das den Texten zugrunde liegt, ist die Gegenüberstellung von einerseits sozialistischen Positionen, die für Emanzipation und Akzeptanz standen, und andererseits „bürgerlichen" Positionen, die als repressiv galten. Sie grenzten sich zudem gegenüber denjenigen ab, die Homosexualität heilen oder lediglich tolerieren wollten und als „reaktionär" bezeichnet wurden. Es fand somit eine Verständigung der Bewegungen über gemeinsame Orientierungsmuster und Zielvorstellungen statt.[297] Darüber hinaus wurde das West-Berliner Publikum über in der DDR erschienene einschlägige Literatur und damit über das Nachbarland informiert. Die von den ostdeutschen Autor*innen vollzogene Distanzierung von DDR-Sexualwissenschaftlern und Pädagogen, die sich selbst als Sozialisten bezeichneten, verlangte den westlichen Leser*innen eine kritische Reflexion über Anspruch und Wirklichkeit im Sozialismus ab. Bei aller Kritik an der DDR musste aber niemand die Überzeugung aufgeben, der Sozialismus werde die Homosexuellen befreien. Vielmehr lautete die Schlussfolgerung, dass die DDR eben noch nicht so weit sei – ein Topos, der sowohl die westdeutsche als auch die ostdeutsche Schwulenbewegung weiterhin begleitete. Für die Ostdeutschen waren die Veröffentlichungen außerdem eine Möglichkeit, sich überhaupt an einer Diskussion über Sexualwissenschaften und homosexuelle Emanzipation zu beteiligen, ihre Erfahrungen einzubringen und so einen gemeinsamen Kommunikationsraum mitzugestalten. Sie waren damit – wenn auch wenig sichtbar – Teil einer transnationalen Bewegung, die sich an politischen und wissenschaftlichen Aussagen über Homosexualität abarbeitete. Diese Verständigung blieb allerdings punktuell, weil nach den hier genannten keine weiteren von Ostdeutschen verfassten Beiträge mehr erschienen; vermutlich deshalb, weil sich die HIB stärker um ihre Anerken-

---

[294] Lotte Ulbricht-Sperrmül, Kurzer Kommentar zu Schnabls Plädoyer für eine Minderheit, in: HAW-Info, H. 14, 1974, S. 9.
[295] Ebenda.
[296] Gilcher-Holtey, Der Transfer zwischen den Studentenbewegungen, S. 488.
[297] Vgl. ebenda, S. 494.

nung innerhalb der DDR bemühte und das Risiko minimieren wollte, aufgrund von Westkontakten verboten zu werden.

Die HIB selbst wurde in westlichen Druckschriften kaum thematisiert. Es liegt nur ein Interview vor, das allerdings nicht von einer westdeutschen, sondern von der schwedischen Zeitschrift „Revolt" geführt und danach in der Bundesrepublik veröffentlicht wurde. Darin berichtete ein Mitglied der HIB über die Situation in der DDR, über Vorstellungen von Sozialismus und das Verhältnis zur westdeutschen Schwulenbewegung. Der Interviewte beurteilte die Situation in der DDR noch negativer als die Autor*innen der Beiträge im „HAW-Info", wobei er konkrete Probleme ansprach, vor denen die HIB stand. Die HIB bezeichnete er explizit nicht als „organisierte" Gruppe, weil es in der DDR „illegal" sei, sich zu organisieren, und entsprechende Aktivitäten zur Bestrafung der Betroffenen führen könnten.[298]

Auf die Frage, ob sich die Mitglieder der Ost-Berliner Gruppe als Sozialisten bezeichnen, antwortete er: „Klar. Wir sprechen ja wenig über private Auffassungen. Aber ich nehme an, daß die meisten das wünschen, was wir den ‚menschlichen Sozialismus' nennen."[299] Die politische Einstellung war für den Ost-Berliner eine private Auffassung. Dies scheint im Gegensatz zu dem Slogan der westdeutschen sozialen Bewegungen der 1970er Jahre zu stehen, die die scharfe Trennung zwischen öffentlich und privat zurückwiesen. Sie verstanden Themen wie Sexualität, Geschlechterverhältnisse, Gewalt und Kindererziehung nicht als private Angelegenheiten, sondern als Politikfelder, die öffentlich zu diskutieren waren. Die „Politik der ersten Person" vertrat zudem den Anspruch, dass politische Überzeugungen in der persönlichen Lebenspraxis umgesetzt werden müssten, dass also eine Politisierung aller Lebensbereiche das Ziel sei.[300] Die Begriffe „politisch" und „Politik" wurden allerdings in Ost und West unterschiedlich verwendet.[301] Wenngleich die HIB in der DDR die Staats- und Parteiführung dazu aufforderte, die Lebensverhältnisse von Homosexuellen zu verbessern, und versuchte, Begegnungsmöglichkeiten zu schaffen, sie also Sexualität und soziale Beziehungen nicht als rein private Angelegenheiten verstand, so bezeichnete sie ihre Aktivitäten doch nie als politisch. Denn sich politisch zu engagieren, wurde von der Partei- und Staatsführung nicht geduldet, wenn dieses Engagement nicht in den gelenkten Bahnen von Partei oder Massenorganisationen verlief.[302] Zwar machte auch die HIB das (vermeintlich) Private zum politischen Gegenstand, sie konnte die westlichen Politikkonzepte jedoch nicht übernehmen und musste für ihre Arbeit eine unverfänglichere Sprache finden. Mit der Aussage, eine Parteimitgliedschaft oder die Einstellung zum Staat sei die jeweils private Entscheidung der Mitglieder, sprach der Interviewte allerdings etwas anderes aus: Auch wenn nach außen die Nähe zum sozialistischen Staat stets betont wurde, so war die Frage nach dem

---

[298] O. A., Gespräch in Berlin (DDR), in: Emanzipation, H. 2, 1976, S. 22–25, hier S. 22.
[299] Ebenda, S. 24.
[300] Vgl. Haunss, Identität in Bewegung, S. 115–118.
[301] Vgl. Bösch/Gieseke, Der Wandel des Politischen in Ost und West, S. 39.
[302] Neubert, Geschichte der Opposition in der DDR, S. 284.

Verhältnis zum Sozialismus als Gesellschaftsordnung für die Kommunikation innerhalb der Gruppe nicht relevant, da andere Themen und praktische Notwendigkeiten wichtiger waren. Möglicherweise war es für den Zusammenhalt in der Gruppe sogar entscheidend, dass über die Gesinnung Stillschweigen bewahrt wurde, weil davon auszugehen war, dass entsprechende Äußerungen an die Staatssicherheit weitergetragen werden. Während also in den Schreiben an staatliche Behörden und Medien das Bekenntnis zum Sozialismus und die Loyalität gegenüber der DDR beteuert wurden, blieben die tatsächlichen Ansichten der Mitglieder sogar intern unausgesprochen. Das Politische war also Privatsache, was wiederum die Voraussetzung dafür war, das Private politisch machen zu können.

Worüber Schwule im Westen diskutierten, so der Ost-Berliner im Interview mit „Revolt", nähmen sie zwar zur Kenntnis, wirklich teilnehmen könnten sie an den Debatten jedoch nicht, denn in der DDR seien sie „sehr isoliert".[303] Deshalb hätte die Ost-Berliner Gruppe auch gerne mehr Kontakt zu Schwulengruppen in anderen Ländern.[304] Der Interviewte sprach immer nur von Schwulen und Schwulengruppen, obwohl in der HIB sowohl Männer als auch Frauen organisiert waren und Kontakte zu Lesbengruppen im Westen ebenfalls naheliegend gewesen wären. Seine Aussagen zeigen, dass er die Gruppe nicht als schwul-lesbisch verstand und nach außen lediglich die schwulen Interessen vertrat. Insgesamt unterscheiden sich seine Aussagen erheblich von den Inhalten, die sich den Schreiben der HIB an offizielle Stellen entnehmen lassen, was ein Beleg dafür ist, dass es sich bei den jeweiligen Äußerungen um Selbstbehauptungsstrategien handelte, mit denen Mitglieder der Gruppe hofften, Handlungsmöglichkeiten zu erschließen. Je nach Kontext wählten sie also unterschiedliche Vorgehensweisen. Im Interview mit der Zeitschrift „Revolt" ging es um die Zugehörigkeit zu grenzübergreifenden Netzwerken schwuler Bewegungen. Von der westlichen Bewegung erhoffte man sich Solidarität und Unterstützung sowie über die Öffentlichkeit, die im Westen genutzt werden konnte, ein Mehr an Sichtbarkeit als Schwulenaktivisten. In der Kommunikation mit staatlichen Stellen betonte die HIB als Schwulen- und Lesbengruppe dagegen ihre Verbundenheit mit dem sozialistischen System sowie ihre Distanz zum Westen und den dort organisierten Homosexuellen, um mit Duldung der Behörden in der DDR existieren und agieren zu können.

Knotenpunkt Otto Andree im deutsch-deutschen Netzwerk

Die fehlenden Kommunikations- und öffentlichen Darstellungs- sowie Publikationsmöglichkeiten hatten zur Folge, dass die Aktivist*innen und Fürsprecher*innen für die Rechte von Homosexuellen in der DDR der 1970er Jahre zum Teil nichts voneinander wussten. Erst durch Kontakte nach West-Berlin, über Bande sozusagen, erfuhr die HIB beispielsweise, wer sich noch in ihrem Land für die

---

[303] O. A., Gespräch in Berlin (DDR), in: Emanzipation, H. 2, 1976, S. 22–25, hier S. 23.
[304] Vgl. ebenda.

Interessen von Schwulen und Lesben engagierte. So erlangte die HIB durch Mitglieder der HAW Kenntnis davon, dass der Neurologe Otto Andree eine „positive Haltung zur Emanzipation der Homosexualität" einnehme.[305] Michael Unger von der HIB schrieb daraufhin im Juli 1976 einen Brief an Otto Andree mit der Bitte, gegenüber dem Ministerium des Inneren aus seiner medizinischen Sicht die Relevanz einer offiziell anerkannten Homosexuellengruppe zu unterstreichen.[306] Die Netzwerke in der DDR waren somit zum Teil gekoppelt an Personen im Westen, die fehlende Kommunikationskanäle im Osten ersetzten und Verbindungen zwischen Ostdeutschen herstellten.

Über die Anfrage von Michael Unger berichtete Andree – ohne beauftragter Informant zu sein – an die Staatssicherheit und erklärte, die HIB sei wohl auf ihn aufmerksam geworden, weil er 1973 einen Brief an Rosa von Praunheim geschrieben habe.[307] Er habe sich damals in die Debatte um den Film „Nicht der Homosexuelle ist pervers, sondern die Situation, in der er lebt" eingebracht, indem er sich „kritisch und auch zustimmend" über das Werk geäußert habe.[308] Damit legte er der Staatssicherheit nahe, dass seine Meinung im Westen gefragt sei. Sein Vorhaben, die HIB zu unterstützen, rechtfertigte er gegenüber dem MfS damit, dass „sicherlich Kontakte zwischen den Westberliner Gruppen und der Gruppe in der Hauptstadt der DDR existieren" und dass er selbst als jemand, der „unmittelbar an die führenden ‚Köpfe'" in Ost und West herankomme, diese Verbindungen kontrollieren könne.[309] Gleichzeitig machte er kein Geheimnis daraus, dass er selbst ein „unmittelbares persönliches Interesse an den Emanzipationsbestrebungen" habe und er sich „solange [sic!] dafür mit einsetzen" werde, „solange nicht die Interessen unseres Staates in irgendeiner Form berührt" würden.[310] Sein Bericht an die Staatssicherheit kann demnach zum einen als Bitte um Erlaubnis gelesen werden, der HIB als Sachverständiger zur Seite stehen zu dürfen. Otto Andree betonte zum anderen seine Vernetzung in den Westen, um sich selbst als international wahrgenommene Stimme im Diskurs über Homosexualität zu inszenieren und sich als nützlichen Informanten mit Einflussmöglichkeiten auf die grenzübergreifende Zusammenarbeit schwuler Aktivisten zu präsentieren. Auf die Anfrage von Michael Unger reagierte Otto Andree schließlich positiv. Der Brief habe ihn darin bestärkt, sich selbst einen Standpunkt zur „Stellung des Homosexuellen in unserer Gesellschaft" zu erarbeiten und dem Staat Vorschläge für deren „soziale Integration" zu machen.[311] Er habe dienstlich zahlreiche Kontakte in den Staatsap-

---

[305] SMU, DDR, Nachlass Otto Andree, Nr. 4, Privatkorrespondenz, Brief von Michael Unger an Otto Andree, 6. 7. 1976.
[306] Vgl. ebenda.
[307] Vgl. BStU, MfS HA VII 3757, Bl. 161, „Angebot, bei der Gründung eines ‚Vereines' Homosexueller als Gutachter oder Sachverständiger zu helfen", 12. 8. 1976.
[308] Ebenda.
[309] Ebenda.
[310] Ebenda, Bl. 159.
[311] SMU, DDR, Nachlass Otto Andree, Nr. 4, Privatkorrespondenz, Brief von Otto Andree an Michael Unger, 8. 7. 1976.

parat, stehe zu seiner Homosexualität und könne durch seine beruflichen Erfahrungen dazu beitragen, den Homosexuellen „ihren Platz in der Gesellscha[ft] zu verschaffen".[312] Wie die Informanten aus dem Kreis der HIB nahm Andree damit eine Doppelrolle ein: Er denunzierte die Bewegung und ihre Mitglieder, agierte gleichzeitig aber auch als Vermittler zwischen ihnen und dem Staatsapparat.

Otto Andree war außerdem ein wichtiger Knotenpunkt in einem grenzübergreifenden Netzwerk schwuler Aktivisten und stellte eine Verbindung zwischen den Bewegungen der 1970er und 1980er Jahre her. In den 1970er Jahren unterstützte er die HIB und korrespondierte mit Rudolf Klimmer, in den 1980er Jahren hielt er Vorträge über Klimmer in den bei der Kirche angesiedelten Arbeitskreisen Homosexualität und setzte die Kommunikation sowohl mit ost- als auch westdeutschen Aktivisten fort.[313]

Ende der Homosexuellen Interessengemeinschaft Berlin

Bis Mitte 1987 traf sich die HIB im Gründerzeitmuseum in Mahlsdorf und konzentrierte sich auf Veranstaltungen und das Gruppenleben. Um dort geduldet zu werden, verzichtete sie darauf, Anträge auf eine offizielle Anerkennung zu stellen oder Forderungen gegenüber staatlichen Stellen zu erheben. Mit der Planung eines DDR-weiten Lesbentreffens in Mahlsdorf für April 1987 war die Geduld der Behörden jedoch am Ende. Alle Veranstaltungen in Mahlsdorf wurden verboten und die HIB musste sich wieder in private Räume zurückziehen.[314] Es folgten neue Eingaben, in denen nun allerdings nicht mehr das Lob auf den Sozialismus im Vordergrund stand, sondern schlicht die Enttäuschung über die Zurückweisungen und die Weigerung des Staates, sich mit dem Thema Homosexualität zu beschäftigen. In einem Brief an die Volkskammer der DDR vom 22. Oktober 1978 erklärte Peter Rausch den Zwiespalt, in dem vor allem schwule Männer in der DDR steckten: Die Gesellschaft verlange von ihnen konformes Verhalten, kümmere sich aber nicht darum, dass ihnen andere Orte als öffentliche Bedürfnisanstalten für Begegnungen zur Verfügung stünden. Damit erklärte Rausch selbst das Aufsuchen von sogenannten Klappen, also Parks und Toiletten, wo sich Männer trafen, um mit anderen Männern Sex zu haben, einerseits für unerwünscht. Die Verantwortung für dieses unerwünschte Verhalten wies er andererseits aber dem Staat zu. Seine Frage an die Volkskammer lautete daher: „Raus aus den öffentlichen Toiletten! Aber wohin?"[315] Mit dieser Frage griff Rausch den Aufruf „Raus aus den Toiletten,

---

[312] Ebenda.
[313] Vgl. SMU, DDR, Nachlass Otto Andree, Nr. 3, Offizielle Korrespondenz, Einladung der Lesbisch-Schwulen Jugendgruppe Karl-Marx-Stadt an Otto Andree, 21. 10. 1987; Nr. 1, Materialien zur Biografie Klimmers 1957–1997, Brief vom AK Homosexualität der ESG Leipzig Otto Andree mit Bitte, in Leipzig einen Vortrag über Rudolf Klimmer zu halten, 10. 4. 1988; Manuskript von Otto Andree zum Vortrag über Rudolf Klimmer am 18. 11. 1988.
[314] Vgl. Nellißen/Schmidt, Homosexuelle Interessengemeinschaft Berlin, S. 183.
[315] BStU, MfS HA VII 2743, Bl. 73 f., „Einschreiben" der HIB an die Volkskammer der DDR, „Sozialistische Freizeitgestaltung einer Minderheit", 22. 10. 1978.

rein in die Straßen!" aus Rosa von Praunheims Film „Nicht der Homosexuelle ist pervers, sondern die Situation, in der er lebt" auf und zog so eine Linie von der Gründung der HIB bis zu dem Punkt, an dem sich deren Hoffnungen auf eine Legalisierung ihrer Selbstorganisation vorerst zerschlugen. Der westdeutsche Film war damit zum festen Bezugspunkt des eigenen Selbstverständnisses geworden und hatte für die Ostdeutschen nicht an Aktualität verloren. Denn wie schon zum Zeitpunkt ihrer Gründung stand die HIB erneut vor dem Problem, keinen Raum selbst verwalten und keine Aktivitäten selbst organisieren zu können.

Die Sicherheitsbehörden werteten diese Situation als Erfolg. Eine „Rapportmeldung" aus dem Dezernat I des Berliner Präsidiums der Volkspolizei konstatierte im Januar 1979, dass „eine positive Veränderung im Verhalten der Gruppenmitglieder eingetreten" sei.[316] Mithilfe von IM habe man insofern „positiven Einfluss" auf die HIB genommen, als die Gruppe etwa dazu gebracht werden konnte, ihre Kontakte nach West-Berlin und die Bundesrepublik abzubrechen.[317] Die „Bearbeitung des Kontrollmaterials" zur HIB könne nun abgeschlossen werden, so die Meldung, weil „von diesen Personen keine feindlichen Aktivitäten oder Straftaten geplant und durchgeführt" würden.[318] Die Zusammenarbeit einzelner Mitglieder mit Polizei und Staatssicherheit und der Verzicht auf Bemühungen um eine offizielle Anerkennung führten letzten Endes also nicht dazu, dass die Gruppe sich nachhaltig schützen und Handlungsspielräume sichern konnte. Die Versuche der HIB, den Diskurs über Homosexuelle in der DDR mitzubestimmen, blieben jedoch nicht vollkommen wirkungslos. Bei einer Beratung zum „Problem der Homosexualität" im Ministerium des Inneren im Oktober 1979 wurde die Gruppe erwähnt und festgestellt, dass „diesem Problem in den kapitalistischen Ländern mehr Beachtung geschenkt und Verständnis entgegengebracht" werde.[319] Der von der HIB immer wieder betonte Unterschied im Umgang mit Homosexuellen zwischen den beiden deutschen Staaten wurde im Innenministerium also durchaus zur Kenntnis genommen und trug zur Entstehen eines Problembewusstseins bei. Die Erkenntnis, dass es erforderlich sei, „sich der Sache komplex anzunehmen", weist ebenso auf ein beginnendes Umdenken in der DDR Ende der 1970er Jahre hin.[320] Nachdem der HIB bei einem Gespräch mit dem Ministerrat am 20. September 1979 jegliche Form staatlicher Unterstützung endgültig versagt worden war, löste sich die Gruppe zum 1. Mai 1980 auf.[321] Sie hatte immerhin erreicht, dass den Lebensbedingungen von Homosexuellen in der DDR mehr Aufmerksamkeit geschenkt wurde. Völlig entmutigen ließen sich die Aktivist*innen der

---

[316] BStU, MfS BV Berlin AOG 1144/86 I.II Bd. 1, Bl. 189, PdVP Berlin, Dezernat I, „Rapportmeldung", 13. 1. 1979.
[317] Ebenda.
[318] Ebenda.
[319] BArch, DO 1/17026, Ministerium des Inneren, HA Innere Angelegenheiten, „Vermerk über Beratung zum Problem der Homosexualität am 4. 10. 1979".
[320] Ebenda.
[321] Vgl. Nellißen/Schmidt, Homosexuelle Interessengemeinschaft Berlin, S. 183.

HIB daher nicht. So gründete Ursula Sillge, die das Lesbentreffen 1978 in Mahlsdorf geplant hatte, mit ehemaligen HIB-Mitgliedern Mitte der 1980er Jahre den Sonntags-Club.[322]

---

[322] Vgl. ebenda. Zum Sonntags-Club vgl. in Kapitel IV.2 „Abgrenzungen zwischen Clubs und Arbeitskreisen".

IV. Schwule Selbstbehauptung in der DDR und deutsch-deutsche Verflechtungen in den 1980er Jahren

Netzwerke und Transfers zwischen Schwulenaktivisten in Ost- und Westdeutschland in den 1980er Jahren wie auch gegenseitige Wahrnehmungen und Verhältnisbestimmungen sind Thema dieses Kapitels. Nach einer Einführung zu den Bedingungen homosexueller Selbstorganisationen in der DDR der 1980er Jahre und den westdeutschen Blicken in Richtung Osten folgt zunächst eine Analyse der Aneignungen westdeutscher Ideen und Materialien in der DDR sowie der Selbstdarstellungen ostdeutscher Akteure im geteilten Deutschland. Danach geht es noch einmal um Aneignungen und Selbstdarstellungen, die am Beispiel des Gedenkens an die homosexuellen Opfer des Nationalsozialismus besonders sichtbar werden. Im letzten Unterkapitel stehen die grenzübergreifenden Netzwerke schwuler Bewegungsakteure im Fokus, um die Frage zu beantworten, welche Nähe möglich und welche Abgrenzungen vor allem vonseiten der Ostdeutschen nötig waren, um die eigene Arbeit voranzutreiben, ohne sie zu gefährden.

1. Ausgangslage: homosexuelle Selbstorganisationen in der DDR und westdeutsche Akteure deutsch-deutscher Verflechtungen

DDR und Homosexualität in den 1980er Jahren

Ab Mitte der 1980er Jahre wurde Homosexualität zu einem öffentlichen Thema in der DDR.[1] So wurde 1984 beispielsweise im Auftrag der SED-Bezirksleitung Berlin eine interdisziplinäre Arbeitsgruppe Homosexualität an der Humboldt-Universität zu Berlin eingerichtet, die Erkenntnisse über den Alltag von Schwulen und Lesben in der DDR sammeln sowie Empfehlungen zur Verbesserung ihrer Lebenssituation vorlegen sollte. Drei staatlich organisierte wissenschaftliche Tagungen unter dem Titel „Psychosoziale Aspekte der Homosexualität" wurden abgehalten und in den DDR-Medien erschienen vermehrt Beiträge, die zu Toleranz gegenüber Homosexuellen aufriefen. Seit Sommer des Jahres 1985 konnten Homosexuelle Kontaktanzeigen in Zeitungen und Zeitschriften aufgeben.[2] Ab 1987 erhielten einzelne Schwulen- und Lesbengruppen die Möglichkeit, Räume staatlicher Jugendclubs zu nutzen.[3] Besonders bemerkenswert war außerdem die Ent-

---

[1] Vgl. Evans, Decriminalization, S. 573.
[2] Vgl. SMU, DDR, Kirchliche Arbeitskreise Homosexualität, Nr. 3b, Schwule in der Kirche (Plesser Straße, Berlin-Treptow), Info-Brief, H. 1, 1985.
[3] Vgl. Schmidt, Die interdisziplinäre Arbeitsgruppe „Homosexualität"; dies., Workshop: Psychosoziale Aspekte der Homosexualität; Heck, Homosexualität in der DDR, S. 50–52; Thinius, Erfahrungen schwuler Männer, S. 29–38.

scheidung, offen schwul lebenden Männern weder die Tauglichkeit für den Dienst in der Nationalen Volksarmee abzusprechen noch Soldaten bei Bekanntwerden ihrer Homosexualität vom Wehrdienst oder einer Laufbahn beim Militär auszuschließen, so wie es bis dahin gehandhabt wurde.[4] Ziel dieser Zugeständnisse war es, Schwule und Lesben stärker an die sozialistische Gesellschaft zu binden und zu verhindern, dass sie der DDR den Rücken kehrten. Allerdings sollte damit nicht die Emanzipation und Selbstorganisation von Homosexuellen gefördert werden. Vielmehr ging es darum, soziale Kontrolle und Herrschaft zu sichern und damit vermeintliche Gefahren für den Sozialismus abzuwenden.[5] Denn die Staatssicherheit und andere Institutionen hatten festgestellt, dass immer mehr Homosexuelle Ausreiseanträge stellten; zudem befürchtete die Staats- und Parteiführung, dass Schwule und Lesben über die bei der evangelischen Kirche angesiedelten Arbeitskreise zunehmend dort ihre Heimat finden und die Kirche damit an Einfluss gewinnen würde. Dem galt es entgegenzusteuern.[6] Der Staatssekretär für Kirchenfragen stellte bereits 1986 auf Grundlage der Untersuchung der interdisziplinären Arbeitsgruppe Homosexualität an der Humboldt-Universität zu Berlin „Überlegungen für eine organisierte staatliche und gesellschaftliche Einflußnahme in diesem Bereich" an.[7] Darüber hinaus verlangten Gesundheitsbehörden in Anbetracht der seit Anfang der 1980er Jahre vor allem in den USA und Westeuropa grassierenden Krankheit AIDS, die in der DDR allerdings kaum verbreitet war, zum Zweck der Prävention einen besseren Zugang zu schwulen Männern.[8] Der Höhepunkt staatlichen Bemühens um die sogenannte *Integration* von Homosexuellen war die 1988 von der Volkskammer beschlossene Streichung des § 151 StGB aus dem Strafgesetzbuch der DDR.[9] Damit wurde die bisherige These von der *Verführbarkeit* von Jugendlichen zur Homosexualität verworfen und es galt künftig ein einheitliches Schutzalter von 16 Jahren für sexuelle Handlungen. Vorausgegangen

---

[4] Vgl. Huneke, States of Liberation. S. 214; Storkmann, Homosexuelle in DDR-Volksarmee und Staatssicherheit.
[5] Vgl. Sweet, Bodies for Germany, S. 260; ders., The Church, the Stasi, and socialist integration, S. 361.
[6] Vgl. BArch, DO 4/821, Staatssekretär für Kirchenfragen, Abteilung Evangelische Kirche, „Zu Aktivitäten in den evangelischen Kirchen in der DDR gegenüber homosexuellen Bürgern sowie weitergehenden Überlegungen für eine organisierte staatliche und gesellschaftliche Einflußnahme in diesem Bereich", 1. 10. 1986; BArch, DO 1/17026, Ministerium des Inneren, Innere Angelegenheiten, Staatliche Anerkennung von Vereinigungen, Anträge, Entscheidungen, Eingaben, HA Innere Angelegenheiten, Abteilung I, „Vermerk", 9. 10. 1979; BStU, MfS HA XX/9 1684, Bl. 52, Wetzel, Rainer, Einige Probleme der weiteren Einbeziehung staatlicher und gesellschaftlicher Kräfte zur vorbeugenden Verhinderung des politischen Mißbrauchs homosexuell veranlagter Personen in antisozialistischen Zusammenschlüssen und zu feindlichen Aktivitäten, Diplomarbeit an der Hochschule des Ministeriums für Staatssicherheit, Potsdam 1986; BStU, HA VII 2743, Bl. 163, „Information über Bestrebungen homosexueller Personenkreise zur Gründung von Organisationen", 1984.
[7] BArch, DO 4/821, Staatssekretär für Kirchenfragen, Abt Evangelische Kirche, Haltung der Kirchen zur Homosexualität, Entwurf eines Briefs an Generalleutnant Giel, 29. 9. 1986.
[8] Vgl. Heck, Homosexualität in der DDR, S. 52–59.
[9] Gesetzblatt der Deutschen Demokratischen Republik, 1988 Teil I, Nr. 29, S. 335–345.

war dieser Reform ein Urteil des Obersten Gericht der DDR vom 11. August 1987, in dem es hieß, dass eine Straftat nach § 151 StGB nicht vorliege, wenn „die Auswirkungen der Tat auf die Rechte und Interessen der Bürger oder der Gesellschaft und die Schuld des Täters unbedeutend sind".[10] Zu dieser Entscheidung des Obersten Gerichts hatte wiederum eine Anhörung von Wissenschaftler*innen im März 1987 beigetragen. Dabei wurde herausgestellt, dass die „unterschiedliche Regelung im StGB [...] bez. homo- und heterosexueller Handlungen von Erwachsenen mit Jugendlichen [...] nicht gerechtfertigt" sei.[11] Die Expert*innen befürworteten auch deshalb eine Reform des Strafrechts, weil sie glaubten, damit den „ideologischen Einfluß nichtsozialistischer Kreise" auf die Homosexuellen in der DDR verhindern zu können.[12] Berücksichtigung fand zudem die Tatsache, dass die DKP in der Bundesrepublik „die gesetzliche Gleichstellung mit Heterosexuellen" forderte.[13] Die Debatte um die Reform des Strafrechts in der DDR war somit nicht losgelöst vom politischen Freund-Feind-Denken und dem Mythos vom Homosexuellen als Sicherheitsrisiko. Die Antwort des Staates war nun aber nicht mehr Ausgrenzung und Bestrafung, sondern das aktive Werben um Loyalität. Offenkundig hatte auch der Sinneswandel der DKP[14] in der Bundesrepublik Auswirkungen auf die Diskussionen in der DDR, so wie es von den westdeutschen Aktivisten seit den 1970er Jahren erhofft worden war.

Samuel C. Huneke zufolge vollzog das SED-Regime ab 1985 einen grundsätzlichen Positionswechsel und zeigte sich zunehmend offen für die Anliegen und Forderungen der Homosexuellen im Land. Seiner Ansicht nach wurde die DDR damit zu einem Beispiel ohnegleichen für eine Diktatur, die aufgrund des Drucks von unten konstruktiv auf die sozialen Interessen ihrer Bürger*innen reagierte.[15] Dieser These kann insofern gefolgt werden, als sich tatsächlich ein Wandel zugunsten der Rechte von Homosexuellen beobachten ließ. Dieser Wandel erfolgte jedoch zuvorderst im Interesse der Staats- und Parteiführung selbst, was sich daran zeigt, dass der Kurswechsel gegenüber Homosexuellen seine Grenzen hatte. Aufgrund ihres Misstrauens gegenüber jeder Form der Selbstorganisation verwehrten die Regierung und ihre Sicherheitsbehörden den homosexuellen Gruppen weiterhin den Zugang zur Öffentlichkeit und verhinderten die Entwicklung einer unabhängig von Staat und Kirche agierenden Schwulen- und Lesbenbewegung. *Integration* diente damit letztlich dem Ziel, die Kontrolle über die Aktivitäten von sich organisierenden Homosexuellen zurückzugewinnen und die immer lauter vorgetrage-

---

[10] O. A., Strafrecht. Oberstes Gericht: Voraussetzungen der Strafbarkeit homosexueller Handlungen mit einem Jugendlichen (hier: Freispruch wegen unbedeutender Auswirkungen der Tat gemäß § 3 StGB), in: Neue Justiz, H. 11, 1987, S. 467–468, hier S. 467.
[11] BArch, DP 2/457, Bl. 70, Oberstes Gericht der DDR, 3. Strafsenat, „Vermerk über die Beratung am 24. März 1987 zu Problemen des sexuellen Mißbrauchs von Jugendlichen gemäß § 151 StGB".
[12] Ebenda.
[13] Ebenda.
[14] Vgl. Kapitel IV.4. „Westdeutsche Hoffnungen auf den Sozialismus in der DDR".
[15] Vgl. Huneke, States of Liberation, S. 214.

nen Beschwerden über Ausgrenzung und Nichtbeachtung durch Verweis auf eingeleitete Maßnahmen zu entkräften. Von wenigen Ausnahmen abgesehen, blieben Lesben für Staat und Gesellschaft nach wie vor fast völlig unsichtbar; zwar wurde in den Medien Homosexualität thematisiert, homosexuelle Frauen kamen in den Berichten aber kaum vor.[16]

Wie sehr das Leben von schwulen Männern in den 1980er Jahren von Ausschluss und Diskriminierung geprägt war, zeigen die Interviews, die Jürgen Lemke in dieser Zeit geführt hat. Der 1963 geborene Kellner T. stellt in Lemkes Gesprächsband fest, dass die Gesellschaft „homofeindlich" und „Schwulenhaß" weit verbreitet sei.[17] Deswegen würde sich „kein Mensch [...] im Betrieb dazu" bekennen, schwul zu sein.[18] Er selbst werde seine Homosexualität ebenfalls weiter verheimlichen, denn er sei „kein Vorreiter".[19] Von einem Outing erwarte er negative persönliche Konsequenzen, die zu tragen er nicht bereit sei. „Im Betrieb habe ich nichts über meine Beziehung zu Volker erzählt", berichtet auch der 1944 geborene Schriftsetzer Peter.[20] Im Interview stellt er sich vor, Volker auf der Straße zu küssen, und erklärt mit Bestimmtheit, dass sie damit „nichts als Abwehr hervorrufen" würden.[21] Es sei „noch nicht an der Zeit, Arm in Arm durch die Straßen zu promenieren", ist sich Peter sicher, lässt aber anklingen, dass er durchaus auf eine solche Zeit in der Zukunft hoffe.[22] Grund für das Verheimlichen war die gesellschaftliche Ächtung. Denn die von den DDR-Medien in den 1980er Jahren propagierte Toleranz gegenüber Homosexuellen spiegelte sich nicht in den Einstellungen der Bevölkerung wider. Die von Kurt Starke und Siegfried Schnabl 1989 veröffentlichten Zahlen zeigen, dass mehr als die Hälfte der befragten Jugendlichen in der DDR sexuelle Kontakte zwischen Männern (58 Prozent) sowie zwischen Frauen (55 Prozent) ablehnten. Der Aussage „Niemand sollte wegen homosexueller Neigungen diskriminiert werden" stimmten nur 52 Prozent der Jugendlichen zu.[23] Darüber hinaus fehlte es an Vorbildern. Bis Ende der 1980er Jahre war keine Person des öffentlichen Lebens bekannt, die ihre Homosexualität offen lebte und damit eine positive Identifikationsfigur hätte sein können. Ein Lebenspartnerschaftsgesetz oder gar die Öffnung der Ehe für homosexuelle Paare und damit das Adoptionsrecht lagen in weiter Ferne.

Homosexuelle Arbeitskreise und Clubs – Kirche oder Sozialismus?

Was den Wandel der Politik gegenüber Homosexuellen entscheidend mitbewirkte, war die Schwulen- und Lesbenbewegung in der DDR der 1980er Jahre, die sich

---

[16] Vgl. Evans, Decriminalization, S. 566; Hillhouse, Out of the Closet behind the Wall, S. 587.
[17] T., geboren 1963, Kellner: Weil ich schwul bin, bin ich nicht besser und nicht schlechter als die andern, in: Lemke (Hrsg.), Ganz normal anders, S. 81.
[18] Ebenda.
[19] Ebenda.
[20] Peter, geboren 1944, Schriftsetzer/Volker, geboren 1948, Außenhandelskaufmann: Eigentlich leben wir wie ein kinderloses Ehepaar, in: ebenda, S. 106.
[21] Ebenda, S. 107.
[22] Ebenda.
[23] Vgl. Schnabl/Starke, Homosexualität, S. 300 f.

1. Ausgangslage: homosexuelle Selbstorganisationen in der DDR 125

breiter aufstellen und dadurch mehr Menschen erreichen konnte als in den 1970er Jahren. Die Voraussetzung dafür war die Bereitstellung von Räumen durch evangelische Gemeinden, in denen die Gruppen die kirchliche Infrastruktur nutzen konnten und bis zu einem gewissen Grad vor dem Zugriff des Staates geschützt waren.[24] Nachdem 1969 der Bund der Evangelischen Kirchen (BEK) in der DDR gegründet worden war, in dem sich die acht ostdeutschen Landeskirchen nun getrennt von der bisher gesamtdeutschen Evangelischen Kirche in Deutschland (EKD) organisierten, prägten Vertreter des Kirchenbundes in den 1970er Jahren die Formel von der *Kirche im Sozialismus*. Folgten daraus bereits innerhalb der Landeskirchen und in den einzelnen Gemeinden Auseinandersetzungen darüber, was darunter zu verstehen sei, löste die Beherbergung von vielfältigen Gruppen der sogenannten *Offenen Arbeit* ab Mitte der 1970er und vor allem in den 1980er Jahren weitere Kontroversen aus. Einzelne Gemeindepfarrer und Kirchengemeinderäte entschieden darüber, ob und wenn ja, welche Gruppen bei ihnen aufgenommen werden sollten, womit sie bei den Gemeindemitgliedern nicht immer auf Akzeptanz stießen. Friedens-, Umwelt-, Frauen- und Menschenrechtsgruppen, aber auch Gruppen von Ausreisewilligen, Punks oder eben Schwule und Lesben fanden dennoch in der gesamten DDR Anschluss an kirchliche Strukturen.[25]

Als Auftakt zur Gründung von Arbeitskreisen Homosexualität kann die Tagung „Kann man darüber sprechen? Homosexualität als Frage an Theologie und Gemeinde" im Februar 1982 im Sprachenkonvikt der Evangelischen Kirche in der Ost-Berliner Borsigstraße gelten. Mit dieser Veranstaltung brachten die Leiterin der Evangelischen Akademie Berlin-Brandenburg, Elisabeth Adler, und der Studienleiter Manfred Punge das Thema zum ersten Mal in die kirchliche Öffentlichkeit der DDR.[26] Im Jahr zuvor hatte die Evangelische Akademie West-Berlin zu einem Seminar ins Tagungshaus am Kleinen Wannsee eingeladen. Titel der Veranstaltung war: „Homosexuelle Orientierung – orientierungslose Sexualität? Biblische und ethische Anfragen".[27] Demnach begannen die Kirchen bzw. einzelne Personen in den evangelischen Kirchen in Ost und West ungefähr zur selben Zeit damit, sich mit dem Thema Homosexualität auseinanderzusetzen. Möglicherweise kam es hier auf der Ebene der Akademien auch zu einem grenzübergreifenden Austausch. Diese Entwicklung hatte für die DDR allerdings weitreichende Folgen, da hier die Entstehung einer neuen Schwulen- und Lesbenbewegung angestoßen wurde. Evangelische Theolog*innen und Kirchenmitglieder organisierten in der Folge in Ost-Berlin die ersten Arbeitskreise und einzelne Pfarrer*innen stellten – wie auch für viele Friedens- und Menschenrechtsgruppen – Räume bereit. Die

---

[24] Vgl. Kleres, Gleiche Rechte im Sozialismus, S. 56.
[25] Vgl. Albrecht-Birkner, Freiheit in Grenzen, S. 30; Pollack, Politischer Protest, S. 74–77; Pietzsch, Die Evangelische „Kirche im Sozialismus", S. 1.
[26] Vgl. Fitschen, Liebe zwischen Männern?, S. 79 f.
[27] Evangelisches Zentralarchiv (EZA), 223/293, HuK West-Berlin, Einladung der Evangelischen Akademie Berlin (West) zum Wochenendseminar „Homosexuelle Orientierung – orientierungslose Sexualität? Biblische und ethische Anfragen", 30. 1.–1. 2. 1981.

Landeskirchen und der Bund der Evangelischen Kirchen in der DDR (BEK) bezogen jedoch nie eindeutig Position zum Umgang mit Homosexuellen und den Arbeitskreisen. So verweigerte etwa der Bischofskonvent der ostdeutschen Landeskirchen 1986 eine grundsätzliche Stellungnahme. Die Bischöfe äußerten sich insofern vorsichtig, als sie homosexuelle Handlungen zwar als Sünde ablehnten, Homosexuelle aber nicht generell verteufelten.[28] „Die Kirche hatte vielleicht ein Dach geboten, sich aber nicht mit ihrer Sache identifiziert", erklärt Klaus Fitschen.[29] Noch dazu mussten die wenigen Pfarrer*innen, die in ihren Kirchen Homosexuellengruppen beherbergten, sich oft gegen Widerstände vonseiten der Gemeinde durchsetzen.[30]

Die ersten bei der Kirche angesiedelten Homosexuellengruppen in der DDR waren der Ost-Berliner Gesprächskreis, der am 13. April 1982 unter Leitung von Manfred Punge in der Philippus-Apostel-Gemeinde zusammenkam, und der Arbeitskreis Homosexualität, der sich am 25. April 1982 in der Evangelischen Studentengemeinde (ESG) in Leipzig gründete. Beide bestanden vorwiegend aus Männern. Zwar entstand in Leipzig 1984 auch eine eigene Lesbengruppe, sie löste sich aber noch im selben Jahr wieder auf. Bei Themen, die sich mit geschlechterspezifischen Fragen beschäftigten, war der Frauenanteil unter den Besucher*innen in Leipzig immer etwas höher. Ansonsten bildeten Männer den weitaus größten Teil der 70 bis 100 Teilnehmenden einzelner Abendveranstaltungen.[31] Einer der Initiatoren der Leipziger Gruppe war der 1953 in Bismark in der Altmark geborene evangelische Theologe Eduard Stapel,[32] dem aufgrund seines offenen Umgangs mit seiner Homosexualität das Priesteramt verweigert worden war. Stapel trieb die Gründung kirchlich angebundener Homosexuellengruppen maßgeblich voran und war ab 1985 bei der Evangelischen Stadtmission Magdeburg sogar offiziell für „Homosexuellen-Arbeit" angestellt. Diese Stelle wurde vermutlich eigens für ihn geschaffen, um die verwehrte Ordination zu kompensieren.[33] Im Leipziger Arbeitskreis war zunächst auch der 1944 in Plauen geborene Christian Pulz[34] aktiv, der 1983 nach Ost-Berlin zog und dort mit dem Aufbau eines weiteren Arbeits-

---

[28] Vgl. Fitschen, Liebe zwischen Männern?, S. 88.
[29] Ebenda, S. 96.
[30] Vgl. ebenda.
[31] Vgl. ebenda, S. 81–84.
[32] Eduard Stapel (1953–2017) hatte Journalistik und Evangelische Theologie in Leipzig studiert. Als Vikar baute er die Schwulen- und Lesbenbewegung in der DDR unter dem Dach der evangelischen Kirche mit auf. Im Februar 1990 war er einer der Gründer des Schwulenverbandes in der DDR (ab Juni 1990 Schwulenverband in Deutschland, seit 1999 Lesben- und Schwulenverband in Deutschland), dessen Vorstand er bis 2006 angehörte und dessen Ehrenvorsitzender er war.
[33] Eduard Stapel, https://de.wikipedia.org/wiki/Eduard_Stapel (16. 6. 2022).
[34] Christian Pulz (1944–2021) wurde in Plauen geboren. Weil er homosexuell war, wurde er gezwungen, das Studium der Evangelischen Theologie in Leipzig abzubrechen. Daraufhin machte er eine Lehre als Buchhändler und arbeitete später als Sozialfürsorger. 1990 zog Pulz als Mitglied von Bündnis90/Die Grünen ins Berliner Abgeordnetenhaus ein und setzte sich weiter für die Rechte von Schwulen und Lesben ein.

kreises sowie der Suche nach einer Gemeinde begann, die der Gruppe eine Bleibe gewähren würde. Von Mai bis August 1983 konnte der Arbeitskreis als Untergruppe der „Friedensarbeit" in der Samariter-Gemeinde bei Pfarrer Rainer Eppelmann andocken.[35] Danach traf sich die Gruppe in der Philippus-Kapelle in Hohenschönhausen, bis sie ab Januar 1984 Räume in der Plesser Straße in der evangelischen Gemeinde der Bekenntniskirche in Berlin-Treptow beziehen konnte.[36] Das Verhältnis zur Kirchgemeinde in Treptow blieb allerdings distanziert. Wie viele andere, die sich im Lauf der 1980er Jahre gründeten, konnte sich der Arbeitskreis demnach unter das sprichwörtliche Dach der Kirche stellen, ohne jedoch wirklich Teil der kirchlichen Arbeit zu sein. Zu Beginn nutzte der „Arbeitskreis Schwule in der Kirche – Homosexuelle Selbsthilfe", wie der vollständige Name lautete, gemeinsam mit dem „Arbeitskreis Lesben in der Kirche – Homosexuelle Selbsthilfe" die Räume in der Bekenntnisgemeinde, bis die Lesben unter der Leitung von Marina Krug in die Gethsemanegemeinde nach Prenzlauer Berg umzogen.

So waren die Arbeitskreise zwar bei der Kirche angesiedelt, aber nur ein kleiner Teil der Organisator*innen und Besucher*innen verstand sich als Christ*innen; Raelynn Hillhouse vermutet, dass der Anteil nur etwa 10 Prozent betrug.[37] Die Zusammensetzung der Arbeitskreise war heterogen und die politischen Hintergründe der Teilnehmenden unterschiedlich.[38] Was die Arbeitskreise prägte, waren die Formate der *Offenen Arbeit* in der evangelischen Kirche. In Bezug auf die Räume, ihre Kommunikation und Organisation der Veranstaltungen unterschieden sie sich daher kaum von anderen Friedens-, Umwelt-, Frauen- und Menschenrechtsgruppen. 1983 traten die Arbeitskreise erstmals auf den regionalen Kirchentagen zum Lutherjahr auf und zeigten mit Infoständen zumindest in der kirchlichen Öffentlichkeit Präsenz.[39] Am Informationsstand auf der Friedenswerkstatt in der Erlöserkirche in Ost-Berlin war im Juli 1983 neben „Lieber ein warmer Bruder als ein kalter Krieger" die Überschrift „Schwule und Lesben in der DDR-Friedensbewegung" zu lesen.[40] Weil sie keine eigenen Zeitschriften herausgeben konnten, stellten sie Info-Blätter her, die als „nur für den innerkirchlichen Dienstgebrauch" deklariert wurden.[41] Ab 1987 trafen sich die Arbeitskreise regelmäßig in einer „Koordinierungsgruppe", in der sie ihre Aktivitäten abstimmten sowie gemeinsame Ziele und Strategien formulierten.[42] Bis 1989 gab es in mindestens 14 evangelischen Gemeinden der DDR homosexuelle Arbeitskreise und mindestens vier nicht bei der Kirche angesiedelte Clubs.[43]

---

[35] Vgl. Schmidt, Lesben und Schwule in der Kirche, S. 203.
[36] Vgl. ebenda, S. 201.
[37] Vgl. Hillhouse, Out of the Closet behind the Wall, S. 594.
[38] Vgl. Fitschen, Liebe zwischen Männern?, S. 92.
[39] Vgl. ebenda, S. 85.
[40] Ebenda, S. 92 f.
[41] Thinius, Aufbruch aus dem grauen Versteck, S. 48.
[42] Vgl. Schmidt, Lesben und Schwule in der Kirche, S. 212.
[43] Berlin: Sonntags-Club (nicht-kirchl.), AK Lesben in der Kirche, AK Schwule in der Kirche, Gesprächskreis Homosexualität der Ev. Adventgemeinde; Rostock: AK Homosexualität der ESG; Schwerin: AK Homosexualität in Gesellschaft und Kirche; Potsdam: Arbeitskreis Homo-

Dobler und Rimmele zufolge gingen Schwule und Lesben in der DDR – anders als in der Bundesrepublik – einen gemeinsamen Weg.[44] Diese Einschätzung trifft jedoch nur teilweise zu. Allenfalls war der Grad der Zusammenarbeit zwischen Schwulen und Lesben in der DDR größer als im Westen, wie es Josie McLellan formuliert.[45] Doch auch diese Bewertung muss differenziert werden, gilt sie doch vor allem für die Clubs seit Mitte der 1980er Jahre. Die Arbeitskreise wurden dagegen zahlenmäßig von schwulen Männern dominiert und auch mehrheitlich von Schwulen geleitet.[46] Eine Ausnahme bildete der Arbeitskreis Homosexualität in Dresden, der von Karin Dauenheimer gegründet und geprägt wurde. Lesbengruppen gab es mit den Lesben in der Kirche ab 1983 in Ost-Berlin sowie seit 1986 in Jena, parallel zu einem Arbeitskreis in der Studentengemeinde, der von Männern organisiert war.[47] Dass Schwule und Lesben an den wenigen Orten, die ihnen zur Verfügung standen, enger zusammenrückten, ist nachvollziehbar. Daraus resultierten allerdings nicht automatisch auch eine inhaltliche Zusammenarbeit und ein gleichermaßen engagiertes Eintreten sowohl für schwule als auch für lesbische Interessen. Zumindest für die hauptsächlich von Männern und gemischten Gruppen überlieferten Quellen lässt sich ein klarer Fokus auf männliche Homosexualität und die Interessen von schwulen Männern erkennen. Für lesbische Emanzipation, so die Aktivistin Marinka Körzendörfer, waren Räume, Begegnungen und Diskussionen unabhängig von den Männern notwendig, die sich Lesben im Laufe der 1980er Jahre zunehmend eroberten.[48] Insofern gilt auch für die DDR, dass die Schwulen- und Lesbenbewegungen weitgehend getrennt voneinander agierten, was nichts an der Tatsache ändert, dass Männer und Frauen – etwa durch die gemeinsame Teilnahme an den Koordinierungstreffen der Arbeitskreise – stärker vernetzt waren als in der Bundesrepublik.

Weil von ihnen die meisten Quellen überliefert sind, stehen einzelne Arbeitskreise und Personen im Mittelpunkt der Untersuchung, wie etwa Christian Pulz und der Arbeitskreis Schwule in der Kirche in Ost-Berlin, der Arbeitskreis Homosexualität in der ESG Leipzig und Eduard Stapel, der vor allem in Magdeburg tätig

---

sexuelle Selbsthilfe der Ev. Kirche; Magdeburg: AK Homosexualität der Ev. Stadtmission; Halle: AK Homosexualität bei der Ev. Stadtmission; Leipzig: Klub homosexueller Bürger Rosa Linde beim Jugendklubhaus „Völkerfreundschaft" (nicht-kirchl.), Sonntags-Club im Kulturhaus „Alfred Frank" (nicht-kirchl.), AK Homosexualität der ESG; Dresden: AK Gerede (nicht-kirchl.); Erfurt: Erfurter Lesben- und Schwulen-Arbeitskreis bei der Ev. Stadtmission; Gera: AK Liebe in der ESG; Karl-Marx-Stadt: AK Jonathan d. Ev. Luth.-Landeskirche, AK Jugendgruppe d. ESG; Reichenbach: AK Homosexualität bei der Inneren Mission Zwickau. Vgl. o. A., Beratungsmöglichkeiten in den Bezirken der DDR. Darin fehlen jedoch Jena: AK Homosexuelle Liebe in der ESG Jena sowie Berlin: Arbeitsgemeinschaft Homosexualität COURAGE (nicht-kirchl.).

[44] Vgl. Dobler/Rimmele, Schwulenbewegung, S. 542.
[45] Vgl. McLellan, Love in the Time of Communism, S. 127.
[46] Vgl. Hillhouse, Out of the Closet behind the Wall, S. 594; Körzendörfer, Getrennt kämpfen, vereint zuschlagen?, S. 84.
[47] Vgl. Henning, Jugend zwischen Kirche und Staat, S. 261–264.
[48] Vgl. Körzendörfer, Getrennt kämpfen, vereint zuschlagen?, S. 85.

1. Ausgangslage: homosexuelle Selbstorganisationen in der DDR

war. Insbesondere Ost-Berlin kommt durch seine Größe und Nähe zum Westen eine Sonderrolle zu. Alle Arbeitskreise waren jedoch durch personelle Netzwerke, strukturelle Ähnlichkeiten und gemeinsame Treffen verbunden, sodass einzelne Akteur*innen und Gruppen auch für die Arbeitskreise in anderen Regionen der DDR relevant waren. Die Veranstaltungsprogramme der verschiedenen Gruppen legen nahe, dass überall dieselben Personen zu ähnlichen Themen referierten. Rainer Herrn[49] aus Leipzig hielt im zweiten Halbjahr 1988 Vorträge zum Thema AIDS in Leipzig, Berlin und Aschersleben. Im selben Zeitraum referierte Eduard Stapel in Erfurt, Karl-Marx-Stadt, Aschersleben und Magdeburg. Jürgen Lemke besuchte mit seinem Buch „Ganz normal anders" zwischen Juli und Dezember 1988 die Arbeitskreise in Halle, Erfurt und Berlin.[50] Hinzu kamen Veranstaltungen, wie etwa Kranzniederlegungen in den Nationalen Mahn- und Gedenkstätten, sowie Feiern zum Christopher Street Day (CSD), die in allen Arbeitskreisen stattfanden und häufig auch von mehreren gemeinsam organisiert wurden. Zudem sahen sich alle Gruppen der Beobachtung durch die Staatssicherheit und dem Argwohn anderer staatlicher Organe ausgesetzt. Aufgrund dieser Ähnlichkeiten und Gemeinsamkeiten können die Ergebnisse der Untersuchung auf die Arbeitskreise Homosexualität in der gesamten DDR übertragen werden, wenngleich die Quellen aus den größeren Städten und insbesondere aus Ost-Berlin überwiegen.

Neben den kirchlich angebundenen Arbeitskreisen bestanden seit Mitte der 1980er Jahre einige wenige nichtkirchlich gebundene Gruppen, die sich in staatlichen Jugendclubs oder Kulturhäusern trafen und in denen sich Frauen und Männer tatsächlich stärker gemeinsam organisierten. Dazu gehörte ab 1986 der Sonntags-Club in Ost-Berlin und die daraus hervorgegangene Arbeitsgemeinschaft Courage ab 1989 (die wiederum von Männern geprägt war), die Clubs Gerede in Dresden sowie RosaLinde in Leipzig ab 1987.[51] Dass diese Gruppen sich nicht unter das Dach der Kirche begaben, war eine bewusste Entscheidung, mit der sie ihre Nähe zum sozialistischen Staat demonstrierten. Der Sonntags-Club in Berlin, der personell zum Teil aus der HIB hervorgegangen war, erklärte etwa in seinem Statut:

„Die Arbeit des Clubs ist auf die Entwicklung eines kulturvollen sozialistischen Gemeinschaftslebens gerichtet und trägt zur Herausbildung der sozialistischen Lebensweise bei."[52]

Abgesehen vom Sonntags-Club waren die nichtkirchlich angebundenen Initiativen oft Gründungen von Personen, die zuvor in Arbeitskreisen unter dem Dach

---

[49] Rainer Herrn wurde 1957 geboren, studierte Philosophie und engagierte sich in der Schwulenbewegung sowie der AIDS-Hilfe in der DDR und im vereinigten Deutschland. Er ist Mitarbeiter des Instituts für Geschichte der Medizin der Charité in Berlin.

[50] Vgl. BStU, BV Berlin Abt. XX 4329, Bl. 121–133, Gemeinsames Programmheft der Kirchlichen Arbeitskreise „Homosexualität", 2. Halbjahr 1988.

[51] Vgl. Dobler/Schmidt/Nellißen, Sonntags im Club, S. 238, 242; Gerede e. V. (Hrsg.), schwullesbisch in dresden; RosaLinde Leipzig e. V., Historie, https://www.rosalinde-leipzig.de/de/verein/historie/ (7. 4. 2020).

[52] SMU, DDR, Sonntags-Club, Nr. 1, Sonntags-Club: Vereinsangelegenheiten, „Statut Sonntags-Club".

der Kirche engagiert waren. Als die politischen Bemühungen um die sogenannte *Integration* von Homosexuellen es zuließen, suchten sie die Anbindung an staatliche Einrichtungen. Ein Beispiel ist der Club RosaLinde in Leipzig, dessen Initiator*innen aus dem Arbeitskreis Homosexualität in der ESG kamen und ab 1988 Räume im Jugendclub Phönix in Leipzig-Lindenau nutzen durften.[53] Der Weg aus den kirchlichen in staatliche Räume war der Versuch, nicht mehr als Teil der Friedensbewegung, sondern als staatsnahe und politisch loyale Initiative wahrgenommen zu werden. Zwischen Arbeitskreisen und Clubs gab es dennoch sowohl personelle Überschneidungen als auch Kooperationen in einem gewissen Umfang. Beispielsweise nahm der Sonntags-Club an den DDR-weiten Koordinierungstreffen der kirchlich angebundenen Arbeitskreise teil.[54]

Mit Kontakten nach West-Berlin und in die Bundesrepublik gingen die Clubs zumeist vorsichtiger um als die Arbeitskreise. So erfuhr das MfS beispielsweise von dem IM „Walter Fichte", dass sich bei einem Gespräch im Sonntags-Club die Ansicht durchgesetzt habe, der Club könne sich erst dann „Westkontakt leisten", wenn er „offiziell anerkannt" sei und diese Kontakte „offiziell genehmigt" würden.[55] Die nicht bei der Kirche angesiedelten Clubs wurden dennoch von der Staatssicherheit überwacht und trotz ihrer Anstrengungen, sich gegenüber dem Westen abzugrenzen und ihre Loyalität zur DDR zu versichern, zu einer als bedrohlich wahrgenommenen Schwulen- und Lesbenbewegung gezählt.

Im Widerspruch zu dieser von Abwehr und Kontrolle geprägten Haltung des DDR-Regimes steht die zaghafte Einbindung leitender Mitarbeiter*innen von Clubs und Arbeitskreisen in die staatlich organisierte wissenschaftliche Auseinandersetzung mit dem Thema Homosexualität ab der zweiten Hälfte der 1980er Jahre. Einzelne Aktivist*innen nahmen etwa an den Tagungen zu „Psychosozialen Aspekte der Homosexualität" teil und hielten dort Vorträge.[56] Sie wirkten in der interdisziplinären Arbeitsgruppe Homosexualität mit und waren nach deren Forschungskonzeption ab 1988 sogar dafür vorgesehen, thematisch einschlägige Dissertationen oder Diplomarbeiten zu verfassen.[57] So sollte Ursula Sillge vom Sonntags-Club 1991 ihre Promotion „Zur homosexuellen Emanzipationsbewegung in

---

[53] RosaLinde Leipzig e. V., Historie, https://www.rosalinde-leipzig.de/de/verein/historie/ (7. 4. 2020).
[54] Vgl. McLellan, Love in the Time of Communism, S. 128.
[55] BStU, BV Berlin AIM 6075/91 Bd. 1, Bl. 348, Bericht „Walter Fichte", 20. 5. 1985.
[56] Die Vorträge von Eduard Stapel, Ursula Sillge, Matthias Kittlitz und anderen Aktivist*innen homosexueller Arbeitskreise und Clubs in der DDR wurden in den Tagungsbänden veröffentlicht. Vgl. u. a. Sillge, Zur psychosozialen Situation der Lesben in der DDR; Stapel, Zur psychosozialen Situation der Schwulen in der DDR; Kittlitz, Zur Definition des Begriffs Coming out; Tunsch, Gedanken zur zukünftigen Zusammenarbeit zwischen kirchlichen und nichtkirchlichen „Arbeitskreisen Homosexualität"; Schenk/Körzendörfer, Zu einigen Problemen lesbischer Frauen in der DDR; Dehnert/Wenzien, Probleme und Erfahrungen in der Arbeit unseres Arbeitskreises.
[57] Vgl. Sillge, Lesben, Schwule, Bisexuelle, Transgender in der DDR, S. 3, http://hirschfeld-kongress.de/images/download/publikationen/Lesben,%20Schwule,%20Bisexuelle,%20Transgender%20in%20der%20DDR%20-%20Sillge.pdf (30. 10. 2019).

Deutschland vor 1933" vorlegen und Karsten Friedel vom Arbeitskreis Schwule in der Kirche zur gleichen Zeit mit einer Arbeit zu „Seelsorge und Homosexualität" beginnen.[58]

Die Schwulen- und Lesbenbewegung im Visier der Staatssicherheit

Der Sexualwissenschaftler und Medizinhistoriker Günter Grau war in den 1980er Jahren eng mit der Schwulen- und Lesbenbewegung in der DDR verbunden. Er hielt Vorträge in den Arbeitskreisen und war 1989/90 Mitgründer der AIDS-Hilfe DDR. Von ihm stammen einige wichtige Beiträge über Homosexualität in der DDR. Laut Grau interessierte sich das MfS bis in die 1970er Jahre nur vereinzelt für Schwule und Lesben. Es hatte in Zusammenarbeit mit der Kriminalpolizei etwa die Homosexuelle Interessengemeinschaft Berlin (HIB) und einzelne weitere Personen im Auge. Die systematische Überwachung setzte erst Ende des Jahres 1983 ein, als die ersten homosexuellen Arbeitskreise in Erscheinung traten. Formal dafür zuständig war die Hauptabteilung XX und dort wiederum die Abteilung 9, die 1981 eingesetzt worden war und unter anderem „politische Untergrundtätigkeit" beobachten sollte. Andere Abteilungen sowie Einheiten auf Bezirks- und Kreisebene leisteten Zuarbeit. Vorrangiges Ziel sei es gewesen, so Grau, die Bildung von DDR-weiten Netzwerken sowie Westkontakte zu verhindern.[59]

Ohne zwischen Männern und Frauen zu differenzieren – wobei allerdings das Bild von *dem* männlichen Homosexuellen die Wahrnehmung prägte –, galten Homosexuelle als Sicherheitsrisiko, insbesondere dann, wenn sie sich in Gruppen organisierten. Dem lag die Überzeugung zugrunde, dass sich Homosexuelle, sofern sie die Gelegenheit dazu hätten, international vernetzen würden – eine Vorstellung, die nicht neu war. Auf die Geschichte des homophoben Stereotyps vom Homosexuellen als Verräter und illoyalen Staatsbürger im Zusammenhang mit der Bildung homosexueller Netzwerke wurde in Kapitel II bereits eingegangen. Mit Blick auf die Beobachtung von Schwulen- und Lesbengruppen durch die Staatssicherheit in der DDR zeigt sich erneut die historische Kontinuität dieses Diskurses. Denn das MfS griff auf die Vorstellung von einer grenzüberschreitenden Natur *des* Homosexuellen und seiner Erpressbarkeit als Gefahr für Staat und Gesellschaft zurück, insbesondere vor dem Hintergrund einer permanent angenommenen Bedrohung durch den Systemgegner. Sogenannte „Verbindungen ins Operationsgebiet" waren deshalb ein Grund für die systematische Beobachtung der Arbeitskreise und später auch Clubs.[60] Beim Sichten der Akten fällt tatsächlich auf, dass das

---

[58] SMU, DDR, Nr. 8, Wissenschaft und Universitäten, Interdisziplinäre Arbeitsgruppe Homosexualität, Konzeption der Forschung bis 1995, 20. 12. 1988.
[59] Vgl. Grau, Erpressbar und tendenziell konspirativ, S. 24.
[60] BStU, MfS HA XX/9 1684, Bl. 119, HA XX, „Zusammenfassung von Erkenntnissen über die Entwicklung und Aktivitäten von Zusammenschlüssen Homosexueller in der DDR und Anzeichen ihres politischen Mißbrauchs durch feindlich-negative Kräfte", 30. 6. 1985.

MfS offenbar jeden Hinweis auf Kontakte ins Ausland aufnahm und als wichtige geheimdienstliche Information behandelte. Es stellte bei fast jedem Arbeitskreis Homosexualität in der DDR Kontakte in die Bundesrepublik oder nach West-Berlin fest. In einer Zusammenfassung über die Aktivitäten verschiedener Gruppen in der gesamten DDR aus dem Jahr 1985 wurden unter einem eigenen Gliederungspunkt Namen und Adressen von Personen aus West-Berlin, der Bundesrepublik und anderen nichtsozialistischen Ländern aufgeführt, zu denen Aktivist*innen aus der DDR angeblich Verbindungen unterhielten. Es wurde vermerkt, ob die Genannten an Veranstaltungen der Arbeitskreise in der DDR teilnahmen oder Literatur in den Osten schmuggelten.[61] Die Art, Regelmäßigkeit und Intensität der Verbindungen war unterschiedlich, als gefährlich stufte die Staatssicherheit diese aber in jedem Fall ein. Die vom MfS zusammengetragenen Informationen lassen somit zwar keine verlässlichen Erkenntnisse über die Qualität von Netzwerken über die Grenze hinweg zu, sie deuten aber daraufhin, dass es in bescheidenem Maße überall in der DDR Begegnungen oder sogar Austausch mit Aktivist*innen und Gruppen im Westen gab.[62]

Hinter diesen Kontakten witterten die Sicherheitsbehörden westliche und damit *feindliche* Einflussnahme. Einer „Information" der Hauptabteilung XX des MfS über die „Aktivitäten zur Bildung einer Organisation Homosexueller in der DDR" vom 4. August 1983 ist zu entnehmen, dass in „zunehmendem Maße durch eingeführte westliche Homosexuellen-Literatur angeregt, [...] die in westlichen Ländern bestehenden Organisationen, Kommunikationszentren und Zeitschriften [...] für eigene Zielvorstellungen in der DDR als Leitbilder genommen" würden.[63] So sei etwa das Buch von Ernest Bornemann „Das Patriarchat. Ursprung und Zukunft unseres Gesellschaftssystems", das 1976 in der Bundesrepublik erschienen war, die „ideologische Grundlage" des Arbeitskreises Schwule in der Kirche, wie das Dezernat I der Berliner Volkspolizei 1983 feststellte.[64] Zur Beschaffung dieser und anderer „Problemliteratur" würden Kontakte zu West-Berliner*innen und Bundesbürger*innen genutzt.[65] Das MfS nahm zudem an, dass die in der DDR bestehenden Arbeitskreise Unterstützung „in Form der Publizierung ihrer Aktivitäten, insbesondere in Medien der BRD/WB [...] sowie durch direkte Kontakte und Beteiligung an Veranstaltungen und Zusammenkünften" erhielten.[66] Außerdem werde

---

[61] Vgl. ebenda.
[62] Vgl. u. a. BStU, BV Dresden KD Dresden-Stadt 77137, Bl. 3, „Verdacht des Zusammenschlusses von Personen zur Verfolgung gesetzeswidriger Ziele"; HA XX/9 1975, Bl. 5, „Aktuelle Erkenntnisse zur Lage im Arbeitskreis ‚Homosexualität' der ESG Rostock", 1. 10. 1986.
[63] BStU, HA XX 7109, Bl. 190 f., „Aktivitäten zur Bildung einer Organisation Homosexueller in der DDR", 4. 8. 1983.
[64] BStU, HA VII 2743, Bl. 137, Präsidium der Volkspolizei Berlin, Stellvertreter Leiter K und Leiter Dezernat I, „Sachstandsbericht zur KA [Kriminalakte] ‚Gloria'", 2. 12. 1983.
[65] Ebenda, Bl. 139.
[66] BStU, MfS HA XX/9 1684, Bl. 73 „Zentraler Maßnahmeplan zur politisch-operativen Bearbeitung negativ-feindlicher Inspiratoren und Organisatoren von Zusammenschlüssen homosexueller Personen", 6. 6. 1985.

die Situation von Homosexuellen in der DDR in „Presseerzeugnissen der BRD und Westberlins – überwiegend in Zeitschriften für Homosexuelle" behandelt.[67] Für gefährlich hielt es die Staatssicherheit überdies, dass Begegnungen und Transfers die lebensweltlichen Unterschiede zwischen Bundesrepublik und DDR sichtbar werden ließen und so das Unzufriedenheitspotenzial unter Schwulen und Lesben in der DDR verstärken könnten. Eine Folge seien vermehrt gestellte Anträge auf „Übersiedlung in das nichtsozialistische Ausland und nach Westberlin" mit der Begründung, dass es dort „mehr Freiheit für Homosexuelle" gebe.[68]

Die Schwulen- und Lesbengruppen unter dem Dach der evangelischen Kirche, aber auch die nichtkirchlich gebundenen Clubs mussten demnach immer damit rechnen, durch die Staatssicherheit beobachtet zu werden. Das tatsächliche Ausmaß der Überwachungsmaßnahmen ist vielen jedoch erst nach 1990 klar geworden, als sie Einsicht in ihre Stasi-Akten nehmen konnten.[69] Nach Einschätzung des damaligen Aktivisten Eduard Stapel waren bis zu 400 Informanten im Auftrag des MfS auf die Arbeitskreise Homosexualität unter dem Dach der Kirche in den 1980er Jahren angesetzt.[70]

1988 war sich das MfS sicher, dass die Etablierung einer DDR-weiten Schwulen- und Lesbenbewegung „wirksam unterbunden" worden sei.[71] Als Grund für diesen *Erfolg* wird auf die Schritte der Staats- und Parteiführung verwiesen hin zu mehr Offenheit und Toleranz sowie auf die Ansprache der Homosexuellen mit dem Ziel, sie stärker an die sozialistische Gesellschaft zu binden:

„Im Ergebnis rechtzeitig eingeleiteter komplexer staatlicher und gesellschaftlicher Maßnahmen, der Intensivierung der Öffentlichkeitsarbeit, einschließlich der Publizierung staatlicher Standpunkte zum Problem der Homosexualität […] konnten gezielte Profilierungsbestrebungen homophiler Personen zurückgedrängt und Aktivitäten provokatorisch-demonstrativen Charakters […] verhindert bzw. hinsichtlich ihrer politischen Auswirkungen eingeschränkt werden."[72]

Dass der Staat Homosexuelle nicht mehr ausschließlich als *Feinde* betrachtete, sondern versuchte, mit ihnen ins Gespräch zu kommen und auf ihre Forderungen einzugehen, wurde von der Staatssicherheit als erfolgreiche Strategie bewertet. Laut Samuel C. Huneke war es die Staatssicherheit selbst, die in ihrem Bestreben, die Bewegung zu unterdrücken, der Staats- und Parteiführung die Bekämpfung von Homosexuellenfeindlichkeit im Recht, in der Gesellschaft und in der Kultur nahegelegt hatte. Die Schwulen- und Lesbenbewegung und die Gefahr, die aus der Sicht des MfS von ihr ausging, hätten den Sicherheitsapparat damit zum größten

---

[67] Ebenda.
[68] BStU, HA VII 2743, Bl. 163, „Information über Bestrebungen homosexueller Personenkreise zur Gründung von Organisationen", 1984.
[69] Vgl. Stapel 1999, Warme Brüder, S. 5–7.
[70] Vgl. Stapel 2008, Warme Brüder, S. 100.
[71] BStU, MfS ZAIG 3668, „Information Nr. 188/88 über fortgesetzte Bestrebungen zur Schaffung eines Verbandes für homophile Personen in der DDR", 18. 4. 1988, http://www.ddr-im-blick.de/Hubert_Co|BStUINTERNET/html/7356ivhfknvg_/S1018_600_de_1266774390/MAINTAB%5Esearch_sheet/enterpressed (18. 3. 2018).
[72] Ebenda.

institutionellen Fürsprecher für die Anliegen von Homosexuellen in der DDR gemacht, so Huneke.[73] Die Interessen von Schwulen und Lesben wurden staatlicherseits in der Tat ernster genommen und der Umgang mit ihnen in gewissem Umfang dem Aufgabenbereich des MfS entzogen. Dies veranlasste die Sicherheitsbehörde zu der Annahme, dass das Ziel ihrer Arbeit erreicht worden sei. Das Problem war also insofern gelöst, als es nicht mehr als Problem definiert wurde. In einem nicht aufzulösenden Widerspruch dazu steht jedoch die Tatsache, dass die Überwachung der Arbeitskreise und Clubs durch das MfS ohne Einschränkungen und in der Überzeugung weiterging, von den sich selbst organisierenden Schwulen und Lesben gehe eine potenzielle Bedrohung für den Staat aus. Die Staatssicherheit war also weiterhin auch die größte institutionelle Gegnerin der Schwulen- und Lesbenbewegung sowie eine reale Gefahr für die sich engagierenden Personen. Die dabei sichtbar werdende Absurdität ihres sicherheitspolitischen Auftrags war letztlich eine Konsequenz aus der fehlenden Positionierung gegenüber dem Thema Homosexualität vonseiten der SED als Auftraggeberin und übergeordneter Instanz sowie ihrer Ablehnung jeglicher Selbstorganisation. Bestätigt wird diese These vom letzten Ersten Sekretär der FDJ, Eberhard Aurich.[74] Im Interview erinnert er sich, dass das MfS die Homosexuellengruppen zwar beobachtete, aber oft nicht einschätzen konnte, wie gefährlich deren Aktivitäten waren und welche Maßnahmen ergriffen werden sollten:

„Da hab ich manchmal das Gefühl gehabt, dass ich selber nur [vom MfS] getestet werde, wie ich da stehe, und das MfS selber zu blöd ist zu erkennen, ob da irgendwas Gefährliches wächst, und sie das eher von uns wissen wollten."[75]

Vor dem Hintergrund solcher Innenansichten erscheinen die jahrelangen Einschätzungen der Staatssicherheit noch widersinniger als ohnehin. MfS und SED wollten voneinander wissen, wie gefährlich die Homosexuellengruppen für die DDR tatsächlich seien. Denn vermutlich ließen sich keine eindeutig staatsfeindlichen Handlungen feststellen. Bei genauerer Betrachtung der Gruppen und ihrer Aktivist*innen wird deutlich, dass es auch ihrem strategischem Verhalten geschuldet war, dass sie sich der Einteilung in *Freund* oder *Feind* entzogen.

Westdeutsche Akteure schwuler Verflechtungen

Nach dem Aufbruch in den 1970er Jahren waren die 1980er Jahre für die westdeutsche Schwulen- und Lesbenbewegung ein Jahrzehnt der Ausdifferenzierung und Institutionalisierung.[76] Die Zahl der schwul-lesbischen Gruppen stieg von 191 im

---

[73] Vgl. Huneke, States of Liberation, S. 206.
[74] Vgl. Interview Eberhard Aurich, 6. 5. 2015. Eberhard Aurich wurde 1946 in Chemnitz geboren. Er studierte Deutsch und Staatsbürgerkunde für das Lehramt. Aurich war Mitglied des ZK der SED, Mitglied der Volkskammer und des Staatsrats der DDR sowie der letzte Erste Sekretär der FDJ. Heute lebt er als Rentner in Berlin.
[75] Interview Eberhard Aurich, 6. 5. 2015.
[76] Vgl. Pretzel/Weiß, Bewegung zwischen Autonomie und Integration, S. 9.

August 1981 auf 416 im Mai 1986 an.[77] Homosexuelle Interessenvertretungen waren mittlerweile in den Gewerkschaften, Parteien und anderen Institutionen angekommen. Mit den Grünen zog 1983 sogar eine Partei in den Bundestag ein, die sich unter anderem als Sprachrohr homosexueller Emanzipationspolitik verstand.[78] 1986 gründete sich schließlich der Bundesverband Homosexualität (BVH) als größter Zusammenschluss bundesdeutscher Schwulengruppen, der auch die Interessen von Pädophilen vertrat.[79] Im Zuge der AIDS-Krise, die einen katastrophalen Einschnitt im Leben vor allem schwuler Männer und der Bewegung bedeutete, entstanden ab Mitte der 1980er Jahre Selbsthilfe-Vereine und Organisationen wie die Deutsche AIDS-Hilfe, die männliche Homosexualität in neuer Weise und in bisher ungekanntem Umfang zum öffentlichen Thema machten.[80]

Mit der Ausdifferenzierung der Bewegung wurde auch das Interesse schwuler Aktivisten am anderen Deutschland und den sich dort organisierenden Homosexuellen vielfältiger. Zum Teil waren es immer noch die gleichen Personen wie in den 1970er Jahren, die Kontakte in die DDR pflegten und Transfers möglich machten. Zum Teil traten aber auch ganz neue Akteure auf, die einer jüngeren Generation angehörten und aufgrund eigener spezifischer Verortungen die Entwicklungen in der DDR beobachteten und mit der ostdeutschen Schwulen- und Lesbenbewegung kommunizierten. Dazu gehörte etwa die bundesweit organisierte Ökumenische Arbeitsgruppe Homosexuelle und Kirche (HuK), die davon ausging, dass es Gemeinsamkeiten gab, die sie als Verein von Angestellten und Mitgliedern der Kirchen mit den Arbeitskreisen Homosexualität unter dem Dach der evangelischen Kirche in der DDR verbanden. Eine andere Gruppe war die DKP-nahe Demokratische Lesben- und Schwuleninitiative (DeLSI) in Hamburg, die ab Mitte der 1980er Jahre, seit sich die DKP offiziell für die Rechte von Homosexuellen einsetzte, die Nähe zur DDR und zu SED-nahen Gruppen und Personen suchte.

Das Verhältnis der beiden deutschen Staaten zueinander war weiterhin geprägt von dem Wechselspiel zwischen Entspannung und Annäherung auf der einen sowie Abgrenzung und Verfestigung der Trennung auf der anderen Seite.[81] Zu einem Rückfall in die Zeit des Kalten Kriegs der 1950er Jahre kam es ab Ende der 1970er bzw. Anfang der 1980er Jahre aber nicht mehr, was laut Gottfried Niedhart darauf zurückzuführen ist, dass die Staats- und Regierungschefs im Verlauf der Entspannungspolitik gelernt hatten, Konflikte durch Verhandlungen zu lösen.[82] Die Entspannungspolitik konnte den Ost-West-Gegensatz zwar nicht unmittelbar aufheben, hatte demnach aber zumindest langfristig Erfolg. Dieser Erfolg bestand nicht

---

[77] Vgl. Salmen/Eckert, Die neue Schwulenbewegung, S. 29.
[78] Vgl. Pretzel/Weiß, Bewegung zwischen Autonomie und Integration, S. 12–14.
[79] Vgl. Mielchen, Wider die Norm, S. 120.
[80] Vgl. Bochow, Hat AIDS die soziale Situation schwuler Männer in Deutschland verändert?, S. 163.
[81] Vgl. Bösch, Geteilt und verbunden, S. 22.
[82] Vgl. Niedhart, Entspannung in Europa, S. 122.

in der Beendigung des Wettrüstens, sondern in seiner Begrenzung, nicht in der Beseitigung der Grenzen, sondern in deren größerer Durchlässigkeit, nicht in der Normalisierung der Lage im geteilten Deutschland, sondern in der Entschärfung des Konflikts und der Erleichterung der Beziehungen zwischen Menschen in Ost und West.[83] Die Ostdeutschen waren weiterhin und eher noch zunehmend an der Bundesrepublik interessiert, mit der sie ihr eigenes Land verglichen und von der eine immer größere Anziehungskraft ausging. Umgekehrt blieb das Interesse der Westdeutschen an der DDR wie auch das Wissen über das Nachbarland trotz Entspannung begrenzt. Nur durchschnittlich 42 Prozent der vom Institut für angewandte Sozialwissenschaft (Infas) und vom Medien- und Marktforschungsinstitut Infratest befragten Bundesbürger*innen und West-Berliner*innen verfolgten in den 1970er und 1980er Jahren die Entwicklungen in der DDR, während sich 54 Prozent kaum für Ostdeutschland interessierten.[84] Für die westdeutsche Schwulenbewegung liegen zwar keine entsprechenden Zahlen vor. Allerdings lassen sich Tendenzen aus der schwul-lesbischen Berichterstattung über die DDR ablesen. Hier stieg das Interesse in den 1980er Jahren deutlich an. Dies hing unter anderem damit zusammen, dass nun auch die DDR-Medien Homosexualität thematisierten und die ostdeutsche Schwulen- und Lesbenbewegung unter dem Dach der evangelischen Kirche wuchs. Insgesamt erschien in den 1980er Jahren die Situation der Menschen in der DDR in einem positiveren Licht, auch wenn die Westdeutschen weiterhin davon überzeugt waren, das Leben in ihrem Land sei lebenswerter. Nach Manuela Glaab spiegelte sich in diesem Meinungswandel das weltpolitische Klima wider, nämlich die Entspannung der Beziehungen zwischen Ost und West durch den Amtsantritt Michail Gorbatschows.[85] Der Blick der westdeutschen schwul-lesbischen Medien auf das Nachbarland hatte sich seit Ende der 1970er Jahre ebenfalls verändert. Gedruckt wurden keine skandalisierenden Geschichten mehr. Stattdessen näherten sich die Beiträge den realen Lebensbedingungen und Alltagserfahrungen an. Es wurde mehr Wissen über die Situation von Schwulen und Lesben in der DDR produziert, besser recherchiert und analysiert. Die Kontroverse über Darstellung und Interpretation der Entwicklungen in der DDR, die es bereits in den 1970er Jahren gegeben hatte, setzte sich aber fort. Mit der Abschaffung des § 151 StGB in der DDR im Dezember 1988 erreichten die Sympathiewerte für den Osten schließlich ihren Höhepunkt. In fast allen homosexuellen Druckerzeugnissen wurden daraufhin Vergleiche zur Situation Homosexueller in den beiden deutschen Staaten angestellt, die zugunsten der DDR ausfielen, und die Autor*innen überschlugen sich regelrecht mit Lobeshymnen.[86] Denn in der Bundesrepublik galt weiterhin § 175 StGB in der Fassung von 1973, der erst 1994 im Zuge der im Einigungsvertrag festgelegten allmählichen Rechtsangleichung zwischen DDR und Bundesrepublik abgeschafft wurde.

---

[83] Vgl. Loth, Die Rettung der Welt, S. 313 f.
[84] Vgl. Glaab, Geteilte Wahrnehmungswelten, S. 214 f.
[85] Vgl. ebenda, S. 213.
[86] Vgl. Tammer, Grenzfall Strafrecht, S. 175 f.

2. „Lieber ein warmer Bruder als ein kalter Krieger" – Aneignungen und Selbstdarstellungen ostdeutscher Schwulenaktivisten

„Lieber ein warmer Bruder als ein kalter Krieger" stand auf einem Plakat des Arbeitskreises Schwule in der Kirche zur Friedenswerkstatt 1983 auf dem Gelände der Erlöserkirche in Ost-Berlin.[87] Dieser Spruch stammte von der westdeutschen Schwulenbewegung, die damit Anfang der 1970er Jahre ein Zeichen gegen die Homophobie des Bayerischen Ministerpräsidenten Franz Josef Strauß setzte und sich selbstbewusst in der Öffentlichkeit präsentierte.[88] Die ostdeutschen homosexuellen Arbeitskreise griffen den Slogan auf und nutzten ihn in den 1980er Jahren, um sich in einer kirchlichen Öffentlichkeit als Schwule zu zeigen, aber auch, um sich als eine unter anderen Friedens- und Menschenrechtsgruppen unter dem Dach der evangelischen Kirche zu etablieren. Sie übernahmen also die Parole der westdeutschen Schwulenbewegung und gaben ihr durch die Nutzung im Kontext von Kirche und Friedenswerkstatt eine spezifisch ostdeutsche Bedeutung. Anders gesagt: Sie übernahmen den westdeutschen Slogan nicht einfach, sondern eigneten ihn sich an. Die Aneignungen westlicher Literatur durch die Schwulenbewegung in der DDR, insbesondere die Arbeitskreise Homosexualität, stehen im Mittelpunkt der folgenden Ausführungen und werden vor dem Hintergrund der gesellschaftlichen und politischen Bedingungen im SED-Staat sowie der Zweistaatlichkeit Deutschlands analysiert.

Kontakte in die Bundesrepublik waren aufgrund der unmittelbaren Nachbarschaft, der gleichen Sprache und grenzüberschreitender Medien möglich, denn die DDR war keine hermetisch abgeriegelte Gesellschaft.[89] Was im Westen publiziert wurde, konnte auch im Osten – sofern es dahin gelangte – gelesen werden, und die Nachfrage war groß. Für die in Jena bestehenden Arbeitskreise Homosexualität, die sich in der Evangelischen Studentengemeinde, in der Jungen Gemeinde in Stadtmitte oder in privaten Räumen trafen, habe „der Blick in den Westen […] eine wichtige Rolle" gespielt, erklärt Henning Pietzsch.[90] „Literatur zum Thema Homosexualität oder weitergehende Informationen sogen sie auf und verglichen die Situation in der Bundesrepublik mit der eigenen Realität."[91] Diese Realität war unter anderem dadurch gekennzeichnet, dass in der DDR bis 1989 nur zwei Aufklärungsbücher zum Thema Homosexualität erschienen,[92] während im Westen bereits seit Mitte der 1970er Jahre Verlage und Buchläden existierten, die auf

---

[87] Privatarchiv Christian Pulz, Foto Friedenswerkstatt Erlöserkirche 1983.
[88] Zur aktivistischen Verwendung des Satzes „Lieber ein warmer Bruder als ein kalter Krieger" vgl. Kapitel I. „Thema und Fragestellung".
[89] Vgl. Schildt, Zwei Staaten – eine Hörfunk- und Fernsehstation, S. 58.
[90] Pietzsch, Jugend zwischen Kirche und Staat, S. 265.
[91] Ebenda.
[92] Werner, Homosexualität; Grau (Hrsg.), Und diese Liebe auch.

einschlägige Literatur spezialisiert waren.[93] Angesichts dieses Ungleichgewichts stellt sich die Frage, welche westdeutsche Literatur die ostdeutschen Schwulenaktivisten rezipierten und wie diese Rezeption aussah. Inwiefern betrachteten die Ostdeutschen die westdeutschen Analysen als verallgemeinerbar oder zumindest als übertragbar auf ihre Situation? Welche parallelen und unterschiedlichen Themen sowie Diskussionsverläufe lassen sich für die Schwulenbewegungen auf beiden Seiten der Mauer ausmachen? Und welche Positionierungen der Ostdeutschen gegenüber Staat und Gesellschaft in der DDR basierten auf Aneignungen westlicher Transfers?

Viele Wege führen über die Grenze

Grundsätzlich war der Import westdeutscher Druckerzeugnisse in die DDR sowie ihr Vertrieb und Besitz verboten.[94] Die „Hinweise über einige zoll- und devisenrechtliche Bestimmungen der DDR für Personen mit ständigem Wohnsitz in Berlin (West)" vom Februar 1982 untersagten die Einfuhr bestimmter Gegenstände, darunter „Zeitungen und andere periodisch erscheinende Presseerzeugnisse, soweit sie nicht in der Postzeitungsliste der DDR enthalten" waren sowie

„Literatur und sonstige Druckerzeugnisse, deren Inhalt gegen die Erhaltung des Friedens gerichtet ist oder deren Einfuhr in anderer Weise den Interessen des sozialistischen Staates und seiner Bürger widerspricht".[95]

Mit Ausnahme einiger kommunistischer Blätter waren somit weder die Mitnahme bei der Einreise noch das Verschicken westdeutscher Schriften in den Osten erlaubt. Gelockert wurden diese Einfuhrbeschränkungen 1987 im Zusammenhang mit dem Besuch Erich Honeckers in der Bundesrepublik. Danach durften etwa Mode-, Sport-, Hobby- und andere Fachzeitschriften in die DDR geschickt oder von Besucher*innen mitgebracht werden.[96] Lediglich eine westdeutsche Homosexuellenzeitschrift, das „HuK-Info" der Ökumenischen Arbeitsgruppe Homosexuelle und Kirche (HuK), wurde möglicherweise ab Ende 1988 in der DDR zugelassen.[97] Die meisten Zeitschriften, Bücher und anderen Texte gelangten deshalb über illegale Wege in die DDR, beispielsweise versteckt in „Freßpakete[n]".[98] Neben dem weitverbreiteten Schmuggel über die Grenze gelangten Magazine oder

---

[93] Vgl. Bartholomae, Klappentexte, S. 71.
[94] Vgl. Pürer/Raabe, Presse in Deutschland, S. 204.
[95] „Hinweise über einige zoll- und devisenrechtliche Bestimmungen der DDR für Personen mit ständigem Wohnsitz in Berlin (West)", Februar 1982, http://www.chronik-der-mauer.de/index.php/de/Start/Detail/id/593852/page/2 (29. 6. 2020).
[96] Vgl. Härtel, Ostdeutsche Bestimmungen für den Paketverkehr, S. 52.
[97] Vgl. BArch, DO 4/821, Staatssekretär für Kirchenfragen, Abt Evangelische Kirche, Haltung der Kirchen zur Homosexualität, „Betr.: Zulassung der ‚HuK-Info' zur Einfuhr in die DDR", 14. 6. 1988. Ob eine Zulassung tatsächlich erfolgte, ist nicht bekannt.
[98] Zechel, Erinnerungen – Annäherungen, S. 40.

Zeitungsausschnitte trotz des Verbots aber immer auch auf dem normalen Postweg in den Osten.⁹⁹

Christian Pulz, einer der führenden Köpfe der DDR-Schwulenbewegung, erhielt die ersten Bücher zum Thema Homosexualität bereits in den 1970er Jahren, als er beim Unionsverlag arbeitete und als Verlagsinstrukteur die Leipziger Buchmesse besuchte: „Da hat man natürlich zu Westkollegen auch Verbindungen" aufgenommen, erinnert er sich.¹⁰⁰ Ein Mitarbeiter des S. Fischer Verlags habe ihm heimlich Bücher überreicht, darunter beispielsweise „Der gewöhnliche Homosexuelle. Eine soziologische Untersuchung über männliche Homosexuelle in der BRD" (1974) von Martin Dannecker und Reimut Reiche, „Sexualität und Klassenkampf" (1971) von Reimut Reiche und andere „linke Bücher".¹⁰¹ Jemand vom Carl Hanser Verlag habe ihm „Das Homosexuelle Verlangen" (1974) von Guy Hocquenghem zugesteckt. Aus diesen Büchern zog Pulz die Erkenntnis, dass „eigentlich die Gesellschaft pervers ist und nicht man selbst".¹⁰² Rainer Herrn, der sich seit Anfang der 1980er Jahre in Leipzig schwulenpolitisch engagierte, hatte „damals auch Freundinnen und Freunde in der Bundesrepublik", „die gelegentlich rüber kamen".¹⁰³ Bei ihren Besuchen brachten sie Bücher mit, die dann in der DDR in einem Netzwerk zirkulierten.¹⁰⁴ Eduard Stapel, der am Theologischen Seminar in Leipzig studierte, erinnert sich, dass über Theologiestudenten des Partnerseminars in Münster „Fachliteratur" zu ihm gelangte, die er zum Teil konkret „bestellt" hatte.¹⁰⁵ Von den Kirchen in Westdeutschland finanziert, fand so jede Menge Literatur über Homosexualität aus theologischer Sicht ihren Weg in die DDR und in die Hände von Schwulenaktivisten wie Stapel. Texte aus Büchern wurden abgetippt und als Kopien herumgereicht. Als „Nur für den innerkirchlichen Dienstgebrauch" war etwa eine Abschrift aus dem von Hans-Georg Wiede-

---

⁹⁹ Eine Liste der von der Staatssicherheit abgefangenen und konfiszierten Druckerzeugnisse zu schwul-lesbischen Themen gibt Einblick in die Bandbreite und Fülle an West-Ost-Transfers. Auf Anfrage der HA XX/Abteilung 9 fertigte die Abteilung M (Postwesen) des Ministeriums für Staatssicherheit eine Übersicht zu den schwul-lesbischen Zeitschriften und anderen Materialien an, die zwischen 25. Februar 1987 und 21. April 1989 aus Österreich, der Schweiz, den Niederlanden, aus der Bundesrepublik und vor allem aus West-Berlin nach Ost-Berlin geschickt, dabei entdeckt und aus dem Verkehr gezogen wurden. Ob noch weitere Listen existieren oder überhaupt angefertigt wurden, ist nicht bekannt. Von den 20 Seiten, die die Aufstellung umfassen soll, sind nur noch 15 vorhanden. Auf diesen werden insgesamt 44 Sendungen mit Absender*innen und Adressat*innen, darunter auch schwul-lesbische Aktivist*innen, aufgeführt. Die meisten der mindestens 13 verschiedenen Druckerzeugnisse waren kommerzielle Magazine. Am häufigsten wurde allerdings die West-Berliner bewegungsnahe „Siegessäule" sichergestellt. Zudem gelangten schwul-lesbische Branchenführer, wissenschaftliche Arbeiten sowie Zeitungsartikel über AIDS in die Hände der Staatssicherheit. Vgl. BStU, HA XX/9 1952, Bl. 68–88, ohne Bl. 83–87, „Eingezogene Sendungen zu Problemfragen Homosexueller und AIDS (lt. Ersuchen bei Abt. M)", 1987–1989.
¹⁰⁰ Interview Christian Pulz, 12. 8. 2013.
¹⁰¹ Ebenda.
¹⁰² Ebenda.
¹⁰³ Interview Rainer Herrn, 16. 10. 2015.
¹⁰⁴ Vgl. ebenda.
¹⁰⁵ Interview Eduard Stapel, 4. 12. 2015.

mann herausgegebenen Buch „Homosexuelle Liebe. Für eine Neuorientierung in der christlichen Ethik" (1982) deklariert, die im Arbeitskreis Schwule in der Kirche kursierte.[106] Wiedemann war evangelischer Theologe und Pfarrer in Düsseldorf, Lehrer für Sexualethik und Synodalbeauftragter für Homosexuelle des Kirchenkreises Düsseldorf-Ost. Dass diese Literatur in der DDR nicht nur gelesen und verbreitet, sondern auch rezipiert und zitiert wurde, zeigt sich in den vom Arbeitskreis Schwule in der Kirche und von anderen Aktivisten verfassten Texten.

Coming-out in der Selbsterfahrungsgruppe Leipzig

Ein Buch, das für die Schwulenbewegung in der DDR wichtig war und das die Grundlage für Emanzipationsarbeit durch Selbsterfahrung sein sollte, war das 1980 in Hamburg erschienene Buch „Coming out. Hilfen zur homosexuellen Emanzipation" von Martin Siems. Ab Herbst 1981 kam in Leipzig auf Initiative von Christian Pulz ein kleiner Kreis von Männern zusammen, dem auch Eduard Stapel und Rainer Herrn angehörten, um als eine „Selbsterfahrungsgruppe" in regelmäßigen Treffen über Diskriminierungserfahrungen zu sprechen und das eigene schwule Selbstbewusstsein zu stärken.[107] Nach Siems beinhalte der aus dem US-Amerikanischen übernommene Begriff Coming-out[108] eine Anleitung, „die eigene Homosexualität akzeptieren und als etwas Positives und Wertvolles schätzen zu lernen". Das Ziel dabei sei, sich „auch nach außen offen als Homosexueller [...] erkennen zu geben, d. h. sich in einer feindlichen Umwelt als ein ‚Anderer' zu behaupten".[109] Dazu müssten Homosexuelle – gemeint waren vorranging schwule Männer – die gesellschaftlichen Unterdrückungsmechanismen durchschauen und erkennen, dass sie diese Mechanismen selbst verinnerlicht hätten. Darauf aufbauend könnten Selbstakzeptanz und das öffentliche Auftreten gegen Vorurteile und Beleidigungen erlernt werden.[110] Der erste Teil von Siems' Buch ist eine Analyse der idealtypischen Entwicklung eines schwulen Mannes von der Kindheit bis zum Coming-out in der homosexuellen Subkultur. Der zweite Teil enthält eine Anleitung zum inneren Coming-out mit Körperübungen wie „Armeheben" und „Bewegen im stöhnenden Ausatmen".[111] Im dritten Teil folgt schließlich die Anleitung für eine „homosexuelle Selbsterfahrungsgruppe" mit Übungen, die Siems zuvor mit einer Gruppe aus Hamburg durchgeführt hatte.[112] Dass die Selbstbezeichnung

---

[106] RHG, Sammlung Wolfgang Rüddenklau, WR 03, Arbeitskreis Schwule in der Kirche, Abschrift Wiedemann, Hans-Georg: Ich kann mit meinem ganzen Körper zu anderen Menschen sprechen, in: Hans-Georg Wiedemann (Hrsg.), Homosexuelle Liebe. Für eine Neuorientierung in der christlichen Ethik, Stuttgart 1982, S. 47–57.
[107] Stapel 1999, Warme Brüder, S. 10.
[108] Der Begriff Coming-out wurde ab etwa 1968 in den USA für das bewusste Öffentlichmachen der eigenen Homosexualität verwendet. Vgl. Skinner, Warme Brüder, S. 48.
[109] Siems, Coming out, S. 9.
[110] Vgl. ebenda, S. 11.
[111] Ebenda, S. 63, 71.
[112] Ebenda, S. 142.

der Leipziger als Selbsterfahrungsgruppe sich direkt auf das Buch bezog, ist naheliegend, kann aber nicht eindeutig belegt werden. In jedem Fall waren Siems' Buch und dessen Methode nach Ansicht der Leipziger für ihre Zwecke geeignet. Der Begriff Coming-out fand zunächst jedoch keine starke Verbreitung. In den 1980er Jahren verwendeten die Arbeitskreise stattdessen den Begriff der Emanzipation, meinten damit aber etwas Ähnliches wie Siems mit Coming-out: Im ersten Positionspapier des Arbeitskreises Schwule in der Kirche von 1983 wird Emanzipation als „Prozeß" erklärt, „der durch die Beschäftigung unserer Minderheit mit ihrer Problematik ausgelöst wird", sowie als „vollständige und gesicherte Gleichberechtigung in der Gesellschaft".[113] Nach diesem Verständnis ging Emanzipation über die Beschäftigung mit sich selbst hinaus.

Voraussetzungen für ein Coming-out sind nach Siems unter anderem „eine Erhöhung der Selbstakzeptierung", „die Steigerung der Fähigkeit, Gefühle wahrzunehmen und offen zu äußern", ein „Abbau von Ängsten und Hemmungen" sowie eine „innigere Integration von Körper und Geist".[114] Die dafür im Buch beschriebenen elf Einheiten reichen vom Erzählen der eigenen Lebensgeschichte bis hin zu einer Übung, bei der jeder aufschreibt, in welcher Beziehung er gerne zu den anderen stehen würde.[115] In einer weiteren Sitzung sollen sich die Teilnehmer mit ihrem Körper auseinandersetzen. Dazu gehört auch eine „Nacktsitzung", in der die Anwesenden nacheinander einzeln in die Mitte der Gruppe treten und die Körperstellen benennen und berühren, die jeder an sich mag oder nicht mag. Im Anschluss sind alle anderen dazu aufgerufen, „ihre Hände liebevoll auf den ganzen Körper" desjenigen in der Mitte zu legen, um „heilende Energie" zu spenden, worauf die Gruppe beginnt, „die Hauptperson zu streicheln und zu liebkosen".[116]

Wie Siems' Anleitungen in Leipzig Anfang der 1980er Jahre genau umgesetzt wurden, lässt sich heute nicht mehr rekonstruieren. Rainer Herrn, der zur Selbsterfahrungsgruppe gehörte, erinnert sich, dass sie versucht hätten, alles wie beschrieben nachzuvollziehen und durchzuführen. Nur die Nacktsitzung hätten die Leipziger „ausgelassen", so Herrn, weil ihnen dieses Vorgehen „fremd" erschienen sei.[117] Herrns Beschreibung bestätigt, dass die Gruppe sich aus Siems' Buch dasjenige aussuchte, was den eigenen Bedürfnissen und Vorstellungen entsprach. Die Frage, ob das Weglassen der Nacktsitzung typisch für die DDR und/oder für von Theologen geprägte Gruppen war, lässt sich nicht eindeutig beantworten. Möglicherweise gab es in der Leipziger Selbsterfahrungsgruppe nicht die zwischenmenschliche Basis, um sich nackt zu zeigen und dabei zu berühren, oder die Übung passte nicht in deren Vorstellung von der Arbeit am schwulen Selbstbe-

---

[113] SMU, DDR, Kirchliche Arbeitskreise Homosexualität, Sammlung Thomas Tunsch, Nr. 10a, Ulrich Zieger, Zur schwulen Realität in der DDR. 8 Bemerkungen und ein Versuch dagegen, Ost-Berlin 1983, S. 1–7, hier S. 5.
[114] Siems, Coming out, S. 145.
[115] Vgl. ebenda, S. 146.
[116] Ebenda, S. 228–229.
[117] Interview Rainer Herrn, 16. 10. 2015.

wusstsein. Zeigen lässt sich aber, dass es in der DDR das Interesse gab, selbstorganisierte Sitzungen mit dem Ziel der schwulen Emanzipation abzuhalten und als Leitfaden dafür auf Literatur aus der Bundesrepublik zurückzugreifen. Die Leipziger hatten eine Idee davon, wie sie sich weiterbilden wollten und wussten, welche Inhalte des Siems-Buches ihren Bedürfnissen entsprachen. Hier kann insofern von Aneignung gesprochen werden, als sie sich nicht darauf beschränkten, die beschriebene Vorgehensweise nachzuahmen oder zu kopieren, sondern eine bewusste Auswahl trafen. Das Nacktsein brauchten die Leipziger für ihren Weg der Emanzipation offensichtlich nicht.

Von Klappen und Tunten – der gewöhnliche Homosexuelle im Osten

„Wir hatten dann auf Dauer die wesentlichsten Bücher über Homosexualität oder Sexualität", erklärt Christian Pulz,[118] der ab 1983 in Ost-Berlin den Arbeitskreis Schwule in der Kirche aufbaute. Denn „es war wichtig", so Pulz, „dass wirklich alle, die bei uns mitmachten, sich in irgendeiner Weise […] mit dem Thema Homosexualität beschäftigt hatten, damit sie […] sich selbst annehmen lernten und auch die Sache offensiv vertreten konnten".[119] Hier gibt Pulz das Anliegen wieder, das in Siems' „Coming out"-Buch bereits thematisiert worden war und das für ihn und den Ost-Berliner Arbeitskreis unter dem Begriff der Emanzipation langfristig von Bedeutung war: Um sich für die Belange von Homosexuellen in der DDR einsetzen zu können, sollten die Mitglieder der Arbeitskreise die gesellschaftlichen Mechanismen verstehen, die die Akzeptanz und die Gleichstellung von Schwulen und Lesben verhinderten. Die theoretische Auseinandersetzung mit zumeist westlicher Literatur war dafür unabdingbar.

Einzelne Personen aus den Arbeitskreisen und deren Umfeld erarbeiteten zudem eigene Texte, in denen sie die Situation von Homosexuellen (in der DDR) analysierten und Wege zu deren Verbesserung aufzeigten. Kirchliche Publikationen und eigene Papiere mit dem Verweis „Nur für den innerkirchlichen Dienstgebrauch" boten den Personen und Gruppen die Möglichkeit, sich selbst vorzustellen und ihre Thesen einer – wenn auch begrenzten – ostdeutschen schwul-lesbischen Öffentlichkeit zugänglich zu machen. 1983 verfassten Mitglieder des Arbeitskreises Schwule in der Kirche zwei Texte: Der Schriftsteller Ulrich Zieger schrieb den Artikel „Zur Schwulen Realität in der DDR. 8 Bemerkungen und ein Versuch dagegen", der als Grundsatztext des Arbeitskreises galt und zur Diskussion innerhalb der DDR bestimmt war. Ein IM-Bericht vermerkt, Christian Pulz habe diesen Text an mehrere Personen übergeben, die zu dieser Zeit in anderen Städten der DDR Arbeitskreise Homosexualität ins Leben riefen.[120] Dass sich ein Exemplar dieses

---

[118] Interview Christian Pulz, 12. 8. 2013.
[119] Ebenda.
[120] Vgl. BStU, MfS AIM 8122/91 Bd. 2, Bl. 194, „Information über die Tagung der Evangelischen Akademie Sachsen-Anhalt am 1. Okt. 1983", 4. 10. 1983.

Beitrags im Archivbestand zum Arbeitskreis Homosexuelle Liebe Jena wiederfand,[121] belegt seine Verbreitung. Der zweite Text aus dem Jahr 1983 mit der Überschrift „Coming out im Vakuum" richtete sich an ein westliches Publikum und zeichnete die politischen Rahmenbedingungen in der DDR und die Entstehung einer ostdeutschen Schwulen- und Lesbenbewegung nach.[122]

In seiner Darstellung „Zur Schwulen Realität in der DDR" problematisierte Zieger zunächst das Heranwachsen schwuler Jugendlicher in einer von heterosexuellen Normen geprägten Umwelt, um dann die mangelhaften Begegnungsmöglichkeiten für Schwule sowie die Tabuisierung des Themas in der DDR zu kritisieren. Zwar kann nicht davon ausgegangen werden, dass Zieger überhaupt den Anspruch hatte, die Situation von lesbischen Frauen mit zu bedenken. An der Gleichsetzung *des* Schwulen mit *dem* Homosexuellen im Text lässt sich jedoch ablesen, dass weibliche Homosexualität zu diesem Zeitpunkt durch männliche Aktivisten weniger oder gar nicht wahrgenommen und marginalisiert wurde.[123] Im Anschluss an Ziegers Text folgt ein kleinerer Beitrag von Christian Pulz, in dem er das Anliegen des Arbeitskreises Schwule in der Kirche vorstellt. Dieser wolle sich, so Pulz, mit der gesellschaftlichen Situation von Schwulen kritisch auseinandersetzen sowie die Möglichkeit schaffen, über das eigene Schwulsein zu sprechen. Der Arbeitskreis wollte die Solidarität (vor allem) unter Schwulen fördern und seine Mitglieder sollten dazu befähigt werden, ihre Forderungen auch gegenüber Kirche und Staat zu vertreten.[124] Damit waren die wichtigsten Ansprechpartner*innen genannt, gegenüber denen sich die Arbeitskreise und ihre Anhänger*innen behaupten mussten: Kirche und Staat.

Eines der meistzitierten Bücher in Ziegers Text ist „Der gewöhnliche Homosexuelle. Eine soziologische Untersuchung über männliche Homosexuelle in der Bundesrepublik" von Martin Dannecker und Reimut Reiche aus dem Jahr 1974. Für diese Studie, die zu den Pionierarbeiten der empirischen Sexualforschung in der Bundesrepublik zu zählen ist, hatten Dannecker und Reiche 789 Männer im Alter zwischen 21 und 40 Jahren befragt.[125] Sie sprechen ebenfalls von *dem* Homo-

---

[121] Vgl. ThürAZ, P-GT-K-11.03, Sammlung Thomas Grund, Ordner „Schwulenarbeit", Arbeitsmaterial der Jungen Gemeinde Stadtmitte Jena, Schwule in der Kirche – Arbeitskreis Homosexuelle Selbsthilfe der Bekenntnisgemeinde, Zur Schwulen Realität in der DDR, Berlin [1983].
[122] O. A., Wir leben in einem Vakuum. Schwule in der DDR treten aus dem Schweigen – Ein Dokument von drüben, in: Torso, H. 11, 1983, S. 16 f.
[123] Ein ähnlicher Grundsatztext zur Situation von Lesben, der für die Diskussion innerhalb der DDR bestimmt war, entstand 1985/86. Unter dem Titel „Informationspapier vom Arbeitskreis Homosexuelle Selbsthilfe – Lesben in der Kirche" machten die Verfasserinnen unter anderem deutlich, dass Lesben nicht nur aufgrund ihrer Homosexualität, sondern auch als Frauen diskriminiert würden, weshalb eine Trennung von der Schwulenbewegung notwendig gewesen sei. Vgl. Bühner, „[W]ir haben einen Zustand zu analysieren, der uns zu Außenseitern macht". Lesbischer Aktivismus in Ost-Berlin in den 1980er-Jahren, in: Themenportal Europäische Geschichte, 2017, https://www.europa.clio-online.de/essay/id/fdae-1702 (3. 8. 2020).
[124] Vgl. BStU, HA XX/AKG 723, Bl. 54–64, Zieger, Zur schwulen Realität in der DDR.
[125] Vgl. Sigusch/Grau (Hrsg.), Geschichte der Sexualwissenschaft, S. 431.

sexuellen und meinen damit einen schwulen Mann. Angelehnt an Dannecker und Reiche argumentierte Zieger, dass *der* Schwule die „gesamtgesellschaftliche Homophobie internalisiert" habe und sich deshalb selbst als „schuldig, mangelhaft und wertlos" empfinde.[126] Für Schwule gebe es keine Identifikationsmöglichkeiten und viele litten daran, ihre Homosexualität verleugnen und verstecken zu müssen. Diese Defizite kompensierten sie dann mit „Besuchen der schwulen Subkultur", so Zieger.[127] Dannecker und Reiche beschreiben die „homosexuelle Subkultur" als einen Ort, an dem sich homosexuelle Männer nicht freiwillig trafen. Sie würden vielmehr aufgrund gesellschaftlicher Stigmatisierungen dorthin abgedrängt.[128] Wie Dannecker und Reiche sprach auch Zieger von Subkultur, wenngleich er damit eigentlich nur die sogenannten Klappen meinte. Die „meisten Schwulen" lehnten nach Zieger die Klappe zwar ab, sie seien aber aufgrund fehlender alternativer Begegnungsmöglichkeiten auf diese Treffpunkte angewiesen.[129] Zieger übernahm von Dannecker und Reiche demnach die Charakterisierung bestimmter Orte als Orte der gesellschaftlichen Ausgrenzung schwuler Männer. Bars und Restaurants mit vorwiegend homosexuellem Publikum seien nur in Ost-Berlin zu finden, bemängelte Zieger.[130] Für Dannecker und Reiche zählen solche Lokalitäten dagegen eindeutig zur Subkultur:

„Die zentrale Institution innerhalb der Subkultur ist die Bar für Homosexuelle. Sie ist Sex-Markt, Kommunikationszentrum und Drehpunkt für eine Vielzahl von sozialen Aktivitäten, die von ihr aus ausgehen und in ihr münden."[131]

Dannecker und Reiche unterscheiden zwischen Bars, wo auch noch eine „Teilhabe am gesellschaftlichen Leben" möglich sei, und „öffentlichen Bedürfnisanstalten", Saunen und Parks, wo die Begegnung mit anderen auf den „stummen genitalen Kontakt reduziert" sei.[132] Letztlich seien aber sowohl Bars als auch Klappen Orte der „narzißtischen Selbstdarstellung", „der höchsten in der Subkultur geltenden Münzen, des Äußeren, der Oberfläche".[133] Das weitgehende Fehlen von Schwulenbars in der DDR war ein Grund, warum Zieger sie nicht zur Subkultur zählte, sondern eher als Alternativen zu den Klappen betrachtete. So lässt sich schlussfolgern, dass es diejenigen Plätze waren, an denen es zu sexuellen Begegnungen kommen konnte, die sowohl Zieger als auch Dannecker und Reiche zu Orten der Abgedrängten erklärten. Der Begriff Subkultur bekam durch Zieger eine andere, an die Verhältnisse in der DDR angepasste Definition, die aber ein ähnliches Phänomen beschrieb, wie es Dannecker und Reiche in der Bundesrepublik ausmachen.

---

[126] Vgl. BStU, HA XX/AKG 723, Bl. 55, Zieger, Zur schwulen Realität in der DDR; in Anlehnung an: Sechster Teil. Die kollektive Neurose der Homosexuellen, in: Dannecker/Reiche (Hrsg.), Der gewöhnliche Homosexuelle, S. 346–362.
[127] BStU, HA XX/AKG 723, Bl. 56, Zieger, Zur schwulen Realität in der DDR.
[128] Dannecker/Reiche (Hrsg.), Der gewöhnliche Homosexuelle, S. 71.
[129] BStU, HA XX/AKG 723, Bl. 56 f., Zieger, Zur schwulen Realität in der DDR.
[130] Vgl. ebenda, Bl. 56.
[131] Dannecker/Reiche (Hrsg.), Der gewöhnliche Homosexuelle, S. 84.
[132] Ebenda, S. 85.
[133] Ebenda, S. 86.

Neben dem Abgedrängtsein in die Subkultur thematisieren Dannecker und Reiche den Warencharakter, den Sex unter Männern erhalte. Schwule gingen auf einen „Werbefeldzug in der Subkultur", wo eine „reizvoll-verführerische Verpackung" das Kapital und ein „rasches sexuelles Abenteuer" die erworbene Ware sei.[134] Für Zieger war klar, dass auch in der DDR homosexuelle Männer auf den Klappen Sex suchten. Er folgte in seiner Ausführung dazu aber nicht Dannecker und Reiche, die den von Konsum geprägten Umgang unter schwulen Männern kritisieren wollten. Ziegers Kritik zielte weniger auf die Schwulen und ihre Beziehungen untereinander, sondern auf die (nichtkapitalistischen) Verhältnisse in der DDR; als Grund für Klappensex machte er daher den Mangel an Begegnungsmöglichkeiten aus. Insofern formulierte auch Zieger Systemkritik, allerdings eine vollkommen andere als Dannecker und Reiche und mit dem Unterschied, dass er den Schwulen deutlich weniger Eigenverantwortung für ihre Situation zuschrieb als die beiden westdeutschen Autoren.

Zieger nahm auch Bezug auf Martin Siems' „Coming out" und er führte den Begriff der „Homophobie", der von George Weinberg 1972 in seinem Werk „Society and the Healthy Homosexual" geprägt worden war, als „krankhafte Angst und Abneigung vor und gegen die Homosexualität" ein. Zudem benutzte Zieger verschiedene DDR-Aufklärungsbücher als eine Art negative Folie: Seiner Ansicht nach trugen diese Bücher eher dazu bei, dass *der* Homosexuelle „seine Sexualität verachten müsse". So behaupteten Zieger zufolge etwa Rolf Borrmann und Hans-Joachim Schille in ihrem Buch „Eltern als Sexualerzieher. Zur Vorbereitung der Jugend auf Ehe und Familie", dass die „Verbreitung der Homosexualität mit steigender Schulbildung sinkt", das heißt ein Problem mangelnder Bildung sei.[135] Zieger verwendete dieses Beispiel als Beleg dafür, dass in der DDR keine Aufklärung stattfinde und Homosexualität als unerwünscht gelte, und ließ so erkennen, dass für ihn echte Aufklärungs- und Emanzipationsliteratur vor allem aus der Bundesrepublik, Westeuropa und den USA kam. Implizit erklärte er die schwierige Situation von schwulen Männern somit auch zu einem spezifisch ostdeutschen Problem.

Ziegers Begriffe und Argumentationsgrundlagen stammten sämtlich aus Büchern, die in der DDR nicht frei erhältlich waren, sondern eingeschmuggelt werden mussten. Die darin beschriebenen Mechanismen der Diskriminierung fanden sich seiner Ansicht nach auch in der DDR und deren Ursprung wiederum machte er in der staatlich gelenkten Sexualerziehung aus. Zieger eignete sich die Analyse und die Thesen von Dannecker und Reiche an, indem er sie ausschnitthaft auf seine Beobachtungen in der DDR übertrug. Dabei kam es zu Uminterpretationen, die einmal mehr den aktiven Aneignungsprozess deutlich machen. Angeeignet wurde, was passte oder passend gemacht werden konnte. Die westdeutsche Literatur diente aber nicht nur dem Verständnis der Situation von Schwulen, sondern

---

[134] Ebenda, S. 79.
[135] BStU, HA XX/AKG 723, Bl. 56, Zieger, Zur schwulen Realität in der DDR.

auch dazu, sie den Publikationen aus der DDR gegenüberstellen zu können. Da die ostdeutschen Veröffentlichungen ausschließlich als negative Bezugspunkte herangezogen wurden, lautete das Ergebnis dieses Vergleichs wenig überraschend, dass die Emanzipation von Homosexuellen und der Kampf gegen Diskriminierung in der DDR besonders schwierig seien.

Die Untersuchung von Dannecker und Reiche hatte ergeben, dass 76 Prozent der von ihnen befragten schwulen Männer negativ gegenüber effeminierten Männern, die sie als „Tunten" bezeichneten, eingestellt waren, weil sie sie für ihre eigene Diskriminierung verantwortlich machten:

„Diesen Mechanismus bezeichnen wir, in Anlehnung an einen von Anna Freud geprägten Terminus, als Identifizierung mit dem heterosexuellen Angreifer. Der Terminus soll zum Ausdruck bringen, daß das gesellschaftlich vorgeprägte und im Über-Ich verankerte Schuldgefühl, homosexuell zu sein, auf dem Wege der projektiven Identifizierung an einen schuldigen Dritten weitergegeben wird. Indem die Homosexuellen ihre ‚Schuld' auf die Tunten projizieren, werden sie so normal, wie die gesellschaftliche Norm – in ihrer eigenen projektiven Wahrnehmung – es von ihnen verlangt."[136]

Der Umgang mit effeminierter Männlichkeit war ein Thema, das auch die Bewegung in der DDR schon seit den 1970er Jahren beschäftigte. 1983 berichtete der IM „Kaufmann" über einen Abend im Arbeitskreis Schwule in der Kirche, an dem es unter anderem um „Transvestiten" und darum gegangen sei, „ob das eben Homosexuelle sind, wie wir sie gerne möchten, als unauffällige, anpassungsfähige Leute".[137] Eine Antwort auf diese Frage lieferte der IM nicht. 1985 war am selben Ort erneut „Ein Abend über Tunten, ‚Effeminierte' und uns alle"[138] geplant. Im Arbeitskreis Jonathan in Karl-Marx-Stadt sollte am 20. Februar 1987 ein Abend stattfinden, dessen Überschrift „Schwul na und, Tunte nein danke"[139] bereits deutlich macht, dass mit dem Begriff der Tunte Zugehörigkeiten und Ausschlüsse verhandelt wurden. Auch in anderen Arbeitskreisen stand das Thema Tunten immer wieder auf dem Programm.[140] Nahm die HIB in den 1970er Jahren eine ablehnende Haltung gegenüber tuntigem Verhalten ein,[141] erklärten die schwulen Aktivisten der 1980er Jahre diese Ablehnung auf der Grundlage wissenschaftlicher Literatur, wie beispielweise der Studie von Dannecker und Reiche, nun zu einer Folge des geschädigten Selbstwertgefühls von schwulen Männern. Christian Pulz legte etwa dar, dass die „fast aggressive Ablehnung der sogenannten Tunten" auf einen „Männlichkeitswahn" unter schwulen Männern zurückzuführen sei, der deshalb entstehe, weil diese sich selbst und „ihre Minderheit entlang der Stereoty-

---

[136] Dannecker/Reiche (Hrsg.), Der gewöhnliche Homosexuelle, S. 356.
[137] BStU, MfS AIM 1042/91 Bd. II/1, Bl. 257, HA XX/2, „Abschrift vom Tonband", 7. 9. 1983.
[138] RHG, Sammlung Wolfgang Rüddenklau, WR 03, Arbeitskreis Schwule in der Kirche, Arbeitskreis Schwule in der Kirche, Programm April–Juli 1985.
[139] BStU, BV Karl-Marx-Stadt Abt. XX 1387, Bl. 26, „Homosexuelle Gruppierungen/Zusammenschlüsse/Aktivitäten".
[140] Vgl. RHG, Sammlung Wolfgang Rüddenklau, WR 03, Arbeitskreis Schwule in der Kirche, Schwule in der Kirche, Programm 1. Halbjahr 1985.
[141] Vgl. BStU, MfS AP 8670/71, Bl. 142 f., Verwaltung Rückwärtige Dienste, Operative Sicherung, „2. Teil des Berichtes über die Gruppe" von „Friedhelm Kleinert", 6. 5. 1976.

2. Aneignungen und Selbstdarstellungen ostdeutscher Schwulenaktivisten 147

pe des antihomosexuellen Vorurteils" definierten.[142] Damit schloss er sich Dannecker und Reiche an. Doch nicht nur die Ablehnung tuntigen Verhaltens, sondern auch ein als tuntig interpretierter Habitus selbst war für Pulz ein Zeichen von Unterdrückung:

> „Der Druck auf Homosexuelle kann so stark sein, daß das erwartete (z. B. feminine) Verhalten ihnen regelrecht abgezwungen wird. Die sogenannten Tunten könnten sich einem aus der allgemeinen Vorurteilsforschung bekannten Mechanismus verdanken, daß Angehörige bestimmter abgelehnter Minderheiten spezielle Formen von Clownerie entwickeln und die erwarteten Eigenschaften grotesk vorspielen. In Ländern, in denen die Integration der Homosexuellen weiter fortgeschritten ist (z. B. in der DDR), geht die Zahl der ‚effeminierten' Homosexuellen zurück."[143]

Für Pulz war feminines Auftreten schwuler Männer kein Ausdruck von Individualität, sondern eine Reaktion auf Diskriminierungserfahrungen und somit ein Symptom der Unterdrückung. In der DDR sei das Phänomen Tunte weniger verbreitet als in anderen Ländern, behauptete Pulz, wobei nicht klar ist, welche anderen Länder er dabei im Blick hatte. Als Begründung führte er an, dass Homosexuelle in der DDR besser in die Gesellschaft integriert seien als anderswo und sich deshalb weniger abweichend verhielten. Fehlende persönliche Freiheiten und Einschränkungen individueller Ausdrucksmöglichkeiten spielten für ihn dabei keine Rolle. Das Tuntigsein, das Pulz als „feminines Verhalten" beschrieb, aber nicht näher spezifizierte, blieb damit negativ konnotiert und galt als Abweichung vom *normalen* Schwulsein. Menschen, die als Tunten gedeutet wurden, schloss er somit diskursiv aus.

Eine Neupositionierung zu diesem Thema erfolgte wenige Jahre später. Die 1989 von den Ost-Berliner Arbeitskreisen erarbeiteten „Thesen zur Emanzipation, Partizipation und Integration schwuler Männer in Gesellschaft und Kirche der DDR" wendeten sich nunmehr gegen das Verstecken schwuler Lebensrealitäten, zu denen feste Partnerschaften ebenso gezählt wurden wie anonymer Sex oder das Tuntigsein. Sie verzichteten darauf, die Ursachen für das „Anderssein" von Schwulen zu erklären, sondern schlossen es ein in eine neue Vorstellung von Vielfalt, für die sie sich einsetzen wollten.[144] Ende der 1980er Jahre lassen sich demnach in der DDR erste Anzeichen eines Inklusionsanspruches feststellen, wie er ab den 1990er Jahren in Deutschland von einer sich als queer bezeichnenden Bewegung vertreten wurde. Ihr ging und geht es nicht nur darum, Schwule und Lesben anzusprechen, sondern alle Formen der geschlechtlichen oder sexuellen Nonkonformität, wie etwa trans*- und inter*-Menschen, aber auch Asexuelle und BDSM[145]-Praktizierende.[146]

---

[142] Pulz, Homosexualität und Antihomosexualität, S. 138.
[143] Ebenda, S. 139.
[144] Privatarchiv Christian Pulz, Arbeitsgemeinschaft der Homosexuellenarbeitskreise der Landeskirche Berlin-Brandenburg, Thesen zur Emanzipation, Partizipation und Integration schwuler Männer in Gesellschaft und Kirche der DDR, 18. 10. 1989, S. 1.
[145] BDSM steht für sexuelle Praktiken im Bereich Bondage/Discipline, Dominance/Submission, Sadism/Masochism.
[146] Vgl. Woltersdorff, „All those beautiful boyz ... and criminal queers", S. 231.

Danneckers und Reiches Buch „Der gewöhnliche Homosexuelle" tauchte in den 1980er Jahren immer wieder in den Arbeitskreisen auf. Am 4. Mai 1987 veranstaltete Eduard Stapel im Arbeitskreis Homosexualität der Magdeburger Stadtmission einen ganzen Abend zu diesem Buch.[147] Matthias Kittlitz und Hync Richter vom Arbeitskreis Homosexualität in Leipzig plädierten für eine „systematische wissenschaftliche Erforschung des menschlichen Sexualverhaltens unter sozialistischen Bedingungen bzw. in der DDR" und schlugen vor, diese Forschung ähnlich den Arbeiten von Dannecker und Reiche auszurichten.[148] 1988 stellte Matthias Kittlitz auf der zweiten Tagung „Psychosoziale Aspekte der Homosexualität" in Karl-Marx-Stadt seine geplante Untersuchung „Soziale Urteilsbildung über Homosexualität und ihre Auswirkungen auf das Coming-out jugendlicher homosexueller Männer (16 bis 23 Jahre) in der DDR" vor.[149] In seinem Vortrag, der im Tagungsband abgedruckt wurde, erklärte Kittlitz, wie er auf der Grundlage des Begriffs und Konzepts des Coming-out nach Dannecker und Reiche seine Interviews auswerten werde.[150] Dannecker und Reiche bezeichnen Coming-out als „soziale Seite des Triebgeschehens" und als eine „Periode der homosexuellen Entwicklung", die durch spezifische „Entwicklungsstufen" charakterisiert sei.[151] Kittlitz hielt es für notwendig, die Entwicklung von homosexuellen Jugendlichen speziell für die DDR zu untersuchen, plädierte also für eine eigenständige ostdeutsche Forschung zu diesem Thema. Gleichzeitig ging er davon aus, dass er auf Theorien – Coming-out war hier als Analysekategorie gedacht – und Vorbilder zurückgreifen könne, die nur über Literatur aus Westdeutschland zugänglich waren. Danneckers und Reiches Studie „Der gewöhnliche Homosexuelle" war folglich dasjenige Buch, das in der DDR-Schwulenbewegung der 1980er Jahre am stärksten rezipiert und angeeignet wurde und somit die aktivistische Beschäftigung mit dem Thema Homosexualität im Osten wesentlich prägte sowie zugleich eine „kollektive Sinnkonstruktion" ost- und westdeutscher Aktivisten förderte.[152]

Zwischen Sozialismus und Kirche – Selbstdarstellungen der Arbeitskreise

Die Arbeitskreise Homosexualität waren in der besonderen Situation, sowohl gegenüber dem Staat als auch der evangelischen Kirche ihre Existenz rechtfertigen und glaubhaft versichern zu müssen, dass sie weder zu deren Gegner*innen gehörten, noch ihnen gleichgültig gegenüberstanden. Sie befanden sich somit nicht nur in einem Spannungsfeld zwischen den eigenen Anliegen und denen von Staat und

---

[147] Vgl. SMU, DDR, Kirchliche Arbeitskreise Homosexualität, Nr. 4, Arbeitskreis Homosexualität der Evangelischen Stadtmission Magdeburg, Programm 1987.
[148] BStU, HA XX/9 1973, Bl. 16, „Zur Tagung am 28. 6. 1985 ‚Psychosoziale Aspekte der Homosexualität in der DDR'", 9. 8. 1985.
[149] Kittlitz, Zur Definition des Begriffs Coming out, S. 33.
[150] Vgl. ebenda.
[151] Dannecker/Reiche (Hrsg.), Der gewöhnliche Homosexuelle, S. 30 f.
[152] Gilcher-Holtey, Der Transfer zwischen den Studentenbewegungen, S. 488.

2. Aneignungen und Selbstdarstellungen ostdeutscher Schwulenaktivisten 149

Kirche, sondern kamen darüber hinaus nicht umhin, einen Balanceakt zu vollführen zwischen dem, was die jeweiligen Kirchengemeinden auf der einen und die staatlichen Institutionen auf der anderen Seite von ihnen erwarteten.

In seinem „Info-Brief", der mit Schreibmaschine geschrieben und mit einem Matrizendrucker vervielfältig wurde, veröffentlichte der Arbeitskreis Schwule in der Kirche von Januar 1985 bis Februar 1988 halbjährlich auf jeweils 8 bis 28 Seiten und in einer Auflage von 500 bis 1000 Exemplaren Beiträge zu Themen der homosexuellen Emanzipation.[153] Ankündigungen oder Nachlesen von Veranstaltungen sowie Neuigkeiten aus anderen Gruppen in der DDR gehörten ebenso zum Inhalt wie eigene Texte und zahlreiche Abschriften aus Büchern, Zeitschriften und anderen Publikationen, die offiziell in der DDR nicht zugänglich waren. Damit übernahm der „Info-Brief" zum einen die Funktion einer Zeitschrift für Schwule (und Lesben), die zielgruppenspezifische Informationen und Kommentare verbreitete; zum anderen fungierte der „Info-Brief" als Vermittler von Diskursen, die vor allem in der Bundesrepublik, aber auch europaweit über Homosexualität geführt wurden. Um das staatliche Verfahren für eine Druckerlaubnis zu umgehen, wurden die Hefte auf der ersten oder letzten Seite mit dem Zusatz „Nur für den innerkirchlichen Dienstgebrauch" versehen und konnten im Umfeld der Kirche verteilt werden.[154]

Der „Info-Brief" war bis 1989 die einzige von Homosexuellen für Homosexuelle herausgegebene Druckschrift in der DDR. Ab 1989 veröffentlichte dann die Lesbengruppe des Arbeitskreises Homosexuelle Liebe bei der Evangelischen Studentengemeinde Jena – ebenfalls „nur zum innerkirchlichen Gebrauch" – das Info Blatt „frau anders".[155] Der „Info-Brief" wurde nicht nur von Mitgliedern und Besucher*innen des Arbeitskreises Schwule in der Kirche gelesen, sondern gelangte auch in die Hände anderer Gruppen. Der bereits genannte Arbeitskreis Homosexuelle Liebe in Jena etwa gehörte zu den Abonnent*innen.[156] 1986 soll sogar die Auflage des „Info-Brief" erhöht worden sein, um alle Bezirke der DDR versorgen und Exemplare nach West-Berlin und in die Bundesrepublik schicken zu können.[157] Es kann also davon ausgegangen werden, dass das Heft in den meisten Arbeitskreisen Homosexualität in der DDR zumindest zur Kenntnis genommen wurde.

Es waren hauptsächlich theologische sowie kapitalismuskritische und sozialismusfreundliche Beiträge aus westlichen Publikationen, die im „Info-Brief" rezipiert und verbreitet wurden. Im zweiten „Info-Brief" des Jahres 1986 sind einige

---

[153] Vgl. Wolfgang Beyer, E-Mails an die Autorin, 19./23. 7. 2020.
[154] SMU, DDR, Kirchliche Arbeitskreise Homosexualität, Nr. 3a, 3b, 3c, Schwule in der Kirche, Info-Briefe u. a.
[155] ThürAZ, Lesbengruppe des AK Homosexuelle Liebe (AKH) in der ESG Jena, frau anders. Infoblatt für Lesben, 1989–1991.
[156] Vgl. ThürAZ, P-GT-K-11.03, Sammlung Thomas Grund, Ordner „Schwulenarbeit", Arbeitsmaterial der Jungen Gemeinde Stadtmitte Jena, Schwule in der Kirche – Arbeitskreis Homosexuelle Selbsthilfe der Bekenntnisgemeinde, Info-Brief.
[157] Vgl. BStU, BV Berlin Abt. XX 4329, Bl. 20, KD Prenzlauer Berg, „Treffbericht vom 6. 10. 1986", 7. 10. 1986.

Ausschnitte aus dem Kapitel „Verdrängte Homosexualität, Gewalt und Leistungskonkurrenz" aus dem Buch „Das Elend der Männlichkeit" von Gerhard Vinnai abgedruckt. In der Abschrift heißt es:

„Die Unterdrückung und Tabuisierung homosexueller Persönlichkeitsanteile erleichtert es, daß zwischen Menschen des gleichen Geschlechts eine von der kapitalistischen Ökonomie geforderte aggressive Disposition wirksam wird, die diese auf Distanz hält und in feindliche Konkurrenz verwandelt."[158]

Vinnai macht den Kapitalismus verantwortlich für ein nicht solidarisches, von Konkurrenz und Angst geprägtes Verhältnis Homosexueller untereinander. Der „Info-Brief" behauptete zwar nicht explizit, dass homosexuelle Emanzipation nur im Sozialismus möglich sei, er konnte aber so gelesen werden. Unübersehbar ist im „Info-Brief" somit die Auseinandersetzung mit dem vermeintlich richtigen System, wobei sich die Herausgeber aufseiten der DDR verorteten und sich in den offiziellen DDR-Diskurs einfügten. Ein noch deutlicheres Bekenntnis zur DDR legte der „Info-Brief" im ersten Halbjahr 1986 ab:

„Wir wollen nicht gegen, sondern im Staat leben, verstehen uns selbst als ein Teil Sozialismus-Realisation. In diesem Sinne wollen wir unsere Unzufriedenheit produktiv machen."[159]

Der Rahmen, innerhalb dessen über homosexuelle Emanzipation diskutiert wurde, war 1986 folglich durch die Konkurrenz der unterschiedlichen Gesellschaftsordnungen vorgegeben. Wie überzeugt die Herausgeber des „Info-Briefs" tatsächlich von der Überlegenheit des Sozialismus waren, ist angesichts der Tatsache, dass sie immer die Beobachtung durch die Staatssicherheit mitdenken mussten, nicht leicht zu bestimmen. Michael Sollorz, Redakteur des „Info-Briefs" und neben Christian Pulz führendes Mitglied des Arbeitskreises Schwule in der Kirche, leitete die neuen Ausgaben des „Info-Briefs" immer direkt an die Staatssicherheit weiter. Er erfüllte damit seine Aufgabe als IM „Georg Schröder", wie er in einem Interview mit Jens Dobler bekannte.[160] Das Urteil der Staatssicherheit zum „Info-Brief" fiel wenig überraschend negativ aus. Laut MfS barg die Druckschrift das Potenzial, „die staatliche und gesellschaftliche Ordnung der DDR verächtlich zu machen", weshalb in Erwägung gezogen wurde, rechtlich gegen den Herausgeber Christian Pulz vorzugehen.[161] Soweit bekannt, wurde diese Überlegung jedoch nicht in die Tat umgesetzt. Das Beispiel zeigt jedoch, dass auch die stetigen Loyalitätsbekundungen der homosexuellen Selbstorganisationen nicht verhindern konnten, von der Staatssicherheit als oppositionell wahrgenommen zu werden.

Nicht nur gegenüber dem Staat und der sozialistischen Gesellschaft gaben die Arbeitskreise immer wieder Bekenntnisse ab. Auch gegenüber der evangelischen

---

[158] BStU, BVfS Berlin AIM 4763/91 Bd. II/3, Bl. 67 f., „Info-Brief 3 zur Berliner Friedenswerkstatt 1986", darin: Vinnai, Das Elend der Männlichkeit, S. 96.
[159] SMU, DDR, Kirchliche Arbeitskreise Homosexualität, Nr. 3b, Schwule in der Kirche (Plesser Straße, Berlin-Treptow), Info-Brief, H. 2, 1986 (1. Halbjahr), S. 1.
[160] Vgl. Dobler/Sollorz, Der IM „Georg Schröder", S. 249.
[161] BStU, HA XX 18317, Bl. 3, HA IX/2, „Rechtliche Einschätzung der Druckschrift ‚Info-Brief' der Ausgabe Nr. 4 Februar 1988", 20. 4. 1988.

Kirche musste Position bezogen werden, um zu begründen, warum die Gruppen die kirchlichen Strukturen nutzten. Eduard Stapel, der die Arbeitskreise Homosexualität als Arbeitskreise der Kirche verstand, förderte auf besondere Weise deren Einbindung in die Gemeinden. Ihm als Theologen und Vikar war dabei die seelsorgerische Betreuung von Homosexuellen und die Verbindung von Emanzipation und Religion ein besonderes Anliegen. Als er seine Stelle als Verantwortlicher für „Homosexuellen-Arbeit" bei der Evangelischen Stadtmission Magdeburg antrat, erarbeitete er ein Konzept für diesen Bereich, das als ein Positionspapier der Bewegung verstanden werden kann. Denn für Eduard Stapel gehörten sein Aktivismus und seine Tätigkeit in der „Homosexuellen-Arbeit" zusammen. So sah er die Einrichtung dieser Stelle als direkte Konsequenz aus den Bemühungen der Arbeitskreise in den Jahren davor, die für ihn dieselben Ziele verfolgten wie seine Arbeit bei der Stadtmission:

„die Herausbildung eines schwulen/lesbischen Selbstbewusstseins, die Thematisierung der Problematik, um Betroffene wie Nichtbetroffene für sie zu sensibilisieren, damit eine Integration der Betroffenen als Betroffene in Gesellschaft und Kirche in Gang gesetzt werden kann, und die aktuelle Hilfe für einzelne Betroffene".[162]

Der Begriff „Betroffene" zieht sich durch das gesamte Konzept, womit Stapel die Schwulen – Lesben werden nur an dieser einen Stelle erwähnt und spielen im weiteren Text keine explizite Rolle mehr – zu Schützlingen erklärte, die der Seelsorge bedurften. Sich selbst sah Stapel dagegen als Seelsorger, der sich der „Betroffenen" annahm und als Vermittler zwischen ihnen und der Kirche auftrat. Zu seinen Aufgaben zählte Stapel die Initiierung von Selbsterfahrungsgruppen in verschiedenen Städten der DDR, eine umfassende Vortragstätigkeit in den Arbeitskreisen sowie die Durchführung von Seminaren. Seine Idee vom „Seminar Christ sein" sticht dabei besonders hervor. Er stellte sich darunter einen Unterricht vor, bei dem Schwule, zu denen er vermutlich auch Lesben zählte, den christlichen Glauben kennenlernen sollten. Nach seiner Vorstellung konnten diese Seminare sogar bis zum „Taufunterricht" und „Kircheneintritt" führen.[163] Damit sprach Stapel in seinem Konzept, das er gegenüber der evangelischen Kirche als seinem Arbeitgeber verteidigen musste, auch die Vorteile seiner Arbeit für die Kirche an: Er könne die Homosexuellen der Kirche näherbringen und sie sogar als Gemeindemitglieder gewinnen. Stapel hatte folglich auch eine theologische und missionarische Agenda, in der sich seine Arbeit zwar nicht erschöpfte, die als Motivation für seinen Aktivismus und als Behauptungsstrategie gegenüber der Kirche aber mitgedacht werden muss.

Parallel zu der Argumentation, Homosexuellen-Arbeit sei auch im Eigeninteresse der Kirche, versuchten Aktivisten wie Eduard Stapel ihre Handlungsoptionen zu erweitern, indem sie ihre Anbindung an die evangelischen Gemeinden in der DDR intensivierten und deren Strukturen für eigene Vorhaben in Anspruch

---

[162] BStU, BV Halle Abt. XX 167, Bl. 120, Eduard Stapel, „Konzeption für den Bereich ‚Homosexuellen-Arbeit' der Stadtmission Magdeburg".
[163] Ebenda, Bl. 123 f.

nahmen. So wollte Stapel eine Bibliothek zum Thema Homosexualität aufbauen, ein Informationsblatt herausgeben und eine DDR-weite Arbeitsgemeinschaft „Kirche und Homosexualität" einrichten, „die der HuK in der BRD ähneln könnte".[164] In einem Brief aus dem Jahr 1988 bat Stapel zudem den Bund der Evangelischen Kirchen in der DDR (BEK), einen „Facharbeitskreis zum Thema Homosexualität/Anti-Homosexualität und eine Arbeitsgemeinschaft" zu gründen; der BEK beschied ihn allerdings abschlägig, da „kein gesamtkirchlicher Handlungsbedarf" bestehe.[165] Stapel bat den Kirchbund außerdem um Unterstützung bei der Organisation eines „Forums homosexueller Gruppen Europas", das 1990 in der DDR stattfinden sollte. Doch auch an der Durchführung einer solchen Veranstaltung hatte der BEK kein Interesse.[166]

Anders als die Homosexuelle Interessengemeinschaft Berlin in den 1970er Jahren mussten die Arbeitskreise Homosexualität gegenüber zwei Instanzen sowohl ihre Existenz rechtfertigen und auf Unterstützung hoffen als auch Forderungen stellen und eine kritische Distanz wahren, um für die Schwulen und Lesben in der DDR glaubwürdig zu bleiben. Sie agierten damit in einem doppelten Spannungsfeld, das zusätzlich durch den Antagonismus von Kirche und Staat geprägt war. Die Arbeitskreise und ihre führenden Köpfe mussten ihre Selbstverortungen und Selbstbeschreibungen demnach immer ausbalancieren. Sie bezeichneten sich deshalb als Christen und sprachen sich gleichzeitig für den Sozialismus in der DDR aus. Sie inszenierten sich außerdem als Vermittler und mussten sowohl den Homosexuellen die Kirche als auch der Kirche die Homosexuellen schmackhaft machen.

Abgrenzungen zwischen Clubs und Arbeitskreisen

Die schwul-lesbischen Clubs in der DDR verorteten sich seit Mitte der 1980er Jahre noch deutlicher aufseiten des Staates als die Arbeitskreise und distanzierten sich von der Kirche. Das Verhältnis, das sich dadurch zwischen den Arbeitskreisen und den Clubs ergab, macht ersichtlich, dass sich Aktivismus in der DDR und im Kontext des Kalten Kriegs immer gegenüber Partei und Staat positionieren musste und dabei nicht ohne Abgrenzungen gegenüber anderen Gruppen innerhalb der DDR auskam.

In Leipzig etwa gab es nach der Gründung des Clubs RosaLinde weiterhin personelle Überschneidungen mit dem Arbeitskreis Homosexualität, was zu Unstimmigkeiten bei den Organisator*innen von RosaLinde führte, wie einem internen Brief zu entnehmen ist:

---

[164] Ebenda, Bl. 123.
[165] EZA 101/3088, Bl. 74, BEK über Homosexualität, Brief von Eduard Stapel an den BEK, 28. 1. 1988; Bl. 73, Antwort vom Sekretariat des BEK am 8. 4. 1988; Bl. 52, Sekretariat BEK in der DDR, Protokoll über die 208. Sitzung des Vorstandes am 17. März 1988 in Leipzig, 22. 3. 1988.
[166] Vgl. Fitschen, Liebe zwischen Männern?, S. 89.

2. Aneignungen und Selbstdarstellungen ostdeutscher Schwulenaktivisten 153

„Ich bitte darum, daß sich die Klubmitglieder endlich endgültig entscheiden, ob Kirche oder staatlich. Entweder oder! Ich bin dagegen, daß wir ständig zusammenkleben, vorallem [sic!] personell. [...] Wenn eine FDJ-BL [Freie Deutsche Jugend Bezirksleitung] dahintersteigt, wenn alle staatlichen Organe, die wir angesprochen haben das bemerken, dann können wir unsere Arbeit vergessen. Dann werden wir unglaubwürdig. Wir wollten doch das Pendant zur Kirche bilden, aufbauen. Aus politischen Gründen [...] Nichts gegen zusammenarbeit [sic!], nein, aber nur bei deutlicher Abgrenzung voneinander."[167]

Für die Clubs war eine Abgrenzung gegenüber den kirchlich angebundenen Arbeitskreisen also wichtig, wenn nicht sogar existenziell, wollten sie von den staatlichen Stellen als eigenständige Akteur*innen ernst genommen werden. Die Netzwerke unter organisierten Schwulen und Lesben in der DDR waren somit geprägt von der jeweiligen Selbstverortung im Kalten Krieg. In der Praxis ließ sich die klare Verortung und Distanzierung aber nicht vollständig umsetzen, wie der Brief nahelegt, da es starke personelle Überschneidungen gab und die Ziele von Arbeitskreisen auf der einen und Clubs auf der anderen Seite letztlich deckungsgleich waren.

Unterlagen des MfS zufolge gab es beispielsweise im Arbeitskreis Homosexualität Magdeburg Auseinandersetzungen darüber, ob dieser weiterhin zu den Basisgruppen der evangelischen Kirche gehören solle. Dabei habe sich ein Teil der leitenden Mitarbeiter*innen dafür ausgesprochen, einen Club innerhalb staatlicher Institutionen aufzubauen. Das MfS wertete solche Konflikte als Erfolg der politischen Maßnahmen, da etwa mit der „Schaffung staatlich gelenkter Clubs [...] dem politisch-negativen Einfluß [...] die personelle Basis weitestgehend entzogen" werde.[168] Dieses Argument wurde von den Gruppen zum Teil selbst angeführt, um ihre offizielle Anerkennung zu erreichen. 1983 schrieben Frauen und Männer der Gruppe, die sich ab 1986 Sonntags-Club nannte, eine Eingabe an den Ersten Sekretär der SED-Bezirksleitung Berlin, Konrad Naumann. Darin wiesen die Autor*innen auf die Gründung von Homosexuellenarbeitskreisen unter dem Dach der evangelischen Kirche hin, denen sie etwas entgegensetzen wollten. Eine Anlaufstelle für Schwule und Lesben müsse von Personen geleitet werden, „die zu unserem Arbeiter- und Bauernstaat stehen".[169] Die Kirche, die als einzige derzeit Räume für Treffen zur Verfügung stelle, nutze diese Gelegenheit, um die Homosexuellen zu beeinflussen, erklärten die Absender*innen und wurden noch deutlicher:

„Die Partei als die bewußte Führung der Arbeiterklasse kann es sich in der gegenwärtigen ideologischen Auseinandersetzung zwischen zwei diametral entgegengesetzten Weltanschauungen nicht leisten, auf eine Form des ideologischen Einflusses auf eine halbe Million Bürger der DDR zu verzichten. [...] Schon alleine die Tatsache eines staatlich genehmigten Klubs, Kulturzentrums o. Ä. würde der Kirche den Wind aus den Segeln nehmen, die Teilnehmerzahl der bisherigen kirchlichen Arbeitskreise würde sich beträchtlich reduzieren."[170]

---

[167] Archiv RosaLinde e. V., Ordner 1988/89, Brief S. an T.
[168] BStU, BV Magdeburg Abt. XX ZMA 5349 III, Bl. 200–202, Abt. XX/2, „Sachstandsbericht zum OV ‚After Shave'", 26. 5. 1989.
[169] BArch, DO 1/17026, Ministerium des Inneren, Innere Angelegenheiten, Staatliche Anerkennung von Vereinigungen, Anträge, Entscheidungen, Eingaben, Schreiben von Ursula Sillge an Konrad Naumann (1. Sekretär der SED-Bezirksleitung Berlin), 25. 10. 1983.
[170] Ebenda.

Wenn der Staat die Gründung eines Clubs zuließe, würden außerdem die Ausreiseanträge von Homosexuellen zurückgehen, die Schwulen und Lesben in der DDR würden sich „im Sinne von Partei und Regierung noch aktiver am gesellschaftlichen Leben beteiligen" und der Marxismus-Leninismus könnte damit auch „diskriminierten Bürgern im Ausland" nähergebracht werden.[171] Die Briefschreiber*innen stellten dem SED-Regime in Gestalt des Bezirkssekretärs in Aussicht, ideologisch auf Schwule und Lesben Einfluss zu nehmen und so quasi missionarisch, jedoch nicht für, sondern gegen die Kirche und im Sinne des Sozialismus tätig zu werden. Das Schreiben schloss direkt an die Versuche der HIB an, staatliche Aufmerksamkeit und Anerkennung zu erhalten. Wieder spielten die Gegner*innen der DDR als Drohkulisse sowie die Attraktivität des Sozialismus für Homosexuelle im Westen eine Rolle. Neu war der Hinweis, dass im Falle fortgesetzter staatlicher Untätigkeit mit negativen Folgen, wie etwa zahlreichen weiteren Gründungen kirchlicher Arbeitskreise und einer steigenden Zahl von Ausreiseanträgen durch Schwule und Lesben, zu rechnen sein würde. Genau wie die HIB in den Jahren zuvor, lieferte der Sonntags-Club, der sich zu dieser Zeit noch im Aufbau befand, dem DDR-Staat somit die Begründung dafür, warum eine Beschäftigung mit dem Thema in dessen eigenem Interesse sei. Damit wurde aber zugleich auf Argumente zurückgegriffen, die bereits vorhandene Vorbehalte gegenüber Homosexuellen bestätigten.

Die Abgrenzung des Sonntags-Clubs von den bei der Kirche angesiedelten Arbeitskreisen war ein Mittel der Selbstbehauptung und diente der Stärkung der eigenen Position. Jens Dobler weist außerdem nach, dass die Staatssicherheit ihre IM im Sonntags-Club damit beauftragt hatte, die Konfrontation zwischen Arbeitskreisen und nichtkirchlich angebundenen Clubs zu verstärken, um so die Bewegung insgesamt zu schwächen.[172] Die vom Sonntags-Club gewählte Selbstbehauptungsstrategie war von den Sicherheitsbehörden deshalb gerne gesehen, weil sie sich davon die Schwächung der gesamten schwul-lesbischen Bewegung in der DDR versprachen. Inwiefern die Staatssicherheit das Vorgehen des Sonntags-Clubs tatsächlich beeinflussen und die Abgrenzung zu den Arbeitskreisen forcieren konnte, ist nicht mehr zu klären. Deutlich wird dabei jedoch der Eigensinn der Aktivist*innen, die die Erwartungen des Staates so interpretierten, dass sie ihnen entsprechen und zugleich eigene Ziele verfolgen konnten, die ganz und gar nicht im Interesse des Staates waren.

Der Zwang, Handlungen danach auszurichten, wie diese von den staatlichen Organen wahrgenommen werden könnten, und die Nähe zu denjenigen zu meiden, die als vermeintliche *Feinde* des Systems galten, bestimmte mithin das Verhältnis zwischen Arbeitskreisen und Clubs in der DDR. Ungeachtet der Notwendigkeit, eine deutliche Trennlinie zu ziehen, verfolgten die kirchlich und nichtkirchlich angebundenen Gruppen aber gemeinsame Ziele. Ihr Hauptanliegen

---

[171] Ebenda.
[172] Vgl. Dobler, Staat im Aufbruch, S. 105.

2. Aneignungen und Selbstdarstellungen ostdeutscher Schwulenaktivisten

war die Selbstverwaltung von Räumen, in denen Begegnungen stattfinden können und ein freier und offener Umgang mit Homosexualität selbstverständlich wird, der eine individuelle Emanzipation erst ermöglicht. Keine der Gruppen konnte in öffentlicher Opposition zum SED-Staat auftreten und keine strebte eine andere Gesellschaftsform als den Sozialismus geschweige denn die Wiedervereinigung mit der Bundesrepublik an. Bert Thinius zufolge waren die Ähnlichkeiten zwischen den kirchlich und nichtkirchlich angebundenen Gruppen Ende der 1980er Jahren sogar größer als ihre Differenzen:

„Nahezu identisch sind die Bestandsaufnahmen zur Lage der Schwulen. Ähnlich sind ihre Bewertungen, was u. a. damit zu tun haben könnte, daß die gleichen Literaturquellen (Dannecker/ Reiche, Hocquenghem, Siems, Lautmann) rezipiert wurden."[173]

Die parallele Aneignung westlicher Literatur zu Homosexualität schuf demnach auch auf theoretischer Ebene grundlegende Gemeinsamkeiten zwischen Clubs und Arbeitskreisen in der DDR. Die einschlägigen Bücher überschritten damit nicht nur als Gegenstände die Systemgrenze, sondern wirkten als eine Art Grenzgänger der Verfestigung ideologischer Konfrontationen innerhalb einer vom Freund-Feind-Denken geprägten Gesellschaft sowie einer vollständigen Spaltung der Homosexuellenbewegung in der DDR entgegen.

Prävention und Selbstbehauptung – AIDS in der DDR

Ab Mitte der 1980 Jahre wurde die Krankheit AIDS zu einem der zentralen Themen homosexueller Selbstorganisationen in Ost und West. In der Bundesrepublik wurde im September 1983 die Deutsche AIDS-Hilfe (DAH) als Selbsthilfeinitiative von schwulen Männern gegründet, die bisher nicht in Schwulengruppen aktiv gewesen waren, sich aber nun sowohl von der Krankheit als auch von der damit verbundenen Stigmatisierung besonders bedroht sahen. Sie wollten die bisherigen Errungenschaften der Bewegung nicht wieder verlieren und der Medizin nicht die Deutungshoheit über das Infektions- und Krankheitsgeschehen überlassen. Die DAH war also zunächst kein Projekt der Schwulenbewegung; sie agierte jedoch im Interesse der Schwulen in der Bundesrepublik, sodass ein Teil ihrer Akteure als neue Schwulenaktivisten zur Bewegung gezählt werden können.

Als die ostdeutschen Arbeitskreise und Clubs ab Mitte der 1980er Jahre verstärkt über AIDS diskutierten, gab es zwar bereits Beiträge dazu in den Zeitungen und im Fernsehen der DDR. Viele Aktivist*innen informierten sich aber weiterhin und hauptsächlich mittels westdeutscher Medien, die „ausführlicher und wahrer zu dieser Jahrhundertkrankheit" informierten, wie das MfS die Meinung eines Mitglieds der Gruppe Jonathan in Karl-Marx-Stadt im Februar 1987 protokollierte.[174] Rainer Herrn beschreibt den Umgang der DDR mit dem Thema AIDS als

---

[173] Thinius, Erfahrungen schwuler Männer, S. 51.
[174] BStU, BV Karl-Marx-Stadt Abt. XX 1387, Bl. 26, „Homosexuelle Gruppierungen/Zusammenschlüsse/Aktivitäten".

ambivalent. Einerseits habe es „keinen so hysterisierenden Diskurs wie in der Bundesrepublik" gegeben, andererseits sei das Problem kleingeredet worden, sodass die Notwendigkeit, sich zu schützen, nicht nachdrücklich genug vermittelt worden sei.[175] Letzteres wurde dann von den Arbeitskreisen und Clubs übernommen. Sie gründeten im November 1987 eine Zentrale AIDS-Arbeitsgruppe, der 25 Männer und zwei Frauen angehörten, die direkt aus der Schwulen- und Lesbenbewegung kamen.[176] Sie verteilten Aufklärungsmaterial, das vorwiegend aus der Bundesrepublik stammte, arbeiteten an einem gemeinsamen Wissensstand und setzten sich mit den offiziellen Verlautbarungen, den Präventionsmaßnahmen sowie dem staatlich propagierten HIV-Test auseinander.

Auch in der Bundesrepublik arbeitete sich die selbstorganisierte Beratung und Fürsorge an der staatlichen Aufklärung ab, zumindest bis die Bundes- und Landesregierungen dazu übergingen, mit den AIDS-Hilfen zusammenzuarbeiten und sie finanziell zu unterstützen.[177] Die DAH warf der Bundeszentrale für gesundheitliche Aufklärung (BZgA) vor allem vor, keine differenzierte Einschätzung dazu abzugeben, wie hoch das Risiko für bestimmte Personen sei, sich mit HIV zu infizieren. Allen Bürger*innen der Bundesrepublik werde suggeriert, gleichermaßen gefährdet zu sein. Stattdessen solle die BZgA genau erklären, für wen und in welchen Situationen ein Infektionsrisiko bestünde, und ihre Aufklärungsmaßnahmen auf die Hauptbetroffenengruppen konzentrieren.[178] Diese Strategie hatte letztlich Erfolg, der sich an sinkenden Infektionszahlen ablesen ließ. Zudem trugen die AIDS-Kampagnen zu einer erhöhten Sichtbarkeit schwuler Männer und einem offeneren Umgang mit mann-männlicher Sexualität bei, womit sie über das hinausgingen, was die Schwulenbewegung bis dahin erreicht hatte.[179]

Die Schwulen- und Lesbenbewegung in der DDR vermisste ebenfalls eine „zielgruppenspezifische Aufklärung".[180] Außerdem bestand die Sorge, dass sich der „bereits durch die westlichen Massenmedien in den Köpfen der DDR-Bevölkerung verfestigte Zusammenhang zwischen Homosexualität und AIDS" verselbstständigen und die Diskriminierung verstärken könnte.[181] Die Arbeitskreise und Clubs wendeten sich insbesondere gegen die namentliche Meldepflicht für Infizierte und Kranke in der DDR und verlangten deren Aussetzung. Diese Meldepflicht war im Juni 1985 mit dem „Gesetz zur Verhütung und Bekämpfung übertragbarer Krankheiten beim Menschen" eingeführt worden.[182] Zur Abwehr und

---

[175] Interview Rainer Herrn, 16. 10. 2015.
[176] Vgl. Leser, Entwicklung von AIDS-Selbsthilfegruppen, S. 33.
[177] Vgl. Bochow, Reactions of the Gay Community to AIDS, S. 22 f.
[178] Vgl. Tümmers, AIDS, S. 241.
[179] Vgl. Bochow, Hat AIDS die soziale Situation schwuler Männer in Deutschland verändert?, S. 163.
[180] RHG, Sammlung Eduard Stapel, ESt 10, Arbeitskreise/-gruppen Homosexualität 7, Information über die Arbeit der „Zentralen AIDS-Arbeitsgruppe der Arbeitskreise Homosexualität in der DDR", 18. 7. 1988.
[181] Ebenda.
[182] Tümmers, AIDS, S. 216.

Eindämmung von HIV/AIDS setzte das Ministerium für Gesundheitswesen seit 1986 entsprechend auf Kontrolle und Überwachung. Infektionen, Krankheits- und Todes-, aber auch Verdachtsfälle sollten aus den Bezirken an die AIDS-Beratergruppe im Gesundheitsministerium (nicht zu verwechseln mit der Zentralen AIDS-Arbeitsgruppe der Arbeitskreise Homosexualität und der Clubs) und die Bezirks-Hygieneinspektion gemeldet werden. Betroffene mussten sich regelmäßigen Kontrollen unterziehen, ihre Sexualpartner*innen offenlegen sowie bei Wohnungswechsel und bei jeder medizinischen Behandlung das Ergebnis des HIV-Tests angeben.[183]

Ging die DDR mit der Meldepflicht einerseits ihren eigenen Weg, so orientierte sie sich andererseits in der zweiten Hälfte der 1980er Jahre stark in Richtung Westen und die globale Bedrohung durch AIDS schwächte die Systemgegnerschaft von DDR und Bundesrepublik ab. Wie Hennig Tümmers zeigt, reisten Politiker*innen und Wissenschaftler*innen zwischen Ost und West hin und her und tauschten sich über Präventionsstrategien sowie über virologische und klinische Forschungsergebnisse aus. Mitarbeiter*innen des Ministeriums für Gesundheitswesen in der DDR, allen voran der Direktor der Hautklinik der Charité und Leiter der Zentralen AIDS-Beratergruppe Professor Niels Sönnichsen, korrespondierten mit dem Bundesministerium für Jugend, Familie, Frauen und Gesundheit, mit dem Saarländischen Ministerium für Arbeit, Gesundheit und Sozialordnung sowie mit dem Bayerischen Staatsministerium für Wissenschaft und Kunst. Es wurden Programme für gemeinsame Forschungsprojekte und für den wissenschaftlichen Austausch im Bereich der Mikrobiologie entworfen, aber auch über Präventionsmaßnahmen und den Umgang mit Infizierten und Kranken gesprochen.[184] Transferprozesse belegt Tümmers auch am Beispiel der vom Deutschen Hygiene-Museum Dresden (DHMD) herausgegebenen Materialien zur AIDS-Aufklärung. In direkter Bezugnahme auf die Kampagne der BZgA nutzte das DHMD für sein Merkblatt 1988 den einprägsamen Slogan „Gib AIDS keine Chance".[185] Eine Ausstellung im gleichen Jahr trug ebenso dieses Markenzeichen der BZgA im Titel. Tümmers vermutet, der westdeutsche Leitspruch sei deshalb aufgegriffen worden, weil er durch die Westmedien in der DDR bereits bekannt war und deswegen bessere Präventionserfolge versprach. Letztlich habe dieses Motto die Ziele der AIDS-Prävention sowohl in West als auch in Ost am besten zusammengefasst: Die Verbreitung von HIV sollte eingedämmt, die Selbstverantwortung jedes Einzelnen angesprochen und die Stigmatisierung von Infizierten und Kranken vermieden werden.[186] Die Merkblätter und die Ausstellung im DHMD übernahmen die bundesdeutschen Anti-AIDS-Kampagnen jedoch nicht vollständig. Es fehlte etwa der Hinweis auf den Übertragungsweg durch infizierte Drogenbestecke, da sowohl DHMD-intern als auch öffentlich davon ausgegangen

---

[183] Vgl. ebenda, S. 221.
[184] Vgl. Tümmers, AIDS und die Mauer, S. 178–182.
[185] Tümmers, AIDS, S. 283.
[186] Vgl. ebenda.

wurde, dass es in der DDR kein Drogenproblem gab. Als wichtigste Präventivmaßnahme empfahl das DHMD eine feste Partnerschaft, gefolgt von der Nutzung von Kondomen, ohne jedoch den eklatanten Mangel an Präservativen in der DDR zu erwähnen.[187] Tümmers bezeichnet das Verhältnis zwischen DDR und Bundesrepublik in Bezug auf die AIDS-Politik als asymmetrisch, da im Osten mehr vom Westen übernommen wurde als umgekehrt. Die DDR-Strategie in Form der Meldepflicht stieß aber durchaus auf westliches Interesse. Der CSU-Politiker und Staatssekretär im Bayerischen Staatsministerium des Innern Peter Gauweiler etwa hatte große Sympathien für die rigorose Politik der DDR-Regierung, deren Effektivität er durch die niedrige Zahl an Infizierten und Erkrankten in der DDR bestätigt sah.[188]

In den Arbeitskreisen und Clubs der DDR herrschten verschiedene Ansichten zum richtigen Präventionsansatz. Davon ausgehend, dass sich AIDS vor allem unter promisk lebenden schwulen Männern verbreitete, gab es sowohl die Befürworter*innen fester Partnerschaften als auch diejenigen, die vor allem auf das Benutzen von Kondomen setzten. Nach Auffassung Letzterer durfte AIDS nicht als Druckmittel genutzt werden, um ein bestimmtes Sexualverhalten zu erzwingen. Die Zentrale AIDS-Arbeitsgruppe vertrat diese Position und schloss sich damit der DAH in der Bundesrepublik an. Außerdem sollten „kompetente Homosexuelle" den Staat bei der Verbreitung von Informationen über die Infektionskrankheit unterstützen, denn damit hätten andere Länder „schon sehr gute Erfolge" erzielt[189] – vermutlich dienten hier die AIDS-Hilfen in der Bundesrepublik als Referenz. Wie im Folgenden noch gezeigt wird, schlossen sich dieser Ansatz, der die Lebensrealität vieler schwuler Männer anerkannte, und die Forderung nach monogamen Beziehungen jedoch nicht aus. Vielmehr waren es zwei sich – spezifisch für die DDR – ergänzende Strategien.

Über Ansätze und Erfolge informierten sich die ostdeutschen Arbeitskreise und Clubs bei den bundesdeutschen und West-Berliner AIDS-Hilfen. Für solche Kontakte interessierte sich auch die Staatssicherheit, die vermerkte, dass bei einer Zusammenkunft der Zentralen AIDS-Arbeitsgruppe im Juni 1988 das „Street Worker Konzept in der BRD" vorgestellt und diskutiert wurde.[190] Auf einem anderen Treffen der Gruppe im März 1989 wurde der Film „Eine Stadt lebt mit AIDS. Erfahrungen aus San Fransisco [sic!]" gezeigt.[191] Rainer Herrn erklärt, dass insbe-

---

[187] Vgl. ebenda, S. 287.
[188] Vgl. Tümmers, AIDS und die Mauer, S. 184.
[189] RHG, Sammlung Eduard Stapel, ESt 10, Arbeitskreise/-gruppen Homosexualität 7, „Information über die Arbeit der ‚Zentralen AIDS-Arbeitsgruppe der Arbeitskreise Homosexualität in der DDR'", 18. 7. 1988.
[190] RHG, Sammlung Eduard Stapel, ESt 10, Arbeitskreise/-gruppen Homosexualität 7, „Treffen der zentralen AIDS-Arbeitsgruppe der Arbeitskreise Homosexualität am 11./12. 6. 88 in Berlin".
[191] RHG, Sammlung Eduard Stapel, ESt 10, Arbeitskreise/-gruppen Homosexualität 7, „Treffen der zentralen AIDS-Arbeitsgruppe der Arbeitskreise Homosexualität am 19. und 20. 3. 1989 in Erfurt".

sondere das Buch von Rolf Rosenbrock „Aids kann schneller besiegt werden" (1987) für die Auseinandersetzung in der AIDS-Arbeitsgruppe von Bedeutung war:

„Das hatten wir zur Kenntnis genommen und wussten also, es gibt andere Möglichkeiten, mit der Krankheit und vor allem mit der Prävention umzugehen, als nach dem klassischen Muster der Infektionskettenforschung und der Testung, wie sie in der DDR sich jetzt sukzessive entwickelte."[192]

Herrns Schilderung zufolge nahm er damals Kontakt zu Rolf Rosenbrock auf, der am Wissenschaftszentrum in West-Berlin arbeitete und ihm auf Anfrage wissenschaftliche Materialien zukommen ließ. Herrn sammelte systematisch Literatur zum Thema AIDS, die in der Bundesrepublik veröffentlicht worden war. Schwierig sei es dabei gewesen, sich in die medizinische, zumeist englische Fachsprache einzuarbeiten.[193] Bei den Informationsmaterialien aus der Bundesrepublik habe es aber auch andere Übersetzungsschwierigkeiten gegeben, die auf die Unterschiede in den beiden Ländern zurückzuführen gewesen seien, erinnert sich Herrn. So sei etwa die Sprache der DAH „sehr offensiv gewesen", was seiner Ansicht nach damit zusammenhing, dass deren Informationen in Saunen, Darkrooms und anderen kommerziellen Einrichtungen verteilt wurden.[194] Weil es eine solche Subkultur in der DDR nicht gegeben habe und die schwulen Männer eher über die Arbeitskreise und Clubs hätten erreicht werden müssen, sei das Material „nicht direkt kompatibel" gewesen.[195] In einem Schreiben an die Deutsche AIDS-Hilfe, in dem sich Herrn für bereitgestellte Informationsmaterialien bedankte, wies er auf diese Ost-West-Unterschiede hin:

„Das Faltblatt […] scheint mir speziell für Ihre Szene geschrieben. Es gefällt mir gut, trifft aber möglicherweise in Sprache und Inhalt nicht unsere Situation. Denken Sie daran, daß die Schwulenbewegung in der DDR ca. 10 Jahre später wie bei Ihnen begonnen hat (etwa 1982/83) und damit ein anderes Gruppenverständnis anzutreffen ist. Außerdem dürften Dildos, Cockringe und Nietengurte bei vielen unbekannt sein. Kurz und gut, eine geringere Anzahl davon wird ausreichen. Wichtig scheint mir momentan eine Gebrauchsanleitung für Kondome. Haben Sie das Faltblatt ‚Kondome, und wie man sie gebraucht' in größerer Menge verfügbar?"[196]

Für Herrn stand die Vermittlung von Wissen über die richtige Benutzung von Kondomen im Vordergrund. Seiner Einschätzung nach bedurfte es in der DDR keiner Anleitung zum Umgang mit Sexspielzeug und anderen Accessoires, die in der Schwulenszene Westdeutschlands verbreiteter waren. Dies war auch der Grund, warum die Arbeitskreise in der DDR eigene Info-Broschüren und Flugblätter herstellten, in denen keine grundlegend anderen Präventionsmaßnahmen empfohlen wurden als in den Materialien der DAH. Sie waren dennoch sprachlich auf das ostdeutsche Publikum im Umkreis der Arbeitskreise und Clubs zuge-

---

[192] Interview Rainer Herrn, 16. 10. 2015.
[193] Vgl. ebenda.
[194] Ebenda.
[195] Ebenda.
[196] SMU, DDR, AIDS-Hilfe DDR, Nr. 2, Zusammenarbeit D.A.H./AIDS-Hilfe DDR e. V., Brief von Rainer Herrn an Deutsche-AIDS-Hilfe, 7. 12. 1989.

schnitten. Hierbei ging es auch um die Bewahrung dessen, was als spezifische schwule Sexualkultur der DDR empfunden wurde. Nicht der Inhalt der westdeutschen AIDS-Aufklärungsbroschüren war daher die von Herrn gewünschte Transferleistung, sondern Gebrauchsanleitungen für Kondome in „größerer Menge", da die notwendigen Ressourcen dafür von der Schwulen- und Lesbenbewegung auch Ende 1989 nicht aufgebracht werden konnten. Zugleich war damit gesagt, dass Herrns Ansicht zufolge die Nutzung und richtige Anwendung von Kondomen unter schwulen Männern in der DDR im Jahr 1989 noch zu wenig verbreitet war. Die spezifisch ostdeutsche schwule Sexualkultur wurde von Herrn 1989 demnach einerseits als weniger kommerzialisiert, zugleich aber auch als unzureichend aufgeklärt wahrgenommen, wenn es um den Schutz vor einer HIV-Infektion ging.

Zusätzlich zu der Bereitstellung von Infomaterialien referierten Vertreter*innen westdeutscher AIDS-Hilfen in den ostdeutschen Arbeitskreisen. Unter dem Titel „Safer Sex"[197] berichteten etwa am 11. Januar 1987 Mitarbeiter der West-Berliner AIDS-Hilfe im Arbeitskreis Schwule in der Kirche über ihre Erfahrungen.[198] Laut IM-Bericht äußerten Teilnehmer bei diesem Vortragsabend die Befürchtung, dass die Kondome, die es in der DDR zu kaufen gab, nicht „stabil genug" seien, und sie beklagten, dass es an Gleitmittel fehle. Außerdem kläre der Staat die schwulen Männer nicht ausreichend über den Gebrauch von Kondomen auf.[199] Die westdeutschen AIDS-Hilfen kamen also in die DDR, um nachdrücklich das Benutzen von Kondomen zu empfehlen. Dabei trafen sie auf schwule Männer, die Safer Sex nicht grundsätzlich ablehnten, sondern bezweifelten, dass dafür überhaupt ausreichende Hilfsmittel zur Verfügung standen. Es ging also nicht um die Frage, ob das Benutzen von Kondomen die beste Präventionsstrategie gegen AIDS sei, sondern um die Frage nach ihrer Umsetzbarkeit angesichts fehlender Ressourcen. Dass es in der DDR an Kondomen mangelte, bestätigt beispielsweise auch Detlef Mücke, der im Interview berichtet, wie er und andere West-Berliner Aktivisten Kondome und Gleitmittel in die DDR schmuggelten.[200]

Bis 1987 wurden nur neun Fälle von HIV in der DDR verzeichnet und bis 1989 waren nach offiziellen Angaben 85 Menschen infiziert oder bereits an AIDS erkrankt.[201] In der Bundesrepublik hatten sich zu dieser Zeit bereits 33 043 und bis

---

[197] Safer Sex heißt auf Deutsch „sichererer Geschlechtsverkehr" und bezeichnet Praktiken, die eine Ansteckung mit HIV verhindern sollen. Vgl. Deutsche Aidshilfe e. V., Glossar, https://www.aidshilfe.de/glossar/letter_s#Safer_Sex (30. 8. 2020).

[198] BStU, HA XX 5191, Bl. 171 f., „Information zu einem Treffen von Homosexuellen am 11. 01. 1987 in der Bekenntnisgemeinde", 13. 1. 1987.

[199] BStU, HA XX 5191, Bl. 168 f., IM-Bericht zur Veranstaltung am 11. 01. 1987 in der Bekenntnisgemeinde, 22. 1. 1987.

[200] Interview Detlef Mücke, 30. 5. 2013. Ernst-Detlef Mücke wurde 1944 geboren und engagierte sich seit den 1970er Jahren in der West-Berliner Schwulenbewegung. Als Lehrer setzte er sich in der Gewerkschaft Erziehung und Wissenschaft (GEW) seit Ende der 1970er Jahre für die Akzeptanz von homosexuellen Lehrer*innen und Schüler*innen ein. Er lebt als Rentner in Berlin und engagiert sich weiterhin in der GEW sowie im Schwulen Museum.

[201] Dem Zentralinstitut für Hygiene, Mikrobiologie und Epidemiologie der DDR zufolge hatten sich zwischen 1. Januar 1986 und 30. September 1990 331 Menschen mit HIV infiziert, unter ihnen 217 Ausländer. Bei 26 Menschen kam es zum Ausbruch von AIDS und 15 sind daran

2. Aneignungen und Selbstdarstellungen ostdeutscher Schwulenaktivisten 161

Ende 1989 insgesamt 39 643 Menschen mit dem Virus infiziert.[202] Angesichts der eher geringen Fallzahlen in der DDR waren Aufklärung und Schutz für die Aktivist*innen nicht die einzigen Ziele der AIDS-Arbeit. Ein Magdeburger Schwulenaktivist, vermutlich Eduard Stapel, schrieb einem Bekannten in der Bundesrepublik, was er darüber hinaus damit verband:

„Vorerst bin ich bemüht, das Thema für weitere Fortschritte in der Schwulenfrage überhaupt auszunutzen."[203]

Dass vor dem Hintergrund der Berichterstattung über AIDS in den westdeutschen Medien und der Rolle, die Selbsthilfegruppen und AIDS-Initiativen bei der Prävention und Betreuung von Erkrankten in der Bundesrepublik zu spielen begannen, auch ostdeutsche Schwulenaktivisten auf mehr Sichtbarkeit und eine Vermittlerrolle zwischen Staat und Schwulen (Lesben wurden erneut ausgeblendet) hofften, muss angenommen werden. Einen weiteren Beleg dafür liefert der Brief von Stapel an Professor Niels Sönnichsen, in dem er den Staat dazu aufforderte,

„[die] gesellschaftlichen Verhältnisse dahingehend zu ändern, daß nicht nur das Partnerverhalten gleichgeschlechtlich Liebender entwickelt und stabilisiert wird, sondern daß auch die Schwächungen und Zerstörungen partnerschaftlichen Verhaltens gleichgeschlechtlich Liebender in fast allen Bereichen unseres gesellschaftlichen und staatlichen Lebens aufhören".[204]

Anders als in der westdeutschen Schwulenbewegung und bei den AIDS-Hilfen lehnten die Arbeitskreise und Clubs in der DDR es nicht vollständig ab, feste Partnerschaften als Strategie gegen AIDS zu propagieren. Diese Partnerschaften könnten allerdings nur dann Bestand haben, so Stapel, wenn der Staat die Voraussetzungen dafür schaffe. An dieser Stelle wird deutlich, was Stapel mit seiner oben zitierten Ankündigung gemeint haben könnte, das Thema AIDS „für weitere Fortschritte in der Schwulenfrage überhaupt auszunutzen".[205] AIDS-Arbeit bedeutete für Stapel, sich dafür einzusetzen, die Bedingungen für homosexuelles Leben in der DDR grundsätzlich zu verbessern. Das Bild von den stabilen Partnerschaften, die für Gesundheit standen, diente dabei als Brücke zwischen den Forderungen der Bewegung und den vom Staat als notwendig erachteten Maßnahmen zur Eindämmung der HIV-Infektionen.

Die Arbeitskreise gaben nicht nur Broschüren aus dem Westen weiter, sondern fertigten auch eigenes Aufklärungsmaterial an, das wie deren andere Veröffentli-

---

gestorben. Vgl. RHG, Sammlung Eduard Stapel, ESt 10, Arbeitskreise/-gruppen Homosexualität 7, Kopie Zentralinstitut für Hygiene, Mikrobiologie und Epidemiologie der DDR, HIV-Infektionen DDR, Zugänge und Bestand, 30. 9. 1990.
[202] Vgl. Robert Koch Institut, Gesundheitsberichterstattung des Bundes. Themenheft 31 – HIV und AIDS. Ergänzende Wertetabellen zu den Abbildungen, 2006, https://www.rki.de/EN/Content/Health_Monitoring/Health_Reporting/GBEDownloadsT/Tabellen/hiv_aids_daten.pdf?__blob=publicationFile (16. 7. 2020).
[203] BStU, BV Magdeburg Abt. XX 4940, Bl. 24, Brief aus Magdeburg an Person in Westdeutschland, 24. 5. 1987.
[204] RHG, Sammlung Eduard Stapel, ESt 16/1, Materialsammlung/Thematische Sammlung zu AIDS, Brief Eduard Stapel an Prof. Nils Sönnichsen, 3. 10. 1987.
[205] BStU, BV Magdeburg Abt. XX 4940, Bl. 24, Brief aus Magdeburg an Person in Westdeutschland, 24. 5. 1987.

chungen mit der Aufschrift „nur für den innerkirchlichen Dienstgebrauch" versehen war und im Umkreis der Gruppen verteilt wurde. Das ab 1987 staatlich verbreitete Heft „AIDS: Was muß ich wissen? Wie kann ich mich schützen?" von Niels Sönnichsen war aus Sicht der Aktivist*innen für die spezifische Aufklärung in ihren Kreisen nicht geeignet. Der Arbeitskreis Schwule in der Kirche brachte deshalb ein von der lesbisch-schwulen Jugendgruppe Karl-Marx-Stadt verfasstes „Kleines AIDS-Info" heraus, in dem unter anderem gefordert wurde, Homosexuelle in der öffentlichen Diskussion um HIV und AIDS nicht als „Risikogruppe" zu bezeichnen, um eine Stigmatisierung zu verhindern.[206] Zudem grenzten sie sich gegenüber dem gesellschaftlichen, medialen und politischen Umgang mit AIDS in westlichen Ländern ab:

„In einigen kapitalistischen Ländern ist die Angst vor AIDS [...] dazu benutzt worden, um unter dem Deckmantel eines Kampfes gegen ‚sexuelle Zuchtlosigkeit' auch politisch Andersdenkende zu treffen und politische Freiheiten einzuschränken und damit eine ‚Wende' im Sinne herrschender konservativer Schichten und ihres Machtausbaus zu unterstützen. Da diese gesellschaftspolitischen Konzeptionen und Ziele nicht die unsren sein können, muß darauf geachtet werden, daß davon geprägte Inhalte und Methoden nicht von uns übernommen werden können."[207]

Die Distanzierung erfolgte also gegenüber einer konservativen AIDS-Politik, wie sie beispielsweise von der Bayerischen Staatsregierung vertreten wurde. Dass Bayern und die DDR bei der AIDS-Politik eng zusammenarbeiteten, wussten die Autor*innen möglicherweise nicht. Sie hätten sonst feststellen müssen, dass es auch in ihrem Land vonseiten der SED und des Staates sowie seiner Gesundheitseinrichtungen eher konservative Ansätze waren, mit denen AIDS bekämpft und vorgebeugt werden sollte. Zwar sprach sich auch die Schwulen- und Lesbenbewegung in der DDR gegen die Meldepflicht in ihrem Land aus. Es war allerdings ein bestimmter Blick auf den Westen, der in der Logik der Systemkonkurrenz hier als Drohkulisse aufgebaut werden konnte, um für die Aufklärungs- und Präventionsstrategien zu werben, die ebenfalls aus dem Westen kamen und von Aktivist*innen in der DDR bevorzugt wurden.

Das „Kleine AIDS-Info" übernahm Texte aus der westdeutschen Publikation „AIDS und unsere Angst"[208], darunter den Beitrag des Psychologen und Professors für Sozialpädagogik Helmut Kentler „AIDS zerstört Sexualität". Wie die Gruppe aus Karl-Marx-Stadt beklagt auch Kentler die Stigmatisierung der Homosexuellen als „Risikogruppe".[209] Anders als die ostdeutsche Gruppe warnt Kentler aber davor, dass sich die Schwulen wegen AIDS nun in ihrem Sexualverhalten der gesellschaftlichen Norm anpassen könnten:

---

[206] RHG, Sammlung Eduard Stapel, ESt 16/1, Materialsammlung/Thematische Sammlung zu AIDS, Lesbisch-schwule Jugendgruppe Karl-Marx-Stadt, AIDS und die Homosexuellen, in: Schwule in der Kirche (Hrsg.), Kleines AIDS-Info, o. D., o. S.
[207] Ebenda.
[208] Pacharzina, AIDS und unsere Angst.
[209] RHG, Sammlung Eduard Stapel, ESt 16/1, Materialsammlung/Thematische Sammlung zu AIDS, Lesbisch-schwule Jugendgruppe Karl-Marx-Stadt, AIDS und die Homosexuellen, in: Schwule in der Kirche (Hrsg.), Kleines AIDS-Info, o. D., o. S.; Helmut Kentler, AIDS zerstört Sexualität, in: ebenda, o. D., o. S.

„[…] in unserer Trauer und unserer Wut wollen wir bewahren, daß wir anders sind als die, zu denen Aids uns zu machen droht".[210]

Für Kentler hatte AIDS das Potenzial, das „spezifische ‚homosexuelle Verlangen'" zu zerstören.[211] Über den Abdruck in ihrer Broschüre bot die Gruppe aus Karl-Marx-Stadt diese Sichtweise den ostdeutschen Leser*innen zwar an, sie machte sich die Sorge vor der Zerstörung des homosexuellen Verlangens aber nicht zu eigen. Vielmehr forderte sie, wie Stapel, homosexuelle „stabile Partnerbeziehungen" zu ermöglichen.[212]

Von „stabilen Partnerbeziehungen" zu sprechen, war insofern strategisch klug, als mit diesem Topos zum einen an die offizielle Aufklärungskampagne angeknüpft werden konnte, wie sie vom DHMD betrieben wurde. Zum anderen war der Ausdruck eine Chiffre für die zentrale Forderung der Bewegung nach einer Verbesserung der Lebensbedingungen für Homosexuelle in der DDR. Die Schwulen- und Lesbenbewegung eignete sich das sozialistische Ideal von der gesunden monogamen und dauerhaften Beziehung zwischen Mann und Frau, dem in der Prävention von AIDS eine neue zentrale Rolle zukam, an und leitete daraus die Forderung an Staat und Gesellschaft ab, Homosexuelle zu integrieren. Dabei war die stabile Partnerschaft nicht unbedingt das Ziel, sondern vielmehr ein Instrument von Aktivist*innen, um Rechte, Freiheiten und Unterstützung einfordern zu können. Dass (potenziell promisk lebenden) schwulen Männern zeitgleich geraten wurde, Kondome zu nutzen, um sich vor einer Infektion zu schützen, steht nicht im Widerspruch dazu, sondern macht lediglich deutlich, dass sie nicht die einzigen Adressaten der aktivistischen Präventionsstrategien waren. Den Akteur*innen ging es darum, die Bedingungen für stabile Partnerschaften zu schaffen, von denen dann alle Schwulen und Lesben – unabhängig von ihren Beziehungsformen – profitieren sollten. Es lässt sich somit zeigen, dass das Thema HIV/AIDS – vor allem solange die Zahl der Infizierten niedrig blieb – genutzt wurde, um übergeordnete bewegungspolitische Ziele zu erreichen.

Gab es eine Pädophilie-Debatte in der DDR-Schwulenbewegung?

Vollständig ausgespart wurde in der Literatur bisher die Frage, wie sich die Schwulenbewegung in der DDR zum Thema Pädophilie verhielt, über das seit den 1970er Jahren in der Bundesrepublik von Expert*innen, Politiker*innen sowie Bewegungsakteur*innen debattiert wurde. Im Windschatten der westdeutschen Schwulenbewegung waren pädophile Selbstorganisationen entstanden, die eine Entkriminalisierung sexueller Beziehungen zwischen Erwachsenen und Kindern forderten.[213]

---

[210] Helmut Kentler, AIDS zerstört Sexualität, in: ebenda.
[211] Ebenda.
[212] Lesbisch-schwule Jugendgruppe Karl-Marx-Stadt, AIDS und die Homosexuellen, in: ebenda.
[213] Vgl. Hensel/Neef/Pausch, Von „Knabenliebhabern" und „Power-Pädos", S. 137; Hax/Reiß, Programmatik und Wirken pädosexueller Netzwerke in Berlin, S. 42–48.

Einige Zeitschriften der Schwulenbewegung setzten sich intensiv mit dem Thema auseinander und wurden Ende der 1970er Jahre sogar zum Sprachrohr der Pädophilenbewegung. Insbesondere die Zeitschrift „Emanzipation" veröffentlichte Artikel, die pädophile Interessen vertraten. Daneben formierten sich Zusammenschlüsse von Pädophilen innerhalb von Schwulengruppen, wie etwa in der Homosexuellen Aktion Hamburg (HAH) oder der Allgemeinen Homosexuellen Aktion (AHA) in West-Berlin. Später engagierten sich Pädophile auch im Bundesverband Homosexualität (BVH).[214] Kritik am Emanzipationsverständnis der Pädophilen formulierte vor allem die Frauenbewegung in den 1980er Jahren, die sich gegen Gewalt an Frauen engagierte und die Öffentlichkeit für Themen wie Vergewaltigung in der Ehe oder sexuellen Missbrauch von Minderjährigen sensibilisierte. Der von Pädophilen vertretenen Vorstellung von sexueller Befreiung setzten feministische Aktivistinnen also die Realität von sexualisierter Gewalt entgegen.[215] Durch die Debatten darüber, ob bei sexuellen Beziehungen mit Minderjährigen überhaupt von Einvernehmlichkeit und Freiwilligkeit die Rede sein kann, und zunehmende Erkenntnisse über die teils verheerenden psychischen Folgen für betroffene Kinder geriet die Pädophilenbewegung seit Mitte der 1980er Jahre immer mehr in die Defensive und gab Anfang der 1990er Jahre ihre politische Agenda fast vollständig auf.[216]

In der DDR war das Thema Pädophilie noch stärker tabuisiert als Homosexualität, sodass sich insgesamt nur wenige und sehr vage Positionierungen hierzu finden lassen. Eine kurze Information zum Thema gab der Professor für forensische Psychologie Reiner Werner in seinem Buch „Homosexualität. Herausforderung an Wissen und Toleranz". Interessant ist zunächst, dass sich ein Buch über Homosexualität mit Pädophilie beschäftigt, während das Aufklärungswerk „Intimverhalten, Sexualstörungen, Persönlichkeit" (1973) von Siegfried Schnabl Pädophilie noch nicht einmal im Sachregister aufführt. Pädophilie wurde folglich im Kontext von Homosexualität verortet und Homosexuellen somit implizit eine Nähe zu pädophilen Neigungen unterstellt. Werner bezeichnet Pädophile als bemitleidenswerte Mitmenschen, die selbst am meisten unter ihrer sexuellen Neigung litten. Zwar stellt er nicht infrage, dass sexuelle Übergriffe auf Minderjährige strafrechtlich verfolgt werden müssen; er lässt jedoch einen verurteilten Sexualstraftäter zu Wort kommen, der ankündigt, dass er nach seiner Haftentlassung rückfällig werden wird.[217] Werner spricht daraufhin vom „Schicksal" der Pädophilen, die ja durchaus bereit wären, sich einer Therapie zu unterziehen, es eine solche allerdings nicht gebe.[218] Eine Klarstellung, dass es die Minderjährigen sind, die Opfer von sexuellem Missbrauch durch pädophile Täter*innen werden, erfolgt bei Werner nicht.

Eine Pädophilenbewegung hat es in der DDR nie gegeben. Es stellt sich aber dennoch die Frage, ob die ostdeutsche Schwulenbewegung über Pädophilie disku-

---

[214] Vgl. Hensel/Neef/Pausch, Von „Knabenliebhabern" und „Power-Pädos", S. 145–147.
[215] Vgl. Klatt/Hensel/D'Antonio, Andere Perspektiven, neue Fronten, S. 233–238.
[216] Vgl. Hensel/Neef/Pausch, Von „Knabenliebhabern" und „Power-Pädos", S. 153.
[217] Vgl. Werner, Homosexualität, S. 139 f.
[218] Ebenda, S. 140.

tierte und wie sie zu entsprechenden Forderungen nach einer Änderung des Sexualstrafrechts stand. Der IM „Thomas Müller", der im Arbeitskreis Schwule in der Kirche aktiv war, schreibt in einem seiner Berichte an das MfS, er selbst sei mit dem „Standpunkt der Pädophilie in WB und in der BRD nicht einverstanden", einzelne Mitglieder des Arbeitskreises hätten dazu aber noch keine Meinung und seien froh, dass dieses Thema bei ihnen noch nicht „auf die Tagesordnung gesetzt" wurde.[219] Einzelne Hinweise auf Sympathien bzw. Indifferenz gegenüber Pädophilie gibt es jedoch durchaus: Im Vorlass von Wolfgang Rüddenklau, der bis Mitte der 1980er Jahre dem Arbeitskreis Schwule in der Kirche angehörte, befindet sich ein Manuskript zur Geschichte homosexueller Häftlinge im Konzentrationslager Sachsenhausen. Unter der Überschrift „175er und 176er im Konzentrationslager Sachsenhausen" zählte Rüddenklau nicht nur die nach § 175 RStGB verurteilten Männer zu den homosexuellen Opfern des Nationalsozialismus, sondern auch die „176er".[220] § 176 RStGB[221] stellte die Vergewaltigung oder Nötigung von Frauen sowie sexuelle Handlungen mit Kindern unter 14 Jahren unter Strafe. Da es Rüddenklau um die verurteilten homosexuellen Männer ging, muss angenommen werden, dass er ausschließlich diejenigen als Opfer des § 176 RStGB sah, die wegen sexueller Übergriffe gegen minderjährige Jungen verurteilt worden waren. Er machte also keinen Unterschied zwischen einvernehmlichen sexuellen Handlungen unter Erwachsenen und sexuellen Beziehungen von Erwachsenen mit Kindern, was damals wie heute als Missbrauch zu bezeichnen ist.

Darüber hinaus wurden die Ansichten westdeutscher Autor*innen, die gegen die Strafbarkeit sexueller Handlungen an Kindern argumentierten, von manchen der Arbeitskreise verbreitet. Im vierten „Info-Brief" von 1988 ist die Abschrift von „Ein Gespräch mit Helmut Kentler" aus Hans-Georg Wiedemanns Buch „Homosexuelle Liebe" zu lesen. Auf die Frage, ob Menschen zur Homosexualität verführt werden können, antwortet Kentler, der einer der bekanntesten Experten in der Bundesrepublik war, die sexuellen Missbrauch von Kindern legitimierten und förderten,[222] mit einem klaren Nein. Er differenziert dabei aber nicht zwischen der *Verführung* Jugendlicher und der *Verführung* von Kindern. Die Verurteilung von Kindesmissbrauch stellt Kentler als „Angst vor Verführung" dar und behauptet: „Tatsächlich ist aber nicht der Sexualverkehr, sondern der Straßenverkehr schäd-

---

[219] BStU, MfS AIM 7955/91 Bd. 1, Bl. 27, IM „Thomas Müller", „Betr. Christian Pulz", 12. 4. 1988.
[220] RHG, Sammlung Wolfgang Rüddenklau, WR 03, Arbeitskreis Schwule in der Kirche, Manuskript „175er und 176er im Konzentrationslager Sachsenhausen".
[221] § 176 RStGB: „Mit Zuchthaus bis zu zehn Jahren wird bestraft, wer 1) mit Gewalt unzüchtige Handlungen an einer Frauensperson vornimmt oder dieselbe durch Drohung mit gegenwärtiger Gefahr für Leib oder Leben zur Duldung unzüchtiger Handlungen nöthigt, 2) eine in einem willenlosen oder bewußtlosen Zustande befindliche oder eine geisteskranke Frauensperson zum außerehelichen Beischlafe mißbraucht, oder 3) mit Personen unter vierzehn Jahren unzüchtige Handlungen vornimmt oder dieselben zur Verübung oder Duldung unzüchtiger Handlungen verleitet." Reichs=Gesetzblatt, 1871 Nr. 24, S. 161.
[222] Vgl. Nentwig, Im Fahrwasser der Emanzipation.

lich für Kinder."²²³ Ein Kommentar zu dieser Aussage fand sich im „Info-Brief" nicht. Weggelassen wurde die Stelle aber auch nicht, wenngleich andere Teile durchaus herausgekürzt wurden. Das macht die Aussage plausibel, dass Kentlers Ansichten beim Arbeitskreis Schwule in der Kirche nicht auf eindeutige Ablehnung stießen. Dies lässt auf Indifferenz und zugleich eine vage Offenheit gegenüber den Thesen Kentlers schließen.

Den einzigen Hinweis auf eine Positionsbestimmung der Arbeitskreise findet sich in der „Karl-Marx-Städter Plattform" vom Juni 1989, in der unter anderem gefordert wurde, Homosexualität und Pädophilie aus der von der Weltgesundheitsorganisation (WHO) herausgegebenen Internationalen Klassifikation der Krankheiten zu streichen.²²⁴ Es spricht also einiges gegen die Annahme, die ostdeutsche Schwulenbewegung habe sich in den 1980er Jahren gegenüber den Forderungen von Teilen der westdeutschen Schwulenbewegung und sogenannten Pädophilenaktivist*innen abgegrenzt. Dass es vor 1990 dennoch keine Pädophilenbewegung und keine klare Forderung nach Abschaffung des Schutzalters für Sexualkontakte gab, dürfte eher den fehlenden Sagbarkeitsräumen und den engen Grenzen geschuldet gewesen sein, innerhalb derer sich schwule und lesbische Gruppen in der DDR behaupten mussten. Die Schwulenbewegung inszenierte Schwulsein nie als *Anderssein*, sondern war in den 1980er Jahren vielmehr darum bemüht, den Staat und auch die evangelische Kirche dazu zu bewegen, gemeinsam mit ihr die Lebensbedingungen von Homosexuellen zu verbessern. Vor diesem Hintergrund war es wichtig, nicht mit Forderungen aufzufallen, die gesellschaftlich noch weniger akzeptiert waren als die Sichtbarkeit und Gleichstellung von Schwulen und Lesben.

3. „Man sollte meinen, die DDR-Behörden begrüßten unsere Bemühungen, den anti-nationalsozialistischen Blick auf die Schwulen unter den KZ-Opfern zu richten" – das Gedenken an die homosexuellen Opfer des Nationalsozialismus in der DDR

Gedächtnis, Gedenken und Geschichtspolitik

Das Gedenken an die von den Nationalsozialisten verfolgten Homosexuellen und die Erforschung ihrer Geschichte war seit den 1970er Jahren zentraler Bestandteil homosexueller und vor allem schwuler Bewegungspolitik.²²⁵ Für Westdeutschland erklärt Magdalena Beljan, dass die Schwulenbewegung die Opfer des Natio-

---

²²³ Wiedemann, Ein Gespräch mit Helmut Kentler, zitiert nach: BStU, HA XX/AKG 5476, Bl. 45, Schwule in der Kirche, Info-Brief, H. 4, Februar 1988.
²²⁴ Vgl. o. A., Dokumentation. Für Anerkennung und Gleichberechtigung, S. 142.
²²⁵ Vgl. Beljan, Rosa Zeiten?, S. 82.

nalsozialismus „mit den Homosexuellen in der Bundesrepublik und damit auch mit den Opfern des immer noch bestehenden Paragraphen [§ 175 StGB] verbunden" habe.[226] Stefan Micheler und Jakob Michelsen sehen darin die Konstruktion einer „Vorstellung von der Zugehörigkeit zu einer über Zeit und Raum zusammengehörigen Gruppe".[227] Ziel der Beschäftigung mit der nationalsozialistischen Vergangenheit sei gewesen, so ergänzt Corinna Tomberger, die Bewegung zu mobilisieren. Die Schwulenbewegung in der Bundesrepublik machte die Geschichte der Homosexuellenverfolgung zu *ihrer* Geschichte und verstärkte dabei den Fokus auf männliche Homosexualität. Diese Inanspruchnahme der Vergangenheit bezeichnet Tomberger als „schwule Subkulturalisierung".[228] Elisa Heinrich fügt für die österreichische Schwulen- und Lesbenbewegung hinzu, dass deren kollektive Vergangenheitsbezüge darauf abzielten, die eigene Handlungsfähigkeit auszuweiten.[229] Kurzum: Erinnern war in den 1970er und 1980er Jahren ein fester Bestandteil des Repertoires vor allem schwulen-, aber auch lesbenpolitischer Aktivitäten.

Dass sich auch Schwulen- und Lesbengruppen in der DDR die Vergangenheit auf ähnliche Weise aneigneten, liegt nicht fern. Tatsächlich legten die Arbeitskreise Homosexualität regelmäßig Kränze in den Nationalen Mahn- und Gedenkstätten (NMG) nieder. Es ist jedoch bisher kaum erforscht, wie Schwulenaktivisten in der DDR über die nationalsozialistische Vergangenheit sprachen und wie sie glaubten, sich selbst und das Gedenken an die Verfolgten in den offiziellen Erinnerungsdiskurs in der DDR einbringen zu können. Eine Frage ist demnach, ob in der DDR ein ähnlicher aktivistischer Diskurs über die Verfolgung von Homosexuellen im Nationalsozialismus geführt wurde wie etwa in der Bundesrepublik. Zweitens lässt sich fragen, ob die Schwulengruppen ihr Gedenken eher im Widerspruch zur Geschichtspolitik der SED entwarfen, oder sich – auch in Abgrenzung zum Westen – in den verordneten Antifaschismus der DDR einfügten. Im Folgenden soll mithin analysiert werden, inwiefern das ostdeutsche Gedenken vor dem Hintergrund der offiziellen DDR-Geschichtspolitik und den Vergangenheitspolitiken westlicher Schwulenbewegungen seinen spezifischen Charakter erhielt.

Die drei wichtigsten Begriffe für diese Analyse sind Gedächtnis, Gedenken und Geschichtspolitik. Gedächtnis wird in Anlehnung an Jan Assmanns Begriff des kulturellen Gedächtnisses definiert. Assmann geht davon aus, dass das kulturelle Gedächtnis immer in Bezug auf die Gegenwart konstruiert wird und dabei das Bewusstsein einer Gruppe für ihre Eigenart und ihre Einheit prägt. Es ist dabei auf die institutionelle Kommunikation angewiesen, das heißt auf eine spezialisierte Praxis und Pflege der Vergangenheitsbezüge.[230] Mit Gedenken ist ebenjene Praxis gemeint, die kennzeichnend ist für die Organisation des kulturellen Gedächt-

---

[226] Ebenda, S. 74.
[227] Micheler/Michelsen, Geschichtsforschung und Identitätsstiftung, 1997, http://www.stefan micheler.de/wissenschaft/art_ahnengalerie_1997.html (30. 6. 2020).
[228] Tomberger, Homosexuellen-Geschichtsschreibung, S. 21.
[229] Vgl. Heinrich, Marginalisierte Erinnerung, S. 107.
[230] Vgl. Assmann, Kollektives Gedächtnis, S. 12–14.

nisses. Durch Ansprachen, Zeremonien oder Symbole wird beim Gedenken sowohl Wissen über die Vergangenheit verbreitet als auch das Selbstbild der Gedenkenden verhandelt bzw. auf diese Vergangenheit hin entworfen. Die Kranzniederlegungen in den Nationalen Mahn- und Gedenkstätten der DDR waren solche Formen des Gedenkens, die dazu dienten, das Gedächtnis vor allem der Gruppe schwuler Männer in der DDR zu formen und zu festigen. Mit dem Terminus Geschichtspolitik ist der Umgang politischer Instanzen und Akteur*innen mit – vorrangig der eigenen – Nationalgeschichte gemeint. Sie zeigt sich in den nationalen Gedenktagen oder etwa der Einrichtung historischer Museen und Gedenkstätten.[231] Kern der DDR-Geschichtspolitik war es, den antifaschistischen Widerstand und die während der NS-Zeit verfolgten Kommunist*innen zu ehren. Der spezifische Faschismus-Begriff der SED, der die Herrschaft der Nationalsozialisten lediglich als extreme Variante kapitalistischer Herrschaft verstand, unterstellte allen nichtsozialistischen Staaten, (latent) faschistisch zu sein oder sich nicht vollständig vom Faschismus gelöst zu haben. Schuld und Verantwortung für die Verbrechen der Nationalsozialisten konnten somit auch auf die Bundesrepublik abgewälzt werden, weil aus Sicht der SED der Kapitalismus als Ursprung und Bedingung des Faschismus dort weiterhin existierte.[232] Die DDR-Geschichtspolitik war folglich immer auch ein Instrument der Abgrenzung gegenüber dem anderen Deutschland,[233] dessen bloße Existenz der DDR ihr „antifaschistisches Legitimationsfundament" lieferte, wie Martin Sabrow resümiert.[234] Die zentralen Institutionen, die den Antifaschismus als Selbstverständnis der DDR präsentierten, waren die Gedenkstätten in den ehemaligen nationalsozialistischen Konzentrationslagern Sachsenhausen, Buchenwald und Ravensbrück, wo insbesondere die politischen Häftlinge, allen voran Kommunist*innen und Sozialist*innen, als Held*innen verehrt wurden.[235] Die jüdischen Opfer waren demgegenüber marginalisiert und Opfergruppen wie Sinti*zze und Rom*nja und sogenannte „Asoziale" kamen gar nicht erst vor. Auch die wegen ihrer Homosexualität Verfolgten blieben unberücksichtigt, was zur Folge hatte, dass sie keinen Anspruch auf Rehabilitierung oder Entschädigung hatten. Die Nichtakzeptanz von Homosexuellen als Opfer nationalsozialistischer Verfolgung und ihre fehlende öffentliche Anerkennung durch Gedenken, Rehabilitierung oder finanzielle Wiedergutmachung kennzeichnete sowohl in der DDR als auch in der Bundesrepublik den Umgang mit dieser Gruppe. Erst 1985 erwähnte Richard von Weizsäcker in seiner Rede zum 8. Mai zum ersten Mal diese bisher vergessene und verdrängte Opfergruppe, doch auch daraus folgten keine staatlichen Initiativen zur Wiedergutmachung oder öffentlichen Anerkennung. Über das Schicksal von Rosa-Winkel-Häftlingen in den Konzentrati-

---

[231] Vgl. Troebst, Geschichtspolitik, in: Docupedia-Zeitgeschichte, 4. 8. 2014, http://docupedia.de/zg/troebst_geschichtspolitik_v1_de_2014 (9. 5. 2017).
[232] Vgl. Schmid, „Wir Antifaschisten", S. 158.
[233] Vgl. ebenda, S. 159; Steinbach, Im Schatten des Dritten Reiches, S. 49 f.
[234] Sabrow, Die NS-Vergangenheit, S. 136.
[235] Vgl. Faulenbach, Erinnerung und Politik, S. 600.

onslagern war auch in der DDR bis in die 1970er Jahre wenig bekannt, sodass die Grundlage für eine intensivere Beschäftigung fehlte und von Aktivist*innen – zunächst in der Bundesrepublik, dann auch in der DDR – erarbeitet werden musste.[236] Alle Bemühungen für ein Gedenken an die homosexuellen Opfer und deren Rehabilitierung gingen im Osten und im Westen von den Schwulen- und Lesbenbewegungen aus.[237]

Der Generationenwechsel und eine allgemeine Stagnation in den 1980er Jahren unterminierten schließlich das von der SED verordnete Bild der Vergangenheit und der Mythos vom Antifaschismus verblasste zusehends.[238] Parallel zu einer neuen NS-Forschung in der Bundesrepublik beschäftigte sich die Wissenschaft in der DDR in dieser Zeit zunehmend mit dem Holocaust und der jüdischen Geschichte in Deutschland.[239] Auch homosexuelle Männer konnten erstmals öffentlich als Opfer der Nationalsozialisten genannt werden. 1989 erschienen zwei wissenschaftliche Aufsätze von Günter Grau zum Thema[240] sowie das Buch „Ganz normal anders" von Jürgen Lemke, in dem ein älterer Mann zu Wort kommt, der aufgrund seiner Homosexualität in ein Konzentrationslager deportiert worden war.[241] In dem Film „Coming Out" von Heiner Carow, der am 9. November 1989 im Kino International in Ost-Berlin uraufgeführt wurde, ist ebenfalls ein ehemaliger KZ-Häftling zu sehen, der nach § 175 RStGB verurteilt worden war.[242]

Die zaghafte Thematisierung ab Ende der 1980er Jahre war nicht zuletzt das Verdienst der Schwulen- und Lesbenbewegung in der DDR, die das Erinnern einforderte und seit Anfang der 1980er Jahre praktizierte. Denn wie in der Bundesrepublik war auch in der DDR der 1980er Jahre das Gedenken an die homosexuellen Opfer des Nationalsozialismus Teil eines aktivistischen Diskurses, der die Mobilisierung der Bewegung und die Durchsetzung insbesondere schwulenpolitischer Interessen in der DDR zum Ziel hatte.

Kranzniederlegungen als Form des Aktivismus

Seit 1983 führten die Arbeitskreise Homosexualität Gedenkveranstaltungen in den Nationalen Mahn- und Gedenkstätte durch.[243] Sie reisten zumeist als Gruppe

---

[236] Vgl. Grau, Homosexuelle im Nationalsozialismus, S. 93.
[237] Vgl. Pretzel, Wiedergutmachung unter Vorbehalt, S. 95–106.
[238] Vgl. Schmid, „Wir Antifaschisten", S. 166.
[239] Vgl. Herbert/Groehler (Hrsg.), Zweierlei Bewältigung, S. 42.
[240] Grau, Verstümmelt und ermordet; Grau, Die Verfolgung und „Ausmerzung" Homosexueller.
[241] Erich (1900–1986), Arbeiter: Heroische Geschichten lassen sich von uns nicht erzählen, in: Lemke (Hrsg.), Ganz normal anders, S. 13–32.
[242] Coming out, Produktion: DEFA, KAG „Babelsberg", Horst Hartwig, DDR 1989, Erstaufführung: Kino International 9. 11. 1989, Regie: Heiner Carow, Drehbuch: Wolfram Witt, Hauptrollen: Matthias Freihof, Dagmar Manzel, Dirk Kummer, Länge: 113 Min.
[243] Vgl. u. a. Archiv der Evangelischen Studentengemeinde Leipzig, Schriftverkehr HAK, Brief Arbeitskreis Homosexualität der ESG Leipzig an den Direktor der Nationalen Mahn- und Gedenkstätte Buchenwald, 25. 5. 1983; BStU, HA XX 12398, Bl. 34 f., Zentraler Operativstab, „Politisch-negative Aktivitäten von demoralisierten homosexuellen Bürgern der DDR in der Hauptstadt der DDR Berlin", 26. 5. 1983.

an, legten Kränze nieder oder unternahmen zumindest den Versuch dazu, führten Gespräche mit Gedenkstättenmitarbeiter*innen und hörten Ansprachen von Personen aus den eigenen Reihen. Die Gedenkstättenbesuche waren eine spezifische Form des homosexuellen Aktivismus in der DDR, weil hier zum einen eine gewisse öffentliche Aufmerksamkeit sowohl für die Bewegung als auch für die Geschichte der Homosexuellenverfolgung hergestellt werden konnte. Die Mitarbeiter*innen der Gedenkstätten, andere Gedenkstättenbesucher*innen, Schwule und Lesben in der DDR, die Organisationen ehemaliger KZ-Häftlinge und die staatlichen Behörden sollten sich mit der Geschichte und der Gegenwart von Homosexuellen beschäftigen, um sich schließlich mit den Zielen der Arbeitskreise zu solidarisieren. Wie Kristine Schmidt und Maria Bühner zeigen konnten, wurden solche Veranstaltungen – wie etwa das Gedenken lesbischer Aktivistinnen 1984 in Ravensbrück – von der Staatssicherheit und der SED gestört, verhindert oder zumindest mit strengen Auflagen belegt.[244]

Eine der ersten Kranzniederlegungen in einer Nationalen Mahn- und Gedenkstätte fand am 30. Juni 1984 in Buchenwald statt. Etwa 60 Personen aus mehreren Städten der DDR fuhren nach Weimar, um in dem nahegelegenen ehemaligen Konzentrationslager der homosexuellen Häftlinge zu gedenken. Von der Abteilung Inneres der Stadt Leipzig war der Gruppe zwar verboten worden, dort als Arbeitskreise Homosexualität in Erscheinung zu treten oder Kranzschleifen mitzubringen. Wie aus einem Bericht hervorgeht, den Matthias Kittlitz und Christa Koslowski vom Arbeitskreis Homosexualität in Leipzig im Nachhinein über diesen Besuch verfassten, wurden die entsprechenden Kränze und Schleifen dennoch niedergelegt und fotografiert, anschließend aber wieder entfernt und mitgenommen. Der stellvertretende Direktor der Mahn- und Gedenkstätte habe sie vor Ort daraufhin gewiesen, dass das Wort „homosexuell" nirgendwo erscheinen dürfe und dass die angemeldete Führung ebenfalls abgesagt werden müsse, weil es eine entsprechende Anweisung „von oben" gegeben habe.[245] Kittlitz und Koslowski gaben in ihrem Text außerdem die Ansprache wieder, die Günter Grau an diesem Tag in der Gedenkstätte gehalten hatte. Grau habe bemerkt, dass das Gespräch mit dem stellvertretenden Direktor „in die lange Geschichte eines Vorurteils, nämlich des Vorurteils gegenüber gleichgeschlechtlich liebenden Menschen" einzuordnen sei.[246] Implizit stellte Grau eine Verbindung zwischen der nationalsozialistischen Verfolgung und der rechtlich besseren, jedoch immer noch als diskriminierend wahrgenommenen Situation von Homosexuellen in der DDR her. Nicht nur das gemeinsame Gedenken, sondern auch die aktuell erfahrene Zurückweisung und die Versuche der Unsichtbarmachung wurden demnach von den Organisator*innen und Mittler*innen eines homosexuel-

---

[244] Vgl. Schmidt, Lesben und Schwule in der Kirche, S. 215–220; Bühner, Die Kontinuität des Schweigens.
[245] RHG, Sammlung Christian Pulz, Pul 05, Weitere homosexuelle Arbeitskreise und Gruppen, Matthias Kittlitz/Christa Koslowski, „Der 30. 6. 1984 – ein Tag aus der Geschichte eines Vorurteils".
[246] Ebenda.

len Gedächtnisses zum Anlass genommen, um die Notwendigkeit einer Schwulen- und Lesbenbewegung in der DDR zu bekräftigen.

Die Kranzniederlegungen waren vor allem eine Sache der Arbeitskreise Homosexualität unter dem Dach der Kirche. Denn diese Veranstaltungen stellten immer auch die staatliche Geschichtspolitik infrage, was sich die kirchlich angebundenen Gruppen eher glaubten leisten zu können als die Clubs. Der Sonntags-Club als einer der ersten von der Kirche unabhängigen Zusammenschlüsse von Homosexuellen beteiligte sich offiziell nicht an den Gedenkveranstaltungen, weil die Aktivist*innen laut eines IM-Berichts befürchteten, die Teilnahme könnte „von den staatlichen Stellen als Eingriff gegen die innere Ordnung ausgelegt werden".[247] Der Sonntags-Club beschäftigte sich ohnehin kaum mit der NS-Vergangenheit. Erst 1989 trafen sich einzelne Mitglieder mit Vertretern des „Komitees antifaschistischer Widerstandskämpfer", um über die Verfolgung von Homosexuellen während des Nationalsozialismus zu sprechen.[248] Die Arbeitskreise hatten sich in den 1980er Jahren zum Ziel gesetzt, in den Nationalen Mahn- und Gedenkstätten Gedenktafeln für die „homosexuellen Opfer des Faschismus" anzubringen.[249] Tatsächlich installiert wurden die Tafeln aber erst 1992 in Sachsenhausen und 2006 in Buchenwald.[250]

Gedenken in der Kirche

Zusätzlich zu der bereits erwähnten Kranzniederlegung in Buchenwald am 30. Juni 1984 feierten Schwule und Lesben in der Erlöserkirche in Ost-Berlin einen evangelischen Gottesdienst, der hauptsächlich von Eduard Stapel vorbereitet worden war. Der „Info-Brief" des Arbeitskreises Schwule in der Kirche wies später daraufhin, dass diesem Gottesdienst aufgrund der Einschränkungen durch die Sicherheitsbehörden, mit denen sich die Besucher*innen auf dem Gelände der Gedenkstätte Buchenwald konfrontiert sahen, „eine noch höhere Wertigkeit" zukam, „da er am Ende die einzige Möglichkeit war, die Lesben und Schwulen, die dem Terror des Dritten Reiches zum Opfer gefallen sind, in der Öffentlichkeit zu ehren".[251]

In der Andacht wurden Gott und der Kirche in der DDR eine nicht unbedeutende Rolle innerhalb des aktivistischen Gedenkens zugeschrieben. Ein Grund dafür war, dass die Gruppen unter dem Dach der evangelischen Kirche standen und die Träger*innen und Pfleger*innen des Gedächtnisses zum Teil theologisch ausgebil-

---

[247] BStU, BV Halle Abt. XX 124, Bl. 25, KD Hohenmölsen, IM „Richard", „Berliner Arbeits- und Freundeskreis homosexueller Bürger", 25. 6. 1984.
[248] SMU, DDR, Sonntags-Club, Nr. 1, Vereinsangelegenheiten, Protokoll Klubratssitzung Sonntags-Club, Juli 1989.
[249] BStU, BV Berlin Abt. XX 3114, Bl. 69, Arbeitskreis Homosexualität der ESG Leipzig, „Vergeßt nie!", o. D.
[250] Vgl. Liste der Denkmäler für homosexuelle Opfer des Nationalsozialismus, https://de.wikipedia.org/w/index.php?title=Liste_der_Denkm%C3%A4ler_f%C3%BCr_homosexuelle_Opfer_des_Nationalsozialismus&oldid=189487827 (6. 7. 2020).
[251] RHG, Sammlung Christian Pulz, Pul 04, Schwule in der Kirche, „Der erste Gedenkgottesdienst für die homosexuellen Opfer des Faschismus am 30. 6. 1984 in Berlin", o. D.

det waren und deshalb religiöse Bilder und Begriffe zur Darstellung der Verfolgungsgeschichte heranzogen. In seiner Begrüßung betonte Stapel, dass der Gottesdienst sich an diejenigen Männer und Frauen richte, „die noch immer an ihrem Leben vorbeileben müssen und in unserer Gesellschaft kein Zuhause finden, weil sie als Lesben und Schwule von ihr ausgestoßen sind".[252] Stapel beabsichtigte demnach, über die Erfahrung des Anders- und Ausgeschlossenseins eine Gemeinschaft zwischen den derzeit lebenden Schwulen und Lesben und den im Nationalsozialismus verfolgten Homosexuellen herzustellen, so wie es in Westdeutschland und Westeuropa insbesondere schwule Aktivisten seit den 1970er Jahren praktizierten. Im Vergleich zu vielen anderen Quellen fallen hier die explizite Ansprache und die deutliche Inklusion von Lesben in die Gemeinschaft der Verfolgten und Geächteten auf. Stapels Botschaft war, dass die Homosexuellen durch Gottvertrauen aus der derzeit schwierigen Situation herausfinden könnten. Der Weg aus „diesem Leid" habe bereits begonnen, erklärte Stapel in seiner Begrüßung, womit er vermutlich die Etablierung der Arbeitskreise Homosexualität meinte.[253] „Gottes Wort" solle auf diesem Weg „Mut machen", wofür er im weiteren Verlauf des Gottesdienstes die biblische Geschichte von der Versklavung der Israeliten in Ägypten um 1500 bis 1000 v. u. Z., aus der sie Gott herausgeführt habe, als Analogie zur bevorstehenden „Rettung" auch der Schwulen und Lesben bemühte.[254] Für Stapel gab es somit eine Kontinuität der Verfolgung von Homosexuellen vom Nationalsozialismus bis in die Gegenwart, die jedoch im Vertrauen auf einen christlichen Gott ein Ende finden werde.

Gleich mehrere Botschaften an unterschiedliche Zielgruppen lassen sich hieraus ablesen: Die starken Verweise auf Gott machen die Bindung an die evangelische Kirche als Rückzugsort für Homosexuelle in der DDR deutlich. Sie dienten zum einen dazu, die Kirche zu mahnen, ihre Verantwortung den Schwulen und Lesben gegenüber wahrzunehmen, zum anderen aber auch dazu, den Schwulen und Lesben (vermeintliche) Vorbehalte und Berührungsängste zu nehmen. Den staatlichen Sicherheitsorganen, die die Veranstaltung zweifellos beobachteten, wurde mit den religiösen Bezügen das Signal gegeben, dass hier nicht zum politischen Aktivismus mobilisiert, sondern nur zum Beten und Hoffen auf Veränderungen ermutigt wurde.

Die thematische Auseinandersetzung mit den Bedingungen und dem Ausmaß der Verfolgung trat dabei in den Hintergrund. Stattdessen war es die gegenwärtig erlebte Ausgrenzung, die eine Selbstmarkierung als fortdauernde Opfer staatlicher Unterdrückung rechtfertigen sollte. Es war nicht das Strafrecht wie in der Bundesrepublik, sondern die als Schikanen empfundenen Verbote und Zurechtweisungen, auf deren Grundlage Aktivisten wie Stapel eine Kontinuität der Diskriminierung von Schwulen und Lesben in der DDR seit dem Nationalsozialismus

---

[252] RHG, Sammlung Christian Pulz, Pul 04, Schwule in der Kirche, „Gottesdienst am 30. Juni 1984/19 Uhr, Erlösergemeinde Berlin (Schwulen-GD)", o. D.
[253] Ebenda.
[254] Ebenda.

behaupteten. Wenngleich beide Normen inhaltliche Übereinstimmungen aufwiesen, wurde der in der DDR geltende § 151 StGB nicht wie § 175 StGB von der Schwulenbewegung in der Bundesrepublik als Überbleibsel nationalsozialistischen Strafrechts betrachtet. Daraus kann geschlussfolgert werden, dass die Abschaffung des § 175 StGB in der DDR 1968 auch in aktivistischen Kreisen als bewusst vollzogener Bruch mit der Vergangenheit wahrgenommen wurde.

Antifaschistisches Gedenken und Kritik an der DDR-Geschichtspolitik

Die ostdeutschen Schwulenaktivisten verorteten ihr Gedenken einerseits sichtbar innerhalb der staatlichen Geschichtspolitik, indem sie sich die antifaschistischen Traditionen der DDR aneigneten; zugleich stellten sie eben diese Geschichtspolitik infrage und wirkten an einem grenzübergreifenden deutsch-deutschen schwullesbischen Gedächtnis mit.

„Man sollte meinen, die DDR-Behörden begrüßten unsere Bemühungen, den anti-nationalsozialistischen Blick auf die Schwulen unter den KZ-Opfern zu richten",[255] gab Eduard Stapel 1999 in der Rückschau zu bedenken und machte damit auf einen Widerspruch aufmerksam, in den sich die SED mit ihrer monopolisierten Geschichtspolitik seiner Ansicht nach verstrickt hatte. Denn der DDR-Antifaschismus habe die Bewegung eigentlich dazu legitimiert, Kränze für die homosexuellen Opfer des Nationalsozialismus niederzulegen, weil sie damit sowohl die Abgrenzung der DDR gegenüber dem Faschismus als auch gegenüber der Bundesrepublik bestätigte. Die DDR hatte schließlich den § 175 StGB bei ihrer Gründung – anders als die Bundesrepublik – zunächst entschärft und 1968 sogar gestrichen. Für die Redakteure des „Info-Briefs" war die Verfolgung von Homosexuellen „zu allen Zeiten zweckdienliches System in Klassengesellschaften",[256] womit sie sich die offizielle Darstellung zu eigen machten und nichtsozialistische Gesellschaftssysteme zur Ursache für die Verfolgung von Homosexuellen erklärten. Die Aktivisten folgten damit der Selbstbeschreibung der DDR und fügten sich in die Apologie des Sozialismus ein, während sie das Verschweigen der homosexuellen NS-Opfer kritisierten und den Appell formulierten: „Kein Vergessen zulassen".[257]

Zwei Jahre zuvor hatte der Schwulenaktivist Klaus Laabs[258] für eine solche Kritik mit dem Ausschluss aus der Partei bezahlt, der er als überzeugter Sozialist bis

---

[255] Stapel 1999, Warme Brüder, S. 96.
[256] BStU, BVfS Berlin AIM 4763/91 Bd. II/3, Bl. 60, „Info-Brief 3 zur Berliner Friedenswerkstatt 1986".
[257] Ebenda.
[258] Klaus Laabs, 1953 geboren, war 1971 in die SED eingetreten. 1972 begann er mit dem Studium am Moskauer Staatlichen Institut für Internationale Beziehungen, um Diplomat zu werden. Diese Laufbahn musste er 1975 jedoch unter anderem wegen „unerlaubter Westkontakte" verlassen. Später studierte er Romanistik, Lateinamerikanistik und Literaturwissenschaft an der Humboldt-Universität zu Berlin, wo er 1984 seinen Abschluss machte. Vgl. Links, Biographie Klaus Laabs, https://www.bundesstiftung-aufarbeitung.de/wer-war-wer-in-der-ddr-%2363%3B-1424.html?ID=1988 (8. 7. 2020); Thinius, Erfahrungen schwuler Männer, S. 56–60.

dahin angehört hatte. Laabs engagierte sich unabhängig von Arbeitskreisen und Clubs und ging dabei enorme persönliche Risiken ein. Er nahm die SED in die Pflicht, aufgrund ihrer eigenen Geschichte die Diskriminierung von Schwulen und Lesben in der DDR zu beenden. 1984 verfasste er ein Diskussionspapier zum Umgang der DDR mit Homosexuellen, das er in einer Mitgliederversammlung der SED-Organisation an der Humboldt-Universität zu Berlin vorstellte und als Anlage einer Eingabe beifügte, die er an Kurt Hager, den obersten Verantwortlichen für Kultur- und Bildungspolitik im Politbüro des ZK der SED, adressierte.[259] Die Abteilung Wissenschaften des ZK führte daraufhin mit ihm eine sogenannte Aussprache. Auch vor der Kreisparteikontrollkommission der HU musste Laabs am 7. September 1984 Rede und Antwort stehen; weil er dabei „parteifremde Positionen" vertreten habe, wurde er anschließend aus der SED ausgeschlossen.[260] In seinem Diskussionspapier hatte Laabs elf Forderungen aufgestellt, die von der beruflichen Gleichstellung Homosexueller über die Möglichkeit, Kontaktanzeigen zu schalten und gemeinsamen Wohnraum zu beziehen, bis hin zur Aufklärung an Schulen und in den Medien über Homosexualität und die Ursachen der Homosexuellenfeindlichkeit reichten. Ein Punkt, den Laabs ebenfalls für wichtig hielt, war die „[u]mfassende Aufklärung über die Verbrechen des Faschismus an Homosexuellen [...] und Ehrung der Opfer in den Mahn- und Gedenkstätten".[261] Laabs ging weit zurück in der Geschichte, um die in seinen Augen längst überfällige Auseinandersetzung innerhalb der SED zum Umgang mit Homosexuellen zu begründen. Er verwies auf August Bebel, der bereits 1898 im Deutschen Reichstag die Streichung des § 175 RStGB gefordert habe, und erinnerte an die Anfänge der Sowjetunion, die homosexuelle Handlungen entkriminalisierte, bis es unter Stalin zu einem Rückschlag kam. Laabs beschrieb das Deutschland der 1920er Jahre, wo die Homosexuellenbewegung unter Magnus Hirschfeld von der KPD unterstützt worden sei. 1929 hätten KPD und SPD im Strafrechtsausschuss des Deutschen Reichstages sogar gemeinsam einen Beschluss zur Streichung des § 175 RStGB durchgesetzt, der aber nicht mehr umgesetzt worden sei: „Die faschistische Gewaltpolitik unterbrach einen demokratischen Prozeß, den heute fortzusetzen das Anliegen homosexueller Emanzipationsbestrebungen ist", resümierte er.[262] Die Homosexuellenverfolgung durch die Nationalsozialisten verglich Laabs mit der

---

[259] BArch, DY 30/8194, Abteilung Wissenschaften ZK der SED, Eingaben, Eingabe von Klaus Laabs an Kurt Hager, Mitglied des Politbüros und Sekretär des ZK der SED, April–Juli 1984, Anlage 2 „Diskussionsbeitrag zur Mitgliederversammlung der Partei-GO [Grundorganisation, an der Humboldt-Universität zu Berlin]".

[260] BArch, DY 30/8194, Abteilung Wissenschaften ZK der SED, Eingaben, Schreiben des Abteilungsleiters der Abteilung Wissenschaften im ZK der SED, Hannes Hörnig, an Kurt Hager, 2. 10. 84.

[261] BArch, DY 30/8194, Abteilung Wissenschaften ZK der SED, Eingaben, Eingabe von Klaus Laabs an Kurt Hager, Mitglied des Politbüros und Sekretär des ZK der SED, April–Juli 1984, Anlage 2 „Diskussionsbeitrag zur Mitgliederversammlung der Partei-GO [Grundorganisation, an der Humboldt-Universität zu Berlin]".

[262] Ebenda.

Verfolgung von Jüd*innen, was er damit begründete, dass Homosexuelle ebenso wie jüdische Menschen in Konzentrationslager verschleppt wurden und dort einen Winkel als Erkennungszeichen tragen mussten. Das Schicksal dieser Menschen, so kritisierte er, werde in den Geschichtsbüchern sowie in den Nationalen Mahn- und Gedenkstätten der DDR aber bislang verschwiegen.[263] Laabs hielt der SED demnach vor, weder ihrer politischen Tradition zu folgen noch ihrem antifaschistischen Selbstbild gerecht zu werden. Er forderte die Partei, deren Mitglied er zu diesem Zeitpunkt noch war, deshalb auf, das Erbe von KPD und SPD und damit die von der faschistischen Gewaltpolitik unterbrochene Emanzipationsbewegung von Schwulen und Lesben als führende Partei eines antifaschistischen Staates endlich fortzusetzen, auch weil sie Verantwortung für das Gedenken an alle Opfer des Faschismus trage. Der Fall zeigt, dass in den 1980er Jahren Vergangenheitsbezüge eingesetzt wurden, um Kritik und Appelle an die SED zu untermauern. Das Selbstverständnis, die Selbstbeschreibung und die Tradition der Partei wurden angeführt, um für die Emanzipation und die rechtliche Gleichstellung von Homosexuellen in der DDR zu argumentieren. Zwischen den Zeilen findet sich auch hier der Hinweis an die Staats- und Parteiführung, sich mit dem Kampf für die Rechte von Schwulen und Lesben als Gegenmodell zur Bundesrepublik Anerkennung und Legitimität verschaffen zu können. Die Reaktion auf Laabs' unliebsames Auftreten, nämlich der Entzug der Parteimitgliedschaft, macht zudem deutlich, welche Folgen es haben konnte, sich insbesondere als Individuum ohne Gruppenzugehörigkeit und ohne den Schutzraum Kirche für Homosexuelle einzusetzen und die Politik zu kritisieren.

12. Januar und Christopher Street Day

Neben den Gedenkstättenbesuchen und der Aneignung der antifaschistischen DDR-Geschichtspolitik machten es sich die Arbeitskreise Homosexualität zur Gewohnheit, die Kranzniederlegungen mit dem in Westeuropa seit Ende der 1970er Jahre begangenen Christopher Street Day (CSD) zu verbinden. Dieser wird in Erinnerung an die Stonewall Riots im Juni 1969, als sich in New York Schwule, Lesben und trans*-Personen gegen die Razzia in einer Bar in der Christopher Street und gegen Polizeigewalt wehrten, jedes Jahr Ende Juni gefeiert. Gedenkstättenbesuche wurden in den Programmen der Arbeitskreise deshalb direkt aus Anlass des CSD angekündigt oder fanden in zeitlicher Nähe zum CSD statt.[264] Allerdings hatten die ostdeutschen Arbeitskreise andere Vorstellungen als im Westen, wie der CSD begangen werden sollte. „Wir wollten auch einen CSD machen", erinnert sich Eduard Stapel, „und weil das nicht so ging", das heißt, weil man im Osten nicht „durch die Stadt marschieren" konnte, organisierten die Arbeitskreise Kranznie-

---

[263] Vgl. ebenda.
[264] Vgl. RHG, Sammlung Christian Pulz, Pul 04, Schwule in der Kirche, Vorläufiges Programm für das 1. Halbjahr 1984; BStU, BV Dresden AKG PI 217/85, Bl. 12, Kirchlicher Arbeitskreis Homosexualität Dresden, Programm 1984.

derlegungen.²⁶⁵ Die nationalsozialistische Verfolgung sei das herausragende Beispiel für „Antihomosexualität" gewesen, „wo alles so deutlich wird, wie an keiner anderen Stelle".²⁶⁶ Die Gedenkveranstaltungen sollten demnach auch dazu dienen, eine bestimmte Sichtweise auf das Verhältnis zwischen Homosexuellen, Staat und Gesellschaft herzustellen, nach der Homosexuelle vor allem Opfer staatlicher Gewalt und gesellschaftlicher Ausgrenzung seien. Die Verbindung mit dem CSD, der für die Erinnerung an einen Aufstand und für Selbstermächtigung stand, ließ das Gedenken somit zu einem Akt der Selbstbehauptung werden, wobei auch hier die Diskriminierung zum Ausgangspunkt genommen wurde.

Ganz unumstritten war der CSD als Anlass für die Kranzniederlegungen und ähnliche Veranstaltungen innerhalb der Arbeitskreise jedoch nicht. Laut IM „Uwe Gerhard" hatte der Arbeitskreis Leipzig beim zentralen Treffen aller Arbeitskreise 1985 den Vorschlag geäußert, stattdessen den 12. Januar für die Gedenkstättenbesuche zu nutzen. Somit könne eine Verbindung zur Abschaffung des § 175 StGB in der DDR am 12. Januar 1968 durch die Volkskammer hergestellt werden.²⁶⁷ Der Arbeitskreis Leipzig sprach sich demnach dafür aus, statt eines US-amerikanischen Bewegungsereignisses die DDR-Strafrechtsreform zum Ausgangspunkt für das Gedenken zu nehmen und sie so als emanzipatorische Errungenschaft und als Zeichen des Bruchs der DDR mit der nationalsozialistischen Vergangenheit hervorzuheben. Die Aktivitäten der Homosexuellenarbeitskreise sollten nach diesem Vorschlag nicht als Teil einer transnationalen Bewegung, sondern als spezifisches Engagement in der DDR wahrgenommen werden. Diese Position ging explizit nicht von einer Verfolgungskontinuität vom Nationalsozialismus bis in die Gegenwart aus. Gleichwohl war sie eine eigene und von der offiziellen Geschichtspolitik abweichende Deutung, weil sie den von der DDR propagierten und als Selbstbild funktionalisierten Antifaschismus mit dem Kampf für die Rechte von Homosexuellen und gegen deren staatliche Unterdrückung verschränkte. Dass diese Haltung bei den Sicherheitsbehörden auf Ablehnung stieß, belegt eine „Gesprächskonzeption" der Staatssicherheit, in der es hieß, den Arbeitskreisen müsse klargemacht werden, dass der 12. Januar „kein Gedenktag der DDR" sei und es auch nicht „im staatlichen Interesse" liege, ihn dazu zu machen.²⁶⁸

Indem sie den 12. Januar für ihre Kranzniederlegungen vorschlugen, wollten die Arbeitskreise Eduard Stapel zufolge „Kompromissbereitschaft" demonstrieren.²⁶⁹ Tatsächlich fanden an diesem Datum dann auch Gedenkveranstaltungen statt, wie

---

²⁶⁵ Interview Eduard Stapel, 4. 12. 2015.
²⁶⁶ Ebenda.
²⁶⁷ Vgl. BStU HA XX/9 1969, Bl. 36, Abt. XX, Abschrift vom Band, Quelle „Uwe Gerhard", „Information zum zentralen Treffen kirchlicher Arbeitskreise ‚Homosexualität' in Dresden", 3. 5. 1985.
²⁶⁸ BStU, HA XX/9 1500 1 von 2, Bl. 583, „Gesprächskonzeption".
²⁶⁹ Stapel 1999, Warme Brüder, S. 96.

etwa am 12. Januar 1986 im ehemaligen Konzentrationslager Buchenwald.[270] Durchsetzen konnte sich dieser Termin langfristig jedoch nicht, nicht nur wegen der Einwände der Staatssicherheit, sondern auch, weil der meist Ende Juni in den USA, der Bundesrepublik und vielen anderen westlichen Ländern gefeierte CSD als transnationaler schwul-lesbischer Feiertag die Veranstaltungen an einem nur im spezifischen Kontext der DDR nachvollziehbaren Datum überragte. Weil sich die Situation der Homosexuellen in der DDR auch nach der Abschaffung des § 175 StGB kaum verbessert hatte, stand der 12. Januar für die Mitglieder und Besucher*innen der Arbeitskreise zudem nicht wirklich für den Beginn einer emanzipatorischen Entwicklung. Die Demonstration gegen Polizeigewalt in den USA und der daraus gewachsene transnationale Protest eignete sich für die Mobilisierung von Schwulen und Lesben in der DDR also besser als Loyalitätsbekundungen gegenüber der DDR und die Würdigung ihres *fortschrittlichen* Strafrechts oder damit verknüpfbare Abgrenzungen gegenüber der Bundesrepublik.

Fügten sich die Gedenkenden also einerseits in den offiziellen antifaschistischen Diskurs ein, so widersetzten sie sich zur selben Zeit den staatlichen Vorgaben, indem sie sich mit den Kranzniederlegungen öffentlich zeigten und für die Erinnerung an verfolgte Homosexuelle eintraten. Durch die Aneignung des CSD lässt sich zudem zeigen, dass die Schwulenaktivisten im Osten mit dem Gedenken auch auf eine grenzübergreifende Gruppenzugehörigkeit hinwirkten. Noch dazu nahmen westdeutsche Schwulenaktivisten regelmäßig an den Ehrungen in den Nationalen Mahn- und Gedenkstätten teil, die somit in das spezifische Gedenken in der DDR einbezogen wurden.[271]

Aus den Quellen gehen weitere Bemühungen hervor, das Gedenken zu einer grenzübergreifenden Demonstration schwuler Forderungen zu machen und dabei auf die unterschiedlichen Entwicklungen des Strafrechts in beiden deutschen Staaten einzugehen. Dies legt ein Bericht des IM „Richard" über eine Besprechung mit dem Sozialwissenschaftler und Mitglied der DKP Günter Amendt sowie Teilnehmer*innen der Tagung „Psychosoziale Aspekte der Homosexualität" am 14. Februar 1989 in einer Wohnung in Ost-Berlin nahe. Günter Amendt wollte sich nach Angaben von „Richard" zwei Tage später mit dem Ersten Sekretär der FDJ, Eberhard Aurich, treffen und ihm vorschlagen, „am 30. 6. in Buchenwald eine gemeinsame Kranzniederlegung schwuler DDR- und BRD-Bürger durchzuführen und am 1. 7. das dann in gleicher Weise in Hamburg zu machen (1. 7. Wegfall § 151 StGB)".[272] Der Westdeutsche Amendt wollte das grenzübergreifende Gedenken also explizit mit der Abschaffung des § 151 StGB in der DDR in Verbindung brin-

---

[270] Vgl. BStU, BV Erfurt BdL S 111, Bl. 29–34, „Operativinformation zum Treffen homosexuell veranlagter Personen in der Nationalen Mahn- und Gedenkstätte (NMG) Buchenwald …", 13. 1. 1986.
[271] Vgl. BStU, HA XX/9 1967, Bl. 134, HV A, „Information über eine geplante Maßnahme aus Anlaß des 40. Jahrestages der Befreiung vom Hitlerfaschismus …", 6. 5. 1985; HA XX/9, Bl. 135, „Information", 10. 6. 1985.
[272] BStU, MfS HA XX/9 1685, Bl. 138, IM-Bericht „Richard", 16. 2. 1989.

gen. Denn am 1. Juli 1989 sollte das neue Strafgesetzbuch, das 1988 von der Volkskammer verabschiedet worden war, ohne den bisherigen § 151 StGB in Kraft treten. Die Entscheidung für Hamburg als Veranstaltungsort musste als eine Aufforderung an die westdeutsche Öffentlichkeit verstanden werden, die Strafrechtsentwicklung in der DDR zur Kenntnis zu nehmen und sie als eine folgerichtige Lehre aus der Vergangenheit zu erkennen. Die Übernahme des Datums, das für eine politische Entscheidung im anderen Deutschland stand, um Schwule – Lesben wurden hier nicht genannt – zu mobilisieren und Forderungen gegenüber Politik und Gesellschaft in der Bundesrepublik kundzutun, belegt unübersehbar, wie die historischen Akteure versuchten, sich die deutsche Teilung zunutze zu machen. Schon die Herstellung einer solchen Verbindungslinie zwischen Ost und West kann als Aktivismus verstanden werden. Hinzu kommt die Hoffnung Amendts, dass sich Eberhard Aurich möglicherweise mit einer Delegation der FDJ an der Veranstaltung in Hamburg beteiligen könnte.[273] Damit hätte er auch der DDR die offizielle Anerkennung der homosexuellen Opfer des NS abgerungen. Doch dazu ist es nie gekommen.

Was bedeutet der Rosa Winkel?

Dass sich auch Schwulenaktivisten in der DDR den Rosa Winkel aneigneten, ist ein weiterer Beleg für die Bemühungen um ein grenzübergreifendes Gedächtnis. Ein rosafarbener Winkel war das Symbol, das nach § 175 RStGB verurteilte Männer in den nationalsozialistischen Konzentrationslagern tragen mussten, um sie zu kennzeichnen.[274] 1972 waren die Frankfurter Aktivisten der Gruppe RotZSchwul dann die ersten, die bei einer Demonstration Rosa Winkel als Anstecker trugen, um an die Verfolgten zu erinnern, aber auch um eine Verbindung zwischen den nationalsozialistischen Verbrechen und der Situation von Homosexuellen in der Bundesrepublik herzustellen. Seitdem wurde das Zeichen in zahlreichen unterschiedlichen Kontexten und auf verschiedene Weise angeeignet und ist fest mit vor allem schwulenpolitischen Programmen verbunden.[275]

„Zum Aushängen und zum Mitnehmen" erstellte der Arbeitskreis Schwule in der Kirche Mitte der 1980er Jahre ein Informationsblatt mit dem Titel „Was bedeutet der Rosa Winkel?"[276] Darin wurde kurz die nationalsozialistische Politik gegenüber Homosexuellen, die Zerschlagung ihrer Treffpunkte sowie ihre Verfolgung und Einweisung in Konzentrationslager skizziert. Der Rosa Winkel, den homosexuelle Männer in den Konzentrationslagern tragen mussten, habe sie Verachtung und Schikanen vonseiten der anderen Häftlingsgruppen ausgesetzt und sie zusätzlich isoliert, hieß es. Das Informationsblatt nannte die Zahl von 15 000 homosexu-

---

[273] Vgl. ebenda.
[274] Vgl. BArch, Bild 146-1993-051-07, Tafel mit KZ-Kennzeichen (Winkel), https://commons.wikimedia.org/wiki/File:Bundesarchiv_Bild_146-1993-051-07,_Tafel_mit_KZ-Kennzeichen_(Winkel).jpg (26. 4. 2020).
[275] Vgl. Grisard, Rosa, S. 182–186; Jensen, The Pink Triangle, S. 325–327.
[276] RHG, Sammlung Christian Pulz, Pul 04, „Was bedeutet der Rosa Winkel?", o. D.

3. Gedenken an homosexuelle Opfer des Nationalsozialismus in der DDR

ellen Männern, die in Konzentrationslagern ums Leben kamen. Diese Angabe stammte vermutlich aus einem Beitrag in dem von Rüdiger Lautmann herausgegebenen Band „Seminar: Gesellschaft und Homosexualität", in dem allerdings nicht von Todesopfern, sondern von 5000 bis 15 000 Rosa-Winkel-Häftlingen die Rede ist, von denen die Hälfte in den Lagern verstorben sei.[277]

Die Leser*innen werden zudem darüber informiert, dass weder „Alliierte" noch „Antifaschisten" diese Opfer nach dem Krieg anerkannten und Entschädigungen an die Überlebenden zahlten. Stattdessen seien Homosexuelle weiterhin „diskriminiert und verachtet" worden.[278] Die Autoren des Infoblatts begriffen den Umgang mit den Opfern in der Nachkriegszeit und die Auswirkungen der Bestrafung homosexueller Handlungen zwischen Erwachsenen bis Ende der 1960er Jahre im Osten wie im Westen als Ausgrenzung. Aber genauso hob das Papier hervor, dass beide deutsche Staaten langsam begannen, sich um die Aufarbeitung der Vergangenheit zu bemühen.[279] Bei der Beschreibung derjenigen, die sich den Rosa Winkel ansteckten, wurde im Informationsblatt nicht danach unterschieden, in welchem Land jemand lebte, sodass auch hieraus auf ein transnationales Zusammengehörigkeitsgefühl geschlossen werden kann:

„Heute trägt die neue Generation der Homosexuellen, die sich als Schwule bekennen[,] den Rosa Winkel offen, als Zeichen des Gedenkens, der Mahnung und der Versöhnung mit allen Bevölkerungsgruppen. Sie wollen nicht ihre naturgegebenen und kulturgewordenen sexuellen Empfindungen auf andere Menschen übertragen, sondern Menschen unter Menschen – Christen unter Christen sein!"[280]

An diesem Beispiel zeigt sich, dass die bereits angesprochene „schwule Subkulturalisierung"[281] ein grenzübergreifendes Phänomen war. Als spezifisch erscheint die Bezeichnung der Träger des Rosa Winkels als „Christen unter Christen", was dem Umstand geschuldet war, dass ein bei der Kirche angesiedelter Arbeitskreis für die Druckschrift verantwortlich zeichnete.[282] Außerdem wurde dem Rosa Winkel zugeschrieben, für Erinnerung, aber auch für Versöhnung zu stehen, womit dem Eindruck entgegengetreten werden sollte, es handle sich um ein Symbol des Widerstands gegen den Staat oder um eine provokante Geste gegenüber der Gesellschaft.[283] Insofern erhielt die Beschreibung des Rosa Winkels trotz des transnationalen Anspruchs eine DDR-eigene Färbung: Der Rosa Winkel wurde in einer Art und Weise vorgestellt, die den Sicherheitsbehörden keinen Anlass bot, dem Arbeitskreis eine vermeintliche Staatsfeindlichkeit zu unterstellen.

---

[277] Vgl. Lautmann/Grikschat/Schmidt, Der rosa Winkel, S. 333. Bis heute bezieht sich die Forschung auf diese Zahlen. Vgl. Schäfer, „Widernatürliche Unzucht", S. 45; Zinn, „Aus dem Volkskörper entfernt"?, S. 12.
[278] RHG, Sammlung Christian Pulz, Pul 04, „Was bedeutet der Rosa Winkel?", o. D.
[279] Vgl. ebenda.
[280] Ebenda.
[281] Tomberger, Homosexuellen-Geschichtsschreibung, S. 21.
[282] RHG, Sammlung Christian Pulz, Pul 04, „Was bedeutet der Rosa Winkel?", o. D.
[283] Vgl. ebenda.

Der Umstand, dass die Kranzniederlegungen zeitgleich mit dem CSD stattfanden, wurde ebenso wie das Tragen des Rosa Winkels in der DDR durchaus kontrovers diskutiert. Es gab diejenigen, die wie Christian Pulz und andere Mitglieder des Arbeitskreises Schwule in der Kirche angelehnt an die Verwendung des Rosa Winkels in der Bundesrepublik und in den USA ihre Solidarität mit den vom Nationalsozialismus verfolgten Homosexuellen bekundeten und gleichzeitig die aktuelle Situation von Schwulen und Lesben kritisierten. Andere lehnten diese Verwendung des Rosa Winkels mit dem Argument ab, damit würden die Gesellschaft und der Staat in der DDR im Hinblick auf ihre Homosexuellenfeindlichkeit auf eine Stufe mit dem Nationalsozialismus gestellt. Eine dieser Auseinandersetzungen hielt der IM „Alexander" in seinem Bericht über eine Tagung fest, die 1983 in der Evangelischen Akademie Sachsen-Anhalt zum Thema „Ein Plädoyer gegen tiefsitzende Vorurteile. Homosexualität und Homosexuelle in unserer Gesellschaft" stattgefunden hatte. Laut „Alexander" habe sich ein Teilnehmer vehement gegen das Tragen des Rosa Winkels in der DDR ausgesprochen, weil dieser „von Faschisten Menschen angeheftet wurde" und ein Zusammenhang zwischen Faschismus und der DDR nicht hergestellt werde dürfe.[284] Christian Pulz habe daraufhin klargestellt, dass der Rosa Winkel sich gegen den Faschismus wende und an die Verfolgten erinnere, wobei jedoch seiner Ansicht nach für Homosexuelle in der DDR „das Dritte Reich […] erst 1968 mit Beseitigung des § 175" aufgehört habe zu existieren.[285] Der Rosa Winkel stünde für Pulz zudem für die Kritik an den aktuellen gesellschaftlichen Verhältnisse in der DDR, schrieb „Alexander", wobei er deutlich macht, dass er selbst diese Sichtweise nicht teilte. In Klammern fügte er seinem Bericht hinzu: „Meine persönl. Meinung ist, daß die Ungeheuerlichkeit gemeint ist: die Homosexuellen befänden sich auch jetzt noch im KZ", was jedoch „bisher nicht ex [sic!] verbis formuliert" worden sei.[286]

Eduard Stapel erinnert sich, dass er ab Ende der 1980er Jahre selbst einen Rosa Winkel als Anstecker besaß. Er habe ihn 1987 von einer Reise in die Niederlande mitgebracht, wo er an einer Konferenz christlicher Schwulengruppen teilgenommen habe.[287] Stapel konnte diese Tagungsreise ins Ausland unternehmen, weil er seit 1985 offiziell für „Homosexuellen-Arbeit" bei der Evangelischen Stadtmission in Magdeburg angestellt war. Über diesen Hinweis hinaus gibt es keine Überlieferung, die eine Verbreitung des Rosa Winkels in der DDR belegt. Vermutlich trugen einige wenige und vor allem die engagiertesten Aktivisten das Symbol, um so als Vorbild zu fungieren. Sie waren es, die den Rosa Winkel in der DDR bekannt und gleichsam zu einem grenzübergreifenden Symbol machten.

---

[284] BStU, MfS AIM 8122/91 Bd. 2, Bl. 193, „Informationen über die Tagung der Evangelischen Akademie Sachsen-Anhalt am 1. Okt. 1983 …", 4. 10. 1983.
[285] Ebenda.
[286] Ebenda.
[287] Vgl. Interview Eduard Stapel, 4. 12. 2015.

Staat, Gedenkstätten und ehemalige KZ-Häftlinge über die homosexuellen Opfer des NS

Die Sicherheitsbehörden wiesen die Verortung der Arbeitskreise im antifaschistischen Selbstbild der DDR entschieden zurück. Nach der Gedenkveranstaltung am 12. Januar 1986 in der Gedenkstätte Buchenwald, an der Männer und Frauen aus Leipzig, Jena, Erfurt, Halle und Zwickau teilgenommen hatten, wurden laut Bezirksverwaltung des MfS Erfurt zwei Inschriften an den niedergelegten Kränzen vorgefunden: „Wir ehren die Opfer des Faschismus. ESG Leipzig" und „Wir gedenken derer, die wegen ihrer Homosexualität hier leiden mußten".[288] Ob die Kranzschleifen entfernt wurden, lässt sich der „Operativinformation" nicht entnehmen. Nach der Kranzniederlegung habe es eine Führung durch die Gedenkstätte gegeben, wobei die Teilnehmer*innen keine „provokativen Fragen" gestellt und keine „Öffentlichkeitswirksamkeit" erzielt hätten, so das MfS.[289] Insgesamt kam die Bezirksverwaltung der Staatssicherheit in Erfurt zu dem Schluss, dass solche Kranzniederlegungen und die „einseitige [...] Untersuchung und Darstellung der Lage Homosexueller in der Zeit des Faschismus" Ansatzpunkte zum „politischen Mißbrauch Homosexueller bieten" würden.[290] Dass das bisherige Gedenken, das die kommunistischen Widerstandskämpfer*innen ins Zentrum stellte, ebenfalls als einseitig empfunden werden konnte, fand keine Erwähnung. Es war das Monopol der Staats- und Parteiführung über die Deutung von Verfolgung und Widerstand unter dem NS, das die Sicherheitsdienste durch die Arbeitskreise infrage gestellt sahen und das sie glaubten, verteidigen zu müssen.

Die homosexuellen Opfer des Nationalsozialismus wurden aber nicht vollständig verdrängt, auch wenn die Akten der Staatssicherheit dies nahelegen. Nicht zuletzt waren es die schwulen und lesbischen Aktivist*innen, die eine Auseinandersetzung mit diesem Teil der Vergangenheit über die Bewegung hinaus anstießen. Daneben waren die Mitarbeiter*innen der Nationalen Mahn- und Gedenkstätten sowie ehemalige KZ-Häftlinge durchaus bereit, sich mit der Geschichte der Homosexuellenverfolgung zu beschäftigen und deren Opfer in das Gedenken einzubeziehen.

Im Oktober 1986 legte der Arbeitskreis Schwule in der Kirche im ehemaligen Konzentrationslager Sachsenhausen Kränze nieder, deren Schleifen mit der Inschrift „In ehrendem Gedenken der Homosexuellen Opfer des Faschismus" versehen waren.[291] Der stellvertretende Direktor führte die Gruppe zudem durch die Gedenkstätte und erklärte, dass Homosexuelle im nahe gelegenen Klinkerwerk besonders schwere Zwangsarbeit leisten mussten und in einem speziellen Block

---

[288] BStU, BV Erfurt BdL S 111, Bl. 29, „Operativinformation zum Treffen homosexuell veranlagter Personen in der Nationalen Mahn- und Gedenkstätte (NMG) Buchenwald ...", 13. 1. 1986.
[289] Ebenda, Bl. 30.
[290] Ebenda, Bl. 32.
[291] BStU, BVfS Berlin AIM 4763/91 Bd. II/3, Bl. 214, Schwule in der Kirche, Info-Brief, Mai–Juli 1987.

des Lagers untergebracht waren. Im November berichtete die Zeitschrift „Potsdamer Kirche" in einem Artikel über den Besuch der Gedenkstätte, der wiederum im „Info-Brief" des Arbeitskreises Schwule in der Kirche nachgedruckt wurde.[292] Die Gedenkstätte bestätigte mit dem Rundgang, dass im Nationalsozialismus Menschen wegen ihrer Homosexualität verfolgt und ermordet wurden, und erkannte das Anliegen, der Opfer zu gedenken, als berechtigt an. Hier zeigt sich, dass die Mitarbeiter*innen der Gedenkstätten über einen gewissen Spielraum verfügten, was die Themen ihrer historischen Forschung anging. Die Gedenkstätten fungierten demnach nicht ausschließlich als Instrument der offiziellen DDR-Geschichtspolitik, sondern forschten auch unabhängig davon zur Geschichte nationalsozialistischer Verfolgung. Zeitschriften wie die „Potsdamer Kirche" schufen eine gewisse Öffentlichkeit, zum einen für die Aktionen und das Gedenken der Arbeitskreise, zum anderen aber auch für das Thema der Verfolgung von Homosexuellen im Nationalsozialismus. Die kirchlichen Zeitschriften trugen so dazu bei, den Erinnerungsdiskurs in der DDR mitzugestalten und dem Gedenken an die verfolgten Homosexuellen ein Forum zu geben. Mit der Übernahme des Artikels in den „Info-Brief" konnte der Arbeitskreis Schwule in der Kirche wiederum nicht nur über die eigenen Aktivitäten berichten, sondern auch demonstrieren, dass sein Gedenken von der evangelischen Kirche wahrgenommen und anerkannt wurde.

Zwar konnten einzelne Personen ab Mitte der 1980er Jahre in den Archiven der Nationalen Mahn- und Gedenkstätten forschen,[293] es war für die Aktivist*innen aber nahezu unmöglich, Zeitzeugen zu finden und sie über die Geschichte ihrer Verfolgung als homosexuelle Männer zu befragen. Die Arbeitskreise Homosexualität versuchten deshalb, über Vertreter*innen der offiziellen Verfolgtenorganisationen in der DDR an Informationen zu den homosexuellen KZ-Häftlingen zu gelangen. Am 14. Juni 1984 trafen Mitglieder des Arbeitskreises Homosexualität der ESG Leipzig im Bezirkssekretariat der SED zwei Männer, die als Verfolgte des Naziregimes (VdN) anerkannt waren. Das vom Arbeitskreis angefertigte Protokoll gibt das Gespräch inhaltlich wieder. Ausweislich dieses Protokolls waren sich die beiden ehemaligen Häftlinge sicher, dass im Konzentrationslager Buchenwald keine Homosexuellen eingesessen hätten. Sie rieten den Mitgliedern des Arbeitskreises deshalb, selbst nach Buchenwald zu fahren und im Archiv zu recherchieren oder im Staatsarchiv nachzufragen. Zudem dachten sie darüber nach, dieses Thema bei den regelmäßig stattfindenden Treffen ehemaliger KZ-Häftlinge anzusprechen. Beide gingen davon aus, dass Menschen nicht aufgrund ihrer Homosexualität verfolgt wurden, weshalb es ihnen auch selbstverständlich erschien, dass verfolgte Homosexuelle keine Wiedergutmachung erhielten.[294] Das Protokoll

---

[292] Vgl. ebenda.
[293] Vgl. Grau, Verstümmelt und ermordet; RHG, Sammlung Wolfgang Rüddenklau, WR 03, Arbeitskreis Schwule in der Kirche, Manuskript „175er und 176er im Konzentrationslager Sachsenhausen", o. D.
[294] Vgl. RHG, GZ/A1/0850, Andreas Dümmel (Protokollant), „Unterredung zwischen Vertretern des AK Homosexualität der ESG und Vertretern des VdN im Bezirkssekretariat der SED am 14. 6. 84". Wie es zu dem Gespräch kam, ist nicht bekannt.

3. Gedenken an homosexuelle Opfer des Nationalsozialismus in der DDR 183

macht also deutlich, dass die Mitglieder des Arbeitskreises Homosexualität und die Vertreter der VdN nicht auf dem gleichen Wissensstand waren. Während die Aktivisten darauf hofften, über Zeitzeugenberichte mehr über die Verfolgung von Homosexuellen zu erfahren, zweifelten Letztere daran, dass es eine solche Verfolgung überhaupt gegeben habe. Allerdings räumten die ehemaligen Häftlinge ein, dass ihr Wissen begrenzt sei:

„Wir können nicht sagen, was wir nicht wissen. Wir müssen auch immer wieder unsere Dokumentation überprüfen. Immer wieder entdecken wir noch Mängel und falsche Angaben. Solange wir leben, müssen wir an der Dokumentation arbeiten."[295]

Die VdN wussten nichts über Homosexuelle im KZ, zeigten sich aber neuen Erkenntnissen gegenüber aufgeschlossen. Sie waren bereit, ihre Ansichten zu revidieren und die Darstellung der Geschichte entsprechend zu vervollständigen. Die regelmäßigen Kranzniederlegungen der homosexuellen Arbeitskreise lehnten sie ebenfalls nicht grundsätzlich ab, sondern merkten an, dass es dafür bisher keinen geeigneten Ort in der Gedenkstätte gebe. Sie schlugen deshalb vor, die Kränze zukünftig im ehemaligen Krematorium niederzulegen.[296] Die beiden vom Arbeitskreis Leipzig interviewten ehemaligen KZ-Häftlinge hatten demnach keine schwerwiegenden Vorbehalte gegen ein Gedenken an die verfolgten Homosexuellen. Vielmehr handelte es sich auch für die VdN um ein neues Thema, weil es bisher kaum erforscht war und im offiziellen Gedenken keine Rolle spielte.

Wie Eduard Stapel dem Chefredakteur der Zeitschrift „Deine Gesundheit", Professor Gerhard Misgeld, mitteilte, wollten die Arbeitskreise bei ihren Kranzniederlegungen lediglich der „in der Zeit des Nationalsozialismus in diesen Konzentrationslagern ermordeten Lesben und Schwulen" gedenken.[297] Forderungen an die DDR nach einer „materiellen und moralischen Wiedergutmachung" stellten sie dagegen ausdrücklich nicht.[298] Mit dieser Äußerung reagierte Stapel darauf, dass Misgeld in einer seiner Veröffentlichungen davon gesprochen hatte, die Arbeitskreise würden ein „Schlaraffenland" für Homosexuelle fordern.[299] Indem Stapel betonte, dass die Arbeitskreise mit ihrem Gedenken keine Ansprüche gegenüber dem Staat geltend machen wollten, erklärte er sich implizit mit der Wiedergutmachungspolitik der DDR einverstanden und widersprach dem Eindruck, sie anzweifeln zu wollen.

Ob und wie die Staats- und Parteiführung der DDR sich zum Thema der Wiedergutmachung gegenüber den homosexuellen Opfern des NS positionierte, ist nicht überliefert. Der Bericht eines IM zum Vortrag des Rechtsanwalts Gregor Gysi im Gesprächskreis Homosexualität sowie dessen eigene Darstellung machen allerdings nachvollziehbar, wie im Sinne des Staates gegenüber den Schwulen und

---

[295] Ebenda.
[296] Vgl. ebenda.
[297] RHG, Sammlung Eduard Stapel, ESt 02, Korrespondenz, Brief von Eduard Stapel an Prof. Dr. Gerhard Misgeld, 13. 5. 1985.
[298] Ebenda.
[299] Ebenda.

Lesben in der DDR argumentiert werden sollte. Gregor Gysi stellte sich im Juni 1985 den Fragen der Besucher*innen des Gesprächskreises Homosexualität in der St. Phillipus-Apostel-Gemeinde in der Charitéstraße in Ost-Berlin. Dabei ging er auf rechtliche Fragen zum Thema Homosexualität und auch auf die Wiedergutmachung ein. Der IM „Wandlitz" zitiert in seinem Bericht für die Staatssicherheit Gysis Aussagen dazu wie folgt:

„Wiedergutmachung betrifft nur aktive Nazigegner und solche, die dem Nazismus ausgeliefert waren (Juden, Zigeuner). Bzgl. der Kranzniederlegungen wurde betont, daß die Komitéés [sic!] der Widerstandskämpfer als ‚Hausherren' der Gedenkstätten auftreten und eine einseitige Bewertung von Schwulen-Ehrungen nicht akzeptieren und auch dieses ein historischer Prozeß ist, der sich langsam verändert und ein *gegenseitiges* Lernen und Verstehen erfordert."[300]

Für Gysi waren Homosexuelle also keine Opfer des Nationalsozialismus und hatten deshalb auch keinen Anspruch auf Wiedergutmachung. Die Gedenkstätten und die Organisationen ehemaliger Häftlinge stünden den Kranzniederlegungen ablehnend gegenüber, was jedoch – wie bereits gezeigt wurde – nicht immer der Fall war. Dem Bericht des IM zufolge deutete Gysi allerdings auch an, dass es in der offiziellen Geschichtspolitik und der Gedenkkultur der DDR Veränderungen geben werde, die die Ehrung von homosexuellen Opfern des Nationalsozialismus irgendwann offiziell möglich machen könnte. „Wandlitz" zufolge wurde das gegenseitige Lernen und Verstehen betont, was als Appell an die Schwulen und Lesben verstanden werden muss, sich zu gedulden und keine Ansprüche zu stellen, die die Gesellschaft und den Staat *überfordern* würden.

In einem Bericht, der dem Staatssekretär für Kirchenfragen, Gregor Gysis Vater Klaus Gysi, vorgelegt wurde, hielt Gregor Gysi seine Aussagen und die Diskussion im Gesprächskreis selbst fest. Er habe dort betont, dass nicht der Sozialismus, die SED oder die KPD für die Verfolgung von Homosexuellen in der Vergangenheit oder deren Diskriminierung in der Gegenwart verantwortlich seien:

„Klar herausgestellt wurde, daß die Probleme mit dieser sexuellen Minderheit durch das Christentum und seine theologischen Auffassungen entstanden sind. Es bestand auch Einigkeit, daß insbesondere aus diesen religiösen Motiven heraus die Strafbarkeit der Homosexualität ursprünglich eingeführt wurde."[301]

Damit sprach Gysi die DDR von jeder Verantwortung für die Verfolgung oder die Verfolgten frei. Er stellte auch infrage, ob es angesichts der seiner Ansicht nach verheerenden Rolle der Kirche bzw. der Religion sinnvoll ist, wenn sich die Homosexuellen Arbeitskreise ausgerechnet unter das Dach der Kirche begeben, um dort Schutz zu suchen und Unterstützung zu finden. Gysi scheint damit zudem andeuten zu wollen, dass nicht der sozialistische Staat DDR, sondern die christlichen

---

[300] BStU, MfS AIM 8179/91 Bd. 1, Bl. 124, handschriftlicher Bericht des IM „Wandlitz", 13. 6. 1985; Hervorhebung im Original.
[301] BArch, DO 4/821, Staatssekretär für Kirchenfragen, Abt Evangelische Kirche, Haltung der Kirchen zur Homosexualität, Kollegium der Rechtsanwälte Berlin, „Bericht über eine Veranstaltung in dem Gemeindesaal der Sankt Philippus-Apostel-Gemeinde in 1040 Berlin, Charitéstr. 2", 1. 7. 1985.

Kirchen Wiedergutmachung leisten müssten. Die Aussagen Gysis können zwar nicht ohne Weiteres als offizielle Haltung der SED gelesen werden. Es muss aber davon ausgegangen werden, dass er in seinem Bericht an den Staatssekretär für Kirchenfragen sich und seine Vortragstätigkeit den Wünschen von Staat und Partei entsprechend präsentierte. Die Erwartung vonseiten der Schwulen- und Lesbenbewegung, die DDR müsse sich als sozialistisches Land in besonderer Weise um Homosexuelle kümmern, wies er darin ausdrücklich zurück.

Forschung und Mobilisierung

Für Eduard Stapel war es von wesentlicher Bedeutung, sich als Schwulenaktivist – noch dazu als führender Kopf der Bewegung – mit der Geschichte des Nationalsozialismus zu beschäftigen. Eine wichtige Grundlage dafür seien vor allem der von Rüdiger Lautmann herausgegebene Band „Seminar: Gesellschaft und Homosexualität" (1977) sowie das Buch „Rosa Winkel, Rosa Listen" von Hans-Georg Stümke und Rudi Finkler (1981) gewesen.[302] Neuere Forschungsergebnisse über Homosexuelle im Nationalsozialismus und andere geschichtliche Themen kamen demnach vor allem als westdeutsche Importe in die DDR. Die Verbreitung dieses Wissens erfolgte wiederum über die ostdeutschen Arbeitskreise. Ein Mitglied des Arbeitskreises Schwule in der Kirche entnahm 1985 beispielsweise Fotos aus dem Ausstellungskatalog des Vereins der Freunde eines Schwulen Museums e. V. mit dem Titel „Eldorado – Homosexuelle Frauen und Männer in Berlin 1850–1950. Geschichte, Alltag und Kultur" (1984) und stellte daraus ein „schwarzes Brett" her, das im Veranstaltungsraum des Arbeitskreises aufgehängt werden sollte.[303] Die Ausstellung des Schwulen Museums war zuvor im Berlin Museum, das heißt in einer städtischen Einrichtung, der breiten Öffentlichkeit gezeigt worden. Mit der Zusammenstellung einzelner Fotos aus dem Katalog auf dem schwarzen Brett gelangte nun ein Teil der Ausstellung auch nach Ost-Berlin und war zumindest in den halböffentlichen Räumen der evangelischen Kirche zu sehen.

Die Arbeitskreise und zum Teil auch die Clubs versuchten zudem, eigene Forschungen innerhalb der DDR anzustellen. Bereits 1984 hielt die Staatssicherheit fest, dass sich die Arbeitskreise mit der „Faschismus-Aufarbeitung" beschäftigen würden.[304] Ein Mitarbeiter des Arbeitskreises Schwule in der Kirche habe dafür sogar „Zugang zu den Archivunterlagen der Nationalen Mahn- und Gedenkstätte Sachsenhausen" bekommen und bereite derzeit einen Vortrag zum Thema „Rosa Winkel – Die Verfolgung der Homosexuellen im Dritten Reich" vor.[305] Der Club RosaLinde in Leipzig plante im Dezember 1988, eine „Geschichtsgruppe" einzu-

---

[302] Vgl. Interview Eduard Stapel, 4. 12. 2015.
[303] BStU, HA XX/9 1967, HVA A Abt. II/5, Bl. 114, „Information zum Arbeitskreis homosexuelle Selbsthilfe Berlin", 5. 11. 1985.
[304] BStU, BV Karl-Marx-Stadt Abt. XX 1382 Bd. 1, Bl. 19, HA XX „Information über Anzeichen des politischen Mißbrauchs homosexuell veranlagter Personen", 31. 5. 1984.
[305] Ebenda.

richten, die neben Themenabenden zur „Verfolgung Homosexueller im Faschismus" auch eine „Dokumentation" in Form einer „kleinen Wanderausstellung (12–15 transportable Tafeln)" erarbeiten sollte.[306] Langfristig war außerdem geplant, die „Leipziger Szene vor dem Krieg, Max Spohr, Rudolf Klimmer" und die aktuelle Szene zu thematisieren.[307]

Die ersten Ergebnisse der Recherchen aus Sachsenhausen wurden Ende Juni 1984, also in zeitlicher Nähe zum CSD, bei einem Vortrag zum Thema „Schwule im Dritten Reich" im Arbeitskreis Schwule in der Kirche in Ost-Berlin vorgestellt.[308] Laut Staatssicherheit sollen dabei auch zwei ältere Männer anwesend gewesen sein, die als Zeitzeugen über das Leben von Homosexuellen im Nationalsozialismus berichteten. Zahlen und verlässliche Fakten zur Homosexuellenverfolgung insgesamt konnten die Vortragenden nicht präsentieren, da ihnen der Zutritt zum Archiv des ehemaligen Reichssicherheitshauptamtes in Potsdam verwehrt worden sei.[309] Über die Darstellung des Themas sei unter den leitenden Mitgliedern von Schwule in der Kirche gestritten worden, so das MfS. Den für die Zusammenstellung des Materials Verantwortlichen sei vorgeworfen worden, „zu allgemein und zu weich" zu formulieren.[310] Einer der Autoren hätte darauf entgegnet, dass „man gegenwärtig vorsichtig sein müsse, um die Tätigkeit des Arbeitskreises nicht zu gefährden".[311] Im engen Kreis diskutierte die Gruppe demnach auf zwei Ebenen: Zum einen wurde debattiert, inwieweit der Bezug auf die homosexuellen Opfer bewegungspolitisch genutzt werden konnte. Zum anderen galt es abzuschätzen, ob die Beschäftigung mit der Vergangenheit ein Risiko für den Arbeitskreis darstellen könnte. Hier zeigt sich die bewusste geschichtspolitische Aneignung der Vergangenheit durch Schwulenaktivisten in der DDR, die taktischen Überlegungen unterlag. Ihre Selbstbehauptungsstrategie bestand demnach darin, einerseits den Opferstatus von Homosexuellen herauszustellen, sodass ein Gemeinschaftsgefühl entstand, aus dem heraus Schwule und Lesben zum Eintreten für die eigenen Interessen mobilisiert werden konnten. Andererseits galt es abzuwägen, inwiefern es nötig war, Unterdrückung und Verfolgung wiederum zu relativieren, um sich in die offizielle Geschichtspolitik einzufügen und sich so vor staatlichen Gegenmaßnahmen zu schützen. Auffällig ist, dass schwule Aktivisten beim Sprechen über die Verbrechen der Nationalsozialisten und deren Bedeutung für die Gegenwart viel stärker als bei anderen Themen sowohl homosexuelle Männer als auch Frauen explizit nannten. Oft zählten sie Lesben genauso wie Schwule zu den Opfern des Nationalsozialismus und stellten sie mit in die Tradition der Verfolgten, wenngleich der Fokus weiterhin auf männlichen Homosexuellen lag

---

[306] Archiv RosaLinde e. V., Ordner 1988/89, Einladung an den Leitungskreis, 15. 12. 1988.
[307] Ebenda.
[308] BStU, MfS AIM 1042/91 Bd. II/1, HA XX/2, Bl. 338, „Information über eine Veranstaltung des Arbeitskreises Homosexualität", 27. 6. 1984.
[309] Vgl. ebenda.
[310] Ebenda, Bl. 343.
[311] Ebenda.

und die bereits angesprochene „schwule Subkulturalisierung", die Corinna Tomberger im Westen diagnostizierte,[312] in der DDR ebenfalls anzutreffen ist.

Die Aneignung der Geschichte sollte darüber hinaus der Belehrung schwuler Männer dienen. Wolfgang Rüddenklau fertigte einen 21-seitigen eng bedruckten Text über „Die Verfolgung der Homosexuellen durch den deutschen Faschismus" an, der eine „Kompilation der erschienenen Literatur" beinhalten sollte.[313] Wie üblich trug der Text die Aufschrift „Nur für den innerkirchlichen Dienstgebrauch". Rüddenklau bezog sich darin vor allem auf die österreichische Politikwissenschaftlerin, Journalistin und Lesbenaktivistin Gudrun Hauer, die sich in der Homosexuellen Initiative Wien (HOSI) engagierte.[314] Des Weiteren nutzte Rüddenklau das Buch „Schwule und Faschismus", das Heinz-Dieter Schilling 1983 in West-Berlin herausgegeben hatte. Diesem und anderen Büchern, wie etwa Klaus Theweleits „Männerphantasien" (1980), entnahm Rüddenklau, dass es auch faschistische Homosexuelle gegeben habe und dass einige von ihnen sich sogar als neue Elite wahrgenommen hätten. Zudem sei die Verfolgung von Homosexuellen ein internes Machtinstrument der Nationalsozialisten gewesen.[315] Als Fazit seiner Literaturanalyse zog Rüddenklau Lehren für die Schwulen und die Schwulenbewegung der Gegenwart:

> „Aber gerade in der Hölle der Konzentrationslager hatten wir im Vergangenen den Wert der Solidarität gesehen. Wären die Schwulen dort emanzipierter gewesen, hätten sie sich gegenseitig beim Kampf um das Überleben unterstützt und hätten den anderen Kategorien als Gruppe gegenübergestanden, die Hilfe geben oder verweigern kann, so wäre es unter den grausamen Bedingungen des Konzentrationslagers vielleicht zu Machtkämpfen zwischen Homosexuellen und anderen Häftlingskategorien gekommen, – letztendlich aber wären die Überlebenschancen für die einzelnen Schwulen weit besser gewesen."[316]

Wären die Schwulen im KZ selbstbewusster und somit untereinander solidarischer gewesen, hätten mehr von ihnen die Lagerhaft überlebt, behauptete Rüddenklau. Mit seiner Botschaft, die sich für ihn aus der Aufarbeitung der Vergangenheit ergab, richtete er sich direkt an die Schwulen in der DDR. Rüddenklau fasste hier nicht nur den aktuellen Forschungsstand zusammen und wirkte als Vermittler der westlichen Forschungsliteratur in die DDR. Er leitete aus dem Erforschten auch Handlungsanweisungen ab. Er rief zu mehr Solidarität auf, zu einer gemeinsamen Interessenvertretung und zur Überwindung von Konflikten, da letztere nur dazu führten, dass die Schwulen (Lesben wurden nicht erwähnt) ihre gemeinsamen Interessen und Ziele aus den Augen verlieren würden. Die Lehren aus der Vergangenheit müssten laut Rüddenklau also auch die Schwulen selbst ziehen.

---

[312] Tomberger, Homosexuellen-Geschichtsschreibung, S. 21.
[313] BStU, MfS AIM 1042/91 Bd. II/1, Bl. 470–490, HA XX/2, Wolfgang Rüddenklau: „Die Verfolgung der Homosexuellen durch den deutsche Faschismus. Kompilation der erschienenen Literatur", o. D.
[314] Gudrun Hauer, Homosexuelle im Faschismus, in: Lambda Nachrichten, H. 1, 1984, S. 1726.
[315] Vgl. BStU, MfS AIM 1042/91 Bd. II/1, Bl. 473, HA XX/2, Wolfgang Rüddenklau, Die Verfolgung der Homosexuellen durch den deutsche Faschismus. Kompilation der erschienenen Literatur, o. D.
[316] Ebenda, Bl. 489.

Beiträge und international wahrgenommene Forschungen aus der DDR zu Homosexuellen im Nationalsozialismus gab es kaum, obwohl einer der wichtigsten Quellenbestände zu diesem Thema, nämlich die Akten der Reichszentrale zur Bekämpfung der Homosexualität und Abtreibung, in DDR-Archiven lag. Als Westdeutscher konnte Hans-Georg Stümke, der 1981 zusammen mit Rudi Finkler das Buch „Rosa Winkel, Rosa Listen. Homosexuelle und ‚Gesundes Volksempfinden' von Auschwitz bis heute" veröffentlichte, diese Unterlagen nicht einsehen.[317] In den Worten Eduard Stapels war Günter Grau der „Oberspezialist fürs Dritte Reich im Osten.[318] Grau hielt Vorträge in den Arbeitskreisen und verfasste einzelne Beiträge für westdeutsche Zeitschriften. So schickte er etwa seinen Beitrag „Verfolgung – Absonderung – Umerziehung oder Ausmerzung – Zur faschistischen Lösung der Homosexuellenfrage zwischen 1933 und 1945 in Deutschland" an Manfred Herzer, damit der ihn in der Zeitschrift „Capri. Zeitschrift für schwule Geschichte" in West-Berlin unterbrachte. In seinem Brief an Herzer merkte Grau an, sein Manuskript könne für das westliche Publikum wohl nichts Neues bieten:

„Meine eigene Arbeit zu dem Thema ist bescheiden. Ich schicke Ihnen ein Sammelreferat, das irgendwann hier veröffentlicht werden soll (genaueres kann ich nicht sagen, da noch alles unklar ist). Für Sie bietet es an Fakten nichts Neues, es soll auch nur den hiesigen, total uninformierten Leser in die wichtigsten Zusammenhänge einführen."[319]

Seiner eigenen Einschätzung nach konnte Grau nur eine grobe Zusammenfassung der bisher (im Westen) erschienenen Literatur liefern, die Diskrepanz zwischen den Wissensständen in Ost- und Westdeutschland war demnach groß. Nicht nur das Gedenken an die Homosexuellenverfolgung, sondern auch das Forschen und Vermitteln machte somit Unterschiede sichtbar, gleichzeitig kam es über das gemeinsame Interesse und den Austausch des vorhandenen historischen Wissens aber auch zu Annäherungen.

Außerhalb der Bewegung wurde Grau ab Ende der 1980er Jahre als Experte für die Geschichte der Homosexuellenverfolgung im NS wahrgenommen und von der DDR vorsichtig präsentiert. Im August 1982 wurde auf Beschluss des Ministerrates der DDR das Komitee „Ärzte der DDR zur Verhütung eines Nuklearkrieges" als Teil der Organisation International Physicians for the Prevention of Nuclear War (IPPNW) gegründet. Die von der SED in dieses Gremium delegierten Wissenschaftler*innen und Ärzt*innen sollten die DDR fachlich und politisch auf internationalen Kongressen repräsentieren, die Verbreitung von Wissen innerhalb DDR-Gesellschaft bezweckte die Partei jedoch nicht.[320] Nachdem 1983 erstmals ein Symposium zum Thema „Medizin im Faschismus" stattfand, zu dem auch Teilnehmer*innen aus dem Westen angereist waren, folgte im August 1988 eine große

---

[317] Vgl. Stümke/Finkler, Rosa Winkel, S. 12.
[318] Interview Eduard Stapel, 4. 12. 2015.
[319] SMU, DDR-Material vorsortiert (2013), R 529, Kiste I, Brief und Manuskript von Günter Grau an Manfred Herzer, 23. 5. 1987.
[320] Vgl. o. A., Geschichte der IPPNW in der DDR, http://www.ippnw.de/der-verein/geschichte-der-ippnw/geschichte/artikel/de/geschichte-der-ippnw-in-der-ddr.html (24. 3. 2017).

3. Gedenken an homosexuelle Opfer des Nationalsozialismus in der DDR

internationale Konferenz, zu der sieben europäische Sektionen der IPPNW 170 Wissenschaftler*innen, Ärzt*innen und Student*innen einluden. Unter dem Titel „Verstümmelt und ermordet – Homosexuelle im KZ Buchenwald" stellte Günter Grau dort Ergebnisse seiner Forschungsarbeit vor, die zudem im Tagungsband veröffentlicht wurden. 1988 war es demnach möglich, in der DDR mit Einverständnis der SED vor einem europäischen Publikum über die Geschichte der von den Nationalsozialisten verfolgten Homosexuellen zu sprechen – mehr noch: Die Forschung wurde – obschon in eingeschränktem Maße – zugelassen. Der Beitrag von Günter Grau war eine der ersten Veröffentlichungen zu diesem Thema, die in der DDR offiziell genehmigt wurden; seine Reichweite als Aufsatz in einem wissenschaftlichen Tagungsband dürfte allerdings eher gering gewesen sein.

Graus Beitrag basierte auf seinen Recherchen im Archiv der Nationalen Mahn- und Gedenkstätte Buchenwald. Das Ausmaß der Homosexuellenverfolgung, so Grau, ließe sich nur sehr schwer rekonstruieren, da es nur wenige zeitgenössische Berichte gebe und viele Akten vernichtet seien. Häftlinge mit dem Rosa Winkel seien besonders isoliert gewesen. Sie hätten unter den härtesten Arbeitsbedingungen gelitten und seien die Häftlingsgruppe mit der höchsten Todesrate gewesen, erklärte Grau.[321] Abschließend hielt er fest:

„Als Verfolgte des Nazi-Regimes wurden sie nicht anerkannt, als Opfer sind sie in Vergessenheit geraten. Uns sollte es Anlaß sein, dafür einzutreten, daß schwule Männer und lesbische Frauen uneingeschränkt die gleichen Rechte in Anspruch nehmen können, die auch allen anderen Menschen offenstehen."[322]

Grau plädierte 1988 für die Gleichstellung von Homosexuellen in der DDR in allen Lebensbereichen, ohne dabei zwischen Männern und Frauen zu unterscheiden. Während Klaus Laabs dafür noch 1984 aus der SED ausgeschlossen wurde, konnte Grau wenige Jahre später vor einem internationalen Publikum die DDR auffordern, Lehren aus der Geschichte zu ziehen. Dies zeigt den ostdeutschen Wandel im Umgang mit Homosexuellen in der zweiten Hälfte der 1980er Jahre, den auch Laabs mit angestoßen hatte. Aus Graus Forschungsarbeit ging schließlich der 1993 erschienene Band „Homosexualität in der NS-Zeit. Dokumente einer Diskriminierung und Verfolgung" hervor.[323] Dem ostdeutschen Günter Grau gelang es somit, einen wichtigen Beitrag, ja sogar ein Standardwerk zur Verfolgung von Homosexuellen während des NS für das wiedervereinigte Deutschland vorzulegen. Einige der darin verwendeten Dokumente waren zwar erst nach dem Mauerfall und der deutschen Einheit zugänglich geworden, das entsprechende Forschungsprojekt an der Charité gab es aber bereits davor. Das Buch macht deutlich, dass in

---

[321] Vgl. Grau, Verstümmelt und ermordet, S. 76–78.
[322] Ebenda, S. 79.
[323] Das Buch beschäftigt sich mit der zunehmend brutaleren Verfolgung von Homosexuellen im NS, von der listenmäßigen Erfassung bis hin zur Einweisung in Konzentrationslager und zur Zwangskastration. Vgl. Grau/Schoppmann (Hrsg.), Homosexualität in der NS-Zeit. Die erste umfassende Darstellung über die Geschichte der Homosexuellen im Nationalsozialismus von Burkhard Jellonnek „Homosexuelle unter dem Hakenkreuz. Die Verfolgung von Homosexuellen im Dritten Reich" erschien 1990 in Paderborn.

beiden deutschen Staaten parallel zur Geschichte der Homosexuellen geforscht wurde. Zwar fehlte es vor 1990 im Osten an Publikationsmöglichkeiten und die Literatur zum Thema musste aus dem Westen beschafft werden. Der Austausch zwischen Historiker*innen, die zu homosexueller Geschichte arbeiteten, und die gegenseitige Rezeption von Forschungsergebnissen hatten in den 1980er Jahren aber bereits einen gemeinsamen deutschen-deutschen Forschungsstand ermöglicht. Diese Verflechtungen erreichten mit dem Mauerfall und der Wiedervereinigung einen vorläufigen Höhepunkt. Das belegt etwa das Begleitbuch zu einer Ausstellung im Schwulen Museum, das 1990 erschien. Günter Grau und der Philosoph Bert Thinius, der auch der interdisziplinären Arbeitsgruppe Homosexualität an der Humboldt-Universität angehört hatte, veröffentlichten darin eigene Beiträge[324] und wirkten so an einer nun gemeinsam zu gestaltenden Geschichtsschreibung mit, die zu dieser Zeit einen Boom erlebte.

4. „In letzter Zeit häuft sich die Kritik von DDR-Bürgern über unsere Berichterstattung" – Netzwerke und Verhältnisbestimmungen zwischen ost- und westdeutschen Schwulenaktivisten

> „Wir hatten eine Veranstaltung als Selbsterfahrungsgruppe in Leipzig und da kamen Wessis von irgendeiner Bhagwan-Gruppe. Die haben dann mit uns Bhagwan-Meditationen gemacht und verschiedenste Psychoübungen. Es hat Spaß gemacht. Das war eine völlig neue Welt. Mit denen haben wir dann auch mal eine Reise gemacht in ihrem klapprigen riesigen Mercedes von Leipzig nach Dresden und ins Elbsandsteingebirge. Die erzählten uns von ihrem autonomen Projekt, dem Café Zartbitter in Kreuzberg, und wir waren so neidisch. Man kann da einfach so ein Café haben. Dann waren sie alle ein bisschen verrückt. Wenn ein Zug kam, sind sie unter die Brücke gerannt und haben geschrien, weil das ja befreiend ist. Das hat uns alles schon sehr beeindruckt."[325]

Christian Pulz beschreibt hier seine ersten Begegnungen mit West-Berliner Schwulenaktivisten als nicht alltägliche Ereignisse. Er sei „beeindruckt" gewesen, denn die Möglichkeiten der Selbstorganisation, die Freiräume, in denen sich Schwule und Lesben im Westen eine eigene Infrastruktur aufbauen konnten, seien in der DDR undenkbar gewesen.[326] Zugleich lässt sich aus den Erinnerungen von Christian Pulz lesen, dass die West-Berliner auch Befremden auslösten. Zwar seien Meditationen und „Psychoübungen" neu und spannend, aber nicht wirklich anschlussfähig gewesen. Die Schwulen aus dem Westen wurden als „ein bisschen verrückt" betrachtet, wenngleich sie neue Impulse und Eindrücke mitbrachten. Man fühlte sich verbun-

---

[324] Grau, Verfolgung und Vernichtung; Thinius, Verwandlung und Fall des Paragraphen 175.
[325] Interview Christian Pulz, 12. 8. 2013.
[326] Ebenda.

den und blieb sich letztlich doch fremd. Diese Erinnerungen an die Besuche aus dem Westen stehen exemplarisch und symbolisch für das Verhältnis zwischen der westdeutschen und der DDR-Schwulenbewegung. Das Interesse an Austausch und Begegnungen war bei den Ostdeutschen groß. Vieles von dem, was im Westen möglich war, wollten auch sie haben. In den Begegnungen mit den Westdeutschen wurde ihnen aber nicht nur bewusst, dass ihre Handlungsspielräume beschränkter waren. Sie erlebten sich überdies als eine eigenständige Bewegung, die die Unterschiede zu den westdeutschen Aktivisten selbstbewusst wahrnahm.

Die folgenden Ausführungen gehen den Netzwerken zwischen Schwulenaktivisten in Ost- und Westdeutschland nach und versuchen die Frage zu beantworten, welche Bedeutung diese vor allem für die Ostdeutschen hatten. Welche Funktionen und welche Folgen hatten grenzübergreifende Treffen und Korrespondenzen? Wichtig scheint zudem, die Momente der Abgrenzung in den Blick zu nehmen: Wo lassen sich bewusst gewählte Distanzierungen seitens der ostdeutschen Aktivisten feststellen und welche Selbstverortungen sollten damit wem gegenüber kommuniziert werden? Der westdeutschen Perspektive wird ebenfalls nachgegangen, um zum einen Verflechtungen zu finden, die nicht aus den ostdeutschen Quellen hervorgehen, und um zum anderen die Verhältnisbestimmungen westdeutscher Aktivisten zur DDR einbeziehen zu können. Es ist nicht das Anliegen, ein umfassendes Netz aus Knoten und Verbindungen aller in Kontakt stehender Aktivisten im Osten und im Westen nachzuzeichnen. Stattdessen werden die das Verhältnis zwischen den Bewegungen charakterisierenden Formen der Kommunikation und der Interaktion vorgestellt, bei denen Nähe und Abgrenzung als grundlegende Merkmale auszumachen sind. Es geht um die Selbstverortungen der DDR-Schwulenaktivisten und die zugrunde liegenden Strukturbedingungen, die – so die These – in den 1980er Jahren nicht nur von Staat und Kirche in der DDR, sondern auch von Verflechtungen zwischen den Schwulenbewegungen in Ost- und Westdeutschland geprägt waren.

Westdeutsche Schwulenaktivisten im Osten

Die Arbeitskreise Homosexualität bekamen in den 1980er Jahren immer häufiger und immer zahlreicheren Besuch aus West-Berlin und der Bundesrepublik. Die Gäste nahmen an Veranstaltungen teil oder traten als Referenten auf. Da die Staatssicherheit sich insbesondere für die Westkontakte der ostdeutschen Schwulen- und Lesbenbewegung interessierte, kann anhand von deren Akten nicht nur nachvollzogen werden, dass Westdeutsche den Treffen in der DDR beiwohnten und wie sie sich an den Abenden einbrachten, sondern oft auch, woher sie kamen und wo sie sich selbst engagierten. So lässt sich Berichten beispielsweise entnehmen, dass am 12. Juni 1987 im Arbeitskreis Jonathan in Karl-Marx-Stadt neben einem Mann aus Hamburg auch ein Mitarbeiter der Deutschen AIDS-Hilfe aus dem Saarland anwesend gewesen sei.[327] An einer Veranstaltung in der Bekenntnis-

---

[327] Vgl. BStU, BV Karl-Marx-Stadt Abt. XX 1387, Bl. 44, „Homosexuelle Gruppierungen/Zusammenschlüsse/Aktivitäten".

gemeinde am 12. Juli 1987 hätten zwei Vertreter der Ökumenischen Arbeitsgruppe Homosexuelle und Kirche (HuK) aus West-Berlin teilgenommen.[328] Ein Student der Freien Universität Berlin sei an einem Abend zum Thema „AIDS, eine neue Geisel [sic!] der Schwulen" in der Plesser Straße dabei gewesen.[329] Die westdeutschen Schwulenaktivisten bestätigen die Beteiligung an Veranstaltungen in der DDR. Detlef Mücke berichtet, dass er für einen Vortragsabend mit Professor Reiner Werner über dessen Werk „Homosexualität. Herausforderung an Wissen und Toleranz" nach Ost-Berlin gefahren sei, um dort mitzudiskutieren.[330] Er nutzte demnach die Gelegenheit, mit dem Autor des umstrittenen DDR-Aufklärungsbuchs persönlich zu sprechen, vermutlich auch, um seine Kritik direkt zu adressieren. Die Veranstaltungen der Arbeitskreise waren damit Anlaufpunkte für Schwulenaktivisten aus West-Berlin und der Bundesrepublik sowie Plattformen des Austauschs zwischen Ost und West.

West-Berliner und bundesdeutsche Aktivisten waren zudem eingeladen, thematische Abende in Ost-Berlin und in anderen Städten zu gestalten. Laut „Sachstandsbericht" der Berliner Volkspolizei sollte am 1. April 1984 im Arbeitskreis Schwule in der Kirche eine Lesung „eines namentlich nicht bekannten Schriftstellers aus der BRD" stattfinden.[331] Manfred Herzer sprach am 2. April 1989 in der Plesser Straße über das Verhältnis von Magnus Hirschfeld zu Sigmund Freud.[332] Und Ralf Dose von der Magnus-Hirschfeld-Gesellschaft in West-Berlin erinnert sich, von Rainer Herrn gebeten worden zu sein, im Leipziger Studentenclub zu sprechen.[333] Das MfS hielt fest, dass in den Arbeitskreisen auch über die Situation von Homosexuellen in der Bundesrepublik und über die westdeutsche Schwulen- und Lesbenbewegung referiert wurde; dabei sei es unter anderem um Organisationsformen, die Zusammenarbeit mit politischen Parteien, Demonstrationen, Plakate und „Schwule Kleidung" gegangen, mit der sich homosexuelle Männer als Gruppe nach außen zeigen könnten.[334] Am 5. Februar 1989 fand in Karl-Marx-Stadt eine Veranstaltung mit dem Titel „Zur Situation von Lesben und Schwulen in der BRD und Berlin (West)" statt.[335] Laut des Berichts eines IM, der als Teilnehmer den Vortrag und die Diskussion verfolgte, habe einer der West-Berliner Vortragenden die Hoffnung geäußert, dass „nicht nur die Kontakte zwischen Ost und West und die Reisetätigkeit für DDR-Bürger im allgemeinen, sondern auch für Homosexuelle im besonderen verbessert werden".[336] Der andere Referent sei Mit-

---

[328] Vgl. BStU, HA XX 5192, Bl. 52, „Information über Zusammenkunft 12. 7. 1987 in Bekenntnisgemeinde", 14. 7. 1987.
[329] BStU, HA XX ZMA 10050/3 Bd. 3, Bl. 83–85, KD Fürstenwalde, „Information", 1. 7. 1985.
[330] Vgl. Interview Detlef Mücke, 30. 5. 2013.
[331] BStU, HA VII 2743, Bl. 136, VP Berlin, „Sachstandsbericht", 2. 12. 1983.
[332] Vgl. BStU, MfS HA XIX 707, Bl. 22, „Bericht", 7. 4. 1989.
[333] Vgl. Interview Ralf Dose, 13. 5. 2015.
[334] BStU, HA XX ZMA 10050/3 Bd. 3, Bl. 19, KD Fürstenwalde, „Information", 22. 2. 1985; BV Karl-Marx-Stadt Abt. XX 1387, Bl. 52, 61, „Homosexuelle Gruppierungen/Zusammenschlüsse/Aktivitäten".
[335] BStU, MfS HA XIX 707, Bl. 43, „Information", 21. 2. 1989.
[336] Ebenda.

glied der Alternativen Liste (AL) in West-Berlin gewesen und habe deren Programm unter den Anwesenden kursieren lassen. Er habe über „grüne Politik" in West-Berlin, über „die Gründung eines Museums für Schwule", „die Aufstellung einer Gedenktafel für Homosexuelle", über „Informationsmöglichkeiten" und über den Ausgang der Wahlen in West-Berlin informiert.[337] Der IM berichtete weiter:

„In der Diskussion kamen auch mehrfach konzeptionelle Gedanken zur Sprache, wie man die Zusammenarbeit zwischen Westberliner und DDR-Schwulen/Lesben verbessern könne."[338]

Ein anderer Informant des MfS mit dem Decknamen „Bikum" notierte über einen Abend im Arbeitskreis Homosexualität in der Leipziger Evangelischen Studentengemeinde (ESG), dass dort „immer wieder Beispiele der Möglichkeiten der ungehinderten Selbstverwirklichung Homosexueller in solchen ‚freien' Ländern wie USA, BRD, Schweden und anders [sic!] angeführt" würden.[339] Diese und andere Beispiele aus den Unterlagen des MfS vermitteln den Eindruck, es hätte bei den Veranstaltungen der Arbeitskreise einen regen grenzübergreifenden Austausch gegeben. Es gilt allerdings zu bedenken, dass sich die Staatssicherheit vornehmlich für Informationen über Westbesuche und Vergleiche zwischen DDR und Bundesrepublik interessierte. Vieles andere wurde dagegen nicht dokumentiert, weil es nicht als relevant galt. In jedem Fall bleibt es jedoch bemerkenswert, dass solche Begegnungen und Diskussion doch recht häufig stattfanden, auch wenn sie nicht das gesamte Jahresprogramm eines Arbeitskreises ausmachten. Wenn aber über die Situation von Homosexuellen und die Bewegungen in westeuropäischen Ländern referiert wurde, traten unausweichlich die Unterschiede homosexueller Selbstorganisationen in beiden Ländern zutage. Die Begegnungen mit den Westdeutschen trugen daher dazu bei, dass der Blick der Ostdeutschen für ihre eigene Situation geschärft wurde, weil sie sich fragen mussten, was bei ihnen anders war und warum. Daraus folgte nicht nur der Wunsch nach ähnlichen Möglichkeiten des Aktivismus und Kritik an den bestehenden Verhältnissen. Wie in anderen Quellen noch deutlich wird, führte die Einsicht in die Verschiedenheit der Ausgangsbedingungen in Ost und West auch zu einem spezifisch ostdeutschen Selbstbewusstsein, mit dem die Aktivisten eigene Ziele und Strategien für ihre Bewegung entwickelten.

Die Gäste traten in der DDR als Vertreter der westdeutschen Schwulenbewegung auf und brachten ihre Erfahrungen in die Arbeit der Arbeitskreise ein. Hinzu kamen Treffen und enge persönliche Kontakte zwischen leitenden Mitgliedern ostdeutscher und westdeutscher Schwuleninitiativen. Der West-Berliner Pfarrer und HuK-Aktivist Eckehard Kunz[340] reiste mehrfach nach Ost-Berlin, um sich

---

337 Ebenda.
338 Ebenda, Bl. 44.
339 BStU, BV Karl-Marx-Stadt Abt. XX 1382 Bd. 2, Bl. 10, Abschrift Bericht „Bikum", 5. 4. 1984.
340 Der 1944 geborene Eckehard Kunz war in den 1970er und 1980er Jahren evangelischer Pfarrer in der Martin-Luther-Gemeinde in Berlin-Neukölln und Regionalgruppenleiter der Ökumenischen Arbeitsgruppe Homosexuelle und Kirche (HuK) in West-Berlin. Heute lebt er im Ruhestand in Berlin.

unter anderem mit Christian Pulz zu treffen.[341] Es ist davon auszugehen, dass sie bei diesen Gelegenheiten über die Aktivitäten des Arbeitskreises und der HuK und über eine mögliche Zusammenarbeit sprachen. Die Anwesenheit von Personen aus der Bundesrepublik oder West-Berlin hatte für die ostdeutsche Schwulenbewegung neben dem Austausch auch konkrete Funktionen für ihre Selbstdarstellung. Auf dem Evangelischen Kirchentag in Eisleben im Juni 1983 war der Arbeitskreis Homosexualität aus Leipzig mit einem eigenen Programm präsent. Im Anschluss daran hielten die Beteiligten fest, dass durch die Anwesenheit eines Pfarrers aus Düsseldorf – bei dem es sich vermutlich um Hans-Georg Wiedemann handelte – „eine echte Arbeitsatmosphäre zustande kam".[342] Die Gruppe war dankbar für dessen Teilnahme, die der Veranstaltung zu mehr Ernsthaftigkeit und Professionalität verholfen habe. Eduard Stapel erinnert sich, dass es bei solchen Kirchentagen „immer „gut" gewesen sei, „große Fachleute aus dem Westen zu haben", um damit die „Kirchenoberen" zu beeindrucken.[343] Hans-Georg Wiedemann hatte 1982 das Buch „Homosexuelle Liebe. Für eine Neuorientierung in der christlichen Ethik" veröffentlicht und gehörte damit zu den von Stapel so bezeichneten „Fachleuten". Nach eigenen Angaben hatte Stapel Wiedemann damals in Eisleben kennengelernt und sie seien „beste Freunde" geworden.[344] Wie sowohl der Arbeitskreis Homosexualität in Leipzig in seinem Bericht zum Kirchentag als auch Eduard Stapel in der Rückschau bestätigen, konnten also bekannte westdeutsche Persönlichkeiten der Bewegung in der DDR Gewicht verleihen. Dabei gilt es zu berücksichtigen, dass diese Strategie vor allem im kirchlichen Kontext angewendet werden konnte, und hier insbesondere auf großen Veranstaltungen, die ohnehin von zahlreichen Gästen aus anderen Ländern besucht wurden. Ohne den geschützten Raum der Kirche und die internationale Aufmerksamkeit hätten sich die Arbeitskreise mit dem Vorzeigen öffentlich bekannter westdeutscher Aktivisten – noch dazu Theologen – eher verdächtig gemacht, *Verräter* im eigenen Land zu sein. Das gemeinsame Auftreten auf den Kirchentagen sei laut Stapel dann auch eher an die Kirche gerichtet gewesen als an den Staat. Was er damit meinte, wird noch an einem anderen Beispiel deutlich: Hans Georg Wiedemann verfasste einen Beitrag für den in der DDR veröffentlichten Band „Und diese Liebe auch. Theologische und sexualwissenschaftliche Einsichten zur Homosexualität" (1989), in dem er Bibelstellen analysiert und zum dem Schluss kommt, dass sich aus der Bibel weder ein Verbot noch eine Verurteilung von Homosexualität ableiten ließe und dass es in der christlichen Ethik nur darauf ankäme, wie Menschen in einer Beziehung miteinander umgingen.[345] Im Interview nimmt Stapel auf den Beitrag Bezug

---

[341] Vgl. u. a. BStU, HA XX ZMA 10050/3 Bd. 2/2, Bl. 178–180, „Information zum OV ‚Orion' vom 05. 10. 1984".
[342] Archiv Bürgerbewegung Leipzig (ABL), 3.28.2, Arbeitskreis Homosexualität der Evangelischen Studentengemeinde Leipzig, „Zur Entwicklung der Konzeption des Arbeitskreises", 1983 [1984], S. 22.
[343] Interview Eduard Stapel, 4. 12. 2015.
[344] Interview Eduard Stapel, 4. 12. 2015.
[345] Vgl. Wiedemann, Homosexualität und Bibel, S. 119–121.

und berichtet, er habe ihn seinem Vorgesetzen, dem Bischof, mit den Worten vorgelegt: „Guck mal, die Westtheologen sind da schon einen Schritt weiter als ihr."[346] Verweise auf den Umgang mit Homosexuellen im Westen, wie sie etwa die HIB in den 1970er Jahren unternahm, wurden demnach nicht nur gegenüber dem SED-Staat ins Feld geführt, zu dessen Selbstbild die Überlegenheit in der Systemkonkurrenz gehörte. Der Vergleich mit dem anderen Deutschland sollte ebenso dazu führen, dass sich die evangelischen Kirchleitungen in der DDR mit dem Thema Homosexualität auseinandersetzen und sich im besten Fall Positionen wie die von Wiedemann zu eigen machen und zur Leitlinie erklären.

Kirche verbindet?

Ihre kirchliche Bindung machte die Arbeitskreise für einige Aktivisten und Gruppen im Westen besonders interessant. Die Ökumenische Arbeitsgruppe Homosexuelle und Kirche (HuK) etwa ging mit großer Offenheit auf die Arbeitskreise zu. Die 1977 gegründete Organisation, die in Regionalgruppen organisiert und ab 1985 als Verein eingetragen war, hatte sich zum Ziel gesetzt, die Homosexuellen zu einem größeren Engagement in den Kirchen zu motivieren und die Kirchen dazu zu bewegen, ihren Umgang mit Schwulen und Lesben zu verändern: Die Seelsorge sollte sie nicht länger als Kranke behandeln und die kirchliche Öffentlichkeit sollte besser über homosexuelle Christ*innen informiert werden.[347] Das wichtigste Kommunikationsmittel der HuK war das „HuK-Info". 1983 erschien darin ein Bericht des West-Berliner evangelischen Pfarrers und Chefredakteurs des Hefts, Udo Kelch, vom Besuch des Evangelischen Kirchentags in Frankfurt an der Oder. Laut Kelch bestand das Motiv für seine Reise in die DDR darin, sich ein „eigenes Bild von der Situation der Schwulen in der DDR" zu machen.[348] Das legt den Schluss nahe, dass es davor kaum Kontakt zwischen der HuK und den DDR-Arbeitskreisen gab und sich beide Seiten möglicherweise auf dem Kirchentag erstmals begegneten. Dort habe es eine Diskussion über Homosexuelle in der Kirche gegeben, bei der, so Kelch, keine „DDR-typische Problematik" zur Sprache gekommen sei, das heißt, es ging um Themen, die den Westdeutschen vertraut waren.[349] Zum Schluss seines Berichts stellte Kelch einerseits fest, dass er bei „aller Herzlichkeit [...] immer wieder eine gewisse Distanz" zu den Ostdeutschen gespürt habe.[350] Andererseits sei die Begegnung emotional gewesen und es seien persönliche Verbindungen entstanden: „In der Nähe unseres Grenzübergangs zelebrieren wir herzzerreißende Abschiedsszenen. Werden wir uns wiedersehen?"[351] Die ers-

---

[346] Interview Eduard Stapel, 4. 12. 2015.
[347] Vgl. Fitschen, Die Anfänge der HuK, S. 16.
[348] U.K., Homosexuelle auf dem Kirchentag in Frankfurt an der Oder, in: HuK-Info, H. 41–42, 1983, S. 41–42, hier S. 41.
[349] Ebenda, S. 42.
[350] Ebenda.
[351] Ebenda.

ten Begegnungen bewertete die HuK demnach positiv und hob die Gemeinsamkeiten mit den Ostdeutschen hervor. Die emotionale Nähe war dabei wichtig, um die ansonsten empfundene Distanz zu überbrücken. Daraus lässt sich schlussfolgern, dass schwules Engagement nicht automatisch bedeutete, die Mauer in den ost- und westdeutschen Köpfen abzubauen; ein Gefühl der Verbundenheit war aber dennoch vorhanden und gerade die räumliche Trennung machte die Begegnungen zu nicht alltäglichen, Sinn stiftenden Ereignissen. Die Arbeits- und Gesprächskreise in der DDR unter dem Dach der Kirche und ihre Präsenz auf dem Kirchentag waren somit für die HuK, die ebenfalls seit 1979 die evangelischen Kirchentage und Katholikentage für ihre Öffentlichkeitsarbeit nutzte,[352] ein geeigneter Anknüpfungspunkt, um Verbindungen in die DDR aufzubauen. Eine gewisse Durchlässigkeit der Mauer, vor allem für Besucher*innen der Kirchentage in der DDR, machte Treffen wie das oben genannte schließlich möglich. Die dabei geknüpften Beziehungen waren die Grundlage für viele weitere Besuche, Transfers, Aneignungen und Auseinandersetzungen zwischen der HuK und den Arbeitskreisen im Laufe der 1980er Jahre.

Die HuK bemühte sich im Anschluss an den Kirchentag in Frankfurt an der Oder um engere Kontakte zu den Arbeitskreisen und versuchte, die Entwicklungen auf der anderen Seite der Mauer genau zu verfolgen. Die gesteigerte Aufmerksamkeit und das große Interesse waren mit der Vorstellung verbunden, dass diese Hinwendung der eigenen Arbeit zugutekommen werde. Von „der innerkirchlichen Auseinandersetzung und der theologischen Argumentation in der DDR" ließe sich sogar lernen, betonte etwa die HuK-Mitgliederversammlung im März 1985.[353] Um welche Inhalte es dabei beispielsweise ging, zeigt die Besprechung einer von Ehrhart Neubert verfassten und von der Theologischen Studienabteilung beim Bund der Evangelischen Kirchen in der DDR herausgegebenen Studie über AIDS,[354] die in der Zeitschrift „Kirche im Sozialismus. Zeitschrift zu Entwicklungen in der DDR" erschien. Der Rezensent Eckehard Kunz hob hervor, die Studie sei „außerordentlich hilfreich im Durchschauen der politischen und gesellschaftlichen Mechanismen, die das Auftreten von AIDS besonders in den westlichen Ländern impliziert".[355] Sie leiste „auf ihre Weise Unterstützung, indem sie vor dem Hintergrund zunehmender AIDS-Angst die Integration homosexueller Menschen in der Kirche verlangt, gleichzeitig aber diese Integration nicht als Zwang zur sozialen Anpassung definiert".[356] Für Kunz war die kirchliche Veröffentlichung aus der DDR demnach eine, von der man im Westen lernen könne. Speziell die Forderung Neuberts nach einer „Integration" von Schwulen und Les-

---

[352] Vgl. Wörner, Die Entwicklung der HuK, S. 32.
[353] O. A., HuK-Zentral. Protokoll der MV in Mauloff 15.-17.85, in: HuK-Info, H. 53–54, 1985, S. 75–77, hier S. 76.
[354] Neubert, Fallbeispiel AIDS.
[355] ThürAZ, P-RA-K-05.08, Diverser Samisdat und kirchliche Druckschriften. Eckehard Kunz, Aids-Angst, in: Kirche im Sozialismus. Zeitschrift zu Entwicklungen in der DDR, H. 5, 1987, S. 192–193, hier S. 192.
[356] Ebenda.

ben in die Kirche unterstrich Kunz in seiner Rezension; er hielt die DDR-Publikation der Theologischen Studienabteilung somit für durchaus geeignet, die westdeutsche innerkirchliche Diskussion voranzubringen.

Die Aufmerksamkeit, die den Arbeitskreisen zuteilwurde, war dieser Vorstellung der HuK geschuldet, dass auch sie von der Nähe zwischen Kirchen und Homosexuellen in der DDR profitieren könnte. Eckehard Kunz zufolge sei den Westdeutschen allerdings schnell klar geworden, dass „das kirchliche Interesse dieser Gruppen" und dasjenige der HuK „erheblich unterschiedlich" waren.[357] Kunz, dem wie auch Udo Kelch die Kontakte in die DDR ein besonderes Anliegen waren, erinnert sich daran, dass er die Arbeitskreise in der DDR eher als „Schwulentreffen unter dem Dach der Kirche" wahrgenommen habe, während sich die in der HuK organisierten Schwulen und Lesben als aktive Christ*innen verstanden hätten.[358] Die Distanz, die die Arbeitskreise trotz räumlicher Nähe zu den Kirchen wahrten, sorgte auch für Abstand zur HuK. Eine „gemeinsame Perspektive" mit der ostdeutschen Bewegung habe es daher nicht gegeben, so Kunz.[359] Zwar wäre eine Zusammenarbeit schon deshalb nicht möglich gewesen, weil sie von den Sicherheitsorganen in der DDR nicht geduldet worden wäre. Die Aussage des West-Berliner Pfarrers verdeutlicht jedoch, dass die Ziele und Strategien von Gruppen in Ost und West trotz ähnlicher Bewegungskontexte, wie in diesem Fall der Bezug zur Kirche, aufgrund der unterschiedlichen gesellschaftlichen und politischen Bedingungen wesentlich voneinander abwichen. Die Netzwerke zwischen Vertretern der HuK und Schwulenaktivisten in der DDR bestanden dennoch über die gesamten 1980er Jahre fort und waren für die Ostdeutschen von nicht unerheblicher Bedeutung, da sie auf diesem Weg in vielerlei Hinsicht Unterstützung erhielten.

Finanzielle Unterstützung aus dem Westen

Die ostdeutschen Schwulenaktivisten nutzten ihre Kontakte jenseits der Mauer, um von dort konkrete Hilfe zu erhalten. Für sie schien es eine Selbstverständlichkeit zu sein, im Westen nicht nur nach Literatur und Expertise, etwa durch Referent*innen, zu fragen, sondern auch um finanzielle Unterstützung zu bitten. In einem hektografierten Brief vom September 1989 bat der Absender Eduard Stapel im Westen um Spenden für ein Vervielfältigungsgerät, das in der Bundesrepublik gekauft werden sollte. Dem Schreiben zufolge benötigte Stapel das Gerät, um ab Frühjahr 1990 einen „Informations-Brief" herauszugeben. Das Geld sollte an die Regionalgruppe der HuK in Hannover überwiesen und zusammen mit 240 DM, die dort bereits für die kirchlich angebundenen Arbeitskreise in der DDR gesammelt worden waren, für den Erwerb des Kopiergeräts verwendet werden. Neben der Geldspende fragte Stapel außerdem nach A5-Briefumschlägen, die zum Versenden des „Informations-Briefes" gebraucht würden, in der DDR aber nicht zu

---

[357] Interview Eckehard Kunz, 2. 7. 2013.
[358] Ebenda.
[359] Ebenda.

bekommen seien.³⁶⁰ Zum einen verdeutlicht diese Bitte den eklatanten Mangel an Material, Technik und den finanziellen Mitteln, die nötig waren, um die Kommunikation der Arbeitskreise mit ihren Teilnehmer*innen und mit Interessierten aufrechtzuerhalten. Zum anderen zeigt Stapels Spendenaufruf, dass Unterschiede zwischen Ost und West zum Teil explizit herausgestellt wurden, um Hilfe aus dem Westen zu erhalten. Stapel, der freimütig um Unterstützung bat, ging von einer privilegierten Situation der Westdeutschen aus und leitete daraus die Berechtigung ab, entsprechende Anfragen zu stellen. Daraus lässt sich eine gewisse Anspruchshaltung der ostdeutschen gegenüber der westdeutschen Schwulenbewegung ablesen. Schwule Solidarität sollte eben nicht nur symbolisch bleiben. Für die ostdeutschen Aktivisten gehörte zur Funktion eines grenzübergreifenden Netzwerks auch die Mobilisierung von Ressourcen.

Geld- und Sachspenden ermöglichten im Osten Aktivitäten, die sonst gar nicht oder anders hätten stattfinden müssen. Der Arbeitskreis Schwule in der Kirche erhielt etwa von einem Vertreter der Partei Die Grünen einen „Radiorekorder", was die Gruppe „attraktiv für junge Leute" gemacht habe, erinnert sich Christian Pulz, denn damit konnten sie „Feten" veranstalten.³⁶¹ Auf Wunsch des Arbeitskreises ließ der Grünenpolitiker den Rekorder über Genex³⁶² nach Ost-Berlin schicken, nachdem er dafür etwa 150 DM aufgetrieben hatte.³⁶³ Dem Arbeitskreis Jonathan in Karl-Marx-Stadt habe ein Bundesbürger angeboten, einen Drucker zu beschaffen, mit dem Programme und Hefte vervielfältigt werden sollten.³⁶⁴ Mitarbeiter der West-Berliner AIDS-Hilfe hätten zugesichert, Informationsmaterialien des Sonntags-Clubs zum Thema AIDS in West-Berlin zu vervielfältigen und in die DDR zu schicken.³⁶⁵ Die Arbeitsgemeinschaft RosaLinde in Leipzig erhielt vom Bundesverband Homosexualität (BVH) finanzielle Unterstützung beim Kauf eines Druckers „Präsident". Im Dankesschreiben hieß es: „Unsere Arbeitsbedingungen können wir dadurch erheblich verbessern."³⁶⁶ Die Spenden und Geschenke müssen als aktivistisches Engagement der Westdeutschen betrachtet werden, die auf die konkreten Bedürfnisse in der DDR reagierten. Wenngleich die materielle Un-

---

[360] SMU, DDR, Kirchliche Arbeitskreise Homosexualität, Nr. 4, Arbeitskreis Homosexualität der Evangelischen Stadtmission Magdeburg, Brief Eduard Stapel, 20. 9. 1989.

[361] Interview Christian Pulz, 12. 8. 2013.

[362] Die Geschenkdienst- und Kleinexporte GmbH (Genex) wurde 1956 auf Anordnung der DDR-Regierung gegründet. Privatpersonen aus der Bundesrepublik, aber auch anderen westeuropäischen Ländern konnten Waren aus dem Katalog „Geschenke in die DDR" auswählen und an DDR-Bürger*innen schicken lassen. Die damit eingenommenen Devisen gingen an die Abteilung Kommerzielle Koordinierung des Ministeriums für Außenhandel der DDR. Vgl. DDR Museum, Blog, https://www.ddr-museum.de/de/blog/2020/genex-geschenkdienst (5. 6. 2020).

[363] Vgl. Interview Christian Pulz, 12. 8. 2013.

[364] Vgl. BStU, BV Karl-Marx-Stadt Abt. XX 1387, Bl. 61, „Homosexuelle Gruppierungen/Zusammenschlüsse/Aktivitäten".

[365] Vgl. BStU, HA XX 4309, Bl. 23 f., „Rapportberichterstattung über Pläne, Absichten und Aktivitäten feindlich-negativer Kräfte", 10. 8. 1988.

[366] Archiv RosaLinde e. V., Ordner 1989/90, Brief AG RosaLinde an BVH, 12. 4. 1989.

terstützung in Summe verhältnismäßig gering ausfiel, waren damit doch Erleichterungen und Verbesserungen für die Arbeitskreise und Clubs verbunden. Zu diesen hilfreichen Sachspenden, für die die Westdeutschen zumeist keine Gegenleistung erwarteten, gehören auch die meisten der bereits angesprochenen Bücher und Zeitschriften. Bei Geldspenden tat sich besonders die HuK hervor. Laut Protokoll vom IX. Mitarbeitertreffen der bei der Kirche angesiedelten Arbeitskreise 1989 in Karl-Marx-Stadt wollte die HuK „2000–3000 DM" übergeben.[367]

Mit diesen Zuwendungen wurde zugleich ein Wohlstandsgefälle offenbar, das im Moment der Übergabe West- und Ostdeutsche wieder voneinander trennte. „Manchmal hatte ich so das Gefühl, wir kommen so als die reichen Onkels und verteilen da unsere Schätze", erinnert sich Eckehard Kunz und fügt hinzu, ihm sei das „auch unangenehm" gewesen.[368] Die besuchten Personen in der DDR hätten die mitgebrachten Dinge allerdings „immer sehr gerne genommen".[369] Dass die Ostdeutschen großes Interesse an Mitbringseln zeigten, schwächte damals und auch in der Rückschau die Schamgefühle ab, die die westlichen Überbringer von Geschenken angesichts ihrer privilegierten Position mitunter empfanden. Gleichzeitig bestätigt Kunz damit die Einschätzung, dass es für viele im Osten eine Selbstverständlichkeit war, an den *Schätzen* aus dem Westen teilzuhaben. So wurde das Gefälle in materieller Hinsicht wiederum dadurch verkleinert, dass die Ostdeutschen sich selbst nicht als Bittsteller sahen, sondern als Teilhaber an den Möglichkeiten ihrer Kontaktpersonen im Westen – oder anders gesagt: an den Ressourcen, die innerhalb ihrer grenzübergreifenden Netzwerke mobilisiert werden konnten.

Schwul-lesbische Medien als deutsch-deutsche Öffentlichkeit

Die Schwulenbewegung in der DDR hatte großes Interesse daran, im Westen Gehör zu finden, und zwar nicht nur, um von dort Unterstützung zu erhalten, sondern auch, um über die eigenen Landesgrenzen hinaus wahrgenommen zu werden. Den Akten des MfS ist zu entnehmen, dass Eduard Stapel sehr daran gelegen war, Kontakte zu Westdeutschen aufzubauen, die die Möglichkeit hatten, Texte aus der und über die DDR zu veröffentlichen. Sein Ziel sei gewesen, so das MfS, „das Anliegen der Homosexuellen in der DDR zu popularisieren".[370] Glaubt man der Staatssicherheit, ging es also darum, Aufmerksamkeit zu bekommen und über Publikationen im Westen Werbung für die Arbeitskreise im Osten zu machen. Christian Pulz erhoffte sich von der westlichen Anteilnahme auch einen gewissen

---

[367] SMU, DDR, Sonntags-Club, Nr. 1, Sonntags-Club: Vereinsangelegenheiten, Protokoll zum IX. Mitarbeitertreffen in Karl-Marx-Stadt im Juni 1989.
[368] Interview Eckehard Kunz, 2. 7. 2013.
[369] Ebenda.
[370] BStU, BV Magdeburg Abt. XX ZMA 5349 III, Bl. 165, „Zwischeneinschätzung Nr. 3 über den Stand der politisch-operativen Bearbeitung der OPK ‚After-Shave'", 13. 5. 1985.

Schutz vor dem Zugriff des Staates. Er nahm an, dass die Wahrscheinlichkeit, verhaftet zu werden, dann geringer sei, wenn die Sicherheitsbehörden in der DDR damit rechnen mussten, eine „RIAS[371]-Meldung auszulösen".[372] Der einfache Wunsch, „in der Welt gehört" zu werden und der Enge in der DDR zu entgehen, waren ebenso Gründe für die Gesprächsbereitschaft gegenüber dem Westen.[373]

Mit einem Artikel, der die Überschrift „Coming out im Vakuum" bzw. „Wir leben in einem Vakuum" trug und speziell für ein westliches Publikum verfasst worden war, machten ostdeutsche Schwulenaktivisten in den 1980er Jahren erstmals selbst auf ihre Situation und die neue Bewegung aufmerksam. Der Text wurde unter anderem in der Schwulenzeitschrift „Nummer"[374] aus dem Rhein-Main-Gebiet, im Magazin „Torso",[375] im „aha-Info"[376] und dem „HuK-Info"[377] abgedruckt. Der Autor war Mitglied im Arbeitskreis Schwule in der Kirche und schilderte darin zunächst die Situation von Schwulen in der DDR im Allgemeinen. Lesben kommen nicht explizit vor, wenngleich seine Beschreibung oft nahelegt, dass sie auch auf das Leben von Lesben in der DDR zutrifft:

> „Schwule gelten als gleichberechtigte Bürger des Landes, dürfen also wie jeder andere Mensch Theater, Kinos oder Gaststätten besuchen, dürfen in Parteien eintreten und Mitglieder in Sportclubs werden: aber sie dürfen keine eigenen Probleme haben."[378]

Weil die einzige in der DDR existierende Öffentlichkeit staatlich organisiert sei, hätten es – nicht nur, aber besonders – Schwule schwer, die eigenen Themen einem breiteren Publikum zugänglich zu machen und sich zu vernetzen.[379] Es gebe „keinerlei Literatur" zum Thema Homosexualität, heißt es im Beitrag, es spiele „in

---

[371] Der Rundfunk im amerikanischen Sektor (RIAS) mit Sitz im West-Berliner Bezirk Schöneberg wurde 1946 als eine Gegenstimme zu dem von der Sowjetunion kontrollierten Radio in Berlin gegründet und sendete bis 1993 Hörfunkprogramme. Von der DDR wurde er als Propagandainstrument des politischen Gegners betrachtet und sein Empfang zeitweise verboten. Für DDR-Bürger*innen war der RIAS eine Quelle für Informationen aus der Bundesrepublik und West-Berlin, aber auch aus ihrem Land. Vgl. Deutschlandradio, RIAS Berlin, https://www.deutschlandradio.de/rias-berlin.476.de.html (14. 4. 2020).

[372] Interview Christian Pulz, 12. 8. 2013.

[373] Ebenda.

[374] O. A., Schwule Bewegung in der DDR. Coming out im Vakuum. Warum sich Schwule in der DDR an die evangelischen Kirchen wenden, in: Nummer, H. 4, 1983, S. 21. Die „Nummer" erschien zwischen 1981 und 1988 viermal im Jahr und hatte eine Auflage von 5000 Stück.

[375] O. A., Wir leben in einem Vakuum. Schwule in der DDR treten aus dem Schweigen – Ein Dokument von drüben, in: Torso, H. 11, 1983, S. 16–17. Die Zeitschrift „Torso" erschien 1982/83 im Quadro/Torso Verlag in Essen.

[376] O. A., Coming Out im Vakuum. Warum sich Schwule in der DDR an die evangelische Kirche wenden, in: aha-Info, Okt. 1983, S. 5–8. Das „aha-Info" war ab 1977 das Kommunikationsmedium der Allgemeinen Homosexuellen Arbeitsgemeinschaft (AHA) in West-Berlin und erschien bis 1984.

[377] O. A., Wir leben in einem Vakuum. Schwule in der DDR treten aus dem Schweigen – Ein Dokument von drüben, in: HuK-Info, H. 43, 1983, S. 29–30, Wiederabdruck von: Torso, H. 11, 1983, S. 16–17.

[378] O. A., Wir leben in einem Vakuum. Schwule in der DDR treten aus dem Schweigen – Ein Dokument von drüben, in: Torso, H. 11, 1983, S. 16–17, hier S. 16.

[379] Vgl. ebenda.

politischen Debatten keine Rolle" und auch „das Fernsehen hat bisher nicht darüber informiert".[380] „Für den unbeteiligten Betrachter muß es aussehen, als gäbe [sic!] es in der DDR überhaupt keine Schwulen", hält der Autor fest.[381] Viele von ihnen hätten Angst, sich zu zeigen, ihnen schlage Hass und Gewalt sowie das Vorurteil entgegen, ihre Sexualität sei krankhaft.[382] Außerdem werde über „das Schicksal der Schwulen in den Konzentrationslagern des Dritten Reiches […] in der Öffentlichkeit geschwiegen", was gerade für „linksorientierte und marxistische Schwule" sehr „enttäuschend" sei.[383]

Die Probleme, die die Schwulenbewegung in der DDR identifizierte, wurden in diesem Text viel deutlicher benannt und kritisiert als etwa in dem bereits erwähnten, von Ulrich Zieger verfassten Beitrag „Zur schwulen Realität in der DDR".[384] Letzterer war an ein Publikum in der DDR gerichtet und zielte eher auf eine Mobilisierung von Menschen, die um ihre eigenen Schwierigkeiten wussten, und denen er dafür Lösungen anbot. Demgegenüber schilderte „Coming out im Vakuum" dem westdeutschen Publikum, auf welche Hindernisse homosexuelle Emanzipation in der DDR stieß. Laut dem Untertitel des Beitrags war es vorrangiges Anliegen des Autors, die Anbindung der Schwulen- und Lesbengruppen in der DDR an evangelische Gemeinden zu erklären. Seine Begründung dafür ist so formuliert, als müsse er sich vor dem westdeutschen Publikum rechtfertigen:

„Die Kirche ist in der DDR die einzige unabhängige Institution. Hier sind vereinzelt Initiativen möglich, die beim Staat undenkbar wären."[385]

Der Text stellt die Möglichkeiten der Selbstorganisation in der DDR denjenigen der westdeutschen Schwulenbewegung gegenüber, wobei letztere als Normalität gesetzt und die eigenen Bewegungsformen entsprechend als davon abweichend beschrieben werden. Die Ostdeutschen waren aber auch Stolz auf ihre Erfolge, weil sie sie in dieser *anderen* Welt unter schwierigeren Bedingungen erkämpfen mussten. Die Friedenswerkstatt 1983, die Teilnahme an Kirchentagen sowie das Gedenken an die homosexuellen Häftlinge in den Nationalen Mahn- und Gedenkstätten hob der Autor deshalb hervor.[386] Er zeigte mithin, dass sich in der DDR etwas bewegte, dass sich auch hier die Schwulen organisierten und engagierten, wenngleich sie mit ungleich größeren Herausforderungen als die Westdeutschen zu kämpfen hatten. Solche Veröffentlichungen im Westen erklärten demnach dem westdeutschen Publikum, wer die Gruppen und Aktivisten im Osten waren und kontextualisierten die Aktivitäten der Arbeitskreise in dem spezifischen Spannungsfeld, das vom Staat auf

---

[380] Ebenda, S. 17.
[381] Ebenda.
[382] Vgl. ebenda.
[383] Ebenda.
[384] SMU, DDR, Kirchliche Arbeitskreise Homosexualität, Sammlung Thomas Tunsch, Nr. 10a, Ulrich Zieger, Zur schwulen Realität in der DDR. 8 Bemerkungen und ein Versuch dagegen, Ost-Berlin 1983.
[385] O. A., Wir leben in einem Vakuum. Schwule in der DDR treten aus dem Schweigen – Ein Dokument von drüben, in: Torso, H. 11, 1983, S. 16–17, hier S. 17.
[386] Vgl. ebenda.

der einen und der Kirche auf der anderen Seite geprägt war. Der Arbeitskreis Schwule in der Kirche erklärte sich damit einerseits einer grenzübergreifenden Schwulenbewegung zugehörig, verwies andererseits aber auf die grundlegend andere Situation, in der sich die Aktivisten im Osten befanden. Die ostdeutschen Akteure beschrieben sich demnach als mit ihrer westlichen Leserschaft verbunden, betonten aber gleichzeitig ihre Eigenständigkeit und die Besonderheit ihrer Situation. Angesichts fehlender Publikationsmöglichkeiten in der DDR waren solche Veröffentlichungen in westdeutschen schwul-lesbischen Infoblättern und Zeitschriften nicht zuletzt immer auch eine Gelegenheit, ostdeutsche Schwule (und Lesben) zu erreichen und sie zur Teilnahme an Veranstaltungen aufzurufen bzw. zur Mitarbeit in der Bewegung zu mobilisieren. Zu diesem Zweck erschienen seit Mitte der 1980er Jahre außerdem Adressen und Programme der Arbeitskreise regelmäßig in westdeutschen Medien.[387]

Mithilfe der Berichterstattung über die Aktivitäten der Arbeitskreise und Clubs sowie der Veröffentlichung von Stimmen aus der DDR wollten die westdeutschen Zeitschriften das Anliegen der Ostdeutschen unterstützen, Öffentlichkeit herzustellen. Die Zeitschrift „Don"[388] etwa hielt es für wichtig, den Menschen, die sich „unter großen persönlichen Opfern" für eine „humanere Lebenssituation der Homosexuellen in ihrem Land einsetzen", „moralische Unterstützung" zukommen zu lassen.[389] Die Zeitschrift erhielt nach eigenem Bekunden „vereinzelt, aber doch recht regelmäßig" Zuschriften aus der DDR und ging davon aus, dass ihre Ausgaben dort gelesen und von Hand zu Hand weitergereicht wurden.[390] Die westdeutschen schwul-lesbischen Zeitschriften hatten somit auch ein ostdeutsches Publikum vor Augen, insbesondere dann, wenn sie über die DDR berichteten. Die Zeitschrift „Nummer" veröffentlichte in den 1980er Jahren mehrere Berichte über die DDR. 1983 widmete das Blatt den Ostdeutschen eine ganze Ausgabe, was die Redaktion damit begründete, dass sie auch diesem Publikum gerecht werden wolle.[391] Im Artikel „Schwuler Blick

---

[387] 1985 tauchte der Arbeitskreis Schwule in der Kirche zum ersten Mal im West-Berliner Stadtführer „Berlin von hinten" auf. Er stellte sich in einem kurzen Text vor und lud alle Interessierten ein, an seinen Treffen teilzunehmen. Vgl. Gmünder/von Maltzahn (Hrsg.), Berlin von hinten. Lese- und Reisebuch für Schwule, Gays und andere Freunde. West-Berlin 1985, S. 227. Das „BVH-Magazin" des Bundesverbandes Homosexualität veröffentlichte im September 1989 eine Liste mit 30 Adressen von Arbeitskreisen und Clubs in der DDR von Aschersleben bis Zwickau, zum Teil mit Angabe der Tage und Uhrzeiten, an denen dort Zusammenkünfte stattfanden. Vgl. o. A., Homosexualität in der DDR, in: BVH-Magazin, H. 3, 1989, S. 6–9, hier S. 8.
[388] Seit 1970 erschien die Zeitschrift „Sunny", die sich ab Heft 4 im Oktober 1970 „Don" (später „Don & Adonis") nannte und bis 1984 monatlich und bis 1995 zweimonatlich herauskam. Vgl. DON (Zeitschrift), https://de.wikipedia.org/w/index.php?title=DON_(Zeitschrift)&oldid=195534199 (17. 7. 2020).
[389] O. A., DDR 2. Teil. DDR-Schwule proben die Emanzipation, in: Don, H. 11, 1983, S. 46–48, hier S. 48.
[390] Ebenda.
[391] Vgl. o. A., Redaktionsnotiz, in: Die größenwahnsinnige Nummer. Die regionale Schwulenzeitschrift für Ost und West, H. 4, 1983, S. 2.

4. Netzwerke zwischen ost- und westdeutschen Schwulenaktivisten 203

auf ein Stück Welt" erklärte der Autor, dass Schwulen in der DDR ein „lebenswerte[s]" Leben versagt und ihr „Bewegungsraum beschnitten" werde.[392] Wie in vielen anderen Veröffentlichungen war auch hier nur von schwulen Männern die Rede, wenngleich angenommen werden kann, dass der Anspruch bestand, auch über die Situation von Lesben zu informieren. 1985 wurde ein Brief veröffentlicht, in dem ein Thomas aus der Nähe von Leipzig über seine Beziehungen und sein Leben in der DDR berichtete und erklärte:

„Wir beneiden Euch hier in der DDR wirklich wegen der Möglichkeiten, die ihr habt. Ihr habt eigene Gaststätten, Bars, sogar Geschäfte, in denen ihr Euch mit Dingen eindecken könnt, wovon wir hier nur träumen. Es ist für uns eben ein Traumland."[393]

Auf die Rückfrage der „Nummer", ob der Briefeschreiber wegen der Veröffentlichung im Westen Probleme bekommen könnte, reagierte Thomas in einem weiteren Brief an die „Nummer" gekränkt. Selbstkritisch veröffentlichte die Zeitschrift daraus einen Ausschnitt:

„[…] Nachteile werde ich dadurch kaum haben. […] Es ist ja gerade das, was mir immer wieder aufstößt an Euren Medien. Auf der einen Seite ist alles – angeblich – ein Deutschland, auf der anderen Seite wird doch alles schlecht gemacht, was nur mit DDR zu tun hat. Das Bild, welches in der Bundesrepublik von unserem deutschen Staat vorherrscht, hätte wirklich Korrekturen nötig …"[394]

Zwar entwarfen die ostdeutschen Autoren selbst ein eher negatives Bild von der DDR, weil sie vieles von dem, was es im Westen gab, vermissten und wahrgenommen wissen wollten, dass ihre Situation ungleich schwieriger war. Konfrontiert mit den Sicherheitsbedenken der Zeitschrift, wurde die DDR aber verteidigt und das westdeutsche Bild von der DDR kritisiert. Die Ostdeutschen beanspruchten demnach für sich, die DDR richtig beschreiben und der Bundesrepublik gegenüberstellen zu können, was die Zurückweisung von Fremdbeschreibungen und Fremdbildern zum Ausdruck bringt und als Selbstachtung gedeutet werden kann.

Die Zeitschriften waren daher nicht nur Senderinnen von Informationen und Meinungen, sondern auch Empfängerinnen von Berichten, Wünschen und Reaktionen auf ihre Beiträge aus dem Osten. Sie fungierten als Kommunikationsknotenpunkte und Mittler, die nicht nur über die Grenze hinweg, sondern sogar innerhalb der DDR eine Verständigungs- und Vernetzungsfunktion übernahmen. „Don" wendete sich sogar explizit an die ostdeutschen Leser*innen und bot an, Briefe von Interessierten aus der Bundesrepublik, aber auch aus der DDR an die Arbeitskreise weiterzuleiten und so Kontakt herzustellen.[395] Mit dem Anliegen, den organisierten und nicht organisierten Schwulen und Lesben in der DDR auf irgendeine Art hilfreich zur Seite zu stehen, informierten die Zeitschriften auch immer ihre Leser*innen im Westen über die Situation in der DDR und riefen sie

---

[392] Joachim Schönert, Schwuler Blick auf ein Stück Welt, in: ebenda, S. 20.
[393] O. A., Eine schwule Beziehung in der DDR. Aber Ihr werdet da schon die Stirn bieten, nehme ich stark an!, in: Nummer, H. 19, 1985, S. 15.
[394] Ebenda.
[395] Vgl. ebenda.

dazu auf, sich für die *Brüder und Schwestern* im Osten zu engagieren. Die Zeitschriften setzten sich damit aktiv für eine grenzübergreifende Solidarisierung von Homosexuellen ein, wobei sie von den Westdeutschen mehr Engagement erwarteten als von den Ostdeutschen, weil sie es sich eher leisten konnten. Ein Unterschied zwischen kommerziellen und bewegungsnahen Druckerzeugnissen lässt sich dabei nicht ausmachen.

Ein wichtiges Informationsmedium wie auch Sprachrohr für die Arbeitskreise Homosexualität in der DDR war das „HuK-Info" der Ökumenischen Arbeitsgruppe Homosexuelle und Kirche (HuK), das in der Bundesrepublik ab 1977 zunächst als Rundbrief und seit Sommer 1982 jeden zweiten Monat als Heft herauskam und sich an die Mitglieder der HuK richtete.[396] Keine andere westdeutsche Publikation druckte in den 1980er Jahren so viele Artikel über Homosexualität in der DDR oder von Autor*innen aus dem Osten. Ein Grund dafür war das Engagement von Udo Kelch, Chefredakteur des Magazins, der zusammen mit Eckehard Kunz die Beziehungen in die DDR pflegte. Zwischen 1983 und Ende 1987 erschien in jeder Ausgabe des „HuK-Info" mindestens ein Text mit DDR-Bezug. Dazu gehörten Nachdrucke aus ostdeutschen (Kirchen-)Zeitungen und Magazinen sowie Berichte von HuK-Mitgliedern über ihre Reisen in die DDR. Aufgrund der eigenen Nähe zu kirchlichen und religiösen Themen schenkte das „HuK-Info" dem Verhältnis der Arbeitskreise Homosexualität zu Kirchen und Gemeinden in der DDR besondere Aufmerksamkeit. Das HuK-Info bot außerdem ein Forum für Stellungnahmen aus den Arbeitskreisen, die ihren Positionen auf diese Weise mehr Gehör verschaffen konnten.

Westdeutsche schwul-lesbische Zeitschriften spielten auch für die (wenigen) DDR-Autor*innen eine große Rolle, die zur Geschichte der Homosexualität arbeiteten und an einem Austausch mit Fachkolleg*innen interessiert waren. Sie wollten ihre Ergebnisse im Westen veröffentlichen und schließlich auch in der DDR gelesen werden. 1989 publizierte der Ost-Berliner Facharzt für Haut- und Geschlechtskrankheiten, Dieter Berner, in den „Mitteilungen der Magnus-Hirschfeld-Gesellschaft" in West-Berlin einen Aufsatz über den Lebenspartner von Magnus Hirschfeld.[397] Und in der „Capri", die sich als „Korrespondenz- und Mitteilungsblatt der Freunde eines Schwulen Museums" verstand, wurde eine von Manfred Franz aus Schwerin verfasste Rezension zu Hubert Kennedys 1988 in Boston erschienenen Buch „Ulrichs: The Life and Works of Karl Heinrich Ulrichs, Pioneer of Modern Gay Movement" abgedruckt.[398]

---

[396] Vgl. HuK, Aktivitäten, Publikationen, Huk-Info, https://www.huk.org/aktivitaeten/publikationen/huk-info (5. 6. 2020). Ende der 1980er Jahre erschien das HuK-Info in einer Auflage von etwa 1400 bis 1500 Exemplaren. Vgl. Thomas Beckmann (HuK e. V.), E-Mail an die Autorin, 16. 7. 2020.

[397] Dieter Berner, Zur Fundgeschichte von Tao Li's Namenszug, in: Mitteilungen der Magnus-Hirschfeld-Gesellschaft, H. 13, 1989, S. 5–7.

[398] Manfred Franz, The Life and Works of Karl Heinrich Ulrichs, in: Capri. Zeitschrift für schwule Geschiche, H. 3, 1988, S. 37–44.

Westdeutsche schwul-lesbische Zeitschriften stellten somit eine alternative Öffentlichkeit und einen grenzübergreifenden Interaktionsraum dar, den die ostdeutsche Schwulenbewegung für ihre Selbstdarstellung nutzen konnte. Sie dienten zudem dem Wissenstransfer, der in den 1980er Jahren keine Einbahnstraße von West nach Ost war. Zugleich wurde mit diesen Publikationen das staatliche Monopol in der DDR über die öffentliche Sphäre infrage gestellt und sowohl dem östlichen wie auch dem westlichen Publikum vor Augen geführt, dass eine grenzübergreifende Verständigung zu schwul-lesbischen Themen möglich ist.

Viele der im Westen veröffentlichten Artikel über die DDR fanden den Weg zurück in die DDR und wurden dort wiederum von Aktivisten und Gruppen in ihre Arbeit integriert. Ein Beispiel dafür sind zwei westdeutsche Rezensionen zum ersten DDR-Aufklärungsbuch, das sich dezidiert dem Thema Homosexualität widmete: „Homosexualität. Herausforderung an Wissen und Toleranz" (1987) von Reiner Werner. Der „Info-Brief" druckte 1988 die beiden Besprechungen ab, die ein Jahr zuvor in der Lesben- und Schwulenzeitschrift „Rosa Flieder" aus Nürnberg und in der DKP-nahen Zeitschrift „Konkret" erschienen waren. Einer der Rezensenten war Günter Amendt, der genau wie der zweite Rezensent Bernd Offermann das Buch vor allem kritikwürdig fand. Werner greife auf Klischees zurück, so Amendt, um das Phänomen Homosexualität zu erklären, und stelle „Fallbeispiele" vor, anstatt Homosexuelle als Menschen zu porträtieren.[399] Als handelnde Personen kämen sie in dem Buch quasi nicht vor, sie blieben reine Objekte, und das, obwohl die Sexualwissenschaft in der DDR diesbezüglich schon weiter sei. Für besonders fragwürdig hielten beide Rezensenten die Bezugnahmen Werners auf den Endokrinologen Günter Dörner, der auf der Grundlage von Experimenten mit Ratten Rückschlüsse auf die Ursachen der Homosexualität beim Menschen gezogen hatte und von dem auch das Nachwort zu Werners Buch stammte. Durch Dörner, dem Amendt eine „reaktionäre, pseudowissenschaftliche Lehre von der ‚Verbesserung der Menschenrasse'" und somit eugenisches Denken vorwarf, gerate Werners Buch „endgültig in eine zweifelhafte Ecke".[400] Mit dem Abdruck der Rezensionen gaben die Herausgeber des „Info-Briefs" zu verstehen, dass sie eine kritische Lektüre des Buches für notwendig hielten und vermutlich sogar die Sichtweise der Rezensenten teilten. Die westdeutschen Besprechungen ostdeutscher Veröffentlichungen und deren Abdruck im „Info-Brief" machen die Spielräume deutlich, die es trotz und aufgrund der Teilung Deutschlands gab: Westdeutsche befassten sich mit einem populärwissenschaftlichen Buch aus der DDR und ostdeutschen Leser*innen wurde eine kritische Lektüre desselben sowie eine Auseinandersetzung mit der westdeutschen Perspektive angeboten. Dabei konnten die betreffenden westdeutschen Autoren, wie hier Günter Amendt, der ostdeutschen aktivistischen Positionierung deshalb Rückhalt geben, weil sie der

---

[399] SMU, DDR, Kirchliche Arbeitskreise Homosexualität, Nr. 3b, Schwule in der Kirche (Plesser Straße, Berlin-Treptow), Schwule in der Kirche, Info-Brief, H. 4, Februar 1988, S. 9.
[400] Ebenda, S. 10 f.

DKP nahestanden und ihnen eine gegen die DDR gerichtete Einstellung nicht unterstellt werden konnte.

Die Rezensionen spielten auch über den „Info-Brief" hinaus eine Rolle. Eduard Stapel fügte Amendts Buchbesprechung einem Brief an Professor Niels Sönnichsen bei. Die Rezension sollte zum einen Stapels Meinung über das Buch von Reiner Werner bekräftigen, das er für „nicht gelungen" hielt, und zum anderen seine Argumentation stützen, dass die Ausbreitung von HIV unter schwulen Männern nur durch eine Verbesserung der Situation von Homosexuellen in der DDR und durch den Abbau von Diskriminierung eingedämmt werden könne.[401] Der staatlichen AIDS-Politik empfahl er außerdem, lieber auf Expert*innen aus den Arbeitskreisen zu setzen als auf Wissenschaftler wie Reiner Werner.[402]

Wann und wo Beiträge über die DDR in westdeutschen Medien erschienen, erfuhren die Ostdeutschen unter anderem von Aktivisten aus der Bundesrepublik, die diese Texte wiederum zugänglich machten. Eduard Stapel erhielt von einem Wolfgang aus West-Berlin oder der Bundesrepublik den Hinweis auf den Artikel von Manfred H. Preusse „Schwuler Alltag in der DDR" in der Zeitschrift „Du& Ich", aus dem er einen Absatz für Stapel abgetippt hatte. Der Absender bot an, bei Bedarf eine Kopie des gesamten Artikels zuzuschicken. Die ganze Zeitung könne er allerdings nicht per Post in die DDR senden, denn seiner Einschätzung nach würden „selbst liberale Westgermanen" das Heft „als Porno einstufen, obwohl es das eigentlich nicht ist, sondern eine Mischung aus emanzipatorischen Artikeln und Nachrichten mit (meist schlechten) Aktfotos und Kontaktanzeigen".[403] Westdeutsche versuchten demnach, die Aktivisten in der DDR mit Informationen über die DDR zu versorgen. Dabei mussten aber auch sie sich in vorauseilendem Gehorsam dem Grenzregime und den Einfuhrbestimmungen in die DDR beugen und damit vor allem auf ihre Adressaten im Osten Rücksicht nehmen. Die Sammlung Eduard Stapel im Archiv der Robert-Havemann-Gesellschaft enthält zahlreiche weitere Abschriften und Original-Artikel aus westdeutschen Zeitschriften über Homosexuelle in der DDR; Beiträge aus der Zeitschrift „Don", aber auch aus dem „HuK-Info" tauchen mehrfach auf.[404] Nicht nur die westdeutschen schwul-lesbischen Medien, sondern auch diejenigen Einzelpersonen und Gruppen, die dafür sorgten, dass entsprechende Veröffentlichungen in die DDR gelangten, stellten für die ostdeutsche Schwulenbewegung damit eine Ersatzöffentlichkeit her.

Am 1. Februar 1986 entstand aus der privaten Sammlung seines Gründers Jürgen Zehnle,[405] der sich in Anlehnung an Rosa von Praunheim auch Rosa von

---

[401] RHG, Sammlung Eduard Stapel, ESt 16/1, Materialsammlung/Thematische Sammlung zu AIDS, Brief Eduard Stapel an Prof. Nils Sönnichsen, 3. 10. 1987.
[402] Vgl. ebenda.
[403] RHG, Sammlung Eduard Stapel, ESt 02, Korrespondenz, Brief Wolfgang an Eduard Stapel, 18. 10. 1984.
[404] Vgl. RHG, Sammlung Eduard Stapel, ESt 15/1, Arbeitsunterlagen zum Thema „Homosexualität".
[405] Jürgen Zehnle wurde 1960 in Rheinfelden geboren. Nachdem er wegen versuchter Republikflucht 18 Monate in einem DDR-Gefängnis gesessen hatte, begann er ab 1984, sich in Schwulengruppen bei der Kirche in der DDR zu engagieren. Im Arbeitskreis Homosexualität in der

Zehnle nennt, das Rosa Archiv, das noch im September 1989 offiziell als Verein anerkannt wurde. Zum Aufbau des Archivs erklärt Zehnle:

„Seit 1988 habe ich immer wieder Briefe um Material in den Westen geschickt – an Autoren, Verlage und so weiter. Und viele haben auch Material geschickt."[406]

Das Interesse Zehnles an Materialien aus dem Westen bezog sich vor allem auf Informationen über die DDR und andere sozialistische Länder, wie er einem Mitarbeiter des Stadtführers „Spartacus"[407] schrieb:

„Wenn es dir für die Zukunft nichts ausmacht, so möchte ich dich bitten, alles Material was Du über die DDR und das andere soz.[ialistische] Ausland in die Hände bekommst, mir kopieren zu wollen. Du sollst nicht suchen, ich meine einfach nur, was Du gerade irgendwo siehst – für unser Archiv."[408]

Als Gegenleistung stellte Zehnle für den Stadtführer die Adressen von Treffpunkten der Homosexuellenszene in Ost-Berlin zusammen.[409] Auch Ralf Dose aus West-Berlin brachte Jürgen Zehnle immer wieder Literatur für dessen Bibliothek mit. Dafür habe ihm Zehnle Kopien von Dokumenten aus dem Staatsarchiv in Leipzig zukommen lassen.[410] Zehnles Motiv war demnach nicht die Popularisierung der DDR-Schwulenbewegung, sondern die Sammlung von Wissen darüber und über das Thema Homosexualität im Sozialismus. Diese Arbeit war Teil seines Engagements für die Schwulenbewegung, die mit der Archivierung eine eigene Geschichte begründen wollte. Bestätigt wird damit die These von Katrin Köppert, dass Queere Archive – insbesondere in ihren Anfängen – zugleich als „Räume der politischen Mobilisierung" fungieren.[411] Und auch dazu war in der DDR der grenzübergreifende Transfer notwendig.

Westdeutsche Hoffnungen auf den Sozialismus in der DDR

Der Transfer von Informationen und Materialien zum Thema Homosexualität erfolgte aber nie nur von Westen nach Osten, sondern funktionierte auch in umgekehrter Richtung. Was in der DDR veröffentlicht wurde, gelangte immer auch an Personen in der Bundesrepublik. Es war ein „Geben und Nehmen", wie sich Detlef

---

ESG Leipzig baute er die „AG Rosa Winkel" mit auf und kümmerte sich unter anderem um die Organisation von Gedenkstättenbesuchen. Vgl. o. A., Interview mit Rosa von Zehnle. Rosa Archiv Leipzig, in: Querverlag. Deutschlands erster Lesbisch-Schwuler Buchverlag, Alltägliche HeldInnen!, März 2013, https://web.archive.org/web/20170829025627/http://www.querverlag.de:80/Interview/Heldinnen_Rosa_von_Zehnle.html (24. 5. 2022).

[406] Ebenda.
[407] Der Stadtführer „Spartacus. International Gay Guide" wurde ab 1987 in West-Berlin vom Bruno Gmünder Verlag herausgegeben. Vgl. spartacus blog, News, https://spartacus.gayguide.travel/blog/spartacus-new-owner/ (5. 6. 2020).
[408] SMU, DDR-Material vorsortiert (2013), Kiste Heino Hilger, Brief von Jürgen Zehnle an Joachim Müller in West-Berlin mit Listen von Szenetreffs, Arbeitskreisen Homosexualität und Clubs in Ost-Berlin, 13. 11. 1988.
[409] Vgl. ebenda.
[410] Vgl. Interview Ralf Dose, 13. 5. 2015.
[411] Köppert, Queere Archive des Ephemeren, S. 72.

Grumbach erinnert, der journalistisch tätig war und sich als Mitglied in der DKP sowie in der Demokratischen Lesben- und Schwuleninitiative (DeLSI) in Hamburg engagierte.[412] Er habe selbst Publikationen aus der DDR erhalten und „aufgesogen".[413] Dazu gehörten zum einen Beiträge aus den DDR-Medien, die problemlos aus dem Osten in den Westen verschickt werden konnten, zum anderen aber auch Texte von Einzelpersonen oder Gruppen aus der DDR-Schwulen- und Lesbenbewegung, die auf gut Glück per Post ins andere Deutschland gesendet oder dorthin mitgenommen wurden. Verschiedene Bekannte in der DDR hätten ihm die Tagungsbände „Psychosoziale Aspekte der Homosexualität", das Gesetzblatt der DDR vom 31. Januar 1989, in dem die Streichung des § 151 StGB verkündet worden war, sowie verschiedene andere Beiträge von Wissenschaftler*innen, wie etwa vom Vorsitzenden der Sektion Andrologie der Gesellschaft für Dermatologie der DDR, Professor Erwin Günther, zukommen lassen. Der Philosoph Bert Thinius habe ihm „Das Magazin"[414] zugesandt, das zwischen Januar 1989 und Februar 1990 eine Serie mit vier Artikeln über homosexuelles Leben in der DDR veröffentlichte. Zwar gab es „Das Magazin" auch im Westen, sogar in dem von der DKP betriebenen Buchladen, in dem Grumbach arbeitete, dass die Artikelserie überhaupt erschienen war, erfuhr er jedoch von Interessierten in der DDR. Auch eine Kassette mit einer Aufnahme der Folge „Mensch, du – ich bin homosexuell" des DDR-Jugendradios DT64 von 1987 erreichte ihn aus der DDR.[415] Seinen Kontaktpersonen in der DDR war demnach daran gelegen, dass Neuigkeiten und Medienprodukte aus ihrem Land im Westen wahrgenommen wurden, noch dazu von einem DKP-nahen Aktivisten und Journalisten, der dafür sorgen würde, dass diese Informationen Verbreitung fanden.

Seit den 1970er Jahren interessierten sich Aktivisten in der Bundesrepublik vermehrt für das Verhältnis von Sozialismus und Homosexualität sowie die Bedingungen, die Schwule und Lesben in sozialistischen Ländern, insbesondere in der DDR, vorfanden. Nach Detlef Grumbachs Erinnerungen haben er und andere „natürlich in die DDR geschielt und geguckt", „was passiert da".[416] Ihm zufolge hätte eine wissenschaftliche Beschäftigung mit dem Thema Homosexualität „vom marxistischen, kommunistischen Klassenstandpunkt" aus, das heißt eine von der DDR-Führung gutgeheißene oder sogar von ihr in Auftrag gegebene Forschung, der DKP im Westen und anderen Linken signalisiert, dass sie als homosexuelle Aktivist*innen keine „durchgeknallten Kleinbürger" seien.[417] Denn Schwule und Lesben in der DKP und in der SEW mussten nach Elmar Kraushaar

---

[412] Interview Detlef Grumbach, 17. 2. 2016.
[413] Ebenda.
[414] Die bereits 1924 gegründete Zeitschrift „Das Magazin" erschien in der DDR seit 1954 monatlich und veröffentlichte Reportagen, Satiren, Beiträge über Literatur sowie erotische Geschichten und Aktfotografien. Vor dem Mauerfall lag die Auflage bei etwa 560 000 Stück. Seit 2014 wird „Das Magazin" vom Kurznachzehn Verlag herausgegeben. Vgl. DasMagazin, Historie, https://www.dasmagazin.de/magazin-historie/ (5. 6. 2020).
[415] Vgl. Interview Detlef Grumbach, 17. 2. 2016.
[416] Ebenda.
[417] Ebenda.

„vor sich selbst und vor all den anderen, die sie von der Richtigkeit ihrer Haltung überzeugen wollten, den Nachweis erbringen, daß eine befreite Zukunft für Homosexuelle nur im Sozialismus (im real existierenden in den Staaten des Ostblocks) zu verwirklichen sei".[418]

Aus diesen Motiven speiste sich auch Grumbachs Interesse für die DDR. Im Ringen um den richtigen Pfad der Emanzipation innerhalb der westdeutschen Schwulenbewegung war die DDR somit sowohl in den 1970er als auch in den 1980er Jahren insbesondere für den kommunistischen Teil eine wichtige Bezugsgröße.

Schon bevor „Schützenhilfe"[419] aus der DDR kam, hatte sich die DKP allerdings dazu durchgerungen, die Forderungen von Schwulen und Lesben aus der eigenen Partei zu unterstützen. 1986 gab die DKP das „Blaue Heft" mit dem Titel „Grundsätze und Forderungen der DKP gegen die Diskriminierung der Homosexualität" heraus, das Grumbach zufolge das Verhältnis der Kommunisten zu diesem Thema neu bestimmte.[420] Es enthielt die Beschlüsse des 6.[421] und 7. Parteitags der DKP sowie einen Beitrag des Parteifunktionärs Robert Steigerwald, der darin unter anderem erklärte, dass die „Entwicklungen unseres sozialistischen Nachbarstaates der DDR" von großer Bedeutung seien, weil sich dort die „Zurückdrängung der Diskriminierung der Homosexualität" beobachten lasse.[422] Hatte sich die DKP damit offiziell an die Seite der Schwulen- und Lesbenbewegung gestellt, bezog die SED offiziell nie Stellung zu diesem Thema. Dennoch suchten Aktivisten wie Grumbach weiterhin die Nähe zur DDR und zu Personen, die als Genoss*innen für ihn Ansprechpartner*innen sein konnten. So lernte Grumbach 1988 auf der Tagung „Psychosoziale Aspekte der Homosexualität" in Karl-Marx-Stadt Kurt Bach kennen, zu dem er anschließend „eine ganz intensive Briefbeziehung" unterhielt.[423] Er fühlte sich weniger der Bewegung verbunden, deren Vertreter*innen ebenfalls auf der Tagung anwesend waren, sondern suchte den Kontakt zu den staatlich autorisierten Expert*innen. So konnte Grumbach für das Magazin der DeLSI „Dorn Rosa" ein Interview mit dem Prorektor für Gesellschaftswissenschaften der Humboldt-Universität zu Berlin und Mitglied der SED-Bezirksleitung in Ost-Berlin, Professor Dieter Klein, führen.[424] Die Arbeitskreise unter dem

---

[418] Kraushaar, „Nebenwidersprüche", S. 162.
[419] Interview Detlef Grumbach, 17. 2. 2016.
[420] Vgl. ebenda.
[421] Der 6. DKP-Parteitag 1981 (Hannover) verabschiedete unter anderem folgenden Beschluss: „Die DKP wendet sich gegen jede Art gesellschaftlicher Diskriminierung und Benachteiligung homosexueller Männer und Frauen. Sie tritt für eine ersatzlose Streichung des § 175 und für die Entschädigung homosexueller KZ-Opfer ein und unterstützt solidarisch die Arbeit fortschrittlicher Gruppen unter den Homosexuellen." Der 7. Parteitag beauftragte den Parteivorstand der DKP mit der Ausarbeitung der „Grundsätze und Forderungen gegen die Diskriminierung von Homosexuellen". Parteivorstand der DKP (Hrsg.), Grundsätze und Forderungen, S. 2.
[422] Steigerwald, Anmerkungen zu den vorstehenden „Grundsätzen und Forderungen […]", S. 16.
[423] Interview Detlef Grumbach, 17. 2. 2016.
[424] O. A., Es geht um handfeste Dinge. Gespräch mit Prof. Dr. Dieter Klein, Prorektor der Humboldt-Universität Berlin/DDR zur Emanzipation von Schwulen und Lesben und der Rolle der Wissenschaft, in: Dorn Rosa, H. 22, 1989, S. 14–15.

Dach der Kirche habe er dagegen „kritisch gesehen".[425] Das verwundert nicht, hieß es doch im Beschluss auf dem 6. DKP-Parteitag, dass die Partei die Arbeit „fortschrittlicher Gruppen unter den Homosexuellen" unterstützen wolle.[426] Kirchennahe Gruppen waren damit nicht gemeint.

Dass sich die Schwulen- und Lesbenbewegung in der DDR vor allem unter dem Dach der Kirche traf, stellte für DKP-nahe Aktivisten also einen Widerspruch, ja geradezu ein Problem dar. Denn sie betrachteten den sozialistischen Staat, der ihren Vorstellungen zufolge Emanzipation ermöglicht, und die als sexualfeindlich, unterdrückend und deshalb reaktionär wahrgenommene Kirche als Antagonisten. Sie zogen daraus jedoch nicht den Schluss, dass der Staat in der DDR diesen Widerspruch durch die Zulassung unabhängiger Selbstorganisationen auflösen müsse. Stattdessen wurde den Schwulen und Lesben in den kirchlichen Räumen unterstellt, sich nicht ernsthaft genug für ihre Emanzipation einzusetzen. In einer Ausgabe der „Dorn Rosa" mit dem Schwerpunktthema DDR wendet sich der Autor Michael Hunger gegen die seiner Ansicht nach in anderen westdeutschen Medien verbreitete Sichtweise, die Kirchen in der DDR böten Freiräume für Schwule und Lesben. Er betonte dagegen den Widerstand vonseiten der Landeskirchen und Gemeinden, den es zweifelsohne gab,[427] sowie die Bemühungen, außerhalb der Kirchen Schwulen- und Lesbengruppen zu gründen. Hunger war sich sicher, dass die kirchlich angebundenen Arbeitskreise ihre Teilnehmer*innen nach und nach an staatlich anerkannte Gruppen verlieren und dass die Kirchen darüber froh sein würden. Aus seiner Sicht waren der Abschied von den Kirchen und die Hinwendung zu den staatlichen Einrichtungen wichtige Schritte „in Richtung Selbstbewusstsein und Emanzipation für die Schwulen und Lesben in der DDR".[428] Weil er die Kirche weiterhin als Gegenspielerin des Sozialismus und der Homosexuellenbewegung betrachtete, sprach der DeLSI-Aktivist und „Dorn Rosa"-Autor den Arbeitskreisen Homosexualität folglich ab, eine *echte* Emanzipationsbewegung zu sein.

Zunehmende Angleichung der westlichen Sichtweisen auf die DDR

In den 1980er Jahren beobachteten die westdeutschen schwul-lesbischen Medien die Situation von Homosexuellen in der DDR deutlich intensiver als noch im Jahrzehnt zuvor. Es erschienen insgesamt mehr Beiträge über die Alltagssituation von Homosexuellen im anderen Deutschland und über die neue Bewegung unter dem Dach der Kirche. Artikel in den Medien der DDR wurden nachgedruckt und kom-

---

[425] Interview Detlef Grumbach, 17. 2. 2016.
[426] Parteivorstand der DKP (Hrsg.), Grundsätze und Forderungen, S. 2.
[427] Vgl. Schmidt, Lesben und Schwule in der Kirche, S. 199; Fitschen, Liebe zwischen Männern?, S. 88; Heck, Homosexualität in der DDR, S. 70–74.
[428] Michael Hunger, DDR-Kirche: Das Kreuz mit den Lesben und Schwulen, in: Dorn Rosa, H. 13, 1988, S. 17–18, hier S. 18.

mentiert und ostdeutsche Aktivisten schrieben – wie bereits gezeigt – Beiträge in eigener Sache für westdeutsche schwul-lesbische Magazine. In der ersten Hälfte der 1980er Jahre gingen die Meinungen darüber, wie die Situation in der DDR zu bewerten sei, noch weit auseinander. Kommunistisch ausgerichtete Blätter bemühten sich wie schon in den 1970er Jahren weiterhin darum, Belege dafür zu liefern, dass es in der DDR zu einer Emanzipation der Homosexuellen kommen werde; andere stellten die Schwierigkeiten von Schwulen und Lesben im Alltag heraus und kritisierten das vom Staat monopolisierte Sprechen bzw. dessen Schweigen über Homosexuelle. Auch die Arbeitskreise Homosexualität wurden unterschiedlich bewertet. Bemerkenswert ist, dass sich kein Zusammenhang zwischen den verschiedenen Perspektiven auf das andere Deutschland und der Ausrichtung der Zeitschrift – kommerziell oder bewegungsnah – feststellen lässt. Zwar gingen positive Einstellungen gegenüber der DDR oft mit einer Nähe zur DKP oder SEW im Westen einher, wie sie vorwiegend in der Bewegung zu finden war. Ab Mitte der 1980er Jahre schien es aber keine zwangsläufige Verknüpfung mehr zwischen der eigenen politischen Überzeugung und der Haltung zur DDR gegeben zu haben.

Zu Beginn der 1980er Jahre erschienen zunächst nur wenige Beiträge, die dann vor allem den Alltag von Schwulen und Lesben in der DDR thematisierten. Dieser Alltag galt als *anders*, weil „schwieriger" als „bei uns", wie Claus Brandt in der Zeitschrift „Him Applaus" schrieb.[429] Einen der Gründe dafür verortete der Autor darin, dass homosexuelle Paare nicht zusammenleben könnten, weil sie von der staatlichen Wohnungszuteilung ausgeschlossen seien. Seine Aussage, es gebe keine „Zusammenschlüsse von Schwulen",[430] traf zum Zeitpunkt des Erscheinens seines Textes im März 1980 zu: Die HIB hatte sich gerade aufgrund mangelnder Aussichten auf eine offizielle Anerkennung aufgelöst und andere Gruppen gab es noch nicht. Brandts Text ist damit einer der wenigen westdeutschen Beiträge in einer Zeit, in der die Medien der DDR sich weder mit selbstorganisierten Gruppen noch mit Homosexualität im Allgemeinen befassten. Die spezifische Alltagssituation in der DDR und damit die Unterschiede zwischen Ost und West bestimmten die Beschäftigung mit dem östlichen Nachbarland.

Die meisten Zeitschriften begannen sich eingehender der DDR zu widmen, als Homosexualität dort medial präsenter wurde. Dabei griffen die Magazine vor allem die staatlichen Aufforderungen zu einem toleranteren Umgang mit Schwulen und Lesben auf, die sie als Neuigkeit herausstellten.[431] Die DDR habe einen „Appell an die Vernunft" formuliert, erklärte beispielsweise „Don", während Politik, Justiz und Medien in der Bundesrepublik bisher keine vergleichbaren Konsequenzen aus dem Wissen über das Leben von Homosexuellen gezogen hätten.[432] Die

---

[429] Claus Brandt, DDR: Zur Situation der Homosexuellen in der Deutschen Demokratischen Republik, in: Him Applaus, H. 3–4, 1980, S. 39–41, hier S. 41.
[430] Ebenda.
[431] Vgl. u. a. o. A., Die Homosexuellenfrage. Sozialismus im Wandel?, in: Gay-Express, H. 5, 1986, S. 2.
[432] O. A., „Unser" – und „das andere" Deutschland, in: Don, H. 7, 1982, S. 20.

Zeitschrift druckte 1982 einen Artikel aus der „Frankfurter Allgemeinen Zeitung" (FAZ) ab, in dem ein Beitrag aus der „Jungen Welt" besprochen wurde. Laut FAZ wurde im Organ der FDJ zu „mehr Toleranz gegenüber den Homosexuellen" aufgerufen.[433] Denn für Schwule und Lesben sei das „eigentliche Problem die Bewertung ihrer Veranlagung durch die Umwelt", referierte die FAZ.[434] Warum dem Umstand, dass diese Aussagen in der „Jungen Welt" veröffentlicht worden waren, besondere Bedeutung zukam, erklärte „Don" mit der weiten Verbreitung, die das Organ der FDJ in der DDR fand:

„Fraglos werden die meisten Leser überrascht sein, wenn sie zur Kenntnis nehmen, daß hier die Stimme der allumfassenden DDR-Jugendorganisation FDJ hörbar wird, und das klingt schon ein wenig lauter, als wenn bei uns hier und da einmal ein kleiner Landesverband der Jungdemokraten oder Jungsozialisten eine Resolution beschließt für mehr Rechte gegen Diskriminierung der Schwulen."[435]

Die von Staat und Partei kontrollierten Medien in der DDR boten „Don" zufolge also den Vorteil, dass über sie breite Bevölkerungsschichten mit dem Appell für einen toleranteren Umgang mit Schwulen und einen Abbau von Diskriminierung erreicht werden konnten. Lesben erwähnt der Autor nicht. Wie in vielen anderen Texten der Schwulenbewegungen in Ost und West scheinen Lesben bei der Beschreibung der Situation von Schwulen zwar durchaus mitgemeint zu sein. Ihre Nichtnennung zeigt jedoch, dass schwule Aktivisten das Bild von *dem* Homosexuellen als Mann internalisiert hatten. Indem sie dieses Bild reproduzierten, beteiligten sie sich an der Marginalisierung der Belange homosexueller Frauen. Alltagsprobleme und die Schwierigkeiten schwul-lesbischer Selbstorganisationen in der DDR wurden in dem Artikel gleichfalls nicht erwähnt. Nur das Agieren von Staat und Partei fand in der westdeutschen – und zwar nicht nur in der schwul-lesbischen – Presse Anerkennung.

Die Zeitschrift „Du & Ich" veränderte in den 1980er Jahren ihren Blick auf die DDR. Es wurde nun weniger skandalisiert, dafür mehr beobachtet und analysiert. Den Entwicklungen hin zu mehr Freiräumen für organisierte und nichtorganisierte Schwule und Lesben sowie den politischen und wissenschaftlichen Auseinandersetzungen wurde mehr Platz und Aufmerksamkeit eingeräumt. „Du & Ich" begleitete diesen Wandel in der DDR mit zunehmender Euphorie. 1985 stellte der Autor Thomas Grossmann fest: „In den vergangenen Jahren sind in der DDR Dinge ins Rollen gekommen, die sich mancher Homosexuelle nicht zu erhoffen gewagt hat."[436] Damit waren die Arbeitskreise gemeint, die seit 1982/83 in der DDR entstanden waren. Mit einem Artikel aus dem Jahr 1987, der den Titel „DDR integriert Homosexuelle" trug,[437] setzte die „Du & Ich" ihre Erzählung fort. Für sie

---

[433] O. A., Hänseleien sind noch das kleinste Übel. DDR-Jugendzeitschrift verlangt mehr Toleranz gegenüber Homosexuellen, in: Don, H. 7, 1982, S. 20, aus: FAZ, 10. 6. 1982.
[434] Ebenda.
[435] O. A., „Unser" – und „das andere" Deutschland, in: Don, H. 7, 1982, S. 20.
[436] Thomas Grossmann, Es bewegt sich was ... Schwule in der DDR, in: Du & Ich, H. 3, 1985, S. 16–18, hier S. 17.
[437] O. A., Realer Sozialismus: DDR integriert Homosexuelle, in: Du & Ich, H. 11, 1987, [Seiten unvollständig], S. 71.

waren die Bewegung unter dem Dach der Kirche und die staatlichen Bemühungen in der DDR Teil einer größeren gemeinsamen Entwicklung.

Die Herausgeber*innen und Autor*innen der in West-Berlin erscheinenden „Siegessäule"[438] waren linksorientiert und standen der West-Berliner Landesregierung und der Regierung der Bundesrepublik kritisch gegenüber, fühlten sich aber keiner Partei zugehörig. Vor allem den Alltag und die Selbstorganisationen von Homosexuellen in der DDR nahm die „Siegessäule" sehr genau wahr. Seit ihrem erstmaligen Erscheinen im April 1984 bis September 1989 veröffentlichte die Zeitschrift jedes Jahr zwei bis fünf Artikel über das Leben von Homosexuellen in der DDR, über die Szene in Ost-Berlin, über einzelne Personen und Gruppen. Aus ihrer Sicht hatten die Schwulen und Lesben in der DDR „unter dem Dach der Kirche eine Heimstatt gefunden".[439] Andreas Huwe, der aus der Haft in der DDR in die Bundesrepublik freigekauft worden war und später selbst für die „Siegessäule" schrieb, hielt die Organisator*innen der ostdeutschen Schwulen- und Lesbengruppen für stille Held*innen und zählte sie zugleich – wie sich selbst – zu den Opfern der SED-Diktatur.[440] Denn viele von ihnen seien verhaftet worden, erklärte er, sie würden diffamiert und ausgebürgert. In seinem Beitrag vom März 1986 mit dem Titel „Der Osten wird schwul" bescheinigte er der Staats- und Parteiführung in der DDR zwar einen „Sinneswandel".[441] Dieser Wandel resultierte nach Huwe jedoch nicht aus der Einsicht, dass die Lebenssituation der Homosexuellen verbessert werden müsse, sondern sei der Sorge des Staates um die Ausbreitung von AIDS in der DDR geschuldet. Die Selbstorganisation werde dadurch nicht einfacher werden, war er sich sicher.[442]

Die Zeitschrift der DKP-nahen DeLSI „Dorn Rosa", die seit 1986 erschien, war dagegen davon überzeugt, dass in der DDR ein „Entdiskriminierungsprozess" im Gange sei.[443] Die „Dorn Rosa", deren Berichterstattung über die DDR vorrangig von Detlef Grumbach übernommen wurde und sich – wie bereits gezeigt – vor allem offiziellen Tagungen, deren Referent*innen und der staatlich geförderten Forschung widmete, war der Ansicht, dass sich in der DDR der Staat selbst für die

---

[438] Die „Siegessäule" wurde ab April 1984 in einer Auflage von monatlich 1000 Stück von dem eingetragenen Verein Freunde der Siegessäule herausgegeben. Zu Beginn trug sie den Untertitel „Berlins Monatsblatt für Schwule". Ab Oktober 1989 ging die „Siegessäule" gemeinsam mit „Rosa Flieder" aus Nürnberg in der bundesweit erscheinenden Zeitschrift „Magnus" auf. Von 1996 an kam die Zeitschrift wieder als eigenständiges – nun „schwullesbisches" – Stadtmagazin heraus. Heute (2022) erscheint die „Siegessäule" mit dem Untertitel „We are queer Berlin" in einer monatlichen Auflage von 48 220 Exemplaren. Siegessäule, in: Wikipedia. Die freie Enzyklopädie, https://de.wikipedia.org/wiki/Siegess%C3%A4ule_(Zeitschrift) (27. 5. 2022).
[439] Andreas Salmen, Rosa Winkel verboten, in: Siegessäule, H. 5, 1984, S. 6.
[440] Vgl. o. A., Am Aschermittwoch war alles vorbei … Schwul in der DDR, in: Siegessäule, H. 3, 1984, S. 10 f.
[441] Vgl. Andreas Huwe, Der Osten wird schwul. Sinneswandel in den DDR-Medien, in: Siegessäule, H. 3, 1986, S. 7–9, hier S. 9.
[442] Vgl. ebenda.
[443] O. A., Politische Aspekte der Diskriminierung der Homosexualität in der DDR, in: Dorn Rosa, H. 2, 1986, S. 31.

Emanzipation einsetze, während sich im Westen nur die Aktivist*innen zuständig fühlten.[444] Anders als die „Siegessäule", konnte „Dorn Rosa" keine Diskrepanz zwischen den Zielen des Staates und der Homosexuellengruppen in der DDR erkennen; sie betrachtete den Staat vielmehr als den wichtigsten Akteur im Emanzipationsprozess.

Eine vollständig gegensätzliche Position zur DeLSI nahm die bewegungsnahe Zeitung „Rosa Schängel" aus Koblenz ein und kritisierte den von DKP-nahen Aktivisten vermittelten Eindruck, „drüben wäre geradezu ein Paradies für Schwule".[445] Die Wirklichkeit in der DDR sei dagegen eine deutlich andere: Dort finde eine „Schwulenhetze" statt, vor allem „wenn es gilt[,] politisch unliebsame Oppositionelle, Schriftsteller, Künstler, Schauspieler und Mitglieder der DDR-Friedensbewegung zu diskreditieren".[446] Der Autor Jürgen ging sogar so weit, das Vorgehen der DDR-Sicherheitsorgane mit dem „deutschen Faschismus im Zusammenhang mit der Röhm-Revolte" zu vergleichen.[447] Diese Aussagen zeigen, dass sich der „Rosa Schängel" deutlich von Kommunisten in der westdeutschen Schwulenbewegung und deren Sicht auf die DDR distanzierte, und machen dadurch deutlich, dass die Haltung zur DDR in den Auseinandersetzungen um das eigene Selbstverständnis eine wichtige Rolle spielte. Die Nähe der Homosexuellenbewegung zu Friedens- und Menschenrechtsgruppen, die sich aus ihrer gemeinsamen Verortung in den Räumen evangelischer Gemeinden ergab, interpretierte „Rosa Schängel" als Ausdruck eines Auflehnens gegenüber Staat und Partei in der DDR, was die Zeitschrift außerdem auf eine grenzübergreifende Zusammenarbeit für „ein besseres Deutschland" hoffen ließ.[448]

Diese unterschiedlichen Blicke auf die DDR veränderten sich und näherten sich gleichsam einander an, nachdem die Volkskammer der DDR am 14. Dezember 1988 die ersatzlose Streichung des § 151 StGB beschlossen hatte. Zwar hatte es schon davor positive Erzählungen gegeben, doch dieser Schritt löste in fast allen schwul-lesbischen Medien Verblüffung und Begeisterung aus. Der Tenor lautete: Die DDR sei der Bundesrepublik nun weit voraus. Im Februar 1989 erreichte die Fortschrittserzählung mit dem Beitrag „Frühling in der DDR? Nun fällt auch der Schwulenparagraph" in der Zeitschrift „Du & Ich" einen Höhepunkt.[449] Dass der § 151 StGB insofern kein „Schwulenparagraph" war, als er auch homosexuelle Frauen betraf, schien die „Du & Ich" entweder nicht gewusst zu haben oder – was wahrscheinlicher ist – die Überschrift dokumentiert ein weiteres Mal, dass die lesbischen Verfolgungs- und Diskriminierungserfahrungen denjenigen der homo-

---

[444] Vgl. Detlef Grumbach, Von Leipzig nach Karl-Marx-Stadt. Beobachtungen eines Hamburgers, in: Dorn Rosa, H. 13, 1988, S. 6–11, hier S. 6.
[445] Jürgen, ddr-konkret, in: Rosa Schängel. Die schwule Flugblattzeitung für Koblenz, Lahnstein, Neuwied und Umgebung, H. 2, 1983 oder 1984, o. S.
[446] Ebenda.
[447] Ebenda.
[448] Ebenda.
[449] O. A., Frühling in der DDR? Nun fällt auch der Schwulenparagraph, in: Du & Ich, H. 2, 1989, S. 8–11.

sexuellen Männer untergeordnet wurden. Die „Siegessäule" verkündete, in der DDR sei nun erreicht, „was über hundert Jahre lang in Deutschland von Schwulen und Lesben vergeblich gefordert" worden war.[450] Der Autor Robert Kohler war überzeugt, dass „diejenigen, die gewohnt sind, die Welt [...] nach Zonen der Freiheit und Zonen der Unfreiheit zu teilen, [...] zugestehen müssen, daß der gesellschaftliche Fortschritt diesmal im Osten stattfand".[451] Durch die Abschaffung des § 151 StGB konnte die DDR in den schwul-lesbischen Medien einen deutlichen Imagegewinn verzeichnen. Die Reform wurde als Erfolg einer deutschen epochen- und grenzübergreifenden Schwulen- und Lesbenbewegung beschrieben; es handelte sich somit nicht um ein Ereignis in einem beliebigen anderen Land, sondern machte auch den Westdeutschen Hoffnung auf eine Liberalisierung und brachte ihnen die DDR gefühlt ein Stück näher. Mehr denn je war nun interessant und relevant – und das nicht nur für DKP-nahe Gruppen und Zeitschriften –, was drüben passierte. Ganz in der Logik des Ost-West-Konflikts wurde dem Osten *Fortschrittlichkeit* und damit Überlegenheit im Wettstreit mit dem Westen attestiert.

Die Abschaffung des § 151 StGB dominierte spätestens ab 1989 die Berichterstattung über die DDR in fast allen westdeutschen Homosexuellenzeitschriften. Damit verbunden war eine vollständige Verschiebung des Blicks weg vom Alltag und der Bewegung hin zum staatlichen Umgang mit Homosexualität, der als Wandel in Richtung *Integration* und Emanzipation gedeutet wurde. Die „Nürnberger Schwulenpost"[452] ging sogar so weit, der DDR zu bescheinigen, „homosexuelle Identität und somit Selbstbewußtsein und Selbstwertgefühl" gestärkt zu haben.[453] Wie viele andere hoffte die Zeitschrift, dass sich die Reform in der DDR auch im Westen positiv auswirken werde. Dafür wurde der Bundesrepublik, die doch eigentlich das Gegenstück zur Diktatur im Osten sein wollte, das Auseinanderklaffen von Anspruch und Wirklichkeit vorgehalten. Der Bezug auf die Systemkonkurrenz sollte also den Druck auf die regierenden Parteien im Westen erhöhen. Die Autor*innen ließen die DDR in einem positiven Licht erscheinen, um Reformbemühungen bzw. im besten Fall ein Aufholmanöver im Westen anzustoßen. Allerdings hielten es die meisten Kommentator*innen für eher unwahrscheinlich, dass der § 175 StGB in der Bundesrepublik fallen würde. Das Magazin des Bundesverbandes Homosexualität (BVH) glaubte im September 1989 zu wissen, dass die Reform in der DDR ein Schritt war, „der für die BRD auch in absehbarer Zeit wohl illusorisch" sei.[454]

---

[450] Robert Kohler, Homosexuellenparagraph gestrichen, in: Siegessäule, H. 2, 1989, S. 13.
[451] Ebenda.
[452] Die „Nürnberger Schwulenpost. Das monatliche Infoblatt in Nordbayern" erschien seit Juli 1985. Sie war die Nachfolgerin der Zeitschrift „Rosa Flieder" und wurde bis 2010 vom Fliederlich e. V. herausgegeben. Vgl. Nürnberger Schwulenpost, https://de.wikipedia.org/w/index.php?title=N%C3%BCrnberger_Schwulenpost&oldid=189630399 (17. 7. 2020).
[453] O. A., Kurz berichtet. DDR streicht Homosexuellenparagraph, in: Nürnberger Schwulenpost, H. 44, 1989, o. S.
[454] O. A., Homosexualität in der DDR, in: BVH-Magazin, H. 3, 1989, S. 6–7, hier S. 6.

Die neue Einigkeit in Bezug auf die Einschätzung der DDR, die in den westdeutschen schwul-lesbischen kommerziellen und bewegungsnahen Zeitschriften nun als Vorbild für die Bundesrepublik inszeniert wurde, ging daher nicht auf einen plötzlichen Sinneswandel zurück; Hintergrund war vielmehr die Relevanz, die der Strafrechtsreform in der DDR für mögliche Entwicklungen im eigenen Land zugeschrieben wurde. In diesem Moment war es wichtiger, die Chance zur Mobilisierung zu ergreifen, als die ideologische Kontroverse über die DDR oder über den richtigen Weg der Emanzipation fortzusetzen. Die Rezeption der ostdeutschen Reform erfolgte somit innerhalb der Ordnung des Systemwettstreits, den sie zugleich zu verabschieden begann, indem den bewegungspolitischen Zielen Priorität eingeräumt wurde.

Westdeutsches Auftreten und Verhältnisbestimmungen gegenüber den Ostdeutschen

Die wenigen Beiträge in der „Dorn Rosa", die sich mit Schwulen- und Lesbengruppen in der DDR beschäftigten, gingen kaum auf die Diskrepanz zwischen den Lebensbedingungen in Ost und West ein. Zwar bezeichnete „Dorn Rosa" die Atmosphäre in der DDR als „bieder", westdeutsche Besucher*innen nahmen die Diskussionen von Schwulen und Lesben im anderen Deutschland aber dennoch als hochpolitisch wahr und hofften, von diesen Debatten viel lernen zu können.[455] Während ein Artikel über den Sonntags-Club betonte, dass sich ost- und westdeutsche Aktivist*innen gleichberechtigt begegneten, holte ein auf der gleichen Seite abgedruckter Spendenaufruf die Schieflage zwischen beiden Seiten wieder ins Bewusstsein: Darin wurden die Leser*innen gebeten, Solidaritäts-Abonnements – vermutlich von „Dorn Rosa" – für Interessierte in der DDR abzuschließen.[456] Die Aktivist*innen der DeLSI hielten es also für notwendig, aus dem Westen Unterstützung zu leisten, ohne jedoch darauf einzugehen, mit welchen Herausforderungen die Ostdeutschen konfrontiert waren und welche Privilegien sie selbst genossen.

Obwohl die DeLSI die Arbeitskreise unter dem Dach der Kirche in der DDR skeptisch beäugte, pflegten einzelne ihrer Mitglieder Kontakte zu ihnen. Die „Dorn Rosa" gelangte regelmäßig über die Grenze; und zwar sowohl und in die Hände von nicht bei der Kirche engagierten Schwulen und Lesben als auch von Gruppen mit Verbindungen zu evangelischen Gemeinden. Interessant ist, dass DKP-nahe Schwulenaktivisten versuchten, die Arbeitskreise und ihre leitenden Mitarbeiter vom Sozialismus und dem angeblich vorbildlichen Umgang der SED mit Homosexuellen zu überzeugen: „Ich denke, Du siehst gewisse Fortschritte in eurem Land zu wenig positiv, die auf uns hier ganz tiefen Eindruck machen", erklärte etwa ein DeLSI-Mitglied in einem Brief an Eduard Stapel.[457] Er solle doch zur Kenntnis

---

[455] Michael Hunger/Bea Trampenau, Die DeLSI war zu Besuch beim Sonntagsclub in Berlin/DDR. Wir waren DRÜBEN!, in: Dorn Rosa, H. 16, 1988, S. 27.
[456] Vgl. ebenda.
[457] RHG, Sammlung Eduard Stapel, ESt 02, Korrespondenz, Brief DeLSI-Mitglied an Eduard Stapel, 14. 6. 1987.

nehmen, dass für die Homosexuellen in der DDR „viel schneller" Verbesserungen erreicht worden seien als im Westen, wo es stattdessen „nur Rückschritte gegeben" habe.[458] Die SED nehme sich „offiziell dieses Themas an", die Bundesregierung dagegen tue „gar nichts für Homosexuelle, weil sie einfach davon ausgeht, daß es kein Problem ist", behauptete der Absender.[459] Die Korrespondenz zeigt zum einen, dass es trotz starker Vorbehalte keine Berührungsängste zwischen DKP-nahen und kirchlich organisierten Schwulenaktivisten in der DDR gegeben hat. Die grenzübergreifende schwule Vergemeinschaftung setzte mithin ideologische Vorbehalte zumindest teilweise außer Kraft. Zum anderen steht der Brief exemplarisch für westdeutsche Selbstverständnisse im Verhältnis zur ostdeutschen Bewegung sowie für Schwulenaktivismus im geteilten Deutschland: Der DeLSI-Aktivist meinte, den in der DDR engagierten Stapel darüber aufklären zu müssen, dass das Verhältnis der SED zur Homosexualität als *fortschrittlich* zu bewerten sei. Er appellierte sogar an Stapel, seine Haltung gegenüber der Staats- und Parteiführung, die doch eigentlich aufseiten der Homosexuellen stünde, zu überdenken. Der Vergleich mit der Bundesrepublik sollte die Argumentation bekräftigen, was deutlich macht, welchen Widerhall die Konkurrenz und die Bezogenheit der beiden deutschen Staaten aufeinander in den Beziehungen zwischen Schwulenaktivisten in Ost und West fand. Das Beispiel offenbart zudem, dass die Gegenüberstellung von Bundesrepublik und DDR dazu diente, die Bedingungen für homosexuelles Leben im Allgemeinen zu analysieren. Was der DeLSI-Aktivist allerdings außer Acht ließ, war die Tatsache, dass sich viele Schwule und Lesben in der DDR nicht grundsätzlich gegen eine Zusammenarbeit mit staatlichen Behörden aussprachen. Vielmehr war es bisher schlicht unmöglich, sich in anerkannter Form zu organisieren und mit dem Staat gemeinsame Ziele zu formulieren. Parallel zum Lob auf die DDR sorgte sich der Autor darum, ob das mitgeschickte Exemplar der „Dorn Rosa" auch tatsächlich angekommen sei.[460] Die mögliche Einbehaltung der Zeitschrift durch die Postkontrolle des Zolls brachte er dabei aber nicht in Verbindung mit der Situation von schwulen und lesbischen Aktivist*innen in der DDR, die unter ständiger Beobachtung der Staatssicherheit standen und deren Arbeit nur innerhalb der vom Staat gesetzten engen Grenzen möglich war.

Die Westdeutschen thematisierten aber auch ihr Verhältnis zum anderen Deutschland und dachten darüber nach, wie sie gegenüber den Ostdeutschen auftraten. Bei ihren ersten Besuchen in der DDR meinten HuK-Mitglieder, die Arbeit der Ostgruppen bewerten zu können. Sie machten Verbesserungsvorschläge und sprachen Anerkennung aus. Zugleich wurde das eigene Verhalten kritisch reflektiert und die Mitglieder belehrten sich gegenseitig darüber, wie sich Westdeutsche im Osten *richtig* zu verhalten hätten. Mitglieder der HuK aus West-Berlin nahmen am 30. Juni 1984 an dem Gedenkgottesdienst zu Ehren der homosexuellen Opfer

---

[458] Ebenda.
[459] Ebenda.
[460] Vgl. ebenda.

des Nationalsozialismus in der Ostberliner Erlöserkirche teil. Udo Kelch hielt später im „HuK-Info" seine Eindrücke von dieser Veranstaltung fest: „So richtiger Schwung wollte nicht aufkommen", schrieb er, was auch der leisen „Klampfenbegleitung" geschuldet gewesen sei.[461] Zudem hätten die Organisator*innen seiner Ansicht nach aus der im Gottesdienst beschriebenen schwierigen Situation von Homosexuellen in der DDR keine Schlüsse gezogen. Es sei keine positive Vision von einem besseren Leben und einer Zukunft ohne Diskriminierung und Ausgrenzung aufgezeigt worden. Außerdem empfand er den Gottesdienst und die darin integrierten Gruppengespräche als ungenügend vorbereitet und unprofessionell durchgeführt. Er und die anderen anwesenden West-Berliner hätten versucht, „das nächste Lied [...] mit Klatschen, Aufstehen usw[.] etwas lebhafter zu gestalten". Das habe dann aber doch „zu aufgesetzt" gewirkt, räumte er ein.[462] Nach dem Besuch in Ost-Berlin zog er folgendes Fazit:

„Im Ganzen bewundere ich das Engagement und den Mut unserer Brüder und Schwestern in der DDR. Auch diesen Gottesdienst bei aller seiner Problematik halte ich für einen großen Fortschritt. Aber über all das hinaus wünsche ich mir, daß die Schwulen und Lesben in der DDR eine selbstbewußte Position innerhalb ihres Staates erarbeiten, ohne dabei immer nach dem Westen zu schielen."[463]

Diese Aussage spiegelt wider, was als typisch für die westliche Sicht auf die Initiativen in der DDR gelten kann: Die Westdeutschen nahmen die Veranstaltungen der Ostdeutschen oft als nicht besonders ansprechend und schlecht organisiert wahr, wenngleich sie deren Mut lobten, sich in der DDR überhaupt zu engagieren. In der Anerkennung klingt häufig eine paternalistische Haltung mit, die direkt oder indirekt die westdeutsche Bewegung zum Maßstab der Beurteilung machte und dabei davon ausging, dass die Ostdeutschen der westdeutschen Entwicklung weit hinterherhinkten. Manfred Herzer erinnert sich, dass er den „Info-Brief als erste eigene Veröffentlichung der Arbeitskreise in der DDR damals „rührend und schön" fand, weil er den „Abstand" gezeigt habe.[464] Mit Abstand meinte Herzer, dass die Aktivitäten der Ostdeutschen seiner Ansicht nach erst deutlich später einsetzten als die westdeutschen. Sie hätten in den 1980er Jahren das gemacht, was westdeutsche Aktivist*innen schon Anfang der 1970er Jahre auf die Beine gestellt hätten. Es sei nun „endlich auch bei denen soweit" gewesen.[465]

Westdeutsche Schwulenaktivisten waren sich außerdem sicher, dass die ostdeutschen Gruppen auf ihre Transfers von Literatur und anderen Materialien angewiesen waren. Ein Mitglied der HuK aus Hannover schickte etwa die Dokumentation eines von ihm veranstalteten theologischen Symposiums an den neu gegründeten Arbeitskreis Jonathan in Karl-Marx-Stadt. Diesen Band wollte er zum „Start

---

[461] Udo [Kelch], Wüstenwanderung – aber wo sind die Oasen, wo das Manna und wo das gelobte Land? (Impressionen eines DDR-Besuchs), in: HuK-Info, H. 46–47, 1984, S. 23–25, hier S. 25.
[462] Ebenda.
[463] Ebenda.
[464] Interview Manfred Herzer, 20. 5. 2015.
[465] Ebenda.

schenken" und er fügte hinzu: „Ich denke, darin befinden sich viele gute Gedanken, die zur Diskussion anregen."[466] Der Absender fühlte sich bemüßigt, die Gründung der Gruppe zu begleiten, indem er Literatur lieferte und gutes Gelingen wünschte. Dabei war er überzeugt, dass die von ihm mit herausgegebenen theologischen Beiträge den Arbeitskreis bei seiner Arbeit unterstützen könnten. Dem Selbstverständnis in Teilen der westdeutschen Schwulenbewegung zufolge ging es somit darum, den Gruppen im Osten unter die Arme zu greifen und als Impulsgeber behilflich sein zu können. Im Laufe der Zeit entwickelte sich jedoch ein Bewusstsein dafür, dass die Möglichkeiten, Hilfe zu leisten, begrenzt waren. Detlef Mücke bemerkt im Interview, dass es für die ostdeutsche Bewegung wichtig gewesen sei, „den Austausch zu haben" und „Impulse von unserem Kampf hier" zu bekommen.[467] Die Ostdeutschen hätten diese Impulse „transformieren" und an ihre Situation anpassen müssen. Er und die Bewegung im Westen hätten den „Ostlern ja nicht gesagt, so und so müsst ihr es machen".[468] Dafür hätten sie „zu wenig die Strukturen" und „Befindlichkeiten" der engagierten Schwulen in der DDR gekannt.[469] Eckehard Kunz zufolge war es „gut", dass „Kontakte" nach Ost-Berlin und in die DDR bestanden, aber gebraucht hätten die Gruppen sie, die Westdeutschen, „für wesentliche Sachen" nicht.[470] In der Rückschau lautet das Resümee demnach, dass die Unterstützungsangebote der Westdeutschen an die Ostdeutschen zwar gut gemeint waren, häufig jedoch an deren Bedürfnissen vorbeigingen.

Die Frage, welches Verhalten im Osten angemessen sei, war immer präsent und diente außerdem dazu, sich im Westen gegenseitig zu belehren. „Wir sollten versuchen, uns ohne Arroganz, ohne karitatives Mitleid und mit Einfühlungsvermögen auf unsere östlichen Nachbarn einzulassen, wir sollten neugierig und offen sein und uns nicht wie der Elefant im Porzellanladen aufführen", schrieb etwa der Stadtführer „Berlin von hinten".[471] Dem lag die Annahme zugrunde, Westdeutsche könnten den (vorrangig) Schwulen in der DDR mit Herablassung oder Mitleid begegnen, weil sie deren Lebensrealität nicht kannten. Zugleich ging der Stadtführer von spezifischen ostdeutschen Gefühlslagen aus, auf die es Rücksicht zu nehmen galt. Hinzu kam die Notwendigkeit, die Sicherheitsbedürfnisse einzelner Akteur*innen und ganzer Gruppen im sozialistischen Nachbarland anzuerkennen und die entsprechende Vorsicht walten zu lassen. So erinnert sich Eckehard Kunz, dass die HuK-Mitglieder bei den Schilderungen ihrer Besuche im Osten für das „HuK-Info" immer „genau gucken" mussten, „was man schreibt", um ihre Gesprächspartner drüben nicht in „Schwierigkeiten" zu bringen. Sie hät-

---

[466] BStU, BV Karl-Marx-Stadt Abt. XX 317, Bl. 142, Brief HuK-Mitglied Hannover an Arbeitskreis Jonathan in Karl-Marx-Stadt, 17. 7. 1986.
[467] Interview Detlef Mücke, 30. 5. 2013.
[468] Ebenda.
[469] Ebenda.
[470] Interview Eckehard Kunz, 2. 7. 2013.
[471] O. A., Berlins zweite Hälfte ..., in: Bruno Gmünder/Christian von Maltzahn (Hrsg.), Berlin von hinten. Das schwule Stadtbuch 1986/87, West-Berlin 1987, S. 244–246, hier S. 245–246.

ten deshalb weniger über die einzelnen Personen und deren Einstellungen, sondern über die thematischen Inhalte der Treffen berichtet.[472]

Die westdeutschen Aktivisten, die sich für die DDR und die Schwulengruppen interessierten, balancierten demnach stets zwischen dem Drang, Ratschläge zu unterbreiten und Unterstützung anzubieten, auf der einen und der bewussten Akzeptanz ostdeutscher *Eigenart*, die zuweilen fremd erschien, auf der anderen Seite. Die Begegnungen zwischen bewegten Schwulen in Ost und West ließen demnach die unterschiedlichen Ausgangslagen offensichtlich werden, aus denen wiederum Selbstbilder hervorgingen und *richtige* Verhaltensweisen gegenüber den *anderen* abgeleitet wurden.

Sicherheitsbedenken und Selbstachtung – ostdeutsche Abgrenzungen

Reflexionen über das eigene Verhalten gegenüber den Menschen im Nachbarland finden sich vorwiegend auf der westlichen Seite. Zwar dachten auch die Ostdeutschen über ihr Verhältnis zu den Westdeutschen nach, dabei standen jedoch eher ihre eigenen Bedürfnisse im Mittelpunkt. Als das westliche Interesse an ihrer Situation in den 1980er Jahren zunahm, waren die Ost-Gruppen einerseits dankbar für die Aufmerksamkeit. Andererseits galt es für die Clubs und Arbeitskreise zu bedenken, dass sie von der Staatssicherheit nach wie vor intensiv überwacht wurden. Eigene Aussagen und Stellungnahmen, die im Westen veröffentlicht werden sollten, mussten daher immer im Hinblick auf mögliche Reaktionen der Sicherheitsorgane geprüft werden. Diejenigen, die sich für Interviews zur Verfügung stellten, waren auf die Sensibilität und Rücksichtnahme der westlichen Aktivist*innen und Journalist*innen angewiesen. Nicht selten kam es dabei zu Missverständnissen und Auseinandersetzungen, weil das Bild, das von den Clubs und Arbeitskreisen oder von der Situation Homosexueller in der DDR gezeichnet wurde, nicht dem Bild entsprach, das die Gruppen selbst dem Staat und der Gesellschaft gegenüber vermitteln wollten.

Zu einer scharfen Auseinandersetzung kam es etwa über die 1984 von der Homosexuellen Initiative Wien (HOSI) herausgegebene Publikation „Rosa Liebe unterm roten Stern. Zur Lage der Lesben und Schwulen in Osteuropa", durch die sich einzelne Arbeitskreise gefährdet sahen. Christian Pulz machte seinem Unmut im „HuK-Info" Luft, indem er zum einen die Beschreibung der ostdeutschen Schwulen- und Lesbenbewegung als fehlerhaft kritisierte und sich zum anderen gegen die seiner Ansicht nach den Arbeitskreisen unterstellte antisozialistische Einstellung wehrte. „Das nenne ich unverantwortlich, und es kann großen Schaden für uns alle bedeuten", empörte sich Pulz.[473] Um dem Eindruck der Sozialismus- oder Staatsfeindlichkeit entgegenzutreten, betonte er, dass die Probleme von

---

[472] Interview Eckehard Kunz, 2. 7. 2013.
[473] Christian Pulz, Kritik, in: HuK-Info, H. 50, 1985, S. 14–15, hier S. 14.

Schwulen und Lesben in der DDR – für beide Gruppen sprach er hier – nur zusammen mit der Staatsmacht und nicht im Ausland gelöst werden könnten. „Dort sollte aber bedacht werden, dass es uns Lesben und Schwulen um die DDR, um unser Land, geht, für das wir mitverantwortlich sind", fügte Pulz hinzu.[474] Als Konsequenz deutete er einen Rückzug gegenüber westlicher Berichterstattung an. Wer den Arbeitskreisen nachsage, gegen den Staat in der DDR eingestellt zu sein, so Pulz, solle es zukünftig „unterlassen, überhaupt nach uns zu fragen".[475] Außerdem habe die DDR Schwulen- und Lesbenbewegung kein Interesse daran, ihre „Auseinandersetzung ins westliche Ausland zu verlegen".[476]

Die Aktivist*innen wollten laut Pulz die Deutungshoheit über ihre Darstellung innerhalb und außerhalb der DDR behalten. Pulz erwartete deshalb Selbstzensur, die er und andere in der DDR notgedrungen üben mussten, auch von denjenigen, die aus einer anderen gesellschaftlichen Situation heraus über die ostdeutschen schwul-lesbischen Gruppen berichteten. Sein Beitrag richtete sich damit zumindest auch an die Sicherheitsbehörden in der DDR, um zu demonstrieren, dass sich die ostdeutschen Aktivist*innen von der westdeutschen und westeuropäischen Schwulen- und Lesbenbewegung distanzierten und die westliche Sichtweise auf die DDR zurückwiesen. Pulz zog damit eine klare Trennlinie zwischen ost- und westdeutscher bzw. österreichischer Schwulen- und Lesbenbewegung und verortete sich und die ostdeutschen Aktivist*innen eindeutig aufseiten der DDR und der sozialistischen Gesellschaft. Gleichzeitig richtete er seinen Appell an Verbündete, die den Schwulen- und Lesbengruppen in der DDR nicht in den Rücken fallen, sondern auf die besonderen Schwierigkeiten der Ostdeutschen Rücksicht nehmen sollten. Letztlich ging Pulz also doch von einer engen, auch weiter bestehenden Verbindung zur HOSI und zur westdeutschen Bewegung aus, weil er bei den Aktivist*innen im Westen auf Verständnis und Entgegenkommen hoffte. Indem Pulz das westdeutsche „HuK-Info" nutzte, um seine Kritik und seine Befürchtungen zu erklären, hob er die Teilung zudem in gewisser Hinsicht auf. Sinnvoll war ein solches Vorgehen deshalb, weil sein Text in DDR-Publikationen nicht abgedruckt oder in Heften wie dem „Info-Brief" im Westen nicht wahrgenommen worden wäre. Im Westen gehört zu werden, bedeutete demnach auch, Abgrenzungen und Selbstverortungen mit einer deutlich größeren Reichweite kommunizieren sowie unterschiedliche Adressat*innen mit unterschiedlichen Botschaften erreichen zu können. An diesem sowie den weiteren Beispielen lässt sich folglich festmachen, dass Abgrenzungen im geteilten Deutschland und Europa überhaupt nur vollzogen werden konnten, weil es Verflechtungen gab.

Auf Pulz' Kritik hin verfasste das HOSI-Mitglied Kurt Krickler im „HuK-Info" eine Stellungnahme, in der er sich besorgt über das Echo auf die Publikation der HOSI aus der DDR zeigte; er rechtfertigte und erklärte den Ansatz und die Ar-

---

[474] Ebenda.
[475] Ebenda.
[476] Ebenda.

beitsweise der Autor*innen jedoch und wies den Vorwurf, den Arbeitskreisen damit geschadet zu haben, vehement zurück.[477] Es liege ihm am Herzen, den Austausch fortzusetzen und ein besseres gegenseitiges Verständnis zu entwickeln. „Auf alle Fälle", so Krickler, „wäre es total fatal, wenn sich die ‚östliche' und die ‚westliche' Bewegung zerstreiten würden, anstatt sich gemeinsam auf einen west-östlichen Diwan zu legen".[478] Er schloss den Text mit „warmen solidarischen Grüßen" und einem „Bussi auch in die Hauptstadt", wissend, dass das „HuK-Info" in Ost-Berlin gelesen wurde.[479] Eckehard Kunz, der sich am gleichen Ort in einem Kommentar über die „Schwierigkeiten west-östlicher Verständigung"[480] zu Pulz' Kritik äußerte, fügte hinzu:

„Wir sollten es uns zur Pflicht machen, über die Gruppen in der DDR und anderswo nur das zu schreiben, was mit ihnen abgestimmt und besprochen ist. Das macht gewiss mehr Mühe. Aber ohne diese Mühe und diesen Aufwand können wir ihnen und ihrer Arbeit nicht gerecht werden."[481]

Die HuK in der Person von Kunz nahm sich demnach die Kritik zu Herzen und rief zu einem sensibleren Umgang mit der Bewegung im Osten auf. Die Westdeutschen und der Österreicher wollten die grenzübergreifenden Kontakte, die sie als Teil ihres Engagements für die ostdeutschen Schwulen- und Lesbengruppen begriffen, unbedingt aufrechterhalten. Das „HuK-Info" wirkte dabei in zweifacher Hinsicht als Vermittler, weil es nicht nur die verschiedenen Stellungnahmen veröffentlichte und damit den Ostdeutschen überhaupt eine hörbar kritische Stimme gab, sondern auch weil es eine Selbstreflexion des westlichen Verhältnisses zur DDR ermöglichte. Im Anschluss an diese Debatte ging dem „HuK-Info" dennoch die ostdeutsche Mitwirkung verloren. In den Jahren von 1988 bis Anfang 1990 erschienen nur noch in ungefähr jedem zweiten Heft Texte mit DDR-Bezug, die aus DDR-Kirchenzeitungen und westlichen Tageszeitungen sowie kommerziellen und bewegungsnahen Magazinen entnommen waren; Beiträge von Autor*innen aus der DDR fanden sich kaum mehr. Udo Kelch erklärte sich diese Entwicklung folgendermaßen:

„In letzter Zeit häuft sich die Kritik von DDR-Bürgern über unsere Berichterstattung über Schwulen- und Lesbengruppen in der DDR. Uns wird vorgeworfen, dass wir ungenau, falsch und tendenziös berichten und dabei die realen politischen Verhältnisse außer acht ließen."[482]

Für die ostdeutsche Schwulen- und Lesbenbewegung war also eine Grenze erreicht: Das Ziel, ihre Sicht- und Hörbarkeit im Westen zu erhöhen, drohte dem Ziel zuwiderzulaufen, ihre Handlungsspielräume im eigenen Land auszuweiten.

---

[477] Vgl. Kurt Krickler, DDR. Eine Stellungnahme der HOSI, in: HuK-Info, H. 51, 1985, S. 20–21.
[478] Ebenda, S. 21.
[479] Ebenda.
[480] Eckehard Kunz, Über die Schwierigkeiten west-östlicher Verständigung, in: HuK-Info, H. 51, 1985, S. 21.
[481] Ebenda.
[482] Udo [Kelch], Schwierigkeiten beim Schreiben über Schwulen/Lesbengruppen in der DDR, in: HuK-Info, H. 76–77, 1989, S. 26.

Weil sie befürchteten, dass das westliche Interesse eine zu große Nähe zwischen den Bewegungen in Ost und West suggerieren und damit die immer wieder betonte Selbstverortung der Ostdeutschen in der DDR konterkarieren würde, musste ein deutliches Zeichen der Abgrenzung gesetzt werden. Sich im Westen Gehör zu verschaffen, war somit eine wichtige Strategie der Selbstbehauptung schwuler Aktivisten in der DDR, die aber nur dann sinnvoll war, wenn sie selbst bestimmten, was über sie berichtet wurde. Die Preisgabe von Informationen musste sich lohnen und durfte nicht zu einer Gefährdung führen. Wo die Grenze zwischen beidem genau verlief, konnten die Köpfe der Bewegung wahrscheinlich selbst nur vermuten.

Insgesamt nahm in den 1980er Jahren nicht nur die Berichterstattung über den Osten, sondern auch das Interesse westdeutscher Organisationen zu, mit den Gruppen in der DDR enger zu kooperieren und sie sogar als Mitglieder aufzunehmen. Christian Pulz und ein weiterer Aktivist aus Leipzig wurden 1984 „korrespondierende Mitglieder" der Bundesarbeitsgemeinschaft Schwule, Päderasten und Transsexuelle (SchwuP) der Partei Die Grünen. Im Protokoll zum Treffen der SchwuP wurde zudem darauf hingewiesen, dass bei Korrespondenzen nur „neutrale Umschläge und Absender" verwendet werden dürften.[483] Welche Form diese Mitgliedschaft annahm, ob und wie sich die beiden Ostdeutschen in die SchwuP einbrachten, ist nicht bekannt. Denkbar ist, dass die „korrespondierenden Mitglieder" lediglich mit Informationsmaterial aus dem Westen versorgt wurden.

Die Reaktionen der Ostdeutschen auf Anfragen nach Kooperationen fielen in der Regel eher zurückhaltend aus. So registrierte das MfS etwa, dass Christian Pulz den Vorschlag von Mitgliedern der HuK abgelehnt habe, Städtepartnerschaften zwischen Gruppen in Ost- und Westdeutschland einzugehen.[484] Des Weiteren nahm der Bundesverband Homosexualität (BVH) mit Sitz in Bonn postalisch Verbindung zu mehreren Arbeitskreisen in der DDR auf mit dem Wunsch, eine dauerhafte Zusammenarbeit zu erreichen. Im Schreiben des Bundesvorstandes des BVH an den Arbeitskreis Schwule in der Kirche wurde auf die vielen gemeinsamen Berührungspunkte verwiesen, wie beispielsweise der „Kampf gegen Kriminalisierung und Diskriminierung" von homosexuellen Männern, „bedingt durch eine gemeinsame geschichtliche Entwicklung der Diskriminierungsfelder".[485] Wie der BVH sich eine Zusammenarbeit vorstellte, wurde nicht erläutert. Es liegen auch keine Hinweise darauf vor, dass eine solche tatsächlich zustande kam. Eine ähnliche Anfrage des BVH beantwortete Matthias Kittlitz vom Arbeitskreis Homosexualität in Leipzig mit einer eindeutigen Absage, die er damit begründete, dass eine Kooperation den Arbeitskreis und vielleicht auch andere Gruppen gefährden

---

[483] RHG, Christian Pulz, Pul 05, Weitere homosexuelle Arbeitskreise und Gruppen, Protokoll des 7. Treffens der BundesArbeitsGemeinschaft SchwuP, 30. 3.–1. 4. 1984 in Gleichen-Reinhausen, S. 9.
[484] Vgl. BStU, HA XX ZMA 10050/3 Bd. 3, Bl. 49, „Information zum OV ‚Orion'", 17. 2. 1985.
[485] BStU, HA XX 5192, Bl. 143, Brief des Bundesvorstandes des Bundesverbands Homosexualität an den Arbeitskreis Schwule in der Kirche, 30. 11. 1987.

könnte. In seinem Brief an einen Vertreter des BVH in Bremen erklärte Kittlitz, dass es bereits mehrfach vergleichbare Anfragen gegeben und der Arbeitskreis sich dazu einen eindeutigen Standpunkt erarbeitet habe:

„Wir halten uns an die in der DDR geltenden Gesetze, die besagen, daß eine Kontaktaufnahme zwischen Bürgern oder Institutionen der DDR und westlichen Gruppen oder Institutionen der Legalisierung durch die entsprechenden staatlichen Organe der DDR bedarf. Wollen wir unsere Arbeit nicht gefährden, können wir nicht davon abweichen."[486]

Zwar stünden sie grenzübergreifenden Kontakten, wie etwa Besuchen Westdeutscher in den Arbeitskreisen oder persönlichen Korrespondenzen, nicht grundsätzlich ablehnend gegenüber. Die Arbeitskreise würden in der DDR aber immer noch als Störfaktoren und nicht als emanzipatorische Kräfte wahrgenommen werden, sodass eine engere Vernetzung mit westdeutschen Initiativen zwangsläufig den Verdacht schüre, „es könnte sich um gezielte Einmischung politischer Kräfte aus dem Westen handeln".[487] Der BVH solle deshalb von weiteren Anfragen Abstand nehmen, um die Arbeit der Schwulen- und Lesbengruppen in der DDR nicht zu gefährden.[488] Wie schon in den 1970er Jahren die HIB und wie viele andere Gruppen in der DDR mussten die Arbeitskreise zur Sicherung ihrer eigenen Existenz also demonstrative Demarkationslinien zwischen Ost und West ziehen und den westdeutschen Bemühungen um Zusammenarbeit, die sicherlich auch den Ostdeutschen zugutekommen sollte, eine Absage erteilen. Sie mussten den Kalten Krieg also selbst mitspielen. Zugleich lässt sich aber zeigen, dass die Versuche, den Eisernen Vorhang zu überwinden und die Arbeit von Homosexuellengruppen unabhängig von Länder- und Systemgrenzen voranzubringen, in den späten 1980er Jahren zahlreicher wurden.

Zurückweisungen westlicher Darstellungen über die DDR, Abgrenzungen gegenüber Angeboten der Kooperation und allgemeine Kritik an der westdeutschen Schwulen- und Lesbenbewegung waren aber nicht nur das Resultat einer Risikoabwägung und eine Form des Gehorsams gegenüber dem Staat und den Sicherheitsbehörden in der DDR. Die DDR-Schwulenaktivisten verstanden sich immer auch als eine eigenständige Bewegung und wollten als solche wahrgenommen werden. Abgrenzungen hatten demnach auch eine selbstermächtigende, stabilisierende und mobilisierende Funktion innerhalb der ostdeutschen Arbeitskreise und Clubs. Insbesondere in der Rückschau betonen ostdeutsche Schwulenaktivisten die Selbstständigkeit ihres Engagements. Rainer Herrn erinnert sich, man habe die westlichen Ideen und Aktionen „aus Gründen der Selbstachtung […] nicht kopiert".[489] Und Christian Pulz erklärt ebenfalls, sie hätten sich zwar vieles von den Westdeutschen „abgeschaut", es dann aber „in eine Diktatur hinein gewan-

---

[486] SMU, DDR, Kirchliche Arbeitskreise Homosexualität, Nr. 5, Arbeitskreis Homosexualität in der ESG (Evangelische Studentengemeinde) Leipzig, Brief Matthias Kittlitz an BVH, 31. 1. 1988.
[487] Ebenda.
[488] Vgl. ebenda.
[489] Interview Rainer Herrn, 16. 10. 2015.

delt".⁴⁹⁰ Zwar seien Kontakte nach West-Berlin und die Bundesrepublik immer erwünscht gewesen, aber dass die Bewegung im Osten ihr „Ding alleine machen" musste, sei allen klar gewesen, so Eduard Stapel.⁴⁹¹ Die ostdeutschen Aktivisten heben Mündigkeit und Unabhängigkeit sowie die Fähigkeit hervor, eigene Bewegungsformen in der DDR entwickelt zu haben. Auch im Nachhinein wollen sie nicht zu einer gemeinsamen deutsch-deutschen Schwulenbewegung gezählt bzw. zu einem Anhängsel der westdeutschen Bewegung erklärt werden.

Die westlichen Angebote sexualisierter Unterhaltung stießen im Osten ebenfalls mitunter auf Ablehnung. Als der Schriftsteller Alexander „Sascha" Anderson im März 1983 anlässlich einer Veranstaltung im Arbeitskreis Homosexualität in Leipzig aus dem Tagebuch des Schwulenaktivisten und Regisseurs Rosa von Praunheim zitierte und dessen Erfahrungen auf dem „US-amerikanischen Sexmarkt" wiedergab, reagierten die Zuhörenden mit Befremden.⁴⁹² Die Auszüge seien laut Protokoll des Arbeitskreises „als Pornographie verstanden" worden.⁴⁹³ Gleichermaßen hat Rainer Herrn nicht vergessen, dass er und seine Mitaktivisten die westdeutschen Schwulenzeitschriften der 1980er Jahre „im weitesten Sinne als kritisch empfunden" haben, weil sie aus ihrer Sicht eher dem „Pornobereich" zugeordnet werden mussten und ihnen das „suspekt" gewesen sei.⁴⁹⁴ Darin habe sich die „Kommerzialisierung" schwulen Lebens in der Bundesrepublik gezeigt, was nach Herrns Bekunden einer der „großen Reibungspunkte" mit dem anderen Deutschland gewesen sei. In der Rückschau kommt Herrn zu der Einschätzung, dass diese Haltung durchaus etwas „Verklemmtes" und Ideologisches hatte.⁴⁹⁵ Die Nähe der Arbeitskreise zu den christlichen Kirchen war dafür vermutlich nicht unerheblich. Es kann aber auch geschlussfolgert werden, dass die Schwulenaktivisten in der DDR beeinflusst waren von der staatlichen Propaganda und sie das Selbstbild der DDR als Gegenentwurf zum *kapitalistischen Westen* bisweilen übernahmen. Die Selbstverortung im Sozialismus war demnach strategisch motiviert, aber nicht nur. Der Systemkonflikt war auf die Ebene der zivilgesellschaftlichen Akteure durchgesickert, die sich den Anspruch des Staates zum Teil zu eigen machten und sich als ostdeutsche in Abgrenzung zu den westdeutschen Schwulen positionierten.

---

⁴⁹⁰ Interview Christian Pulz, 12. 8. 2013.
⁴⁹¹ Interview Eduard Stapel, 4. 12. 2015.
⁴⁹² ABL, 3.28.2, Arbeitskreis Homosexualität der Evangelischen Studentengemeinde Leipzig, „Zur Entwicklung der Konzeption des Arbeitskreises", 1983 [1984], S. 7.
⁴⁹³ Ebenda.
⁴⁹⁴ Interview Rainer Herrn, 16. 10. 2015.
⁴⁹⁵ Ebenda.

V. Aufbrüche und Abschiede im Osten – Konkurrenzen und Kooperationen im sich vereinigenden Deutschland

Der Mauerfall war Katalysator eines Aufbruchs ostdeutscher Selbstorganisationen, die zuvor unter dem Dach der Kirche oder in anderen Nischen für ihre Interessen gekämpft hatten. Wie zahlreiche andere Initiativen konnten nun auch die Schwulen- und Lesbengruppen aus den Zwängen heraustreten, die ihr Leben bis dahin bestimmt hatten. Die Grundlagen dafür hatten die Aktivist*innen in den 1980er Jahren selbst gelegt und ihre Hoffnung war, eine neue DDR mitgestalten und ihre Arbeit unter demokratischen Bedingungen fortsetzen zu können. Als sich die Vereinigung von DDR und Bundesrepublik abzeichnete, standen die Aktivist*innen mit ihren großen Plänen jedoch vor neuen Herausforderungen: Es fehlte ihnen nicht nur an Finanzierung und an Engagierten, sondern angesichts des häufig als attraktiver empfundenen Konkurrenzangebots aus dem Westen auch schlicht an Interessierten. Durch die Übernahme des Strafgesetzbuchs der Bundesrepublik drohte zudem die faktische Wiedereinführung von dessen § 175 StGB auf dem Territorium der (ehemaligen) DDR und damit ein höheres Schutzalter für Sexualkontakte zwischen Männern. Was die Zeit nach dem Mauerfall darüber hinaus prägte, war eine neue Welle rechtsradikaler Gewalt gegen ausländische Mitbürger*innen, aber auch gegen Schwule und Lesben.[1] Andererseits waren der deutsch-deutsche Austausch und die Vernetzung unter den Gruppen deutlich leichter und vor allem legal geworden, und diese neuen Möglichkeiten wurden intensiv genutzt. So kamen bereits Mitte November 1989, weniger als zwei Wochen nach dem Mauerfall, Vertreter schwuler Gruppen und Initiativen aus Ost und West im Tagungszentrum Waldschlösschen bei Göttingen zu einem ersten Treffen zusammen.[2] Ost- und westdeutsche Schwulenaktivisten lernten sich dort nicht nur besser kennen, sondern verfolgten von diesem Zeitpunkt an konkrete gemeinsame Ziele, wie etwa die Abschaffung des § 175 im bundesdeutschen Strafrecht.

Was Mauerfall und deutsche Einheit für die schwul-lesbischen Aktivitäten in der DDR sowie die Beziehungen zwischen Schwulenaktivisten in Ost- und Westdeutschland bedeuteten, ist Gegenstand dieses Kapitels. Welche Entwicklung nahmen die Gruppen im Osten nach dem 9. November 1989? Welche Kontinuitäten und welche Brüche lassen sich beobachten? Wie gestaltete sich das Aufeinandertreffen ost- und westdeutscher Akteure schwuler Bewegungen in den Jahren

---

[1] In der Nacht vom 20. auf den 21. April 1990 verwüsteten Skinheads ein schwul-lesbisches Lokal am Alexanderplatz in Ost-Berlin. Vgl. o. A., Im Osten viel Neues, in: Lambda Nachrichten. Zeitschrift der Homosexuellen Initiative Wien, H. 3, 1990, S. 55–58, hier S. 56; o. A., Heute gehen in der DDR zum ersten Mal Homosexuelle auf die Straße. Auftakt der „Christopher Street Day"-Aktionswoche auf dem Alexanderplatz, in: Der Tagesspiegel, 23. 6. 1990, S. 12.

[2] Vgl. SMU, Bundesrepublik Deutschland, Sammlung Bundesverband Homosexualität, Nr. 56, Politik IV, Brief des BVH-Mitglieds Stephan an Rainer und Dirk zur Organisation der Tagung „Homosexualität in der DDR" im Waldschlösschen, 2. 8. 1989.

1989/90? Welche neuen Ost-West-Kooperationen sowie Konkurrenzen ergaben sich und inwiefern veränderten sich Selbst- und Fremdwahrnehmungen? Nach einer kurzen Skizzierung der Ereignisse, die zum Mauerfall und zur deutschen Einheit führten, gilt es zunächst, den Blick auf die Positionierungen von SED bzw. PDS und den Medien in der DDR bezüglich des Umgangs mit Homosexuellen nach dem 9. November 1989 zu richten. Danach wird in diesem letzten Kapitel der Beginn einer länger andauernden Transformation der Schwulen- und Lesbenbewegung im Osten unter besonderer Berücksichtigung der deutsch-deutschen Verflechtungen untersucht. Im Mittelpunkt stehen dabei weiterhin die schwulen Gruppen und Akteure.

Zusammenbruch des SED-Regimes und der Weg in die deutsche Einheit

Der Zusammenbruch der DDR und die deutsche Einheit waren Konsequenz und Teil der weltweiten politischen und gesellschaftlichen Umbrüche der Jahre von 1989 bis 1991, die das Ende der Sowjetunion und ihrer Machtstellung in Ostmittel- und Südosteuropa sowie des globalen Ost-West-Konflikt bedeuteten.[3] In Gang gesetzt wurde dieser Verfallsprozess durch die internationalen Bemühungen um Entspannung seit den 1970er Jahren und beschleunigt durch die politischen Veränderungen in den Ländern des sowjetischen Einflussbereichs in den 1980er Jahren. Entscheidende Impulse kamen aus der Sowjetunion selbst, die sich in einer tiefen wirtschaftlichen und gesellschaftlichen Krise befand. Der vom Politbüro am 10. März 1985 neu gewählte Generalsekretär des Zentralkomitees der Kommunistischen Partei der Sowjetunion, Michail Gorbatschow, wollte die Diktatur modernisieren und das Land mit Reformen aus dieser Krise herausführen, für die er die Schlagworte Glasnost und Perestroika (deutsch: Transparenz und Umgestaltung) prägte. Er stieß damit allerdings eine Entwicklung nicht nur in der Sowjetunion, sondern auch in den Bruderländern an, der er und die politischen Führungen vor Ort nicht mehr Herr wurden. Gorbatschow, der das sowjetische Militär aus Afghanistan abzog, den Medien mehr Freiheit zugestand und die staatliche Zensur lockerte sowie eine Auseinandersetzung mit der stalinistischen Vergangenheit ermöglichte, wurde sowohl im Westen als auch bei vielen Menschen in den sozialistischen Ländern zum Hoffnungsträger.[4]

Getragen von dieser Hoffnung wirkten Opposition und Bürger*innenbewegungen entscheidend daran mit, die Massen in der DDR ab Herbst 1989 zu mobilisieren.[5] Neben der schlechten wirtschaftlichen Lage hatte die Abgrenzung der SED von der Reformpolitik Gorbatschows eine wachsende Unzufriedenheit in der Gesellschaft und damit eine zunehmende Delegitimierung der SED zur Folge. Nicht zuletzt trug auch die westliche Entspannungspolitik dazu bei, das System in der

---

[3] Vgl. Rödder, Deutschland einig Vaterland, S. 367.
[4] Vgl. Kowalczuk, Endspiel, S. 29.
[5] Vgl. Rödder, Deutschland einig Vaterland, S. 367–368.

DDR zu schwächen, da die häufigeren Interaktionen mit dem Westen die Parteienherrschaft in der DDR erodieren ließen und die innere Stabilität nicht mehr durch Inszenierung eines äußeren *Feinds* aufrechterhalten werden konnte.[6] Die DDR-Bevölkerung wandte sich in den 1980er Jahren immer mehr von ihrer eigenen Regierung ab, während in Westdeutschland die Tendenz zu erkennen war, der DDR Anerkennung für die dort wahrgenommenen Liberalisierungen zu zollen. Damit hatte jene Entwicklung eingesetzt, die mit dem Schlagwort „Wandel durch Annäherung" bezeichnet worden war, denn die DDR hatte sich dem Westen so weit geöffnet, dass sie „nicht mehr bleiben konnte, wie sie war", schreibt Peter Bender.[7]

Durch den Verzicht der ungarischen kommunistischen Partei auf ihren Führungsanspruch im Januar 1989, die Bildung eines Runden Tisches in Warschau im Februar und die Öffnung des Eisernen Vorhangs durch die ungarische Regierung im Mai geriet die DDR-Führung schließlich immer mehr in die Defensive. Von da an überschlugen sich die Ereignisse. Nach den Kommunalwahlen am 7. Mai 1989 begannen die Menschen in der DDR zunächst, gegen die Wahlfälschungen zu demonstrieren. Die Zahl der ostdeutschen Flüchtlinge in den westdeutschen Botschaften in Prag und Warschau stieg rapide an; nach Genschers berühmter Balkonrede in Prag am 30. September 1989 durften sie in die Bundesrepublik ausreisen. Mit der Massenflucht nahm auch der Protest in der DDR zu und Gorbatschow war nicht bereit, ihn mit sowjetischen Panzern zurückzudrängen.[8] Im Herbst 1989 traten zudem neue Oppositionsgruppen wie Neues Forum, Demokratie Jetzt und Demokratischer Aufbruch auf den Plan, die an die Reformierbarkeit der DDR glaubten und die Bundesrepublik explizit nicht für die bessere Gesellschaft hielten. Auf den Montagsdemonstrationen in Ost-Berlin und Leipzig forderten sie gemeinsam mit breiten Kreisen der DDR-Bevölkerung eine demokratische Umgestaltung des Landes. Der 9. Oktober 1989 wurde schließlich zum Tag der „friedlichen Revolution", als 70 000 Demonstrant*innen über den Leipziger Stadtring zogen und die Staatsmacht darauf verzichtete, sie mit Gewalt daran zu hindern.[9] Schwule und lesbische Aktivist*innen beteiligten sich zwar auch an den Protesten. Es ließen sich jedoch keine Hinweise darauf finden, dass sie als Vertreter*innen eigener Interessen auftraten, eigene Kundgebungen organisierten oder aus den Massenprotesten heraus Forderungen formulierten.

Am 8. November trat das Politbüro schließlich zurück und das Innenministerium arbeitete eine neue Reiseregelung aus, die Günter Schabowski am 9. November vor laufender Kamera verkündete. Als er auf Nachfrage erklärte, dass diese Neuregelung „sofort, unverzüglich" in Kraft trete, verbreitete sich diese Nachricht über die westdeutschen Medien wie ein Lauffeuer und die Ost-Berliner*innen strömten

---

[6] Vgl. Faulenbach, Nur eine „Fußnote der Weltgeschichte"?, S. 18 f.
[7] Bender, Deutschlands Wiederkehr, S. 224.
[8] Vgl. Weber, Getrennt und doch vereint, S. 1077–1078.
[9] Ebenda, S. 1085–1088.

zu den Grenzübergängen, die nacheinander geöffnet wurden.[10] In der Nähe einer dieser Grenzübergänge an der Bornholmer Straße in Ost-Berlin wurde zu dieser Zeit die Premiere des ersten und einzigen in der DDR produzierten Spielfilms über eine schwule Liebe gefeiert. Nach der Aufführung von „Coming Out" im Kino International an diesem historischen Abend suchten der Regisseur Heiner Carow und viele andere das Lokal Burgfrieden auf, wo einige der Filmszenen gedreht worden waren.[11] Der Autor Jens Bisky, der auf der Premierenfeier dabei war, beobachtete die über die Bornholmer Straße nach West-Berlin drängenden Menschen und hatte dabei gemischte Gefühle. „Ratlos" sei er gewesen, aber auch „froh" darüber, „dass die meisten zurückkommen wollten", erinnert er sich.[12] Denn mit der Zahl der ausreisenden Ost-Berliner*innen wuchs seine Sorge, „Coming out" könne die ostdeutsche Gesellschaft, die sich vermeintlich nun nur noch für die Angebote aus dem Westen interessierte, nicht mehr erreichen.

Mit dem Fall der Mauer fiel die Macht der SED in sich zusammen und für die Menschen in der DDR begann eine neue Zeit. Ob damit auch das Ende der DDR besiegelt sein würde, wusste zu diesem Zeitpunkt niemand zu sagen.[13] Die ersten Signale, die auf eine Vereinigung mit der Bundesrepublik hindeuteten, kamen jedoch schon wenige Wochen später aus Bonn. Als der Bundestag am 28. November 1989 in der Haushaltsdebatte die Ereignisse in Ostmitteleuropa diskutierte, präsentierte Bundeskanzler Helmut Kohl erstmals und zur Überraschung der Abgeordneten seinen Zehn-Punkte-Plan zur Überwindung der deutschen und europäischen Teilung.[14] Bei der DDR-Bevölkerung stieß die von Kohl in Aussicht gestellte deutsche Einheit auf breite Zustimmung, denn nach der Friedlichen Revolution dominierte der Wunsch nach einem besseren Leben, das heißt nach einem Lebensstandard wie in der Bundesrepublik, so Andreas Rödder.[15] Währenddessen legte der Zerfall der SED noch an Tempo zu. Erich Honecker, der Minister für Staatssicherheit Erich Mielke und andere hochrangige Funktionäre wurden im Dezember 1989 aus der SED ausgeschlossen. Politbüro und Zentralkomitee erklärten ihren Rücktritt und die immer noch herrschende Partei benannte sich ab 16. Dezember in SED/PDS um und wählte Gregor Gysi zum neuen Vorsitzenden. Ihm gelang es, die vollständige Auflösung der Partei, die ab Februar 1990 nur noch PDS hieß, abzuwenden.[16]

Am 7. Dezember 1989 trat zum ersten Mal der Zentrale Runde Tisch in Ost-Berlin zusammen, und in den nächsten Wochen und Monaten folgten hunderte Städte und Kommunen diesem Beispiel. Der vom Zentralen Runden Tisch erarbeitete Entwurf einer neuen Verfassung wurde am 4. April 1990 der Volkskammer

---

[10] Ebenda, S. 1090–1093.
[11] Vgl. Schmidt, Coming Out, S. 261.
[12] Bisky, Geboren am 13. August, S. 204.
[13] Vgl. Weber, Getrennt und doch vereint, S. 1093–1094.
[14] Vgl. Kowalczuk, Endspiel, S. 485.
[15] Vgl. Rödder, Deutschland einig Vaterland, S. 367–369.
[16] Vgl. Kowalczuk, Endspiel, S. 487–489.

übergeben, dort aber nicht mehr ernsthaft diskutiert. Denn nach den Volkskammerwahlen am 18. März 1990, aus denen das Wahlbündnis Allianz für Deutschland mit seinem Versprechen „Nie wieder Sozialismus" und der Forderung nach der deutschen Einheit als Siegerin (48,15 Prozent der abgegebenen Stimmen) hervorging, war klar, dass die Mehrheit der DDR-Bevölkerung eine Vereinigung nach Artikel 23 des Grundgesetzes wollte.[17] In seiner damaligen Fassung sah Artikel 23 vor, dass das bestehende Grundgesetz nach dem Beitritt der DDR zur Bundesrepublik auf deren Territorium in Kraft tritt. Bei einer Vereinigung nach Artikel 146 hätte demgegenüber eine neue gemeinsame Verfassung erarbeitet werden müssen. Dieser Weg wurde in der DDR vom Großteil der Oppositionsbewegung und denjenigen favorisiert, die am Runden Tisch den Verfassungsentwurf erarbeitet hatten, darunter auch schwule und lesbische Aktivist*innen. In der Bundesrepublik traten vor allem die politische Linke, Die Grünen und eine Mehrheit der SPD dafür ein.[18] Mit dem 18. März, so Ilko-Sascha Kowalczuk, war jedoch die „SED-Diktatur institutionell unwiderruflich Geschichte geworden".[19]

Homosexualität in der DDR – Neupositionierungen von Partei und Medien

Schon vor dem 9. November 1989 hatten staatlich autorisierte Arbeitsgruppen und Wissenschaftseinrichtungen damit begonnen, sich mit dem Thema Homosexualität zu beschäftigen. Bereits seit Mitte der 1980er Jahre diskutierten Wissenschaftler*innen, Aktivist*innen und Journalist*innen auf offiziellen Tagungen etwa über die Lebensbedingungen von Homosexuellen in der DDR. Für diese Veranstaltungen ergaben sich nach dem 9. November neue Freiräume, die im Februar 1990 für eine gemeinsame Erklärung genutzt wurden. Die Teilnehmer*innen der dritten Tagung „Psychosoziale Aspekte der Homosexualität" forderten vom zu diesem Zeitpunkt noch existierenden DDR-Staat unter anderem die verfassungsmäßige Gleichstellung aller Bürger*innen unabhängig von ihrer „sexuellen Orientierung", ein entsprechendes Antidiskriminierungsgesetz, die Anerkennung homosexueller NS-Opfer als Verfolgte des Naziregimes sowie die Rehabilitierung von in der DDR nach § 175 oder § 151 StGB Verurteilten.[20] Die Auflösung des Machtapparates

---

[17] Vgl. ebenda, S. 499.
[18] Vgl. Rödder, Deutschland einig Vaterland, S. 283.
[19] Kowalczuk, Endspiel, S. 15.
[20] Weitere Forderungen waren eine Wiedergutmachung gegenüber Bürger*innen, die aufgrund ihrer Homosexualität berufliche Nachteile erleiden mussten, ein Asylrecht für Homosexuelle, die rechtliche Gleichstellung homo- und heterosexueller Lebensgemeinschaften, eine Quote für homosexuelle politische Interessenvertreter*innen, die Förderung von Bildung, von wissenschaftlichen, künstlerischen und publizistischen Arbeiten sowie öffentlicher Kommunikations- und Begegnungsmöglichkeiten. Vgl. SMU, DDR, Nr. 8, Wissenschaft und Universitäten, Interdisziplinäre Arbeitsgruppe Homosexualität, Brief Hubert Thinius an die Volkskammer der DDR, Ausschuss für Verfassung und Recht, 7. 3. 1990, Anlage: „Gemeinsame Erklärung", 3. 2. 1990.

verstärkte demnach die schon in den 1980er Jahren begonnene Zusammenarbeit zwischen Aktivist*innen und Wissenschaftler*innen in der DDR, sodass sie ihren Vorstellungen von dem Weg in eine diskriminierungsfreie Gesellschaft eine gemeinsame Stimme geben konnten.

Den vorsichtigen Wandel seit Mitte der 1980er Jahre, auf den ab 1990 aufgebaut werden konnte, hatte die SED möglich gemacht oder zumindest nicht verhindert. Die Partei nahm selbst jedoch nie einen offiziellen Standpunkt zum Umgang mit Homosexuellen ein. Ihre Nachfolgepartei PDS machte die Gleichstellung von Schwulen und Lesben dafür umso deutlicher zu einem ihrer Anliegen. Am 24. März 1990 konnte sich etwa eine Arbeitsgruppe Lesben- und Schwulenpolitik in der PDS konstituieren.[21] Und auf Anfrage des BVH antwortete die PDS-Fraktion in der Volkskammer im Juni 1990 mit der Zusicherung, dass sie sich für die Rechte von Homosexuellen in der DDR und in einem zukünftigen vereinigten Deutschland einsetzen werde:

„Unsere Abgeordneten und Mitarbeiter wollen nicht nur ein einfaches Gegengewicht zum § 175 BRD-StGB erarbeiten. Wir streben nach einer möglichst umfassenden Regelung, die, ausgehend von den Formulierungen im Verfassungsentwurf des Rundes Tisches, eine weitestgehende juristische Gleichstellung gleichgeschlechtlicher Lebensgemeinschaften ins Auge faßt."[22]

Der zu dieser Zeit nach wie vor geltende bundesdeutsche § 175 StGB, der ein Schutzalter von 18 Jahren für sexuelle Kontakte zwischen Männern vorsah, und die Befürchtung, er werde im Zuge der Rechtsangleichung auch auf dem Territorium der ehemaligen DDR in Kraft treten, waren geeignete Themen, um an die Vorreiterrolle der DDR im Sexualstrafrecht zu erinnern und vor einer Verschlechterung der Rechtslage durch die Übernahme der bundesdeutschen Gesetze zu warnen; gleichzeitig konnte die Partei damit ihre Erneuerung bekräftigen. Die PDS wollte jedoch nicht nur die strafrechtliche Diskriminierung beseitigen, sondern bereitete sogar ein Gesetz vor, das homosexuelle Lebenspartnerschaften mit der Ehe gleichstellen sollte. Es sei allerdings „von der Einstellung der Abgeordneten anderer Fraktionen" abhängig, ob sie sich mit ihren Vorschlägen durchsetzen könne, so die PDS-Fraktion.[23] „[S]chwulenfreundliche Programmaussagen" habe es zwar „im Parteienspektrum von PDS bis Ost-CDU" gegeben, erklärten ost- und westdeutsche Schwulenaktivisten 1990 in der „Taz".[24] Die PDS ist aber die einzige ostdeutsche Partei, von der bekannt ist, dass sie ein Lebenspartnerschaftsgesetz plante.[25] In ihrem Schreiben an den BVH stellte die PDS zudem ihre Unterstüt-

---

[21] Vgl. o. A., AG Lesben- und Schwulenpolitik, in: Neues Deutschland, 29. 3. 1990, S. 5.
[22] Archiv Grünes Gedächtnis (AGG), B.II.1 6092 1–2, Fraktion der PDS der Volkskammer der DDR, Arbeitskreis Innen- und Rechtspolitik, Schreiben an Jörg Rowohlt (BVH), 26. 6. 1990.
[23] Ebenda.
[24] Volker Beck/Günter Dworek/Karsten Friedel, Vereinigung andersrum, in: Taz, 3. 7. 1990, S. 14.
[25] Vgl. Silke Müller, Kein Thema hinter der vorgehaltenen Hand, in: Neues Deutschland, 16. 3. 1990, S. 5. Die National-Demokratische Partei Deutschlands (NDPD) etwa lehnte die Gleichstellung von homosexuellen Lebensgemeinschaften mit der heterosexuellen Ehe ausdrücklich ab. Vgl. SMU, DDR, Nr. 8, Wissenschaft und Universitäten, Interdisziplinäre Ar-

zung für den CSD 1990 heraus. Diese Veranstaltung sei wichtig zur „Information der bis dato wenig interessierten DDR-Öffentlichkeit", die daraufhin Stellungnahmen „auch von konservativen Politikern" einfordern könne.[26] Dieser Darstellung der PDS zufolge war die DDR-Bevölkerung am Thema Homosexualität bisher nicht interessiert und es waren die Politiker*innen der anderen Parteien, die sich nunmehr einer Gleichstellung von Homo- und Heterosexuellen widersetzten. Wie die Analyse des staatlichen Umgangs mit Homosexualität jedoch gezeigt hat, war die Tabu-Politik der SED maßgeblich dafür verantwortlich, dass es in der DDR kaum Wissen und vor allem wenig Sichtbarkeit von Schwulen und Lesben gab. Dessen ungeachtet machte sich die SED-Nachfolgepartei nun im Rahmen ihres eigenen Transformationsprozesses zur Verbündeten der Homosexuellen sowohl im Osten als auch im Westen und kündigte an, deren Interessen politisch zu vertreten.

Anders als noch wenige Wochen zuvor informierten die DDR-Medien nun ausführlich über die rechtliche Lage von Schwulen und Lesben in der DDR und in der Bundesrepublik, über die nationalsozialistische Verfolgung von Homosexuellen sowie über die Schwulen- und Lesbenbewegungen.[27] Dieser Wandel muss auch vor dem Hintergrund personeller Veränderungen in den jeweiligen Redaktionen seit November 1989 und ihrer schrittweisen Loslösung von der SED bzw. der PDS seit Januar 1990 gesehen werden.[28] In der Berichterstattung lassen sich sowohl Kontinuitäten als auch Brüche ausmachen, die die Absicht offenbaren, die Tradition der DDR als Schutzmacht von Minderheiten aufzurufen und sich zugleich von einer Politik der Tabus zu verabschieden. Das „Neue Deutschland" und die „Junge Welt" erklärten einerseits, die DDR habe im Unterschied zur Bundesrepublik die Rechte von Homosexuellen verteidigt.[29] Andererseits wurden der DDR durchaus auch Versäumnisse attestiert, die es nun wiedergutzumachen gelte. Im Juli 1990 stellte das „Neue Deutschland" in einem Interview mit Günter Grau be-

---

beitsgruppe HU, Antwortschreiben der NDPD an die Interdisziplinäre Arbeitsgruppe Homosexualität an der Humboldt-Universität zu Berlin, 8. 3. 1990.

[26] AGG, B.II.1 6092 1–2, Fraktion der PDS der Volkskammer der DDR, Arbeitskreis Innen- und Rechtspolitik, Schreiben an Jörg Rowohlt (BVH), 26. 6. 1990.

[27] Vgl. u. a. Ursula Sillge, Ich bin homosexuell, was nun? Der Berliner Sonntags-Club – eine gute Adresse zum Selbstverständnis von Lesben und Schwulen, in: Neue Zeit, 2. 1. 1990, S. 3; Holger Becker, Verfolgt, vernichtet – vergessen? Über das Schicksal Homosexueller unter der faschistischen Diktatur. Ein ND-Gespräch mit Dr. Günter Grau, in: Neues Deutschland, 3./4. 2. 1990, S. 13; Beatrice Rohbeck, Schwule fordern ihre rechtliche Gleichstellung. Neuer Verband wurde in Berlin gegründet, in: Berliner Zeitung, 28. 6. 1990, S. 7; o. A., Gay Games. Coming out weltweit, in: Junge Welt, 6. 3. 1990, S. 8.

[28] Vgl. Bösch/Classen, Bridge over troubled Water?, S. 477.

[29] Vgl. u. a. Wolfgang Hübner, Homosexuelle gegen § 175, in: Neues Deutschland, 20. 9. 1990, S. 6; o. A., Im Parlament für Schwule und Lesben wenig Interesse, in: Neues Deutschland, 31. 8. 1990, S. 2; o. A., Bekenntnistag der Homosexuellen, in: Neues Deutschland, 25. 6. 1990, S. 7; o. A., Lesben und Schwule: Andersrum – na und? Christopher-Street-Day-Aktionswoche in Ost und West, in: Junge Welt, 25. 6. 1990, S. 2; o. A., Chance für Minderheiten! Linkes Treffen gegen DDR-Vereinnahmung in Gütersloh, in: Junge Welt, 22. 5. 1990, S. 5.

stürzt fest, dass die homosexuellen Opfer des Nationalsozialismus in der DDR keine Würdigung erfahren hätten:

> „Ist es nicht beschämend, daß die Schicksale Homosexueller zwischen 1933 und 1945 hierzulande bislang kaum öffentliche Aufmerksamkeit fanden? Beschämend auch als Bruch mit Traditionen. Immerhin spielten die Linken in der Weimarer Republik eine besondere Rolle bei den Bemühungen um eine Sexualreform."[30]

Mit diesem Interview beendete das „Neue Deutschland" die bisherige Praxis der Unsichtbarmachung der von den Nationalsozialisten verfolgten Homosexuellen. Das Bedauern des bisherigen Verschweigens klingt dabei aber so, als hätte die Tageszeitung mit dem, was in der DDR öffentlich verlautbart wurde, nichts zu tun gehabt. Ein derart widersprüchlicher Umgang – Distanzierung von der Vergangenheit auf der einen, Inszenierung von Kontinuität auf der anderen Seite – war der SED und dem „Neuen Deutschland" somit gemein. Wie schnell nicht nur die Zeitung das Gedenken für wichtig hielt, zeigt sich darin, dass es schon in den ersten Monaten des Jahres 1990 möglich wurde, Gedenktafeln für die homosexuellen Opfer des Nationalsozialismus aufzustellen.[31]

Aufbruch und Kontinuitäten der Schwulen- und Lesbenbewegung im Osten

Die Schwulen- und Lesbenbewegung in der DDR erlebte mit dem Mauerfall eine ungeahnte Erweiterung ihrer Handlungsräume. In der Hoffnung, die bisherige Arbeit ausdehnen und den politischen und gesellschaftlichen Wandel mitbestimmen und vorantreiben zu können, verliehen die Aktivist*innen der Bewegung eine neue Dynamik. Ein deutliches Zeichen dafür waren die zahlreichen Neugründungen. Hatte es vor dem Mauerfall mindestens 18 kirchlich und nichtkirchlich angebundene homosexuelle Arbeitskreise und Clubs gegeben, existierten im Januar 1990 bereits 37 schwule, lesbische, aber auch trans*- und AIDS-Initiativen.[32] Die Bewegung hatte sich also ausdifferenziert und sich für bisher marginalisierte Interessen geöffnet, sodass homosexuell als Sammelbezeichnung bald nicht mehr ausreichte, um ihr gesamtes Spektrum zu beschreiben. Mitte 1990 sollen es bereits mehr als 50 Vereine und Zusammenschlüsse gewesen sein.[33] Viele der Gruppen, die sich schon länger engagierten, nutzten nun die Gelegenheit, sich eine legale

---

[30] Holger Becker, Verfolgt, vernichtet – vergessen? Über das Schicksal Homosexueller unter der faschistischen Diktatur. Ein ND-Gespräch mit Dr. Günter Grau, in: Neues Deutschland, 3./4. 2. 1990, S. 13.
[31] Vgl. o. A., Kurz berichtet. Schwule Gedenktafeln in den Konzentrationslagern der DDR, in: Nürnberger Schwulenpost, H. 57, 1990, S. 20.
[32] Vgl. o. A., Beratungsmöglichkeiten in den Bezirken der DDR; o. A., Adressen schwuler und lesbischer Gruppen/Klubs in der DDR.
[33] Vgl. SMU, DDR, Kirchliche Arbeitskreise Homosexualität, Nr. 4, Arbeitskreis Homosexualität der Evangelischen Stadtmission Magdeburg, Arbeitskreise, Klubs und Gruppen Homosexualität in der DDR, Stand 15. 5. 1990; o. A., Im Osten viel Neues, in: Lambda Nachrichten. Zeitschrift der Homosexuellen Initiative Wien, H. 3, 1990, S. 55–58, hier S. 56.

und unabhängige Form zu geben. Aus bereits existierenden kirchlich und nichtkirchlich angebundenen Zusammenschlüssen gingen im Laufe des Jahres 1990 etwa der lebensart e. V. in Halle, rat+tat e. V. in Rostock und Gerede e. V. in Dresden hervor. Der seit Mitte der 1980er Jahre bestehende Sonntags-Club wurde im Juli 1990 ins Vereinsregister eingetragen.[34] Es entstanden außerdem Verbände und übergreifende Zusammenschlüsse. Im März 1990 fand in Ost-Berlin der Gründungskongress des lesbisch-schwulen Jugendnetzwerks Lambda statt.[35] Es folgte die Gründung eines Interessenverbands für „Transvestiten und Transsexuelle".[36] Nicht zuletzt riefen leitende Mitarbeiter aus den Arbeitskreisen Homosexualität im Februar 1990 den Schwulenverband in der DDR (SVD) ins Leben, der sich fortan als Vertretung der Schwulen, später auch der Lesben, in der DDR und im vereinigten Deutschland verstand.

Nunmehr war es auch möglich, eigene Publikationen zu erstellen. Ab März 1990 gab die Gruppe Courage aus Ost-Berlin etwa ihre Zeitschrift „Die andere Welt" heraus. Mit einer Auflage von 10 000 Exemplaren war sie zunächst die größte ostdeutsche schwul-lesbische Zeitschrift und konkurrierte mit westdeutschen Magazinen – zumindest im Osten. In den westlichen Bundesländern wurde sie dagegen kaum wahrgenommen. Ein Grund dafür dürfte die für westdeutsche Leser*innen zu dieser Zeit ungewöhnliche und unscheinbare Aufmachung in Schwarz-Weiß, das Fehlen von Hochglanzbildern und der starke Fokus auf Ostdeutschland gewesen sein.[37] Auch der Verein Gerede in Dresden produzierte eine Zeitschrift namens „Gegenpol", die neue Homosexuelleninitiative Leipzig (HIL) publizierte das Magazin „minislib" und Jürgen Zehnle vom Rosa Archiv in Leipzig stellte für die Kölner Zeitschrift „First" eine Seite mit „Gay News" aus der DDR zusammen.[38] Außerdem schrieben immer mehr DDR-Autor*innen Beiträge für westliche Homosexuellenzeitschriften.[39] Die Gründung ostdeutscher schwul-lesbischer Verlage oder Buchläden blieb jedoch aus. Stattdessen standen die Ostdeutschen nach dem Mauerfall nicht nur „vor Sexshops Schlange", so Joachim Bartholomae, sondern trugen mit ihren Einkäufen in schwulen Buchhandlungen auch zu den „wirtschaftlich erfolgreichsten Jahre[n] des schwulen Buchmarkts" in Westdeutschland bei.[40]

Mit der Friedlichen Revolution bot sich engagierten Bürger*innen die Gelegenheit, bisher unbeachtete und vernachlässigte Anliegen zu äußern und in den

---

[34] Vgl. Dobler/Schmidt/Nellißen, Sonntags im Club, S. 243.
[35] Vgl. RHG, Sammlung Eduard Stapel, ESt 11, Arbeitskreise/-gruppen Homosexualität 8, Jugendnetzwerk Lambda, Einladung, 27. 3. 1990.
[36] O. A., DDR-News, in: First. Die Zeitung von Männern für Männer. Deutschlands große Gay Zeitung, H. 19, 1990, S. 17–19, hier S. 17.
[37] Vgl. Schulze, Schwule Hauptstadt, S. 85.
[38] Vgl. o. A., Im Osten viel Neues, in: Lambda Nachrichten. Zeitschrift der Homosexuellen Initiative Wien, H. 3, 1990, S. 55–58, hier S. 56; SMU, Findbuch D: DDR, Sammlung Arbeitsgemeinschaft Homosexualität Courage.
[39] Vgl. u. a. Jürgen Lemke, Amerika, Amerika. Two, four, six eight … gay is just as good as straight … Schwule und Lesben machen Kinder, in: Du & Ich, H. 12, 1990, S. 13 f.
[40] Bartholomae, Klappentexte, S. 87.

Transformationsprozess einzubringen. Schwule und lesbische Aktivist*innen beteiligten sich beispielsweise an den Runden Tischen auf kommunaler Ebene.[41] Drei CDU-Kandidaten, die vorher in Schwulenkreisen bei der Kirche aktiv waren, zogen im Mai 1990 in das Friedrichshainer Bezirksparlament in Berlin ein.[42] Innerhalb weniger Wochen und Monate nach dem Zusammenbruch des SED-Regimes nahmen also die Aktivitäten von schwulen, lesbischen, aber auch anderen Initiativen deutlich zu. Sie hatten Vorläufer*innen in den 1980er Jahren, als die politischen Rahmenbedingungen eine gesellschaftliche Öffnung für das Thema Homosexualität möglich gemacht hatten. Die Auflösung des Machtapparates und der Wegfall staatlicher Verbote trieben dann die Professionalisierung und Ausdifferenzierung der Bewegung im Jahr 1990 noch einmal verstärkt an.

Wenn schon Einheit, dann ohne § 175 StGB

Den Beitritt der DDR zur Bundesrepublik nach Artikel 23 des Grundgesetzes hielt Christian Pulz für einen Rückschritt.[43] „Wir wollten tatsächlich nicht die Einheit damals", erinnert er sich. Vielmehr hätten sich die Schwulengruppen der noch-DDR „freie Bedingungen für [...] Meinungsäußerungen" gewünscht und „dass auch Westbücher kein Problem mehr" seien „in einer demokratisierten sozialistischen DDR".[44] Die Hoffnungen der Aktivisten zielten also auf eine reformierte DDR, in der sie ihre Arbeit fortsetzten konnten.[45]

Große Teile der westdeutschen Schwulenbewegung konnten der Wiedervereinigung ebenfalls wenig abgewinnen. Insbesondere linke Aktivisten hatten die DDR immer als eine legitime politische und gesellschaftliche Alternative zur Bundesrepublik betrachtet, deren Scheitern von ihnen verlangte, bisherige politische Vorstellungen zu verändern. „Es spricht nichts für und manches gegen eine Vereinigung von BRD und DDR",[46] postulierte im März 1990 etwa der Bundesverband Homosexualität (BVH), der zwei Monate später, als die Einheit nicht mehr zu verhindern war, nur noch vor einer „Überstülpung des Grundgesetzes, der einfachen Gesetze und der gesellschaftlichen Verhältnisse der BRD über Gesellschaft und Rechtsordnung der DDR" warnen konnte.[47] Wie die meisten ostdeutschen Schwu-

---

[41] Vgl. RHG, Sammlung Eduard Stapel, ESt 02, Korrespondenz, Tagungsbericht Ilse Kokula über Treffen von Schwulen- und Lesbengruppen aus der DDR und West-Berlin beim Referat für gleichgeschlechtliche Lebensweisen des Senators für Jugend und Familie West-Berlin, 12. 3. 1990; o. A., Einzigartig in der DDR: Im Bezirk Magdeburg sind auch die Homosexuellen am Runden Tisch. Club A 3 wirbt um mehr Verständnis, in: Braunschweiger Zeitung, 20. 2. 1990, S. 6.
[42] Vgl. Schulze, Schwule Hauptstadt, S. 18.
[43] Vgl. Interview Christian Pulz, 12. 8. 2013.
[44] Ebenda.
[45] Vgl. Lemke, Die Akustik des Brückenbogens, S. 14; o. A., Dokumentation: Für Anerkennung und Gleichberechtigung.
[46] O. A., BVH-Position (Beschlossen auf der MV in Hannover). Schwule und die Vereinigung von DDR und BRD, in: BVH-Magazin, H. 3, 1990, S. 6.
[47] Ebenda.

lenaktivisten hielt der BVH stattdessen den „Entwurf des Runden Tisches für eine neue Verfassung der DDR" für eine „geeignete Grundlage" des Vereinigungsprozesses.[48] Der Verfassungsentwurf enthielt unter anderem in Artikel 1 Absatz 2 ein Diskriminierungsverbot aufgrund der „sexuellen Orientierung" sowie in Artikel 22 den Anspruch auf „Schutz vor Diskriminierung" für „[a]ndere Lebensgemeinschaften, die auf Dauer angelegt sind".[49] Der Kampf für die Rechte von Schwulen und Lesben wurde also zum Argument gegen die Ausdehnung des Geltungsbereichs des Grundgesetzes auf die neuen Bundesländer. Ein weiteres zentrales Anliegen von ost- und westdeutschen Aktivisten war, die Streichung des bundesdeutschen § 175 StGB zu erreichen bzw. sein Inkrafttreten in den neuen Bundesländern zu verhindern. Mit der in Artikel 146 des Grundgesetzes in seiner damaligen Fassung verankerten Option, eine neue Verfassung für das vereinigte Deutschland auszuarbeiten, glaubte man, dieses Ziel erreichen zu können. Denn die Streichung des § 175 StGB wäre dann unausweichlich, waren sich etwa Friedrich Baumhauer und Claus Brandt im Magazin „Magnus" sicher.[50]

Die aufgrund der Entwicklungen in der DDR in den westdeutschen schwullesbischen Medien und in der Schwulenbewegung bereits ab 1988 wieder verstärkt geführte Diskussion um den § 175 StGB entwickelte sich nach dem 9. November 1989 schnell zu einer gesamtdeutschen Debatte. Denn der Mauerfall und die bevorstehende Wiedervereinigung wurden als eine Chance betrachtet, politische Mehrheiten für die Abschaffung des § 175 StGB in der Bundesrepublik zu gewinnen. So gab der BVH das gesamte Jahr 1990 Stellungnahmen ab, warnte vor einer erneuten „Kriminalisierung der Schwulen in der DDR" und forderte „die ersatzlose Streichung des § 175 StGB noch vor der Rechtsangleichung von BRD und DDR".[51] Darüber hinaus wurde weiter und breiter als bisher über die Geschichte des Paragrafen informiert, wie etwa durch den Verein Freunde eines Schwulen Museums in West-Berlin, der im Foyer des Rathauses Schöneberg im Mai und Juni 1990 die Ausstellung „Die Geschichte des Paragraphen 175 – Strafrecht gegen Homosexuelle" zeigte.[52] Karsten Friedel, der im Arbeitskreis Schwule in der Kirche aktiv war und nun den Schwulenverband der DDR vertrat, verkündete auf einer Pressekonferenz in Hamburg dann auch den ostdeutschen „Widerstand gegen den bundesdeutschen § 175".[53]

---

[48] Ebenda.
[49] Arbeitsgruppe „Neue Verfassung der DDR" des Runden Tisches, Entwurf einer Verfassung der Deutschen Demokratischen Republik, Berlin April 1990, http://www.documentarchiv.de/ddr/1990/ddr-verfassungsentwurf_runder-tisch.html#1 (20. 10. 2019). Gemäß Artikel 22 Absatz 1 ist die Familie durch den Staat zu schützen und zu fördern.
[50] Vgl. Friedrich Baumhauer/Claus Brandt, „Homosexuelle Handlungen" demnächst wieder strafbar? Die DDR und der § 175, in: Magnus, H. 5, 1990, S. 31.
[51] SMU, Bundesrepublik Deutschland, Sammlung Bundesverband Homosexualität, Schreiben Jörg Rowohlt (BVH) an Fraktionsvorstand der Grünen, 3. 6. 1990.
[52] AGG, B.II.1 6092 1–2, Zeitungsausschnitte, Volksblatt Berlin 22. 5. 1990; Taz 19. 5. 1990, 1. 6. 1990; Berliner Stimme 11./12. 6. 1990.
[53] AGG, B.II.1 6092 1–2, Karsten Friedel/Schwulenverband in Deutschland (SVD), „Gemeinsame Aktionstage gegen den § 175", Pressekonferenz Hamburg 19. 9. 1990, verfasst am 13. 9. 1990.

Waren die Arbeitskreise in der DDR schon im März/April 1990 überzeugt, dass die „verstärkte Zusammenarbeit mit der westdeutsche[n] Schwulenbewegung" ein unverzichtbares Mittel im Vorgehen gegen den § 175 StGB sei, so rückten ost- und westdeutsche Aktivisten bei diesem Thema im Laufe des Jahrs 1990 noch enger zusammen.[54] BVH, die Deutsche AIDS-Hilfe und der im Februar 1990 gegründete Schwulenverband in der DDR (SVD) riefen etwa gemeinsam zu einer Aktionswoche gegen den § 175 StGB und zu einer Unterschriften- und Briefaktion auf. Alle Interessierten und Engagierten in Ost und West sollten sich an den Ministerpräsidenten und Justizminister der DDR, den Petitionsausschuss der Volkskammer, den Bundeskanzler und den Petitionsausschuss des Deutschen Bundestages wenden.[55] Parlamentarische und staatliche Institutionen im Osten und im Westen erhielten daraufhin Unmengen an Briefen und Postkarten, in denen Organisationen und Einzelpersonen forderten, § 175 StGB abzuschaffen bzw. ihn jedenfalls auf dem Gebiet der DDR nicht in Kraft zu setzen. Der Ministerpräsident der DDR, Lothar de Maizière, beispielsweise erhielt Schreiben aus der Bundesrepublik und der DDR, aber auch aus Großbritannien, Holland und den USA.[56] Acht Thüringer Initiativen schickten einen Offenen Brief an den Bundespräsidenten Richard von Weizsäcker sowie an den DDR-Ministerpräsidenten de Maizière, an Bundeskanzler Helmut Kohl, die Volkskammerpräsidentin Sabine Bergmann-Pohl und die Bundestagspräsidentin Rita Süßmuth. Darin erklärten sie, dass sie nicht grundsätzlich gegen eine Vereinigung der beiden deutschen Staaten seien, „solange die Rechte der Menschen für alle gleichermaßen gewährleistet werden".[57] Sie forderten „die ersatzlose Streichung des Paragraphen 175 StGB und die Festschreibung der Gleichberechtigung aller Menschen auch unabhängig von ihrer sexuellen Orientierung im Grundgesetz eines zukünftigen vereinten Deutschlands".[58] Führende Sexualwissenschaftler*innen der DDR richteten 1990 ebenfalls eine Erklärung an die Volkskammer und verschiedene Ministerien, in der sie die Empfänger*innen aufforderten, sich dafür einzusetzen, dass „noch vor der Rechtsangleichung der Paragraph 175 im Strafgesetz der BRD ersatzlos gestrichen wird".[59] Zahlreiche

---

[54] RHG, Sammlung Eduard Stapel, ESt 13, Arbeitskreise/-gruppen Homosexualität 10, „Protokoll der 10. Tagung der Koordinierungsgruppe der Arbeitskreise und Klubs Homosexualität in der DDR, 30. 3.–1. 4. 1990".

[55] Vgl. o. A. Kein Anschluss unter dieser Nummer, in: First. Die Zeitung von Männern für Männer. Deutschlands große Gay Zeitung, H. 23, 1990, S. 1.

[56] Vgl. BArch, DC 20/6724, Bl. 27–88, Amt des Ministerpräsidenten der DDR, Wiedereinführung des § 175 nach der Wiedervereinigung, Eingaben und Schreiben gegen § 175.

[57] SMU, DDR, Staat und Politik, Nr. 2, § 175 – vor der Wiedervereinigung, Offener Brief der Homosexuellen Initiativen Thüringens an Regierungen und Parlamente in der Bundesrepublik und der DDR, 30. 6. 1990.

[58] Ebenda.

[59] Zu den Unterzeichner*innen gehörten Kurt Bach, Erwin Günther, Hans Joachim Ahrendt, Lykke Aresin, Kurt Starke, Hartmut Bosinski, Günter Grau, Siegfried Schnabl und Konrad Weller. Vgl. SMU, DDR, AIDS-Hilfe DDR, Nr. 46, Pressespiegel (Streichung § 175 DDR/BRD), Gesellschaft für Sexualwissenschaft, „Erklärung zur drohenden Rekriminalisierung der Homosexualität", Leipzig August 1990.

Schreiben erreichten zudem den Bundesvorstand der Grünen bzw. die Bundestagsfraktion mit der Aufforderung, die Streichung des § 175 StGB voranzubringen. Ein Teil der Briefe kam aus der DDR, wie etwa der des Autors Jürgen Lemke.[60]

Der Kampf gegen den § 175 StGB avancierte somit schon im Vorfeld der Vereinigung der beiden deutschen Staaten zu einem Thema mit starker Integrationskraft, das geeignet war, die Bewegungen, Privatpersonen sowie Wissenschaftler*innen aus Ost und West zu verbinden. Gleichzeitig trat hier der Kontrast zwischen Ost und West noch einmal deutlich zutage. Denn von der DDR wurde erwartet, ihre Errungenschaften im Einigungsprozess gegenüber der Bundesrepublik zu verteidigen. Briefe und Unterschriften erreichten überdies quer zu der bisher streng bewachten Systemgrenze Parteien, Ministerien, staatliche und parlamentarische Institutionen sowie politische Verantwortliche, die sowohl für Ostdeutsche als auch für Westdeutsche zu Ansprechpartner*innen wurden. Dies unterstreicht erneut die gesamtdeutsche Dimension, die der § 175 StGB im Jahr 1990 und darüber hinaus entfaltete. Er mobilisierte die ost- und die westdeutschen Schwulen-und Lesbenbewegungen sowie Teile der Gesellschaften, sich für die Interessen beider Seiten einzusetzen.

Die Partei Die Grünen, die sich seit ihrer Gründung und mit dem Einzug in den Bundestag gegen die Benachteiligung homosexueller Männer im bundesdeutschen Strafrecht einsetzte, interessierte sich schon von Anfang an, verstärkt aber nach dem Mauerfall für die Schwulen- und Lesbenbewegung wie auch für die Strafrechtsentwicklung in der DDR. Was ihr generelles Verhältnis zur DDR anging, verfolgte die Partei eine Doppelstrategie. So unterhielten Die Grünen mehr als jede andere Partei im Deutschen Bundestag Kontakte sowohl zu Oppositionellen als auch zu Staatsvertreter*innen in der DDR.[61] Nach dem Mauerfall reagierten sie auf Helmut Kohls Zehn-Punkte-Programm vom 28. November 1989, das auf eine schrittweise Wiedervereinigung zielte, mit einem eigenen Sieben-Punkte-Plan, der sich den Forderungen der Oppositionsbewegung in der DDR anschloss und sich für einen „dritten Weg", das heißt für die weitere staatliche Eigenständigkeit der DDR aussprach. Zustimmung erhielten Die Grünen dafür kaum und sie verpassten bei den Bundestagswahlen im Dezember 1990 sogar den Einzug ins Parlament, weil sie sich als einzige größere westdeutsche Partei nicht mit ihrem ostdeutschen Pendant, dem Bündnis 90/Die Grünen vereinigt hatten.[62]

Bis dahin ging die Partei im Umgang mit der DDR aber weiterhin im Sinne einer Doppelstrategie vor, indem sie die Errungenschaften sowohl des sozialistischen Staates als auch der Friedlichen Revolution würdigte und bewahren wollte. Mit dem Zusammenbruch des SED-Staates setzten auch Die Grünen ähnlich wie die Schwulenbewegung den Umgang mit der DDR und den Kampf gegen den § 175 StGB in der Bundesrepublik ganz neu miteinander in Beziehung. Die Bun-

---

[60] AGG, B.II.1 6092 1–2, Brief Jürgen Lemke an Bundestagsfraktion Die Grünen, 1990.
[61] Vgl. Rödder, Deutschland einig Vaterland, S. 172 f.
[62] Vgl. ebenda.

destagsfraktion der Grünen stellte im Juli 1990 etwa einen Antrag zur „Abschaffung der rechtlichen Diskriminierung von homosexuellen Männern", in dessen Begründung sie darauf verwies, dass die SED-Regierung 1988 den § 151 aus dem Strafgesetzbuch gestrichen habe und die „Revolution der DDR-Demokratiebewegung [...] auch einen gesellschaftlichen Durchbruch für die Lesben und Schwulen in der DDR" gebracht habe.[63] Diese Entwicklung dürfe das vereinte Deutschland nun nicht umkehren. Um das Land Bayern zu überzeugen, im Bundesrat die Streichung des § 175 StGB zu unterstützen, erklärte die Abgeordnete der Grünen im Bayerischen Landtag, Ingrid Psimmas, die DDR habe es „zumindest im Bereich des Sexualstrafrechts geschafft, sich von den Vorstellungen des 18. und 19. Jahrhunderts zu lösen und Homosexualität als eine von vielen Formen menschlicher Sexualität zu akzeptieren".[64] Sie habe mit einem Gedankengut gebrochen, „das in der Nazizeit die Verfolgung und den Tod von abertausenden schwuler Männer und lesbischer Frauen beinhaltete".[65] Der bundesdeutschen Gesellschaft und Politik warf Psimmas vor, diesen Bruch bisher nicht vollzogen zu haben. Interessanterweise verliert die Abgeordnete kein Wort darüber, dass das Gedenken an die ermordeten und verfolgten Homosexuellen während des Nationalsozialismus in der DDR niemals Teil der offiziellen Erinnerungspolitik war; vielmehr mussten sich Aktivist*innen dieses Gedenken erkämpfen und konnten es nur in sehr engen Grenzen unter ständiger Beobachtung durch die Sicherheitsorgane begehen. Wie bereits zuvor gezeigt, war auch hier das Bild von der DDR in Bezug auf ihren Umgang mit Homosexuellen ab 1988/89 vor allem durch die Abschaffung des § 151 StGB geprägt. Die Fokussierung auf das Strafrecht aus der Motivation heraus, gegen den § 175 StGB argumentieren zu können, ließ die DDR in einem unverhältnismäßig positiven Licht erscheinen.

Gegen die Stimmen der gesamten PDS-Fraktion und der Hälfte der Abgeordneten von Bündnis 90/Die Grünen beschloss die Volkskammer in der Nacht vom 22. auf den 23. August 1990 den Beitritt der DDR zur Bundesrepublik, wobei die Gegner*innen ihre ablehnende Haltung unter anderem mit der drohenden Anwendung des bundesdeutschen § 175 StGB auf dem Territorium der ehemaligen DDR begründeten.[66] Um dessen Abschaffung wurde aber auch nach diesem Be-

---

[63] Deutscher Bundestag, 11. Wahlperiode, Drucksache 11/7197 (neu), „Antrag der Abgeordneten Frau Beck-Oberdorf, Häfner, Hoss, Meneses Vogl, Nickels, Schoppe, Such, Trenz, Dr. Vollmer, Frau Vennegerts und der Fraktion DIE GRÜNEN: Abschaffung der rechtlichen Diskriminierung von homosexuellen Männern", 9. 7. 1990, S. 5. Am 4. September 1990 forderte die Fraktion den Bundestag erneut auf, bei der „Vereinigung der beiden deutschen Staaten [...] die strafrechtliche Sonderbehandlung der Homosexualität [...] abzuschaffen". Deutscher Bundestag, 11. Wahlperiode, Drucksache 11/7764, „Antrag der Abgeordneten Garbe, Häfner, Hüser, Kottwitz, Stratmann-Mertens, Dr. Vollmer und der Fraktion DIE GRÜNEN: Demokratische, soziale und ökologische Eckpunkte zum Einigungsvertrag", 4. 9. 1990, S. 1.

[64] O. A., Der Bayerische Landtag und der Paragraph 175, in: Nürnberger Schwulenpost, H. 60, 1990, S. 21.

[65] Ebenda.

[66] Vgl. Volkskammer der DDR, 10. Wahlperiode, 32. Tagung, Drucksache Nr. 203, „Antrag der Fraktion Bündnis 90/Grüne betreffend Strafverfolgungspraxis zum Paragraphen 175 des Strafgesetzbuches der BRD", 24. 8. 1990, S. 1495.

schluss weiter gerungen. Der Rechtsausschluss der Volkskammer schlug im September 1990 vor, die Volkskammer solle die Regierung der DDR beauftragen, „sich in Nachverhandlungen zum Einigungsvertrag" dafür einzusetzen, „die Strafandrohung gemäß Paragraphen 175 Strafgesetzbuch" aufzuheben.[67] Mit 107 Ja-Stimmen zu 90 Nein-Stimmen und 38 Enthaltungen wurde die Beschlussvorlage von der Volkskammer schließlich angenommen.[68] Auch der Petitionsausschuss der Volkskammer, der zahlreiche Postkarten und Briefe mit der Aufforderung erhalten hatte, sich gegen die Übernahme und für die Abschaffung des § 175 StGB einzusetzen, vertrat den Standpunkt, dass dieser Paragraf nicht in ein zukünftiges Strafrecht übernommen werden könne, und entschied deshalb, „die Petitionen der Regierung der DDR zur Berücksichtigung zu überweisen".[69] Die Nähe zwischen der Schwulen- und Lesbenbewegung und den staatlichen Institutionen sowie dem Parlament in der DDR war somit wohl nie größer als im Jahr 1990.

Nach dem 3. Oktober 1990 wurde die Geltung des § 175 StGB nicht auf die neuen Bundesländer ausgedehnt; seine Anwendung war vielmehr gemäß dem sogenannten „Tatortprinzip" vom Ort abhängig, an dem eine Tat begangen wurde. Das hatte zur Folge, dass § 175 StGB zwar nicht in den neuen, wohl aber in den alten Bundesländern Geltung besaß, was insbesondere in Berlin zu einer absurden Situation führte: Ein über 18-Jähriger, der mit einem männlichen über 14-, aber unter 18-jährigen Jugendlichen einvernehmlichen Sex hatte, konnte in West-Berlin dafür bestraft werden, in Ost-Berlin aber nicht. Die Gegner*innen des § 175 StGB argumentierten deshalb nun vor allem mit dessen Unsinnigkeit.[70] Eine ähnliche Situation gab es im Übrigen in Bezug auf den Schwangerschaftsabbruch. Zunächst sah der Einigungsvertrag eine Übergangsfrist für die unterschiedlichen Regelungen vor. In den alten Bundesländern galt weiterhin die Indikationsregelung und in den neuen Bundesländern die Fristenregelung. Ab 1995 wurde schließlich für das ganze Land die Fristenlösung von zwölf Wochen mit der Pflicht zur Beratung eingeführt.[71] Die Notwendigkeit, das Recht zu vereinheitlichen, beschleunigte letztlich auch die Reformdiskussion um § 175 StGB. Nach zahlreichen Entwürfen und Gesetzesvorschlägen von Fraktionen im Bundestag, dem Rechtsausschuss im Bundestag, dem Justizministerium, dem Bundesrat und der Bundesregierung erfolgte seine endgültige Aufhebung durch das 29. Strafrechtsänderungsgesetz. Der Bundestag folgte am 31. Mai 1994 damit dem Vorschlag des Rechtsausschusses, in den alten Bundesländern den § 175 StGB und in neuen Bundesländern den

---

[67] Volkskammer der DDR, 10. Wahlperiode, 35. Sitzung, Drucksache Nr. 203 a, „Beschlußempfehlung des Rechtsausschusses Beauftragung der Regierung, in Nachverhandlungen zum Einigungsvertrages eine gesetzliche Regelung zum Paragraphen 175 des Strafgesetzbuches der BRD herbeizuführen", 13. 9. 1990, S. 1717.
[68] Ebenda, S. 1719.
[69] SMU, DDR, Staat und Politik, Nr. 1, SED/Volkskammer, Brief des Petitionsausschusses der Volkskammer der DDR an den „Schwulen-Verband" in der DDR, 14. 8. 1990.
[70] Vgl. Felix Rexhausen, Wunderbar: Wieder SBZ und Zonengrenze! Nur SBZ-Mann darf mit SBZ-Boy!, in: Du & Ich, H. 10, 1990, S. 17.
[71] Vgl. Rödder, Deutschland einig Vaterland, S. 294.

Jugendschutzparagrafen 149 StGB abzuschaffen und ein einheitliches Schutzalter für homo- und heterosexuelle Handlungen einzuführen.[72] Die Abschaffung des § 175 StGB in der wiedervereinigten Bundesrepublik war somit eine Konsequenz aus der Streichung des § 151 StGB in der DDR im Jahr 1988 und aus dem Zusammenbruch der DDR, wie Greg Taylor konstatiert.[73] Christian Schäfer spricht von einem „Harmonisierungsdruck", den die Beseitigung der strafrechtlichen Diskriminierung von Homosexuellen in der DDR auf den Gesetzgeber im wiedervereinigten Deutschland ausgeübt habe.[74] Irgendwann wäre der Paragraf zwar auch im Westen gefallen, aber ohne die DDR und ihr Ende vermutlich erst viel später.[75]

Schnelle schwule Annäherungen und neue Abgrenzungen

Nach dem Mauerfall gab es weiterhin Transfers zwischen Ost und West, indem etwa Zeitungsausschnitte oder Artikel von dem einen in den anderen Teil des Landes geschickt wurden.[76] Daneben nahmen die mittlerweile legal gewordenen Ost-West-Begegnungen stark zu. Im März 1990 gab beispielsweise der schwule Männerchor Männerminne aus West-Berlin ein Konzert im Weimarer schwullesbischen Club „Felix Halle".[77] Im Gesprächskreis Homosexualität in Ost-Berlin stellte Hans-Georg Stümke im Februar 1990 sein Buch „Homosexuelle in Deutschland" vor und im März war der Verein Mann-O-Meter zu Besuch.[78] Schwule und Lesben aus Freising fuhren nach Zwickau und luden im Gegenzug die Zwickauer*innen für Oktober 1990 zu sich ein.[79] Zwischen Nürnberg und Gera gab es ebenfalls Treffen und gemeinsame Aktionen, wie etwa Straßenstände in Gera zur Verbreitung von Informationen über AIDS.[80]

Neugründungen und Neuausrichtungen von schwul-lesbischen Selbstorganisationen in der noch-DDR orientierten sich mitunter an Formen, Namen und Strukturen bereits bestehender Vereine und Initiativen in der Bundesrepublik und in West-Berlin. Eduard Stapel erinnert sich, dass Aktivist*innen aus den Arbeitskreisen und Clubs nach dem Mauerfall Selbstorganisationen „wie im Westen" aufbauen wollten, weil sie diese für „erfolgversprechend" hielten.[81] Als Beispiel nannte

---

[72] Das generelle Schutzalter von 14 Jahren wurde durch § 176 StGB geregelt. § 182 StGB legte im Fall von Zwang und Abhängigkeitsverhältnissen ein Schutzalter von 16 Jahren fest. Vgl. Schäfer, „Widernatürliche Unzucht", S. 264, 278.
[73] Vgl. Taylor, Zur strafrechtlichen Gleichstellung Homosexueller in der späten DDR, S. 1.
[74] Schäfer, „Widernatürliche Unzucht", S. 254.
[75] Vgl. Taylor, Zur strafrechtlichen Gleichstellung Homosexueller in der späten DDR, S. 1.
[76] Vgl. u. a. SMU, DDR, Teilnachlass Dieter Berner, Nr. 2, Biografisches, Korrespondenz Manfred Herzer/Dieter Berner, Briefe, Zeitungsausschnitte, Artikel, 1988–1990.
[77] Vgl. SMU, DDR, Nr. 13, Jugendpolitik und Sport, Gesprächskreis, Jugend-Clubs FDJ, Programm Klub „Felix Halle" in Weimar im Jugendklub Nordlicht, 1990.
[78] Vgl. SMU, DDR, Kirchliche Arbeitskreise Homosexualität, Nr. 1, Arbeitskreis Homosexualität in der Adventgemeinde Berlin, Programm 1990.
[79] Vgl. o. A., Deutsch-Deutsches, in: Nürnberger Schwulenpost, H. 58, 1990, S. 13.
[80] Vgl. o. A., Nürnberg in Gera, in: Nürnberger Schwulenpost, H. 57, 1990, S. 11.
[81] Interview Eduard Stapel, 4. 12. 2015.

er den Rostocker Arbeitskreis Homosexualität bei der Evangelischen Studentengemeinde in der Petrikirche, der sich als rat + tat e. V. am 2. März 1990 ins Vereinsregister eintragen ließ und sich diesen Namen nach dem Vorbild des seit 1982 bestehenden Rat&Tat-Zentrums in der Partnerstadt Bremen gab.[82]

Zudem prägten Kooperationswünsche und neue gegenseitige Wahrnehmungen die ersten Monate nach dem Mauerfall. Zwischen Plauen und Nürnberg seien nach Öffnung der Grenzen neue Kontakte entstanden und diese „füllt[en] sich mit Leben", berichtete die „Nürnberger Schwulenpost" im Januar 1990. Im Dezember 1989 seien die ersten Plauener*innen zu Gast im Schwulenzentrum des Fliederlich e. V. gewesen, der die „Beziehung zu einer Partnerschaft ausbauen" wollte.[83] Unter dem Artikel war zudem ein Brief von Steffen aus Plauen abgedruckt, der seinen ersten Besuch in Nürnberg folgendermaßen resümierte:

„Von außen – über die Mauer – sah es so aus, als ob Ihr ein leichteres Leben habt als wir hier in der DDR, aber Ihr habt ja auch Eure Probleme mit der Regierung und der Umwelt. Dies waren doch ganz neue Aspekte für mich …"[84]

Nach Öffnung der Grenzen und mit den ersten Begegnungen im Westen änderte sich demnach der ostdeutsche Blick auf die Situation von Homosexuellen in der Bundesrepublik. Das hing zum einen damit zusammen, dass nun die Ostdeutschen die Besucher*innen waren und sich vor Ort ein Bild von den Gruppen und deren Aktivitäten und Herausforderungen machen konnten. Zum anderen war zu diesem Zeitpunkt die Vereinigung der beiden deutschen Staaten kein unrealistisches Szenario mehr und die Ostdeutschen besahen sich die Verhältnisse im Westen als zukünftige eigene. Deutliche Verbesserungen schien sich Steffen aus Plauen nicht zu erhoffen. Wenngleich der nun mögliche Austausch als ein Gewinn betrachtet wurde, so sorgten sich die ostdeutschen Aktivisten auch vor dem Hintergrund nicht abzusehender politischer Veränderungen vor den Folgen einer Übernahme der westdeutschen gesellschaftlichen und sozialen Strukturen insbesondere für Schwule und Lesben.

Im Februar 1990 veröffentlichte die „Nürnberger Schwulenpost" erneut einen Beitrag von Steffen und anderen Plauener Aktivisten und kündigte an, dass diese Ausgabe vor allem an die ostdeutschen Schwulen gerichtet sei, weshalb 100 Exemplare der Zeitung direkt nach Plauen geschickt würden. Die „Nürnberger Schwulenpost" könne außerdem ab sofort auch in der DDR abonniert werden.[85] Zukünftig sollten regelmäßig „Gruppeninfos, Termine und Veranstaltungen sowie Beiträge einzelner Personen" aus Plauen erscheinen, da die Gruppe dort noch nicht über ein eigenes Printmedium verfügte.[86] Im Anschluss berichteten Steffen, Peter, Werner,

---

[82] Vgl. Interview Eduard Stapel, 4. 12. 2015; RAT&TAT-Zentrum für queeres Leben e. V., Zentrum, https://www.ratundtat-bremen.de/Zentrum/ (5. 10. 2019).
[83] Wolf-Jürgen Aßmus, Schwule aus der DDR. Schwulbewegter Gedanken- und Erfahrungsaustausch, in: Nürnberger Schwulenpost, H. 53, 1990, S. 16–17, hier S. 16.
[84] Ebenda, S. 17.
[85] Vgl. o. A., Plauen im Februar. Die Seite für Schwulbewegtes aus unserer „schwulen Partnerstadt" in der DDR, in: Nürnberger Schwulenpost, H. 54, 1990, S. 9.
[86] Ebenda.

John und Lutz über den seit März 1989 bestehenden Arbeitskreis Homosexualität bei der Stadtmission der Evangelischen Kirche in Plauen und über ihre neuen Unternehmungen nach Öffnung der Grenze. Es sei bereits die Gründung eines Vereins bei der Stadt Plauen beantragt und eine Gaststätte für regelmäßige Treffen gefunden worden; zudem solle die Partnerschaft mit Nürnberg ausgebaut werden. Über die „Nürnberger Schwulenpost" riefen die Mitglieder des Plauener Arbeitskreises alle Interessenten in der DDR dazu auf, sich für eine Fahrt nach Bayern anzumelden, damit dort Schlafplätze organisiert werden könnten. Die Plauener gingen davon aus, dass die „Nürnberger Schwulenpost" zumindest vorerst ihr Kommunikationsmedium sein würde. So nannten sie Termine für bevorstehende Veranstaltungen, Adressen und Telefonnummern und verwiesen auf weitere Ankündigungen in den nächsten Ausgaben der Zeitschrift.[87] Ost- und westdeutsche Schwulenaktivisten strebten also eine neue intensive Zusammenarbeit an, bei der es zunächst jedoch vorrangig um die Unterstützung der Gruppen im Osten gehen sollte. Auch den BVH, dessen Anfragen nach Zusammenarbeit in den 1980er Jahren seitens der ostdeutschen Arbeitskreise eher auf Ablehnung gestoßen waren, erreichten nun verstärkt Bitten nach Informationsmaterialien und Mithilfe.[88]

In der zweiten Hälfte des Jahres 1990 berichtete die Zeitschrift „Rosamunde", dass eine neue Gruppe in Gründung sei, die sich „West-östlicher-Diwan" nenne und eine Verbindung herstellen möchte zwischen der Schwulengruppe der Heidelberger Evangelischen Studentengemeinde und einem neu gegründeten Verein in Weimar. Neben Besuchen und Informationsveranstaltungen solle es künftig eine spezielle Seite in der „Rosamunde" geben, die über diese Aktivitäten informiert. Der „West-östliche-Diwan", der von Heidelberger Schwulenaktivisten, die bereits vor Maueröffnung Kontakte nach Erfurt und Weimar hatten, ins Leben gerufen wurde, formulierte es als sein Anliegen, „dem großkotzigen Verhalten des reichen Westdeutschen den DDR-Bewohnern gegenüber ein differenziertes Verhalten anzubieten".[89] Die Gründer und Autoren des Beitrags gingen davon aus, dass vertiefte Kontakte den „Blick in einen unbekannten Osten" ermöglichen könnten.[90] Der Mauerfall und die bevorstehende deutsche Einheit waren demnach Anlass, sich stärker mit der Situation von Schwulen und Lesben in der scheidenden DDR und im sozialistischen Osteuropa zu beschäftigen, auch weil dies nun leichter möglich

---

[87] Steffen/Peter/Werner/John/Lutz, Hallo Fliederlich, hier ist Plauen, in: Nürnberger Schwulenpost, H. 54, 1990, S. 9.
[88] Der Club der Freundschaft in Dresden wendete sich am 12. 4. 1990 an den BVH mit der Bitte um Info-Material und Bücher für die eigene Bibliothek. Der Club Gleichgeschlechtliche Liebe e. V. in Frankfurt/Oder bat den BVH um Hilfe, weil ihm der Mietvertrag im Kinder- und Jugendzentrum Mikado gekündigt wurde. Außerdem wurde nach Informationsbroschüren über den BVH und Möglichkeiten der Teilnahme an Seminaren und Veranstaltungen gefragt, wobei dafür allerdings keine finanziellen Mittel zur Verfügung stünden, so der Frankfurter Club. Vgl. SMU, Bundesrepublik Deutschland, Sammlung Bundesverband Homosexualität, Nr. 69, Korrespondenz A–D, Brief Club der Freundschaft an BVH, 12. 4. 1990; Brief Club Gleichgeschlechtliche Liebe e. V. an BVH, 7. 3. 1991.
[89] Hans Th. Flory/Holger Noth, West-östlicher Diwan, in: Rosamunde, H. 11/1990, S. 55.
[90] Ebenda.

war. Die Aktivisten grenzten sich dabei gegenüber dem generellen Auftreten der Westdeutschen im Osten ab und vertraten den Anspruch, es selbst besser zu machen, sich also angemessen zu verhalten.

Wie schon in den 1980er Jahren stießen die westdeutschen Schwulenaktivisten im Osten dennoch auf Vorbehalte. Die HuK wünschte sich etwa, dass sich die ostdeutschen Arbeits- und Gesprächskreise in der noch existierenden DDR als Regionalgruppen in die Organisation der HuK eingliedern. Die leitenden Mitarbeiter*innen der Gruppen, wie beispielsweise Eduard Stapel, konnten davon allerdings nicht überzeugt werden, wenngleich seit Langem enge persönliche Kontakte zwischen ihm und der HuK bestanden.[91] Stapel hatte nach dem Mauerfall vielmehr die Hoffnung, innerhalb der ostdeutschen evangelischen Kirche eine Struktur aufbauen zu können, die die Schwulen und Lesben sowie die Auseinandersetzung mit dem Thema Homosexualität als festen Bestandteil integrierte. Er erinnert sich, dass es deswegen auch zu Auseinandersetzungen mit HuK-Vertretern gekommen sei.[92] Anstelle der HuK beizutreten, gründeten Eduard Stapel und andere am 27. Oktober 1990 in Magdeburg die Arbeitsgemeinschaft der Homosexuellen-Arbeitskreise im Bund der Evangelischen Kirchen, ohne den Bund der Evangelischen Kirchen (BEK) um Aufnahme zu bitten. Erst im März 1991 gaben sie dem BEK die Einrichtung der Arbeitsgemeinschaft zur Kenntnis und erklärten, dass sie bewusst keinen Verein gegründet oder sich der HuK angeschlossen hätten, weil „als Organisationsform nur eine Arbeitsgemeinschaft innerhalb der Evangelischen Kirchen in Frage" komme.[93] Sie erwarteten, dass auch nach der Auflösung des BEK und der Vereinigung mit der Evangelischen Kirche in Deutschland (EKD) ihre „Anliegen aufgenommen und weitergeführt" würden.[94] Der BEK erkannte die Arbeitsgemeinschaft allerdings nicht an. Als Begründung wurde angeführt, dass die „Homosexuellen/Lesben" mittlerweile „eigene Interessenvertretungen" hätten und deshalb „nicht mehr unbedingt das ‚Dach' der Kirche" benötigten.[95] Der Zusammenschluss bezeichnete sich danach als Arbeitsgemeinschaft der Arbeitskreise Homosexualität in den Evangelischen Kirchen der neuen Bundesländer und existierte noch bis mindestens 1992.[96]

Dass ostdeutsche Initiativen auch auf Ablehnung im Westen stoßen konnten, zeigt das Beispiel des 1988 unter der Leitung von Professor Reiner Werner im Kulturbund der DDR gegründeten Magnus-Hirschfeld-Arbeitskreises.[97] Dieser

---

[91] Vgl. Fitschen, Liebe zwischen Männern?, S. 97.
[92] Vgl. Interview Eduard Stapel, 4. 12. 2015.
[93] EZA, 101/3095, Brief Peter Birmele an den Bund der Evangelischen Kirchen, „Gründung der Arbeitsgemeinschaft der Homosexuellen-Arbeitskreise im Bund der Evangelischen Kirchen", 6. 3. 1991.
[94] Ebenda.
[95] EZA, 101/3095, Vorlage für die Sitzung des BEK-Vorstandes am 11. 4. 1991.
[96] Vgl. RHG, Sammlung Eduard Stapel, ESt 11, Arbeitskreise/-gruppen Homosexualität 8, Einladung zur 3. Tagung der Arbeitsgemeinschaft der Arbeitskreise Homosexualität in den Evangelischen Kirchen der neuen Bundesländer, 13. 4. 1992.
[97] Vgl. SMU, DDR, Teilnachlass Dieter Berner, Nr. 6, Gruppen und Vereine, Magnus-Hirschfeld-Arbeitskreis beim Kulturbund der DDR, Einladung an Dieter Berner zur Gründung des Magnus-Hirschfeld-Arbeitskreises 1988, 4. 7. 1988.

Arbeitskreis wollte sich 1990 in Magnus-Hirschfeld-Gesellschaft umbenennen und als Verein eintragen lassen, scheiterte jedoch daran, dass es in West-Berlin bereits seit 1982 einen gleichnamigen Verein gab.[98] Hätte die Mauer zu diesem Zeitpunkt noch gestanden, wäre die Dopplung vermutlich kein Problem gewesen, in der vereinten Stadt standen sich ost- und westdeutsche Vereine nun auch als Konkurrenten gegenüber. Es kamen zugleich neue Kooperationen zustande, die häufig auf bereits bestehende Vernetzungen zurückgreifen konnten, wie sich gleichfalls anhand der West-Berliner Magnus-Hirschfeld-Gesellschaft zeigen lässt. Deren Mitbegründer Ralf Dose hatte in den 1980er Jahren zahlreiche Kontakte nach Ost-Berlin und in andere Städte der DDR, unter anderem zu Rainer Herrn, der im Arbeitskreis Homosexualität in Leipzig aktiv war und ab Ende 1989 maßgeblich am Aufbau der AIDS-Hilfe DDR in Ost-Berlin beteiligt war. Mit der deutschen Einheit stellten die bundesdeutschen Arbeitsämter Geld zur Verfügung, um nun auch Ostdeutsche über Arbeitsmaßnahmen einzustellen. Die Magnus-Hirschfeld-Gesellschaft nutzte die Gelegenheit und griff auf frühere Verbindungen zurück, um zusammen mit Rainer Herrn 1992 eine Forschungsstelle zur Geschichte der Sexualwissenschaft im Ostteil der Stadt einzurichten und mehrere Bekannte aus der DDR zu beschäftigen.[99] Ostdeutsche schwule Aktivisten, die bereits in den 1980er Jahren Westkontakte pflegten, konnten nun von ihren Netzwerken profitieren.

Ostdeutsche bedienten sich der neuen Kontakte in die Bundesrepublik außerdem, um sich breiter zu vernetzen und auf die eigene Arbeit aufmerksam zu machen. Welche Konsequenzen das wiederum für die Bewegung in Ostdeutschland hatte, lässt sich aus dem Brief eines Schwulenaktivisten herauslesen. Rolf vom Arbeitskreis Homosexualität in Jena schrieb im Oktober 1990 an Eduard Stapel, er sei nach Öffnung der Grenzen und der mittlerweile vollzogenen Vereinigung der beiden deutschen Staaten nunmehr viel unterwegs: „Mein Terminkalender ist voll mit Veranstaltungen in Berlin, Hamburg, ‚Waldschlösschen' etc."[100] Die Kommunikation mit anderen Initiativen in Ostdeutschland leide allerdings darunter. Er stellte fest, dass es leicht sei, „Kontakte zu den Schwulen-Gruppen und -Zentren in Hessen und Bayern zu knüpfen und zu erweitern".[101] Was „in den Orten im Umkreis von 20–40 km passiert", wisse er dagegen nicht.[102] Die westdeutsche schwul-lesbische Infrastruktur trat mithin zum Teil an die Stelle der bisherigen ostdeutschen Netzwerke bzw. bot für Vernetzung und Öffentlichkeitsarbeit bessere Möglichkeiten. Zudem war es vermutlich einfacher, mit stabilen Einrichtungen im Westen zu kommunizieren als mit ostdeutschen Gruppen, die sich im Aufbruch, Umbruch oder Abbruch befanden. Das persönliche Interesse, bei Veranstaltungen und Treffen im Westen gefragt zu sein und in die vorher unerreichba-

---

[98] Vgl. Interview Ralf Dose, 13. 5. 2015.
[99] Vgl. ebenda; Interview Rainer Herrn, 16. 10. 2015.
[100] RHG, Sammlung Eduard Stapel, ESt 07, Arbeitskreise/-gruppen Homosexualität 4, Brief Rolf an Eduard Stapel, 7. 10. 1990.
[101] Ebenda.
[102] Ebenda.

ren Städte fahren zu können, spielte ebenso eine Rolle, wenn es darum ging, Zeit und Energie für die Schwulenbewegung aufzubringen. Rolf war sich allerdings bewusst, dass er teilhatte an einer neuen deutsch-deutschen Konkurrenzsituation, in der um engagierte Menschen gerungen wurde und in der aufgrund der neuen Mobilität das Lokale ins Hintertreffen zu geraten drohte. Die schnellen Annäherungen und neuen Abgrenzungen vonseiten der ostdeutschen Schwulenaktivisten können somit als fortgesetzte Selbstbehauptungsstrategien betrachtet werden. Sie nutzten die Gelegenheiten, die sich ihnen mit dem Fall der Mauer boten. Zugleich suchten sie nach Wegen, um in der sich verabschiedenden DDR und im neuen Deutschland zu bestehen.

Vereinnahmung andersrum? BVH und SVD in Konkurrenz

Die westdeutsche Schwulenbewegung war 1990 mehrheitlich bemüht, sich von der Politik der Bundesrepublik abzugrenzen, weil sie ihrer Ansicht nach zu einer Zerstörung ostdeutscher Strukturen führen würde. Aktivisten und Organisationen vertraten den Anspruch, den Ostdeutschen gleichberechtigt zu begegnen, deren Wünsche und Ziele zu respektieren und ihnen nicht die eigenen Vorstellungen aufzuzwingen. In der Realität ließen sich diese Vorsätze nicht immer umsetzen und es traten Entwicklungen ein, die auch für die westdeutschen Strukturen eine Herausforderung darstellten. So warnte der BVH im September 1990 noch vor einem „überstürzten deutsch-deutschen Zusammenwachsen", das den „aus der unterschiedlichen Geschichte entstandenen Bedürfnisse[n] und Mentalitäten der Bürger von DDR und BRD" nicht gerecht werden könne.[103] Der Autor Jörg Rowohlt war strikt gegen eine „Vereinnahmung von DDR-Strukturen" und beharrte stattdessen auf „organisatorischer Selbstbescheidung".[104] „Eine schwule ‚Wiedervereinigung' zu unseren Konditionen wird es nicht geben, sie wird von der ‚Bewegung'-Ost auch nicht gewollt".[105] Doch schon wenige Monate später, im Dezember 1990, witterte der BVH eine Konkurrenz in den neuen Bundesländern. Thomas Wilde kritisierte im „BVH-Magazin" die von Mitarbeiter*innen der Arbeitskreise und Clubs in der DDR ausgesprochene Empfehlung, keine Mitgliedschaft beim BVH zu beantragen. Begründet hätten die ostdeutschen Aktivist*innen diese Empfehlung damit, dass es innerhalb des BVH zu starke Flügelkämpfe gebe, die die Energie der Mitglieder absorbierten und damit den gemeinsamen Kampf schwächten. Wilde entgegnete darauf, dass das „In-Fragestellen" des „einmal eingeschlagenen Weges" innerhalb des BVH „eine Qualität" sei.[106] „Demokratie muß mit dem Hinterfragen leben", erklärte er und legte damit nahe, die

---

[103] Jörg Rowohlt, „… und (nicht nur) der eigenen Kraft vertrauen". Zur Zusammenarbeit des BVH mit der DDR-Schwulenbewegung – Für ein Tempolimit bei der „Vereinigung der Bewegungen", in: BVH-Magazin, H. 4, 1990, S. 8–9, hier S. 8.
[104] Ebenda, S. 9.
[105] Ebenda.
[106] Thomas Wilde, Ost-Perspektiven, in: BVH-Magazin, H. 5, 1990, S. 12–15, hier S. 13.

Ostdeutschen hätten die Demokratie noch nicht richtig verstanden.[107] „In der Tat mag eine BVH-Mitgliederversammlung mit ihren äußert [sic!] langwierigen Debatten für einen DDR-Schwulen zunächst nicht handhabbar erscheinen", fuhr er fort, womit er wieder einmal die Lesben in den Arbeitskreisen und Clubs ausblendete, die den Nichteintritt in den BVH mitbeschlossen hatten. Mit diesen „neuen Strukturen" müssten sich die schwulen Männer im Osten aber auseinandersetzen, forderte Wilde.[108] Er sprach sich gegen „den Aufbau einer Gegenstruktur" in den neuen Bundesländern aus. Stattdessen sollte es einen „gemeinsamen Weg" geben, der aber die Bereitschaft beider Seiten voraussetze, „ihre alten Pfade zu verlassen".[109] Der BVH attestierte den ostdeutschen Aktivisten damit eine Haltung und Herangehensweise, die noch aus den eingeübten Strategien in der Diktatur stamme und erst demokratiefähig werden müsse.

Die Gegenstruktur, vor der Wilde warnte, war der im Februar 1990 von Eduard Stapel und anderen Aktivisten gegründete Schwulenverband in der DDR (SVD). Stapel hoffte, mithilfe des SVD mehr „Einheitlichkeit" und „effektivere Strukturen" schaffen zu können[110] – Formulierungen, die in den Ohren des BVH nach Zentralismus und Hierarchie klingen mussten. Das Programm des SVD mit dem Titel „Emanzipation, Partizipation und Integration schwuler Männer in der DDR" war eine Zusammenfassung und Weiterentwicklung der Arbeit, die die Arbeitskreise in den 1980er Jahren geleistet hatten. Der Forderungskatalog umfasste seit Jahren vertretene Positionen gegenüber Staat und Gesellschaft, wie etwa die Förderung von Kommunikations- und Begegnungsmöglichkeiten für Homosexuelle, die Zulassung eigener Medien und eine verstärkte öffentliche Thematisierung der Lebensweisen und Problemlagen von Schwulen.[111] Diese Ziele hatten die Arbeitskreise Homosexualität bereits im Juni 1989 in der „Karl-Marx-Städter Plattform" erarbeitet, deren Anliegen, so Günter Grau, die „Emanzipation der Homosexuellen durch ihre Integration in eine reformierte sozialistische Gesellschaft" gewesen sei.[112] Als eine Kontinuität kann dabei auch die Fokussierung auf schwule Interessen ausgemacht werden, wie die Namensgebung bereits deutlich macht. Lesben spielten im Programm des SVD zu Anfang nur insofern eine Rolle, als eine Solidarisierung mit der Frauen- und Lesbenbewegung angestrebt wurde.[113] Zu den Forderungen des SVD gehörte unter anderem eine Verankerung der Gleichberechtigung aller Menschen unabhängig von ihrer sexuellen Orientierung in der Verfassung.[114] Im SVD setzte sich damit das Engagement der Schwulenbewegung in der DDR unter anderen – und zunächst als günstiger empfundenen – Bedin-

[107] Ebenda.
[108] Ebenda.
[109] Ebenda.
[110] Vgl. Stapel, „Der Schwulenverband in Deutschland", S. 31.
[111] Vgl. SMU, DDR, Nr. 8, Schwulenverband in der DDR (SVD), Programm, 18. 2. 1990.
[112] O. A., Dokumentation: Für Anerkennung und Gleichberechtigung; Grau, Schwulenpolitik am Beginn des neues Jahrhunderts, S. 14.
[113] Vgl. SMU, DDR, Nr. 8, Schwulenverband in der DDR (SVD), Programm, 18. 2. 1990.
[114] Vgl. ebenda.

gungen fort. Mit der Umbenennung in Schwulenverband in Deutschland ab Juni 1990 und der erklärten Absicht, eine „Vereinigung andersrum" zu werden, bereitete sich der SVD schließlich auf die deutsche Einheit vor.[115] Die Gründer und Mitstreiter des SVD zielten demnach auf die Etablierung des Verbands auch in den westlichen Bundesländern, um so zu einer gesamtdeutschen schwulen Interessenvertretung zu werden.

Damit trat der SVD unausweichlich in Konkurrenz zum BVH. Der SVD erschwere mit seinem Auftreten die „kollegiale Zusammenarbeit", bemängelte Heinz Blanke im „BVH-Magazin" und erhob den Vorwurf, der SVD wolle als „Konkurrenz-Verband" die „hier im Westen gewachsene Struktur auf ‚Null'" bringen".[116] Mit dem Wegfall der politischen Grenze entstanden mithin existenzielle Rivalitäten zwischen Selbstorganisationen, die sich bis dahin wohlwollend gegenübergestanden und sogar unterstützt hatten. Hier zeigt sich zum einen, dass auch ostdeutsche Neugründungen zu einer Bedrohung für bestehende westdeutsche Organisationen werden konnten; zum anderen wird deutlich, dass die westdeutsche Selbstverpflichtung zum Umgang mit den Ostdeutschen auf Augenhöhe nur so lange galt, wie diese Augenhöhe nicht erreicht war. Dabei darf aber nicht außer Acht gelassen werden, dass der SVD – wenngleich aus den Arbeitskreisen Homosexualität hervorgegangen – von Beginn an keine rein ostdeutsche Veranstaltung war. Bereits bei der Gründung im Februar 1990 waren laut Eduard Stapel zwei Hamburger dabei.[117] Mit Volker Beck und Günter Dworek traten im Juni 1990 weitere westdeutsche Schwulenpolitiker bei, die sich bis dahin unter anderem im BVH engagiert hatten.[118]

Die ost- und westdeutschen Köpfe erklärten den SVD 1990 zu einer „Vereinigung andersrum", weil hier anders als bei der Vereinigung der beiden deutschen Staaten die Westdeutschen einem bestehenden ostdeutschen Gebilde beitreten sollten. Dafür musste der Verband den westdeutschen (zunächst vor allem) Schwulenorganisationen als attraktiv und anschlussfähig präsentiert werden. Volker Beck, Günter Dworek und Karsten Friedel verwiesen deshalb im Juli 1990 in der „Taz" darauf, dass die Schwulenbewegung in der DDR „in gewissem Sinne den Vorteil" gehabt habe, „auf den Erfahrungen und dem theoretischen Vorlauf der westdeutschen Schwestern" aufbauen zu können. Die Ostdeutschen hätten aus den „Fehlern" der Westdeutschen lernen und es besser machen können.[119] Die besonderen Verdienste der DDR-Schwulenbewegung fußten ihnen zufolge also auf den Vorarbeiten der westdeutschen Aktivisten, womit dem BVH eine wichtige, aber der Vergangenheit angehörende Rolle zugesprochen und die ost- und westdeutschen Beiträge zu Teilen einer zusammengehörigen Geschichte erklärt wurden.

---

[115] Vgl. Volker Beck/Günter Dworek/Karsten Friedel, Vereinigung andersrum, in: Taz, 3. 7. 1990, S. 14; Dworek, Aufgebrochen aus Ruinen, S. 138.
[116] Heinz Blanke, Vereinnahmung – andersrum, in: BVH-Magazin, H. 5, 1990, S. 9.
[117] Vgl. Interview Eduard Stapel, 4. 12. 2015.
[118] Vgl. Dworek, Aufgebrochen aus Ruinen, S. 140.
[119] Volker Beck/Günter Dworek/Karsten Friedel, Vereinigung andersrum, in: Taz, 3. 7. 1990, S. 14.

Doch welches Erneuerungs- und Durchsetzungspotenzial hatte der SVD in einem vereinigten Deutschland zu bieten? Anders als im BVH sollten im SVD auch Einzelmitgliedschaften möglich sein, deren Interessen durch Berufspolitiker im Vorstand vertreten werden.[120] Der SVD sei damit das erfolgversprechendere Modell für eine einflussreiche Schwulenpolitik gewesen, erklärt Günter Dworek, der bis 1990 Mitglied des BVH und später Sprecher des Lesben- und Schwulenverbandes in Deutschland (LSVD) war.[121] Der Jurist Manfred Bruns war ebenfalls bis 1990 im BVH engagiert und dann lange Zeit Sprecher des LSVD. Einen wichtigen Grund für den Erfolg des SVD und das Scheitern des BVH sieht Bruns darin, dass sich die sogenannten „Reformer" im BVH nicht mit ihrer Forderung nach einer Öffnung der Ehe für homosexuelle Paare durchsetzen konnten.[122] Sie verließen den Bundesverband deshalb und schlossen sich dem SVD an, der sich weniger über bestimmte Lebensstile definierte, als sich vielmehr – aus den Arbeitskreisen kommend – für Bürger*innenrechte starkmachte. Eines der wichtigsten Ziele des SVD war zunächst die rechtliche Gleichstellung homosexueller Beziehungen und daran anschließend die Möglichkeit für gleichgeschlechtliche Paare, eine Ehe einzugehen. Dieses Programm erwies sich letztlich als attraktiver, auch für Lesben; in der Folge benannte sich der Verband 1999 in Lesben- und Schwulenverband in Deutschland (LSVD) um und modifizierte seine Satzung und sein Programm entsprechend.[123]

Der BVH war aber auch deshalb nicht mehr als Interessenvertretung schwuler Männer geeignet, weil er sich nicht von der Pädophilenbewegung distanzierte. Im Gegenteil: Nach dem Übertritt der realpolitischen Schwulenaktivisten zum SVD erhielt die Fraktion der Pädophilen größere Freiräume und gründete noch 1991 eine Arbeitsgemeinschaft Pädophilie innerhalb des BVH. Als sich der BVH 1996 schließlich auflöste, verlor folglich auch die Pädophilenbewegung ihre wichtigste politische und organisatorische Vertretung und ihre Aktivisten zogen sich in Selbsthilfegruppen und subkulturelle Milieus zurück.[124] Der LSVD erklärt heute, sich „von Anfang an von den Forderungen Pädophiler zum Sexualstrafrecht abgegrenzt" zu haben.[125] Tatsächlich spiegelt sich diese Position in den Programmen des SVD wider. Bei genauerer Betrachtung stellt sich seine Haltung im Jahr 1990 jedoch als weniger eindeutig heraus, als es in der aktuellen Selbstdarstellung zum Ausdruck kommt. Es ist nämlich anzunehmen, dass die Nichtberücksichtigung der Interessen von Pädophilen eher strategischen Überlegungen als einer klaren Überzeugung geschuldet war: Im März/April 1990 einigten sich die Mitarbeiter*innen der Arbeitskreise und Clubs in der DDR, zu denen auch die Gründer des SVD

---

[120] Vgl. Thinius, Erfahrungen schwuler Männer, S. 85 f.
[121] Vgl. Dworek, Aufgebrochen aus Ruinen, S. 138.
[122] Vgl. Bruns, Schwulenpolitik in der alten Bundesrepublik, https://www.lsvd.de/bund/schwulenpolitik.html (25. 2. 2016).
[123] Vgl. ebenda.
[124] Vgl. Klatt/Hensel/D'Antonio, Andere Perpektiven, neue Fronten, S. 241 f.
[125] LSVD, Klare Abgrenzung von Anfang an, https://www.lsvd.de/homosexualitaet/rueckblicke/svdundpaedophile.html (10. 11. 2019).

gehörten, darauf, dass zunächst die Gleichstellung zwischen Homo- und Heterosexuellen erreicht werden müsse, also die Abschaffung des § 175 StGB, bevor es schließlich gelte, „das Sexualstrafrecht ganz abzuschaffen".[126] „Maximalistische Forderungen können schaden!", ist als Bemerkung angefügt.[127] Pädophilen wurde demnach in Aussicht gestellt, zwar nicht zum aktuellen Zeitpunkt, aber doch zukünftig mit ihren Forderungen vertreten zu werden. Im Laufe der 1990er Jahre grenzte sich der SVD bzw. LSVD dann deutlicher ab. So prüfte der Bundesvorstand vor der Aufnahme neuer Mitglieder, ob es Hinweise gab, dass es sich bei den betreffenden Personen um Vertreter*innen pädophiler Interessen handelt. Wenn ja, wurde die Aufnahme abgelehnt.[128] Für die These, dass 1990 noch nicht von einer klaren Distanzierung die Rede sein kann, spricht außerdem die Aussage von Eduard Stapel, der – wenn auch bedauernd – einräumte, dass es unter den Gründungsmitgliedern des SVD einzelne Pädophile gegeben habe.[129]

Letztlich waren der SVD und seine „Vereinigung andersrum" erfolgreich. Der Historiker und Kulturwissenschaftler Philipp Ther prägte für solche Entwicklungen, die aus den postkommunistischen Ländern kommend den Westen beeinflussten, den Begriff der Kotransformation.[130] Westdeutsche Schwule, Organisationen und Politiker eigneten sich den SVD als ostdeutsche Erfindung aktiv an, weil sie ihn als Instrument der Erneuerung sahen; auch dadurch konnte der SVD schnell zu einem gesamtdeutschen Projekt werden. Ob und inwieweit der LSVD mittlerweile schwerpunktmäßig in den westdeutschen Bundesländern aktiv ist, bedarf einer eingehenderen Untersuchung. Feststellen lässt sich aber, dass der SVD Ende 1990 201 Mitglieder hatte, davon lediglich 16 in den alten Bundesländern.[131] Inzwischen ist der LSVD die größte Interessenvertretung von Lesben, Schwulen, Bisexuellen, trans*- und inter*-Menschen in Deutschland und hat mit Stand vom Juni 2022 in den westlichen Bundesländern (einschließlich Berlin) 4045 Einzelmitglieder und 89 Mitgliedsvereine, jedoch nur 328 Einzelmitglieder und 24 Mitgliedsvereine in den östlichen Bundesländern.[132]

Aufbruch und Abschied der AIDS-Hilfe DDR

Der Mauerfall verstärkte die Angst vor einer unkontrollierten Ausbreitung von AIDS in der DDR und führte zu einem Wandel in der staatlichen AIDS-Politik. Als bemerkenswerteste Änderung bezeichnet Henning Tümmers den politischen Bedeutungsgewinn, den homosexuelle Selbstorganisationen in dieser Zeit erlang-

---

[126] RHG, Sammlung Eduard Stapel, ESt 13, Arbeitskreise/-gruppen Homosexualität 10, „Protokoll der 10. Tagung der Koordinierungsgruppe der Arbeitskreise und Klubs Homosexualität in der DDR, 30. 3.–1. 4. 1990".
[127] Ebenda.
[128] Vgl. LSVD, Klare Abgrenzung von Anfang an.
[129] Vgl. Interview Eduard Stapel, 4. 12. 2015.
[130] Vgl. Ther, Die neue Ordnung auf dem alten Kontinent, S. 277.
[131] Vgl. Dworek, Aufgebrochen aus Ruinen, S. 140.
[132] Vgl. Juliane Steinbrecher (LSVD e. V.), E-Mail an die Autorin, 17. 6. 2022.

ten. Bis dahin waren diese Gruppen, etwa in Form der seit 1987 bestehenden Zentralen AIDS-Arbeitsgruppe, von der staatlichen AIDS-Politik überhaupt nicht zur Kenntnis genommen worden. Doch schon im Dezember 1989 erklärte der Leiter der mit einem ähnlich klingenden Namen versehenen staatlichen Zentralen AIDS-Beratergruppe, Professor Niels Sönnichsen, gegenüber dem Bundesgesundheitsamt, dass die Zusammenarbeit mit den Initiativen eine neue große Aufgabe sei und man sich dabei die Bundesrepublik zum Vorbild nehmen wolle.[133]

Die AIDS-Arbeitsgruppe der Schwulen- und Lesbenbewegung reagierte ebenfalls auf die Maueröffnung und die damit verbundenen neuen Aufgaben, aber auch Möglichkeiten. In seiner Einladung zum ersten Treffen nach dem Mauerfall erklärte Rainer Herrn am 5. Dezember 1989 den Arbeitskreisen, dass die neue Situation eine engere Zusammenarbeit mit der Deutschen AIDS-Hilfe und der West-Berliner AIDS-Hilfe nötig mache. Aufgrund dieser Kooperation sei Herrn in der Lage, Infomaterial, Kondome und Gleitmittel anzubieten, was die „AIDS-Beauftragten" in den Arbeitskreisen und darüber hinaus verteilen sollten.[134] Bei ihm oder der DAH könne dann einfach nachgeordert werden.[135] Die Mittel dafür kamen unter anderem vom West-Berliner Senat, der „als Sofortmaßnahme 25 000 Kondome und 5000 Gleitmittel" finanzierte.[136] Auch lokale AIDS-Hilfen übernahmen nun „Patenschaften" für Initiativen im Osten. Mitglieder des Erfurter Lesben- und Schwulen-Arbeitskreises (ELSA) wurden beispielsweise von der Göttinger AIDS-Hilfe eingeladen, um dort „die Arbeit aus erster Hand kennenzulernen".[137] Außerdem wurden den Erfurter*innen Bücher, Videos und Broschüren zur Verfügung gestellt.

Im März 1990 konstituierte sich die AIDS-Hilfe DDR aus den Arbeitskreisen Homosexualität unter dem Dach der Kirche und ihrer Zentralen AIDS-Arbeitsgruppe.[138] Wie sich schon am Namen ablesen lässt, orientierte sie sich stark an der Deutschen AIDS-Hilfe (DAH) im Westen. Rainer Herrn erinnert sich, dass außerdem vorgesehen war, flächendeckend lokale AIDS-Hilfen wie in der Bundesrepublik ins Leben zu rufen.[139] Und auch die Satzung der AIDS-Hilfe DDR stimmte in Teilen wortgleich mit der Satzung der DAH überein. Im Entwurf der AIDS-Hilfe DDR vom 7. Februar 1990 wurden Überschriften, Textbausteine und Formulierungen mit einigen wenigen Änderungen direkt übernommen. Der einzige Unterschied im Hinblick auf den Vereinszweck ist die materielle Unterstüt-

---

[133] Vgl. Tümmers, AIDS, S. 302 f.
[134] SMU, DDR, AIDS-Hilfe DDR, Nr. 1, Zentraler Arbeitskreis Aids, Einladung von Rainer Herrn zum nächsten Treffen der Zentralen AIDS-Arbeitsgruppe der Arbeitskreise Homosexualität in der DDR, 5. 12. 1989.
[135] Vgl. ebenda.
[136] Kohler, Probleme des deutsch-deutschen Geschlechtsverkehrs, S. 176.
[137] SMU, DDR, AIDS-Hilfe DDR, Nr. 2, Zusammenarbeit D.A.H./AIDS-Hilfe DDR e. V., Pressemitteilung des AIDS-Arbeitskreises Göttingen, Dez.–Jan. 1989–90.
[138] Vgl. SMU, DDR, AIDS-Hilfe DDR, Nr. 3, Grundlagendokumente AIDS-Hilfe DDR e. V., „Protokoll Mitgliederversammlung der AIDS-Hilfe DDR, 24. 3. 1990 (Gründungsversammlung)".
[139] Vgl. Interview Rainer Herrn, 16. 10. 2015.

zung an AIDS erkrankter Personen, die die DAH im Bedarfsfall zur Verfügung stellen wollte, um ein „menschenwürdiges Dasein" zu ermöglichen.[140] Die AIDS-Hilfe DDR wollte oder konnte diese Unterstützung nicht anbieten.

Die neue AIDS-Hilfe DDR beanspruchte, ein Dachverband für alle ostdeutschen AIDS-Hilfe-Projekte zu sein.[141] Damit stand sie zunächst in Konkurrenz zum AIDS-Kreis, der aus der 1989 gegründeten Arbeitsgemeinschaft Courage hervorgegangen war und ebenfalls sowohl Ansprechpartner für den Staat als auch Vertreter der lokalen Initiativen sein wollte.[142] Am 6. März 1990 ließ sich als dritte Organisation pluspunkt Berlin als Verein eintragen. Er hatte zum Ziel, konkrete Alltags- und Pflegehilfe für Infizierte und Erkrankte zu leisten.[143] Alle drei hofften auf Unterstützung aus dem Westen und die Finanzierung von Mitarbeiter*innenstellen.[144] Doch zunächst richteten sich ihre Forderungen an das Ministerium für Gesundheitswesen in der DDR. Die AIDS-Hilfe DDR setzte dabei auf ein Finanzierungsmodell, „wie es beispielsweise auch in westeuropäischen Ländern einschl. der BRD" zu finden sei.[145] Sie wurde schließlich vom Ministerium für Gesundheitswesen mit der Aufgabe betraut, an der Neukonzeption der AIDS-Prävention in der DDR mitzuarbeiten. Eine wichtige Forderung der AIDS-Hilfe DDR in diesem Rahmen war die Aussetzung der namentlichen Meldepflicht für HIV-Infizierte.[146]

Ob die AIDS-Hilfe die von ihr beantragten 410 000 Mark aus der Rückführung[147] von Geldern der PDS bekam, lässt sich nicht klären, ist aber unwahrscheinlich.[148] Sie erhielt stattdessen noch bis zum 3. Oktober 1990 Unterstützung

---

[140] RHG, Sammlung Eduard Stapel, ESt 10, Arbeitskreise/-gruppen Homosexualität 7, Satzung der Deutschen AIDS-Hilfe e. V., 21. 5. 1989; Entwurf der Satzung der AIDS-Hilfe DDR, 7. 2. 1990.
[141] Vgl. SMU, DDR, AIDS-Hilfe DDR, Nr. 3, Grundlagendokumente, AIDS-Hilfe DDR e. V., Protokoll Mitgliederversammlung der AIDS-Hilfe DDR, 24. 3. 1990 (Gründungsversammlung).
[142] Vgl. ebenda.
[143] Vgl. BArch, DQ 1/13804, Ministerium für Gesundheitswesen der DDR, Referat AIDS, AIDS-Selbsthilfegruppen, Brief pluspunkt e. V. an Ministerium für Gesundheits- und Sozialwesen der DDR, 8. 3. 1990.
[144] Vgl. Peter Süß, „Schlammschlachten und Tuntenintrigen". Gründungswirrwarr bei den Aids-Hilfen in der DDR, in: Taz, 18. 4. 1990, S. 5.
[145] BArch, DQ 1/13804, Ministerium für Gesundheitswesen der DDR, Referat AIDS, AIDS-Selbsthilfegruppen, Brief der AIDS-Hilfe DDR an Ministerium für Gesundheits- und Sozialwesen der DDR, 4. 5. 1990.
[146] Vgl. Tümmers, AIDS, S. 304 f.
[147] Am 31. Mai 1990 hatte die DDR-Volkskammer die „Unabhängige Kommission zur Überprüfung des Vermögens der Parteien und Massenorganisationen der DDR" eingesetzt, deren Aufgabe darin bestand, die Vermögensausstattung früherer DDR-Parteien und -Massenorganisationen zu überprüfen und ggf. unter treuhändische Verwaltung zu stellen. Diese sollten nicht mit ihrem aus der DDR stammenden Vermögen und dadurch mit einer Art Startvorteil in Konkurrenz zu anderen Institutionen treten. Vgl. Förster, Verschwundene Parteifinanzen.
[148] Vgl. BArch, DQ 1/13804, Ministerium für Gesundheitswesen der DDR, Referat AIDS, AIDS-Selbsthilfegruppen, Antrag der AIDS-Hilfe DDR zur Finanzierung ihrer Arbeit für das Jahr 1990, 17. 3. 1990.

vom Gesundheitsministerium der DDR, schloss sich wenige Monate später aber den Strukturen der DAH an und wurde sodann als Referat Ost vom Bundesgesundheitsministerium mitfinanziert.[149] Rainer Herrn saß bis zum Ende der Arbeit der DDR-AIDS-Hilfe als deren Vertreter im Vorstand der DAH.[150] Im Juni 1991 musste das Referat die eigenen Räume in Ost-Berlin aufgeben, weil die BZgA keine Sach- und Personalmittel mehr zur Verfügung stellte. In den Augen der Ostdeutschen waren dadurch die Koordinierung des Selbsthilfebereichs und die speziellen Präventionsmodelle für die ostdeutschen Länder gefährdet, sodass ein Anstieg der Infektionen zu befürchten war.[151] Denn viele ostdeutsche Schwule wähnten sich aufgrund der relativ geringen Infektionszahlen in der DDR und der massenhaft durchgeführten HIV-Tests in Sicherheit. Außerdem waren viele für die Aufklärung nicht mehr erreichbar, weil sie sich ins Private zurückgezogen hatten.[152] Fast alle der 16 lokalen AIDS-Hilfe-Vereine, die sich seit 1990 in der DDR und den ostdeutschen Bundesländern gegründet hatten, bestanden aber fort und sind bis heute in der DAH organisiert.[153] Im wiedervereinigten Deutschland endete 1991 schließlich auch die Bonner AIDS-Politik insofern, als die Sofortprogramme und die bundesstaatliche Förderung von AIDS-Initiativen eingestellt und die HIV-Prävention und die Betreuung von AIDS-Kranken in den Zuständigkeitsbereich der alten und neuen Bundesländer übergeben wurden.[154]

Ende und Fortbestand schwul-lesbischer Aktivitäten im Osten

Mit dem Ende der DDR begann sich auch die dortige Schwulen- und Lesbenbewegung aufzulösen, betont Günter Grau, deren Strukturen bis Anfang der 1990er Jahre fast vollständig verschwunden seien.[155] Der Arbeitskreis Homosexualität bei der evangelischen Stadtmission Magdeburg musste bereits im März 1990 feststellen, dass die „Entwicklungen der letzten Monate" an seiner „Arbeit nicht spurlos vorübergegangen" seien.[156] Es fehle ihm „stärker denn je an engagierten Mitar-

---

[149] Vgl. BArch, DQ 1/13804, Ministerium für Gesundheitswesen der DDR, Referat AIDS, Korrespondenz zwischen dem Ministerium für Gesundheits- und Sozialwesen der DDR und der AIDS-Hilfe DDR, April/Mai 1990; SMU, DDR, AIDS-Hilfe DDR, Nr. 7, Vereinigungsverhandlungen AIDS-Hilfe DDR – DAH 1990.
[150] Vgl. Interview Rainer Herrn, 16. 10. 2015.
[151] Vgl. SMU, DDR, AIDS-Hilfe DDR, Nr. 50, Pressesammlung neue Bundesländer, Presseerklärung des Referats Ost der Deutschen AIDS-Hilfe, 14. 6. 1991; Leser, Entwicklung von AIDS-Selbsthilfegruppen, S. 34 f.; Herrn, Vereinigung ist nicht Vereinheitlichung, S. 17, http://hdl.handle.net/10419/47361 (23. 6. 2020).
[152] Vgl. Schmahl, AIDS in der DDR, S. 270 f.
[153] Vgl. Herrn, Vereinigung ist nicht Vereinheitlichung, S. 15 f.; Deutsche Aidshilfe e. V., Adressen, https://www.aidshilfe.de/adressen (23. 6. 2020).
[154] Vgl. Tümmers, AIDS und die Mauer, S. 185.
[155] Vgl. Grau, Schwulenpolitik am Beginn des neuen Jahrhunderts, S. 14 f.
[156] SMU, DDR, Kirchliche Arbeitskreise Homosexualität, Nr. 4, Arbeitskreis Homosexualität der Evangelischen Stadtmission Magdeburg, Schreiben an „Freunde und Freundinnen", April 1990.

beiterInnen", weshalb das Programm eingeschränkt werden müsse und sich die Gruppe nur noch einmal im Monat treffen könne.[157] Die spezifisch ostdeutschen schwul-lesbischen Aktivitäten unter dem Dach der Kirche verloren ab 1990 jedoch nicht nur ihre Anhänger*innen, sondern ihnen war darüber hinaus ihre Berechtigung als Bewegungsform abhandengekommen, weil größere Freiräume und Gelegenheiten auch die Ziele und Interessen der Aktivist*innen modifizierten. Eine Ausnahme bildet der Gesprächskreis Homosexualität, der sich bis heute in der Adventgemeinde in Berlin trifft.[158] Letztlich bestand für die Existenz der Arbeitskreise keine Notwendigkeit mehr, wie Christian Pulz es ausdrückt:

„Der Kreis ist eigentlich nicht auseinandergegangen. Der Kreis hatte sich dann erledigt gehabt."[159]

„Wir wollten ja nun selber raus aus der Kirche", erinnert sich auch Eduard Stapel, denn nur so hätten er und andere Schwulenaktivisten den SVD gründen und damit größeren gesellschaftlichen und politischen Einfluss nehmen können.[160] Der Abschied von der Kirche sollte also der Ausweitung und Professionalisierung der – noch – ostdeutschen Schwulenbewegung dienen. Langfristig etablieren konnten sich außerdem die seit Ende der 1980er Jahre gegründeten schwul-lesbischen Clubs, die durch den Zerfall der DDR automatisch unabhängig wurden, dadurch aber auch gezwungen waren, ihre Existenz eigenständig zu sichern. Der Sonntags-Club in Berlin etwa oder die Vereine Gerede in Dresden und RosaLinde in Leipzig sind Beispiele dafür, dass die ostdeutsche Schwulen- und Lesbenbewegung mit dem Ende der DDR zumindest nicht vollständig zum Erliegen kam. Die größte ostdeutsche Erfolgsgeschichte schrieb der im Februar 1990 gegründete Schwulenverband in der DDR (SVD).[161] Daneben hatten die Versuche von Schwulen und Lesben, in einer möglichen neuen DDR-Verfassung ein Diskriminierungsverbot zu verankern, insofern Erfolg, als zumindest einige Landesverfassungen noch in den 1990er Jahren das Verbot der Diskriminierung aufgrund der „sexuellen Identität" festschrieben.[162] Für ein entsprechendes Verbot der Diskriminierung im Grundgesetz streitet unter anderem der LSVD noch im Jahr 2022.[163]

---

[157] Ebenda.
[158] Vgl. Evangelisch Advent-Zachäus- und St. Bartholomäus-Kirchgemeinde, Gesprächskreis Homosexualität, https://kirchengemeinde-am-friedrichshain.de/page/72/gespr%C3%A4chs kreis-homosexualit%C3%A4t (23. 11. 2021).
[159] Interview Christian Pulz, 12. 8. 2013.
[160] Vgl. Interview Eduard Stapel, 4. 12. 2015.
[161] Vgl. Lesben- und Schwulenverband in Deutschland, https://de.wikipedia.org/w/index.php?title=Lesben-_und_Schwulenverband_in_Deutschland&oldid=195915611 (23. 6. 2020); Lesben- und Schwulenverband, Über uns, https://www.lsvd.de/de/verband/ueber-uns (23. 6. 2020).
[162] Das geschah in Brandenburg 1992, in Thüringen 1993 und in Berlin 1995. Vgl. Land Brandenburg, Verfassung des Landes Brandenburg vom 20. August 1992; Thüringer Landtag, Verfassung des Freistaats Thüringen; Der Regierende Bürgermeister von Berlin/Senatskanzlei, Verfassung. Später kamen noch Bremen (2001) und das Saarland (2011) hinzu. Vgl. Bremische Bürgerschaft, Landesverfassung der Freien Hansestadt Bremen; Ministerium der Justiz Saarland/Bürgerservice Saarland, Verfassung des Saarlandes.
[163] LSVD, Diskriminierungsverbot ins Grundgesetz. Resolution des Lesben- und Schwulenverbands (LSVD), https://www.lsvd.de/de/ct/1042-diskriminierungsverbot-ins-grundgesetz (1. 6. 2022).

Viele der 1990 neu gegründeten Initiativen und Vereine stellten allerdings früher oder später ihre Arbeit ein. So gab der im März 1990 entstandene Dachverband homosexueller Interessengruppen e. V. (DVhI) bereits Ende Oktober 1990 wieder auf.[164] Die Zeitschrift „minislib" erschien vermutlich nur bis Ende 1990.[165] Über den Verbleib der acht Vereine und Initiativen, die es im Juni 1990 in Thüringen gab, konnten keine Informationen recherchiert werden, weshalb angenommen werden muss, dass keine von ihnen mehr existiert.[166] 1997 beendete auch der im November 1989 in Magdeburg gegründete schwul-lesbische Klub A-3 seine Tätigkeit.[167] Die News aus dem Osten für die Zeitung „First" lieferte Jürgen Zehnle bis 1994, wobei es schon ab Juli 1990 keine eigene Kategorie für den Osten mehr gab.[168] Die ostdeutschen Magazine „Die andere Welt" und „Gegenpol" erschienen noch bis 2002 bzw. 2012.[169]

Die Friedliche Revolution und die deutsche Einheit sind mit dem Aufbruch, dem Umbruch, aber auch dem Abbruch ostdeutscher schwul-lesbischer Aktivitäten verbunden. Im Laufe des Jahres 1990 oder spätestens Anfang der 1990er Jahre verschwanden diejenigen Gruppen und Formate, die bis dahin aufgrund des äußeren Drucks oder fehlender Alternativen im SED-Staat zusammengehalten hatten. Sahen ihre führenden Mitglieder nun andere politische Partizipations- und Einflussmöglichkeiten, verabschiedeten sie und ihre Kreise sich. Fanden frühere Teilnehmer*innen andere Treffpunkte, fehlte es an Organisator*innen oder finanziellen Mitteln, schliefen auch neu gegründete Gruppen wieder ein. Bestehen konnten bis heute diejenigen Selbstorganisationen, die weder ihre Notwendigkeit noch ihre Unterstützung verloren haben und denen es gelang, stabile und effektive Mitwirkungsstrukturen aufzubauen sowie die Transformation zu meistern. Dazu gehören hauptsächlich, aber nicht ausschließlich jene Initiativen, die sich nicht unter das Dach der Kirche in der DDR gestellt hatten bzw. darunter hervorkamen, als die politischen Rahmenbedingungen es zuließen. Daran wird nicht zuletzt deutlich, dass das Dach der Kirche für die Schwulen- und Lesbenbewegung der DDR in erster Linie Ersatz und zugleich bis in die zweite Hälfte der 1980er Jahre unersetzlich war.

---

[164] Vgl. Thomas Wilde, Ost-Perspektiven, in: BVH-Magazin, H. 5, 1990, S. 12–15, hier S. 12.
[165] Vgl. Deutsche Nationalbibliothek (DNB), ZA 73167, Minislib. Monatsschrift der Homosexuelleninitiative Leipzig im Schwulenverband Deutschlands, 1/1990–9/1990, http://d-nb.info/945800150 (23. 6. 2020).
[166] Vgl. SMU, DDR, Staat und Politik, Nr. 2, § 175 – vor der Wiedervereinigung, Offener Brief der Homosexuellen Initiative Thüringens an DDR- und Bundesregierung, 30. 6. 1990.
[167] Vgl. Michael Willig (Evangelische Studentengemeinde Leipzig), E-Mail an die Autorin, 1. 5. 2016; Hartmut Beyer, Die Gründung des „Klubs A-3", S. 140.
[168] Vgl. SMU, First. Die Zeitung von Männern für Männer. Deutschlands große Gay Zeitung, 1988–1992; Zehnle, Rosa von, E-Mail an die Autorin, 26. 8. 2015.
[169] Vgl. SMU, DDR, Sammlung Die Andere Welt (Zeitschrift Courage); Gegenpol, Wir sind dann mal weg, http://www.gegenpol.net/ (23. 6. 2020).

VI. Fazit

Ehe der Kalte Krieg schließlich an sein Ende gelangte, hatte er in den 1970er und 1980er Jahren verschiedene Phasen der Entspannung und des Wieder-Aufflammens durchlaufen. Diese weltpolitischen Entwicklungen fanden ihren Niederschlag auch in den Möglichkeiten und Grenzen der Kommunikation über die Systemgrenze hinweg und damit nicht zuletzt in der Schwulenbewegung in der DDR. Die Entspannungspolitik seit Anfang der 1970er Jahre öffnete Kanäle zwischen Ost und West und war eine Voraussetzung dafür, dass in der Hauptstadt der DDR die erste schwul-lesbische Gruppe, die Homosexuelle Interessengemeinschaft Berlin, entstehen konnte. In den Selbstbehauptungsstrategien der HIB spielte die spezifisch deutsch-deutsche Situation der Nähe und Abgrenzung, der Systemkonkurrenz und wechselseitigen Beobachtung eine wesentliche Rolle. Ihre Vorgehensweise bestand darin, sich einerseits in einem transnationalen Kontext zu bewegen und andererseits das Gegenteil zu behaupten, das sozialistische System und dessen Abgrenzung gegenüber dem Westen zu bestätigen und gleichzeitig den Wunsch nach ähnlichen Möglichkeiten der Lebensgestaltung wie in der Bundesrepublik zu äußern. Die HIB funktionalisierte die Systemkonkurrenz, um ihren Forderungen Nachdruck zu verleihen. Sie inszenierte etwa die vermeintliche Anziehungskraft der Bundesrepublik als eine Bedrohung für den SED-Staat und verlangte, dass sich die DDR als die *fortschrittlichere* Gesellschaft besser um die Homosexuellen kümmern sollte. Sie nutzte dabei den Raum, der Jennifer Evans zufolge nach der Abschaffung des § 175 StGB 1968 in der DDR entstanden war, in dem sich neue Selbstbeschreibungen entwickelten und den Bürger*innen nutzen konnten, die der Führung des Landes vorwarfen, nicht im Geiste der Reform zu handeln.[1] Die Aktivist*innen entlarvten den SED-Staat dabei als konservativ und reformunwillig und als einen Staat, der seine eigenen Prinzipen aufgrund verkrusteter Vorstellungen von *Freund* und *Feind* verriet.

Für die westdeutsche Schwulenbewegung waren Homosexualität und das Leben von Schwulen und Lesben in der DDR Gegenstand der Auseinandersetzung über den richtigen Weg der Emanzipation. Wahrnehmungen und Konstruktionen sowohl von Unterschieden als auch Gemeinsamkeiten prägten die westdeutschen Blicke auf die DDR. Das Interesse an den *Anderen* in der unmittelbaren Nachbarschaft sowie die Vorstellung einer grenzübergreifenden Zusammengehörigkeit waren der Ausgangspunkt für westdeutsche Aktivisten und Medien, sich mit dem Osten zu beschäftigen. In den 1970er Jahren war es vor allem die DDR als sozialistisches Land, für das sich Schwulenaktivisten im Westen interessierten, weil sie sich sozialistische Verhältnisse auch für die Bundesrepublik wünschten und erwarteten, dass der Staat im anderen Deutschland früher oder später die Emanzipation von Homosexuellen verwirklichen werde.

---

[1] Vgl. Evans, Decriminalization, S. 554.

Weitere Annäherungen zwischen den beiden deutschen Staaten in den 1980er Jahren sowie das Anwachsen und die Ausdifferenzierung der Bewegungen intensivierten auch die Verflechtungen zwischen schwulen Akteuren beiderseits der Grenze. Eine wichtige Funktion, die die grenzübergreifenden Netzwerke für die Ostdeutschen hatten, war der Transfer von Literatur. Die ostdeutschen Aktivisten eigneten sich diese Literatur an, verbreiteten sie innerhalb der DDR und verwendeten sie als Grundlage, um Beschreibungen ihrer eigenen Rolle und Ziele sowie Positionen zur Situation von Homosexuellen in der DDR und deren Emanzipation zu erarbeiten. Die westliche Literatur wurde in der DDR eigensinnig angeeignet, aber nicht zufällig. Es waren bestimmte Argumente, die unter bestimmten Voraussetzungen Anschluss fanden. Zu diesen Voraussetzungen gehörte das strukturelle Spannungsfeld, in dem sich die Gruppen bewegten: Einerseits mussten sie sich zum Sozialismus bekennen, um nicht als Staatsfeinde wahrgenommen und verboten zu werden. Andererseits schuldeten sie den evangelischen Kirchen, die ihnen Schutz boten, das Bekenntnis, Teil der kirchlichen Arbeit und christlichen Seelsorge zu sein. Dieser ideologische Doppelanspruch macht verständlich, warum es vor allem linke und theologische Arbeiten waren, die zur Kenntnis genommen und rezipiert wurden. Aneignungen, Selbstverortungen und das Ausspielen von Konkurrenz, etwa zwischen der DDR-Führung und der evangelischen Kirche in der DDR sowie zwischen DDR und Bundesrepublik, brachten nicht zuletzt ein aktivistisches, typisch ostdeutsches und gleichzeitig grenzübergreifendes Gedenken an die homosexuellen Opfer des Nationalsozialismus hervor.

Transfers und Aneignungen von West nach Ost müssen zudem in ihrer performativen Funktion gesehen werden. Indem sich die DDR-Schwulenaktivisten Informationen und Wissen aus dem Westen beschafften, nahmen sie sich eine Freiheit, die das System für sie eigentlich nicht vorgesehen hatte. Der Zugang zu westdeutscher Literatur stellte keine Selbstverständlichkeit dar. Zugleich legt die umfangreiche Rezeption nahe, dass sie wie selbstverständlich im Osten gelesen und verarbeitet wurde. Die Akteure differenzierten dabei einerseits zwischen dem *Eigenen* und dem *Fremden*, sie verglichen die DDR und die Bundesrepublik und beteiligten sich bewusst an Transfers über die Grenze; andererseits fühlten sie sich einem Kultur- und Sprachraum zugehörig, in dem die Verbreitung von Ideen und die Rezeption von Literatur als selbstverständliche Teilhabe verstanden wurden. Insbesondere dann, wenn Netzwerke über die deutsch-deutsche Grenze hinweg besonders eng waren und Informationen keine Übersetzungsleistung von West- nach Ostdeutsch benötigten, war der grenzübergreifende Charakter von Transfers und Aneignungen mitunter nicht mehr sichtbar.

Parallel zur Institutionalisierung und Professionalisierung der Schwulen- und Lesbenbewegung in der Bundesrepublik und in West-Berlin sowie der Entstehung von Schwulen- und Lesbengruppen unter dem Dach der Kirche in der DDR sind im Laufe der 1980er Jahre Versuche einer Verstetigung von grenzübergreifenden Netzwerken zu erkennen. Für die ostdeutschen Schwulenaktivisten hatten diese Netzwerke konkrete Bedeutung für ihre Arbeit. Sie boten neben dem Transfer von Wissen materielle Unterstützung sowie Beistand durch Personen und Argumente, die gegenüber Staat und Kirche in der DDR in Stellung gebracht werden konnten. Die westdeutschen schwul-lesbischen Medien waren zudem die einzige Öffentlichkeit, zu der die Schwulenbewegung – abgesehen von den kirchlichen Kontexten – im Osten Zugang hatte. Nahmen die Ostdeutschen diese Hilfe gerne in Anspruch, so stießen westliche Anfragen nach engerer Vernetzung und Kooperation größtenteils auf Ablehnung. Für die Arbeitskreise Homosexualität und die nichtkirchlich gebundenen Clubs ging diese Ablehnung einerseits auf Sicherheitsbedenken zurück, andererseits kam darin die Selbstbehauptung als eigenständige ostdeutsche Bewegung zum Ausdruck.

Ein großer Teil der Aufmerksamkeit, den Homosexuelle in der DDR aus dem Westen erfuhren, war auch in den 1980er Jahren dem Umstand geschuldet, dass es Personen gab, die auf Signale der Emanzipation durch den Sozialismus hofften. Christlich organisierte Schwulenaktivisten deuteten die Arbeitskreise hingegen als Zeichen einer emanzipatorisch orientierten und integrierenden evangelischen Kirche in der DDR. Die Blicke der westdeutschen schwul-lesbischen Medien und Schwulenaktivisten auf die DDR waren folglich von jeweils spezifischen eigenen Verortungen geprägt. Insbesondere die Reaktionen auf die Abschaffung des § 151 StGB in der DDR machen deutlich, dass die Entwicklungen im Osten aufmerksam verfolgt wurden und ihren Niederschlag in den westdeutschen schwul-lesbischen Medien fanden, aber auch diese Aneignungen von eigenen Interessen geleitet waren. Zudem lässt sich nachvollziehen, wie sich die bis dahin differierenden Sichtweisen auf die DDR seit Ende 1988 immer mehr anglichen. Denn mit dem freudigen Erstaunen rückte die staatliche Politik in den Mittelpunkt des Interesses und dominierte die Berichterstattung über die DDR in fast allen schwul-lesbischen Zeitschriften. Die Entwicklungen in der DDR und deren Rezeption im Westen führten ab Ende der 1980er Jahre und ganz besonders nach dem Mauerfall schließlich dazu, dass das Thema Homosexualität zu einem Gegenstand der gesellschaftlichen und politischen Aushandlungen zwischen der DDR und der Bundesrepublik im Rahmen des Vereinigungsprozesses wurde.

Mit dem Ende der DDR und des Ost-West-Konflikts nahmen die Kommunikation und die Interaktionen zwischen den Schwulenbewegungen sprunghaft zu, wurden dabei aber nicht unbedingt einfacher. Der 9. November 1989 machte zunächst einen unmittelbaren Aufbruch der DDR-Schwulen- und Lesbenbewegung möglich, der auf vorhandene Strukturen, Netzwerke und Programme, aber auch auf den Wandel im staatlichen Umgang mit Homosexualität und den Aktivist*innen seit Mitte der 1980er Jahre aufbauen konnte. Außerdem wurde das, was schwule und lesbische Aktivist*innen seit Anfang der 1970er Jahre gehofft hatten, dass nämlich Staat und Partei die Verbesserung der Situation von Homosexuellen als ihr eigenes Interesse begreifen würden, in dem Moment Realität, als ebendieser Staat sich aufzulösen begann. Die neuen deutsch-deutschen Kontakte und gemeinsamen Projekte konnten zum Teil auf bestehende grenzübergreifende Verbindungen zurückgreifen oder ergaben sich aus dem ebenfalls neuen und verstärkten Interesse am jeweils anderen Deutschland. Eines der ersten und wichtigsten gemeinsamen Themen in Ost und West war der bundesdeutsche § 175 StGB, dessen drohende Übernahme auf das Territorium der DDR nicht nur mobilisierende Wirkung entfaltete, sondern auch zu einer generellen Annäherung der Schwulenaktivisten und Gesellschaften in Ost und West beitrug. Neben neuen Bündnissen quer zu der bis vor wenigen Wochen und Monaten streng bewachten Systemgrenze brachte das Aufeinandertreffen der Schwulenbewegungen zugleich neue Abgrenzungsbestrebungen sowie handfeste Konkurrenzen hervor. Für die Schwulenbewegungen stellten die politischen Ereignisse der Jahre 1989/90 damit einerseits eine Triebkraft dar, die zu einer gesamtdeutschen Strukturbildung, zu mehr politischer Sichtbarkeit und Einflussnahme führte. Zum anderen traten erneut Unterschiede zwischen Ost und West deutlich zutage, die zu überbrücken nicht immer das Anliegen der historischen Akteure war, sondern die nun – vielleicht sogar stärker als zuvor – als eine Frage der Identität galten und als solche verteidigt wurden.

Die Geschichte schwuler Bewegungen in der DDR aus einer transnationalen Perspektive zu betrachten sowie ihre Akteure und deren Netzwerke im Kontext des Ost-West-Konflikts zu verorten, hat zu aufschlussreichen Einsichten geführt. Dass soziale Bewegungen geprägt sind von den jeweiligen politischen und gesellschaftlichen Bedingungen, in denen sie entstehen und bestehen, war die Ausgangsüberlegung. Im deutsch-deutschen Fall zeigte sich jedoch, dass nicht nur die lokalen, sondern auch die Voraussetzungen auf der anderen Seite der Mauer für den jeweiligen Aktivismus relevant waren. Die Freiräume, die Ressourcen, die Öffentlichkeit und die Mobilität der westdeutschen Schwulenbewegung kamen auch den ostdeutschen Aktivisten zugute. Akteure in der Bundesrepublik und in West-Berlin, die ihr Engagement auf die DDR ausdehnten, orientierten sich im Gegenzug an den ostdeutschen Gegebenheiten, die so auch ihre Bewegungsformen (mit-)bestimmten. Die Westdeutschen entwickelten ein Verhältnis zur DDR und ihren Schwulen und Lesben, weshalb auch sie von den deutsch-deutschen transnationalen Verflechtungen geprägt waren. Bewegungsziele und -strategien waren somit immer abhängig von lokalen und transnationalen Faktoren, die – wenn sie in spezifischen Konstellationen aufeinandertrafen – den Akteuren zudem neue Handlungsmöglichkeiten eröffneten. Die Aktivisten lernten voneinander, stützten ihre Forderungen und Argumente in Abgrenzung oder Anlehnung an die Positionierungen bzw. Möglichkeiten oder Schwierigkeiten der Bewegung auf der anderen Seite. Sie richteten sich aber auch bewusst oder unbewusst an beide Regierungen und Gesellschaften, wenn sie ähnliche und unterschiedliche Themen behandelten, gemeinsame und voneinander getrennte Ziele formulierten und eigene sowie ineinandergreifende Bewegungsstrategien wählten. So war etwa der Protest, der sich in der Bundesrepublik auf der Straße sichtbar und hörbar zum Ausdruck brachte, ein Hinweis an die Staats- und Parteiführung in der DDR, welche Bedürfnisse in der Bevölkerung vorhanden waren und zu einer Mobilisierung von unten führen könnten. Die Strafrechtsreformen und der politische Wandel im Umgang mit Schwulen und Lesben in der DDR waren ebenfalls zum Teil das Verdienst der westdeutschen Schwulen- und Lesbenbewegung, die die Forderungen der Ostdeutschen in ihren Medien mitartikulierte. Es ist zudem nicht auszuschließen, dass die bewegten Homosexuellen in der Bundesrepublik von der SED-Führung nicht weniger als die Bewegung in der DDR als Adressaten staatlichen Handelns gesehen wurden. So konnten die westdeutsche Zustimmung zur Politik der DDR gegenüber Homosexuellen genährt und damit möglicherweise wiederum indirekt die ostdeutschen Schwulen und Lesben erreicht werden. Weder Bewegung und Protest noch deren Auswirkungen können somit auf den einen oder anderen Teil Deutschlands beschränkt werden.

„Warme Brüder" im Kalten Krieg waren die ostdeutschen Schwulenaktivisten folglich deshalb, weil sie in der DDR lebten, die die Auseinandersetzung im Ost-West-Konflikt vehement führte. Außerhalb der engen Grenzen des SED-Staates und jenseits der Systemkonkurrenz war für die Ostdeutschen kein Engagement möglich. Zugleich waren sie in diesem vorstrukturierten Feld Akteure, die die Gelegenheiten, die sich im eigenen Land und im geteilten Deutschland ergaben, zur Ausweitung von Gestaltungsspielräumen nutzten. „Warme Brüder" im Kalten Krieg waren auch westdeutsche Schwulenaktivisten, und das nicht nur deshalb, weil sie sich selbst so bezeichneten, sondern weil sie als Akteure auftraten, die die Beziehungen zum anderen Deutschland mitbestimmten. Die Westdeutschen waren es, die Begegnungen und Transfers zwischen Ost und West konkret möglich machten. Zudem entschieden sie darüber, welches Bild von den Schwulen und Lesben in der DDR und welche ostdeutschen Stimmen im Westen Verbreitung fanden. Schwuler Aktivismus im geteilten Deutschland bedeutete demnach, dass „warme Brüder" versuchten, sich über den Kalten Krieg hinwegzusetzen, diesen aber nie loswurden und versuchen mussten, ihn sich zunutze zu machen. Wenngleich sich die ost- und die westdeutschen Schwulenaktivisten lieber als „warme Brüder" sahen, so spielten sie dennoch durchaus die Rolle der kalten Krieger und behaupteten sich in Gesellschaften, die sie unabhängig vom politischen System zu Außenseitern erklärten.

Neben und gemeinsam mit den bewegten Lesben waren die Schwulenaktivisten Produkt und Triebkraft sozialer, gesellschaftlicher und politischer Transformationsprozesse. Der Umgang mit Homosexualität seitens Wissenschaft, Justiz, Politik und Medien war dadurch gekennzeichnet, dass er von einem Mann als *dem* Homosexuellen ausging und homosexuelle Frauen marginalisierte. In den Zeitzeugnissen der sich selbst ermächtigenden schwulen Männer finden sich diese Vorstellungen wieder. Wenn auch weniger stark als in den 1970er Jahren, definierten Schwulenaktivisten ihr Engagement auch in den 1980er Jahren noch als Kampf für die Rechte und gegen die Ausgrenzung homosexueller Männer, obwohl sie immer gemeinsam mit lesbischen Frauen oder zumindest Seite an Seite mit ihnen agierten. Sie hatten sich nicht nur ein neues eigenes Selbstbild als schwule Männer angeeignet, sondern den Blick der Gesellschaft auf Homosexuelle teilweise übernommen. So wurde das Schwulsein politisch, während das Lesbischsein privat blieb, zumindest aus der Perspektive der Schwulen und der Gesellschaft. Lesbische Aktivistinnen mussten demgegenüber ihre Anwesenheit erst deutlich machen, um so der Unsichtbarkeit von Lesben etwas entgegenzusetzen. Die zunehmende sprachliche Einbeziehung lesbischer Akteurinnen und ihrer Interessen im Laufe der 1980er und 1990er Jahre – die Umbenennung des SVD in LSVD 1999 kann als ein vorläufiger Höhepunkt dieses Prozesses gesehen werden – macht nicht nur das Erstarken der Lesbenbewegung, sondern auch eine Emanzipation homosexueller Männer von gesellschaftlichen Fremdbeschreibungen deutlich. Das legt die noch zu verifizierende These nahe, die Nennung und Nichtnennung von Lesben in den Quellen als schwule Selbstbehauptungsstrategie zu lesen: Dort, wo es sinnvoll erschien, sich mit *dem* Homosexuellen als Mann zu identifizieren oder schwule Männer als geschlossene Gruppe anzusprechen, blieben Lesben in den von Männern produzierten Quellen ausgeschlossen. Kam es dagegen darauf an, Homosexuelle als heterogenen Teil der Gesellschaft darzustellen und damit auch anschlussfähiger zu machen, wurde von Schwulen und Lesben gesprochen. Die zunehmende Einbeziehung von Lesben auf der Textebene – sowohl im Osten als auch im Westen – kann somit einerseits als Zeichen eines wachsenden schwulen Selbstbewusstseins betrachtet werden, andererseits aber auch als Abkehr von einer schwulen Bewegungsstrategie, die das *Anderssein* betonte. Denn die Einbindung von Lesben konnte das Bild von Homosexuellen als einer eigenen „Spezies" (Michel Foucault) mit bestimmten Eigenschaften aufbrechen und Homosexuelle damit wieder zu einem Teil der Mehrheitsgesellschaft machen, wobei Sexualität als wesentliche Beschreibungskategorie an Bedeutung verlor. Zusammen mit den Lesben, den geschlechtlich markierten weiblichen Homosexuellen, konnte *der* Homosexuelle nunmehr ein wenig *normaler* werden. Um diese Hypothese zu überprüfen, ist weitere Forschung nötig, die sich mit dem Verhältnis zwischen bewegten Schwulen und Lesben beschäftigt. Dass auch dieses Verhältnis sowohl im Osten als auch im Westen geprägt war vom deutsch-deutschen Kontext, ist eine Vermutung, zu der am Ende dieses Buches berechtigter Anlass besteht.

Abkürzungen

ABL	Archiv Bürgerbewegung Leipzig
Abt.	Abteilung
AE	Alternativ-Entwurf
AGG	Archiv Grünes Gedächtnis
AHA	Allgemeine Homosexuelle Aktion
AIM	Austauschbarer Inoffizieller Mitarbeiter (MfS)
AK	Arbeitskreis
AKG	Auswertungs- und Kontrollgruppe (MfS)
AKH	Arbeitskreis Homosexuelle Liebe Jena
AL	Alternative Liste
AOG	Akten der Operativgruppe (MfS)
AP	Allgemeine Personenablage (MfS)
APO	Außerparlamentarische Opposition
APuZ	Aus Politik und Zeitgeschichte (Zeitschrift)
ARD	Arbeitsgemeinschaft der öffentlich-rechtlichen Rundfunkanstalten der Bundesrepublik Deutschland
BArch	Bundesarchiv
Bd.	Band
BdL	Büro der Leitung/des Leiters (MfS)
BEK	Bund der Evangelischen Kirchen in der DDR
BpB	Bundeszentrale für politische Bildung
BRD	Bundesrepublik Deutschland
BStU	Bundesbeauftragter für die Unterlagen des Staatssicherheitsdienstes der ehemaligen DDR
BV, BVfS	Bezirksverwaltung (MfS)
BVH	Bundesverband Homosexualität
BZgA	Bundeszentrale für gesundheitliche Aufklärung
CDU	Christlich-Demokratische Union
CSD	Christopher Street Day
DAH	Deutsche AIDS-Hilfe (seit 2019 Deutsche Aidshilfe)
DAH	Deutsche Arbeitsgemeinschaft Homosexualität
DDR	Deutsche Demokratische Republik
DeLSI	Demokratische Lesben- und Schwuleninitiative
DGFS	Deutsche Gesellschaft für Sexualforschung
DHMD	Deutsches Hygiene-Museum Dresden
DKP	Deutsche Kommunistische Partei
DVhI	Dachverband homosexueller Interessengruppen
e. V.	eingetragener Verein
EKD	Evangelische Kirche in Deutschland
ELSA	Erfurter Lesben- und Schwulen-Arbeitskreis

ESG	Evangelische Studentengemeinde
ev.	evangelisch
EZA	Evangelisches Zentralarchiv
FAZ	Frankfurter Allgemeine Zeitung
FDGB	Freier Deutscher Gewerkschaftsbund
FDJ	Freie Deutsche Jugend
FDP	Freie Demokratische Union
Genex	Geschenkdienst- und Kleinexporte GmbH
GEW	Gewerkschaft Erziehung und Wissenschaft
GO	Grundorganisation (SED)
HA	Hauptabteilung (MfS)
HAH	Homosexuelle Aktion Hamburg
HAK	Arbeitskreis Homosexualität in der ESG Leipzig
HAW	Homosexuelle Aktion Westberlin
Hrsg.	Herausgeber
HIB	Homosexuelle Interessengemeinschaft Berlin
HIL	Homosexuelleninitiative Leipzig
HIV	Human Immunodeficiency Virus
HOSI	Homosexuelle Initiative Wien
HSM	Homosexuelle Studentengruppe Münster
HuK	Ökumenische Arbeitsgruppe Homosexuelle und Kirche
ICSE	International Committee for Sexual Equality
IHB	Initiativgruppe Homosexualität Bielefeld
IM	Inoffizieller Mitarbeiter (MfS)
IMSF	Institut für Marxistische Studien und Forschungen
Infas	Institut für angewandte Sozialwissenschaft
IPPNW	International Physicians for the Prevention of Nuclear War
KBW	Kommunistischer Bund Westdeutschland
KD	Kreisdienststelle (MfS)
KP	Kontaktperson (MfS)
KPD	Kommunistische Partei Deutschlands
KPD/ML	Kommunistischen Partei Deutschlands/Marxisten-Leninisten
KPdSU	Kommunistische Partei der Sowjetunion
KZ	Konzentrationslager
LSBTI*	lesbische, schwule, bisexuelle, trans*- und inter*-Menschen
LSVD	Lesben- und Schwulenverband in Deutschland
MfS	Ministerium für Staatssicherheit
MV	Mitgliederversammlung
NATO	North Atlantik Treaty Organization
NMG	Nationale Mahn- und Gedenkstätte

NS	Nationalsozialismus
NSA	Nichtsozialistisches Ausland
NSDAP	Nationalsozialistische Deutsche Arbeiterpartei
NSW	Nichtsozialistisches Wirtschaftsgebiet
o. A.	ohne Autor
o. D.	ohne Datum
OPK	Operative Personenkontrolle (MfS)
o. S.	ohne Seitenzahl
OV	Operativer Vorgang (MfS)
PDS	Partei des Demokratischen Sozialismus
PdVP	Präsidium der Volkspolizei
RHG	Robert-Havemann-Gesellschaft – Archiv der DDR-Opposition
RIAS	Rundfunk im amerikanischen Sektor
RStGB	Reichsstrafgesetzbuch
SA	Sturmabteilung (NSDAP)
SBZ	Sowjetische Besatzungszone
SC	Sonntags-Club
SchwuP	Bundesarbeitsgemeinschaft Schwule, Päderasten und Transsexuelle (bis 1987 innerhalb der Partei Die Grünen)
SED	Sozialistische Einheitspartei Deutschlands
SEW	Sozialistische Einheitspartei Westberlins
SMU	Schwules Museum
SPD	Sozialdemokratische Partei Deutschlands
SS	Schutzstaffel (NSDAP)
Stasi	Staatssicherheit(sdienst) der ehemaligen DDR (siehe auch MfS)
StGB	Strafgesetzbuch
SVD	Schwulenverband in der DDR
Taz	Die Tageszeitung
ThürAZ	Thüringer Archiv für Zeitgeschichte „Matthias Domaschk"
UNO	Vereinte Nationen (United Nations Organization)
UZ	Unsere Zeit (Zeitung der DKP)
VdN	Verfolgte des Naziregimes
v. u. Z.	vor unserer Zeitrechnung
WB	West-Berlin
WhK	Wissenschaftlich-humanitäres Komitee
WZB	Wissenschaftszentrum Berlin für Sozialforschung
ZK	Zentralkomitee (SED)
ZMA	Zentrale Materialablage (MfS)

Quellen

Archivbestände

Archiv Bürgerbewegung Leipzig (ABL)

3.28.2, Arbeitskreis Homosexualität der Evangelischen Studentengemeinde Leipzig

Archiv der Evangelischen Studentengemeinde Leipzig

Schriftverkehr HAK (Arbeitskreis Homosexualität)

Archiv Grünes Gedächtnis (AGG)

B.II.1 6092 1–2

Archiv RosaLinde Leipzig e. V.

Ordner 1988/89

Bundesarchiv Berlin-Lichterfelde (BArch)

DC 20/6724, Amt des Ministerpräsidenten der DDR, Wiedereinführung des § 175 nach der Wiedervereinigung
DO 1/17026, Ministerium des Inneren, Innere Angelegenheiten, Staatliche Anerkennung von Vereinigungen
DO 4/821, Staatssekretär für Kirchenfragen, Abteilung Evangelische Kirche
DP 2/457, Oberstes Gericht der DDR, 3. Strafsenat
DQ 1/13804, Ministerium für Gesundheitswesen der DDR, Referat AIDS, AIDS-Selbsthilfegruppen
DY 30/8194, Abteilung Wissenschaften ZK der SED, Eingaben

Bundesbeauftragter für die Unterlagen des Staatsicherheitsdienstes der ehemaligen DDR (BStU)

BV Berlin Abt. XX 3114
BV Berlin Abt. XX 4329
BV Berlin AIM 6075/91, Bd. 1
BV Berlin AOG 1144/86 I.II Bd. 1
BV Dresden AKG PI 217/85
BV Dresden KD Dresden-Stadt 77137
BV Erfurt BdL S 111
BV Halle Abt. XX 124
BV Halle Abt. XX 167
BV Karl-Marx-Stadt Abt. XX 1382 Bd. 1
BV Karl-Marx-Stadt Abt. XX 1382 Bd. 2
BV Karl-Marx-Stadt Abt. XX 1387
BV Karl-Marx-Stadt Abt. XX 317
BV Magdeburg Abt. XX 4940

BV Magdeburg Abt. XX ZMA 5349 III
BVfS Berlin AIM 4763/91 Bd. II/3
HA VII 2743
HA XX 12398
HA XX 18317
HA XX 4309
HA XX 5190
HA XX 5191
HA XX 5192
HA XX 7109
HA XX ZMA 10050/3 Bd. 2/2
HA XX ZMA 10050/3 Bd. 6
HA XX ZMA 10050/3 Bd. 3
HA XX/9 1500 1 von 2
HA XX/9 1952
HA XX/9 1967
HA XX/9 1969 Abt. XX
HA XX/9 1973
HA XX/9 1975
HA XX/AKG 5476
HA XX/AKG 723
MfS AIM 1042/91 Bd. II/1
MfS AIM 7955/91 Bd. 1
MfS AIM 8122/91 Bd. 2
MfS AIM 8179/91 Bd. 1
MfS AP 8670/71
MfS HA VII 3757
MfS HA XIX 707
MfS HA XX 5765
MfS HA XX/9 1684
MfS HA XX/9 1685

Evangelisches Zentralarchiv (EZA)

101/3088
101/3095
101/3095
223/293

Privatarchiv Christian Pulz

Foto Friedenswerkstatt Erlöserkirche 1983
Arbeitsgemeinschaft der Homosexuellenarbeitskreise der Landeskirche Berlin-Brandenburg:
    Thesen zur Emanzipation, Partizipation und Integration schwuler Männer in Gesellschaft und
    Kirche der DDR, 18. 10. 1989

Robert-Havemann-Gesellschaft – Archiv der DDR-Opposition (RHG)

Sammlung Christian Pulz, Pul 04, Schwule in der Kirche
Sammlung Christian Pulz, Pul 05, Weitere homosexuelle Arbeitskreise und Gruppen
Sammlung Eduard Stapel, ESt 02, Korrespondenz
Sammlung Eduard Stapel, ESt 07, Arbeitskreise/-gruppen Homosexualität 4

Sammlung Eduard Stapel, ESt 10, Arbeitskreise/-gruppen Homosexualität 7
Sammlung Eduard Stapel, ESt 11, Arbeitskreise/-gruppen Homosexualität 8
Sammlung Eduard Stapel, ESt 13, Arbeitskreise/-gruppen Homosexualität 10
Sammlung Eduard Stapel, ESt 15/1, Arbeitsunterlagen zum Thema „Homosexualität"
Sammlung Eduard Stapel, ESt 16/1, Materialsammlung/Thematische Sammlung zu AIDS
Sammlung Wolfgang Rüddenklau, WR 03, Arbeitskreis Schwule in der Kirche
Sammlung Wolfgang Rüddenklau, WR 03, Gesprächskreis Homosexualität
Sammlung GrauZone, GZ/A1/0850

Schwules Museum (SMU)

Bundesrepublik Deutschland, Sammlung Bundesverband Homosexualität, Nr. 69, Korrespondenz A–D
Bundesrepublik Deutschland, Sammlung Bundesverband Homosexualität, Nr. 56, Politik IV
DDR, AIDS-Hilfe DDR, Nr. 1, Zentraler Arbeitskreis Aids
DDR, AIDS-Hilfe DDR, Nr. 2, Zusammenarbeit D.A.H./AIDS-Hilfe DDR e. V.
DDR, AIDS-Hilfe DDR, Nr. 3, Grundlagendokumente AIDS-Hilfe DDR e. V.
DDR, AIDS-Hilfe DDR, Nr. 46, Pressespiegel (Streichung § 175 DDR/BRD)
DDR, AIDS-Hilfe DDR, Nr. 50, Pressesammlung neue Bundesländer
DDR, Bestand Bodo Amelang, Nr. 1, Korrespondenz
DDR, Bestand Bodo Amelang, Nr. 2, Korrespondenz Junge Welt
DDR, Bestand Bodo Amelang, Nr. 3, HIB-Material
DDR, HIB, Nr. 4, Korrespondenz
DDR, Kirchliche Arbeitskreise Homosexualität, Nr. 1, Arbeitskreis Homosexualität in der Adventgemeinde Berlin
DDR, Kirchliche Arbeitskreise Homosexualität, Nr. 3a, Schwule in der Kirche
DDR, Kirchliche Arbeitskreise Homosexualität, Nr. 3b, Schwule in der Kirche
DDR, Kirchliche Arbeitskreise Homosexualität, Nr. 3c, Schwule in der Kirche
DDR, Kirchliche Arbeitskreise Homosexualität, Nr. 4, Arbeitskreis Homosexualität der Evangelischen Stadtmission Magdeburg
DDR, Kirchliche Arbeitskreise Homosexualität, Nr. 5, Arbeitskreis Homosexualität in der ESG (Evangelische Studentengemeinde) Leipzig
DDR, Kirchliche Arbeitskreise Homosexualität, Sammlung Thomas Tunsch, Nr. 10a
DDR, Nachlass Otto Andree, Nr. 3, Offizielle Korrespondenz
DDR, Nachlass Otto Andree, Nr. 4, Privatkorrespondenz
DDR, Nachlass Rudolf Klimmer, Nr. 1, Materialien zur Biografie Klimmers 1957–1997
DDR, Nachlass Rudolf Klimmer, Nr. 11, Fotos 1976–1977
DDR, Nachlass Rudolf Klimmer, Nr. 5, Korrespondenz: Druckgenehmigung/Verlage 1949–1974
DDR, Nr. 8, Schwulenverband in der DDR (SVD)
DDR, Nr. 8, Wissenschaft und Universitäten, Interdisziplinäre Arbeitsgruppe Homosexualität
DDR, Nr. 11, Wissenschaft und Universitäten, Günter Dörner
DDR, Nr. 13, Jugendpolitik und Sport
DDR, Nr. 14, Jugendpolitik und Sport, Weltfestspiele der Jugend 1973
DDR, Sammlung Die Andere Welt (Zeitschrift Courage)
DDR, Sonntags-Club, Nr. 1, Sonntags-Club: Vereinsangelegenheiten
DDR, Staat und Politik, Nr. 1, SED/Volkskammer
DDR, Staat und Politik, Nr. 2, § 175 – vor der Wiedervereinigung
DDR, Teilnachlass Dieter Berner, Nr. 2, Biografisches
DDR, Teilnachlass Dieter Berner, Nr. 6, Gruppen und Vereine
DDR-Material vorsortiert (2013), Kiste Heino Hilger
DDR-Material vorsortiert (2013), R 529, Kiste I
Findbuch D: DDR, Sammlung Arbeitsgemeinschaft Homosexualität Courage
Personen, Günter Grau
Personen, Manfred Herzer
SL HAW, Nr. 9a

Periodika

aha-Info
Berlin von hinten
BVH-Magazin
Capri
Der Kreis
Don
Dorn Rosa
Du & Ich
Emanzipation
First
Gay-Express
HAW-Info
Him Applaus
HuK-Info
Lambda Nachrichten
Magnus
Mitteilungen der Magnus-Hirschfeld-Gesellschaft
Nummer
Nürnberger Schwulenpost
Rosa
Rosa Schängel
Rosamunde
Schwuchtel
Siegessäule
Torso

Thüringer Archiv für Zeitgeschichte „Matthias Domaschk" (ThürAZ)

P-GT-K-11.03, Sammlung Thomas Grund, Ordner „Schwulenarbeit"
P-RA-K-05.08, Diverser Samisdat und kirchliche Druckschriften
frau anders. Infoblatt für Lesben, 1989-1991

Veröffentlichte Quellen

Bach, Kurt R., Geschlechtererziehung in der sozialistischen Oberschule, Berlin (DDR) 1973.
Bach, Kurt R., Geschlechtserziehung in der sozialistischen Oberschule. Entwicklung und Realisierung eines Programms zur systematischen Geschlechtserziehung in den Klassen 1 bis 10 der Oberschule der DDR – ein Beitrag zur Vorbereitung der Heranwachsenden auf Ehe und Familie, Berlin (DDR) 1974.
Bundesgesetzblatt, 1969 Teil I, Nr. 52.
Bundesgesetzblatt, 1973 Teil I, Nr. 98.
Dannecker, Martin/Reiche, Reimut (Hrsg.), Der gewöhnliche Homosexuelle. Eine soziologische Untersuchung über männliche Homosexuelle in der Bundesrepublik, Frankfurt am Main 1974.
Dehnert, Klaus-Dieter/Wenzien, Bernd, Probleme und Erfahrungen in der Arbeit unseres Arbeitskreises „Homosexualität" bei der Evangelischen Stadtmission Halle, in: Sektion Andrologie der Gesellschaft für Dermatologie der DDR/Sektion Ehe und Familie der Gesellschaft für Sozialhygiene (Hrsg.), Psychosoziale Aspekte der Homosexualität, Jena 1989, S. 108–110.
Der Regierende Bürgermeister von Berlin/Senatskanzlei, Verfassung.

Deutscher Bundestag, 11. Wahlperiode, Drucksache 11/7197 (neu), „Antrag der Abgeordneten Frau Beck-Oberdorf, Häfner, Hoss, Meneses Vogl, Nickels, Schoppe, Such, Trenz, Dr. Vollmer, Frau Vennegerts und der Fraktion DIE GRÜNEN: Abschaffung der rechtlichen Diskriminierung von homosexuellen Männern", 9. 7. 1990.
Deutscher Bundestag, 11. Wahlperiode, Drucksache 11/7764, „Antrag der Abgeordneten Garbe, Häfner, Hüser, Kottwitz, Stratmann-Mertens, Dr. Vollmer und der Fraktion DIE GRÜNEN: Demokratische, soziale und ökologische Eckpunkte zum Einigungsvertrag", 4. 9. 1990.
Deutscher Bundestag, 6. Wahlperiode, 41. Sitzung des Sonderausschusses für die Strafrechtsreform, 6. 5. 1971, Stenographischer Dienst, N.Parl 1.64–6.WP, 32/76.
Deutscher Bundestag, 6. Wahlperiode, Viertes Gesetz zur Reform des Strafrechts, Schriftlicher Bericht des Sonderausschusses für die Strafrechtsreform, Drucksache VI/3521.
Deutscher Bundestag, Grundgesetz für die Bundesrepublik Deutschland.
Die Jungdemokraten (Hrsg.), Lieber ein warmer Bruder als ein kalter Krieger. Arbeitskreis Homosexualität. Dokumentation, Berlin 1980.
Dörner, Günter, Sexualhormonabhängige Gehirndifferenzierung und Sexualität, Jena 1972.
Gatzweiler, Richard, Das Dritte Geschlecht. Um die Strafbarkeit der Homosexualität, Volkswartbund Köln-Klettenberg 1951.
Gerede e. V. (Hrsg.), schwul-lesbisch in dresden. 10 Jahre GEREDE, Dresden 1997.
Gesetzblatt der Deutschen Demokratischen Republik, 1957 Teil I, Nr. 78.
Gesetzblatt der Deutschen Demokratischen Republik, 1961 Teil I, Nr. 3.
Gesetzblatt der Deutschen Demokratischen Republik, 1968 Teil I, Nr. 1.
Gesetzblatt der Deutschen Demokratischen Republik, 1974 Teil I, Nr. 5.
Gesetzblatt der Deutschen Demokratischen Republik, 1975 Teil I, Nr. 3.
Gesetzblatt der Deutschen Demokratischen Republik, 1975 Teil I, Nr. 27.
Gesetzblatt der Deutschen Demokratischen Republik, 1988 Teil I, Nr. 29.
Graf, Thorsten/Herzer, Manfred, Zur neueren Diskussion über die Homosexualität, in: Das Argument. Zeitschrift für Philosophie und Sozialwissenschaften 17 (1975), S. 859–874.
Graf, Thorsten/Steglitz, Mimi (Manfred Herzer), Homosexuellenunterdrückung in der bürgerlichen Gesellschaft, in: Homosexuelle Aktion Westberlin (Hrsg.), Tuntenstreit. Theoriediskussion der Homosexuellen Aktion Westberlin, Berlin 1975, S. 35–68.
Grau, Günter (Hrsg.), Und diese Liebe auch. Theologische und sexualwissenschaftliche Einsichten zur Homosexualität, Berlin (DDR) 1989.
Grau, Günter, Verstümmelt und ermordet – Homosexuelle im KZ Buchenwald, in: Thom, Achim/Rapoport, Samuel Mitja (Hrsg.), Das Schicksal der Medizin im Faschismus. Auftrag und Verpflichtung zur Bewahrung von Humanismus und Frieden, Neckarsulm/München 1989, S. 76–79.
Hartmann, Matthias, Als abartig verdammt – zur Ordination berufen? Zur Diskussion über Homosexuelle in DDR-Kirchen, in: Kirche im Sozialismus, H. 3, 1985, S. 111–116.
Hocquenghem, Guy, Das homosexuelle Verlangen, München 1974.
Honecker, Erich, Aus meinem Leben, Berlin (DDR) 1980.
Kentler, Helmut, AIDS zerstört Sexualität, in: Pacharzina, Klaus (Hrsg.), Aids und unsere Angst, Reinbek bei Hamburg 1986, S. 59–61.
Kittlitz, Matthias, Zur Definition des Begriffs Coming out, in: Sektion Andrologie der Gesellschaft für Dermatologie der DDR/Sektion Ehe und Familie der Gesellschaft für Sozialhygiene (Hrsg.), Psychosoziale Aspekte der Homosexualität, Jena 1989, S. 33–42.
Klimmer, Rudolf, Die Homosexualität als biologisch-soziologische Zeitfrage, Hamburg 1958.
Klimmer, Rudolf, Zur Frage des Schutzalters bei homosexuellen Handlungen, in: Medizinische Klinik 36 (1970), S. 1603–1606.
Kokula, Ilse/Referat für gleichgeschlechtliche Lebensweisen (Hrsg.), Geschichte und Perspektiven von Lesben und Schwulen in den neuen Bundesländern, Senatsverwaltung für Jugend und Familie Berlin 1991.
KPD/ML – Ortsleitung Bremen, Stellungnahme zur Diskussion über Homosexualität, Mitte 1974, in: Los Angeles Research Group (Hrsg.), Zur materialistischen Analyse der Schwulenunterdrückung, Berlin 1977, S. 76–78.
Land Brandenburg, Verfassung des Landes Brandenburg vom 20. August 1992.
Landesverfassung der Freien Hansestadt Bremen.

Lautmann, Rüdiger (Hrsg.), Seminar Gesellschaft und Homosexualität, Frankfurt am Main 1977.
Lautmann, Rüdiger/Grikschat, Winfried/Schmidt, Egbert, Der rosa Winkel in den nationalsozialistischen Konzentrationslagern, in: Lautmann, Rüdiger (Hrsg.), Seminar: Gesellschaft und Homosexualität, Frankfurt am Main 1977, S. 325-365.
Lemke, Jürgen (Hrsg.), Ganz normal anders. Auskünfte schwuler Männer, Berlin/Weimar 1989.
Lemke, Jürgen, Die Akustik des Brückenbogens. Eine rosa-rote Vision, in: Soukup, Jean Jacques/Brühl, Olaf (Hrsg.), Die DDR, die Schwulen, der Aufbruch. Versuch einer Bestandsaufnahme, Gleichen-Reinhausen 1990, S. 11-15.
Maier, Willfried (Kommunistischer Bund Westdeutschland, Ständiger Ausschuß des Zentralen Komitees), Werte Freunde (Homosexuelle Aktion Bremen), 14. 12. 1973, in: Los Angeles Research Group (Hrsg.), Zur materialistischen Analyse der Schwulenunterdrückung, Berlin 1977, S. 73-75.
Ministerium der Justiz Saarland/Bürgerservice Saarland, Verfassung des Saarlandes.
Ministerium der Justiz/Deutsche Akademie für Staats- und Rechtswissenschaft „Walter Ulbricht" (Hrsg.), Strafrecht der Deutschen Demokratischen Republik. Lehrkommentar zum Strafgesetzbuch. Band II, Berlin (DDR) 1970.
Neubert, Ehrhart, Fallbeispiel AIDS. Eine sozialkritische Untersuchung, Beiträge Gesellschaftliche Diakonie, Theologische Studienabteilung beim Bund der Evangelischen Kirchen in der DDR 1987.
Neubert, Rudolf, Die Geschlechterfrage. Ein Buch für junge Menschen, Rudolstadt 1956.
O. A., Adressen schwuler und lesbischer Gruppen/Klubs in der DDR, in: Soukup, Jean Jacques/Brühl, Olaf (Hrsg.), Die DDR, die Schwulen, der Aufbruch. Versuch einer Bestandsaufnahme, Gleichen-Reinhausen 1990, S. 169-177.
O. A., Beratungsmöglichkeiten in den Bezirken der DDR, in: Friedrich-Schiller-Universität Jena/Hans Schmigalla (Hrsg.), Psychosoziale Aspekte der Homosexualität, Jena 1989, S. 232-235.
O. A., Dokumentation: Für Anerkennung und Gleichberechtigung von Lesben und Schwulen. Grundsätze und Maßnahmen (Karl-Marx-Städter Plattform), in: Soukup, Jean Jacques/Brühl, Olaf (Hrsg.), Die DDR, die Schwulen, der Aufbruch. Versuch einer Bestandsaufnahme, Gleichen-Reinhausen 1990, S. 137-144.
O. A., Homosexualität, in: Deine Gesundheit, H. 2, 1978, S. 52-54.
O. A., Strafrecht. Oberstes Gericht: Voraussetzungen der Strafbarkeit homosexueller Handlungen mit einem Jugendlichen (hier: Freispruch wegen unbedeutender Auswirkungen der Tat gemäß § 3 StGB), in: Neue Justiz, H. 11, 1987, S. 467-468.
Parteivorstand der DKP (Hrsg.), Grundsätze und Forderungen der DKP gegen die Diskriminierung der Homosexualität, Düsseldorf 1986.
Pulz, Christian, Homosexualität und Antihomosexualität als Herausforderung an die gesellschaftliche Diakonie der Kirche, in: Elliger, Heidrun/Hegermann, Getraud (Hrsg.), Bibelhilfe für die kirchliche Jugendarbeit 1987. Ausgabe A - für Ältere, S. 126-140.
Reichs=Gesetzblatt, 1871 Nr. 24.
Reichsgesetzblatt, 1935 Nr. 70.
Rosenbrock, Rolf, AIDS kann schneller besiegt werden. Gesundheitspolitik am Beispiel einer Infektionskrankheit, Hamburg 1987.
Schenk, Christina/Körzendörfer, Marinka, Zu einigen Problemen lesbischer Frauen in der DDR - Ursachen und Konsequenzen, in: Sektion Andrologie der Gesellschaft für Dermatologie der DDR/Sektion Ehe und Familie der Gesellschaft für Sozialhygiene (Hrsg.), Psychosoziale Aspekte der Homosexualität, Jena 1989, S. 88-94.
Schnabl, Siegfried, Intimverhalten, Sexualstörungen, Persönlichkeit, Berlin (DDR) 1973.
Schnabl, Siegfried, Mann und Frau intim. Fragen des gesunden und des gestörten Geschlechtslebens, Berlin (DDR) 1972.
Schnabl, Siegfried/Starke, Kurt, Homosexualität, in: Starke, Kurt/Friedrich, Walter (Hrsg.), Liebe und Sexualität bis 30, Berlin (DDR) 1984, S. 290-305.
Schulze, Micha, Schwule Hauptstadt. Der Szeneführer durch Berlin, Berlin 1992.
Siems, Martin, Coming out. Hilfen zur homosexuellen Emanzipation, Reinbek bei Hamburg 1980.

Sillge, Ursula, Zur psychosozialen Situation der Lesben in der DDR, in: Sektion Ehe und Familie der Gesellschaft für Sozialhygiene der DDR/Sektion Andrologie der Gesellschaft für Dermatologie der DDR (Hrsg.), Psychosoziale Aspekte der Homosexualität (Manuskriptdruck), Jena 1986, S. 47-56.

Sönnichsen, Niels, AIDS: Was muß ich wissen? Wie kann ich mich schützen?, Berlin (DDR) 1987.

Stapel, Eduard, Der Schwulenverband in Deutschland, seine Aufgaben und Perspektiven, in: Kokula, Ilse/Referat für gleichgeschlechtliche Lebensweisen (Hrsg.), Geschichte und Perspektiven von Lesben und Schwulen in den neuen Bundesländern, Senatsverwaltung für Jugend und Familie Berlin 1991, S. 30-36.

Stapel, Eduard, Zur psychosozialen Situation der Schwulen in der DDR, in: Sektion Ehe und Familie der Gesellschaft für Sozialhygiene der DDR/Sektion Andrologie der Gesellschaft für Dermatologie der DDR (Hrsg.), Psychosoziale Aspekte der Homosexualität (Manuskriptdruck), Jena 1986, S. 57-61.

Steigerwald, Robert, Anmerkungen zu den vorstehenden „Grundsätzen und Forderungen der DKP gegen die Diskriminierung der Homosexualität", in: Parteivorstand der DKP (Hrsg.), Grundsätze und Forderungen der DKP gegen die Diskriminierung der Homosexualität, Düsseldorf 1986, S. 5-23.

Thüringer Landtag, Verfassung des Freistaats Thüringen.

Tunsch, Thomas, Gedanken zur zukünftigen Zusammenarbeit zwischen kirchlichen und nichtkirchlichen „Arbeitskreisen Homosexualität", in: Sektion Andrologie der Gesellschaft für Dermatologie der DDR/Sektion Ehe und Familie der Gesellschaft für Sozialhygiene (Hrsg.), Psychosoziale Aspekte der Homosexualität, Jena 1989, S. 85-87.

Vinnai, Gerhard, Das Elend der Männlichkeit. Heterosexualität, Homosexualität und ökonomische Struktur. Elemente einer materialistischen Psychologie, Reinbek bei Hamburg 1982.

Volkskammer der DDR, 10. Wahlperiode, 32. Tagung, Drucksache Nr. 203, „Antrag der Fraktion Bündnis 90/Grüne betreffend Strafverfolgungspraxis zum Paragraphen 175 des Strafgesetzbuches der BRD", 24. 8. 1990.

Volkskammer der DDR, 10. Wahlperiode, 35. Sitzung, Drucksache Nr. 203 a, „Beschlußempfehlung des Rechtsausschusses Beauftragung der Regierung, in Nachverhandlungen zum Einigungsvertrag eine gesetzliche Regelung zum Paragraphen 175 des Strafgesetzbuches der BRD herbeizuführen", 13. 9. 1990.

Wetzel, Rainer, Einige Probleme der weiteren Einbeziehung staatlicher und gesellschaftlicher Kräfte zur vorbeugenden Verhinderung des politischen Mißbrauchs homosexuell veranlagter Personen in antisozialistischen Zusammenschlüssen und zu feindlichen Aktivitäten, Diplomarbeit an der Hochschule des Ministeriums für Staatssicherheit, Potsdam 1986.

Wiedemann, Hans-Georg (Hrsg.), Homosexuelle Liebe. Für eine Neuorientierung in der christlichen Ethik, Stuttgart 1982.

Wiedemann, Hans-Georg, Ein Gespräch mit Helmut Kentler, in: Wiedemann, Hans-Georg (Hrsg.), Homosexuelle Liebe. Für eine Neuorientierung in der christlichen Ethik, Stuttgart 1982, S. 26-38.

Wiedemann, Hans-Georg, Homosexualität und Bibel, in: Grau, Günter (Hrsg.), Und diese Liebe auch. Theologische und sexualwissenschaftliche Einsichten zur Homosexualität, Berlin 1989, S. 110-122.

Filme

Anders als die Andern, Produktion: Richard Oswald-Film GmbH, Deutschland 1919, Erstaufführung: Berliner Apollo-Theater 28. 5. 1919, Regie: Richard Oswald, Drehbuch: Richard Oswald, Magnus Hirschfeld, Hauptrollen: Conrad Veidt, Fritz Schulz, Reinhold Schünzel, Länge: 40 Min.

Coming out, Produktion: DEFA, KAG „Babelsberg", Horst Hartwig, DDR 1989, Erstaufführung: Kino International 9. 11. 1989, Regie: Heiner Carow, Drehbuch: Wolfram Witt, Hauptrollen: Matthias Freihof, Dagmar Manzel, Dirk Kummer, Länge: 113 Min.

Nicht der Homosexuelle ist pervers, sondern die Situation, in der er lebt, Produktion: Werner Kließ, BRD 1971, Erstaufführung: Forum des jungen Film, Berlinale 3. Juli 1971, Regie: Rosa von Praunheim, Drehbuch: Rosa von Praunheim, Martin Dannecker, Sigurd Wurl, Hauptrollen: Bernd Feuerhelm, Berryt Bohlen, Ernst Kuchling, Sprecher: Volker Eschke, Michael Bolze, Länge: 67 Min.

Zeitungsartikel

Beck, Volker/Dworek, Günter/Friedel, Karsten, Vereinigung andersrum, in: Taz, 3. 7. 1990, S. 14.
Becker, Holger, Verfolgt, vernichtet – vergessen? Über das Schicksal Homosexueller unter der faschistischen Diktatur. Ein ND-Gespräch mit Dr. Günter Grau, in: Neues Deutschland, 3./4. 2. 1990, S. 13.
Hübner, Wolfgang, Homosexuelle gegen § 175, in: Neues Deutschland, 20. 9. 1990, S. 6.
Müller, Silke, Kein Thema hinter der vorgehaltenen Hand, in: Neues Deutschland, 16. 3. 1990.
O. A., AG Lesben- und Schwulenpolitik, in: Neues Deutschland, 29. 3. 1990, S. 5.
O. A., Bekenntnistag der Homosexuellen, in: Neues Deutschland, 25. 6. 1990, S. 7.
O. A., Chance für Minderheiten! Linkes Treffen gegen DDR-Vereinnahmung in Gütersloh, in: Junge Welt, 22. 5. 1990, S. 5.
O. A., Ein Arbeitskreis Homosexualität, in: Der Sonntag, 6. 7. 1986, S. 2.
O. A., Einzigartig in der DDR: Im Bezirk Magdeburg sind auch die Homosexuellen am Runden Tisch. Club A 3 wirbt um mehr Verständnis, in: Braunschweiger Zeitung, 20. 2. 1990, S. 6.
O. A., Frontstadtpresse macht Kriminelle zu Helden. Lemmer braucht solche Gelichter für Provokationen, in: Berliner Zeitung, 31. 8. 1961, S. 2.
O. A., Gay Games. Coming out weltweit, in: Junge Welt, 6. 3. 1990, S. 8.
O. A., Heute gehen in der DDR zum ersten Mal Homosexuelle auf die Straße. Auftakt der „Christopher Street Day"-Aktionswoche auf dem Alexanderplatz, in: Der Tagesspiegel, 23. 6. 1990.
O. A., Homosexualität kann schon in der Schwangerschaft entstehen, in: Der Tagesspiegel, 9. 5. 1982.
O. A., Im Parlament für Schwule und Lesben wenig Interesse, in: Neues Deutschland, 31. 8. 1990, S. 2.
O. A., Lesben und Schwule: Andersrum – na und? Christopher-Street-Day-Aktionswoche in Ost und West, in: Junge Welt, 25. 6. 1990, S. 2.
O. A., Man sollte darüber sprechen. Homosexualität als Frage an Theologie und Gemeinde, in: Die Kirche, 21. 2. 1982, S. 3.
Rohbeck, Beatrice, Schwule fordern ihre rechtliche Gleichstellung. Neuer Verband wurde in Berlin gegründet, in: Berliner Zeitung, 28. 6. 1990, S. 7.
Sillge, Ursula, Ich bin homosexuell, was nun? Der Berliner Sonntags-Club – eine gute Adresse zum Selbstverständnis von Lesben und Schwulen, in: Neue Zeit, 2. 1. 1990, S. 3.
Süß, Peter, „Schlammschlachten und Tuntenintrigen". Gründungswirrwarr bei den Aids-Hilfen in der DDR, in: Taz, 18. 4. 1990, S. 5.

Online zugängliche Quellen

„Hinweise über einige zoll- und devisenrechtliche Bestimmungen der DDR für Personen mit ständigem Wohnsitz in Berlin (West)", Februar 1982, http://www.chronik-der-mauer.de/index.php/de/Start/Detail/id/593852/page/2 (29. 6. 2020).
Arbeitsgruppe „Neue Verfassung der DDR" des Runden Tisches, Entwurf einer Verfassung der Deutschen Demokratischen Republik, Berlin April 1990, http://www.documentarchiv.de/ddr/1990/ddr-verfassungsentwurf_runder-tisch.html#1 (20. 10. 2019).
Begegnungs- und BeratungsZentrum „lebensart" e. V., http://www.bbz-lebensart.de/CMS/index.php?page=geschichte-des-vereins (5. 3. 2016).
Bild 146-1993-051-07, Tafel mit KZ-Kennzeichen (Winkel), https://commons.wikimedia.org/wiki/File:Bundesarchiv_Bild_146-1993-051-07,_Tafel_mit_KZ-Kennzeichen_(Winkel).jpg (26. 4. 2020).

Bundesbeauftragter für die Unterlagen des Staatssicherheitsdienstes der ehemaligen DDR, MfS ZAIG 3668, „Information Nr. 188/88 über fortgesetzte Bestrebungen zur Schaffung eines Verbandes für homophile Personen in der DDR", 18. 4. 1988, http://www.ddr-im-blick.de/Hubert_Co|BStUINTERNET/html/7356ivhfknvg_/S1018_600_de_1266774390/MAINTAB%5Esearch_sheet/enterpressed (18. 3. 2018).
Deutsche Nationalbibliothek (DNB), ZA 73167, Minislib. Monatsschrift der Homosexuelleninitiative Leipzig im Schwulenverband Deutschlands, 1/1990–9/1990, http://d-nb.info/945800150 (23. 6. 2020).
Gerede e. V., https://www.gerede-dresden.de/index.php/home.html (6. 5. 2020).
Lesben- und Schwulenverband, Über uns, https://www.lsvd.de/de/verband/ueber-uns (23. 6. 2020).
LSVD, Klare Abgrenzung von Anfang an. Haltung des SVD zu den Forderungen pädophiler Aktivisten, https://www.lsvd.de/homosexualitaet/rueckblicke/svdundpaedophile.html (10. 11. 2019).
O. A., Geschichte der IPPNW in der DDR, http://www.ippnw.de/der-verein/geschichte-der-ippnw/geschichte/artikel/de/geschichte-der-ippnw-in-der-ddr.html (24. 3. 2017).
O. A., Interview mit Rosa von Zehnle. Rosa Archiv Leipzig, in: Querverlag. Deutschlands erster Lesbisch-Schwuler Buchverlag, Alltägliche HeldInnen!, März 2013, https://web.archive.org/web/20170829025627/http://www.querverlag.de:80/Interview/Heldinnen_Rosa_von_Zehnle.html (24. 5. 2022).
RAT&TAT-Zentrum für queeres Leben e. V., https://www.ratundtat-bremen.de/Zentrum/ (5. 10. 2019).
rat+tat e. V. – Verein für geschlechtliche und sexuelle Vielfalt, https://ratundtat-rostock.de/, http://ratundtat.gaymeinsam-mv.de/index.php/wir/vereinsgeschichte.html (5. 3. 2016)
RosaLinde Leipzig e. V., Historie, https://www.rosalinde-leipzig.de/de/verein/historie/ (7. 4. 2020).
Sonntags-Club e. V., http://www.sonntags-club.de/ (6. 5. 2020).
spartacus blog, News, https://spartacus.gayguide.travel/blog/spartacus-new-owner/ (5. 6. 2020).
University of Wisconsin-Madison Archives, Oral History Program, Interview #1088, Steakley, James „Jim", http://minds.wisconsin.edu/bitstream/handle/1793/60843/Steakley_1088_index.rtf?sequence=6 (19. 4. 2016).

Literatur

Albrecht-Birkner, Veronika, Freiheit in Grenzen. Protestantismus in der DDR, Leipzig 2018.
Amos, Heike, Die SED-Deutschlandpolitik 1961 bis 1989. Ziele, Aktivitäten und Konflikte, Göttingen 2015.
Assmann, Jan, Kollektives Gedächtnis und kulturelle Identität, in: Assmann, Jan/Hölscher, Tonio (Hrsg.), Kultur und Gedächtnis, Frankfurt am Main 1988, S. 9–19.
Bartholomae, Joachim, Klappentexte. Verlage, Buchläden und Zeitschriften als Infrastruktur der Schwulenbewegung, in: Pretzel, Andreas/Weiß, Volker (Hrsg.), Zwischen Autonomie und Integration. Schwule Politik und Schwulenbewegung in den 1980er und 1990er Jahren, Hamburg 2013, S. 69–90.
Bartholomae, Joachim/Weiß, Volker, Schwules Leben in der DDR. Eine Spurensuche, in: Marbach, Rainer/Weiß, Volker (Hrsg.), Konformitäten und Konfrontationen. Homosexuelle in der DDR, Hamburg 2015, S. 9–16.
Bauerkämper, Arnd, Verflechtung in der Abgrenzung. Ein Paradox als Perspektive der historischen DDR-Forschung, in: Mählert, Ulrich (Hrsg.), Die DDR als Chance. Neue Perspektiven auf ein altes Thema, Berlin 2016, S. 71–78.
Beachy, Robert, Das andere Berlin. Die Erfindung der Homosexualität: Eine deutsche Geschichte 1867–1933, München 2015.
Beckert, Rudi, Lieber Genosse Max. Aufstieg und Fall des ersten Justizministers der DDR Max Fechner, Berlin 2003.
Beljan, Magdalena, Rosa Zeiten? Eine Geschichte der Subjektivierung männlicher Homosexualität in den 1970er und 1980er Jahren der BRD, Bielefeld 2014.
Bender, Peter, Deutschlands Wiederkehr. Eine ungeteilte Nachkriegsgeschichte 1945–1990, Bonn 2008.
Berndl, Klaus, Zeiten der Bedrohung: Männliche Homosexuelle in Ost-Berlin und der DDR in den 1950er Jahren, in: Marbach, Rainer/Weiß, Volker (Hrsg.), Konformitäten und Konfrontationen. Homosexuelle in der DDR, Hamburg 2015, S. 19–50.
Beyer, Hartmut, Die Gründung des „Klubs A-3": Ein Auftragswerk der Staatssicherheit? Hintergründe und Ursachen, in: Heinrich-Böll-Stiftung Sachsen-Anhalt/LSVD Sachsen-Anhalt (Hrsg.), Lesben und Schwule in der DDR. Tagungsdokumentation, Magdeburg/Halle 2008, S. 139–140.
Bisky, Jens, Geboren am 13. August. Der Sozialismus und ich, Berlin 2004.
Bochow, Michael, Hat AIDS die soziale Situation schwuler Männer in Deutschland verändert? Entwicklungen in den 1980er und 1990er Jahren, in: Pretzel, Andreas/Weiß, Volker (Hrsg.), Zwischen Autonomie und Integration. Schwule Politik und Schwulenbewegung in den 1980er und 1990er Jahren, Hamburg 2013, S. 161–170.
Bochow, Michael, Reactions of the Gay Community to AIDS in East and West Berlin, in: AIDS-Forum D.A.H. (Hrsg.), Aspects of AIDS and AIDS-Hilfe in Germany, Berlin 1993, S. 19–45.
Bolle, Michael, Eldorado. Homosexuelle Frauen und Männer in Berlin 1850–1950. Geschichte, Alltag und Kultur. Ausstellung im Berlin Museum, 26. 5.–8. 7. 1984, Berlin 1992.
Bonfadelli, Heinz, Medieninhaltsforschung: Grundlagen, Methoden, Anwendungen, Konstanz 2002.
Borowski, Maria, Parallelwelten. Lesbisch-schwules Leben in der frühen DDR, Berlin 2016.
Bösch, Frank, Kommunikative Netzwerke. Zur glokalen Formierung sozialer Bewegungen am Beispiel der Anti-Atomkraftproteste, in: Mittag, Jürgen/Stadtland, Helge (Hrsg.), Theoretische Ansätze und Konzepte der Forschung über soziale Bewegungen in der Geschichtswissenschaft, Essen 2014, S. 149–166.
Bösch, Frank, Geteilt und verbunden. Perspektiven auf die deutsche Geschichte seit den 1970er Jahren, in: ders. (Hrsg.), Geteilte Geschichte. Ost- und Westdeutschland 1970–2000, Göttingen 2015, S. 7–37.
Bösch, Frank/Classen, Christoph, Bridge over troubled water? Deutsch-deutsche Massenmedien, in: Bösch, Frank (Hrsg.), Geteilte Geschichte. Ost- und Westdeutschland 1970–2000, Göttingen 2015, S. 449–488.
Bösch, Frank/Frei, Norbert, Die Ambivalenz der Medialisierung. Eine Einführung, in: dies. (Hrsg.), Medialisierung und Demokratie im 20. Jahrhundert, Göttingen 2006, S. 7–23.

Bösch, Frank/Gieseke, Jens, Der Wandel des Politischen in Ost und West, in: Bösch, Frank (Hrsg.), Geteilte Geschichte. Ost- und Westdeutschland 1970-2000, Göttingen 2015, S. 39-78.

Boyer, Christoph, Netzwerke und Geschichte: Netzwerktheorien und Geschichtswissenschaften, in: Unfried, Berthold/Mittag, Jürgen/van der Linden, Marcel (Hrsg.), Transnationale Netzwerke im 20. Jahrhundert. Historische Erkundungen zu Ideen und Praktiken, Individuen und Organisationen, Leipzig 2008, S. 47-58.

Brown, Timothy, „1968" East and West: Divided Germany as a Case Study in Transnational History, in: The American Historical Review 114 (2009), H. 1, S. 69-96.

Brüggemann, Johannes A. J., Entwicklung und Wandel des Sexualstrafrechts in der Geschichte unseres StGB. Die Reform der Sexualdelikte einst und jetzt, Baden-Baden 2013.

Brunner, Detlev/Kötzing, Andreas/Grashoff, Udo (Hrsg.), Asymmetrisch verflochten? Neue Forschungen zur gesamtdeutschen Nachkriegsgeschichte, Berlin 2013.

Bühner, Maria, Die Kontinuität des Schweigens. Das Gedenken der Ost-Berliner Gruppe Lesben in der Kirche in Ravensbrück, in: Heinrich, Elisa/Kirchknopf, Johann Karl (Hrsg.), Homosexualitäten revisited. Österreichische Zeitschrift für Geschichtswissenschaften, H. 2, 2018, S. 111-131.

Bundesstiftung Magnus Hirschfeld (Hrsg.), Forschung im Queerformat. Aktuelle Beiträge der LSBTI*-, Queer- und Geschlechterforschung, Bielefeld 2014.

Burgi, Martin/Wolff, Daniel, Rechtsgutachten zur Frage der Rehabilitierung der nach § 175 StGB verurteilten homosexuellen Männer. Auftrag, Optionen und verfassungsrechtlicher Rahmen, Berlin 2016.

Choi, Sung-Wan, Von der Dissidenz zur Opposition. Die politisch alternativen Gruppen in der DDR von 1978 bis 1989, Köln 1999.

Connell, Raewyn (früher: Robert W.), Der gemachte Mann. Konstruktion und Krise von Männlichkeiten, Opladen 2000.

Dannecker, Martin/Frieling, Willi (Hrsg.), Schwule Regungen - schwule Bewegungen, Berlin 1985.

Dobler, Jens, Von anderen Ufern. Geschichte der Berliner Lesben und Schwulen in Kreuzberg und Friedrichshain, Berlin 2003.

Dobler, Jens, Der Hundertfünfundsiebziger blieb ... noch ein bisschen, in: ders. (Hrsg.), Verzaubert in Nord-Ost. Die Geschichte der Berliner Lesben und Schwulen in Prenzlauer Berg, Pankow und Weißensee, Berlin 2009, S. 137-142.

Dobler, Jens, Schwule Lesben, in: Pretzel, Andreas/Weiß, Volker (Hrsg.), Rosa Radikale, Die Schwulenbewegung der 1970er Jahre, Hamburg 2012, S. 113-123.

Dobler, Jens, Staat im Aufbruch. Der Sonntags-Club, in: Marbach, Rainer/Weiß, Volker (Hrsg.), Konformitäten und Konfrontationen. Homosexuelle in der DDR, Hamburg 2015, S. 102-108.

Dobler, Jens/Rimmele, Harald, Schwulenbewegung, in: Roth, Roland/Rucht, Dieter (Hrsg.), Die sozialen Bewegungen in Deutschland seit 1945. Ein Handbuch, Frankfurt am Main/New York 2008, S. 541-556.

Dobler, Jens/Schmidt, Kristine, Die Bewegung der Weimarer Republik beginnt in Pankow, in: Dobler, Jens (Hrsg.), Verzaubert in Nord-Ost. Die Geschichte der Berliner Lesben und Schwulen in Prenzlauer Berg, Pankow und Weißensee, Berlin 2009, S. 43-51.

Dobler, Jens/Sollorz, Michael, Der IM „Georg Schröder", in: Dobler, Jens (Hrsg.), Verzaubert in Nord-Ost. Die Geschichte der Berliner Lesben und Schwulen in Prenzlauer Berg, Pankow und Weißensee, Berlin 2009, S. 248-255.

Domeier, Norman u. a. (Hrsg.), Gewinner und Verlierer. Beiträge zur Geschichte der Homosexualität in Deutschland im 20. Jahrhundert, Göttingen 2015.

Domeier, Norman, Der Eulenburg-Skandal. Eine politische Kulturgeschichte des Kaiserreichs, Frankfurt am Main 2010.

Düring, Marten/Eumann, Ulrich, Historische Netzwerkforschung. Ein neuer Ansatz in den Geschichtswissenschaften, in: Geschichte und Gesellschaft 39 (2013), S. 369-390.

Dworek, Günter, Aufgebrochen aus Ruinen. Der Weg vom Schwulenverband in der DDR zum Lesben- und Schwulenverband in Deutschland, in: Pretzel, Andreas/Weiß, Volker (Hrsg.), Zwischen Autonomie und Integration. Schwule Politik und Schwulenbewegung in den 1980er und 1990er Jahren, Hamburg 2013, S. 136-150.

Ebner, Katharina, Religion im Parlament. Homosexualität als Gegenstand parlamentarischer Debatten im Vereinigten Königreich und in der Bundesrepublik Deutschland (1945–1990), Göttingen 2018.
Eder, Franz Xaver, Homosexualitäten. Diskurse und Lebenswelten 1870–1970, Weitra 2009.
Evans, Jennifer V., Decriminalization, Seduction and „Unnatural Desire" in the German Democratic Republic, in: Feminist Studies 36 (2010), S. 553–577.
Evans, Jennifer, Introduction. Why Queer German History?, in: German History 34 (2016), S. 371–384.
Ewing, Christopher B., The Color of Desire: Contradictions of Race, Sex, and Gay Rights in the Federal Republic of Germany. Unveröffentlichte Dissertation, University of New York 2018.
Ewing, Christopher, „Color Him Black". Erotic Representations and the Politics of Race in West German Homosexual Magazines, 1949–1974, in: Sexuality & Culture 21 (2017), S. 382–403.
Faulenbach, Bernd, Erinnerung und Politik in der DDR und der Bundesrepublik. Zur Funktion der Gedenkstätten für die Opfer des Nationalsozialismus, in: Deutschland Archiv 30 (1997), S. 599–606.
Faulenbach, Bernd, Nur eine „Fußnote der Weltgeschichte"? Die DDR im Kontext der Geschichte des 20. Jahrhunderts, in: Weber, Hermann u. a. (Hrsg.), Bilanz und Perspektiven der DDR-Forschung, Paderborn 2003, S. 1–23.
Faulenbach, Bernd, Tendenzen, Verflechtungen und Kontexte der SED-Diktatur, in: Mählert, Ulrich (Hrsg.), Die DDR als Chance. Neue Perspektiven auf ein altes Thema, Berlin 2016, S. 79–87.
Finzsch, Norbert/Velke, Marcus (Hrsg.), Queer, Gender, Historiographie. Aktuelle Tendenzen und Projekte, Berlin/Münster 2016.
Fitschen, Klaus, Die Anfänge der HuK, in: Brinkschröder, Michael u. a. (Hrsg.), Aufgehende Saat. 40 Jahre Ökumenische Arbeitsgruppe Homosexuelle und Kirche, Stuttgart 2017, S. 14–23.
Fitschen, Klaus, Liebe zwischen Männern? Der deutsche Protestantismus und das Thema Homosexualität, Leipzig 2018.
Foucault, Michel, Der Wille zum Wissen, Frankfurt am Main 2017.
Fuchs-Heinritz, Werner, Hauptwiderspruch – Nebenwiderspruch, in: ders. u. a. (Hrsg.), Lexikon zur Soziologie, Opladen 1994, S. 267–268.
Gammerl, Benno, Eine makellose Liebe? Emotionale Praktiken und der homophile Kampf um Anerkennung, in: Gotto, Bernhard/Seefried, Elke (Hrsg.), Männer mit „Makel". Männlichkeiten und gesellschaftlicher Wandel in der frühen Bundesrepublik, Berlin 2017, S. 104–113.
Geppert, Alexander C. T., Forschungstechnik oder historische Disziplin? Methodische Probleme der Oral History, in: Geschichte in Wissenschaft und Unterricht 45 (1994), S. 303–323.
Gilcher-Holtey, Ingrid, Der Transfer zwischen den Studentenbewegungen von 1968 und die Entstehung einer transnationalen Gegenöffentlichkeit, in: Berliner Journal für Soziologie 10 (2000), S. 485–500.
Glaab, Manuela, Geteilte Wahrnehmungswelten. Zur Präsenz des deutschen Nachbarn im Bewußtsein der Bevölkerung, in: Kleßmann, Christoph/Misselwitz, Hans/Wichert, Günter (Hrsg.), Deutsche Vergangenheiten – eine gemeinsame Herausforderung. Der schwierige Umgang mit der doppelten Nachkriegsgeschichte, Berlin 1999, S. 206–220.
Grau, Günter, Die Verfolgung und „Ausmerzung" Homosexueller zwischen 1933 und 1945 – Folgen des rassenhygienischen Konzepts der Reproduktionssicherung, in: Thom, Achim/Caregorodcev, Genadij I. (Hrsg.), Medizin unterm Hakenkreuz, Berlin (DDR) 1989, S. 91–110.
Grau, Günter, Verfolgung und Vernichtung 1933–1945. Der § 175 als Instrument faschistischer Bevölkerungspolitik, in: Grimm, Matthias/Herzer, Manfred (Hrsg.), Die Geschichte des § 175. Strafrecht gegen Homosexuelle. Katalog zur Ausstellung in Berlin und in Frankfurt am Main 1990, Berlin 1990, S. 105–121.
Grau, Günter (Hrsg.), Lesben und Schwule, was nun? Frühjahr 1989 bis Frühjahr 1990. Chronik, Dokumente, Analysen, Interviews, Berlin 1990.
Grau, Günther, Erpressbar und tendenziell konspirativ. Die „Bearbeitung" von Lesben und Schwulen durch das MfS, in: Weibblick, H. 16, 1994, S. 21–25.
Grau, Günter, Sozialistische Moral und Homosexualität. Die Politik der SED und das Homosexuellenstrafrecht. 1945 bis 1989 – ein Rückblick, in: Grumbach, Detlef (Hrsg.), Die Linke und das Laster. Schwule Emanzipation und linke Vorurteile, Hamburg 1995, S. 85–141.

Grau, Günter, Im Auftrag der Partei. Versuch einer Reform der strafrechtlichen Bestimmungen zur Homosexualität in der DDR 1952, Stuttgart 1996.
Grau, Günter, Ein Leben im Kampf gegen den Paragraphen 175. Zum Wirken des Dresdener Arztes Rudolf Klimmer 1905–1977, in: Herzer, Manfred (Hrsg.), 100 Jahre Schwulenbewegung. Dokumentation einer Vortragsreihe in der Akademie der Künste, Berlin 1998, S. 46–64.
Grau, Günter, Homosexuelle im Nationalsozialismus. Über Ergebnisse und Perspektiven der Forschung, in: Heinrich-Böll-Stiftung (Hrsg.), Der homosexuellen NS-Opfer gedenken, Berlin 1999, S. 90–104.
Grau, Günter, Return of the Past, in: Journal of Homosexuality 37 (1999), H. 4, S. 1–21.
Grau, Günter, Schwulenpolitik am Beginn des neuen Jahrhunderts. Eine Bestandsaufnahme, in: Grau, Günter/Brühl, Olaf (Hrsg.), Schwulsein 2000, Hamburg 2001, S. 9–25.
Grau, Günter/Lautmann, Rüdiger, Lexikon zur Homosexuellenverfolgung 1933–1945. Institutionen – Kompetenzen – Betätigungsfelder, Berlin 2011.
Grau, Günter/Plötz, Kirsten, Aufarbeitung der strafrechtlichen Verfolgung und Rehabilitierung homosexueller Menschen in Rheinland-Pfalz, Mainz 2016.
Grau, Günter/Schoppmann, Claudia (Hrsg.), Homosexualität in der NS-Zeit. Dokumente einer Diskriminierung und Verfolgung, Frankfurt am Main 1993.
Griffiths, Craig, Konkurrierende Pfade der Emanzipation. Der Tuntenstreit (1973–1975) und die Frage des „respektablen Auftretens", in: Pretzel, Andreas/Weiß, Volker (Hrsg.), Rosa Radikale: Die Schwulenbewegung der 1970er Jahre, Hamburg 2012, S. 143–159.
Griffiths, Craig, Between Triumph and Myth: Gay Heroes and navigating the schwule Erfolgsgeschichte, in: helden.heroes.heros, H. 1, 2014, S. 54–60.
Griffiths, Craig, The Ambivalence of Gay Liberation. Male Homosexual Politics in 1970s West Germany, Oxford 2021.
Griffiths, Craig, Gay Activism in Modell Deutschland, in: European Review of History: Revue européenne d'histoire 22 (2015), H. 1, S. 60–76.
Griffiths, Craig, Sex, Shame and West German Gay Liberation, in: German History 34 (2016), S. 445–467.
Grimm, Matthias/Herzer, Manfred (Hrsg.), Die Geschichte des § 175. Strafrecht gegen Homosexuelle. Katalog zur Ausstellung in Berlin und in Frankfurt am Main 1990, Berlin 1990.
Grisard, Dominique, Rosa. Zum Stellenwert der Farbe in der Schwulen- und Lesbenbewegung, in: Pretzel, Andreas/Weiß, Volker (Hrsg.), Rosa Radikale: Die Schwulenbewegung der 1970er Jahre, Hamburg 2012, S. 177–198.
Großbölting, Thomas/Kittel, Sabine, Welche „Wirklichkeit" und wessen „Wahrheit"? Methodische und quellenkritische Überlegungen zur Geheimdienst- und Repressionsforschung, in: dies. (Hrsg.), Welche „Wirklichkeit" und wessen „Wahrheit"? Das Geheimdienstarchiv als Quelle und Medium der Wissensproduktion, Göttingen 2019, S. 7–16.
Hájková, Anna, Queere Geschichte und der Holocaust, in: APuZ, H. 38-39, 2018, S. 42–47.
Halperin, David M., Ein Wegweiser zur Geschichtsschreibung der männlichen Homosexualität, in: Kraß, Andreas (Hrsg.), Queer denken. Gegen die Ordnung der Sexualität (Queer Studies), Frankfurt am Main 2003, S. 171–220.
Härtel, Christian, Ostdeutsche Bestimmungen für den Paketverkehr im Spiegel westdeutscher Merkblätter, in: Härtel, Christian/Kabus, Petra (Hrsg.), Das Westpaket. Geschenksendung, keine Handelsware, Berlin 2000, S. 45–56.
Haslinger, Peter, Funktionsprinzip Staatsgrenze – Aspekte seiner Anwendbarkeit im Bereich der Osteuropaforschung, in: Lemberg, Hans (Hrsg.), Grenzen in Ostmitteleuropa im 19. und 20. Jahrhundert. Aktuelle Forschungsprobleme, Marburg 2000, S. 57–66.
Haunss, Sebastian, Identität in Bewegung. Prozesse kollektiver Identität bei den Autonomen und in der Schwulenbewegung, Wiesbaden 2004.
Hax, Iris/Reiß, Sven, Programmatik und Wirken pädosexueller Netzwerke in Berlin – eine Recherche. Vorstudie, Berlin 2021.
Healey, Dan, Beredtes Schweigen. Skizzen zur Geschichte der Homosexualität in Russland, in: Sapper, Manfred (Hrsg.), Spektralanalyse. Homosexualität und ihre Feinde, Berlin 2013, S. 5–16.
Healey, Dan, Homosexual Desire in Revolutionary Russia. The Regulation of Sexual and Gender Dissent, Chicago 2001.

Heck, Dominik, Homosexualität in der DDR, Erfurt 2012.
Heinrich, Elisa, Marginalisierte Erinnerung. Auseinandersetzungen um homosexuelle NS-Opfer im Nachkriegsösterreich, in: Zeitgeschichte 43 (2016), S. 101–115.
Heinrich, Elisa, Wessen Denkmal? Zum Verhältnis von Erinnerungs- und Identitätspolitiken im Gedenken an homosexuelle NS-Opfer. Unveröffentlichte Diplomarbeit, Universität Wien 2011.
Heinrich-Böll-Stiftung Sachsen-Anhalt/LSVD Sachsen-Anhalt (Hrsg.), Lesben und Schwule in der DDR. Tagungsdokumentation, Magdeburg/Halle 2008.
Hensel, Alexander/Neef, Tobias/Pausch, Robert, Von „Knabenliebhabern" und „Power-Pädos". Zur Entstehung und Entwicklung der westdeutschen Pädophilen-Bewegung, in: Walter, Franz/Klecha, Stephan/Hensel, Alexander (Hrsg.), Die Grünen und die Pädosexualität. Eine bundesdeutsche Geschichte, Göttingen 2015, S. 136–159.
Henze, Patrick (Patsy l'Amour laLove), „Die lückenlose Kette zwischen Politik und Schwul-sein aufzeigen". Aktivismus und Debatten in der Homosexuellen Aktion Westberlin zwischen 1971 und 1973, in: Pretzel, Andreas/Weiß, Volker (Hrsg.), Rosa Radikale: Die Schwulenbewegung der 1970er Jahre, Hamburg 2012, S. 124–142.
Henze, Patrick (Patsy l'Amour laLove), Emanzipation jetzt! – Zur Selbstermächtigung in der westdeutschen Schwulenbewegung der 1970er Jahre, in: Finzsch, Norbert/Velke, Marcus (Hrsg.), Queer, Gender, Historiographie. Aktuelle Tendenzen und Projekte, Berlin/Münster 2016, S. 462–482.
Henze, Patrick (Patsy l'Amour laLove), Schwule Emanzipation und ihre Konflikte. Zur westdeutschen Schwulenbewegung der 1970er Jahre, Berlin 2019.
Herbert, Ulrich/Groehler, Olaf (Hrsg.), Zweierlei Bewältigung. Vier Beiträge über den Umgang mit der NS-Vergangenheit in den beiden deutschen Staaten, Hamburg 1992.
Herrn, Rainer, Anders bewegt. 100 Jahre Schwulenbewegung in Deutschland, Hamburg 1999.
Herrn, Rainer, Schwule Lebenswelten im Osten. Andere Orte, andere Biographien. Kommunikationsstrukturen, Gesellungsstile und Lebensweisen schwuler Männer in den neuen Bundesländern. Qualitative Untersuchung zur Identifikation von Ansatzpunkten zur Verbesserung struktureller AIDS-Prävention, Berlin 1999.
Herrn, Rainer, Vereinigung ist nicht Vereinheitlichung – Aids-Prävention für schwule Männer in den neuen Ländern. Befunde, Erfordernisse, Vorschläge, WZB Discussion Paper P99-203, 1999.
Herzer, Manfred, Magnus Hirschfeld und seine Zeit, Berlin/Boston 2017.
Herzer, Manfred/Steakley, James (Hrsg), Von einst bis jetzt. Geschichte einer homosexuellen Bewegung, 1897–1922, Berlin 1986.
Herzog, Dagmar, Die Politisierung der Lust. Sexualität in der deutschen Geschichte des zwanzigsten Jahrhunderts, München 2005.
Herzog, Dagmar, East Germany's Sexual Evolution, in: Pence, Katherine/Betts, Paul (Hrsg.), Socialist Modern, Ann Arbor 2007, S. 71–95.
Herzog, Dagmar, Sexuality in Europe. A Twentieth-Century History, Cambridge/New York 2011.
Hillhouse, Raelynn J., Out of the Closet behind the Wall: Sexual Politics and Social Change in the GDR, in: Slavic Review 49 (1990), S. 585–596.
Höll, Barbara (Hrsg.), Queer, Macht, Politik. Schauplätze gesellschaftlicher Veränderung, Hamburg 2013.
Holy, Michael, Historischer Abriss der zweiten deutschen Schwulenbewegung 1969–1989, in: Roth, Roland/Rucht, Dieter (Hrsg.), Neue soziale Bewegungen in der Bundesrepublik Deutschland, Bonn 1991, S. 138–160.
Holy, Michael, Der entliehene rosa Winkel, in: Ammann, Jean-Christophe/Gooss, Ulrich (Hrsg.), Der Frankfurter Engel. Mahnmal Homosexuellenverfolgung: ein Lesebuch, Frankfurt am Main 1997, S. 74–87.
Holy, Michael, Lange hieß es, Homosexualität sei gegen die Ordnung. Die westdeutsche Schwulenbewegung (1969–1980), in: Herzer, Manfred (Hrsg.), 100 Jahre Schwulenbewegung. Dokumentation einer Vortragsreihe in der Akademie der Künste, Berlin 1998, S. 83–109.
Holy, Michael, Ungelebte Ost/Westbeziehungen. Über Unterschiede und Ungleichzeitigkeiten zwischen den Homosexuellenbewegungen in Ost- und Westdeutschland, in: Grau, Günter/Brühl, Olaf (Hrsg.), Schwulsein 2000, Hamburg 2001, S. 52–70.

Holy, Michael, Jenseits von Stonewall. Rückblicke auf die Schwulenbewegung in der BRD 1969–1980, in: Pretzel, Andreas/Weiß, Volker (Hrsg.), Rosa Radikale: Die Schwulenbewegung der 1970er Jahre, Hamburg 2012, S. 39–79.

Holy, Michael, Bücher, Artikel, Filme zur Geschichte der Schwulen- und Lesbenbewegung in der DDR (1968–1989), in: Marbach, Rainer/Weiß, Volker (Hrsg.), Konformitäten und Konfrontationen. Homosexuelle in der DDR, Hamburg 2015, S. 201–226.

Howell, Martha/Prevenier, Walter, Werkstatt des Historikers. Eine Einführung in die historischen Methoden, Köln 2004.

Huneke, Samuel C., States of Liberation. Gay Men between Dictatorship and Democracy in Cold War Germany, Toronto 2022.

Hüttmann, Jens, „Früher hatten wir gar keine Beziehungen, jetzt haben wir wenigstens schlechte." Geschichte der innerdeutschen Beziehungen 1945–1989, Erfurt 2012.

Jarausch, Konrad Hugo, Die Umkehr. Deutsche Wandlungen 1945–1995, Bonn 2004.

Jensen, Erik N., The Pink Triangle and Political Consciousness. Gays, Lesbians, and the Memory of Nazi Persecution, in: Journal of the History of Sexuality 11 (2002), S. 319–349.

Jesse, Eckhard, DDR. Die intellektuelle Formierung der Opposition seit den 1970er Jahren, in: Veen, Hans-Joachim/Mählert, Ulrich/März, Peter (Hrsg.), Wechselwirkungen Ost-West. Dissidenz, Opposition und Zivilgesellschaft 1975–1989, Köln 2007.

Kaelble, Hartmut, Kalter Krieg und Wohlfahrtsstaat. Europa 1945–1989, München 2011.

Kandora, Michael, Homosexualität und Sittengesetz, in: Herbert, Ulrich (Hrsg.), Wandlungsprozesse in Westdeutschland. Belastung, Integration, Liberalisierung 1945–1980, Göttingen 2003.

Karp, Hans-Jürgen, Grenzen – ein wissenschaftlicher Gegenstand, in: Lemberg, Hans (Hrsg.), Grenzen in Ostmitteleuropa im 19. und 20. Jahrhundert. Aktuelle Forschungsprobleme, Marburg 2000, S. 9–17.

Kenney, Padraic/Horn, Gerd-Rainer, Introduction. Approaches to the Transnational, in: Kenney, Padraic/Horn, Gerd-Rainer (Hrsg.), Transnational Moments of Change. Europe 1945, 1968, 1989, Lanham 2004.

Kirchhof, Astrid M., Structural Strain und die Analyse der Umweltbewegung seit den 1960er Jahren. Ein Vergleich externer Mobilitätsbedingungen in Ost- und Westberlin, in: Mittag, Jürgen/Stadtland, Helge (Hrsg.), Theoretische Ansätze und Konzepte der Forschung über soziale Bewegungen in der Geschichtswissenschaft, Essen 2014, S. 127–146.

Klatt, Johanna/Hensel, Alexander/D'Antonio, Oliver, Andere Perpektiven, neue Fronten. Die Verdrängung der Pädophilie-Debatte ab den 1980er Jahren, in: Walter, Franz/Klecha, Stephan/Hensel, Alexander (Hrsg.), Die Grünen und die Pädosexualität. Eine bundesdeutsche Geschichte, Göttingen 2015, S. 228–251.

Kleres, Jochen, Gleiche Rechte im Sozialismus. Die Schwulen- und Lesbenbewegung der DDR, in: Forschungsjournal Neue Soziale Bewegungen 13 (2000), H. 4, S. 52–63.

Kleßmann, Christoph, Verflechtung und Abgrenzung. Aspekte der geteilten und zusammengehörigen deutschen Nachkriegsgeschichte, in: APuZ, H. 29–30, 1993, S. 30–41.

Kleßmann, Christoph, Zwei Staaten, eine Nation. Deutsche Geschichte 1955–1970, Bonn 1997.

Kleßmann, Christoph, Spaltung und Verflechtung – Ein Konzept zur integrierten Nachkriegsgeschichte 1945 bis 1990, in: Kleßmann, Christoph/Lautzas, Peter (Hrsg.), Teilung und Integration. Die doppelte deutsche Nachkriegsgeschichte als wissenschaftliches und didaktisches Problem, Schwalbach 2006, S. 20–37.

Kleßmann, Christoph/Lautzas, Peter (Hrsg.), Teilung und Integration. Die doppelte deutsche Nachkriegsgeschichte als wissenschaftliches und didaktisches Problem, Schwalbach 2006.

Kleßmann, Christoph/Misselwitz, Hans/Wichert, Günter (Hrsg.), Deutsche Vergangenheiten – eine gemeinsame Herausforderung. Der schwierige Umgang mit der doppelten Nachkriegsgeschichte, Berlin 1999.

Koenen, Gerd, Die APO, ihre Erben und die DDR, in: Veen, Hans-Joachim/Mählert, Ulrich/März, Peter (Hrsg.), Wechselwirkungen Ost-West. Dissidenz, Opposition und Zivilgesellschaft 1975–1989, Köln 2007, S. 129–138.

Kokula, Ilse, Weibliche Homosexualität um 1900. In zeitgenössischen Dokumenten, München 1981.

Köppert, Katrin, Queere Archive des Ephemeren. Raum, Gefühl: Unbestimmtheit, in: sub\urban. zeitschrift für kritische Stadtforschung 3 (2015), H. 2, S. 67–90.

Körzendörfer, Marinka, Getrennt kämpfen, vereint zuschlagen? Das Verhältnis von Lesben und Schwulen innerhalb der BürgerInnenrechts-Bewegung(en) in der DDR, in: Heinrich-Böll-Stiftung Sachsen-Anhalt/LSVD Sachsen-Anhalt (Hrsg.), Lesben und Schwule in der DDR. Tagungsdokumentation, Magdeburg/Halle 2008, S. 83–87.
Kowalczuk, Ilko-Sascha, Endspiel. Die Revolution von 1989 in der DDR, München 2015.
Kowalski, Gudrun von, Homosexualität in der DDR. Ein historischer Abriss, Marburg 1987.
Kraß, Andreas (Hrsg.), Queer denken. Gegen die Ordnung der Sexualität (Queer Studies), Frankfurt am Main 2003.
Kraushaar, Elmar, „Nebenwidersprüche". Die neue Linke und die Schwulenfrage in der Bundesrepublik der siebziger und achtziger Jahre, in: Grumbach, Detlef (Hrsg.), Die Linke und das Laster. Schwule Emanzipation und linke Vorurteile, Hamburg 1995, S. 142–178.
Kuckuc, Ina, Der Kampf gegen Unterdrückung. Materialien aus der deutschen Lesbierinnenbewegung, München 1975.
Leidinger, Christiane/Senatsverwaltung für Justiz, Verbraucherschutz und Antidiskriminierung Landesstelle für Gleichbehandlung – gegen Diskriminierung (Hrsg.), Auswahlbibliographie zu LSBTI-Geschichte vom Ende des 19. Jahrhunderts bis zum Beginn der neuen Lesben- und Schwulenbewegungen Anfang der 1970er Jahre, Berlin 2015.
Leser, Olaf, Entwicklung von AIDS-Selbsthilfegruppen in der ehemaligen DDR, in: AIDS-Forum D.A.H. (Hrsg.), 10 Jahre Deutsche AIDS-Hilfe. Geschichten & Geschichte, Berlin 1993, S. 33–35.
Lindenberger, Thomas, Herrschaft und Eigen-Sinn in der Diktatur. Studien zur Gesellschaftsgeschichte der DDR, Köln 1999.
Loth, Wilfried, Die Rettung der Welt. Entspannungspolitik im Kalten Krieg 1950–1991, Frankfurt/New York 2016.
Lüdtke, Alf, Eigen-Sinn. Fabrikalltag, Arbeitererfahrungen und Politik vom Kaiserreich bis in den Faschismus, Münster 2015.
Marbach, Rainer/Weiß, Volker (Hrsg.), Konformitäten und Konfrontationen. Homosexuelle in der DDR, Hamburg 2015.
McAdam, Doug/Rucht, Dieter, The Cross-National Diffusion of Movement Ideas, in: Annals of the American Academy of Political and Social Science 528 (1993), H. 1, S. 56–74.
McLellan, Josie, Love in the Time of Communism, Cambridge 2011.
McLellan, Josie, Glad to be Gay Behind the Wall. Gay and Lesbian Activism in 1970s East Germany, in: History Workshop Journal 74 (2012), H. 1, S. 105–130.
Meyen, Michael, Öffentlichkeit in der DDR. Ein theoretischer und empirischer Beitrag zu den Kommunikationsstrukturen in Gesellschaft ohne Medienfreiheit, in: Studies in Communication Media 1 (2011), S. 3–69.
Meyen, Michael, Die ARD in der DDR, in: APuZ, H. 20, 2010, S. 28–34.
Mielchen, Stefan, Wider die Norm. Die Lebensformenpolitik des Bundesverbandes Homosexualität (BVH) 1986–1997, in: Pretzel, Andreas/Weiß, Volker (Hrsg.), Zwischen Autonomie und Integration. Schwule Politik und Schwulenbewegung in den 1980er und 1990er Jahren, Hamburg 2013, S. 118–135.
Mildenberger, Florian, Günter Dörner – Metamorphosen eines Wissenschaftlers, in: Setz, Wolfram (Hrsg.), Homosexualität in der DDR, Hamburg 2006, S. 237–282.
Mildenberger, Florian u. a. (Hrsg.), Was ist Homosexualität? Forschungsgeschichte, gesellschaftliche Entwicklungen und Perspektiven, Hamburg 2014.
Mittag, Jürgen/Stadtland, Helge (Hrsg.), Theoretische Ansätze und Konzepte der Forschung über soziale Bewegungen in der Geschichtswissenschaft, Essen 2014.
Mittag, Jürgen/Unfried, Berthold, Transnationale Netzwerke – Annäherungen an ein Medium des Transfers und der Machtausübung, in: Unfried, Berthold/Mittag, Jürgen/van der Linden, Marcel (Hrsg.), Transnationale Netzwerke im 20. Jahrhundert. Historische Erkundungen zu Ideen und Praktiken, Individuen und Organisationen, Leipzig 2008, S. 9–25.
Moeller, Bernd, „The Homosexual Man Is a ‚Man', the Homosexual Woman Is a ‚Woman'". Sex, Society, and the Law in Postwar West Germany, in: Journal of the History of Sexuality 4 (1994), S. 395–429.
Moeller, Robert G., Private Acts, Public Anxieties, and the Fight to Decriminalize Male Homosexuality in West Germany, in: Feminist Studies 3 (2010), S. 528–552.

Möllers, Heiner, Die Affäre Kießling. Der größte Skandal der Bundeswehr, Bonn 2019.
Mücke, Detlef/Timm, Klaus, Schwules und lesbisches Gewerkschaftsengagement in den 1980er und 1990er Jahren, in: Pretzel, Andreas/Weiß, Volker (Hrsg.), Zwischen Autonomie und Integration. Schwule Politik und Schwulenbewegung in den 1980er und 1990er Jahren, Hamburg 2013, S. 93-117.
Müller, Klaus, Amnesien. Formen des Vergessens, Formen des Erinnerns, in: Heinrich-Böll-Stiftung (Hrsg.), Der homosexuellen NS-Opfer gedenken, Berlin 1999, S. 56-68.
Müller-Enbergs, Helmut, Inoffizielle Mitarbeiter des Ministeriums für Staatssicherheit. Teil 1: Richtlinien und Durchführungsbestimmungen, Berlin 1996.
Nellißen, Kay/Schmidt, Kristine, Homosexuelle Interessengemeinschaft Berlin, in: Dobler, Jens (Hrsg.), Verzaubert in Nord-Ost. Die Geschichte der Berliner Lesben und Schwulen in Prenzlauer Berg, Pankow und Weißensee, Berlin 2009, S. 178-185.
Neubert, Ehrhart, Geschichte der Opposition in der DDR 1949-1989, Berlin 1998.
Neubert, Ehrhart, Was waren Opposition, Widerstand und Dissidenz in der DDR? Zur Kategorisierung politischer Gegnerschaft, in: Kuhrt, Eberhard (Hrsg.), Opposition in der DDR von den 70er Jahren bis zum Zusammenbruch der SED-Herrschaft, Wiesbaden 1999, S. 17-46.
Nentwig, Teresa, Im Fahrwasser der Emanzipation. Die Wege und Irrwege des Helmut Kentler, Göttingen 2021.
Niedhart, Gottfried, Entspannung in Europa. Die Bundesrepublik Deutschland und der Warschauer Pakt 1966 bis 1975, Bonn 2014.
Olbertz, Jan H., Zwischen Systemgebundenheit und Variabilität. Erwachsenenbildung in der DDR, in: Krüger, Heinz-Hermann/Marotzki, Winfried (Hrsg.), Pädagogik und Erziehungsalltag in der DDR. Zwischen Systemvorgaben und Pluralität, Wiesbaden 1993, S. 295-320.
Pacharzina, Klaus (Hrsg.), AIDS und unsere Angst, Reinbek bei Hamburg 1986.
Pauli, Gerhard, Die Rechtsprechung des Reichsgerichts in Strafsachen zwischen 1933 und 1945 und ihre Fortwirkung in der Rechtsprechung des Bundesgerichtshofes, Berlin/New York 1992.
Pfeil, Ulrich, Die DDR und der Westen 1949-1989. Eine Einführung, in: ders. (Hrsg.), Die DDR und der Westen. Transnationale Beziehungen 1949-1989, Berlin 2001, S. 7-19.
Pietzsch, Henning, Die Evangelische „Kirche im Sozialismus". Christliche Botschaft versus ideologische Gleichschaltung, in: Zeitsprung, Sonderheft, S. 1-6.
Pietzsch, Henning, Jugend zwischen Kirche und Staat. Geschichte der kirchlichen Jugendarbeit in Jena 1970-1989, Köln 2005.
Plastargias, Jannis, RotZSchwul. Der Beginn einer Bewegung (1971-1975), Berlin 2015.
Plötz, Kirsten/Velke, Marcus, Aufarbeitung von Verfolgung und Repression lesbischer und schwuler Lebensweisen in Hessen 1945-1985, Wiesbaden 2018.
Pollack, Detlef, Politischer Protest. Politisch alternative Gruppen in der DDR, Wiesbaden 2000.
Poppe, Ulrike/Eckert, Rainer/Kowalczuk, Ilko-Sascha (Hrsg.), Zwischen Selbstbehauptung und Anpassung. Formen des Widerstandes und der Opposition in der DDR, Berlin 1995.
Pretzel, Andreas, Wiedergutmachung unter Vorbehalt und mit neuer Perspektive. Was homosexuellen NS-Opfern verweigert wurde und was wir noch tun können, in: Pretzel, Andreas/Weiß, Volker (Hrsg.), Ohnmacht und Aufbegehren. Homosexuelle Männer in der frühen Bundesrepublik, Hamburg 2011, S. 91-113.
Pretzel, Andreas/Weiß, Volker, Überlegungen zum Erbe der zweiten deutschen Homosexuellenbewegung, in: Pretzel, Andreas/Weiß, Volker (Hrsg.), Ohnmacht und Aufbegehren. Homosexuelle Männer in der frühen Bundesrepublik, Hamburg 2011, S. 9-26.
Pretzel, Andreas/Weiß, Volker, Die westdeutsche Schwulenbewegung der 1970er Jahre. Annäherungen an ein legendäres Jahrzehnt, in: Pretzel, Andreas/Weiß, Volker (Hrsg.), Rosa Radikale: Die Schwulenbewegung der 1970er Jahre, Hamburg 2012, S. 9-26.
Pretzel, Andreas/Weiß, Volker, Bewegung zwischen Autonomie und Integration, in: Pretzel, Andreas/Weiß, Volker (Hrsg.), Zwischen Autonomie und Integration. Schwule Politik und Schwulenbewegung in den 1980er und 1990er Jahren, Hamburg 2013, S. 9-20.
Pretzel, Andreas/Weiß, Volker (Hrsg.), Politiken in Bewegung. Die Emanzipation Homosexueller im 20. Jahrhundert, Hamburg 2015.
Pulz, Christian, Lieber ein Warmer Bruder als ein Kalter Krieger, in: Horch & Guck 57 (2007), H. 1, S. 27-30.

Rausch, Peter, Die vergessene Lesben- und Schwulengeschichte in Berlin-Ost (70er Jahre), in: Kokula, Ilse/Referat für gleichgeschlechtliche Lebensweisen (Hrsg.), Geschichte und Perspektiven von Lesben und Schwulen in den neuen Bundesländern, Senatsverwaltung für Jugend und Familie Berlin 1991, S. 21–26.
Reckert, Wilfried, Kommunismus-Erfahrung. Zwanzig Jahre als DKP-Funktionär. Analytische Reflexionen, Münster 2010.
Rehberg, Peter, „Männer wie Du und Ich". Gay Magazines from the National to the Transnational, in: German History 34 (2016), S. 468–485.
Reitmayer, Morten/Marx, Christian, Netzwerkansätze in der Geschichtswissenschaft, in: Stegbauer, Christian/Häußling, Roger (Hrsg.), Handbuch Netzwerkforschung, Wiesbaden 2010.
Rinscheid, Adrian, Entkriminalisierung ohne Individualisierung? Eine komparativ-historische Fallstudie zur Entkriminalisierung von Homosexualität in BRD und DDR, in: Zeitschrift für Vergleichende Politikwissenschaft 7 (2013), S. 251–275.
Rödder, Andreas, Deutschland einig Vaterland. Die Geschichte der Wiedervereinigung, Bonn 2010.
Rosenkranz, Bernhard/Lorenz, Gottfried, Hamburg auf anderen Wegen: Die Geschichte des schwulen Lebens in der Hansestadt, Hamburg 2012.
Roth, Roland/Rucht, Dieter, Einleitung, in: dies. (Hrsg.), Die sozialen Bewegungen in Deutschland seit 1945. Ein Handbuch, Frankfurt am Main/New York 2008, S. 9–36.
Rottmann, Andrea, Queer Home Berlin? Making Queer Selves and Spaces in the Divided City, 1945–1970. Unveröffentlichte Dissertation, University of Michigan 2019.
Rottmann, Andrea, Queer Lives Across the Wall: A Different History of Divided Berlin, 1945–1970 [Arbeitstitel], Veröffentlichung voraussichtlich 2023 bei University of Toronto Press.
Ruhl, Andreas, Stalin-Kult und rotes Woodstock. Die Weltjugendfestspiele 1951 und 1973 in Ostberlin, Marburg 2009.
Rupp, Leila J., The Persistence of Transnational Organizing: The Case of the Homophile Movement, in: The American Historical Review 116 (2011), S. 1014–1039.
Sabrow, Martin, Die NS-Vergangenheit in der geteilten deutschen Geschichtskultur, in: Kleßmann, Christoph/Lautzas, Peter (Hrsg.), Teilung und Integration. Die doppelte deutsche Nachkriegsgeschichte als wissenschaftliches und didaktisches Problem, Schwalbach 2006, S. 132–151.
Sachse, Christian/Knorr, Stefanie/Baumgart, Benjamin, Sexueller Missbrauch in der DDR. Historische, rechtliche und psychologische Hintergründe des sexuellen Missbrauchs an Kindern und Jugendlichen in der DDR, Wiesbaden 2018.
Salmen, Andreas/Eckert, Albert, Die neue Schwulenbewegung in der Bundesrepublik Deutschland zwischen 1971 und 1987. Verlauf und Themen, in: Forschungsjournal Neue Soziale Bewegungen, H. 3, 1988, S. 25–32.
Salmen, Andreas/Eckert, Albert, 20 Jahre bundesdeutsche Schwulenbewegung 1969–1989, Köln 1989.
Schäfer, Christian, „Widernatürliche Unzucht" (§§ 175, 175a, 175b, 182 a. F. StGB). Reformdiskussion und Gesetzgebung seit 1945, Berlin 2006.
Schenk, Christian, Die Partei(en) in der DDR. Ihre Politik und ihre Ideologie(n) im Blick auf lesbische Lebenswelten, in: Heinrich-Böll-Stiftung Sachsen-Anhalt/LSVD Sachsen-Anhalt (Hrsg.), Lesben und Schwule in der DDR. Tagungsdokumentation, Magdeburg/Halle 2008, S. 35–55.
Schildt, Axel, Zwei Staaten – eine Hörfunk- und Fernsehstation. Überlegungen zur Bedeutung der elektronischen Massenmedien in der Geschichte der Kommunikation zwischen der Bundesrepublik und der DDR, in: Bauerkämper, Arnd/Sabrow, Martin/Stöver, Bernd (Hrsg.), Doppelte Zeitgeschichte. Deutsch-deutsche Beziehungen 1945–1990, Bonn 1998, S. 58–71.
Schilling, Heinz-Dieter, Schwule und Faschismus, Berlin 1983.
Schmahl, Ingo, AIDS in der DDR, in: Dobler, Jens (Hrsg.), Verzaubert in Nord-Ost. Die Geschichte der Berliner Lesben und Schwulen in Prenzlauer Berg, Pankow und Weißensee, Berlin 2009, S. 266–271.
Schmid, Harald, „Wir Antifaschisten". Zum Spannungsfeld generationeller Erfahrung und politischer Ideologie in der DDR, in: Schmid, Harald/Reichel, Peter (Hrsg.), Politische Erinnerung. Geschichte und kollektive Identität, Würzburg 2007, S. 150–167.

Schmidt, Christiane, Analyse von Leitfadeninterviews, in: von Kardorff, Ernst/Steinke, Ines/Flick, Uwe (Hrsg.), Qualitative Forschung. Ein Handbuch, Reinbek bei Hamburg 2008, S. 447–456.

Schmidt, Kristine, Coming Out – der Film, in: Dobler, Jens (Hrsg.), Verzaubert in Nord-Ost. Die Geschichte der Berliner Lesben und Schwulen in Prenzlauer Berg, Pankow und Weißensee, Berlin 2009, S. 260–265.

Schmidt, Kristine, Die interdisziplinäre Arbeitsgruppe „Homosexualität" an der HU Berlin, in: Dobler, Jens (Hrsg.), Verzaubert in Nord-Ost. Die Geschichte der Berliner Lesben und Schwulen in Prenzlauer Berg, Pankow und Weißensee, Berlin 2009, S. 222–228.

Schmidt, Kristine, Lesben und Schwule in der Kirche, in: Dobler, Jens (Hrsg.), Verzaubert in Nord-Ost. Die Geschichte der Berliner Lesben und Schwulen in Prenzlauer Berg, Pankow und Weißensee, Berlin 2009, S. 198–220.

Schmidt, Kristine, Workshop: Psychosoziale Aspekte der Homosexualität, in: Dobler, Jens (Hrsg.), Verzaubert in Nord-Ost. Die Geschichte der Berliner Lesben und Schwulen in Prenzlauer Berg, Pankow und Weißensee, Berlin 2009, S. 229–230.

Schmitz-Berning, Cornelia, Vokabular des Nationalsozialismus, Berlin 2007.

Schoppmann, Claudia, „Der Skorpion". Frauenliebe in der Weimarer Republik, Hamburg 1985.

Schoppmann, Claudia, Lesbische Frauen und weibliche Homosexualität im Dritten Reich. Forschungsperspektiven, in: Schwartz, Michael (Hrsg.), Homosexuelle im Nationalsozialismus. Neue Forschungsperspektiven zu Lebenssituationen von lesbischen, schwulen, bi-, trans- und intersexuellen Menschen 1933 bis 1945, München 2014, S. 85–91.

Schoppmann, Claudia, Nationalsozialistische Sexualpolitik und weibliche Homosexualität, Pfaffenweiler 1997.

Schulz, Christian/Sartorius, Michael, Paragraph 175. (abgewickelt). Homosexualität und Strafrecht im Nachkriegsdeutschland. Rechtsprechung, juristische Diskussionen und Reformen seit 1945, Hamburg 1994.

Schwartz, Michael, Lebenssituation homosexueller Männer im geteilten Berlin 1949 bis 1969, in: Gotto, Bernhard/Seefried, Elke (Hrsg.), Männer mit „Makel". Männlichkeiten und gesellschaftlicher Wandel in der frühen Bundesrepublik, Berlin 2017, S. 88–103.

Schwartz, Michael, Homosexuelle, Seilschaften, Verrat. Ein transnationales Stereotyp im 20. Jahrhundert, Berlin 2019.

Semler, Christian, 1968 im Westen – was ging uns die DDR an?, in: APuZ, H. B 45, 2003, S. 3–5.

Setz, Wolfram, Homosexualität in der DDR, Hamburg 2006.

Sheffer, Edith, Burned Bridge. How East and West Germans Made the Iron Curtain, Oxford 2011.

Sigusch, Volkmar/Grau, Günter (Hrsg.), Geschichte der Sexualwissenschaft, Frankfurt am Main/New York 2008.

Skinner, Jody Daniel, Warme Brüder – kesse Väter. Lexikon mit Ausdrücken für Lesben, Schwule und Homosexualität, Essen 1997.

Stapel, Eduard, Warme Brüder gegen Kalte Krieger. Schwulenbewegung in der DDR im Visier der Staatssicherheit, Magdeburg 1999.

Stapel, Eduard, Warme Brüder gegen Kalte Krieger. Die DDR-Schwulenbewegung im Visier des Ministeriums für Staatssicherheit, in: Heinrich-Böll-Stiftung Sachsen-Anhalt/LSVD Sachsen-Anhalt (Hrsg.), Lesben und Schwule in der DDR. Tagungsdokumentation, Magdeburg/Halle 2008, S. 99–107.

Starke, Kurt (Hrsg.), Schwuler Osten. Homosexuelle Männer in der DDR, Berlin 1994.

Steakley, James, Gays under Socialism. Male Homosexuality in the German Democratic Republic, in: The Body Politic, H. 29, 1976, S. 15–18.

Steakley, James, The Homosexual Emancipation Movement in Germany, New York 1975.

Steinbach, Peter, Im Schatten des Dritten Reiches. Die beiden deutschen Staaten als postnationalsozialistische Systeme im Zugriff historisch-politikwissenschaftlicher Forschung und Deutung, in: Kleßmann, Christoph/Misselwitz, Hans/Wichert, Günter (Hrsg.), Deutsche Vergangenheiten – eine gemeinsame Herausforderung. Der schwierige Umgang mit der doppelten Nachkriegsgeschichte, Berlin 1999, S. 35–53.

Steinke, Ron, „Ein Mann, der mit einem anderen Mann …" Eine kurze Geschichte des § 175 in der BRD, in: Forum Recht, H. 2, 2005, S. 60–63.

Stöver, Bernd, Der Kalte Krieg, München 2003.
Stöver, Bernd, Der Kalte Krieg 1947–1991. Geschichte eines radikalen Zeitalters, München 2007.
Stümke, Hans-Georg, Homosexuelle in Deutschland. Eine politische Geschichte, München 1989.
Stümke, Hans-Georg/Finkler, Rudi, Rosa Winkel, Rosa Listen. Homosexuelle und „Gesundes Volksempfinden" von Auschwitz bis heute, Reinbek bei Hamburg 1981.
Sweet, Denis M., The Church, the Stasi, and Socialist Integration. Three Stages of lesbian and gay emancipation in the former German Democratic Republic, in: Journal of Homosexuality 29 (1995), S. 351–367.
Sweet, Denis M., Bodies for Germany, Bodies for Socialism. The German Democratic Republic Devises a Gay (Male) Body, in: Herminghouse, Patricia/Mueller, Magda (Hrsg.), Gender and Germanness. Cultural Productions of Nation, Providence 1997, S. 248–262.
Sywottek, Arnold, Die Bundesrepublik Deutschland als gesellschaftspolitische Herausforderung der DDR, in: Pfeil, Ulrich (Hrsg.), Die DDR und der Westen, Berlin 2001, S. 151–163.
Tammer, Teresa, In engen Grenzen und über die Mauer. Selbstbilder und Selbstbehauptungsstrategien der Homosexuellen Interessengemeinschaft Berlin (HIB) 1973–1980, in: Heinrich, Elisa/Kirchknopf, Johann Karl (Hrsg.), Homosexualitäten revisited. Österreichische Zeitschrift für Geschichtswissenschaften, H. 2, 2018, S. 132–152.
Tammer, Teresa, Grenzfall Strafrecht. Deutsch-deutsche Reaktionen auf die Abschaffung des § 151 StGB-DDR, in: Ministerium der Justiz des Landes NRW/Schwartz, Michael (Hrsg.), Justiz und Homosexualität, Geldern 2019, S. 166–184.
Tammer, Teresa, Verräter oder Vermittler? Inoffizielle Informanten zwischen Staatssicherheit und DDR-Schwulenbewegung, in: Großbölting, Thomas/Kittel, Sabine (Hrsg.), Welche „Wirklichkeit" und wessen „Wahrheit"? Das Geheimdienstarchiv als Quelle und Medium der Wissensproduktion, Göttingen 2019, S. 107–123.
Taylor, Greg, Zur strafrechtlichen Gleichstellung Homosexueller in der späten DDR, in: Journal der juristischen Zeitgeschichte, H. 1, 2014, S. 1–15.
Teichert, Olav, Die Sozialistische Einheitspartei Westberlins. Untersuchung der Steuerung der SEW durch die SED, Kassel 2011.
Ther, Philipp, Die neue Ordnung auf dem alten Kontinent. Eine Geschichte des neoliberalen Europa, Berlin 2014.
Thinius, Bert, Verwandlung und Fall des Paragraphen 175 in der Deutschen Demokratischen Republik, in: Grimm, Matthias/Herzer, Manfred (Hrsg.), Die Geschichte des § 175. Strafrecht gegen Homosexuelle. Katalog zur Ausstellung in Berlin und in Frankfurt am Main 1990, Berlin 1990, S. 145–164.
Thinius, Bert, Aufbruch aus dem grauen Versteck. Ankunft im bunten Ghetto? Randglossen zu Erfahrungen schwuler Männer in der DDR und in Deutschland Ost, Berlin 1994.
Thinius, Bert, Erfahrungen schwuler Männer in der DDR und in Deutschland Ost, in: Setz, Wolfram (Hrsg.), Homosexualität in der DDR. Materialien und Meinungen, Hamburg 2006, S. 9–88.
Timmer, Karsten, Vom Aufbruch zum Umbruch. Die Bürgerbewegung in der DDR 1989, Göttingen 2000.
Tomberger, Corinna, Homosexuellen-Geschichtsschreibung und Subkultur. Geschlechtertheoretische und heteronormativitätskritische Perspektiven, in: Schwartz, Michael (Hrsg.), Homosexuelle im Nationalsozialismus. Neue Forschungsperspektiven zu Lebenssituationen von lesbischen, schwulen, bi-, trans- und intersexuellen Menschen 1933 bis 1945, München 2014, S. 19–26.
Tümmers, Henning, AIDS und die Mauer. Deutsch-deutsche Reaktionen auf eine komplexe Bedrohung, in: Thießen, Malte (Hrsg.), Infiziertes Europa. Seuchen im langen 20. Jahrhundert, München 2014, S. 157–185.
Tümmers, Henning, AIDS. Autopsie einer Bedrohung im geteilten Deutschland, Göttingen 2017.
Weber, Petra, Getrennt und doch vereint. Deutsch-deutsche Geschichte 1945–1989/90, Berlin 2020.
Weeks, Jeffrey, Sexuelle Gleichberechtigung. Gender, Sexualität und homosexuelle Emanzipation in Europa, Göttingen 2013.
Weinberg, George, Society and the Healthy Homosexual, New York 1972.

Welzer, Harald, Vom Zeit- und Zukunftszeugen. Vorschläge zur Modernisierung der Erinnerungskultur, in: Sabrow, Martin/Frei, Norbert (Hrsg.), Die Geburt des Zeitzeugen nach 1945, Göttingen 2012, S. 33–48.
Wengst, Udo/Wentker, Hermann (Hrsg.), Das doppelte Deutschland. 40 Jahre Systemkonkurrenz, Berlin 2008.
Wentker, Hermann, Forschungsperspektiven und -desiderate der DDR-Geschichte, in: Hechler, Daniel u. a. (Hrsg.), Promovieren zur deutsch-deutschen Zeitgeschichte. Handbuch, Berlin 2009, S. 25–39.
Wentker, Hermann, Zwischen Abgrenzung und Verflechtung: deutsch-deutsche Geschichte nach 1945, in: APuZ, H. 1–2, 2005, S. 10–17.
Werner, Michael/Zimmermann, Bénédicte, Vergleich, Transfer, Verflechtung. Der Ansatz der histoire croisée und die Herausforderung des Transnationalen, in: Geschichte und Gesellschaft 28 (2002), S. 607–636.
Werner, Reiner, Homosexualität. Herausforderung an Wissen und Toleranz, Berlin (DDR) 1987.
Wesenberg, Denise, Unter „operativer Kontrolle". Die X. Weltfestspiele der Jugend und Studenten 1973 in Ost-Berlin, Erfurt 2007.
Whisnant, Clayton John, Male Homosexuality in West Germany. Between Persecution and Freedom, 1945–69, New York 2012.
Wierling, Dorothee, Oral History, in: Maurer, Michael (Hrsg.), Neue Themen und Methoden der Geschichtswissenschaft, Stuttgart 2003, S. 81–151.
Wierling, Dorothee, The East as the Past: Problems with Memory and Identity, in: German Politics & Society 15 (1997), H. 2, S. 53–71.
Wirsching, Andreas, Die Mauer fällt. Das Ende des doppelten Deutschland, in: Wengst, Udo/Wentker, Hermann (Hrsg.), Das doppelte Deutschland. 40 Jahre Systemkonkurrenz, Berlin 2008, S. 357–374.
Wirsching, Andreas, Für eine pragmatische Zeitgeschichtsforschung, in: APuZ, H. 3, 2007, S. 13–18.
Wolfert, Raimund, Homosexuellenpolitik in der jungen Bundesrepublik. Kurt Hiller, Hans Giese und das Frankfurter Wissenschaftlich-humanitäre Komitee, Göttingen 2015.
Wolle, Stefan, Die DDR. Eine Geschichte von der Gründung bis zum Untergang, Bonn 2015.
Wolle, Stefan, Die heile Welt der Diktatur. Alltag und Herrschaft in der DDR, 1971–1989, Bonn 1999.
Woltersdorff, Volker (Lore Logorrhöe), „All those beautiful boyz ... and criminal queers". Vom Erbe der Terrortunten, in: Pretzel, Andreas/Weiß, Volker (Hrsg.), Rosa Radikale: Die Schwulenbewegung der 1970er Jahre, Hamburg 2012, S. 215–238.
Woltersdorff, Volker, Homosexualitätsforschung und Queerstudien, in: Mildenberger, Florian u. a. (Hrsg.), Was ist Homosexualität? Forschungsgeschichte, gesellschaftliche Entwicklungen und Perspektiven, Hamburg 2014, S. 205–239.
Wörner, Michael, Die Entwicklung der HuK in den 80er Jahren, in: Brinkschröder, Michael u. a. (Hrsg.), Aufgehende Saat. 40 Jahre Ökumenische Arbeitsgruppe Homosexuelle und Kirche, Stuttgart 2017, S. 24–32.
Zechel, Peter, Erinnerungen – Annäherungen. Interviews mit AIDS-Hilfe-Organisatoren in der ehemaligen DDR, in: AIDS-Forum D.A.H. (Hrsg.), 10 Jahre Deutsche AIDS-Hilfe. Geschichten & Geschichte, Berlin 1993, S. 36–51.
Zinn, Alexander, „Aus dem Volkskörper entfernt"? Homosexuelle Männer im Nationalsozialismus, Frankfurt am Main 2017.
Zinn, Alexander, Abschied von der Opferperspektive. Plädoyer für einen Paradigmenwechsel in der schwulen und lesbischen Geschichtsschreibung, in: Zeitschrift für Geschichtswissenschaft 67 (2019), S. 934–955.
zur Mühlen, Patrik von, Aufbruch und Umbruch in der DDR. Bürgerbewegungen, kritische Öffentlichkeit und Niedergang der SED-Herrschaft, Bonn 2000.
zur Nieden, Susanne, Homophobie und Staatsräson, in: dies. (Hrsg.), Homosexualität und Staatsräson. Männlichkeit, Homophobie und Politik in Deutschland 1900–1945, Frankfurt am Main/New York 2005, S. 17–51.

Online zugängliche Literatur

Borowsky, Peter, Die DDR in den siebziger Jahren, in: Informationen zur Politischen Bildung, 5. 4. 2002, http://www.bpb.de/izpb/10111/die-ddr-in-den-siebziger-jahren?p=all (13. 7. 2020).

Bösch, Frank/Vowinckel, Annette, Mediengeschichte, in: Docupedia-Zeitgeschichte, 29. 10. 2012, http://docupedia.de/zg/boesch_vowinckel_mediengeschichte_v2_de_2012 (29. 8. 2020).

Boovy, Bradley Robert, Men Reading Men: Homophile Magazines in 1950s West Germany. Unveröffentlichte Dissertation, The University of Texas at Austin 2012, https://repositories.lib.utexas.edu/bitstream/handle/2152/ETD-UT-2012-08-6032/BOOVY-DISSERTATION.pdf?sequence=1&isAllowed=y (14. 7. 2022).

Bruns, Manfred, Schwulenpolitik in der alten Bundesrepublik, https://www.lsvd.de/bund/schwulenpolitik.html (25. 2. 2016).

Bühner, Maria, „[W]ir haben einen Zustand zu analysieren, der uns zu Außenseitern macht". Lesbischer Aktivismus in Ost-Berlin in den 1980er-Jahren, in: Themenportal Europäische Geschichte, 2017, https://www.europa.clio-online.de/essay/id/fdae-1702 (3. 8. 2020).

DasMagazin, Historie, https://www.dasmagazin.de/magazin-historie/ (5. 6. 2020)

DDR Museum, Blog, Genex, https://www.ddr-museum.de/de/blog/2020/genex-geschenkdienst (5. 6. 2020).

Deutsche Aidshilfe e. V., Adressen, https://www.aidshilfe.de/adressen (23. 6. 2020).

Deutsche Aidshilfe e. V., Glossar, https://www.aidshilfe.de/glossar/letter_s#Safer_Sex (30. 8. 2020).

Deutschlandradio, RIAS Berlin, https://www.deutschlandradio.de/rias-berlin.476.de.html (14. 4. 2020).

Don (Zeitschrift), https://de.wikipedia.org/w/index.php?title=DON_(Zeitschrift)&oldid=195534199 (17. 7. 2020)

Du & Ich, https://de.wikipedia.org/w/index.php?title=DU%26ICH&oldid=200118387 (13. 7. 2020).

Eduard Stapel, https://de.wikipedia.org/wiki/Eduard_Stapel (16. 6. 2022).

Evangelische Advent-Zachäus- und St. Bartholomäus-Kirchgemeinde, Gesprächskreis Homosexualität, Chronik der Jahre 1982 bis 2019, https://kirchengemeinde-am-friedrichshain.de/file/1125107 (23. 11. 2021).

Förster, Andreas, Verschwundene Parteifinanzen, in: Deutschland Archiv, 10. 6. 2020, https://www.bpb.de/themen/deutschlandarchiv/311231/verschwundene-parteifinanzen/ (1. 6. 2022)

Gleichstellungskommission der Westfälischen Wilhelms-Universität Münster, Gleichstellungsrahmenplan der WWU, 12. 12. 2018, Anlage 3 (Empfehlungen für eine geschlechtergerechte Schriftsprache), https://www.uni-muenster.de/imperia/md/content/gleichstellung/dokumentezurgleichstellung/gleichstellungsrahmenplan_anlage3.pdf (3. 12. 2019).

Görtemaker, Manfred, Veränderungen im Zeichen der Entspannung, in: Bundeszentrale für politische Bildung, Dossier Deutsche Teilung – Deutsche Einheit, 24. 3. 2009, http://www.bpb.de/geschichte/deutsche-einheit/deutsche-teilung-deutsche-einheit/43666/die-70er-jahre (25. 1. 2020).

Halbrock, Christian/Kowalczuk, Ilko-Sascha, Operativer Vorgang, in: Bundesbeauftragter für die Unterlagen des Staatssicherheitsdienstes der ehemaligen DDR (Hrsg.), MfS-Lexikon, https://www.bstu.de/mfs-lexikon/detail/operativer-vorgang-ov/ (2. 7. 2020).

Him (Zeitschrift), https://de.wikipedia.org/w/index.php?title=Him_(Zeitschrift)&oldid=180328344 (17. 7. 2020).

HuK, Aktivitäten, Publikationen, Huk-Info, https://www.huk.org/aktivitaeten/publikationen/huk-info (5. 6. 2020).

Jarausch, Konrad H., „Die Teile als Ganzes erkennen." Zur Integration der beiden deutschen Nachkriegsgeschichten, in: Zeithistorische Forschungen/Studies in Contemporary History 1 (2004), H. 1, https://zeithistorische-forschungen.de/1-2004/id=4538 (1. 7. 2020).

jugend opposition in der DDR, Sachbegriffe, Friedenswerkstatt, https://www.jugendopposition.de/lexikon/sachbegriffe/148397/friedenswerkstatt (28. 8. 2019).

Kaelble, Hartmut, Die Debatte über Vergleich und Transfer und was jetzt?, in: Connections. A Journal for Historians and Area Specialists, 8. 2. 2005, https://www.connections.clio-online.net/article/id/artikel-574, (1. 7. 2020).

Lesben- und Schwulenverband in Deutschland, https://de.wikipedia.org/w/index.php?title= Lesben-_und_Schwulenverband_in_Deutschland&oldid=195915611 (23. 6. 2020).

Lindenberger Thomas, Eigen-Sinn, Herrschaft und kein Widerstand, in: Docupedia-Zeitgeschichte, 2. 9. 2014, http://docupedia.de/zg/lindenberger_eigensinn_v1_de_2014 (26. 6. 2020).

Links, Christoph, Biographie Christian Pulz, https://www.bundesstiftung-aufarbeitung.de/de/recherche/kataloge-datenbanken/biographische-datenbanken/christian-pulz (28. 6. 2020).

Links, Christoph, Biographie Eduard Stapel, http://www.bundesstiftung-aufarbeitung.de/wer-war-wer-in-der-ddr-%2363%3B-1424.html?ID=3369 (28. 6. 2020).

Links, Christoph, Biographie Klaus Laabs, https://www.bundesstiftung-aufarbeitung.de/wer-war-wer-in-der-ddr-%2363%3B-1424.html?ID=1988 (8. 7. 2020).

Links, Christoph, Biographie Siegfried Schnabl, https://www.bundesstiftung-aufarbeitung.de/de/recherche/kataloge-datenbanken/biographische-datenbanken/siegfried-schnabl (14. 7. 2020).

Liste der Denkmäler für homosexuelle Opfer des Nationalsozialismus, https://de.wikipedia.org/w/index.php?title=Liste_der_Denkm%C3%A4ler_f%C3%BCr_homosexuelle_Opfer_des_Nationalsozialismus&oldid=189487827 (6. 7. 2020).

Manfred Herzer, https://de.wikipedia.org/w/index.php?title=Manfred_Herzer&oldid=197446017 (13. 7. 2020).

Micheler, Stefan/Michelsen, Jakob, Geschichtsforschung und Identitätsstiftung. Von der Schwulen Ahnenreihe zur Dekonstruktion des Homosexuellen, 1997, http://www.stefanmicheler.de/wissenschaft/art_ahnengalerie_1997.html (30. 6. 2020).

Middell, Matthias, Kulturtransfer, Transferts culturels, in: Docupedia-Zeitgeschichte, 28. 1. 2016, http://docupedia.de/zg/middell_kulturtransfer_v1_de_2016 (15. 7. 2020).

Nürnberger Schwulenpost, https://de.wikipedia.org/w/index.php?title=N%C3%BCrnberger_Schwulenpost&oldid=189630399 (17. 7. 2020).

Plötz, Kirsten, Als die Gerichte die Kinder wegnahmen. Aktuelle Forschungsergebnisse über Repressionen gegen lesbische Liebe, in: Dachverband Lesben und Alter (Hrsg.), Wie wir wurden, was wir sind. Lesbisches Leben im Alter. 7. Bundesweite Fachtagung 17.–19. 11. 2017 in Berlin, S. 14–17, http://lesbenundalter.de/files/data/files/pdf/Doku_7-Fachtagung_Lesben-und-Alter.pdf (19. 4. 2022).

Robert Koch-Institut, Gesundheitsberichterstattung des Bundes. Themenheft 31 – HIV und AIDS. Ergänzende Wertetabellen zu den Abbildungen, 2006, https://www.rki.de/EN/Content/Health_Monitoring/Health_Reporting/GBEDownloadsT/Tabellen/hiv_aids_daten.pdf?__blob=publicationFile (16. 7. 2020).

Schröter, Anja, Eingaben im Umbruch. Ein politisches Partizipationselement im Verfassungsgebungsprozess der Arbeitsgruppe „Neue Verfassung der DDR" des Zentralen Runden Tisches 1989/90, in: Deutschland Archiv, 12. 1. 2012, http://www.bpb.de/geschichte/zeitgeschichte/deutschlandarchiv/61448/eingaben-im-umbruch?p=all#footnodeid6-6 (1. 7. 2020).

Siegessäule, https://de.wikipedia.org/wiki/Siegess%C3%A4ule_(Zeitschrift) (27. 5. 2022).

Sillge, Ursula, Lesben, Schwule, Bisexuelle, Transgender in der DDR, Vortrag auf dem 1. LSBTI*-Wissenschaftskongress der Bundesstiftung Magnus Hirschfeld, Berlin 28.–30. 11. 2013, http://hirschfeld-kongress.de/images/download/publikationen/Lesben,%20Schwule,%20Bisexuelle,%20Transgender%20in%20der%20DDR%20-%20Sillge.pdf (30. 10. 2019), S. 1–8.

Storkmann, Klaus, Homosexuelle in DDR-Volksarmee und Staatssicherheit. Die Überwachungsvorgänge „Anus", „Liebhaber", „Schwuler" und „Verräter" des MfS, in: Deutschland Archiv, 31. 8. 2020, https://www.bpb.de/themen/deutschlandarchiv/314394/homosexuelle-in-ddr-volksarmee-und-staatssicherheit/#footnote-target-1 (12. 7. 2022)

Treiblmayr, Christopher, Männerbünde und Schwulenbewegung im 20. Jahrhundert, in: Europäische Geschichte Online (EGO), 3. 12. 2012, http://ieg-ego.eu/de/threads/transnationale-bewegungen-und-organisationen/internationale-soziale-bewegungen/christopher-treiblmayr-maennerbunde-und-schwulenbewegung-im-20-jahrhundert (9. 7. 2020).

Troebst, Stefan, Geschichtspolitik, in: Docupedia-Zeitgeschichte, 4. 8. 2014, http://docupedia.de/zg/troebst_geschichtspolitik_v1_de_2014 (9. 5. 2017).

Personenregister

Amelang, Bodo   106, 107
Amendt, Günter   177, 178, 205, 206
Anderson, Alexander „Sascha"   225
Andree, Otto   83–87, 89, 90, 103, 110, 115–117
Aurich, Eberhard   XI, 134, 177, 178

Bach, Kurt   47, 48, 111, 209
Bahr, Egon   60
Baumhauer, Friedrich   237
Bebel, August   174
Beck, Volker   249
Bergmann-Pohl, Sabine   238
Bisky, Jens   230
Blanke, Heinz   249
Brandt, Claus   60, 211, 237
Bruns, Manfred   250
Bruns, Volker   112

Carow, Heiner   169, 230

Dannecker, Martin   48, 63, 67, 71, 139, 143–148, 155
Dauenheimer, Karin   128
de Maizière, Lothar   238
Dörner, Günter   48, 49, 89, 205
Dose, Ralf   XI, 102, 192, 207, 246
Dworek, Günter   249, 250

Eggert, Michael   XI, 78, 88, 94, 95, 104
Engels, Friedrich   104
Eschke, Volker   63

Fechner, Max   51
Flippmann, Florian   83
Friedel, Karsten   131, 237, 249

Gatzweiler, Richard   50
Giese, Hans   41, 46, 89
Gorbatschow, Michail   62, 228, 229
Graf, Thorsten (Pseudonym)   83, 84
Grau, Günter   43, 131, 169, 170, 188–190, 233, 248, 254
Green, Dorian   82
Grumbach, Detlef   XI, 65, 208, 209, 213
Günther, Erwin   208
Gysi, Gregor   183–185, 230
Gysi, Klaus   184

Hager, Kurt   174
Hauer, Gudrun   187

Hausmann, Manfred   46
Herrn, Rainer   XI, 129, 139–141, 155, 158–160, 192, 224, 225, 246, 252, 254
Herzer, Manfred   XI, 48, 74, 75, 79, 81–90, 188, 192, 218
Hiller, Kurt   89
Himmler, Heinrich   38
Hirschfeld, Magnus   36–38, 46, 88, 90, 102, 174, 192, 204, 245, 246
Honecker, Erich   61, 69, 76, 85, 91, 92, 94, 230
Horstkotte, Hartmuth   47
Hunger, Michael   210
Huwe, Andreas   213

John, Otto   51

Kelch, Udo   195, 197, 204, 218, 222
Kentler, Helmut   162, 163, 165
Kertbeny, Karl Maria   36
Kießling, Günter   52
Kittlitz, Matthias   148, 170, 223, 224
Klein, Dieter   209
Klimmer, Rudolf   46, 47, 87–90, 117, 186
Kohl, Helmut   230, 238
Kohler, Robert   215
Körzendörfer, Marinka   128
Koslowski, Christa   170
Kraushaar, Elmar   XI, 64, 72, 74, 76, 79, 94, 208
Krey, Friedhelm   88
Krickler, Kurt   221, 222
Krug, Marina   127
Kunz, Eckehard   XI, 193, 196, 197, 199, 204, 219, 222

Laabs, Klaus   173–175, 189
Lautmann, Rüdiger   155, 179, 185
Lemke, Jürgen   53, 54, 124, 129, 169, 239
Lenin, Wladimir Iljitsch   104
Litfin, Günter   51

Mahlsdorf, Charlotte von   69, 110, 119
Marx, Karl   83, 104, 129, 146, 148, 155, 162, 163, 166, 191, 192, 198, 199, 209, 218, 248
Mielke, Erich   230
Misgeld, Gerhard   86, 87, 97, 183
Mücke, Detlef   XI, 160, 192, 219

Naumann, Konrad   153
Neubert, Rudolf   49

Oberg, Eduard   36
Offermann, Bernd   205
Oswald, Richard   37

Praunheim, Rosa von   63, 70, 95, 105, 106, 116, 206, 225
Preusse, Manfred H.   206
Psimmas, Ingrid   240
Pulz, Christian   XI, 2, 16, 105, 126, 128, 139, 140, 142, 143, 146, 147, 150, 180, 190, 194, 198, 199, 220–224, 236, 255

Rausch, Peter   XI, 78, 79, 95–98, 101, 110, 117
Reiche, Reimut   67, 139, 143–148, 155
Richter, Hync   148
Röhm, Ernst   38, 85, 214
Rosenbrock, Rolf   159
Rowohlt, Jörg   247
Rüddenklau, Wolfgang   165, 187

Schabowski, Günter   229
Schelsky, Helmut   50
Schibor, Lothar   46
Schmidt, Gunter   48
Schnabl, Siegfried   17, 47, 112, 113, 124, 164
Schorsch, Eberhard   48
Schreier, Armin   88
Siems, Martin   140–142, 145, 155
Sigusch, Volkmar   48
Sillge, Ursula   49, 119, 130
Sollorz, Michael   150
Sönnichsen, Niels   157, 161, 162, 206, 252

Spohr, Max   36, 186
Spremberg, Siegfried   99, 109
Stapel, Eduard   XI, 2, 126, 128, 129, 133, 139, 140, 148, 151, 152, 161, 163, 171–173, 175, 176, 180, 183, 185, 188, 194, 197–199, 206, 216, 217, 225, 242, 245, 246, 248, 249, 251, 255
Starke, Kurt   17, 124
Steakley, James (Jim)   68, 88, 89, 103
Steigerwald, Robert   209
Strauß, Franz Josef   1, 2, 137
Stümke, Hans-Georg   185, 188, 242
Süßmuth, Rita   238

Tatchell, Peter   77–80, 85
Thinius, Bert   155, 190, 208
Tosetti, Klaus   86, 87

Ulbricht, Walter   69, 112
Unger, Michael   110, 116

Weizsäcker, Richard von   168, 238
Werner, Reiner   17, 18, 164, 192, 205, 206, 245
Wiedemann, Hans-Georg   140, 194, 195
Wilde, Thomas   247, 248
Wörner, Manfred   52

Zar Nikolaus I.   35
Zehnle, Jürgen   206, 207, 235, 256
Zieger, Ulrich   142–145, 201
Ziegler, Alexander   90–92

www.ingramcontent.com/pod-product-compliance
Lightning Source LLC
Chambersburg PA
CBHW020222170426
43201CB00007B/290